衢州文库 区域文化集成

坊巷遗韵

衢州水亭門歷史文化街區（上）

吴宗杰 等著

商務印書館
The Commercial Press
创于1897

图书在版编目（CIP）数据

坊巷遗韵：衢州水亭门历史文化街区 / 吴宗杰等著.
— 北京：商务印书馆，2016
（衢州文库）
ISBN 978-7-100-12814-8

Ⅰ.①坊… Ⅱ.①吴… Ⅲ.①商业街-介绍-衢州
Ⅳ.①F727.553

中国版本图书馆CIP数据核字（2016）第288398号

坊 巷 遗 韵
——衢州水亭门历史文化街区
吴宗杰 等著

商 务 印 书 馆 出 版
（北京王府井大街36号 邮政编码100710）
商 务 印 书 馆 发 行
山东鸿君杰文化发展有限公司印刷
ISBN 978-7-100-12814-8

2017年1月第1版 开本 710×1000 1/16
2017年1月第1次印刷 印张 53.25
定价：208.00元（全二册）

《衢州文库》总序

陈　新

衢州地处钱塘江源头，浙闽赣皖四省交界之处，是一座生态环境一流、文化底蕴深厚的国家历史文化名城。生态和文化是衢州的两张"金名片"，让250多万衢州人为之自豪，给众多外来游客留下了美好的印象。

文化是一个地方的独特标识，是一座城市的根和魂。衢州素有"东南阙里、南孔圣地"之美誉，来到孔氏南宗家庙，浩荡儒风迎面而来，向我们讲述着孔子第48代裔孙南迁至衢衍圣弘道的历史。衢州是中国围棋文化发源地，烂柯山上的天生石梁状若虹桥，向人们诉说着王质遇仙"山中方一日、世上已千年"的传说。衢州也是伟人毛泽东的祖居地，翻开清漾村那泛黄的族谱，一部源远流长的毛氏家族史渐渐清晰……这些在长期传承积淀中逐渐形成的文化因子，承载着衢州的历史，体现了衢州的品格，成为衢州人心中独有的那份乡愁。

丰富的历史文化遗产是衢州国家历史文化名城的根本，是以生态文明建设力促城市转型的基础。失去了这个根基，历史文化名城就会明珠蒙尘、魅力不再，城市转型也就无从谈起。我们要像爱惜自己的生命一样保护历史文化遗产，并把这些重要文脉融入城市建设管理之中，融入经济社会发展之中，赋予新的内涵，增添新的光彩。

尊重和延续历史文化脉络，就是对历史负责，对人民负责，对子孙后代负责。对此，我们义不容辞、责无旁贷。近年来，我们坚持在保护中发展、在发展中保护，对水亭门、北门街等历史文化街区进行保护利用，复建了天王塔、文昌阁，创建了国家级儒学文化产业试验园区，儒学文化、古城文化呈现出勃勃生机。我们还注重加强历史文化村落保护，建设了一批农村文化礼堂，挖掘整理了一批非物质文化遗产，留住了老百姓记忆中的乡愁。尤为可喜的是，在优秀传统文化的涤荡和影响下，衢州凡人善举层出不穷，助人为乐蔚然成风，"最美衢州、仁爱之城"已成品牌、渐渐打响。

《衢州文库》对衢州悠久的历史文化进行了收集和汇编，旨在让大家更加全面地了解衢州的历史，更好地认识衢州文化的独特魅力。翻开《衢州文库》，你可以查看到载有衢州经济、政治、文化、社会等沿革的珍贵史料文献，追溯衢州文化的本源。你可以了解到各具特色的区域文化，感悟衢州文化的开放、包容、多元、和谐。你可以与圣哲先贤、仁人志士进行跨越时空的对话，领略他们的崇高品质和人格魅力。它既为人们了解和传承衢州文化打开了一扇窗户，又能激发起衢州人民热爱家乡、建设家乡的无限热情。

传承历史文化，为的是以史鉴今、面向未来。我们要始终坚持继承和创新、传统与现代、文化与经济的有机融合，从优秀传统文化中汲取更多营养，更好地了解衢州的昨天，把握衢州的今天，创造衢州更加美好的明天。

文化传承的历史担当（代序）

由衢州市文化广电新闻出版局组织编撰的《衢州区域文化集成》与《衢州名人集成》出版发行了，这两套集成内容广泛，门类齐全，特色鲜明，涉及衢州的历史文化、民情风俗、文学艺术、乡贤名人等方方面面，是一项浩大的文化工程，是一桩当今的文化盛事，也是近年来一项重要的文化成果。古人说：盛世修志，盛世修书。这两套集成的应运而出，再次见证了今天衢州文化的繁荣和兴旺。

衢州是国家历史文化名城，地处浙、闽、赣、皖四省交界，是多元文化交汇融合的独特地域，承载着九千多年的文明，可谓历史悠久，人文璀璨，有着丰富多样又特色鲜明的地方文化。一方水土养一方人，一方人又创造一方文化，因此，就衢州的文化而言，无论是以儒家文化为核心的主流文化，还是质朴自然的民俗文化，都打上了鲜明的地域印记，有着别具一格的风采和神韵，这就是我们昨天的一道永不凋谢的风景！是衢州人的精神因子与文化内核，是衢州人文精神的源头。

一个地方的文化传统、文化内涵、文化底蕴、文化品位如何，靠的不是笔墨和口水，而是靠我们拥有的那份文化遗存，靠固有的文化资源和独特的人脉传承，靠历史留下的那份无需争辩的文化财富。这两套集成就是要对衢州优秀的文化传统与当代文化进行全面的整理，并进行深入研究，分类撰写，汇编成册，把那些丰富的文化内涵充分地展示出来，让那些久远的同时又是优秀的历史文化走出尘封，让那些就在身边的优秀当代文化更清晰，让它们变得可以亲近，可以阅读，可以欣赏，可以触摸，可以感受，让优秀的地方文化焕发光彩！

优秀的地方文化是我们与前人共同创造的宝贵精神财富，是我们共同的精神家园，是我们共同的文化之根，是我们世代传承的精神血脉。传承优秀文化，是我们今天应有的历史担当，也是当下经济发展社会进步的客观需要。习近平总书记在纪念孔子诞辰2565周年国际学术研讨会暨国际儒学联合会第五届会员大会开幕式上的讲话中指出："科学对待文化传统。不忘历史才能开辟未来，善于继承才能善于创新。优秀传统文化是一个国家、一个民族传承和发展的根本，如果丢掉了，就割断了精神命脉。我们要善于把弘扬优秀传统文化和发展现实文化有机统一起来，紧密结合起来，在继承中发展，在发展中继承。"我们出这两套集成的最根本目的就是要继承优秀的传统文化，又在继承中发展当下的文化，推进我们的文化强市建设，丰富城市的文化内涵，提升城市的知名度和美誉度，助推衢州经济社会的发展繁荣。

在今天新的历史时期，全市人民正团结一心，意气风发，开拓创新，为实现美丽的中国梦、美丽的衢州梦而奋发努力。在这种时代背景下，更需要有优秀的人文精神来凝聚人心，焕发激情，启迪心智，加油鼓劲！《衢州区域文化集成》与《衢州名人集成》的出版，就是顺应这一需要，通过接地气，通文脉，鉴古今，让昨天的文化经典成为我们今天追梦路上新的历史借鉴和新的精神动力！

衢州区域文化集成
衢州名人集成　编委会

2015年12月

总 目

上册

前 言…… 001
城池篇…… 025
瀫水篇…… 105
坊巷篇…… 153
宅邸篇…… 255

下册

古迹篇…… 001
市贾篇…… 085
医泽篇…… 201
礼乐篇…… 247
水亭门街区文化遗产范式解读…… 345
衢州地方参考文献目录…… 365
水亭门文化遗产研究受采访人名单…… 373
致 谢…… 379

目 录

前　言…………………………………………………………………… 001

城池篇…………………………………………………………………… 025

引　言………………………………………………………………… 027

碧春楼上辨星野……………………………………………………… 029

古城垣遗韵…………………………………………………………… 036

九龟之地……………………………………………………………… 054

古城水系……………………………………………………………… 060

德平坝………………………………………………………………… 069

捲雪亭与西城楼……………………………………………………… 074

水亭祭生灵　濲沙撑白骨…………………………………………… 076

端午西安门英烈凭吊………………………………………………… 082

细菌战印迹…………………………………………………………… 090

结　语………………………………………………………………… 103

濲水篇…………………………………………………………………… 105

引　言………………………………………………………………… 107

水亭埠………………………………………………………………… 109

驿递…………………………………………………………… 117
通和浮桥………………………………………………………… 119
篙声縠影………………………………………………………… 122
瀔水船工滩行曲………………………………………………… 129
江边吊脚楼……………………………………………………… 139
衢江渔民………………………………………………………… 143
水灯灿烂若星点………………………………………………… 147
结　语…………………………………………………………… 152

坊巷篇…………………………………………………………… 153
引　言…………………………………………………………… 155
水亭街…………………………………………………………… 159
天皇巷…………………………………………………………… 170
柴家巷…………………………………………………………… 178
上营街…………………………………………………………… 183
下营街…………………………………………………………… 193
皂木巷…………………………………………………………… 200
宁绍巷…………………………………………………………… 212
罗汉井巷………………………………………………………… 222
进士巷…………………………………………………………… 227
黄衙巷…………………………………………………………… 235
三圣庙与居委会………………………………………………… 242
结　语…………………………………………………………… 252

宅邸篇…………………………………………………………………… 255
引　言……………………………………………………………… 257
信安陈氏墓庙……………………………………………………… 259
联务徐氏…………………………………………………………… 263
西河徐氏宗祠……………………………………………………… 283
叶敬德堂…………………………………………………………… 301
“大洋房”的乡愁 ………………………………………………… 330
水流不盈　周氏故居……………………………………………… 344
吴土福与“六间” ………………………………………………… 355
黄石麟民居群……………………………………………………… 361
杨家大院…………………………………………………………… 375
王汉卿家传………………………………………………………… 386
读书言神话祝家…………………………………………………… 395
应篪房……………………………………………………………… 402
大陈汪氏…………………………………………………………… 409
郑家遗风…………………………………………………………… 416
黄衙小院…………………………………………………………… 425
蔡伦部落“王立大” ……………………………………………… 428
汪氏父子…………………………………………………………… 433
红楼与徐志馀……………………………………………………… 439
结　语……………………………………………………………… 446
水亭门望族及其祠堂列表………………………………………… 448

前　言

衢州有圣贤之芳躅，帝王之陈迹。1994年国务院审批，公布为古迹型“中国历史文化名城”。南宋时期，孔子第四十八代长孙孔端友南渡，赐家衢州，故又称“东南阙里、南孔圣地”。水亭门古街区位于城内西隅，呈矩形地块，现存三街七巷。区内散布着庙宇、宗祠、会馆、城楼、古迹及成片的传统民居，是衢州城保留最完整、最能体现古城风貌的街巷。衢州市政府一直对这块街区的改造非常小心。街区分别在1997年和2001年请同济大学古建筑专家做过保护规划，但自那以后十年时间里，街区面积仍然在不知不觉中由20公顷缩小到只剩大约12公顷。区内民居十分脆弱，市气凋零。出现这一状况的一个重要原因是街区文化遗产的大义难以被感知，由此造成政府决策两难境地。2010年衢州市文化局从“文化先行”的理念出发，邀请浙江大学跨学科研究团队，从文化人类学、历史学、古建筑学、旅游休闲学等多学科视角对该街区进行街区遗产历史意义的研究，以便为今后各种规划和利用提供文化本底。

在历时近两年时间里，课题组对本街区及其周边文化遗产，挨家挨户开展了刨根式调查，掌握了大量人类学资料，包括采访、图片、录音、录像等。同时收集整理了丰富的有关水亭门街区不同历史时期的文献资料。在此基础上，课题组超越现代遗产观，打破物质和非物质遗产的划分界线，从中国本土历史思维出发对研究资料进行仔细分析，并用“述而不作”的方式对遗产的意义进行书写，最终形成一份近40万字的研究报告。本书是在该报告基础上形成，展现了一个全面、深层、细腻、原真的街区遗产画面。虽然本研究不属于规划范畴,但将是各种规划、决策以及遗产利用的基础,其目的是:

(1) 挖掘水亭门街区蕴含的文化大义;

(2) 为修复水亭门街区、活化文化遗产提供过去与现在的对接点;

(3) 为“照亮”街区的文物遗产提供语言性的艺术魅力(aura);

(4) 为城市规划等提供深层文化本底;

(5) 为旅游展示提供文化素材。

本研究立项阶段,根据初步文献研读,确立6个方面的初步研究方向,包括:1) 水亭门会馆系列——乡土之链;2) 水亭门望族系列——宗族文化;3) 水亭门小巷系列——市井生活文化;4) 衢江文化系列——瀫水流域文化;5) 水亭门城池系列——城墙与建制文化;6) 非物质文化遗产系列。这6个方面,是作为最初问题带进到街区中去探索。随着研究不断深入,这些问题带出不同研究对象。一定意义上也改变了我们对水亭门本身的认识。因此对研究框架做了适时调整,从原来的6个方向拓展到了8个文脉系列,分别是:城池篇、瀫水篇、坊巷篇、宅邸篇、古迹篇、市贾篇、医泽篇、礼俗篇。各篇内容既有自己体系,又相互交叉呼应。风格上更多借鉴了传统地方志。将非物质文化遗产系列渗透于街区物质肌理中描述,分散到各篇展示。这一变化体现了我们对坊巷文化遗产认识的不断深入过程,也体现我们在研究方法上面的创新。本书出版时,水亭门街区已经进行了大规模的修复和改造。本研究是这一修复的决策和规划依据。本书没有对改造期间及以后的情况进行追加,这一方面是为了更好地留住改造前的城市记忆,使读者在阅读本书时可以与现状进行对比,同时也能帮助读者了解历史街区遗产意义的挖掘如何引发城市的变化。本书前言部分将就坊巷文化肌理的概念、文化遗产研究方法、文化遗产价值判断、遗产书写等问题做一个交代,有助于更好地解读本书。

一、坊巷文化肌理

在都市化进程中，我国诸多的古街区正面临快速消失的处境，这种消失既表现为日积月累的渐进性侵蚀，也有城市规划中的整块拆除。不管是哪种情况，都与我们对古街区文化遗产意义的认知有关。我们较多地关注物质文化遗产，如建筑、文物等，而忽视其背后无形文化遗产价值。由此，一旦建筑本身的原真性和历史性得不到确认，就会简单地以为不具有保护价值。殊不知，遗迹、遗址乃至上面的一草一木都可能有重要的文化价值。为此需要一种能打破物质与非物质文化的界线，形成能反映中国传统理念的古街区遗产认定方式，特别是能从那些看似普通的街区里把握到背后无形遗产的当下意义。而要做到这一点，我们不能只停留在现行西方文化标准下建立起来的文化遗产的认识框架，而要回到中国古代的坊巷文脉里，考察各种地方志是如何认识、记载和彰显街区文化遗产的。

关于坊巷的定义，清嘉庆十六年《西安县志》(衢州曾名西安县）称“城内有隅，郭内有坊，直曰街，曲曰巷”[1]。坊巷在古代曾经是一种行政管理体制，“唐制百户为里，五里为乡。四家为邻，四邻为保。在城邑为坊，田野为村”[2]。但坊巷文化不能只从行政结构里解读。坊巷自周代即有之，《尚书 · 毕命》记载这是以“表厥宅里，彰善瘅恶”为要义，因此坊巷文化的核心是“贤其人”，重在激励人心。“表厥宅里自周有之，所以贤其人也，后世乃以表科第，近又以表其官。此有司崇重激励之意，其亦甚矣。”[3]此外坊巷也不仅是由建筑构成的街区，它还包括礼俗、家族、商贾、名贤（牌坊等体现）、园林、城池、宗教等非物质文化遗产。坊巷内存在或消失的各种历史遗迹，可以是民居、商铺，但还有各种亭、园、楼、阁、寺、塔、祠、庙、坊等。但每一个遗址承载的是建筑以外的丰富多彩

[1]《西安县志》卷八，清嘉庆十六年修，民国六年重刊本，台湾成文出版社印行，1970年，第231页。

[2]《宝庆四明志》，影印文渊阁四库全书本。

[3]《姑苏志》卷十七，影印文渊阁四库全书本。

的无形文化遗产，通常又与家谱、寺祠志、建置志、古迹志、人物志及诗文等连接起来。先人对坊巷的记载往往体现“微言大义”的话语风格，包含着过去与当下、历史与文化、物质与非物质、遗产与伦理等重大问题思考，这都是今天重新理解街区文化的重要参照点。要全面认识街区文化遗产的价值，就有必要从中国本土文化视角出发重新梳理坊巷文化的肌理及其背后的大义。

文化肌理是指各种文化要素构成的体系及其质地。肌理或纹理（fabric or texture）一词是取自于纺织行业的一个比喻，用来指构成一种文化的各种特征与线索，包括有形也包括无形文化。这与中国“文”的传统含义相似。《说文解字》:“文，错画也，象交文。”意指由线条交错组合而成的一种图案。段玉裁注：“黄帝之史仓颉见鸟兽蹏迒之迹，知分理之可相别异也。初造书契，依类象形，故谓之文。”后来字的地位突出起来，人们忽视了“文”这一更加根本的意义来源。在西方，肌理或纹理这一概念比较多地出现在文物与建筑遗产的修复中。街区文化遗产的肌理通常关注其物质细节及其结构，也包括视觉面貌和内心感受。在西方对街区物质文化肌理的保护已相当成熟，并走向一种具有怀旧色彩的艺术化效果，游客行走其中往往会得到强烈的视觉冲击。今天对文物或者说坊巷肌理的认识已经拓展到非物质文化范畴。这得益于包括文学在内的社会科学对文化的深入认识，比如麦克法兰（McFarland）[1]倡导通过关注浪漫主义文化肌理来重构我们对什么是浪漫主义的认识。吴宗杰、胡美馨[2]引荀子观点，认为礼是渗透于中国社会的文化肌理，体现在“歌谣、謷笑、哭泣、谛号……刍豢、稻粱、酒醴，餰鬻、鱼肉、菽藿、酒浆……疏房、檖貌、越席、床笫、几筵，属茨、倚庐、席薪、枕块”等一切有形和无形的中国传统文化生活中。近年来，我

---

〔1〕 McFarland, T., *Romanticisma and the Heritage of Rousseau*. Clarendon Press, 1995.

〔2〕 吴宗杰、胡美馨:《礼性诠释作为意义来源：中国文化肌理解读》, *China Media Report Overseas*, 2010年第3期。

国非物质文化遗产研究领域大力倡导遗产的生态观[1]，建议用整体，而不是分类的方式，挖掘与保护村落、街区的所有文化细节，与此同时也开始探讨扎根于本土几千年传统的文化遗产观。[2]但如何将这一理念落实到具体的行动中，还有待于我们用文化肌理的视角把握每个细节及其多样性。一个重要的方面是要求我们在遗产表述时，把有形和无形的，错综复杂的文化线索编织为一个整体。

中国传统对古迹与遗产往往轻其物质肌理，重其文化意义，或者说精神所系。此种传统影响下的一个结果是，大多数中国坊巷很难找到具有悠久历史的物质存在。皮埃尔·里克曼斯（Pierre Ryckmans）在其《中国人对过去的看法》一文里就提到，在中国风景线中，缺乏西方有教养的游客所关注的那种过去留下的物质存在，因此如果从在西方环境中发展起来的遗产标准来审视中国，这些游客往往会感到失望。[3]但另一方面里克曼斯也注意到，在中国旅行，你能感受到无数不在的过去，那些延续几千年的地名、表坊、墓墟，乃至店名、广告诗词，流行歌曲，以及中国人的日常生活都能让一个西方汉学家想起他们所仰慕的几千年文明。如果我们打开任何一部地方志，那种穿越时间的精神永恒更是跃然纸上。如果回到20世纪80年代以前，这些纸上的精神还可能在街区的各个坊巷肌理中得到体验。为此里克曼斯概括中国人对过去的态度是：物质缺失但精神存在，或者说当下看到的中国过去，是一种“精神的活跃，物质的无形”。汉学家谢阁兰（Victor Segalen，1878—1919）认为，“中国人充分意识到没有东西永恒到可以逃脱时间那饥饿的牙齿”[4]。因此古人对遗产的保护可以

---

〔1〕刘守华：《论文化生态与非物质文化遗产保护》，《华中师范大学学报（人文社会科学版）》2006年第5期。

〔2〕喻学才：《中国古代的遗产保护实践述略》，《华中建筑》2008年第3期；吴宗杰、余华：《〈史记〉叙事范式与民族志书写的本土化》，《广西民族大学学报》2011年第1期。

〔3〕Ryckmans, Pierre, Chinese attitude towards the past, *China Heritage Quarterly*. 2008, p.14.

〔4〕转引自Ryckmans, Pierre, Chinese attitude towards the past.

表现为不断地重建,除了刻有文字的石碑,其他物质实体都可以代替和更新,甚至生长在遗址上的一草一木都可以被看作是珍贵的遗产。如果考察地方志关于“名木”的记载,几乎都在文化遗产的意义上,而非今天植物学定义。《战国策》记载“秦伐齐,令有敢去柳下季垄五十步而樵采者死不赦”。这里说明柳下季的墓墟边的草木也具有重要的文物价值,也被看作是珍贵的遗产。《衢县志·古迹志》中写道:“过柳下季之垄而禁采樵,往哲之风徽有足动后人之景慕者,旷百世而如新也。”[1]在古人那里,月榭风亭不在其艺术之美,荒祠古墓不在其文物之珍,关键是有可以让当世仰慕和追忆的精神遗产。

由此来看,重构中国坊巷遗产,重在其无形文化肌理。对坊巷文化遗产的保护应转向其遗址以及遗址承载的精神文化。这要求超越西方街区文化遗产的评价标准(物质原真性和物质怀旧肌理),重在其人而不在其物,认识到遗产的永恒性在人而不在物。

本书以水亭门街区文化肌理为对象,在西方遗产界一系列反思的基础上[2],旨在发展文化遗产研究的本土理念。我们以“衢州水亭门街区文化遗产”为例,“言近旨远,以小见大”,展现一种把物质和非物质、细节和整体、当下和过去融合在一起的遗产意义挖掘思路。通过运用包括《史记》《春秋》在内的儒家传统历史书写方式,以“微言大义”和“行事深切著明”来彰显街区文化遗产的深层价值,把错综复杂的文化线索编织成“以礼为本”的坊巷文化肌理。虽为衢州案例,但期待对我国古街区挖掘和保护有所启迪。

二、文、献互征与遗产“取义”

历史学和人类学的结合已有很长的历史,通常指的是把人类学提出的问

---

〔1〕郑永禧:《衢县志》,民国十八年修,民国二十六年铅印本,台湾成文出版社印行,1984年。

〔2〕Lowenthal, D., *The Heritage Crusade and the Spoils of History*, second edition. Cambridge University Press, 1998. Smith, L., *Uses of Heritage*. Routledge, 2006.

题通过历史研究来加以回答，或者是用人类学考察去考证或补充历史研究。[1]不过我们采取的方法与此不同，我们看重人类学的田野及其对当下的关注，而历史则更多看作为过去留下来的文本及其与今天不同的文化价值观。文化遗产本质上是过去在当下的存在，对其研究也必须包括当下和过去两个维度。孔子说："夏礼，吾能言之，杞不足征也；殷礼，吾能言之，宋不足征也。文献不足故也。足，则吾能征之。"在古汉语里，"文"指典籍，"献"乃故老乡贤。杞宋二国为夏殷之后，虽然孔子有夏殷之礼的记载，能言说之，但缺乏活人的传承，故不可成之。由此可见孔子的遗产传承既重视历史史料，也重视当下的活人。这就是所谓的"文""献"互征，也就是我们所持有的历史人类学视角。遗产研究就是要让史料和活体对接，实现对过去"大义"的传承。坊巷通常是被看作是物质存在，但对其意义的把握必须超越物质，能把握其历史大义。同样历史也不能以传统史学观看之，仅仅为了再现过去的事实。文化遗产是一种流动的文脉，与当下在对话中的过去。历史人类学就是把现实与历史对接起来，以成其大义。在遗产书写上，避免宏大理论惯用的概念和定义表述，而是通过细致、具体的文化肌理刻画，展现街区遗产独一无二的地方精神。我们把历史文献解读和人类学田野考证紧密结合起来，研究过程包括：

文献考证　收集与水亭门街区有关的文字资料，包括地方志(不同时期的版本)、地方文献、家谱、档案、老照片、图纸、碑文、已发表研究论文等，利用这些资料对这个街区每个片段的历史变迁进行梳理。

采访与田野考证　对不同年代的居民及熟知该地区的各界人士进行追踪采访，请老人们提供水亭门街区相关载体的历史记忆，请他们一起走访现场，对现场文物进行考察、描述和讲故事。通过这些方法，把握无形遗产在当下的传承状态。

---

〔1〕周秋良、胡鸿保：《历史人类学：史学还是人类学》，《求索》2010年第2期。

文化解读和遗产书写 解读不是一种理论解释,而是在描述中著明;书写强调尊重原始史料的语言,包括古人诗文,它们不是看作文学作品,而是古人对该遗产的意义解读。描述不是为了简单地复原过去事实,而是探究过去对现在的意义。

文化遗产利用论证 根据水亭门街区的文化内涵,及其当下意义和政府与民间的诉求,探讨被现代人利用、展示的可能性及策略。遗产利用是一个持续变化的过程。

任何文化遗产的确认涉及其价值评定。在中国,这个价值可以理解为蕴含在遗产里的能为当下所利用的大义。所谓义[義],段玉裁《说文解字注》里指:"善也","从我,从羊"。"谓仁必及人"。本研究的价值判断是结合当下社会背景,从中国传统文化的大义出发,以人为本,在遗产细节叙述中进行。我们将其看作是遗产"取义",取之孔子之言。子曰:"其事则齐桓、晋文,其文则史,其义则丘窃取之矣。"结合遗产研究,街区及其历史人物可以看作"事",史料及遗产书写可以看作史与文,但"取义"却是要靠研究者审视夺度。"取义"不是简单言说所谓的"仁、义、礼、智、信",或者给遗产套上一个大道理,而是在具体细节的叙事中隐含,要让遗产能给现代人以启迪。"取义"是通过口述与史料的细致解读,结合中国经典,针对现代各种各样的问题"折中于夫子"。我们相信只有把握住遗产的文化意义,才能留住其物质遗存。遗产描述不能仅仅停留在就事论事的事实考证上,不能只说水亭门以前有什么,而是要追问这些东西的意义在哪里。研究的虽然只是衢州地方文化,但其意义并不止于衢州本地,要从中国文化的高度去认识。本书每一篇遗产叙述都要思考如何取其义。"取义"借用孔子的"春秋笔法",通过用词细节体现出来。孔子写《春秋》用的只是当时熟知的普通史料,惯用的历史叙述,但却隐含了裁定天道人事的大"义"。

比如当我们在写水亭门城上的碧春楼时,除了梳理其通常的遗产内容外,把登楼看到的衢州星象分野的记载与当今地理学经纬度做比较，展现这两种文化的本质区别，古人以不变的星辰作为山川坐标，故有“国邑之名代变而山川不变，星辰亦不变。泥其变者，遗其不变者，何异于亡剑而刻舟？”由此出现天人合一的地理观：“天道远而人事迩，顺人应天，此之谓乎？”我们从一块碑记里，裁录清代西安知县的徐懋简登城楼时的故事。其中谈到他当年看到的“弦歌四起，绣壤交错”的衢城景象，作为父母官该如何体恤民情，“先天下之忧而忧，后百姓之乐而乐”。他说，登上城楼，看见下面“那些背着书箱的人，我要知道如何培养他们；那些扛着锄头的人，要知道如何慰劳他们；那些江山往来的船家，要知道如何保护他们；那些居民，要知道如何安抚他们；那些酣醉而起舞者，我要知道他们为何快乐；疾病痛苦的人，要知道他们的忧伤。知道这些应该知道的事情，就是知道如何执掌西安县事的人”。由此碧春楼就寄托地方官“知天、知地、知衢州”的大义。

在描述水亭门文昌殿时，展现它作为文运的礼仪场所的意义，体现古人对教育和治国人才的祈求。将文昌殿作为全国祭祀的重要对象，始于清代，给朝廷呈《文昌化书》的倡导人、大学士朱珪还在衢州文昌殿边的观我园留宿，并留下诗文。近代以来，由于科举废止，儒学远离，文昌殿也被废弃，并错误地理解为“拜菩萨的地方”。我们从民国《衢县志》记载中读出这样的无奈，并在水亭门古迹志里把文运和教育的传统大义提取出来，思考中国文运复兴之意义。街区上的周王庙和天妃宫，衢州古时流传“天妃宫月月《风筝误》，周王庙旬旬《比目鱼》”。这里曾经是“西安高腔”的发源地之一，体现“‘八佾’遗风，戏为盛礼”的南孔遗风，今天天妃宫仍然每周上演古戏。深入考察，其中追求的乃是“君臣上下同听之，则莫不和敬”“长幼同听之，则莫不和顺”“父子兄弟同听之，则莫不和亲”（见《礼记・乐记》）的礼乐意境。从“取义”的角度看，我们不是套用所谓建筑学、宗教学、美学等现代人的概念去评说遗产的价值，而是回到儒家文化的视角，深明大义。遗产叙述在触及小人物、小民居、小文物时，也时刻不忘挖掘其背后的文化大义。

三、坊巷文脉肌理的书写

遗产书写本质上是意义的产生过程，也就是面对某一古代遗存，包括与之相关的人类学调查和典籍，我们应该通过什么样的叙述风格、分类方式表达其意义。简单来说，我们应该怎样从依照西方标准建立起来的遗产分类体系、评估标准走出来，用一种切合中国本土叙述传统的遗产写作方式，用整体观照的思路展现遗产。

我们不简单地把水亭门概括为某一种文化，如商业文化、戏剧文化、中医文化、宗教文化或者其他。水亭门就是衢州古城文化的印迹，由无数相互交接，体现不同时代、不同生活领域的文化肌理沉淀在一起。我们通过挖掘衢州丰富的史料，结合人类学采访，确立八条文脉，或者说文化肌理，并用司马迁"互见法"加以贯穿。刘知幾《史通·二体》阐释"互见法"，"同为一事，分在数篇，断续相离，前后屡出"。[1]在我们这里就是同一事件或人物依"取义"之需要在不同篇章里出现，使不同文化线索分而不离，并体现"微言大义"的效果。通过参考传统方志的编目理念，同时又根据当下之需要，将水亭门文化遗产分为八个大篇目。这是用坊巷文脉的思路去展示水亭门作为遗产地的意义。各篇章简介如下：

1. 城池篇——众志成城

古人云"众志成城"，是说要让城郭固若金汤在人不在城，也就是说地利不如人和。今天城墙已失去其凭依功能，但对于凝聚衢州人心仍然具有重要意义，城以盛民是本篇希望挖掘的意义。衢州历来是兵家必争之地。"争两浙而不争衢州，是以浙与敌也；守两浙而不守衢州，是以命与敌也。"衢州坚固的防卫城墙，巧妙的瓮城，内河和护城河体系，以及钟楼、鼓楼、炮台的设立，使衢州

---

〔1〕刘知幾：《史通》卷十六，中央编译出版社，2010年。

城池有着凝重的历史魅力。衢州发生过的许多重大战事，如明朝常遇春的“滑铁卢之战”，清朝平定三藩之乱和太平天国运动以及抗日衢州会战等。上述历史事件留下的文化记忆，可以成为彰显残留城墙的历史光环。

水亭门又称朝京门，是衢州相对保存最为完整的城门，目前还保存有一段比较长的城墙遗址。站在水亭门上，以古人“星野”的视角，看此地域“天人合一”的文化内涵。碧春楼借古之天地观和盛民观将可以重新复活。由水亭门风水布局折射到整个衢州“九圭之地”的府城格局。此外，探索水亭门城池文化时，带来一系列问题，比如府城格局是如何反映城市礼制思想，水亭门在这一格局里起什么作用，如何通过现存文物承载古城先贤智慧。此外还有城池的建筑格局和筑城方法，城池与水系、商肆的关系，战事记载等等。上、下营街曾经是驻扎军队的地方，水亭街因码头形成商业景象，成为衢州、浙江乃至全国的政治、军事、经济重地。本篇还提出重修城墙的历史文化依据，同时建议利用现有文物开展文化活动，如节日庆典、婚庆礼仪等，以体现传统礼仪活动激活衢州古城的物质灵韵。

2. 縠水篇——縠纹涟漪

衢江，又称縠江，取之其水纹似罗縠，上行江山、常山、开化各埠，联通闽、赣、皖，两广及西南地区，下行兰溪、金华、桐庐、富阳、杭州，通运河、长江中下游各地。水亭埠作为衢江航道上最重要码头，自唐宋至明清，航道中千帆林立，沿江数里，货船、客船、渡船，花船，木排沿江排列。千百年来，衢江不仅仅是江水，还是充满意义和张力的文化空间。衢江船工和渔民，上无片瓦下无寸土，以水为家，在水上构建起了物质和精神家园，给衢江留下了“家有儿童乐，门无官吏来”的别样生活图景；江边的“吊脚楼”沿江而建，为船提供给养，为商店联系运货船只，可谓水陆之间的桥梁；“骚人重醉碧春楼”，衢江还是历代名流荟萃的地方，或赶考，或赴任，或从幕，或归乡，千百年来，吟友们伴着桨声帆影，经历春夏秋冬时序之变，所吟诗句如春花烂漫，姹紫嫣红。衢江花船中能歌善舞的姑娘，茶馆里引人入胜、扣人心弦的说书，码头边上惩恶扬善的道情，为衢江增添了别样风情；衢江排开的码头上，有前来浣洗的妇女、静坐的垂钓者、吆喝的小贩、忙碌的挑夫……可以说，衢江是区别于陆地的、另一个充满生趣和诗意的栖息空间。《瀫水篇》通过对水亭门码头、浮桥、瀫江鱼工、驿站渡口、船工、九姓渔民、花船、江上休闲文化等呈现水亭门周边的江上景象，体现出水亭门码头重要历史意义。此外，以水亭门码头为载体，挖掘衢江劳作与商业网络，寻找“草市迎江货，津桥税海商”，“水门向晚茶商闹，桥市通宵酒客行”的文化意境。这一研究旨在为衢江水上旅游、发展江上休闲、重新激活水亭门沿岸的人气起重要作用。

3. 坊巷篇——市井怀旧

城内有隅，郭内有坊，直曰街，曲曰巷。古城衢州分四隅，通称为坊。县治西十字铺(街)分界。“由铺西经南市街抵旧天后宫转北为西隅”，也就是水亭门街区所处区块。民国《衢县志》记载的水亭门街巷，目前尚存的有罗汉井巷、柴家巷、皂木巷、上营街、下营街、天王巷、小天王巷、黄衙弄，还有人称“进士巷”的漕门弄。记载的坊有西太平坊(朝京门内南向上营)、灵顺坊(朝京门内北向下营)、明扬坊(水亭街)。各类记录功名的牌坊还不在此列。本系列展现这些街巷的格局、文化和建筑质地、历史变迁、人文特色，也包括市井生活、趣闻轶事，体现普通百姓的原生态生活文化。这为今后修复水亭门街景、形成怀旧意境的坊巷风格提供文化意象。本篇以明、清时代以及民国初年景观为解读底本，主要是民国三十一年(1942年)水亭街拓宽之前，对两侧的住家、民居与商铺、路面、牌坊、名木、古井、外围景观等进行描述。

4. 宅邸篇——望族演义

在水亭门街区存在过的“望族”不仅有徐氏望族、陈氏望族、乐安任氏望族、洛阳刘氏望族等家族的宗祠，还有民国时期的叶氏、徐氏、黄氏、周氏等大家族。此外毛泽东的祖先毛璩后裔也在此留有踪迹。《衢县志》把它们归为

“望族”。各家族宗祠呈现出中国根深蒂固家国一体的宗族文化。本篇将通过挖掘这些宗祠布局(包括消失的)、家族产业(水亭门街区部分)、名人事迹、祭祀礼仪、房系脉络、移民关系、诗文记载等,充分呈现水亭门望族文化底蕴。围祠而居的是各个民居的特点,探究的其中的仁里文化,考察这块土地如何维系衢州人的根意识,亲亲尊尊的血亲脉络。我们刻意追寻这些家族今天的情况,互唤其收族意识,并详细刻画一些可能恢复的宗祠,以起到家族祭祀、敦亲睦友的作用,也是展示衢州望族文化的平台。《论语》中说:“里仁为美,择不处仁,焉得知?”里者,民之所居。什么样的坊巷空间才是美的?并不是现在所向往的高楼广厦,而是“居于仁者之里,则为善”,日渐月摩,便会有教化。水亭门大大小小有许多家族宗祠,这是孝友文化的根基,是感化民心、爱亲敬长的起点,也是最能触动衢州市民、凝聚人心的正气所在。不能把祠堂仅仅看作是家族内部的私事,古有所谓“家家皆正,则邦国自然得正”。期望那些家族祠堂的后人能回到水亭门寻根问祖,恢复祠堂的祭祀和教化功能;宅邸篇的挖掘将为保护水亭门的民居,使其成为儒家文化的重要载体,同时为反映古城家族历史的兴衰变迁提供一个窗口。

5. 古迹篇——访古问愁

《衢县志》感叹“重古人之行,宜抚一泉一石,一花一木,皆足动人复古之思,令人留恋慨慕于无穷者”。古迹是历史沧桑留下的印记,对于中国古人来说,这些印记并不一定需要物质的载体,衢州方志中的古迹志主要就是记载消失了的历史遗迹。古迹篇主要梳理水亭门一带已消失的历史记忆场所,其中包括寺(天王古寺)、塔(天王塔)、祠(孝烈祠)、亭(捲雪亭)、园(观我园)、阁(文昌阁)、坊(太平坊、灵顺坊、节孝坊)、桥(天王桥)、巷(护领巷)的历史记忆,凭吊历史上这些古迹对水亭门乃至衢州的重要意义。当前古迹保护面临的关键问题是其历史文化意义的失落,本篇希望能激发人们重新思考古人对古迹的理解和处理方式,并在此基础上提出具有中国传统文化特色,能与当代对接的水亭门古迹保护与重建思路。古迹意义的恢复既可以拓展旅游资源,也可以作为文化复兴的载体。在领悟其文化精神的基础上,激发怀古、稽古情怀。南孔家族《东家杂记》载孔子访古迹而诗曰“将军战马今何在,野草闲花满地愁”,即为此意。

6. 市贾篇——四省通衢

衢州素有“四省通衢”“五路总头”之称,水亭门由于紧靠衢江码头,乃是衢州最为繁华的商贸之地。《衢县志》记载:“西城水亭街,南城坊门街,十字街,西南市街皆为繁盛之区。”同时也记载衢州“然其地瘠民贫生产不饶”,当地人“亦只安家居耕作以谋衣食而已。一切金融之流通、价格之上落,悉操诸客帮之手,闽、赣、徽、宁、绍各树一帜”。这是因为衢州“宋元为仕宦之乡,往往因留寓而落籍,数传以后悉成土著”。由此水亭门商业的最大特色是云集周边不同地区的商业文化。而外邦人到此,相互间形成一种竞争关系,也因此这里的商人有不忘桑梓示崇本,“名有主客之分,实无区域之别”。通过开设各种会馆建立“宾至如归”的乡土之链。

水亭门的商业样态首先就是货运业,称“运输行”“过塘行”。其次有纸槽业(很多为历朝贡品)如“王立大”“叶半城”和应家,都是纸槽大户。再是木材行、米业、油行业、酱园业、药材业、布业、酿酒业等等。还有就是依附于这些行业的服务业,如菜馆业、金融业、娱乐业。水亭门也是一些特色产品的集散地,如咸花生、柑橘、胡柚、茶叶、福建南(山)货等。此外民国时出现一些西式产业如皂木巷的勤业袜厂,柴家巷阜城纸庄为代表的印刷业、卖洋油洋烟西药的商铺等。还有就是衢州各种传统手工业,比如箍桶等手工艺制作行业。这里的商业经营模式多样,有家族经营,雇佣经理,经理人管理等方式。商业经营理念多体现儒商文化。另外,水亭门还是培养商业管理人才的“大学校”,这里的学徒制反映儒家教育理念,即以“进退应对洒扫”(见《论语》)为要义的“知行合一”教育思想。因此许多大家族都把子女放到水亭门商铺里培养。这对今天企业家人才培养仍有启示。

7. 医泽篇——药王圣地

在中医逐渐衰落的今天，水亭门街区还依旧保留着传统医文化的印记。其大街小巷、祠堂民居里记录着中医的传承与变迁。这里曾经有元朝衢州路医学提领刘光大所创的惠民药局，即今天的神农殿；曾经有明清名医的悬壶济世与橘井泉香；这里是中国医典《针灸大成》杨继洲的故土；曾经有鳞次栉比的民国中西药店与中药栈，店里设有坐堂医生，雇有学徒伙计；还有代表药业最高管理层的药业行会，有体现中医教育的神农殿讲堂；有每年农历四月廿八神农氏祭祀；有过去坐堂医生的许春祥民居，还有现在非遗项目“杨继洲针灸传承人”张玉恢的祖宅。这一个个点相连，一条条线相串，便织成了一片传统医药文化泽地，使我们能从不同角度一窥中医在地面貌。水亭门街区留下了与中医有关的宗教、医术、药业、行会、教育、名医等等多种遗产。从惠民药局与神农殿中，我们感受到的是医与政治、医与宗教、医与百姓生活的联系；看到的是中医对于普通人生活乃至信仰的关照与影响。从药店学徒每天的擦桌扫地洗碗中，我们看到的是师徒传承的中医教育，体味到“敏慧于心”的教育方式，更领会到儒家教育所倡导的人生第一课：洒扫应对进退之节。从坐堂医生处，看到古时医圣的高风亮节。此外我们也看到民国时期的西风东渐留下的中英大药堂痕迹。通过此篇，我们希望带来的不仅仅是关于如何恢复与建设水亭门医药产业的思考，更是对弘扬与复兴中国传统文化，谋求中西文化对话的一次尝试。研究希望能将水亭门街区打造成多元的浙西中医药文化中心，集医院、药铺、药材制作与批发、讲堂、名医传承、遗产研究等为一体的医泽圣地。

8. 礼乐篇——协和万民

《西安县志》记载“圣人以神道设教而天下服”。礼乐篇通过描述水亭门现存的周王庙、天妃宫、神农殿、文昌殿等过去开展的各种祭祀、乐神日、庙会、唱戏等活动，挖掘水亭门以“教化”和移风易俗为目的的礼乐文化，由此呈现

"神人同乐"、"天人合一"、人伦和谐的传统文化。通过对各个庙宇供奉的神所包含的内在文化解读,挖掘衢州本土的礼义思想。其中,周宣灵王祭祀的历史变迁引出钱塘江流域的水文化。通过以"神出历坛"的"乐神"祭祀等活动的描写,探寻一个多世纪前的精神风貌。祭祀与庙会并不是简单意义上的宗教和民俗活动,而是中国传统的"礼乐"文化的延续。另外天妃宫、神农殿和文昌宫的意义也将分别走出现代人想象之"宗教传统",从"仪礼"文化方面加以呈现。通过这些文化记忆的挖掘,重新赋予水亭门一带庙宇的礼制含义。

水亭门提供了礼乐文化土壤,培育了许多地方性戏曲,如婺剧、衢州道情、滩簧、莲花落、莲厢、小锣书、快板等等。特别是婺剧,水亭门曾经是这一文化的大本营,浙江婺剧团前身的所在地,今天还留着许多当年的剧团用房。天妃宫祠堂戏台今天仍然上演传统戏剧。观戏在这里不仅是艺术欣赏,更重要的是礼仪交往活动。该篇还包括水亭门一带婚、丧、嫁、娶活动的描述,以及各种风尚和礼乐教育。这些记忆可以为现代衢州各种礼仪活动注入活力和意义。各庙宇所代表的行会关系及其在各种祭祀活动里的体现也将做仔细考察。许多非遗项目由于受西方分类体系影响,往往从丰富的文化土壤里抽出来,变成一种技艺,导致文化内涵的缺失;但如果将非遗项目回归土壤,也能丰富乃至激活水亭门街区的活力。礼乐篇的挖掘将从根基上丰富南孔文化的民间土壤,有助于夯实衢州古城的文化底蕴。

除了这八个篇目,在涉及的具体遗产里,我们提供当下利用方式的提示,以各种形式插入,学的是"太史公曰"的用意。书中,史料、口述、文物描述、作者评说等虽然相互交叉,但来源都有迹可辨,避免用自己的语言去代替。整个布局,篇目体裁取舍,力图打破受西方遗产话语的文化支配,更好地体现古代地方志及其他史书的叙述风格和遗产观。[1]总之,遗产书写力图让人能看到来

---

〔1〕侯松、吴宗杰:《"古迹"与遗产政治的跨文化解读》,《文化艺术研究》2012年第1期。

自不同时代的语言实录以及涉及具体人事的故事，着力以孔子提倡的以“行事深切”来“著明”遗产意义。

四、从文化碎片到文脉编织

在遗产保护中，一直存在两种不同的遗产评价标准。通行的做法是关注那些反映重大历史事件、重要人物和鲜明特色的标志性遗产，人们称之为“纪念碑”式遗产。[1]今天衢州人认为其标志性的文化有“两子”，即“南孔”和“围棋”，尤其是南孔在全国乃至世界都有很高的知名度。但在普通老百姓心中，南孔文化是“阳春白雪”，遥不可及。遗产保护的另一个视角就是寻找普通的、寻常百姓生活里的“乡土”文化。水亭门街区的遗产更像是后者。除了少数已经列为文物保护单位的庙宇外，人们并没有感觉到这里有什么宏大的东西。但对我们来说打破这两种遗产观的界线，使其相互渗透、相得益彰乃是重要的遗产开发创新。南孔确实有重要意义，但绝不只限制在孔氏家庙里。水亭门街区有许多历史悠久的家族及其宗庙也在传承南孔文化。此外，这里曾经有过的庙会、礼俗，以及中医、私塾、表坊无不蕴含儒家精神，是南孔文化在民间的表现，也是孔子后裔适衢后培育起来的衢州乡土文化。它反映的是以南孔为标志的衢州古城文化肌理。

举例来说，水亭门街区有大量看似普通的民居。这些民居不仅仅只是体现所谓徽派建筑，更重要的是其所承载的各个家族的文化记忆。这些碎片化而细节性的家族记忆，是南孔所提倡的宗族文化的历史延续。周王庙旁边原来是联豸徐氏祠堂，大小相当于杭州岳王庙。联豸徐氏是与孔子嫡长孙同时南迁来到衢州，宋时为东京祥符人，落在衢州已有九百多年历史了。联豸徐氏作为一个望族，传承着大量儒家文化，包括称为天官的徐可求忠烈形象，儒林鸿博徐之凯，还有明朝万历年间“一门三进士”的荣耀。今天被评

〔1〕Lowenthal, D., *The Heritage Crusade and the Spoils of History*. Smith, L., *Uses of Heritage*.

为非物质文化遗产的邵永丰麻饼当年就是该家族的祭品，并由其族产“徐大丰麻饼店”传承。在方志和家谱里还记载了联豸徐氏家族很多孝子的形象。该家族最后族长的儿孙至今还保存有鲜活的家族文化记忆。徐氏家族遗产体现“修身、齐家、治国、平天下”的儒家传统。类似的家族在水亭门还有很多。另外，站在坊巷角度看，这里的“柴家巷”以姓氏得名，巷里曾居住过“旧时王谢”的豪门望族，是五代后周皇帝的周恭帝后裔。《衢县志》(1124页)记载，“城西隅柴家巷，周恭帝后叔夏封崇义公，收掌二帝位版权，就衢州景福院奉安，子孙遂家于衢”。周恭帝乃是被赵匡胤“陈桥兵变”时废掉的后周小皇帝。不过赵匡胤以及宋朝历代皇帝依照孔子“兴灭国，继绝世，举逸民”的大义，对其后代仁慈相待，直至绍兴五年，赐封到衢州。因此今天的柴家巷乃是一代君王历经传承留下来的可考证的印迹，是孔子“绝世之仁”的见证。

由此可见，水亭门这个建筑上看起来普普通通的街区，编织着中国传统文化的大义，堪称衢州古城的博物馆，但这个博物馆是活的、流动的、开放的、古今通达的，不是只摆在那里让人看的，而是让人们走进来，可以用心来感悟，用身去体验和生活的。

传统上文化遗产追求的多是些纪念碑式的、标志性的有形遗产。该模式主要受1964年《威尼斯宪章》影响，注重遗产的物质原真性保护，主要适用西方以石块为特色的建筑。20世纪后期，国际上对这一思路进行深刻反思[1]，更加重视非物质文化内涵的保护。遗产的定义也开始超越西方思维，体现文化的多样性，尤其是非标志性的遗产。也就是说，遗产定义及其保护不能再按照过去那种物质性的、标志性的宏大文化思维模式，而是要把各种本土的、根植于民间土壤的、活的记忆碎片纳入到遗产建构中来。这个建构

---

〔1〕Lowenthal, D., *The Heritage Crusade and the Spoils of History*.

过程，就是把围绕一个点或场所的不同历史文本碎片，编织成一个个有意义的文脉。

无形文化肌理好比是一束束光环，能根本上照亮古街区，赋予其魅力。文化肌理本质上就是能对遗产产生“察觉”“意思”“意味”“道理”“情理”“遗音”“意会”“不尽之意”等的意义感受，西方称之为遗产的sense，其中包括气味、风声、氛围等。但这个与心理学上的感官刺激完全不同，它是包括良知、义气、憎爱等更加重要的人文感受。能产生这种感受的除了物质肌理外，主要是来自遗产相关的语言。从话语角度来看，这些意义系统的东西都是以不连贯的文化碎片存在，可能是一句诗、一个字、一个人名，一段故事，物质上就可能是一片残瓦、一个断墙，甚至一棵树。遗产研究就是要把这些碎片化了的文化遗存，小心翼翼地加以收集、考证，然后编织成一个能被当代人理解的文化“叙述”。

水亭门遗产的修复，要靠追溯其原来的文化碎片质地，具体来说，就是它过去一砖一瓦以及生活的细节和布局是什么样子。本书着力追寻这些细节，为了修复和激活水亭门街区所用。历史资料显示，当年从朝京门进来，看到的是类似现在湖南凤凰城门内的景观。从城门进来，看到的是窄窄的街道，弯弯曲曲，有变化的，中间铺着青石板，两边是鹅卵石铺就的路面，街道两侧的屋檐向内倾斜，不时能看到伸出来的楼道，妇女们坐在上面喝喝茶，看看下面流动的人群和庙会。三个牌坊在水亭街依次排开。建筑表面有着不同年代留下来的痕迹，风格也会随不同时代而有变化，有张扬，更有内敛，但总体和谐。这些都是物质文化肌理留给人们的意境。抗战期间水亭街左右两侧各拓宽过3米并拉直，日军细菌战又对水亭门文化肌理产生很大影响。例如柴家巷9号吴土福的房子，本来六间平行，但其中有一间的木板与其他不同，就是因为细菌战的缘故，这一间被烧掉重建，因此呈现了不同的文化质地。今天水亭门的很多民居内壁由砖头搭建，原本却是木板，原因就是当时政府命令老百姓敲掉木板，改用砖砌,防止老鼠传染细菌。还有日本人在黄衙巷1号房子里搭建瞭望塔,把楼板锯掉一块,如今还能看见这块空缺。这些质地都需要小心解读和保护,是历史的见证。

但文化碎片最重要的还是语言性质的,包括今天的口述。物质碎片也要靠语言碎片帮助产生意义。比如水亭门街道路面,中间石板,两旁石子铺成,这不能只是看作是一种材质、一种视觉和踩踏感受,更重要的是其中包含的文化意义。古人走在大街上,不同年龄、辈分、宾主关系、上下关系、男女关系都有礼数空间。中间石板路总是留给尊者,因此这一路面又称“君臣路”。由此街道路面的修复就不仅仅是材质和格局的修复,还包括“尊卑”关系的文化意义修复。今天能用来修复这一空间的碎片可能就是一位长者“这是君臣路”的指认。这一碎片连接到其他史料,形成连贯的意义表述,从而激活路面的文化大义。

把过去留下来的遗迹看作是一种碎片,就是说,无论是文字记载、口述还是物质载体都是一种承载意义的语言碎片。[1]这里要说明的是,历史意义总是不完整、存在断层的。对文化遗产的探究不是追寻福柯所批判的历史的起源,或者还原一个事实[2],而是思考过去留存下来的意义碎片在当下应该发出什么样的历史回声。水亭门的家族、商铺、古迹、坊巷、房子以及相关的记载和回忆等就如同一堆由不同历史话语叠加起来的碎片,厚实又多样,体现衢州古城的文化底蕴,呈现给我们的是从古代至民国,乃至文革时期不同时代的沉积,构成一个个生活图景和社会变迁。每一碎片又可以与更加远古的经典对接,放在当下语境里就产生本雅明所指的原作的回声。[3]作为文化遗产研究者,不可

---

〔1〕吴宗杰、余华:《〈史记〉叙事范式与民族志书写的本土化》,《广西民族大学学报》2011年第1期。

〔2〕Foucault, M., Nietzsche, Genealogy, History, Cahoone eds, *From Modernism to Postmodernism: An Anthology*. Blackwell, 1996, pp.360-379.

〔3〕Benjiamin, Walter, *Illuminations*. Jonathan Cape, 1970, pp.76-79.

能，也不要试图忠实再现过去，其任务是发现过去碎片的意义再生意向，并从这种意向唤醒历史的回声。遗产书写要尽可能使这些碎片透明、真实，不用现代概念去任意概括，遮挡其光芒。

末代秀才周浃，当年曾是衢州的重要人物，民国早年去世时半个城为他送葬，如今关于他的记忆几乎已完全被遗忘，但是在柴家巷的一大染坊还留着他的字迹，由于战争、自然和时间的原因，字迹已斑斑驳驳，完全碎片化，正是这一细节给了我们历史的感动。93岁王汉卿老人看着这片字迹，回忆起自己小时候在周浃开设的私塾里读书，内心充满感激。老人们还记得一大染坊墙上曾有一丈宽的“布”字。当年晒着五颜六色的布，飘起来，也曾是一道非常漂亮的风景线。在采访时，王汉卿与也已花甲的周浃之孙相遇，他们沿着水亭门寻访周浃遗迹，交谈中，片言只语都让人寻味到一位儒生的精神品德。

碎片的解读从生活开始，现象进入，然后连接到古籍，包括《二十四史》在内的大量古代文献。比如进士巷里有明成化二年（1466年）进士魏政之进士厅，今天从进士巷走入柴家巷，还有一处巷的格局能反映进士应有的礼数空间。当地老人介绍说，这条拐角今天看似普通，但当年只有进士人家才能有。不过今天这房子历经时代变迁，早已无真实性可言，但把《衢县志》记载与《明史》对接，可知魏政这样的官阶，其房屋应为：“厅堂三间，七架，梁、栋饰以土黄。门一间，三架，黑门，铁环。品官房舍，门窗、户牖不得用丹漆。功臣宅舍之后，留空地十丈，左右皆五丈。不许挪移军民居止，更不许于宅前后左右多占地，构亭馆，开池塘，以资游眺。”由此我们不仅看到这一进士厅依照当年礼制可能的建筑格局，更重要的是看到古代礼制对官员的约束。官员不能因为自己的权力和财富就恣意建造豪华别墅。因此进士厅包含着古人治理腐败的启迪。这样，我们把现场观察、口述、方志记载和《明史》对接起来，形成历史碎片的相互对话，以传统礼义反思当下。

遗产叙述应尊重语言甚于事实,所谓语言就是过去留下来的哪怕只言片语,它可以是史料也可以是老人的口述。把这些不连贯的,不同来源的碎片组织成现代人能阅读的故事,就是文化记忆叙述。遗产书写讲究叙述要直白、忠实、有味道和“微言大义”。本研究立足于对语言碎片来源可靠性的考证,而非事实。信以传信、疑以传疑。因为一切过去的事实,留下来的只是语言与符号。每一句话,都要有出处,有可靠的来源和实证依据。实证不是确认事实,比如天王塔的传说与西湖白娘子传说一样并非事实,但对地方文化却有重要意义。遗产书写通常分三种风格,第一是以理论为主的原则性陈述,从抽象层面给文化遗产一个宏大定义。这种定义不是让历史碎片自己说话,而是我们现代人去言说过去。第二是结合具体文物展开的科学性陈述,可以提供具体的可操作的建议,但无法呈现丰富多彩、深刻的遗产意义。第三是通过寄存在文化遗产上面的人物故事和历史事件的叙述,达到对遗产的深度“绘描”。绘描中包含以“微言大义”的方式隐含的现代启迪。这样的叙述就是孔子和司马迁遵循的“我欲载之空言,不如见之行事之深切著明也”。本书力图遵循这一叙述风格,同时也兼顾其他两种。以水亭门祠堂为例,我们会找到各个家族的家谱,追踪其后人,收集故人事迹,研究存在或消失的祠堂格局和族产。同时我们也考察其后代子孙现在的想法和处境,了解家族传承现状。有了这些古今对接、丰富的人物和历史事件故事,后人哪怕站在这块地方也会产生敬畏之感而留恋慨慕。这时看见的街区会产生其背后的“深切著明”。

文物的消失其实不可怕,可怕的是那份记忆和意义的失落。《衢县志》的编撰者郑永禧晚年感慨:“地方古迹,历千百年,保存为难。即以余生之前后十余年间,古迹毁灭者不少。”研究水亭门常常会叹息,这里要是不拆就好了,那里不就是曾经的故居。但是,这种遗憾本身就体现出遗产的魅力。衢州还是一个值得遗憾的地方！这样说是因为在都市化和全球化浪潮下，浙江大部分古城连懊悔的场所都没有了，因为在那些城市，已经无法激活哪怕一丁点的怀古情思。衢州残留下来的遗迹还不足以让人抹去过去的记忆，留给人们一个个懊悔的空间。也许就在这遗憾瞬间，我们得到了“旷百世而相感”的通古情怀。先人遗迹在历史的沧桑中总会被淹没，但“以兹有尽，视彼无数”，“至于英雄葬骨之区，贤哲首邱之地，一坏斯存，九原可作也”。〔1〕今天很多古城研究重在文物建筑的保护，但那种带有缺陷的遗址挖掘的意义远远大于建筑物本身，这也是古代地方志重视的地方。

“延年益寿”不只是为了建筑实体延续，更是要使建筑所承载的思想和意义传之永久。遗产保护，中国历代都在进行，但不限于物质，衢州历代方志里记载的就是这样一种中国本土的文化遗产传承与保护方式。今天国际上已越来越认同这种传承方式。中国与西方不同，不是靠大量的石头、城堡来体现文化的延续性。在古人的思维方式中，重建是合理的，但意义不能失落。今天中国古街区改造的最大问题不在于重建本身，而是重建过程中意义的失落。比如说水亭门外的捲雪亭，今天那里又重建起一座凉亭，但是捲雪亭的意境、它留下来的那些诗文并没有继承下来。不是说这些物质的东西不重要，而是要更注重于意义的回归。这种回归，也不是完全从方志或史书里直接复原回来，而是去寻找与现代进行对接与创新的意义回归。

最后我们引用天启《衢州府志》“三衢郡志叙”中的一段话，说明衢州文化遗产对安邦化民之意义：“夫三衢东南一都会也，控吴越之上游，据闽楚之要塞。山川襟带而常开属邑，则江南诸山发龙度峡之祖，故三衢安则大江以南皆乂安，三衢动则大江以南皆骚动，其形势然也。孔圣慨文献之无征，史迁嗟旧闻之散轾，然犹异代奈何？”遗产的价值在于能崇德，而不在于事实本身。古人

〔1〕乾隆《福建通志》卷六十二，文渊阁四库全书本。

云：忠孝所在寸土皆香，自后人慕之，则见为古迹。[1]今天许多古街区在默默中不知不觉凋零，似乎感觉不到其魅力，这其实是街区遗产之大义在当今时代的失落。衢州古城自唐武德建制，上下千百年，其间城郭宫室、园林台榭，以及一名一物之奇，大都因世远而淹没，然古城余韵可观。也许人们在看到一些断瓦残垣时，会感到懊悔。正是这一懊悔，动人对陈迹之慨慕，遗产之珍惜。衢州先贤徐之凯曰："夫天下未有不折衷于古昔，而可以行之久远者也！"文化遗产不只是用来开发旅游的文化产业，它是当下事业能行之久远的保证。遗产背后的文化大义，将是我们中华文化复兴大业的基础。本书与许多有关文化遗产的书籍不同之处在于：它旨在向遥远的古昔发出邀请，期待历史能重新发出光辉，让那一束束从过去走来的灵晕，聚焦在古街区，把这里的一砖一瓦，一草一木重新点亮。

---

〔1〕《鹿洲初集》卷十一，文渊阁四库全书本。

城　池　篇

- 碧春楼上辨星野
- 古城垣遗韵
- 九龟之地
- 古城水系
- 德平坝
- 捲雪亭与西城楼
- 水亭祭生灵　漖沙撑白骨
- 端午西安门英烈凭吊
- 细菌战印迹

引　言

孟子曰："城非不高也，池非不深也，兵革非不坚利也，米粟非不多也，委而去之，是地利不如人和也。"故于其让城郭固若金汤，不如凝聚人心，众志成城。今天衢州城墙早已失去其防御功能，但对于凝聚衢州人心却有着前所未有的重要意义。水亭门又称朝京门，是衢州相对保存最为完整的城门，目前还保存

2010年水亭门历史街区卫星图

有一段比较长的城墙和城墙遗址。但衢州古城墙处在一个尴尬境地,在重建、保护和利用三个方面出现难题。而其中一个重要原因就是城墙的现代意义不清晰。衢州古城池今天早已超出其文物价值,是振奋人心、滋养古韵、继往开来的凭依。

本篇以古人“星野”的视角看水亭门这一块土地,勾画此地域天人合一的文化内涵。碧春楼作为衢州城标志性建筑,希望能承载这一古老但被遗忘的文化记忆。由水亭门与三塔(天王塔、铁塔与铜塔)构成的西隅风水线可以延伸到整个衢州“九龟之地”的府城格局。通过挖掘水亭门战争记忆,展现这片街区也可以凭吊为国捐躯的英魂、抚慰受战争创伤的百姓。水亭门街区2001年曾进行过全面的保护规划,但却无法对古城保护产生实质性作用,一个重要原因是,我们经常是从文物的物质原真性,或者说一种文物美学角度思考问题,忽视文物背后的稽古达今的创新意义。古城的一草一木、一砖一瓦都应从人心的角度加以解读。衢州留下了大量珍贵文史资料,现在的问题是怎么结合当下语境,成为激活城墙的意义来源。本篇希望能为古城保护规划提供意义支撑,成为重修城墙的历史文化依据。

碧春楼上辨星野

碧春楼，又称朝京门、航远门，乃水亭门城楼也。“飞阁流丹”“瀫水夕照”，背靠百业俱兴的衢州城，西向滔滔衢江水，辨九州之地，看人间沧桑。那么站在碧春楼上，我们该怎样辨别脚下这块土地的位置呢？西方人借给我们一个坐标，从伦敦格林尼治算起，测出衢州水亭门是在北纬28°57′57.0″，东经118°51′44.0″。然而，沈思充言：“国邑之名代变而山川不变，星辰亦不变。泥其变者，遗其不变者，何异于亡剑而刻舟？”[1]也就是说用人定的坐标去定位疆域，无异于用短暂的人事去判断永恒的天道，乃是一种刻舟求剑的短视。《衢县志》云：“天道远而人事迩。”然“顺人应天”，乃修星野志之缘起。徐志凯在《西安县志》星野小序里云：“政事之修明星土之所由。”分星始见《周礼》，星与土必有合，而后有辨也。“山川之精，上应星辰”，古人依据星纪、玄枵、降娄、大梁、实沈、鹑首、鹑火、鹑尾、寿星、大火、析木等十二星次的位置划分与之相对应的地面上州、国的位置，把握政事之所由。于是把天、地、人合起来辨别方位就称为星野，这就是“以星土辨九州之地”之意（见《西安县志》卷二）。

那么按此，衢州古城的定位如何呢？康熙《衢州府志》录古测分野图称“衢州自牛五度至女三度”。雍正《浙江通志》记载：“衢州牛女分野。”衢州虽历经改朝换代，境域不断重新划分，从姑蔑、大末、信安、西安、衢县（1923年改）

〔1〕孟凡松：《清代贵州郡县志“星野”叙述中的观念与空间表达》，《清史研究》2009年第1期。

面向瀔水的碧春楼

到衢州,但分野的定位却与星汉同在,千古不变。不过民国《衢县志》卷一曰:“吾闻谈天者言,衢星纪分野,古今不同。古测牛女也,今测斗也。然考察吴越之地,实介在牛斗间。”尽管古今测量不同,但郑永禧认为自有深意,“今测犹古测,两不可废也”。雍正《浙江通志》记录了衢州星野之争,并与春秋时吴、越两国关系联系。“斗。吴星也,本不入越。女,越星也,本不入吴。”《国语》称勾践之地西至于姑蔑,也就是衢州本属于大越。故弘治《衢州府志》载,“乃以会稽入牛一度,若然则衢之分星当在牛”。而《国史志·地星》又谓:“两浙当南斗须女之分,故并载以俟知者。”

分野是中国传统思想中天、地、人的秩序,“其本质是建立起天秩序与地秩序之间的映射对应系统”(见孟凡松文)。古人依据对应的天象来解读这块土地的含义,洞察其政事之吉凶。《衢县志·星纪》曾这样解读过衢州所在地域的祥瑞:“故永嘉中,岁星(木)、荧惑(火)、太白(金)聚牛女之间,谙者以为吴越之地当与王者。又苻坚欲谋为寇,石越对曰:今岁星镇斗牛,福德在焉,垂象弗差。苻融曰：岁镇在斗牛。”这里说的是西晋永嘉时期，当时星象岁星、荧惑、太白三星聚于牛、女二宿之间，牛、女二宿正是吴越之地分野，此间预兆动乱的火星和兵事的金星以及代表福德的木星皆映射衢地。星占家自然解读到当有王者称兵而起之象，其后东晋定都江南，盖应此也。又东晋时北方的前秦苻坚谋攻江南，适值代表福德的岁星镇守江南分野的斗牛之际，苻坚不听星象之所示，执意挥兵南下，结果导致史上著名的淝水之战的惨败。似乎冥冥之中，危急关头，这方土地皆有福德之星庇佑。民国《衢县志》又记载“王勃《滕王阁序》‘龙光射牛斗之墟’”、“望斗牛间有王气”。这些记载，体现古人把政事之凶吉与星象之变化当作一种天人互动的感应。于古人而言，星辰、山川都是有意义的，读懂它们，就可识天道，知国运，故《衢县志》曰：“政事之修明，星土之所由。”

天启《衢州府志》是这样描述衢州的天象及其隐含的人事：“观衢之星野，界分吴楚，天近斗牛，龙气飞腾，光接丰城之剑，客星舄奕，波连云汉之槎，独萃天奇，最称地胜。”这里的天地对照，透露着对衢州这块土地一种难以言说的自豪感，如果对照衢州的战略意义“守两浙而不守衢州，是以浙与敌也；争两浙而不争衢州，是以命与敌也”（见顾祖禹《读史方舆纪要》卷九十三），这之间可否有某种联系？但天时地利，始终离不开人，星象解读只是反映识时务者对事物的整体洞察能力。因此，顾祖禹接着说：“虽然，攻守万端，巧拙异用，神而明之，亦存乎其人而已矣。”《衢县志・风俗志》记载：“吴越地卑，而此方独高厚；居者无疾，人斯永年。名山大川，既丽且清，俗尚文学，有古遗风。”今天随着人类对自然的改造，衢州这块高地，似乎失去了其昔日有过的重要地位，但古城遗风尚存，天道自有轮回。

清康熙年间诗人周召留下“骚人重醉碧春楼”之句，使朝京门这一谯楼得名，但不知其深意何在？且说清光绪辛卯暮春的一天，时任西安知县的徐懋简经过朝京门踏入衢城任职，他第一眼看到水亭门街区是“弦歌四起，绣壤交错，行旅出于途，商贾集于市，百工技艺，各守其业，心窃喜之”(见《衢县志》卷十六)。然而在窃喜之余，他立即感受到百姓要求重建水亭门城楼的呼声。顺应民意，在他主持下，碧春楼在光绪十七年(1891年)又一次矗立在城头。“落成是日，城乡士民相与扶老携幼，观瞻叹赏。”当时的城楼景象是“宏大墙宇，崇峻雕镂，玲珑丹漆，华丽远吞山光，排闼(推门)平挹江濑，回环四时风景，岂非一时之杰构，称阖郡之伟观乎?”这是历史记载碧春楼最后一次重建，不幸11年后再次毁于大火。

1999年衢州人再次重建碧春楼，那么这座城楼对于水亭门街区又有什么样的意义？古时城楼居中，北面有下营街尽头的铁塔，南向有小西门之铜塔，而它的后面有衢州最古老的天王塔。三塔左后右呼应，以彼为中。《衢县志》卷七:“铁塔，在城西北角。明万历年间县尹刘有源建。《西安怀旧录》卷一载龚大钦诗云:“拔地呵千灵，去天疑咫尺。令当摩其颠，遍将星斗摘。”可想见凌云的高度。“铜塔，在城西南角云观亭故址间，与西北角铁塔对峙”;“因用铜铸成，与砖石塔相比，娇小玲珑，在阳光下，金光夺目”;“城上铁塔镇瀫江之下流，而铜塔则镇瀫江之上流也。江常两港来舟，远望见之，高耸凌霄，气象雄丽。夕阳闪耀时，尤觉金光夺目。”(《衢县志》卷七)此等景观，让人倍感气势宏伟，油生敬畏。

而天王塔矗立衢州府城中，“建于南北朝梁天监年间，砖石结构，六面七级”，立水亭门之后方。江念泮的《城西晚眺》[1]写道:

午余消冻半晴天，寒鹊声声到耳边。
塔顶团成千点雪天王塔，笔尖冲破万家烟文笔峰。
隔堤杨柳青还小，照水梅花淡欲仙。
啸咏不知将近晚，夕阳红过数峰巅。

---

〔1〕郑永禧编撰:《西安怀旧录》卷一，手抄本，衢州市博物馆藏。

俯瞰三塔

诗中描绘的被残雪覆盖的天王塔，是衢州地标性建筑，衢人以见之为见到故乡。天王塔与铁塔、铜塔遥相呼应，呈三角鼎立之势，在空间上撑起稳住了水亭街区。对于三塔景观，《衢州掌故》作如下描述：三塔都排列在城西部同一轴线上，背靠峥嵘山，面对衢江水，从衢江彼岸遥望，塔一高两低，外绕城墙，宛若一座硕大的笔架。[1]"衢之有塔始于梁代之天王。其时崇信佛说，用以礼佛。往后或以镇水口，或以关文风。"(《衢县志》卷一)"文风"为"文德教化之风"。唐代王勃《上武侍极启》："攀翰苑而思齐，傃文风而立至。"遵守文风才可有成，或立一人，一家，一乡，乃至一国。巧合的是，铁塔旧时在文昌阁附近，今新华小学旁，铜塔在今鹿鸣学校西南角城墙遗址处，由须弥座和十一节八面塔身构成。建造年代为明万历年间，由县尹刘有源主持建造，太平天国时守城清军拆除充军费。衢州"笔架"式的三塔或许透露着衢人对"文风"的关怀！

碧春楼处于三塔环绕之中，三塔则中间高两头低，又在江流之衬托之中。

〔1〕衢州市群众艺术馆：《衢州掌故》，浙江人民出版社，1997年，第22页。

“中”乃古人理解为政的重要出发点。《左传·文公元年》:“举正于中,民则不惑。”集两者之意,意为人位于天地之中,摆正在天地之间的位置,明确人于天地间的位置,才能“不惑”。《说文》:“中,和也”。《尚书·尧典》:“协和万邦。”《周易·干卦》:“保合太和。”由此,“中”在中国传统文化上又关乎一地之太平协和。可见,“中”自古以来在哲学上、风水上具有重要的意义。衢州汪筱联先生对于衢州古城作以下叙述:“衢州古城从选址定向到总体规划设计,乃至建筑的每个细节,都与周围的自然环境浑然一体,建筑与自然、人与建筑之间处在一种高度和谐的状态,充满浓厚的民族风格。都是风水文化与建筑有机结合的杰作。”衢州古人看碧春楼、铁塔、铜塔、天王塔之时,是否也带着“天人合一”的关照呢?

古人曾担忧后人看那壮美的碧春楼,而不能领悟其更深的内涵。于是清代那位知县大人徐懋简为此特别立碑告知后人,不要只看城楼表象,而应别有所知:

碧春楼观星象(潘文辉摄)

夫负笈者，当知所以培植之。荷锄而过者，当知所以慰劳之。帆樯之相接也，知何以保护之。衡宇之相望也，知何以辑绥之。酣舞而来者，吾知其乐也。疾蹙而告者，吾知其忧也。知其所当知，即所谓知西安县事者也。不知所当知，是别有所知者在也。后之登斯楼者，其知之否耶？

对徐懋简来说，作为执掌西安县事的人，登楼当知百姓之喜怒哀乐，那么后人有登斯楼者，重读此文，可否领会登楼之别有所知：知天、知地、知衢州。

（陈艳、吴宗杰、关长龙）

古城垣遗韵

康熙《衢州府志》称衢府“控鄱阳之肘腋，制闽越之喉吭，通宣歙之声势”，因此“东南有事，此其必争之地”。衢州城墙承载的就是这一军事重地的历史记忆。然而随着和平盛世重现，冷兵器时代的结束，今天的城墙又怎能只是表达“扼天下之吭，制群生之命”的王者之气势？唐代孟郊《姑蔑城》曰：“劲越既成土，强吴亦为墟。皇风一已被，兹邑信平居。”姑蔑是吴、越相争之地。《左传》鲁哀公十三年，越子伐吴王，孙弥庸见姑蔑之旗，曰：“吾父之旗也。”。庸父被越所灭，姑蔑人得其旌旗。昔时衢州为南蛮之地，能被先秦典籍记上几笔也可谓不容易。现在衢州人享受着和平宁静的生活，城墙的意义又在哪里？“城，所以盛民也。”（见《说文解字》）城墙首先是“盛民”，其次才是“御敌”，而前者恰恰是今天需要从古城垣里寻找的遗韵——城墙之当下意义。

城墙到底于何时建造，史志上语焉不详。据《衢县志·防卫》记载，汉成帝年间，柴宏屯兵于峥嵘山。《后汉书·郡国志》注，东汉“初平三年（192年）分太末立新安縣”。雍正《浙江通志》卷十八：“孙吴遣将军郑平以千人守峥嵘镇。”城郭自此兴。《嘉靖府志》记载：“唐武德四年置衢州，建郡治。”民国《衢县志》作者郑永禧认为：“衢之有城当亦起于是时。”《嘉靖府志》引《唐书·五行志》：唐元和十一年，衢州山水毁州郭。有郭必有城，城郭相依，其说可信。当年也挖出了唐代城砖。然而，衢州现在的城墙明确的历史记载是在宋代，《西安县志》（218页）载：

> 宋宣和三年辛丑，郡守高至临城龟峰，时方腊陷衢，高公始筑城高一丈六尺五寸，广一丈一尺，周回四千五十步，为六门。城之上各建楼门。东曰迎和，南曰礼贤，以门直招贤渡故也，渡在城南三十里，俗又谓通远，今名光远；西曰航远，以捲雪亭在航远门外，故又俗谓水亭门，今名朝京；北曰永清，俗谓浮石，今名拱辰；小南（门）曰清辉，俗谓前湖，又谓魁星，今名通仙，以路通柯山故名；小西（门）曰和丰，俗谓隶堰，今名通广。

另据《（雍正）浙江通志》卷二十八记载，方腊攻陷睦（淳安）、歙、杭，次年陷婺、衢、处（丽水），衢城被夷为平地，“独衢遭焚劫尤甚，尺椽片瓦荡然无遗”。这时朝廷派高至临重建衢州城。今天的城墙格局也就在这个时候形成。更为可贵的是，在这么大的重建工程时，他不忘“化民成俗，教养人材”，也重建衢州府学，初造大成殿。

《衢州简史》（99页）也写道，衢州城的基本规模和格局是从宋代高至临筑城开始逐渐确立下来的，此后历代虽多次修复，但基本格局不变。六门楼皆具，之后又多修缮。据《嘉靖府志》载：南宋嘉定十一年（1215年），知州魏豹文翻新六门城楼。元代监郡伯颜忽都建月城：“元至正间，监郡伯颜忽都因子城旧址筑新城，周回九里三十步，又于迎和、通仙，先远，拱辰四门外包以月城，复建层楼于各门之上。”至此，衢州历代基本沿袭这种门楼格局。

修城人

衢城格局定下后，历任官员孜孜不倦地加以修复，以除心中“惭悚”。他们把修城看作是地方官顺应民心的第一要务。细细品读方志，历代地方官修筑城墙、修浚护城河乃是其重要的功德。兹将历代修筑城墙的记录列表如下。

修建年代		修建人	修建原因其规模
唐	武德四年	尉迟恭	唐武德四年置衢州郡。民国时唐砖犹存，上有“尉迟敬德”建造字。
宋	宣和三年	高至临	方腊之乱，始筑新城。 筑城高一丈六尺五寸，广一丈一尺，周回四千五十步为六门城。
	绍兴十四年	林待聘	大水，城圮。修筑。 绍兴年间，金兵入侵。
	嘉定三年	孙子直	水，城圮几五之一。城广柔凡五千三十有二尺，楼堞相辉。
	嘉定十一年	魏豹文	新六门城楼。
元	至正间	伯颜忽都	天完红巾徐寿辉部攻城，城墙破败不堪。因子城旧址筑新城，又于迎和、通仙，光远，拱辰四门外包以月城，复建层楼于各门之上。
明	弘治十二年	沈　杰	岁久倾圮。修筑。 引城南石室堰水入濠。
	嘉靖三十九年	杨　准	倭寇猖獗，矿贼窃发。增修。
	万历中	洪纤若	火毁，重修朝京门城楼。
	天启初	林应翔	时因倾圮，重建拱辰门城楼。
	崇祯十三年	张文达	修城浚濠，竖谯楼五，建窝铺四十三，造女墙二千四百二十五，重建官厅一亭一于古风亭之址。
清	顺治五年	韩养醇	修。
	顺治十六年	李率泰	又修。
	康熙二年	李　忱	朝京楼毁，重建。
	康熙十八年	李之芳	修西南城楼女墙。
	康熙四十八年	杨廷望	修筑。
	雍正七年	李　卫	檄县重修。

续表

修建年代		修建人	修建原因其规模
清	乾隆二年	任之俊	修。
	乾隆二十九年	汪增谦	修。
	乾隆五十三年	王文标	城砖及碑记。
	嘉庆八年	朱　理 刘　炳	修造六门楼及子城。郑安邦捐。
	道光三年		重修。
	道光二十七年	刘仲海 荣　第	修。
	咸丰间		太平天国运动。五邑分修。
	光绪五年	欧阳烜	修。
	光绪十年	刘国光	修。
	光绪十七年	徐懋简	修城并建西门城楼（光绪二十八年复毁于火）。
	光绪二十五年		修造东门城楼。
	光绪二十七年		修造大南门城楼。
1916年		桂铸西	修。
1924年			铁塔下城圮数十丈。

以上地方官修筑之事，有因城墙水圮而修筑的，如林待聘、孙子直；有因年久失修而修的，如沈杰、林应翔；有因“贼寇”之乱而修的，如杨准；有因火毁而修的，如洪纤若。在各种天灾人祸中，城池受到了不同程度的毁坏。然而，历代的官员孜孜不倦地修补着、重建着、疏浚着，使得衢城历史得以延续。而城砖乃是其历史见证。常年关注衢州古城墙保护的衢州市人大常委、市博物馆馆长柴福有表示，如果不能及时解决衢州城墙保护所面临的威胁，“国家历史文化名城”和“全国重点文保单位”这两块金字招牌或难以保住，“届时，将

水亭门城楼底

上对不起祖先,下对不起后代”。当时这些官员在修城时,或许也怀着这种对祖先对后代的莫大的责任感。

当然修筑城墙不只是官员在做,当地士民也纷纷作出贡献。张文达修城筑濠就有很多当地士民参与。明崇祯知府张文达《重修郡城记》:“今上御宇之十有三载,历雄图,恢长治。爰以修练储备四事,颁布成书。……而修城尤系首务。”碑文记载,谋诸署县司李吴公,多方咨画,共勉措捐,得钱二千三百九十两。知府张文达勤政廉洁,各方集资,且于修城一事事必躬亲,其敬职敬业可见一斑。

元朝时,连年不断的战祸使衢州城墙破败不堪,亟待修复。当时的监郡大夫伯颜忽都来衢视察,召集衢州府属五邑知县,商议修城大事。于是士民陈庆甫自告奋勇,出资一半,并被任命为督城巡工。陈庆甫受命后日夜巡视工地。还有传说,当东门、小南门、大南门、北门各门皆顺利竣工,唯独朝京门潭深流急,落基极为困难,不少民工下水筑基而被湍流吞没卷走。陈庆甫因此忧心忡忡。一日午后,朦胧中他梦到尉迟恭,说是江潭中有乌鲤精作怪,只要将其腰间所佩之玉投入江中,便可将其镇伏。醒后立即按梦中吩咐行事。霎时风平浪静,不久水亭门城墙城楼便告竣工。

80多岁的徐文华老人回忆,她母亲曾经给她讲过一个故事:“先有万川陈,后有衢州城。”万川村大多数是姓陈的。当时衢州修城墙,在水亭门的那一段一直修不好,因为有个滩。后来一个姓陈的官员,拿了三个聚宝盆往滩里一放,石头就浮上来了,城修好了。《万川陈氏宗谱》之《陈半州捐造城垣并各处善缘志后》记载:“至元二年,监郡伯颜忽都公下车之日,见郡城倾圮卑隘,即召属邑议建新城。时因国家多事,公资不敷,因募殷富捐助,我闻诣谒,叩请尚需多少。伯颜公曰:‘周城约计资十万,今五邑派下五万余,再有次数方能告竣。’余年老,题请四子贵祖承荫□特授县尉之职。”另外《衢州》一书也写道:“巨贾陈庆甫慷慨解囊,捐出巨资,鼎力相助,当时一半之城为陈庆甫公所修。两年前大南门考古发掘,发现了刻有陈庆甫公字样的城墙砖,有力地证明了历史记载的真实性。”

这些故事的版本略有不同,某些细节已迷失在时间细缝中,但老百姓对修城的功德,以不同叙述,穿越历史,体现了修城人在衢州百姓心目中的地位。筑城人,高至临,陈庆甫,一官一民,倾力投入,构筑了城墙不朽的历史。

近代城墙起落

据《重修浙江通志稿》载,“自民国十七年开始拆城至民国二十六年,抗战军兴,城墙多处挖掘防空壕,屡遭轰炸,坍毁甚多,战后仅余残垣,各门月城皆已拆毁”。《衢州市志》(228页)记载,1941年和1947年用城砖修筑机场和建造中正堂,拆去了部分城墙。1956年,人民政府为了防止洪水侵袭市区,曾对城墙倒塌部分进行修筑加固。但同年8月21日,衢县人民委员会发文拆除北门城门,以方便车辆通行。70年代,单位和民众在无政府状态下拆墙盗砖。为此衢县革命委员会应衢县城关镇革委会报告发通告予以制止。据老人们回忆,到1972年城墙上还能跑通。1981年,因拓建城市开始拆除城墙,到1989年底,市区古城墙仅保留水亭门、大南门、小南门三座完整古城门,以及已被堵塞的东门、西安门和东北门之间的残坏城墙。但衢州城终于没有像其他城市那样被彻底拆除,还留下引以为豪的六个城门,靠的是衢州百姓对城墙的深深留意。时任城建局局长的徐文荣老先生回忆:“之前规划要拆除城门、城墙、孔庙,但是我当时坚决不同意,不签字,终于把这些古迹保存下来。”

衢州市政府在1994年至2006年对水亭门、小南门、大南门等进行了一系列

衢郡六门之冠的水亭门(陈锡祥摄于重建前)

的保护修缮工作。城楼由此焕然一新,衢州百姓对此赞赏不已,看作是春天到来。《春临水亭门》的作者写道:“到了水亭门果然和我记忆中的大不相同了,这就是我寤寐思怀的水亭门吗?在我的记忆中只有城墙和城门的基座,现在新造了一座新城楼。建筑精巧轻盈,飞檐翘角,起伏有致,耸立于城门之上。”住黄衙巷的91岁郑怀棪老人高兴之余也表达了一种稽古之心,说:“新楼小孩子戴大帽,现在太大了。”

2006年,衢州城墙被列为第六批全国重点文物保护单位。但考察古城墙,如今又面临着新的尴尬。古城墙在2004年仍有2000余米较为完好的遗址,但到了2008年第三次全国文物普查时,却仅存1700米。文物普查资料对城墙现状是这样描述:“现存城墙和城墙遗址约1700米,城门6个,城墙外存有完整的护城河。现存城墙共分为11段:环城东路拐角段残长267.3米。讲舍街22-3号段残长37.37米。……城墙因交通、残损等原因多处开口,部分地段的城墙搭建了房屋,局部杂草丛生。”相较2004年申报文保单位时的状况,无情的岁月又将城墙吞噬了300多米。

城墙遗韵

据《衢州日报》2011年6月20日“重现围城：衢州古城的想象延续”一文报道，衢州市政府将要把保护城墙纳入政府工作议案。于是人们开始畅想，未来的古城墙应该有什么样的意义与作用。有人用建筑学家梁思成的设想来定位古城墙的未来：“城墙上面可以砌花池，栽植丁香……秋高气爽的时节，登高远眺，俯视全城。”至于护城河，“可以做成极好的绿带公园，河内放舟钓鱼，冬天又是一个很好的溜冰场……”但这又怎能表达衢州古城墙深厚的历史底蕴呢？我们不妨再回到古人那里，重新品味一下城墙遗韵，也许可以给城墙带来另一番景象。

大西门刻有“西安县正堂徐”文字的城砖

城以盛民

《衢县志》城池篇说：“古云众志成城，言在人不在城也，即孟子地利不如人和之意，然则城亦可恃而不可恃矣。近日通都大邑往往有拆城之举，不知者以为失所凭依，实亦一隅之见耳。衢城始自有唐，素称完固，具见于历史，可守可战,可进可退,控制之法在乎得人。苟得其人,金汤奚足道乎。”对于这样一种超越物质依赖的城市精神的到来,清代郑柏就作有一首诗(见《衢州历代诗选》220页):

三衢福地有神明,大将亲来解甲兵。
演得太平新景象,八方人看铁柯城。

这告诉我们正是人的因素才使衢州成为铁柯城。城墙对今天的人来说,其意义莫大于盛民也。何为盛民?那些路过衢州的、离开衢州的、即将从异地回到衢州的人,能看到城内百姓安居乐业,民风淳朴,邑境平安,就会观城而兴,却看元代徐伯通《送汪仲罕之衢州知事》一诗描述的“盛民”景象:

见说三衢好,民淳郡事稀。
官曹多故旧,幕府有光辉。
雨歇长溪急,烟销远树微,
明朝一壶酒,临别重依依。

明朝开国功臣刘基《早行衢州道中》一诗,也为衢州的山野风光、质朴民风吸引,忍不住吟诵:

草际生曙色,林端收暝烟。
露花滋啼脸,风叶弹鸣弦。
农家喜铚艾,行歌向东阡,
大道无狭邪,平原多稻田。
客行良不恶,敢曰从事贤。

衢城“民淳郡事稀”“大道无狭邪”概括出“城以盛民”之意也。

古战场凭吊

以史为鉴,可以知兴衰。衢州城墙记录着诸多古代战事的印迹,金戈铁甲,战马悲啸。《明史纪事本末》记载了元末明初常遇春攻衢城的景象:

> 常遇春进兵攻衢州,建奉天旗、树栅,围其六门;造吕公车、仙人桥、长木梯、懒龙爪,拥至城下,高与城齐,欲阶以登城。又于大西门城下,穴地道攻之。宋巴延布哈悉力捍御,以束苇灌油烧吕公车,驾千斤秤钩懒龙爪,用长斧砍木梯,筑夹城防穴道。遇春攻之弗克,乃以奇兵出不意,突入南门瓮城,毁其所架炮,攻围甚急。院判张斌度不能支,遣使约降。

文中提及水亭门下的地道,以及城门上架起的吕公交车、仙人桥、长木梯、懒龙爪、千斤秤、长斧等古战场景象。这些古代武器在《武备志》中均有记载,如攻城用的云梯:

> 以大木为床,下施六轮,上立两梯,各长二丈余。中施转轴车四面,以生牛皮为屏蔽。内以人推进。及城则起,飞梯于云梯之上,以窥城中,故曰云梯。(《武备志》卷百八)

遥想城上烟火、城下呐喊;迅声烈势,有若雷霆。金戈铁马、兵刃冲杀,可谓是天地为愁,草木凄悲。衢州人常为自己城墙之坚固而自豪,有歌谣描述太平军攻城曰:

> 铜金华,铁衢州。侍王扎营在婺州,派出人马打衢州;三年攻城攻勿下,城里新割稻草一把一把往外丢。“天兵”气的鼻冒烟,回转头来打龙游。

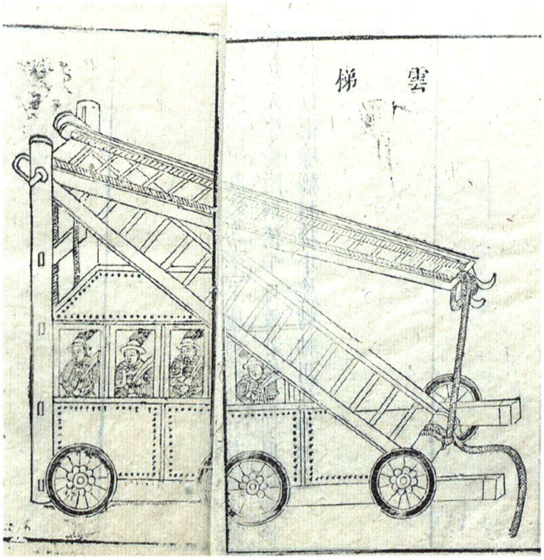

云梯(见《武备志》卷百八)

战时的水亭门,也曾上演过感人的阅兵式。清初三藩之乱时,衢州大敌当前,寡不敌众,时任兵部侍郎的李之芳(谥号文襄)"大阅将士于水亭门,宣布朝廷厚恩,陈说大义,众感泣,愿伏死战"(见《国朝先正事略》卷四)。曾有时,文人秋暮登城,凭吊古战场之悲壮,不免有精魂何依的伤古之忧,却看孔广升诗有感:

秋暮登城有感

斗大山城气肃秋,征衫有泪落登楼;
西风唳鹤惊寒木,落日饥鸿散古洲。
时难虽筹团字策,天高空抱杞人忧;
书生无路长缨请,志在楼兰未肯收。

城亭八景

衢州城当年也有类似杭州"西湖十景"的景观。今天这些景观已难寻觅,但"物"在人为,昔者赵清献后裔赵时齐曾为衢州留下登临城墙望"衢亭八景"的诗文。诗人站在城池角度,咏叹瀔水环漪,江边落日;更远眺群山,近听城南南禅寺传来的钟声。走下城楼,探一探桃花坞人家,闻一闻幽谷兰花香,望一望城头夜月。期待能顺着这些诗意,有一天还能找回曾经有过的"衢城八景"(《衢县志》)。

望衢亭八景（赵时齐）

瀫水环漪：

水华千里抱城流，曾泛当年载鹤舟。

明月满江风静夜，令人闲眺几回头。

福山远眺：

凭高万仞见江山，吴越潆洄咫尺间。

独坐虚亭漫怀古，诗成将欲抱琴还。

古寺僧钟：

月上城南古刹峰，锡游归路听云钟。

飘然冷露沾吟笔，隐隐如闻和太空。

中洲渔笛：

江边日落水云西，若个渔舟泊柳堤。

夜静数声来枕上，梅花吹落点春溪。

桃坞春芳：

东风吹落过山家，红满虚涯几树花。

莫向溪头点流水，禹门鳞甲奋雷车。

兰阴秋馥：

玉露泠泠谷更幽，含芳香气集枝头。

扁舟欲买寻僧院，凝空坐谈澈素秋。

城头夜月：

粉堞连城古郡南，秋风今夜看新蟾。

拍阑一笑多兴时，诗就归吟薄露沾。

城砖怀旧

抚摸斑驳的城砖，聆听岁月的声音，刀斧划痕间，依稀寻找残留的战争痕

门神尉迟恭

傅金泉收藏的明代城砖

迹。城砖犹如凝固的历史,长满苔藓。衢州城砖相传还与“门神”尉迟恭有缘。传说唐武德二年(619年)八月,户部尚书刘文静巡行至衢州一带,看到峥嵘山下的一围土城,感叹“审度山川,见三会四合,且水萦东南,山屏闽越,水陆咸宜,攻防两适,真要津也”,当即上疏力荐修筑城池。武德四年,以秦府护军尉迟恭为营建总管,率万人来建城。4年之后,新城初具规模,刘文静再次东巡,他建议,可以“取乌溪之水,沟之入城”,这便造就了护城壕河与城内水系(见2011年6月20日《衢州日报》)。民间还流传尉迟门神收衢州“三怪”,即钟楼上的独角怪,县学塘的白布怪和蛟池街的鸭怪。今天这些地方都有迹可寻。[1]民国《衢

〔1〕章寿松、杨典喜编:《衢州市故事卷》,中国民间文艺出版社,1989年,第75页。

县志》记载了尉迟恭是否来过衢州的争议，同时录入清代《城砖歌》一首，表达用文物本身来稽古的思想。在水亭街上开旧书店的宋文富说下营街28号至今还有曾看见过“尉迟恭监制”城砖的老人。不妨重读“城砖怀旧”诗：

唐尉迟城砖歌

（清）吴士纪

三衢城阙高巍巍，崇墉始自李唐置。
当年监造者为谁，尉迟敬德上有字。
唐代遗砖终不磨，风雨剥蚀苔花紫。
沧桑今千有百载，字画隐隐可辨识。
如何新旧两书中，不见尉迟来此地。
遂令载籍失其传，古迹不入郡邑志。
反谓有宋高至临，只为青溪防乱事。
刺史署距峥嵘巅，因之筑城凭瀫水。
吁嗟乎！斯砖足以证伪误，碻然大唐无疑义。
我为摩（揣）抄三太息，考古当不忘所自。
斯砖当为考古资，分明六字尉迟记。

登楼知县

清光绪知县徐懋简登上城楼，面对“弦歌四起，绣壤交错”的盛世景况，思考作为衢州父母官该如何体悟民情，“先天下之忧而忧，后百姓之乐而乐”。他说，登上城楼，看见下面“那些背着书箱的人，我要知道培养他们的办法；那些扛着锄头的人，要知道如何慰劳他们；那些往来船家，要知道保护他们的办法；那些居民之家，要知道如何安抚他们；那些酣醉而起舞者，我知道他们怎么快乐；疾病痛苦的人，我知道他们的忧伤。知道这些应该知道的事情，就是知道如何执掌西安县事的人；不知道这些应该知道的事情，就是心思别有所寄。以后登上这个楼的人，应该理解我所说的‘知’吧？！”

城下别离

古人留下了大量在衢州城下别离伤情的诗句，这给城墙又寄托了一份“水色过衢城，何地再相逢”的情感。

友人自杭回建寄别三首

(宋)谢翱

同来不同去，离别暗消魂。
闽浙若同水，扁舟送到门。

潮信到严濑，水色过衢城。
寄潮不寄水，潮去有回程。

水到衢城尽，梅花上岭生。
不如寄明月，步步送君行。

(谢翱《晞发遗集》卷上)

诗人对衢城似有一种离别之恨，潮水去了还能回来，而乘船沿江水到了衢州城却是尽头。消魂处，但看明月步步送君行。

癸未留柯城

(明)朱善

望远愁难遣，临流意稍舒。
相逢观水舄，举纲得河鱼。

酒至须同饮，文成祇自书。
持舟舟未至，独立少踌躇。

（朱善《朱一斋先生文集》后卷五诗）

城上漫步

而城里的人在忙碌之余，也常常登上城墙或者城中高地，看着四季风景变幻，望瀔水托起点点白舟：

清明登郡城南楼时有驻马之役

（清）徐志凯

踏青江阁眼初开，积水浮空雉堞回。
雨过遥分青嶂出，楼高不碍白云来。
城头牧马晴相望，陌上扶犁候已催。
倚槛春风感慨地，夕阳桃李对衔杯。

三 衢 夜 雨

（清）陈韶

孤城细雨夜停车，山势峥嵘石径斜。
草色已荒殷浩宅，诗书犹识圣人家。
空岩人去柯偏烂，古洞龙归枯自花。
姑蔑从来形似地，重关南去是仙霞。

城头风筝

城墙也曾是衢城人游玩的去处。民国《郑永禧西安四时竹枝词鉴赏》中描述，每到二月份的时候，大人小孩就会在城墙上放风筝。《西安怀旧录》中有

诗一首《咏风筝》:

湘筠兰纸剪裁工,百尺丝牵万里风。
多少世人平地上,看他徒步碧霄中。
米弦何处听临风,响遏云行碧落中。
想是钧天仙乐奏,霓裳一曲未曾终。
莫是飞仙会蹑空,东风袅袅快儿童。
鹏程许尔扶摇上,操纵仍归掌握中。

《衢县志》的作者郑永禧写过一首诗《风筝》:"峥嵘春色正纷纷,忽闻筝声

迎和门(东门)蔓草芬芳

到耳闻。莫说前程九万里,顺风吹我上青云。”[1]书中注释写道:“正月灯,二月鹞,二月份正是放纸鹞的好时光,许多人都在城墙上放鹞。孩子们放的都是自己糊的衣衫鹞,大人们放的有鹰鹞、人物鹞,最大的是九梅花,最长的是蜈蚣鹞。”汪栋时老人回忆鹞有各种样子的,有像蜈蚣的、蝴蝶的,也有像老鹰的、梅花的。

《江南通志》(古迹篇)曰:览海巫梅里之故墟,如挹芬芳,抚吴宫晋代之繁华,独寻蔓草,抑亦可兴可观之一助焉。这是说吴宫也许已成废墟,但看这上面的蔓草,如闻到芳香,如抚其过去的繁华。这需要对城墙历史有诗意把握,要超越物的眼光去观,即《春秋穀梁传》曰:常事曰视,非常曰观。重修衢州古城墙,又该如何彰显其可兴之诗意呢?

(陈艳、吴宗杰)

---

〔1〕《郑永禧西安四时竹枝词鉴赏》,衢州市民间文艺家学会编印,2006年,第12页。

九龟之地

《明一统志》记载:“龟峰在府治后,其形如龟,昂首顿足,与峥嵘山相连。观今府山后(府治东北)尚有石龟岿然俱在。”这是史志上关于石龟的描述。上

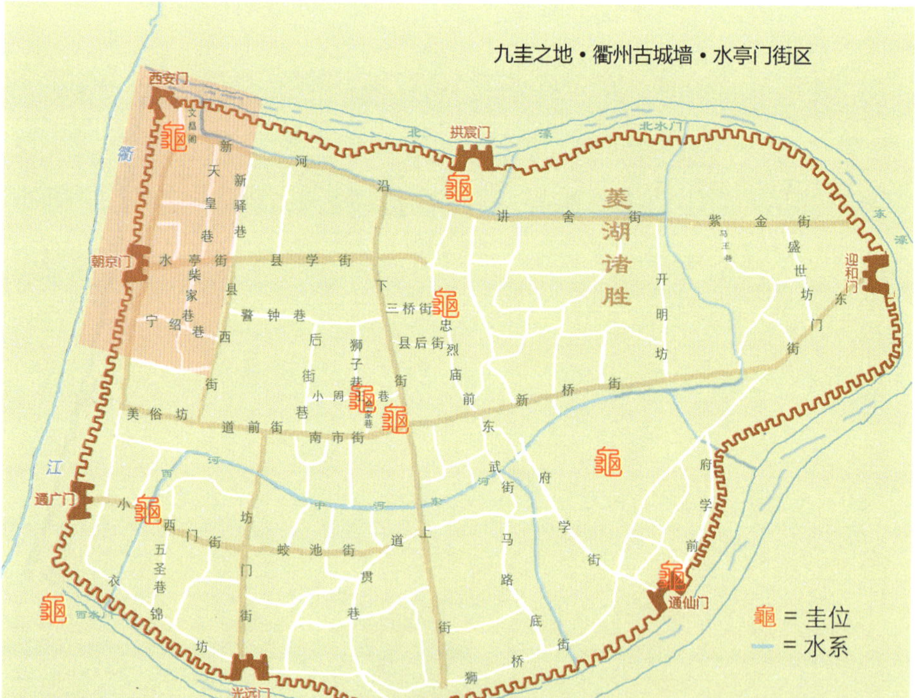

九圭、城墙与水亭门

年纪的老人都曾见过府山上的石龟。徐文华老人说，龟背高凸，没有凹槽，不是驮载石碑的那种“赑屃”，龟上大约能坐下六七个小孩。

以九龟名地，取其通灵也，或者说赋地以灵的意思。从地形角度看，龟地是一种喝形，就是给一块地形赋予吉祥之名称。衢州市老科协对衢州“九龟之地”的地形进行考证，认为九龟并非九块石龟，实为龟形小丘，是衢州古城筑城引水的九个标志性风水地块。古城因势而筑，水因势利导，城中千年活水流畅，自宋元以来从无内涝，故又称“九龟福地”。唐代风水著作《司马头陀地脉诀》：“无山平地，有陇即是金龟之地；若高圆似盖，名为积笏之罡（冈），此地尽出京官、都统、九州岛岛之长。”从这段话看，《衢州市地名志》记载的九龟之传说相关。郑怀棪老人认为这九只龟与风水有关，衢州城六个城门，里面形状是乌龟形的，头是在小西门那里。住下营街的95岁老人王汉卿认为，地会走的，有了乌龟，就把地定住了。徐文华说，当时还流行一句话：“绍兴鹅，宁波鸭，衢州乌龟爬石滩。”根据老人讲述，绍兴方言中的“我们”发音近似“鹅”，宁波方言“我们”发音近似“鸭”，而衢州的特征就是“乌龟”。

说起衢州的风水文化，也许最值得一提的是与西晋风水大师郭璞（276—324年）的联系。据清代周召《双桥随笔》记载，“府治内旧有郭璞墓”。或许这只是个衣冠冢，详情已无法考证，但还是广泛流传“郭璞疑冢，荒土一堆”的诗句[1]。

《衢州乡土卮言》卷一记述府城相传九龟之地的说法，称“地总九龟，龟峰居首，俯览万家，黄堂太守”。衢州市老科协王全心先生根据《衢州地名志》记九龟所注位置，组织老科协原从事规划、城建工作的技术人员查阅资料，走访老居民，写出下面的“九龟寻迹”注：

---

〔1〕郑永禧纂修：《初学便读衢州乡土卮言》卷一，光绪三十二年（1906年）刻本。

1. 府山：在现府山公园之中，又名龟峰、峥嵘山。山下为小南门内河与东河，于乌桥头汇集，一支沿山下河道从东入衢江。山下又有新桥街，内河另一支由此经三桥头，从高山桥头出北门入衢江。

2. 文昌阁：现新华小学中一部分，南侧是新开河（内河）的起点，北侧外河斗潭的起点，又是衢江在城北与内外河的结合部，筑有德坪坝防洪。

3. 预备仓：现鹿鸣小学的一部分。东侧是小西门内河起点，南侧是护城河起点，是城西南从外河引水入城之水闸所在。是衢江在城南与内外河结合部。筑有洪山坝防洪。

4. 明伦堂：府山公园临小南门部分（俗名馒头山下）。西侧是小南门内河的起点。南侧是护城河。是城东南从外河引水入城之水闸所在。更重要的是引乌溪江（石室堰）江水注入护城河与内河的枢纽结点，是衢城内外河的水源。

5. 高山桥头：现人民医院的北门和北门街一段。现地名为新河沿的东头，老地名为高桥路，高桥巷。是南北向内河与东西向新开内河的汇合处，从此汇集出北门入外河斗潭湖，再沿浮石路大渠、机场壕沟入衢江。

6. 天官桥：桥于七十年代拆除。现标志性建筑为天官桥菜市场。外河水自预备仓水闸入城，此处是高地，内河原南北流向折为西东流向。称西河、中河、东河，贯穿古城。

7. 三桥头（都堂厅）：现在旧址尚在，桥已经拆除。此处是内河又一个折点，内河从此拐弯沿钟楼东侧，沿化龙巷、自果巷从高山桥头出城入外河斗潭。

8. 桓大酱园：茌后街巷右，现新华书店一带，与崔家巷同在后街巷。

9. 崔家巷：在后街巷，与恒大酱园相隔一巷。这二地块为衢城中心，市中心十字街头就在此地。据《地名志》记载：此处分城为四隅。是一个地标性地块。

“九龟之地”的风水意义在衢州形成了许多传说。戴明新老人讲述了他小时候亲眼看到的故事。他说,衢州城是乌龟形的,头就在江滨路,以前杀狗埠头那边。当时有个叫毛太保(毛元峰)的地主在乌龟头上造了一个水碓。有位在茶馆打工的项毛头,他父母在日本细菌战的时候屈死了。然后他打起白旗,上面写起字,到街坊里宣传,说毛太保这个碓,造在乌龟头上,破坏了全城风水,造成衢州老百姓流行鼠疫,于是他用火把把整个店铺烧掉了,店全部破坏掉了。当时衢州市闹得轰轰烈烈,大家都去看。徐文华老人也说道:“东门有只乌龟,1940年爬到了小西门。有个叫夏怀清的人在乌龟头上建了一个水碓,乌龟头痛了,就发生了鼠疫。于是大家在天宁寺做佛事,在乌龟面前放了一些米,然后让乌龟在米上写字,后来就把水碓拆掉了。”另外王全心先生说,从前,一群乌龟要爬到衢州,九只爬到城里,早上鸡鸣了,其他乌龟就留在城外。所以乌溪江边东迹渡旁有一片丘陵叫乌龟山夹,有一村叫鸡鸣村。

《衢州市地名志》(875—876页)记载了一个九龟来由的传说。相传明代万历年间,有一位仲大人奉命调任浙江衢州知府。照理应当高高兴兴,然而,他了解衢州情况后,却忧心忡忡,吃不下饭,原来衢州府境内出了癞痢娘娘、赵宰相、徐天官和毛状元这权势显赫的“四大柱头”。按照惯例,仲大人必须要向他们送礼,而他却是一个一毛不拔的吝啬鬼。于是,他向衢州好友,人称“地理仙”的机灵鬼讨教。恰好机灵鬼当年赴考落第和“四大柱头”有关,于是他说:“衢州乃九圭之地,圭者,帝王祭祀礼用玉器也。衢州有九龟,故有斗粟之官,因此出了‘四大柱头’……你这个衢州知府的确不好当啊!”于是就给仲大人支招,说,“你只要雇石匠刻九块石乌龟,去镇住那九圭,那么斗粟之官可化为乌有,‘四大柱头’会立即倒塌”。于是他一一指定城里九个地方。仲大人一一照办。后来徐天官和癞痢娘娘被皇帝误杀,丞相老了,状元被削职了。于是,“地理仙”泄了私愤,仲大人坐稳宝座,九圭就变成了“九龟之地”。

九龟的传说尚难在史书上找到直接的依据,然而对衢州城的人文地理关系,地方志确有风水的解读。天启《衢州府志》(86页)郡治图引《诗》曰:“原隰既平,泉流既清。”这是说召伯实现周宣王夙愿通水泉之利,功业既成,“此又以见君臣同心,皆在于爱民也”《衢州府志》的深意在于表达了修好衢州水系乃是地方官与中央同心同德的表现。据天启《衢州府志》(86页)释,府山一带为离火之位,南离至尊,火性急烈,不可轻犯(《楚纪》卷二十八)。故置魁星闸,水灌入城,水火既济,为益滋大。从风水上来说“郡治高居原而不隰,惟是南方离火之位”。这是说府山郡治所处位置在八卦上为离卦,处于南方,属火,是“天道纯阳莫盛乎南,离至尊而无对者也”。然而政府要有至尊地位在于水,魁星闸水输入城是水火既济,为益滋大。由此才能“阴阳和谐,上下相通”。在衢人看来,上下同德、水火既济,衢州一邑才享太平富足。水系可以“搬柴运米,舟代肩挑,民间一大快也”,“城垣周币,池广且深,官种芰荷,民开蔬圃,取利小而防御疏矣。”衢州城水活了,山环水抱之中,城市才适宜人居,“兹居清净,所宜永为安宅者也”。当然,滋益的还有整个古城的文运,方志中始终把教育置于衢州城风水解读中,“府庠南向,赫奕文明,后位宜隆培之,其当亟乎”。培养好未来的人才是当务之急。

城市布局要平衡好各方关系,善于补地势之缺。天启《衢州府志》继续道:“巽方卑虚,势合高耸,前有保和楼,今兴宝坊塔,得其宜矣。”东南方向地势较低,为了配合整个城市高耸的势态,古人在东南方先后建了保和楼、宝坊塔,以补地势之缺。古人对城市布局的整体关照,谨小慎微。风水里治德与治城,治水与治文,浑为一体。这也许就是“九龟之地”的真正奥秘。

衢州六个城门也有风水之讲究。《衢县志》卷三还记载:“依形家言:通仙门外城门本南向,宜改而西,以迎吸江常两港来朝之水。东门外城门南向,受九龙之来脉,此门当移西北,乾向,朝青铜尖,收拓水入堂,沈前道尹致坚最注意于此，因附记之。”这是说风水家（堪舆家，或称形家）称，通仙门宜改为西向，以迎江山、常山两江之水。而东门受九龙之脉，当朝向青铜尖。奇峰秀耸的青铜峰在城西三十里，本名大考山，“上有转轮庵，即定光古佛成道处也。明方孟旋、徐子卿两位先生读书其上，构室曰‘倚云’”[1]。

青铜峰（《西安县志》卷一）

另外，唐天佑三年（906年），吴越王钱镠命衢州刺史陈璋扩建州城，“工毕以图献王。王视西门樟树，谓左右曰：‘此树不入城，陈璋当非我所畜也’，至是果验”[2]。后来，钱镠暗中派衢州罗城使叶让杀陈璋，事情泄露，陈璋斩杀叶让而背叛钱镠，投降杨行密。此地就是今天古城中心的樟树底。

（陈艳、吴宗杰、高佳燕）

---

〔1〕《西安县志》卷五。

〔2〕《吴越备史》卷一，文渊阁四库全书本。

古城水系

衢州不同朝代留下的水系记载，告诉后人：衢城之城濠、内河，犹如人身之经络，历史上，每当这一水系融会贯通，衢州则物阜民安，贤才辈出，而每当淤塞凝滞，则盛不复往时。而奠定这一水系之故道者，该是古代通阴阳交会之贤者，懂得把东西两溪、内河外濠、南北水流融汇于一体，集地运与文运为盛德之大业。

说起阴阳交会，衢城乃是三股水系、东西两支溪流的交汇处。发源于皖南的常山港与发源于仙霞岭北麓的江山港在此汇合为衢江流过城西；而发源于福建浦城县的乌溪江，自括苍山，迤逦八百里，成为东溪。东溪经烂柯山下分流，部分经石室堰入护城河，回绕城东、南、北三面构成城池，周旋萦绕北出，与西溪（即衢江）汇合。明嘉靖进士、西安人王玑撰《开复杨公河记》对此这样描述道：

> 吾衢当浙上游，号多佳山水，与闽婺括苍相望山水之间。龟峰特起而郡治据其间，儒学依焉。南迎石室之水，其水发源括苍，经流至烂柯山下。昔贤堰其水入沟，曰石室堰，分道灌注民田，至城南，逾魁星闸入濠，回绕城东南北为池，与西溪之水四面交抱，共成城郭沟池之固。溪纳江常诸邑之水，北汇于浮石潭，此衢之水道在郊外者。（民国《衢县志》卷十六）

就是在这样的山水相望下，形成古城内外水系。《衢州市志》这样描述：“衢州古城河由外濠（护城河）和内城河二部分组成，相互贯通。具有护城、引水、

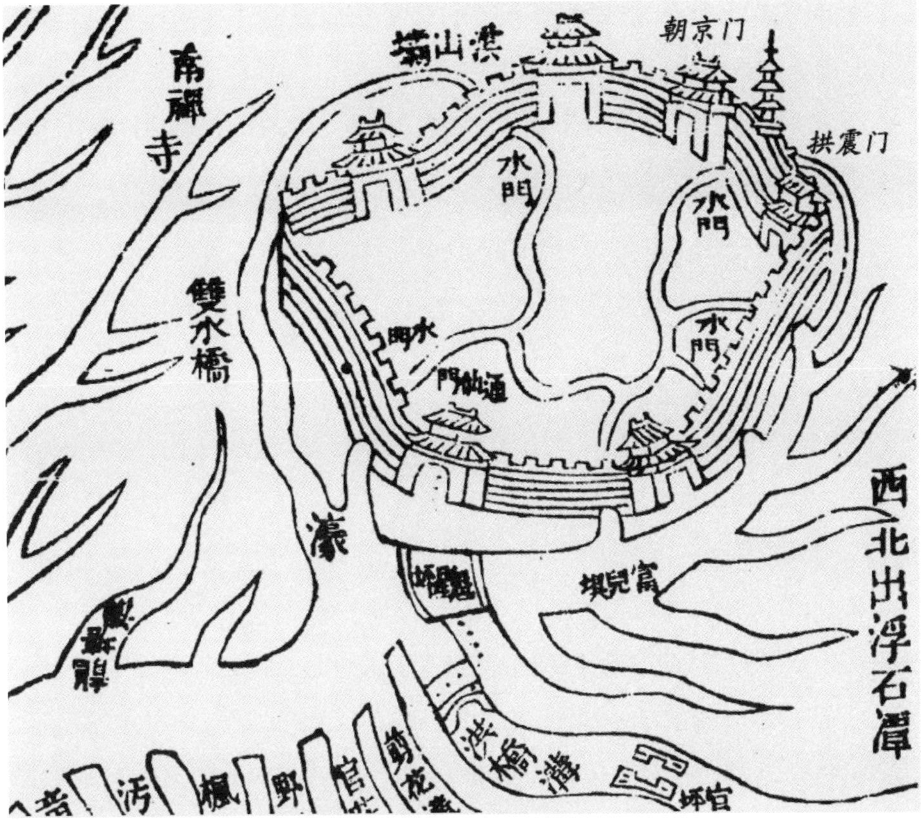

衢城古水系图(《西安县志》卷一)

排水、灌溉、泄洪多种功能。护城河绕流于城之东、南、北三面，全长3260米。与城郭同为城市屏障。宋时引石室堰水入濠。旧时，河宽水深，清澈见底，货船、木筏可通过堰沟至城南。内城河之水由南濠引入，向北濠排放。”关于这一古水系的最早完整记载，也是在《开复杨公河记》碑文上，成为后人追溯其渊源，品味其文运的重要资料：

然也濠水南来，由水门入城，凡二道。一自西南入，折而东，过华丰、仙履诸桥；一入通仙门右绕郡学，与乌桥之水合而东入治垣，北绕龟峰之麓，

> 折而东南,出经宝坊刹,北折过菱湖,北由水门出,亦二道。一由云山阁北,一绕县学西北出,与北濠之水汇溢而逾定水闸,以灌注北郊民田。末流入石鼓潭,抵鸡鸣山,与石室堰水合而东下,以入于海。此衢郡内外之水合流之故道也。

这篇碑记点到了城内儒学、郡学、县学等文教场所,一水以贯之。把水系看作与文运攸关,儒学所依,应是衢州古人的匠心独运。他们把迎石室水至城南的入口命名为"魁星闸",就是这一表达。魁星在古代主宰文运,在儒士学子心目中,具有至高无上的地位。《衢县志》卷三记载这一命名来由:"开禧中,郡守孙昭先谓此闸蓄水有关文运,适毛自知进士及第,公曰:'此闸之功也',遂改闸名曰魁星。"

确实,在衢州水系畅通之时,"民物阜安,贤才辈出,岂非山水降神钟美,不偶然与?"据《西安县志》卷十四载,衢城水系曾塑造了历史上著名的"菱塘诸园","东有邵祭酒之野航、赵别驾之雪斋、刘二卿之壶中天宇、余甸公之东湖道院、赵安庆之更碧楼、刘南安之退庵,西有刘江阴之别墅、毛紫薇之水国秋、陆衡阳之环胜……相传元末此地士官最多,闾阎极盛,号金紫街"。另据《西安县志》卷二十八载,"衢州之有孔氏庙,始建于城北菱湖,规模宏敞,比拟曲阜"。"菱塘诸园"在元末常遇春破城时毁坏,孔庙也在元朝毁于兵燹。因此,在明朝开复杨公河时,确实城东北不复往日之盛了。清乾隆知府明禄《开浚城河记》(《衢县志》卷十六)为此写道:"河水塞通,关乎地运盛衰。今衢郡数十年来文风不振,兼多火灾,其故未始不由此。"今天菱湖不在,古城水系不得,还会关乎衢州一代文运之振兴吗?

疏浚得古

衢城水系何时何人奠定基础,已难详细考证,古河道也常岁久湮灭。然历代常把河道修浚与古城兴衰相联系，期间常有失而复得之惊喜。据记载："宋乾道中，郡守何偁浚内外河，并在小南门外置闸蓄水，以提高水位引之入城，闸名'清辉'。明弘治十二年(1499年)，因宋时所建引石室堰水入濠之故道久湮，郡守沈杰大加疏导，并疏浚内外河，使濠水虽旱不涸，复于拱辰门内通济桥边置银铃闸。清康熙三十七年(1698年)，西安县令陈鹏年疏浚内外河，于洪桥下筑通仙闸。"(《衢州市志》)这些修浚或是"建威消萌，仰副保民"，出于保境安民的战略原因；有时也因为护城河的灌溉、日用；也因为一城之水系关乎风水、地运。从以下碑记中可见古人对于城中的水道有些别于今日的理解：

民物阜安，贤才辈出，岂非山水降神？……历岁既久，东北之水道，日就淤塞，西面虽存，仅足潴水，而民物贤才亦不复往时之盛(见《开复杨公河记》)。又道光二十年，《开浚文昌桥碑记》曰：周语有之，"川气之导也，泽气之钟也"，自疏凿以后，气不沉滞亦不散，越将见地灵磅礴，民物阜安。

衢城水系"博之有利于民，切之有益于学"，为此，历代疏浚，不忘挖掘其盛德之含义。明杨准疏浚，不敛民财，不劳民力，不用百姓物，而被称道，"其经费取诸轻罪之赎，无所敛于民财；其工役倚于雇募之佣，无所烦于民力；其甃砌拾之琢凿之余，无所借于民物"。《西安县志》卷十二还记载了修石室堰闸的一个故事。南宋张应麒(一作应麟)为西安邑丞，当时监管水利，修筑石室堰，但"波流悍激，修葺辄毁"。数月之后，即将告成，却"遇霖雨，溪流骤溢，势将崩溃"。张应麒仰天长叹，"跃马奋呼，直冲汹涛而没。水势由此渐减，堤得不坏"。后人感其德，"为立祠于其地，春秋祀之"(《西安县志》卷四十三)。祠庙楹联写道："千家禾黍千家福，一日溪流一日恩。"历代又不断修缮此祠，周召《募修张公祠引》道明修祠之意在于，"以示里民之能好义者"。可见，古人对于修筑水利这些利民扬德之举，甚为推崇。

明嘉靖三十九年（1560年）知府杨准考旧志开复古小河（新河），曾获一大惊喜。这条河从乌桥引水经新桥渠、忠烈庙前、浮石街转西流出，至城西北角铁塔底水门流入北濠。据《西安县志》卷七说，“杨准考《旧志》开复城内古河道。开浚处时见旧闸古木，并河涯砌石，动合数百年河水故道，士民神之，咸曰‘杨公河’”。《开复杨公河记》碑说，当时老百姓扶老携幼往观之，“自幸复睹数百年之故迹，而物阜民安，贤才辈出之望且龂龂焉”。并认为郡学之多师多士，“则是举也利于民者固博，其益于学也尤切”。

水亭门街区的文昌阁一带也应有内河故道并设有水门。《衢县志》（1559页）记载清光绪年间重浚衢城内河时，在文昌阁右边的铁塔下获得《西水门故道碑记》。相传古人欲引水西出，然城西地势较高，水不能外泄，水门之所在也

衢城南濠（今名为南湖）

荒芜不治，岁久遂失。但发现古人留下的碑记时，人们也是欣喜无比，欲与明代杨准得故道媲美，认为城池事关地运，衢州当时凶灾迭见，希望《西水门故道碑》的重现是一个转机。

关于衢城古水系，留给今天衢州人的记忆已经很少。《西安县志》记载衢州当时有六个水门，水流自南向北将外濠与内河连接。阿祥博客记载了关于水门的珍贵记忆：

> 小时候每次进城，要经过南湖，南湖里几乎看不见水，全是木排。如今天官桥的南面头上，原来是高高的城墙。城墙外的南湖靠城墙底有半月亮形的涵洞，这涵洞就叫"水门洞"。……六十年代以前，城里中河沿五一家具厂的木头都是从"水门洞"进来的。小时候要到中河沿的木排上刮树皮。那年代没有煤气，做饭就靠柴火。
>
> 水门洞的左右全是长长的野苴麻和凤尾草，只有顶上部分露出一小块光秃秃的石块，那是什么原因呢？原来要想把南湖里的木排顺南湖水送进城，真有一定的难度，因为水门洞太低，人不可能站在木排上进洞划水。古人真是聪明，划木排的人站在木排上，在没有进洞前，面对水门洞，双手按在水门洞的顶部，两脚不停地在木排上走动，木排迅速地往水门洞里前进。就在洞外的木排还剩下两三米左右的时机，木排上的人动作飞快地躺下，人和木排瞬间就穿过五米左右宽的城墙进城了。因此，水门洞的顶上永远长不了草，是天长日久划木排的人用双手按成光秃秃的……

河道出，文运昌

今天随着历史变迁，人事皆非，然而江山依旧，流水依其性而日复一日。雍正朝知府杨景震《重开衢州郡城河道碑记》把衢城水系比喻为"人身之有经络矣,融会流通,俾勿凝滞也”。在古人看来,衢州水系之通达关乎古城之兴衰,称“处其清而清,处其浊而浊,际其亨而亨,际其塞而塞,亦理之常”。《管子·乘马》言:“凡立国都,非于大山之下,必于广川之上,高毋近旱而水用足,下毋近水而沟防省,因天材,就地利,故城郭不必中规矩,道路不必中准绳。”可见,城池水系应根据自然规律,因势利导,不可随意改造。而今,在科学“人定胜天”的思想引导下,人对于水,已不再是视其为神圣的,而是随心所欲。填河渠、起楼房,围湖造田等举措已不是什么新鲜事。《衢州市志》里记载了衢城内外水系后来的一些遭遇:

东濠:因扩建机场,东濠划入机场,尚存南濠(南湖)和北濠(斗潭湖)。

南濠:1953年,由城区渔业队养鱼。渔业队在湖中筑了三条土坝,以致活水变成死水……“文化大革命”期间,沿湖各单位和一些农民围湖占地建房造地,使湖面日益缩小。自1958年后,上游农工业用水量锐增,沿线又填河造田,沟渠缩小,入湖之水几将断绝。加上衢化污水渗入,沿湖工厂排入废水,以及18条下水道污水倾注,使河道堵塞,水质污染严重。

北濠:位于城北,东至北桥门,西连德坪坝,全长750米,现湖面平均宽度约25.2米。总面积为18900平方米。湖水自南湖经内城河注入,通过定水闸,灌溉北郊农田,尔后流入衢江。该湖由于城市废土、垃圾倾倒,河面逐年缩小。

内河:1929年,省政府民政厅给衢县县长高德中训令称:“内河久不疏浚,水呈墨绿色,破布死畜腐败之气,行人掩鼻。”

衢州水系“形若大环”“阴阳交会”,能“光文运而阜兆民”(《衢县志》卷十六)。明《开复杨公河记》称:“古司空辨土之物生,其在山林、川泽、丘陵、坟衍、原隰之民各以地异,则山水之关于民物贤才信有所自。”今日古城水系淹没于高楼大厦、车水马龙之下。“故邑之科第每视河之淤浚为盛衰”,河道复出乃盛德之大业,岂敢以城市之下水道处置也。衢城菱湖一带靠的是城内水系之注入,由此自古这里就是文运之地,中有长堤,环池岛屿萦纡,宋时设有明正书

石室堰引水口

院，朱熹、吕祖谦、张栻等大儒在此讲学，徐映璞说，明代王玑在此讲阳明之学，他称其为良知之学的“菱湖派”，并留诗曰：“在庵学派启菱湖，景说阳明道不孤。”[1]由此可见衢州城乃“河道出，文运昌”。

石室堰，“去城东南二十里，以烂柯山石室得名”[2]，作为古代重要的一项水利工程，也是通过彰显其道德内涵使其不断得到修缮。《西安县志》卷四十三载：“县丞张公应麒，一作应麟，字瑞伯，实董其事，三年工不就。适山水暴涨，张公口跃马自沉中流以死。自后堰址始定。事闻，特赠少卿，每月夜，土人时见有神乘白马往来堰上。至今五百余年奉祀勿替。”为纪念张应麒之大德，衢人于石室堰侧立祠以祀之，“事闻，特赠光禄寺少卿，立祠祀焉”。据《国语·鲁语

〔1〕徐映璞：《清平山人诗集》，铅印本，徐晓英等收编，1992年，第43页。

〔2〕《西安县志》卷十二。

上》，能被立祠祭祀的唯有四类人，即“法施于民则祀之，以死勤事则祀之，以劳定国则祀之，能御大灾则祀之”。建祠的重要原因是宣扬这些高德大义。张少卿祠旧有柱联，云：“千家禾黍千家福，一日溪流一日恩。”（《西安县志》1592页）当百姓看到城中之水或在祠中“春秋祀之”时，脑海中或许会浮现起张公的凛然大义，心中或许会泛起“见贤而思齐焉”的信念。据载，衢人曾多次修建少卿祠，《西安县志》中周召《募修张公祠引》《费双元重建少卿祠记》两个篇目，足见人们的重视程度。而正是这一祠堂的存在，让衢州百姓每天都能饮水思源，接受“石室堰”的教育，使古城充溢道德教化之涓涓细流。

（吴宗杰、陈艳）

德平坝

德坪坝（亦作“德平坝”，又称酒坛坝、马公堤）是自城西“铁塔底下”。向北延伸约近170米的长堤，分割衢江与北濠水系。此处地势低洼，每当春夏之交，雨水倾注，衢江水倒灌，城内便一片汪洋；而同时，在其东面，水皆汇于北濠，濠水既溢而踰，亦易成灾。因此，民国《衢县志》（1805页）中说“此坝关系衢城甚重”，因其“内为濠河宣泄之门，外御溪水倒灌之路”，不仅北郊的民田能得到灌溉，而且“西北城根赖以免冲刷之虞，迤东村落坟墓赖以免漂没之患”。

德坪坝最初的修筑，始于一位僧人。[1]康熙二十五年，衢江水肆虐，城内百姓房舍以及祖先坟茔均被冲刷。当时北门关帝庙里，有一个叫智明的僧人，因不忍百姓受苦，自愿苦行，“日夕募缘，付董事筑成土堤”。只可惜，此土堤仍不能抵抗汹涌洪水，为此，衢城太守亲自书写布告，招工筑堤，然而依旧是屡修屡溃。康熙五十九年，左都督马璘来衢，见堤工低薄，于是捐出自己俸禄，交于守戎张善敬添购石料修筑。六十一年春，马璘至堤坝四周巡视，仍觉其单薄难支，于是“又捐己俸，于石堤之外贴帮卵石一层”。工虽报竣，马璘仍觉得石墙太直，唯恐其难以支撑长久，遂又招募役工，运石帮砌墙根，修筑完后，“下层宽一丈余，上层三尺收顶，连前筑堤顶共一丈五尺，堤根四丈有奇”。

---

〔1〕民国《衢县志》卷十七。

《衢县志》载,德平坝原名为“酒坛坝”。此说已无法考证缘由,只是在县志碑文中提到,当时马璘看到堤坝南段为波澜受敌要口,其地势却难存土石,于是命人放置酒坛,坛内贮砂,从堤根累至堤顶,或许这就成了名字的由来。那么“酒坛坝”为何又更名为“德坪坝”?据光绪年间衢州知县龚廷玉撰写的碑文(《衢县志》卷十七)记载,此“德”,乃“德前贤之创始”,“后之人推原所自,名其坝以德之”。也就是说,是后人为了纪念堤坝创修者马璘之德,并以此自勉,有见贤思齐之意。

据碑文记载,堤坝筑成之后,衢州士民因此对马璘极为感戴,为之立生祠祭祀,并欲将堤坝以他的名字命名:“士民咸谓生民之得以宁其居,我祖若父之得以安其窀穸者,皆某之功,遂相与建祠设像,刻石立碑而志之,并名之曰‘马公堤’。”当时正逢括苍之役,马璘匆匆离衢,等到回来时,见刻其功绩的石碑已立于堤上,顿觉“局蹐不安,赧颜汗颊”,急忙召集当地年长老,希望他们撤去此碑,众皆坚执。马璘一再坚持,才使得他们勉强同意把碑移至别处。据他的说法:“斯举也,余初不过竭己之诚、尽人之力,何功之与有焉?若以之沽名徼福,君子耻之矣!”他唯一希冀的是,“波涛莫测,兴废靡常,倘后来之贤士大夫不没斯工,及时修举,利益民生,是固余之厚望也”。

关于该坝“德”字意义,还另有说法,是与坝的高低有关。据汪筱联先生所说,坝筑在城墙外,其东为城,其西隔着衢江便是乡下,因此德坪坝的高低涉及衢江两岸到底哪边被洪水淹没更多。架高了,江东边的龚家埠头就被多淹,架低了,城北农田就遭洪水。因此需要用德来端平这碗水,照顾好衢江两岸城乡关系。陈锡祥回忆,历史上城区与东岸村民也因此冲突过。城市当局派人用沙袋筑坝,龚家埠头的村民背着扁担、锄头冲击德平坝要把沙袋挖掉。村民说:“只有你们城里人的生命金贵,我们乡下人就命贱,就可以任凭让洪水把家园冲走?”因此《衢州市地名志》说:“为防止衢江里的水威胁城市居民的生命财产,同时又兼顾西岸龚家埠头群众不受洪水的冲击,在修筑堤坝高度时,以

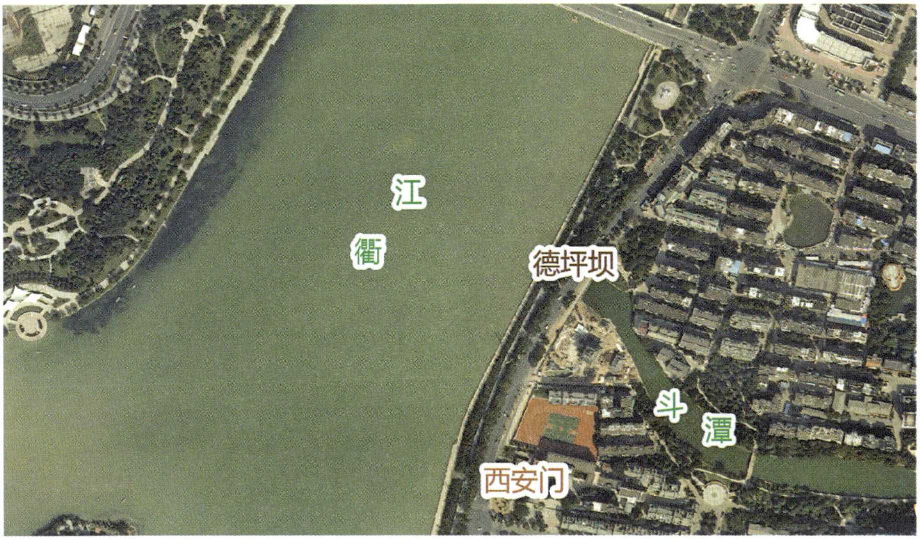

德平坝及其水系

德为先，平衡双方利益，故名德平坝。”据民国碑文记载，当时坝“由下至上作一斜剖面形，计二丈二尺”。

光绪年间的衢州知县龚廷玉言：“前贤既创造于先，予敢不勉承于后？”后来衢州父母官把修坝一事看作是继承先人德行之举，一次又一次修缮，光绪时有碑文记录的便有三次。光绪癸未年，衢州郡守对当时的知县欧阳烜说：“若坝利民者甚巨，宜亟筹所以复之。”后者“承命悚仄”，不敢怠慢，颇让人感到修此坝的道德力量。

据说工程最大的应属光绪十四年（1888年）那一次。[1]当时坝又倾圮，知县伍桂生从百姓处得知德坪坝修圮始末，时正逢“民穷力薄，岁且荐饥”，然而伍桂生仍决计修坝，并把这看作是“此守土者责也”。他亲自去坝址反复勘探后，终于明白为何此坝屡修屡圮。据他观察，德坪坝坝基靠里，而河岸突兀于

〔1〕民国《衢县志》卷十七。

前，水石不相退让，再加上当初修坝时叠以鹅卵石，灌以沙土，“沙性松，水过则随之而去，石体圆，一冲则群焉而靡”。他认为，这是以前“立法未精，用人未当”之故，“囿于旧法，恤夫人言，安望其至今岿然也？”于是，邀请以修石室堰而获好评的邑绅程炳耀，负责修坝事宜。程炳耀亲自拿着箴箕铁锹，日与工人为伍，虽骄阳酷暑淫雨烈风而不间断，为人所赞。坝刚修成，大水骤至，新堤几乎毁于一旦，知县伍桂生“以新工势岌岌，与程君抢险，祷于周王庙”，雨虽然没止，但水势渐落。伍桂生慨叹：“斯殆神呵护一方而力为之障欤？抑程君勤厥事而默为之相欤？”

《衢县志》卷十七中记载的最后一次修筑是在1916年。该年5月，大水冲走房舍畜牧无数，堤坝桥梁十之有九被冲塌。衢县知事靳春桂自省，洪水已成衢州大患，作为父母官，不修渠防，实非爱民之举，用他的话说，“自维守土

在原德平坝一带的江滨大道

吏而使氓庶流离，渠防不修，甚非所以保吾民”。于是决计修筑德平坝，并选商会协理项槐负责工事，耗时六月而成。此次修坝还得到了上海红十字会的捐助。近代以来，德坪坝上还发生过许多政治事件。如1919年“五四运动”时，衢城的工商界积极响应，罢工罢市一天。学生们组成国货维持会、日货检查队，将没收的日货堆积在德坪坝焚烧。[1]还有历代许多人犯处决也发生在坝堤上。

今天，衢江已被收服，护城的濠河也已改变模样，德坪坝一带已成了江滨大道，与西安门呼应，成为一道风景线。不过，如能将历代碑文记上，漫步其间，也可缅怀“前贤之德，后人勉承”也。

（高佳燕、吴宗杰）

〔1〕《纪念辛亥革命衢州光复百年特别报道》,《衢州晚报》2011年10月10日。

捲雪亭与西城楼

今天水亭门城墙外有一座风格古朴的亭子，名为“望江亭”。据91岁的郑怀棪老人讲，前几年是他建议造的，但抱怨名字起得不够有古味。然而，旧时这水亭门外衢江边确实有个古亭，称“捲雪亭”。切不要小看这个亭，它被记载在宋代重要志书《舆地纪胜》里，称捲雪亭“在郡城航远门外，俗称水亭门”。据说从前衢江常常涨水，水漫至亭，亭立于水中，附近航远门（即朝京门）与之相对，也就有了“水亭门”的俗称，现在衢州人也都这么叫的。不知怎么阴差阳错的，捲雪亭也俗称“水亭门”。或许有人把捲雪亭当成了水亭门上的城楼，郑永禧在民国《衢县志》中还特别做了澄清，说水亭城楼名“碧春（楼）”，不是城外的捲雪亭。汪筱联先生说，旧时捲雪亭旁边是一个渡口。按县志所载，当是“与旧朝京门相对”的朝京埠，或称中埠义渡（见嘉庆《西安县志》），这里往来的人很多，冬天下雪的时候，大风夹着雪花吹来，吹到亭子这里又哗哗地翻转回去，“很有意境”，于是就被称作“捲雪亭”。然而，古代亭子以“卷雪”为名的其实也不少，《咸淳临安志》载，昌化县南屏之麓有捲雪亭；今天无锡太湖鼋头渚上还有名胜捲雪亭。

今日望江亭，昔为捲雪亭

不仅有亭，古时水亭门外也是有楼的，按民国《衢县志》所载，名为“城西旧楼”，又称“西层楼”。县志引明代王世懋《二酉委谭》中所记他到此游观的经历和诗篇，说城西旧楼在“衢州城西层楼下，临衢水，上有四大字云：‘飞阁流丹’。余刻一诗而去”。他的《游城西旧楼诗》这样写道：

雨合烟霏望不穷，层楼百尺似浮空。
清迷橘柚寒山外，白点鸥凫细浪中。
游目岂须吾土贵，赏心偏为故人雄。
不知醉后题姑蔑，可得东阳八咏同？

王世懋生于衣冠诗书著称的江苏太仓王氏，明代诗界“后七子”之首王世贞之弟。《明史·列传一百七十五》载王世贞传时附记王世懋，说他“嘉靖三十八年成进士”，“始选南京礼部主事，历陕西、福建提学副使，再迁太常少卿”，还说他“好学、善诗文”，虽“名亚其兄”，王世贞却“力推引之，以为胜己”。一句“游目岂须吾土贵，赏心偏为故人雄”道破了王世懋游览衢州时的心境。游目赏景何须以地方论贵贱，能够让人怀想起那些令人敬仰钦慕的“故人”，才是真正值得一去的好景。古人游观，往往会追寻与前人的通感与共鸣。“不知醉后题姑蔑，可得东阳八咏同？”当年王氏联想到的是先秦古城姑蔑和金华的“八咏楼”。后者为南朝著名史家、文人，时任东阳郡（现金华、衢州都是其辖区）太守沈约所建。八咏楼不仅与历代文人名士结下了亲缘，与不少英雄人物也有着密切关系。唐代的严维、崔颢、崔融，宋代的李清照、吕祖谦、谢翱，元代的赵孟頫等都曾慕名前来登临题咏。王世懋心中的故人是谁，如今已不得而知了。然而今天我们站在水亭门边，怀想当年王氏的胸襟与文采，也当是与“故人”相感应了吧！

（侯松、吴宗杰）

水亭祭生灵　濲沙撑白骨

清外务部档案“衢州教案简明清折”记载，光绪二十六年（1900年）七月，从“常山下来有两个洋姑、一个小洋人。至衢州西水亭门均被团练杀死”。当时在水亭门以撑船为生的严高祥亲历此场景，另据许老三供：“伊与村人杀死土匪一名，在其身边搜得大洋二十元、小金洋两个。大洋俵分，小金洋，伊自换钱花用。水亭门路过洋人，系在逃之船户陈老三杀害。”[1]这就是震惊中外、史称“衢州教案”的反教会斗争中发生在水亭门的一幕。而继教案后一系列的清算，使衢城满目疮痍，哀鸿遍野。据当时衢州名儒詹熙所著《衢州奇祸记》称，涉及此案被“冤杀、疑杀、阵杀、捕杀的各方民众寿数约万余，皆弃尸于河中”。当时江上情景是“大雨后，群尸聚于汇水处，水作黑色，鱼鳖皆泛”。第二年，詹熙乘船去杭城，看到“沿江沙碛，白骨支撑，皑如明霜，至今舟子犹能言之”。却不知有多少冤死者，其名字也没留下。

据小时候住下营街12号的衢州前任副市长姜宁馨说，发生了衢州教案后，外国人发话，如果清朝政府不惩治凶手，他们将要像八国联军一样，血洗衢城。于是风声鹤唳，全城人心惶惶。迫于压力，清政府着着让步，“电旨迅速查办了结”。后将金衢严道台鲍祖龄充军新疆，都司周之德处斩，浙江巡抚刘树棠革职永不叙用，当地士绅郑永禧、郑锷、罗道樊等也遭斥革，赔款白银5万两，割

〔1〕朱金甫、吕坚主编：《清末教案》，中华书局，1996年，第59页。

地10亩给被杀教士筑墓并修建被毁教堂。新建天主教教堂就在今天府山，即峥嵘山，当时占地四十余亩。[1]而参与肇事群众被杀40多人，其中14人枭首示众。据说这些人是被押往杭州刑场斩首，从水亭门码头登船赴死的。

江上传教

《衢州市志》（1226页）记载，天主教是明末清初由福建、江西传入衢州，初传教于府城城乡内外，信徒不多。雍正末，有世奉天主教的傅佑仁兄弟三家由江西南丰迁居衢县石梁麻蓬。大约是在1701年至1703年间（康熙四十年至四十二年），最早的天主教堂由王姓教徒在康熙年间创建于衢城小西门泰安宫前。1723年，朝廷下令禁止天主教传播，许多传教士被驱逐出境，传教转入隐蔽活动达100年之久。天主教传入之初，衢州城内还没有建教堂，传教士栖身在西门外衢江的船上。他们白天上岸传教，夜里宿在船上。麻蓬村九十岁的傅献堂老人说："天主教神父不知道城里有教友，城里教友又不敢去找他。宿在船上，白天上来去传教的。后来看到船上究竟不是一个住的地方啦，他到上面来买房子，想买没有买成功，买来之后又变卖掉。结果还是在麻蓬落根的。"[2]

据《衢县志》（1926年刊本）卷四"建置志"记载，同治十一年有美国基督教教士司徒牧师来衢传教，夜住船中，昼则登陆，随地演劝。《衢州简史》（317页）也有记载，当时传教士住的船就停在西门外，晚上传教士就住在船上，白天入城传教。这样辛苦了一年多，传教士才租借蛟池街四眼井民房作为教堂，称福音堂。光绪元年复加扩充，受典大房三进犹有一部分租赁者。至二十五年，内地会英教士汤明心改建西式洋房。二十六年被毁。胡嘉镐老人说："我小时候，七八十年前了，耶稣教刚传来，没有教堂，就在县西街租了个店面，来宣传耶稣

---

〔1〕徐映璞：《两浙史事丛稿》，浙江古籍出版社，1988年，第383页。

〔2〕麻蓬，衢州石梁镇麻蓬村，包括三个自然村：麻蓬村、桥头山、花坟前，都信天主教。村有百年天主教堂一座以及老教堂遗址，已经被列为浙江省级文物。

教,那么大家都去听,来个人发个包子(面包),叫你去听耶稣教,称呼教友兄弟姊妹。”居士徐文华老人说,她小时候有钱人不相信西医,都相信中医。她母亲怀孕流产,因为没钱就去了教堂。汪栋时老人说,抗日的时候,天主堂允许老百姓躲进去,管吃住。如今柯城区基督教三自爱国教会设在下营街一处楼房里。

庚子奇祸

光绪二十六年春夏,义和团运动席卷京津一带,当时慈禧太后发布密旨,令各省“诛灭教会中西首领”。慈禧的密旨也由浙江臬司转令各府执行,衢州镇守司、都司也已转知团练遵办。当时詹熙在《衢州奇祸记》(89页)对此暧昧局势如此记载:“光绪庚子五月,京津拳匪创乱,警信至衢,匪已思逞,既而拳帖四张,谣言百出,官弗之防亦弗之禁也。清政府对义和团‘亦抚亦剿’……廷议各异,剿团剿洋,有若水火。”当时正值浙闽边境终南会刘家福红巾军起义,起义并非以反教为目的,意在“反清复明”。但当起义军开始进攻衢城时,却催生了衢州教案。当时,衢城文武官员对起义军惊慌失措,红巾军攻打衢城时,流言四起,城外山头鬼火莹莹,城内人心惶惶,把矛头指向洋教士和向与洋人交好的官员,开展诛官杀教的斗争,由此“衢州教案”爆发。詹熙所著《衢州奇祸记》包含日记和杂述,详细记述教案发生经过。事发之时,他见拳匪四言揭帖,谬论勃发,人心大为激动,作四言绝句,驳之曰:“能杀鬼子,固是好事。普天率土,无不切齿。”但又婉言劝导:“凡谋大事,宜策始终。”

案发过程,中国内地会汤明心夫妇(D. B. Thompson)以及他们的两个儿子(Edwin和Sydney)和三位女同道石、马、戴(Edith S. Sherwood, M. Etta Manchester, J. Desmond)请求道台鲍祖龄庇护,在道署前被群众击毙。另由常山来衢避难的内地会传教士黄道明夫妇(G. F. Ward)和他们尚在襁褓中的婴儿,未及进城,也被害于城外码头,即水亭门码头上。[1]在道署衙门被杀的英

〔1〕衢州市志编委会办公室编:《衢州史话》,浙江人民出版社,1987年,第60页。

籍传教士汤明心在1900年7月20日写给朋友的信中提到黄道明夫妇以及他们雇船的事。他说:“我们期待黄道明夫妇会即时抵达,但不知道是否能雇到船。船夫会同意带你,但当走了30到50英里以后,他就会停下来,说:‘我们不能再走了。’他再要500元(50英镑)才会继续走,否则就掉头送回去。”[1]一位女传教士E. A. Thirgood(中文文献称良思善),亦在抵近衢州城外时遇害。城内天主教堂、耶稣教堂,均被焚毁。次年,浙江巡抚余联沅在《奏报议结浙江新旧教案情形折》中道:“虽由于平日民教不和,不无激衅,而匪徒之借以为名,纠抢图利者实居大半。地方官事前既不预为防范,事后又不速议了结。”

知县吴德潚一家研究西学,是维新刊物《时务报》最初发起人之一,与梁启超、黄遵宪、汪康年等人来往甚密。《衢州史话》(60页)记载,其子在教堂学习外文,县署兵丁练洋操,由此引起某些地方士绅的不满。红巾军攻城时,城内群众奋起反对洋教,捣毁教堂。吴德潚给传教士通风报信,并派丁役保护教堂,更为群众所痛恨。浙江巡抚任道镕给清廷奏折中说,“因西安县吴德潚保护教堂,谓其通匪,因而迁怒,乘乱戕杀,并及官眷幕丁人等至三十四名之多,实属惨忍已极”[2]。

奇冤莫白

衢州教案震惊中外。英国特派前总领事霍必澜在沪专办交涉,初欲派兵赴浙,谓浙官纵匪戕教,应照廷雍办理。经南洋浙抚电宣执约劝止,幸赖各领事牵制,而美尤出力。[3]帝国主义要求停止文武考试五年,以示惩戒。赔款抚恤金五万两。在府山之西修筑被杀教士的大石坟,划府山东面地十余亩给造

[1] *Martyred Missionaries of the China Inland Mission with a record of the Perils & Sufferings of Some Who Escaped*, edited by Marshall Broomhall.

[2]《浙江巡抚任道镕奏报审明衢州毁教各犯并拟办文武官员折》,朱金甫、吕坚主编:《清末教案》,中华书局,1996年,第98页。

[3]《宗人府丞盛宣怀为将衢州教案全案抄送全权大臣在京核办事致行在军机处电》,郭舜平:《清末教案》,中华书局,2000年。

天主堂。今天府山天主教堂仍在,但大石坟已不在。据姜宁馨副市长说,现在这个教堂是原先那个拆掉重建的,但教堂的台阶还是原来的。1911年辛亥革命打跑列强后,再把这几个坟平掉的。詹熙等绅士为“悔罪输诚,恳全生命,叩请转详扶宪,恩予照会英领事官事:愿为汤君及女教士立碑志哀,并为素服五礼拜日。其余城内商民人等皆服素五礼拜日,按户焚化素纸,俟汤君全家及女教士灵榇登城之日,再为延请教友诵经一礼拜日。绅等各具衣冠,出城远送,以表悔罪尽礼之意”[1]。

清政府除了惩治官员,还展开一系列清算。他们认为:“地方官犹父母官,戕杀县官,与逆伦无异。”[2]有的说“环城四十里,皆从诛戮”,也有说二十里、十里、五里,或只是城里。崔元浩(又名崔守灏)等十四人,均系倡乱祸首,或则戕官,杀害教士人等,或系在场随同下手,逞凶滋事,情罪最重。均属法无可贷……枭取首级,解赴犯事地方悬竿示众,以昭炯戒。[3]中国人好面子,头颅直接关系到面子。这个姓崔的,他杀头的时候儿子很小,也另外坐船到了杭州。据说在刑场上,场面非常凄壮,刽子手看着这个小孩子,这么可怜,这么哀求他,就把他父亲的人头还给他。他就把父亲的人头拿回来安葬在祖坟里,免于悬首示众。[4]《两浙史事丛稿》记载这位崔姓叫大谋,还是岁贡生,斩于杭州钱塘门外:“崔子年十五,跪刑场吁求父首。……见者啧啧称孝子。”

据姜宁馨叙述,这些赴杭州被斩的人,经过水亭门时,沿途百姓纷纷生祭,猎猎江风,为之送行,场面感人。“几十个人呢,是用船,从新桥街那边走过来,绑上来以后,再往这边水亭门上船,运到杭州去。他们水亭门的许多人在心里是同情

---

〔1〕《浙江巡抚余联沅为西安县绅民恳请志哀被戕教士事,咨呈总署及照会英使会稿为咨呈照会事》,郭舜平:《清末教案》,第1357页。

〔2〕徐映璞:《两浙史事丛稿》,第367页。

〔3〕《宗人府丞盛宣怀为将浙署抚所寄衢案简明清折呈览事致奕劻函》,郭舜平:《清末教案》。

〔4〕高佳燕等:《采访衢州宁馨副市长》,录音编号:20110725。

的，在表情上是悲伤的。所以，他们沿着两条马路生祭。一般人死了以后再祭，是死祭，他是活着就祭。这次去杭州一定是杀头的。”1992年版《衢县志》这样描述当年水亭门的情景：“缉捕船泊于西门河岸，捕满一船，即行解省，经月不已。亲友或哭送，或沿途生祭，悲声不绝，全城处于恐怖与悲愤之中。都司周之德反洋教得力，被捕时，自城东解往西门，所过街市六七里间，居民焚香拜送，哭声震天。被捕义民解省后，严刑拷审，口供所及，随即逮捕，瓜藤蔓葛，久而不绝。一时畏‘罪’自尽者，被笞致死者，瘐死狱中者，熬刑讯释而成残废者，外逃不归者，不可胜计。”徐映璞在《两浙史事丛稿》中也提到沿途生祭，见者酸鼻，其中描述：“都司周之德被捕，短衣芒履，锒铛就道，自东门至于西门，所历市街六七里间，居人焚香拜送，哭声震天。”当然也有怜民的好官员，继任知府徐士霖不忍见此景，为民请命，被罢官，后自捐200元倡设恤嫠经费，解任归去，并作诗云：“劫火残碑在，荒村饿殍多。哀鸣遍南北，望望奈愁何？”

1900年《法国画报》上义和团成员的头颅挂在城墙上

詹熙当年把这场悲剧定位为“奇祸”不无道理，是背后有种种不可道明的势力最终酿成大祸，在他看来，“国家赤子，久被屈辱”，而官府“装聋饰瞽，若官若绅，如梦如醉”，“民激而戕官，疑而杀教”，“以致沉海之奇冤莫白”，团民与中外教民冤魂难散。

（马妮、高佳燕、吴宗杰）

端午西安门英烈凭吊

甲申（1944年）六月二十六日黎明，城中守军，纷夺西安、水亭两门，奔走江滨。浮梁已断，仓卒中，舟者、筏者、木板者、徒步而泅者，滩急水深，皆不得达北岸，顺流下泛。敌追至南岸，与北路金家山、雷锋坞日军，各以机枪，夹击江面。日出后，敌机三架，复低飞扫射，江中我兵无幸免者，尸骸蔽江，水为之赤，殉难者约三千人，惨矣！

以上是徐映璞《甲申衢州抗战记》[1]中记载的1944年6月26日发生在水亭门、西安门外江上的衢州会战之惨烈一幕。战死者为经过城内浴血奋战后撤出来的二十六师七十八团官兵。徐映璞在"哀衢州"一诗中这样凭吊抗战死难英烈：

烽逼天地昏，血殷原野赤。
蔚为民族光，英灵褫鬼魄。

衢州是抗日战争两次战役的重要战场，分别发生在1942年和1944年。这两场战斗中，中国军队异常英勇，虽死伤无数，却无一人投降。衢州城墙见证了其惨烈而悲壮的场景。

---

〔1〕《衢州文史资料》第五辑，浙江人民出版社，1988年。除另外注明，本篇资料均出自该书。

2001年西安门（周叶典摄）

日军通过衢江浮桥发起总攻

据陈颐鼎《回忆衢州保卫战》一文记载，太平洋战争爆发后，中国政府与美国协定，美军将在我国东南沿海地区登陆，开辟第二战场。自1941年秋起，我方先后将浙江衢州、福建长汀、江西赣州三处原有的飞机场进行扩建，以备美国空军必要时使用。1942年4月18日，美国远程轰炸机轰炸日本东京、横滨、名古屋等城市，使日本朝野十分惊慌，民心惶惶。日本当局为安定本国民心，防止美国空军对其本土轰炸，令日军驻浙东、杭州、萧山等地的各部，并从其他各地调集部队，发动浙赣战役，打通浙赣线，摧毁衢州飞机场，用以减除对日本本土的空中威胁。

中国军队针对日军作战企图，制定衢州会战方针：在浙赣线上让开正面，逐次后撤，诱敌深入到衢州地区。我以一部坚守衢州城，各以有力部队在衢州外围两侧占领阵地，尔后以合围之势，歼灭进犯之敌于衢州地区。顾祝同为部署此次作战计划，两次到衢州，并指示说:“委员长这次调你们到衢州，是要你们服从战略上的重要任务。衢州是扼守浙、赣、闽、皖四省的交通要枢，据战略上极为重要地位。”

时任八十六军副军长，兼六十七师师长的陈颐鼎，就是当时负责守城的将领之一。他在《回忆衢州保卫战》一文中回忆，当时战况的惨烈。“衢州保卫战已进行五昼夜，我先后伤亡官兵已达二千二百多人。我军处在四面包围、对外失去联系的情况下进行战斗，但官兵信心仍不减当初。”衢州的地方史专家姚肇鸿说:“我们现在站着的大南门外的瓮城里，就发生过惨烈的刺刀肉搏，这城墙上，还能看到日军炮火留下的弹痕。”陈颐鼎回忆1942年6月8日起，日军从衢州火车站对南门我阵地不断发起进攻。八十六军十六师四十六团连长高远举率全连官兵在瓮城与敌展开肉博、拼刺刀。高远举一马当先，挑死好几个日本鬼子，但他最后也阵亡。这是衢州保卫战最激烈的一次战斗。大南门核心阵地保住了。一天战斗里，第十六师上校参谋主任袁福崇以下官兵一百多人，第十六师副团长李实以下官兵六百多人阵亡。敌军也付出了很大伤亡，一次突击就有100多人全部被歼。但这场战役却以撤退收场，陈颐鼎回忆其因由:

> 当时敌军数量上劣势，部署分散，而我军占优势兵力并集中，在衢州决一死战是可以给敌军歼灭性打击。然而兵临城下时，中枢突然改变决策，致使计划付诸流水。据陈颐鼎记载，蒋介石的衢州会战计划事先未经盟军司令魏德迈同意，魏说，衢州会战即使胜利结束，日本在华军事行动也不会因此告终，何况尚要付出许多代价，而且你们国家内部还存在许多问题，有生力量消耗掉，那将是最大危险。于是蒋介石改变决心，临时放弃会战计划。

正当战事白热化，守军受命向福建浦城撤退。陈颐鼎回忆当时是如何接到撤退的命令:

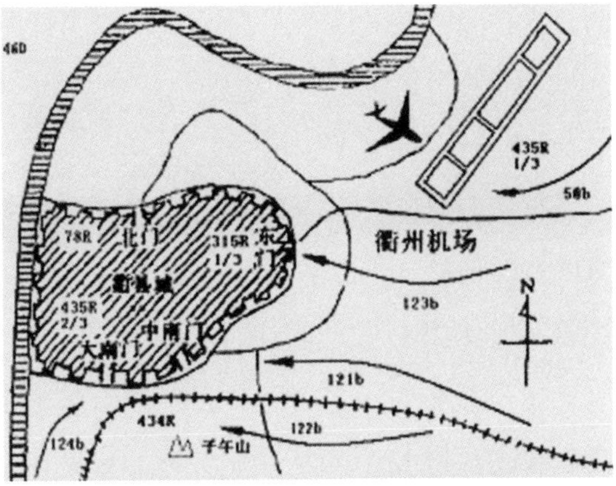

衢州古城与衢州机场守卫图(衢州新闻网)

我于八日晚间召集有关部队长官研究下一步作战方案,接到守城防核心阵地第十六师第四十六团团长谢士炎电话报告,由衢江上游浮来一个老百姓,说有事要见师长。我要他们把这个人速送来见。此人姓乔,名叫大年,江山县清湖镇人,二十六岁,从事船运行业,经常来往于衢江、新安江、富春江各口岸,给人运输货物,今晚由后溪街游来衢州送信。他从裤带中取出用蜡纸写的字条,上面的字虽已模糊,但还可认出,写的是:“又新(我的别号),速设法前来,我在风林街等候你。平。”我问这字条是谁交给他的?“平”是什么人?他说这条子是他师傅姜某(已记不清名字)要他送来的,其他一无所知。“平”就是第十集团总司令王敬久的别号,名叫又平,日常我们私人函电来往都用这个名字,至此我已完全理解王敬久要我向外突围的暗示。此时,仍然下着倾盆大雨,我们心情像雨点般频频跳动,我想,敌人已被我军拖住,正是围歼大好时机,为什么要我们向外突围?

再次在衢州城墙发生激烈战斗的是1944年6月衢龙战役,其中水亭门沿江一带最为惨烈。6月14日,日军兵分三路向衢州发起进攻。6月25日端午节,我军在东门与衢州机场一带与敌鏖战,败敌十余里,至乌溪桥罗星水口。下午,炮声疏落,以为敌人不堪再战。老百姓听说赶走了日本人,纷纷送来老酒和粽子,慰问官兵。徐映璞记载,“城中军伍,屠宰猪羊,不敢宴于室内,列方台数百,置酒衢路相庆慰,自孔子家庙前,至南市街,群聚而饮啜者数千人,长达二里”。

而在水亭门城上,第二十六师七十八团团长于丕富登上城墙,高声传出话去:

“倒酒!”

“倒酒!”“倒酒!”“倒酒!”……

官兵们端起酒坛,向一字排开的碗里倒去。大家端起碗来,向于团长所在方向行注目礼。于团长为山东大汉,站在城头上,威风凛凛,充满豪气。他巡视着四周,城里灯火通明,城外暗夜沉寂。[1]

26日凌晨四时,三发信号弹升起,偷袭的日军突然向东、南、北四门同时发起攻击。醉梦中的官兵们惊醒了,装上所剩无几的子弹,冲上了城墙,向进攻的敌人进行射击,稀疏的子弹挡不住汹涌的敌人。时任二十六师副师长曹天戈在《二十六师参加龙衢战役纪实》中载:东门被首先炸开,日军跟即分向西、北方向扫射疾进,七十八团在团长于丕富指挥下,奋起反攻,浴血苦战,但终于在上下敌人火力交叉下,官兵死伤过重,无法立足,被迫冲出西、北门。徐映璞则记载:“初更后,皆醉饱困倦,月落天黑,敌自北隅城阙掩进百余人,分布僻巷,鸣枪示威,红绿信号凌霄互起,我军酒后应战,不知敌所从来,纷纷向西城转移。”

于丕富团长(1909—1944)

435团副团长沈清源多处负伤,坚持战斗,战死在南门。而此时的于丕富团长头部中弹,身负重伤,仍然继续指挥战斗,警卫员背着他向水亭门转移,冲出城来,洪水暴涨的衢江横在那里,已无路可走,东、南、北三面都涌来了敌军。警卫员放下奄奄一息的于团长,只听他说:“把我扔到江里,绝不能让我落到敌人手里,羞辱我的尸体!

〔1〕见《惨胜——血染衢江》(载“中国黄埔军校网”)。

城西门外的江面

日军沿衢江攻城

闭 市 叹

叶如圭

三月闭城城崔嵬,
四月闭市市喧歴。
军笳呜呜悲声哀,
百日黯澹飞黄埃。
出门争向山深处,
阛阓阒如全遯去。
千衔万户爨无烟,
寥落寒风长官署。
重闉铁牡扃钥严,
还家尤是旧阁阎。
可怜京东汉阳北,
二炬火光归未息。

叶如圭,字荣甫,道光癸卯年(1843年)生,衢州府学咨部优行廪膳生,世居仁德坊,朝考第二等九十九名,钦点邢部主事,官江西布政使。本诗描述战争期间,衢城闭市,百姓深山逃难,城里人好像一下全隐去,无人烧火做饭,一片死气沉沉。

你快逃命吧!”然后,就没了声息。

警卫员而后背起于团长的遗体一齐跳进了滚滚的江里。一千多名官兵也纷纷跳下。会水的向对岸游去,不会水的沉入江底。日寇用机枪向江里扫去,日机也疯狂地向江面射击,子弹像雨点般落在江里。江水染红了,到处漂浮着官兵的尸体,真可谓“血染江城赤,骨铮视死归”,壮哉烈哉![1]

27日以后我军对敌发起反攻,再次收复衢城。29日日军撤退,每退一处,放火焚烧民居。衢州保卫战屡战屡败,但是守城军兵殊死抵抗,敌军始有所惧。于丕富团长所在的四十九军二十六师在衢州会战的表现壮烈,还击毙日军少将旅团长横山武彦。该师原为四三军,参加过淞沪会战和南昌会战,因伤亡过半而缩减为师编制,挂在四十九军之下,因受排挤,上高会战、浙赣会战都是打先锋。徐映璞这样评说:“南路第二十六师鏖战之烈,为浙东诸战役所

〔1〕见《惨胜——血染衢江》(载“中国黄埔军校网”)。

仅见，若人尽如此，扫净倭寇，收复失土，可也！”衢州保卫战，屡战屡败，屡败屡战，毙敌酋领，歼其锐卒。衢城大而虚，内无汉奸为敌策应。城外原野相错，无高山大泽为之防。所谓进可战，而退不可以守。甲申之役以后，敌军始有戒心，不敢轻于尝试。

抗战会战结束后，衢城百姓在江边捞起了上千具尸体，于团长因其衣袋上的标志被人认出，与死难官兵一起被葬在西郊花园岗上，牺牲时年仅35岁。时任衢州行政专员姜云卿亲自为于团长安葬立碑。2009年4月22日，于丕富团长诞辰100周年时，来自山东的家人在衢州市领导陪同下到花园岗凭吊英烈。

民国档案显示，衢州会战牺牲的中国官兵英魂曾供奉在衢州新桥街原忠烈庙内。今天西安门或可以立一碑，上刻《甲申衢州抗战记》，每年端午在此举行公祭仪式，凭吊抗日战争期间在衢州牺牲之英烈。古时衢州郡厉坛在北郊拱宸门与西安门之间，厉坛古时也是祭祀类似战死而未归祖茔之魂，因此有古今呼应之意味。

（肖丽、吴宗杰）

细菌战印迹

衢州城池虽固，战争还是给这里的老百姓带来“毁城廓、漂民庐、滋瘟孽”的悲剧。随着时间的流逝，这些战争的记忆已经逐渐淡出。但发生在70多年前那场战争，却是给水亭门街区留下了永远的伤痛。今天仔细留意，到处还能看到这场战争的印迹。

> 浙江衢州。1940年10月4日凌晨是一个灾难的开始。一架日机飞临衢州城上空，盘旋一周以后开始向下俯冲，到了200—300米的低空后，即沿衢州城的西安门，向上营街、水亭街、柴家巷、罗汉井、县西街一带的居民区飞，一边飞一边散下了大量的麦粒、粟粒、破布、纸包和传单等物。来回往返两次后飞离衢州上空。

这是《罪证——侵华日军衢州细菌战史实》一书中对衢州细菌战的记录。今天这一事件虽然已经过去了70多年，但在水亭门，到处还留着细菌战的痕迹：许多民居因为细菌战的缘故而烧掉重建；许多人家如今还住在细菌战时用砖块代替隔板的房子里，据说是为了防止老鼠打洞；而水亭街两边的店面格局，也是因细菌战封闭街区时重新改造；今天在水亭街漫步，身边走过一位老人，很可能他的亲友中，就有细菌战的受害者。水亭街区就是日军细菌战留下的一个开放博物馆。

祸从天降

水亭街当年是衢州最繁华的地区，日军的飞机几乎就是沿着这一街区撒下病菌。柴家巷与罗汉井最先报告发现日军撒下的麦粒与跳蚤。1940年12月浙江省卫生处致浙江省政府主席黄绍竑的电文中是这样汇报的："衢县于10月4日上午六时半，敌机一架侵入市空，飞行极低极速。警报解除后，在柴家巷罗汉井一带发现大麦、荞麦、粟米及死蚤等颇多，当时目睹者均以为奇，有柴家巷阜成纸庄许静山者，拾集麦粟及死蚤等送该县防护团转省查验。"[1]

细菌包落在罗汉井3号（现罗汉井5号）黄石麟家。据黄石麟儿子黄运鑫回忆："空袭警报响过，我们全家人躲进自家院内的防空洞里，日本飞机过后，警报还未解除，外面就有人敲门，家人出去开门，见有几个警察问：'飞机有什么东西投在你们家里？'他们边问边进屋查看。这时，我跟在大人后面走出防空洞，看到院子里、天井里满地都是麦粒和死跳蚤，门口和巷内都有，这种跳蚤特别大，比平常看到的跳蚤大一倍。我有两个姐姐都是学医的，父亲也有点文化，懂得一些科学知识，他们说：'日本人正在施行细菌战，这些东西一定带有细菌。'马上叫家人扫干净烧掉，还用臭药水洒地消毒。后来发现屋背瓦上也有麦粒，下雨天的檐头水接起来也作消毒处理后倒掉。家里养有两只猫，平时老鼠也没有，所以我们一家人未传染上鼠疫病。"

隔壁罗汉井5号的黄权一家就没有这么幸运了，黄运鑫说："他们把日机投下来的麦粒扫起来喂鸡，不到一个月时间，黄权的大、小两个老婆，还有住在他家的房客共9人，先后染上鼠疫病死亡，防疫部门很快就来封门、封巷，后来把黄权家的房屋也烧掉了。"[2]

---

〔1〕转引自陈锐：《侵华日军发动细菌战再出新铁证》，《参考消息》2011年10月17日，第11版。

〔2〕邱明轩：《罪证——侵华日军衢州细菌战史实》，中国三峡出版社，1999年，第11页。

神农殿:第一隔离所

10月4日中午11时,衢县防护团总干事、县卫生院长等人接到阜成纸庄(柴家巷22号)经理许静山报告后,带领医师、护士赶赴现场察看,并收集空投粮食、物品,其中包括在黄石麟家金鱼池中捞出的跳蚤和门前地面上收集的跳蚤及小纸包(每包内有10多个跳蚤)。下午1时许,县防护团及县卫生院向衢县县长崔履坤当面报告。下午2时许,衢县县政府对峥嵘、鹿鸣两镇镇长下达"立即发动城区居民,全面开展清洁卫生大扫除,焚毁一切空投物品、食物及跳蚤"的指令。[1]

然而,当局的快速反应并没能阻止疫情的扩散。像许静山和黄石麟这样警觉的老百姓毕竟是少数,多数老百姓还是"均以为奇",没有采取有效的防范措

〔1〕王选博客:http://blog.sina.com.cn/s/blog_4cac58790100blpg.html。

施。一个月之后，疫情爆发。11月12日上午柴家巷3号12岁的吴士英首先发病，同日下午罗汉井巷4号的郑冬弟和罗汉井5号的黄廖氏也随后发病，三人都有鼠疫症状。接着，陆续有多人染疫死亡。11月22日，衢县警察局向县政府报告："衢城罗汉井、水亭街、宁绍巷已有8人先后患鼠疫死亡。"同一天，浙江《东南日报》报道："衢发现鼠疫，死亡人数已达10余人。"〔1〕

宁绍巷：隔离的伤痛

宁绍巷是一条东西走向的巷子，东接县西街，西贯上营街。巷东口有宁绍会馆，巷中转弯处有药王庙。11月22日下午1时，浙江省第五区（衢州）行政督察专员鲁忠修召集衢城各机关、团体负责人召开紧急会议，会上议决："将已发现鼠疫病人之柴家巷、罗汉井、水亭街、县西街、进士巷、宁绍巷、美俗坊、上营街等8条街巷严施封锁"；"准备船只，劝谕疫区住户避居船上（小西门外衢江水域），避居时间一星期。"〔2〕次日，衢县防治鼠疫委员会决议"设置隔离室，令患者迁入疫区内之药王庙及宁绍会馆隔离治疗。患者家属及疫区未患病住户除登船避居留验外，也可迁入天妃宫避居留验"〔3〕。

药王庙又称神农殿，是祭祀炎帝神农氏的地方。据民国《衢县志》记载，"元刘光大至元间授衢州路医学教授创神农殿讲堂"。1940年11月22日下午就在衢州药学殿堂的神农殿设立了临时隔离病室，置简易病床20张。由县卫生院院长张秉权兼任医务组长，派医生、护士共5人驻隔离病室。首批收治的鼠疫病人有郑冬弟、周冯氏、廖望国、黄郑氏、江柏林、程凤娜、陈龙生、俞小珊、江清林、周毛毛、朱冯氏、李炳坤、周刘氏、黄徐氏等14人。

住在杨家巷84号的程秀芝老人对当年姐姐被隔离的情形有清晰的记忆。

---

〔1〕包晓峰：《日军对浙江实行细菌战的罪行综述》，《党史研究与教学》2005年第3期。

〔2〕〔3〕邱明轩：《罪证——侵华日军衢州细菌战史实》，第53页。

1940年12月6日，程秀芝的姐姐程凤娜被确诊为患上鼠疫。"医生说已无法医治，叫我们马上去报告。随后衢州防疫部门来人，立刻将我姐送往宁绍巷药皇殿(药王庙)实行隔离。隔离室共有八间，我姐被安置在第二间。我和父母也被强行留在隔离室外，从门缝里望去，只见姐姐在床上翻来覆去，有气无力地连声喊叫，痛苦万分，后来处于昏迷状态不能讲话，直到第二天早上四时左右死亡。死后尸体用草席捆扎送往他处，至今不知去向。"[1]

除隔离所以外，衢州当时还设立了许多的留验所，用来收容鼠疫患者家属，并对其进行留验观察。1940年11月22日，衢县首先在疫区宁绍巷的宁绍会馆设立临时留验所，首批收容鼠疫患者家属留验65人。后随着病人的增加，又将宁绍会馆的临时留验所改为临时隔离病室。11月25日，由警察局负责征用民船，在衢江上设立水上留验所，劝谕疫户迁居船上留验观察。留验期间，亲戚朋友给留验者送衣服、食品时，不准直接入船，只能交给站在留验船跳板上的守护警察转交。对于疫区的一般住户，则动员迁入老天妃宫(址在天后街)及天皇巷的天妃宫内留验观察；对拒不离家避居的疫区住户，规定在封锁区内不得自由通行；而对疫户家属则一律强行迁居船上留验观察一个月，在此期间未发病者，即可解除留验。

日军进入衢州城门

〔1〕邱明轩:《罪证——侵华日军衢州细菌战史实》，第153页。

衢州市细菌战受害者筹备会会长杨大方曾有过在衢江船上留验的经历。杨大方的父亲当年是在县城里修理钟表，因为舍不得生意，又认为自己身体很好，不会生病，就没有选择逃亡，坚持留在疫情已经开始蔓延的县城。“1941年3月，我父亲杨惠风染上鼠疫死亡了，是鬼子的细菌战杀害了我父亲。直至今天，我也不能忘记父亲临死前的那双眼睛。父亲的眼神在告诉我们：他不想死，他要活呀！父亲去世后，遗体只用白布包裹，连棺材也没有就运到花园岗深埋了，让我更感悲痛的是，父亲被埋葬的地点至今下落不明。父亲死后，钟表店被封锁了，母亲和我被带走，送到衢江的船上隔离留验。在飘摇的衢江民船上，我和母亲被隔离了大约半个多月，这半个多月是我一生中最难忘的疼痛。”

“烧拆”水亭街

1940年11月之后，面对迅速蔓延的疫情，国民党采取了烧和拆的办法。12月12日，衢县防治鼠疫委员会第三次会议召开。根据会议记录，该会“修正通过疫区改筑马路办法”，决议“疫户房屋由本会勘定焚毁，先由医务、工程组会同镇公所调查应焚毁房屋之间数，并估计其价格，报本会核定后施行”。

12月19日，衢县县政府下达定期焚毁疫户令，称“事关特饬要政，不容稍误为要”。“定于本月22日焚毁水亭街疫户，23日焚毁柴家巷，罗汉井疫户，24日焚毁上营街疫户，时间均为下午3时。”以下是当时被焚毁的房屋：

水亭街区因细菌战被焚毁的房屋

户主姓名	死亡人姓名	门 牌 号	屋别及间数	房东姓名
李清芳	李炳坤	水亭街57号	店面2间	开源纸店
江清林	江徐氏	水亭街55号	平屋3间	叶大兴
王庆元	俞小珊	水亭街51号	平屋2间	锦泰丰

续表

户主姓名	死亡人姓名	门 牌 号	屋别及间数	房东姓名
詹正福	蔡金楚	水亭街52号	店面2间	德有兴
郑根发	郑宏富	水亭街54号	店面3间	王立大
黄 权	黄廖氏 郑 氏	罗汉井巷5号	平房3间 搭厢6间 楼房3间	黄石麟 黄 权 黄建年
陈平生	陈隆森	柴家巷5号	店面2间	永 青
周春禄	吴凤娥	罗汉井7号	楼屋3间	叶老圃
郑昌恒	郑冬弟	柴家巷4号	平房2间	永 青
程绍周	程凤娜	上营街32号	楼房3间	黎 清

黄权一家九口死于鼠疫,房子烧后重建

今天，这些当年曾经蒙受了失去亲人和房屋双重痛苦的人们或已不在人世，或已是耄耋之年，但他们中的很多人还对当时的情景记忆犹新。1940年，住在上营街32号的程秀芝年仅15岁，几十年之后，在作为细菌战死难者家属代表控诉日军恶行时，她仍清楚地记起姐姐临死前在隔离室孤独地痛苦挣扎的样子，以及之后全家400多平方米的房屋、米行里百余担粮食全部被查封焚烧的情景。日军的暴行不仅给水亭街区留下了累累伤痕，也在衢州老百姓的记忆中留下了一笔抹不去的痛。

家住柴家巷9号82岁的吴土福指着自家的房子告诉我们，他家的房子也曾经被烧。细菌战之前吴家在柴家巷做箍桶生意，经营着被郑怀棪老人称为“衢州城里第一高”的“吴鸿兴箍桶店”。箍桶店原来有六间房，其中两间租给了对面郑怀棪家的“顺昌南货店”。细菌战一开始，吴土福12岁的姐姐吴土英就成了第一批受害者。回忆起1940年11月12日的晚上，吴土福还记得姐姐先是“全身高烧，面色发红，后来引起淋巴结肿大，大喊大叫头痛难受，拼命抓自己，喊叫要喝水。当时我只比姐姐小一岁，全家人眼睁睁地看着姐姐在床上抓挠，第二天早晨姐姐就死了”。[1]姐姐死后，房子就被烧掉了，对面的“顺昌南货店”也同时被烧。吴土福自己身上还留着那场残酷战争的印迹。因为细菌的感染，他的腿上有很多灰色的霉斑似的斑点。

焚毁住宅的措施并没能有效遏制鼠疫的蔓延。72岁的老中医张玉恢解释了其中的原因：“国民党政府采取这个办法，以为这样可以消灭老鼠，于是放火烧了。但是一烧以后老鼠要逃了，一逃呢鼠疫的面积就更大了，反而不好。”此外，培养后的跳蚤生命力之顽强也是超出人们想象的。郑怀棪老人曾很形象地向我们讲述了这种跳蚤有多“强壮”。“这个跳蚤是专门培养的，一般的手段它不会死。钢板烧红了，把它放上去，它可以爬到自己身体六倍半长度的距离

〔1〕邱明轩：《罪证——侵华日军衢州细菌战史实》，第153页。

才会死!”曾在侵华日军1644部队服务的美术兵石田甚太郎在回忆起解剖这种跳蚤的经历时,也提到这种跳蚤的特点:“经培养的跳蚤,要比野生的跳蚤稍大些,颜色也不是红褐色的透明体,一眼看上去觉得有点怪怪的。”这种古怪而又顽强的跳蚤就这样在衢州的土地上肆虐开来,吞噬生命,毁坏家园,给这里的百姓带来了无尽的痛苦。

1941年4月5日,衢县防治鼠疫委员会第四次会议召开。会议议决“疫户天花板,地板应拆开严密消毒”;“决定以疫户消毒封闭措施,取代焚毁疫户住宅”。这以后,水亭街的很多老房子才得以保存下来。4月9日,衢县防治鼠疫委员会又召开扩大会议,决议“布告民众自动拆建开窗、改善黑暗居室,限时一个月”。两天后,防治鼠疫委员会第五次会议召开,决议“对疫户房屋污秽破败不堪而房主无力整修者,可补给津贴而拆除焚毁之,由警察局协助环境卫生组办理”。从会议紧锣密鼓的程度,可以看出国民党对鼠疫的重视和控制鼠疫决心,之后对房屋的拆除和焚毁就仅限于“污秽不堪”的房屋了。

关于房屋的修缮,县政府在1941年7月29日颁发了《衢县房屋防鼠改善暂行规则》,详细规定了天花板、望板望砖、瓦缝、夹墙板、空心墙、地板、墙壁地面、阴沟、黑暗所等房屋各个易藏鼠部分的改造办法。其中仅地板的改造一项就给出了六种可供选择的方案,如需全数拆除不良之地板,地面可改筑石灰三合土,或用砖块铺砌;先拆去地板,填塞鼠穴后,满放散沙煤,再上钉地板;拆去一部分地板,做成活动式,须随时揭开清理,如发现下有鼠穴,应加填塞等等。

此后,水亭门房屋修缮工作大面积铺开。在衢县防治鼠疫委员会会议记录中,几乎每份报告都有有关房屋拆除的内容。当时记录,仅一周之内,就拆除地板2217平方米,天花板423平方米,夹墙板144平方米。这么大规模的拆除,老百姓难免有不配合,因此委员会第二十二次会议上特别提到“拆除地板、天花板工作人员在执行任务时,要多做解释、态度和平,以得到对方谅解,避免与民众发生误会，必要时由警察局协助执行之。”[1]

关于地板、隔板改造。下营街的王汉卿老人说，他屋里的板壁就是为了防鼠疫敲掉的，现在都是砖砌成。王家过去在水亭街上经营着“王震大”茶叶落花生店，日子本还殷实。日本人占领衢州后，全家逃到山上避难。“水亭街上日本人要来抓夫，抓夫叫你大概背东西，于是我们逃到山上。他们一半抓人，一半来掳东西，把你箱子撬开，值钱的东西拿去。在外面躲了两个月光景，回来后房子被搞得一塌糊涂。我家本是很好的，茶叶水果花生瓜子很多，结果落花生瓜子香烟弄得干干净净。茶叶他不要，翻翻弄到地下。”王汉卿的母亲为了躲日本人逃到三圣庙，结果脚骨折断了，他的父亲只好把她抬回来。六七个月后去世了。小兄弟也死于鼠疫。黄衙弄16号中医张玉恢的祖宅时也被改造。他说“所有的天花板地板都撬掉了”。

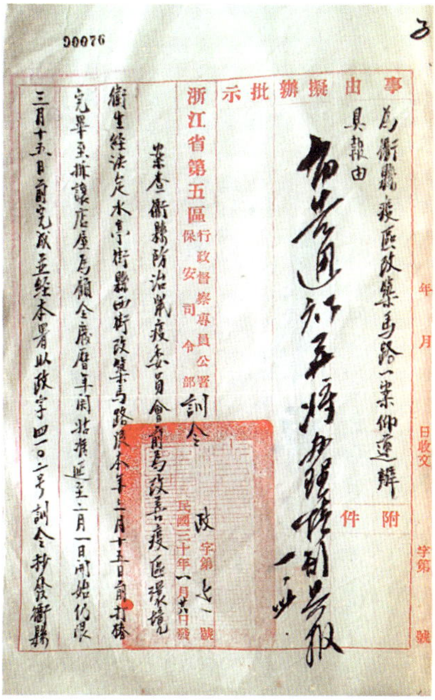
90076

事由 为衢县鼠疫区改筑马路一案仰遵办具报由

拟办

批示

附件

浙江省第五区行政督察专员公署保安司令部训令 政字第七一号

民國三十年一月廿六日發

案查衢县防治鼠疫委员会前为改善疫区环境卫生经决定水亭街县西街改筑马路

1942年关于限期改建水亭街马路的训令（衢江区档案馆藏）

为了方便治疗病人，1942年，国民政府开始拆宽水亭街马路。旧水亭街宽度仅二丈，而且街道上建有牌坊三座，影响通行。1928年，《浙江民政月刊》在《衢州状况调查》中称，衢州城内道路狭隘，如水亭街。当时水亭街是卵石石板路，宽5米。1942年，衢县县政府将水亭街拆建为宽12米的泥结路面马路。这一次拆宽水亭街马路加上侵华日军飞机轰炸，水亭门街区明、清建筑景观消失

〔1〕邱明轩：《罪证——侵华日军衢州细菌战史实》，第75页。

是最为严重的一次。[1]

再访创伤

今天,水亭街经历过那场战争创伤的老人已经越来越少,当再访他们的战争记忆,无不刻骨铭心。讲起当年逃日本人的经历,84岁的毛林江老人说,日本人一来,他们丢下店面就跑了。一共跑了两次,第一次跑九华山,第二次跑开化。“细菌战来了,我身上都生疮了,生得一塌糊涂,动都不能动。手是这样子的,早上起来,用棉签挑。这就是日本佬的细菌啊。”毛林江老人自己也不清楚是如何被感染的。“睡觉,没有好好的地方睡觉,开始发痒,生泡,发脓,你们叫发炎。脓流到哪里哪里就发。哇,那痛啊,最后什么办法呢,那时候没有条件啊,用硫黄,做火炮的,弄点烧酒啊,调起来,手进去,痛是很痛的,但是很舒服,不痒。那时候没有条件(用)盘尼西林,就用硫黄,还有盐水,盐水痛啊,我就浸盐水。”

缺医少药的艰难条件下,老百姓疗伤的方法可谓五花八门。现在在水亭街上开中医诊所的王成德医生小时候喜欢光着脚跑,结果一次脚被弄破后就感染上了细菌,于是腿和脚都开始烂,那时他才十几岁。他的哥哥和弟弟也被感染,讲起那段经历,他说:“我们那个时候,把脚放在溪里,再那个鱼啊,(游过来)吧嗒叭嗒,把烂的吸掉。”

戴明新老人也曾讲起他逃亡的故事。日本人来时,他大概是十四五岁,曾被日本人抓去过。“我没有地方躲。逃到乡下,躲在床底下。他看到我躲在床底下。”抓去后日本人让他背包。“那个马好高好高的,这个日本人骑着个马,把他托上去。”后来戴明新被一个大概是抓夫抓来的萧山人带走,“我很小,不知道他把我带到什么地方去,我说我要解大便,他帮我这个包拿起来,我就往

[1] 汪筱联:《解读水亭街》,手稿。

山里树林里面跑去，这样我就跑出去。日本鬼子看到小孩很喜欢的。”

然而也是这“喜欢”小孩子的日本人打死了戴明新的叔叔。讲到父亲和叔叔被抓去的原因，戴明新说是因为两个人“老油条了”，没有及时躲起来才被抓。“那个时候（人们）逃日本鬼子出去咧，把银元藏到老酒坛里面，一层稻糠一层银元，地上挖个洞，把它填进去。”戴的父亲和叔叔弄了个“假楼”，听到日本鬼子来了顺着楼台躲上去。但后来听到的常常是假消息，他们就放松了警惕，“胆子大起来，不跑了……结果真的来了，把他们抓了。两个人抬一箩面粉”，“我的叔叔没力气了，抬也抬不动，日本人就‘梆（音）’一枪，把他打掉，打死了，死在田里面了。我的父亲抬（面粉）到城里，然后放回去了。日本鬼子把他放回家，回家有路条的，通行证一样的，你在路上如果碰到日本鬼子，（要）给他看这个条子”。

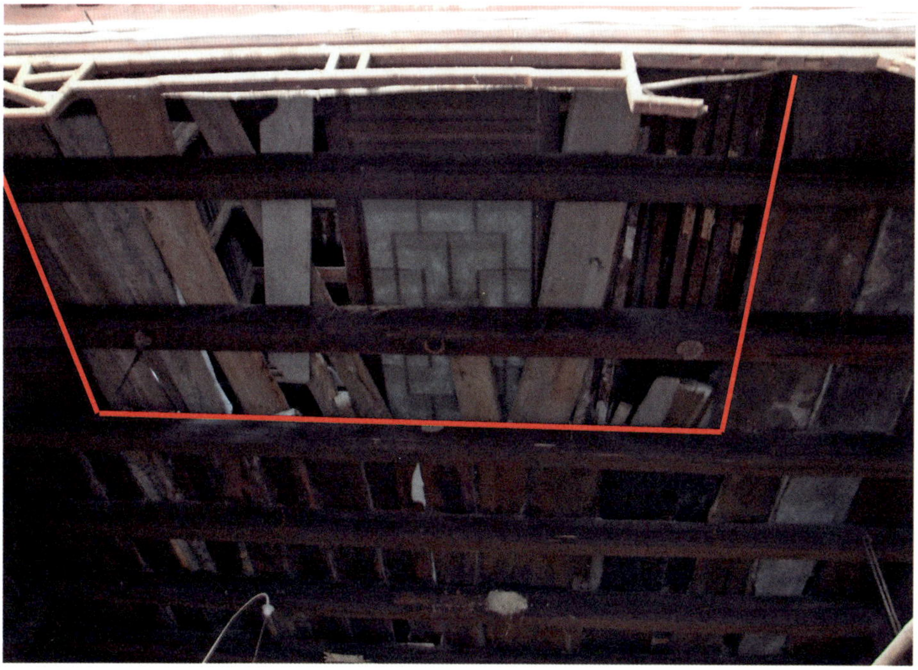

被日军锯开搭瞭望台的楼板

中医张玉恢回忆:“细菌战以后,我们全家都跑了,到开化去了,那我后来就出生在开化。我的名字也有抗日战争的味道的,张玉恢,这个恢呢就是要恢复失土。”从开化回来以后,张还记得大门上日军留下的枪托刺刀印。张玉恢的姐姐也是细菌战的受害者,日军投下的伤寒菌落在他们家井里,“所以我姐姐也得了伤寒病。还好头发掉光,发高烧嘛,人没死”。为了牢记细菌战给衢州人民带来的苦难,张玉恢医生还画了一幅油画《侵华日军细菌战衢州平民受难图》。油画以张的老师周明霞家里为背景,细菌战中他一家死了五个人。

已是91岁高龄的郑怀棪老人一提起日本人还是义愤填膺。日本人占领衢州时曾把郑家的二楼作瞭望台(见前页图)。等日本人撤出后,返回自家的郑怀棪发现黄衙巷一侧几乎所有的房间都打通了,日本人把老百姓的房子用来做营房,为了方便通行,在各家的板壁上都开了门洞。郑怀棪老人反复说:“日本鬼子侵略中国,无恶不作,做尽坏事。什么事情都做过啦。说了怒发冲冠,现在说打日本鬼子我都去打咯。我跟你讲,我同他拼到,杀到我都会杀啦。”

(杨建平、吴宗杰)

结　语

衢州城墙的修复问题是一个已经争论很久的话题。衢州城墙作为国家文物保护对象，遵循物质原真性原则，也就是尽可能少的物质干预。但城墙在衢州人心目中是古城记忆的象征，要求修复的呼声很高。为此应该找到能够平衡各种需要的修复路子，可以有以下五种形式：1）*保存完好者*　应基本保持不动；2）*尚有遗存者*　应以残缺形式出现，建成遗址公园，可以适当修复和装饰，但不能破坏其原来的信息；3）*破坏殆尽者*　衢州大部分城墙已经破坏殆尽，应

绘于罗汉井2号杨家大院内的衢州三塔图

该适当加以重建，但应尽可能依照原来风格；4）**仅存遗址者**　这主要指那些知道地点，但已全无重建可能和必要，如《十国春秋・吴越・陈璋传》记载，西门那片不入城的樟树，武肃王谓之“此树不入城，陈璋当非吾所蓄”，这种古迹可以加以标识，种些草木；5）**仅存文献记载者**　这是指类似方志中记载的城，遗址已经无法考证，如方志记载的衢州城原来在驿马桥之南，还有记载信安旧城在今城西，这一类应该通过文字和图像加以想象，在重建后的城墙展示。任何一种保护或重建都必须建立在城墙的遗产意义解读之上。许多衢州人期待修复后的城墙要一圈能跑通，一路走来，有断墙残壁、有遗址坑展露、有完整城楼，也有草木凄凉的残缺。城墙跑通了，对城市精神、文物展示、旅游等都将带来重大影响。

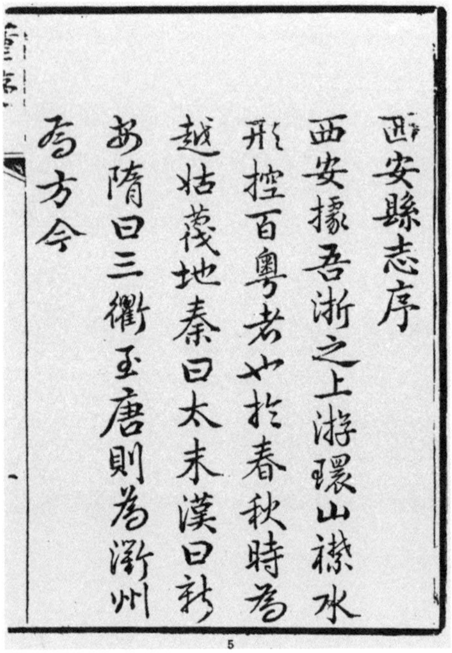
西安縣志序
西安據吾浙之上游環山襟水
形控百粵者也於春秋時為
越姑蔑地秦曰太末漢曰新
安隋曰三衢至唐則為衢州
為方今

清嘉庆文华殿大学士董浩笔墨，出自《西安县志》

衢州百姓对重修三塔的诉求很强。就像重建的杭州雷峰塔一样，是重振古城声威，找回过去记忆的举措。它们将与城墙相互辉映，成为水亭门标志性风景。

瀫　水　篇

- 水亭埠
- 驿递
- 通和浮桥
- 篙声縠影
- 瀫水船工滩行曲
- 江边吊脚楼
- 衢江渔民
- 水灯灿烂若星点

引　言

衢江，又名瀔水，原是一条充满诗意的江面。《大清一统志》载："瀔水，以水纹类罗縠，故名。" 罗縠是指一种疏细的丝织品。似罗而疏、似纱而密者也。《吴越春秋》："饰以罗縠，教以容步。" 明代金实作有《衢江》一诗："鲛人宵织灵虚宫。双垂练带光涌空。玉梭飞残半钩月，千尺平铺白如雪。" 诗人独具匠心，将衢江比作"鲛人"织成的"练带"，与"縠水"这一称呼的起源巧妙地契合在一起。其实瀔水（溪）是从江山仙霞岭到兰溪县注入钱塘江为止。《元和郡县志》："縠水在须江县东南一里。"《汉书·地理志》："太末县有縠水，东北至钱塘入江。" 只是一路流来在不同地点有不同称呼，曰鹿溪、信安江、盈川溪、兰溪等。《清一统志》称："入兰溪县界，与婺港合其水，随地异称，而縠溪其总名也。" 由此看来，衢州人，一直保留着这一古老的记忆，就像全国其他地方都已称"月饼"，唯衢州仍然延续自唐朝以来的称呼"麻饼"。

然而，衢江除了这个让人心生联想的称呼之外，让人无限留恋的是与其相关的人、物、事。所以千百年来，衢江不仅仅是单纯的水，更是充满意义、张力的文化空间。衢江船工渔民上无片瓦下无寸土，却在水上构建起了物质与精神意义上的家园；江边的"吊脚楼"为船只提供给养、联系货船，可谓水陆之间的桥梁；"骚人重醉碧春楼"，衢江还是历代名流荟萃的地方，或赶考，或赴任，或从幕，或归乡。千百年来，文人骚客伴着桨声帆影，经历春夏秋冬时序之变，所吟诗句如春花烂漫，姹紫嫣红。衢江花船中能歌善舞的

縠水，以水纹类罗縠，故名（Tatiana Iliina-Gooden）

姑娘，茶馆里引人入胜、扣人心弦的说书，衢江码头边上贬恶扬善的道情，为衢江增添了别样的一笔；江边有林立的码头，帆樯相接；有前来浣洗的妇女、静坐的垂钓者、吆喝的小贩、忙碌的挑夫；还有中元节“沿江竞放水灯，灿烂若星点”悼念亡灵的场面。总之，衢江有清道光举人郑桂东笔下“一叶扁舟夕照天”的恬静，也有乾隆太学生汪云溪于朝京门观水时所写的“万顷狂澜欲拍天”的凶悍。可以说，衢江是区别于陆地的、另一个充满生趣和诗意的空间。

本篇呈现的是今天看似空空如也的江面上曾经有过的文化记忆。

水亭埠

据民国《衢县志》记载，沿衢城水埠有：青龙码头、浮石埠、德平坝、朝京埠、中码头、盐码头、常山码头、杀狗埠头、柴埠头。沿江九个码头连接长达五华里，由此构成衢州城发达水上交通。水亭码头，即朝京埠应是其中最重要。

历史缘由

水亭码（埠）头的名称源自水亭，是一个习惯性名称，以有水亭而有水亭埠头。其历史可以上溯到东汉三国时期。据唐朝张守节《史记正义》载，春秋时越国会稽通往楚国鸾干（今江西鄱阳湖东）的古道经过姑蔑（今衢州地域）。汉武帝于建元六年（前135年）派兵平闽越（福建），元鼎元年（前111年）兵征东越（福建）；两次均经过太末（今龙游）。三国吴王孙权于嘉禾五年（236年）派征虏将军郑平率千人镇守信安峥嵘镇（城关府山）以防闽。唐代长安至福州的古道和苏州至广州的水陆驿道均经衢州。古代行船必须有停泊码头，选择在衢江二个湾道之间的缓冲位置上建造端口头是古人之智能。

码头的文化质地

衢州城码（埠）头从最上游的山货码头到中码头，约160米，宽阔约10米，低于城门路面约8米，均由花岗岩条石筑建，构筑成东岸花岗岩石勘埠头（亲水）平台，再由埠头平台向河床中延伸，下筑石勘码头。从埠头平台向上，用花

城头观涨（《西安县志》卷一）

岗岩条石上筑台阶三组：水亭门下一组，中码头一组，老浮桥一组。水亭码头多用青石条砌成。各个码头有如下一些特色。

青龙码头 接近今天徐家坞一带，为历代过境大臣和新任官员专用码头。《衢县志》（203页）记载："城东北三里余有青龙亭。前代钦差大臣及新任官员率于此致迓登陆，进东门以为吉。督抚大宪则由此往大校场。"钱云才老人说："青龙码头那边有个凉亭可以避雨，民国以前官员到衢州在青龙码头上岸的，有人来码头接。一般货船不去那边靠，离城市太远，装卸货不方便。后来码头都废了，应是一个古迹。"

浮石埠 "在浮石渡，与航头街隔河相对，有亭距城五里不足，直抵浮石门。"[1]据说浮石潭中有突兀之石名为浮石，该石"高可丈余，水大至而不没"。周土泉老人说，浮石潭水面都是比较平静的，水流不急。有风的时候，船会去那里避一避。可是水再满也满不过浮石，水满那个石头也高，所以会叫浮石。据说当年衢县婺剧团在"五一剧院"有一个小生，一个花旦，两个人都才学很好，演戏一定要斗诗的。花旦说，斗得过我，我就嫁给你。此时正在下大雨，一连几天，水都要漫到水亭门路上，于是她出了一句："水亭街，街亭水，街亭水不

〔1〕《衢县志》卷二。

停。”小生才学也高，回答：“浮石潭，潭浮石，潭浮石不浮。”《全唐诗》收有孟郊《浮石亭》一诗。

德平埠 “在城西北德坪坝下，俗名黄泥墈，底横连朝京埠。原为渡船埠（水涨时拆浮桥由此渡过），与亭川埠隔河相对，今移通和浮桥于此，其上旧有洗冤亭址。”（《衢县志》204页）据县志载，德平埠是用大石块从浮桥头河底垒砌到坝顶，长阔达20多米，高达4米多。郑怀棪老人回忆，当时的花船就在浮桥头附近。《“水亭码头”今昔》里写道：“某些殷商富户和纨绔子弟寻欢作乐的场所主要在‘水亭码头’北岸。这里有花舫和茶楼。花舫有时多至十多艘。”《古城衢州码头》中写道，浮桥头又称快船码头，是停靠运送旅客船舶的码头，上至开化、江山、徽州，下至杭州、遂昌、丽水等地的旅客均在此上船下船。钱云才老人说，地下党林维雁就是在浮桥头上船时被国民党抓的。

朝京埠老照片

朝京埠 “俗谓新码头，与旧朝京门相对，故名。通和浮桥原设于此，近始移下。清代有上航驿在埠头，供应差使。设有厘捐局。旧为盘监厅或假为接官厅。”（《衢县志》204页）老人说，朝京码头最美观，很宽，有一个平台，台阶3个人手拉手可以走的，高度大约是55步。《衢州城的码头》[1]介绍，“这座码头乃迎送皇亲贵胄之地，往来商船拦舟之处，官宦及其从属上岸、上船之隅，州县府吏和儒林士子舍舟负笈进城之径。在其附近，有上航驿的官方驿站，以接来往官员”。

〔1〕见衢州市衢商研究会会刊《衢商文化》，2005年。

中码头 “亦曰龚码头，通常山陆路大道，明代浮桥初置在此。自乾隆初，浮桥移走后，由龚姓创建义渡，以利行人。捐给渡夫租穀并修筑码头，故以龚姓名之。货船上下多于此停泊。”（《衢县志》204页）中码头多停靠运输农副产品、日用杂货方面的船只。今天埠头平台石勘上立有“经幢”（俗称将军柱）一座，八角形，高2.83米（可测量部分），上覆石雕角攒天顶，顶部为葫芦宝瓶饰。因年代久远，仅存残状石柱一支，现立于水亭门外江畔，但比原位升高，也是古码头保存下来唯一的文物。《衢江艄公》一书记载：“‘将军柱’传说为镇水独角灵公（夜出独角把船踩沉）而立，实为汛期船靠埠甩套船索和货船吊缆绳用。”对于如何套索，钱云才老人回忆说：“洪水的时候，那个渡船绳从船头扔过来。这个甩绳子的人技术很高超，看到江边船要靠岸了，‘啪’一下甩过去，甩过去就吊牢在将军柱，吊牢后那个船就慢慢荡里面来了。”老人说：“其他码头也有柱子的，短的石柱，大概露出地面1米高。盐码头有3个，新码头有2个，方的。50条船都可以带上去，一条船拴在上面，另一条船可以拴在这条船后，100多条船可以，叫‘鲫鱼靠’，船对船。撑船的人都很和气。”

水亭埠上的将军柱（周叶典摄）

盐码头 “西城门外第一埠头，原为盐商捐资起筑。因有滩水急，船不能停泊。更筑坪一带连至中埠，以便盐引之起卸。”（《衢县志》204页）。《古城衢州码头》中写道：大西门城门下的盐码头，整个码头用青石条砌成，腰圆形，长、阔约十余米，高达四五米，并有八十多个青石条砌成的踏步，历经多次洪水冲击，毫无倒塌损坏。主要用来停靠运输食盐、广杂百货、副食品方面的船只。钱云才老人说，盐码头是盐商捐建的。码头上有一块碑，上面写着某某人捐多少钱。“盐商集资的，杭州运来的盐。以前没有这么多码头，船太多了，不能很好地靠船卸货，于是专门捐钱建了。现在被填满了。”

常山码头 在小西门外。“西门外左转数十步，迫近城隅。为常邑来船停泊之所。但坡陀荦确，行李上下维艰。”（《衢县志》204页）钱云才老人说，常山码头是常山邮政局建的，供两条常山交通船停泊，专门装邮政、银行里的东西。《古城衢州码头》中记载，主要停泊由常山县运来的土特产、农副产品等物资的运输船只。

杀狗码头 正对今皂木巷西头。《衢县志》（205页）记载，杀狗码头“在常山码头稍上数十步，亦常船寄泊之所。俗传耿逆在衢被获就戮于此，本名杀耿埠头，后为讹杀狗”。称之为“杀狗码头”，据说是“杀耿”之讹。清康熙十二年（1673年），朝廷下令削藩。镇守福建的靖南王耿精忠反清。康熙皇帝派兵部侍郎、浙江总督李之芳和平南将军赖塔率部队驻衢，以剿叛军。至康熙十五年（1676年）十月，耿精忠投降。百姓自是十分喜悦。虽然耿精忠并非在衢州被杀，但百姓众口一词，都说耿精忠是死于衢江码头。于是，此码头就被称为“杀耿码头”。久而久之，“杀耿”就被讹传成了“杀狗”。《衢县志》的作者郑永禧认为这种说法并不可信，不过他也记载。此处确实是历代官府处决犯人之地。钱云才老人说，杀狗码头是小小的、四四方方的黄坯石做的。码头上面是城墙，前面是水，人逃不掉。民国时则是在德平坝那边枪毙犯人。

柴埠头 “在城西南沿河洪山坝，上首将近双港口。多为江山来船停泊起卸货物，柴为大宗，故名。近建有四喜亭。”（《衢县志》205页）该亭虽然民国早年就已经有，但水亭门一代老人仍然有不同传说，有四老板中彩喜得大洋，或妾得四子，由喜而捐造之。洪山坝身长阔十多米，高达五米以上，坝身多为红砂石砌成，坝基扎实。在此停泊的船大多运输竹木柴炭。

航运

衢江航道上行江山、常山、开化各埠,联通闽(福建省)、赣(江西省)、皖(安徽省),两广及西南地区。航道下行兰溪、金华、桐庐、富阳、杭州,通运河,长江中下游各地。水亭码(埠)头作为衢江航道上最重要的码头,自唐宋至明清,航道中千帆林立,沿江数里,货船、客船、渡船、花船、木排沿江排列,是衢州府通向外界最重要的水陆溢口之一,水运行业兴旺发达。

清雍正《浙江通志》记载,"江西广信府七县俱分销常山县引盐"。当时浙产海盐行销四省,江西上饶地区七个县的食盐,都是通过钱塘江、衢江、常山港水运到常山起岸,转陆路运到玉山县分销。明清时期,江西的大米、烟叶、药材、桐油、茶叶、瓷器、夏布乃至爆竹,以及福建、广东、广西、湖南的大批物资经江山、常山转运到浙江、江苏以及天津、北京等地销售。同时江苏、浙江、山东、河北的大批商品又从衢州、常山、江山分别由水路转运到江西、福建、两广及西南地区。当时的古道上"山行十有九商贾,肩舆步担走不休"。这里所指的"古道",从衢州的出发点就在衢州城码头。水亭码(埠)头在唐代西安县治从石室街迁移峥嵘镇之后就成为衢州古城五邑的城市接点。

1929年前,浙赣贸易鼎盛时期,双方船户数千,手车3000辆,挑夫5000余人。每年经衢州、常山运往江西食盐20万担、绸布65700匹,药材、海货、干果89600担,价值319万元。江西产品经衢州运销各地的有纸张285000件,瓷器20万件,夏布3万筒,油料、茶叶、烟叶、牛皮等10.08万担,价值779万元。此外安徽生漆、雪梨,湖南湘莲、夏布,湖北石膏等也经过衢州出埠外销。据《衢州文史资料》第四辑记载,民国时期,大小木帆船一百多只,船吨位达到二百多吨。抗日战争时期,水运被日军封锁,经济萧条,抗战胜利后,船吨位增至四百多吨,物资装卸月吞吐量达五百多吨。"五四"运动暴发后,衢州省立第八中学和衢州省立第八师范学校师生们到码头、船舶上查日货。将其搬至德坪坝上烧毁。

足迹

滔滔瀫水，樯似林，帆为云，舟柯穿梭。码头上客商云集，达官显贵，进京去府，村店小憩；骚人墨客，长吟短叹，驻足青山绿水。白居易、欧阳修、王安石、苏轼、朱熹、杨万里、李清照、徐霞客，乃至马可波罗等等无不在此留下足印。诗人李鉴曾作《瀫江夜泊诗》，勾勒那时衢江及两岸之景观：

川上飞梁驾落虹，半生来往欢飘蓬。
杨村圩里余寒日，浮石滩头泊晚风。
燕市声销屠狗辈，瀫江心冷钓鱼翁。
烟波不管人迷处，落尽桃花渡口红。

不过那只是水亭门码头诗意的一面，而对于当年在码头上肩挑背驮的“挑夫、脚夫”来说，则是另一番滋味。他们大都是江西广丰县、江山县、建德县以及衢县农村逃荒落难，为生活所迫的贫苦农民。在码头整天劳动艰苦，收入低微，生活困难。在他们中间流传着这样一首歌谣：

血汗扁担扛在肩，起早摸黑累死人，
野菜糠粮猪狗食，麻袋补丁逃破衣，
牛筋马力脚脚挤，日晒雨淋落汤鸡，
夜宿草蓬蹲墙边，孤苦伶仃难保身，
死了一把稻草一根绳。

码头还是妇女们洗漱和交流家常的地方，在埠头洗衣服，以盐码头、中码头为多。钱云才老人说，在洗衣服的时候有船靠近来，船工说：“我要靠进来了哦——”妇女答道:“噢噢——”于是换个地方洗。老人说,“很热闹,很好看的!”那时水亭门外衢江里的小鱼很多,有人在江边洗菜,小鱼就游过来抢菜叶之类的东西吃,还有人在一边钓鱼。郑怀棪老人说,吃的水也都在水亭门的衢江里挑的,茶水都甜的,井的水不甜。很远的茶馆也来这里挑水,水桶里经常会打上小鱼来。偶尔还有小贩过来了,“烧饼了——”,“青菜了——”地叫喊。船上的人会回应:“我要买白菜。”“好好!”于是船上的人不穿鞋子,赤脚走上来。钱云才老人说:“撑船的人苦是苦,但是身体很好,空气很好。船上饭菜也好吃,大家吃一锅饭。”衢江是一个充满生活气息的地方。

水亭码头也有青帮,虽然不如兰溪、杭州多。码头受他们管的,规矩很严,要查货,在码头上收钱。青帮在茶店里面有暗语。如果在茶店里碰到帮友没有带钱,他们会相互买单。有时候,非青帮的人为了表示对青帮的敬重,会主动替他们买单,“这里我来”,这样就不会受欺负了。说起青帮的装束,钱云才老人说,“笠帽戴起来,三条杠标志青帮。衣服袖子很长,卷了很多卷,裤子下面塞在松紧带里面的。腰带系好后飘下来的……”青帮没有枪,但是有刀。平时一般不带刀,“解决问题”的时候带,像电视里的斧头帮、小刀帮。青帮和红帮争地盘要打架,也有人会雇青帮的人去出气。

自从马路和铁路通到衢州,衢江航运失去它往昔的繁荣已多年。但这条江在衢州走进高铁时代将重新恢复它往昔功能,重温通江达海的愿景。2010年10月衢江航运开发暨红船豆枢纽及船闸工程正式开工建设。衢江因为其航运最经济、最生态、最节能重新恢复活力。那么除了航运又将在什么意义上与过去水亭门码头文化对接呢?

（陈艳、吴宗杰）

驿　递

雍正《浙江通志》曰:“环人以路节达四方。舍则授馆而传遽之事,行夫主之,此驿递所由昉也。浙江旧置三十六驿,设道臣专理。”驿递各站设有夫役以,递送文书,喂养马匹。此外浙江还设有水驿,有5到20只船不等。《西安县志》记载:“在城西一里光远门外有馆,有堂,有廊,有门,前有亭楼,驿丞宅在驿左。”衢州西安县宋代就设有驿递叫“和风驿”。这里我们介绍通过水亭码(埠)头渡口联结的古道和马驿。

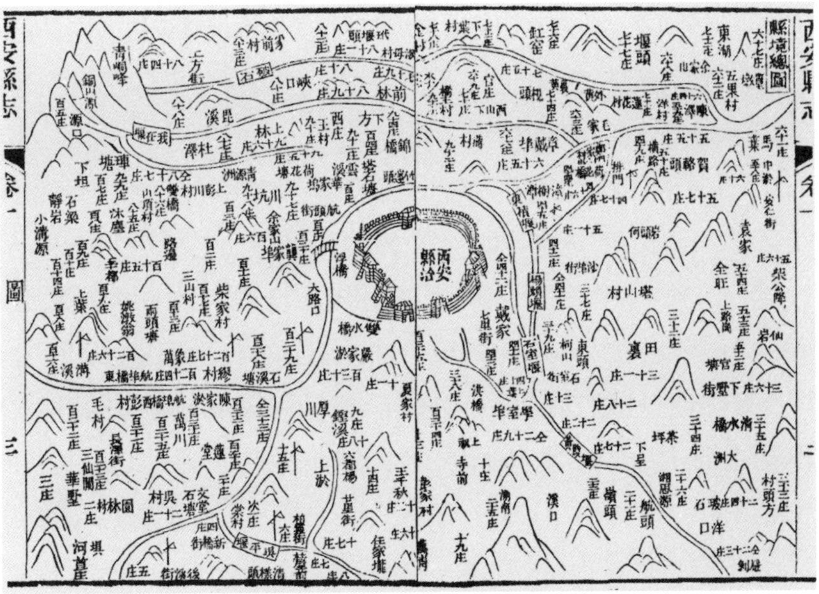

县境图及其道路(《西安县志》卷一)

信安马驿 在朝京埠，设有接官厅，旧时制军和典试学政去福建的，均在此舍舟登陆。《大清一统志》记载："上航驿在西安县西三里，旧为信安水驿。"明弘治十一年（1495年）奉裁，并入上航埠头水马驿（见《雍正浙江通志》卷八十九）。清代，有急递铺九处：府前总铺、东迹急递铺、牌门急递铺、安仁急递铺、压潮急递铺（出西门10里）、石塘（航埠·出西门20里）急递铺、新店急递铺（出西门30里）、常乐急递铺、百灵急递铺。清代衢州九处急递铺中有五处出西门信安马驿，可见其枢纽地位。

衢常驿道 （水亭门—大路口渡）出西门经压潮、汪家、河东、航埠、北淤，35里至常山界，自界至常山县城45里，共80里。此道西通江西玉山，北通安徽徽州，县境内设有压潮、石塘（航埠）、新店三个急递铺。

衢城经石梁、下村、七里通遂安（淳安）大路（水亭门—龚家埠渡）出西门过浮桥经龚家埠、柘溪、静岩、石梁、下村、寺桥、七里碑、大头，至源头岭，60里交常山县界，向北过雷公岭经白马100里至遂安县城，共160里。自遂安向北经睦州通徽州，是徽商往来必经之路。

龚家埠至大头大路（水亭门—龚家埠渡）自龚家埠经顺碓边、布谷桥头、淋尘、清潭、谷口、地藏殿、岭根、少伸，至大头并入干路，共53里（通和浮桥建成后停渡，但洪水时拆浮桥后仍开渡）。

石梁至五十都大路（水亭门—桥安岭渡）自石梁西行经白岭、大埂、五十都与常山县交界，共20里。过界向西经东岸通常山。

《诗经·小雅·四牡》："四牡騑騑，周道倭迟。岂不怀归？王事靡盬，我心伤悲。"说的是小驿吏驾驶四马快车，奔走在曲折悠远的周道上而思念故乡，思念父母。不过衢州也有另类。清人笔记小说有一篇《碾玉观音》，称杭州有一对情人相爱出走，想到外乡成家立业。他们走到衢州就徘徊路途，举棋不定，想留下来。但听说衢州这地方是"五路总头"，来往人众，容易被人发现，于是乎就逃亡上饶。

（吴宗杰、汪筱联、陈艳）

通和浮桥

《诗经·大雅·大明》中的“亲迎于渭，造舟为梁”，记载周文王姬昌在公元前1184年在渭河架浮桥娶亲。船于水加板其上，即今之浮桥。后世以文王所用故制为天子法耳。通和浮桥于明万历三十九年（1611年）始建于水亭门外中埠头处。《西安县志》（490页）载：“地当水陆交冲，西北乡民入城及城中出入，樵苏肩贩大率皆由此桥。”当时郡守洪公纤和乡绅收募资，然后组织丈量、施工、架设浮桥。潘玉光在《读古桥》一文中这样描述：“80余丈宽的江面，中间用木船作连接。东岸的埠头，在城下江边砌10层，上面用石板铺平，接到浮桥桥头。在高达四丈五尺的埠头上，竖立大石柱4根。以备涨水时吊船（固定船只）。西岸埠头沿江道路较东岸规模较小。35只桥船中，以两只特殊大的船作中缸，下面可通船只。”[1]陈锡祥介绍说，“浮桥由37条小船组成，船两边靠又粗又长的大铁索连着，大铁锚8个，中段还有桌案”。

《西安县志》记载，桥两端用石头筑埠头，中用舟为梁。两头架两座小牌坊，额匾上有彩色大字：三衢天堑，一道长虹；人行其上，如履平地。“复置渡船四只，渡夫四名，常时则铺架利行，水发则开放撑渡。”[2]衢州新闻网写道：桥之建成，系人和力量的显示，故名“通和”，亦寓意通向心和之意。城关和西北乡民

---

〔1〕潘玉光：《赏析钱江源》，中国文联出版社，2004年，第70页。

〔2〕民国《衢县志》，卷十七。

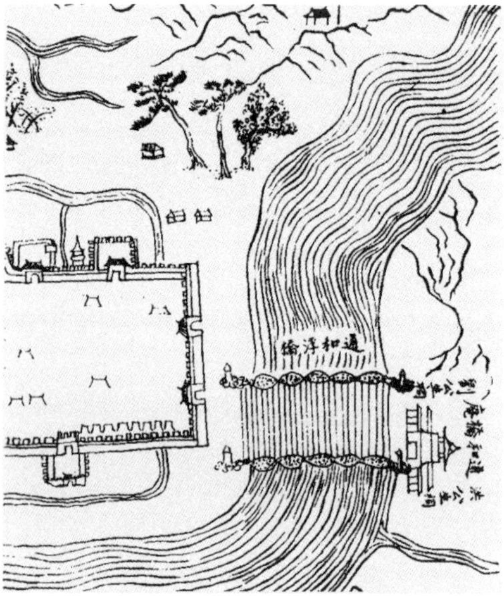

浮桥图（明天启《衢州府志》）

众为纪念这座浮桥的兴建，在桥的东岸建了“桥庵祠”，以表示对此桥出力出资的城乡人们永志不忘。

从明天启《衢州府志》图来看，当时朝京门和现西安门外均有浮桥，并各造有两生祠，以感念洪刘二公置产修桥有功。据记载由于“车马驰骋其上，波涛震荡其下”，浮桥一般三年不修就会废弃。《西安县志》（491页）载，自明季铁索散失，而且桥银租税被奸人无赖贪污，无钱佐桥务，浮桥被废弃。后顺治庚寅年，巡道李际期等毅然兴复通和浮桥，但是规模气势却不如从前。康熙癸亥之春，适有渡船遭覆溺，总督王国安目击现场，感怆捐百金更新之，后因资金不足又废。当时邑宰对于奸人无赖之不法行为，坐视不理。康熙四十八年（1709年），邑令王君涵悉发桥项银，加工修葺，得复如旧。

乾隆四年，邑侯任之俊因中埠水急，就把浮桥向下游移到朝京门之铁塔底。《清顺治巡道李际期通和浮桥》（《衢县志》1781页）载：“政有系乎疆圉，事有关于民命，苟废坠不举，守土者职之旷矣。”修筑城墈资金不足，“余捐俸以补者八十余金”，移建码头于铁塔下。于是，老百姓赞曰：“城池固矣，码头迁矣，行车无患矣，切至矣。”浮桥前移保证了朝京门码头泊船，航运和行人来往不再相互干扰，因此称“泊者安全、行者不危，城墙无冲刷之虞，停舟无撞击之虑，行舟无覆溺之患矣。縠水汤汤，固我封疆”。嘉庆九年（1804年）春夏雨水过多，山源泛涨，桥船桥皮冲散，此时经费又为管理者所侵蚀，任其朽腐。寓绅方钦承父遗命，乐善好施，独立捐造，较前更觉宽阔，邑侯刘公炳给匾旌奖。王登履

浮桥(《岁月如歌：衢州解放60周年画册》)

有诗:“锁断两崖函日月,横吞千海静风雷。”

衢州新闻网载:“民国十三年(1924年),浮桥由朝京埠下移至德坪坝。”现在六七十岁的老人对浮桥还是有印象的。住下营街的金杏芳老人说,桥是船拼起来的,上面铺着木板,人通过不要钱;如果有船要通过,会把中间的木板移开,撑船人在船篙上系了一个篮子,篮子里放了过桥费,递给管理浮桥的人。曾经家住朝京门外“吊脚楼”的老科协成员张履富说,小时候会和伙伴在浮桥边游泳,比赛谁游过的船多。据徐先熙老人回忆,当时浮桥上还有个“周王庙”:“浮桥中间一只船,船头上面有一个小棚,棚里就摆了个周王牌位。”据老人说,去拜的人也是很多的。

1964年,改木质船为钢筋水泥船。1971年2月,在浮桥下游百米处,兴建了原西安门大桥,通和浮桥拆除。斗转星移,古城沧海桑田,多少古迹湮灭,高楼拔地起。但古人也告诫后人,通和桥不可听其废弃:“通和桥为四达之交,且东西二浮桥关锁二大水口,怀抱城池,尤为郡邑之胜,未可听其终废也。”(《西安县志》502页)

(陈艳、吴宗杰)

篙声彀影

自古以来，江河湖海一直是文人骚客歌以咏志的对象，也承载了很多人生命中刻骨铭心的离合。衢江作为古代衢州重要的交通、经济命脉，更是充满了各种各样的情感和记忆。唐末五代诗人韦庄曾在衢州暂住，并且写下了《衢州江上别李秀才》一诗：

千山红树万山云，把酒相看日又曛。
一曲离歌两行泪，更知何地再逢君。

韦庄置身江上，把酒话别，别有一番离愁。不知他当时具体在衢州江上哪一块，但是可以肯定的是，水亭门附近江面上也应该发生过类似的情景。因为，水亭门外码头连着码头，还有古老的朝京渡，专供官员使用，岸边帆船林立，因此可以想象当时其他帆船上必定也有类似的“把酒话别”的场景。

花船

水亭门外的衢江上是否有专门卖酒、喝酒的船，已经不得而知。但是听水亭门上了年纪的老人说，以前还有花船，通常是有钱人喝酒取乐之地。《衢州文史资料》(第九辑，256页)记载，1934年8月，衢县政府发布“花舫妓女检验办法”。谢华回忆下营街一带住着很多曾是船上的人。她隔壁的刘娘，据说就是

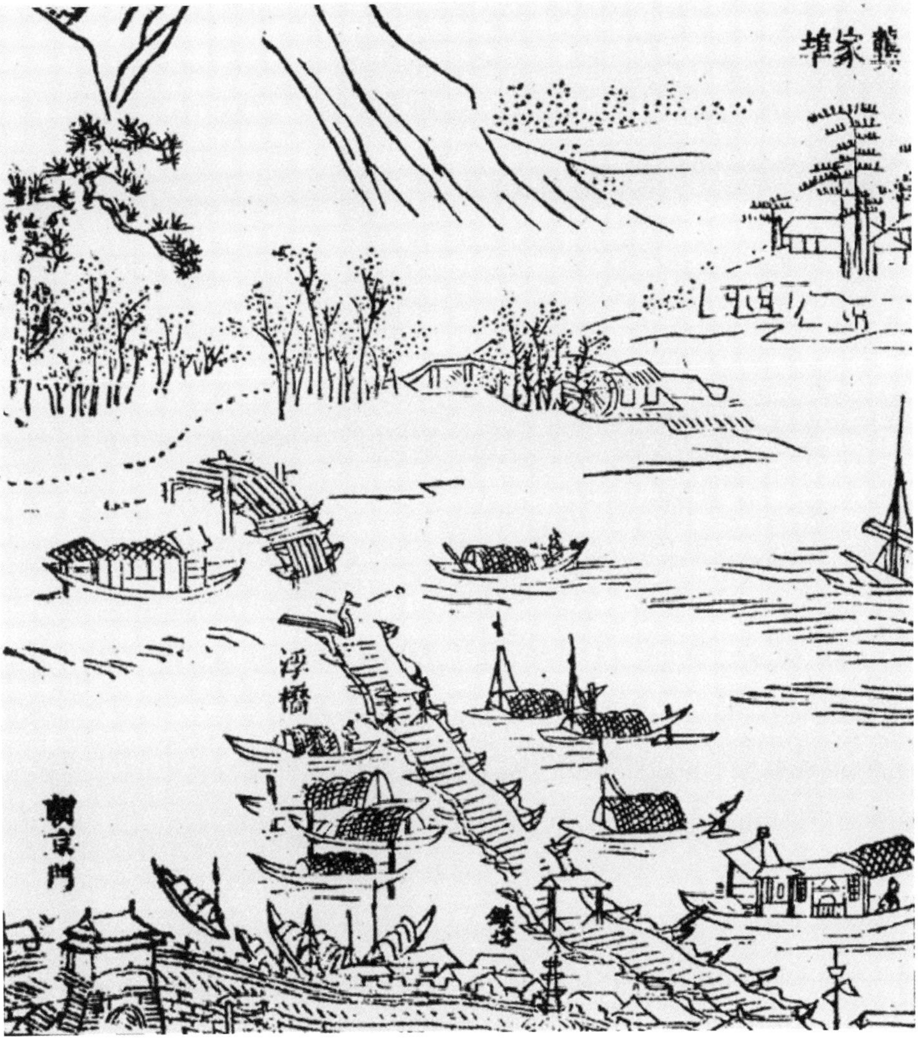

浮桥与花船(《西安县志·图考》)

衢江花船上的。《衢州简史》(293页)中写到了“水上人家”,其中这样介绍:

“茭白船”是明清时期钱塘江上特有的一种花舫妓船,也叫“江山船”或“九姓渔船”,是一种“靠泊船”,常年停泊不动,成为“水上乐厅”。相传,元末陈友谅与朱元璋争天下,兵败后他的九姓部属(陈、钱、林、李、袁、孙、叶、许、何)逃到浙东。朱元璋把他们全部贬入舟居,不允许上岸,不能与其他族通婚。九姓船民开始以捕鱼为业,继而又“饰女应客,使为妓”,往来于杭州到衢州之间。

花船分布在“七省通衢六水腰”之称的钱塘江上游。民国《浙江通志稿》记:道光、咸丰年间,尚有船一千数百只,其船有头亭、茭白两种,其家属随航,皆丝弦大小曲,以侑觞荐寝。与花船相近的,还有花舫、画舫这两种说法的船。关于花舫,网上的一篇博客中有如下描述:“清代,烟花粉团金陵之地,熔金销银秦淮河上,有一种船,雕饰华丽,披红挂彩,时人称其花舫。舫上有漂亮妹,精通丝竹歌舞,浓妆艳抹,极尽媚态。富商显贵,猎艳涉奇,光顾花舫,放纵声色,不知不觉,腰包掏尽。”郭沫若《南京印象·秦淮河畔》中也写道:“河上也有一些游艇,和玄武湖的艇子差不多,但有些很明显是所谓画舫,飘浮着李香君、葛嫩娘们的瘦影。”李香君为秣陵教坊名妓,秦淮八艳之一。尽管秦淮河上的画舫、花舫与水亭门外花船的名称有差别,但是具有类似之处,即在古代至少算得上是装饰华丽的船只,其主要功能是宴饮,并常雇有歌妓。江上的游船据说分宴游、博游、清游三类。宴游、博游均提供宴席,清游一般是文人雅士所为。约三五知己,乘船游览,或谈心,或品茗,或饮酒吟诗,谈论古今,或泛舟江上,有舫女烹茶侍唱。白居易有诗咏花船:银勒牵骄马,花船载丽人。……好住湖堤上,长留一道春。

根据家住水亭街黄衙巷1号的郑怀棪老人回忆,水亭门外江上最多的时候有十多只花船。《西安县志》中有一幅朝京门外的图。图中城门外的江面上泊着大大小小的船只,其右下角浮桥头边的船,船尾盖有带顶的亭子,装潢明显比旁边的船只考究很多。钱云才老人说,花船就在浮桥头附近,那么县志图片上的这只船会不会就是人们口中的花船呢?不过衢江区民国档案里确实留有

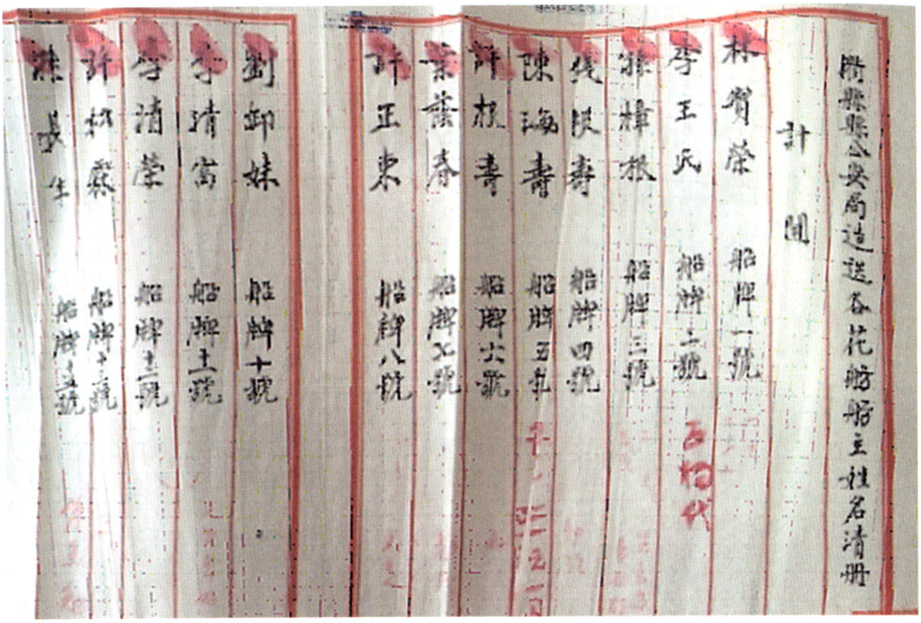
衢縣縣公安局造送各花舫船主姓名清冊

計開

花舫清册（衢江区民国档案）

一份花舫清册。一共有14只船及其船主姓名登记在册。

水亭街的老人描述，花船的船头特别翘，比一般的货船和渔船都要大。钱云才老人说，花船的篷是用板来做的，中间是可以开门的。里面和房子一样，分一间一间的。网上有一段描写兰溪“茭白船”的文字，兰溪毗邻衢州，对于水亭门或许也能够触及一二：“茭白船中间是乌漆箬棚，花格船窗红漆地板，窗明几净，布置清雅……前后舱设小房间作客座，一般30公尺长，可摆设两桌酒席，还有前后通。”〔1〕

老人们说，船上有厨师，有说唱的，弹琴的，吹笛的，还有弹琵琶的，就是供享受的。到船上去的人，都是什么人呢？一般都是店老板、商人。他们想把这生意做好，就把老板带到船上去，开酒，吃喝玩乐。玩好了，生意也就谈成了。

---

〔1〕 http://press.idoican.com.cn/detail/articles/2008111208361/。

以前，花船要登记的，“国民党的警察他要揩油啊，他们不要花钱的，去玩一玩就走了”。

根据水亭街小和尚茶馆老板的儿子谢培松回忆，他年轻时经常看到一些歌女跟着老板去百货公司买东西，她们也会自己上水亭街购物。黄衙巷3号傅荣香老人说，歌女穿着旗袍，嘴唇很红，很漂亮的。那么，当时水亭门外的花船上的歌女主要来自哪里呢？她们还是《衢州简史》中记载的“九姓渔民”吗？郑怀棪老人说，歌女年纪小的有十三四岁的，十七八岁的也有，一般情况下在二十左右。她们主要来自乡下，家里经济条件差，养不起，所以就被卖到花船上。由此可见，那时候的歌女主要来自贫苦人家。花船上的老板娘要教她们认字、规矩和礼节，琴棋书画都教的，因为要跟客人聊天。花船里面的歌女一般会唱戏，唱昆腔、金华婺剧。客人来了，这些歌女就要和他们打牌，为他们倒水、倒酒、点烟。有些歌女长得漂亮或者服侍得好，被有钱的客人看中了，就会被赎出来当小妾。据郑怀棪老人说，柴家巷一位老人的妈妈就是当时花船上娶过来的。当问及人们对这些歌女的持什么态度时，老人说当时人们不会过分歧视她们，有些歌女还看不起贫穷的人。

茶

以前衢江船工、渔民生活不易，可谓是在江水里讨生活。偶尔得闲，船靠码头，他们会上岸或者进城，喝杯茶、喝碗酒。下营街95岁王汉卿老人回忆，当时水亭街有四五家茶馆，上营街有两家(陈元楼、留香阁)，下营街有一家；城墙外有很多茶馆，一般船工都去城外的茶馆喝茶。钱云才老人说，冬天码头上很冷，渔民船工就进水亭门喝酒，酒都是热的，剥几颗花生，喝完就不冷了。有时候也会进茶馆喝喝茶。茶馆里有绿茶(开化龙顶)、红茶(发酵过的铁观音)、香茶(红茶绿茶对冲)，一个位置付了钱，很长时间都可以坐下去的，茶水免费续杯，直到淡了为止。有时候茶馆里还有说书的。老人记得在茶馆里听过《李逵大闹忠义堂》。说书人说到激动处会敲惊木。故事讲得好，客人茶也不喝了，说到紧要关头，总会卖个关子，“欲知后事如何，请听下回分解”。这样吊住了客人的胃口，下次还想来喝。有了说书的人，茶水的价格从一块变成一块五。所以说书人口才好，形容的好，生意就好，就可以赚钱了；说书人走了，生意就下去了。

道情

据《唐会要》记载，道情，渊源于唐代的《九真》《承天》等道曲。不同于其他曲艺，道情的伴奏乐器为渔鼓和简板，始于南宋。明代王圻《三才图会》载：“渔鼓，裁竹为筩，长三四尺，以皮冒其首，皮用猪膋上之最薄者，用两指击之。又有简子，以竹为之，长二尺许，阔四五分，厚半之，其末俱略外反。歌时用二片合击之以和者也。”

浙西道情至今还广泛地保留着古老的演出形式，演出时，艺人左手持简板，竖抱渔鼓，右手击渔鼓，边说边唱。[1]钱云才老人回忆年少时听道情的情景，说道情的人拿着毛竹桶，鼓用猪尿胞皮包起来，两块毛竹长长的，桶夹在那个地方，唱有名的故事。老人说，道情的节拍是“得得咚”“得得咚”，是用兰溪调唱的。“道情也有在茶店里唱的，晚上比较多，唱道情的自己不收钱，茶店老板收钱。”

在闯荡江湖中，道情艺人有自己独特的行话。常见的有：号海，指曲艺、戏曲行业。阳花生，指道情艺人。开口饭，指道情行业。螺蛳勿吃螺蛳肉，指同行不欺同行。亲勿亲，一家亲，指同行业。开篇，指开讲。扣子，指紧要环节刹住，让听的人非继续听不可，也叫吊胃口。花郎，指演戏。长靠，指骑马打仗一类的书。短靠，指一般的书。噱头，指笑料，或指能说会道，能吸引人，也叫白

〔1〕水寿：《浙西的曲艺》，《衢州文史资料》第九辑，浙江人民出版社，1991年，第79页。

痞。表,指以第三人称叙述情景、情节和描写人物。滩头,指道情一人在唱长篇曲目之前加的小段演唱,等等。[1]

道情的曲目经常是来自当地重要历史事件相关,或者与老百姓生活相关,或者以当时社会的新闻事件为素材,加工改编而成,针砭时事,反映了当代人的心愿,故俗称“唱新闻”。如根据衢州教案形成的《红头造反道情》这样唱:清湖失守不打紧,探子听见吃一惊。一马跑到衢州城,满身满面汗淋淋。赶快通报各衙门,吓煞了太爷洪思亮,笑煞了道台鲍祖龄,喜煞了知县吴德潚,急煞了镇台喻俊明……[2]清康熙年间,衢州城内郑家出了件千古冤案,郑氏之妻撞死于公堂为其丈夫和儿子的冤情昭雪,道情先生将之编成《铁塔传奇》,在衢城传唱。是非善恶在道情的弹唱中,不断地流传开去,传承下去,如春风化雨,让人敏会于心。想当年,坐在衢江的船上,看着西安门的铁塔,听着道情《铁塔传奇》,为郑家烈妇的遭遇唏嘘感叹,这也不失为一种独特的在地“休闲”体验。

(陈艳、吴宗杰)

---

〔1〕衢州市民间文艺家学会编印:《衢州民俗大观》,吉林文史出版社,2004年,第241页。

〔2〕徐映璞:《两浙史事丛稿》,第376页。

瀔水船工滩行曲

天风蓬蓬吹上头，江水汩汩走下流。

十里五里作一束，三老[1]失色长年愁。

——滩行曲

空旷的天空，汩汩的流水，嗖嗖的江风，满脸愁容的船工，《滩行曲》(选自《衢州历代诗选》)的前四句向我们展现了一幅船工艰难行船的画面。该诗虽为清朝著名学者俞樾[2]所作，但其呈现的衢江船工生活的剪影却是穿越了历史的隧道，蹒跚而行，直到20世纪末才渐渐收住了它的脚步。

为什么衢江会有这么多船工、船只呢？那是因为旧时衢州没有汽车、火车，交通运输都靠水运。“旧时沿江一带帆樯林立，江面大小船只穿行如织，码头上下挑夫、脚夫肩挑背负往来如梭，再加进城投售土产品的农民，购买商品的人众和停泊衢江众多的船只人群，真是车水马龙，热闹异常，呈现出一派兴旺发达的景象。”[3]《衢州文史资料》里记载的这一段展示了水亭门码头繁忙的场景，透露出当时运输业的发达。然而，在繁荣热闹的背后，衢江船工的生活却

〔1〕“三老”指的是船工。

〔2〕俞樾（1821—1907）字荫甫，浙江德清人，道光进士，官翰林院编修。治经、子、小学，也善诗词，所撰各书汇编为《春在堂全书》，共二百五十卷。

〔3〕《衢州文史资料》，第四辑，浙江人民出版社，1987年，第148页。

《衢江艄公》作者钱云才

在历史的长河中鲜被提及，而他们正是衢江景象灵魂的重要赋予者。本节主要基于两位船工的口述和《衢江艄公》一书，希望能够让更多的人对此有所了解。

周土泉，67岁，祖籍江山，现航埠万川村人。江山宗族多姓“陈”，此为大姓，以前都是撑船的，而周姓为少数。周土泉说，建德那边撑船的都很多。《衢州文史资料》(第四辑)记载：“运输商品物资的船只，其船主和船工以建德人(称建德帮)为最多，江山人次之，当地人则属极少数。”周家是典型的船工之家。其爷爷周昌顺有一条八舱的船，和周土泉的叔叔、堂叔一起撑船跑运输。周土泉本人十四五岁时曾在爸爸船上工作，15岁去了运输社，给公家干。两年后，转业去搞农业生产。后由文保所聘请，现在在天妃宫看门。

钱云才，80岁，《衢江艄公》的作者。曾祖父为衢江渔民，祖父和祖母在衢江撑夫妻船，其父母亦是如此。其本人出生在船上，从小学撑船，1955年离船入伍，1958年回衢州航运公司副业队种田，后来渐渐成为公司的管理人员，1991年任公司副经理，至1993年退休。可以说，老人的整个人生都与船工结下了不解之缘。

“夹着尾巴做人”

撑船人的地位很低，所谓人生有三大苦差，“撑船、打铁、磨豆腐”，都是最最辛苦的行当。撑船的不但工作辛苦，而且上无片瓦下无寸土，“我们撑船的人，是这么讲的，撑船是没有家的，到处都是家，一走走四方的。撑船的人……

没有资产，他只有一条船，船价值是不高的，但吃了喝了都在船上面”[1]。此外，还要受到来自各方的欺压。钱云才老人说，撑船的是要“夹着尾巴”做人的，码头上到处都有“管你的人，敲诈你钱财的人”。以前有国民党的船舶所，经过那个地方，就要将纤绳和帆交到楼上，然后服24小时的兵役。钱云才的爷爷就被国民党的部队抓起来运过子弹箱、长枪、棉衣，把这些东西从衢州运到兰溪发给新兵。政府作为报酬，每天给每个船员一斤糙米。可是，在船上还要好吃好喝地招待国民党押运员，其实还得倒贴，完全是义务劳动。到了兰溪以后，船又要被扣住，装兵车。钱云才老人说，“这样来来去去装兵车，你一个月的生活费就没有了”。倒霉的时候，一个月会碰到两三次，船工的生活苦不堪言。当然，为了逃兵役，船工也有自己的应对策略。当看到有官兵在抓船的时候，就慢慢地把船拖到小沙丘边，将船篷拆下来放到小沙丘上，人坐在篷里，再把整个船浸入水中，这样官兵就看不到船了。等他们一走，再把船拖上来。如果被发现逃役的话，那些官兵是会开枪打人的。“看到船划过来，你不过来，他就开枪，打死人也有的哇，那时候撑船的人没有办法的，好像不是人哎，不把你当人看。”船工必须学会和三教九流的人打交道，除了那些敲诈勒索的，和强迫服兵役的官差，为了营生，也得上茶楼、酒店应酬拉生意。据钱云才老人说，他父亲就经常去水亭街上的小和尚茶馆喝茶，谈生意。“解放的时候我十几岁，我父亲经常在那里喝茶的，要找我父亲的时候，我就到那里去找的，我那时候是十七岁，我父亲也不喜欢喝茶，那茶店里呢三教九流都有的，什么人都有的，那是讲话的地方啦……茶店里去听说哪个老板有什么货啊，就去找他；找他以后呢，到什么地方去，请他吃一顿。你给我多少货，几时好运，到茶店里去谈的，一个茶店，一个酒馆、酒店，先茶店，后酒店。唉，就是把这个生意拉到手了。”为了拉到客户，船工要学习抽烟、喝酒，就是这样“交朋友的”。

---

〔1〕陈艳等：《钱云才撑船》，录音编号：20100723。

船工的妻儿

衢江的船工不仅有男的,还有女船工,夫妻俩一起撑船,“1956年衢州航运社(即后来的航运公司)成立时,总职工有970人,其中女船员职工为466人,是总数的48.04%”(见《衢江艄公》)。根据《衢江艄公》介绍,女船工即使是怀孕期间,也得撑船。“为生计,就是晓得孕妇预产期了,还是不能停船待分娩,孕妇随船劳动,到什么地方,孕妇肚子痛要生孩子了,才将船停下来,去泊地附近村庄上寻找接生婆上船接生。”如果找不到接生婆,就只好自己接生,风险很大。此书还记载过一个故事:

一对船上夫妻正配合默契、齐心过滩。丈夫在岸上拉纤,怀孕的妻子在船上把舵撑竹篙。突然间,妻子感到胎儿的躁动,怕是孩子要降生了。在这危急时刻,妻子一个左满舵将船搁在浅滩上,二话不说,进了船舱,自行分娩。丈夫以为妻子只是去上个厕所,并未注意。过了一会,突然间传来婴儿的啼哭声,这才恍然大悟。当他进入船舱的时候,妻子浑身是汗,“像刚受尽酷刑的囚犯”。

像这样的情况在衢江船工中应该不足为奇,但也是当时平民百姓难以想象的。周土泉讲述说,船上的人取名字一般是在哪里生就取什么名字。比如在罗埠生的,就取名叫罗埠,常山生的就叫常山,招贤生的就叫招贤,方便,有纪念意义。这种具有当地特色的取名方式,现而今少之又少。多的是各种抽象的、寄托了父母各种期望的名字,但是是否缺乏了一些当地的意义了呢?孩子六岁以后就要跟大人学习拉纤,练习基本功,相当艰苦。

纤·花篙

撑船运货时间长的话,半年都有,各个地方都去。到杭州顺风顺水可以运两千斤的货,要四五天才能运到;回来是逆水就慢了,只能运一千斤,要拉纤。跑运输的人一般常年不在家,过年才能回来,很是辛苦。老人介绍说,纤就是以

通广门外纤夫(《西安县志》图考)

前的麻绳,经过水浸泡,再到溪边上用棒锤打,打白了再开始加工,很细很牢的呢。拉纤的话,自己船上的人下去,靠边把纤拉直,拉直后,再撑开,大家要一起使劲,“嘿,嘿,嘿”地一起喊口号。钱云才老人说,衢江上拉纤和黄河边上的拉纤是不一样的。黄河边上的纤夫用肩膀背着纤绳往前拉;而衢江边上拉纤有个纤板的,好像戏里演的那个官员的朝骨,两头钻两个洞,纤绳放里面去再打个结,拉纤的时候胸部顶在纤板上,往前使劲。“骄阳似火的盛夏,露天撑船,尤其是在沙石滩上拉纤,那石子缝里飘着蛇舌似的火焰,拉纤人光着脚板在滚烫的砂石上走,脚板烫的发红。”船民的脚底都很厚,就像一层鞋底。《西安县志》113页图考截图展示了当时衢江船工拉纤的场景。

船上一般有三四个人,船舱后面有把舵的,船头有撑竹篙的,中间是撑花篙的。花篙一头绑着布鞋鞋底,顶在腰际,另一头包着铁,钻在水底,这样船就不能动了,起到了稳定船体的作用。《衢江艄公》(40页)中记载,“那花篙是铁篙头,杉木圆篙杆(约三米长),杆顶端有一只腰子型樟木篙帽,撑篙人在桅舱将花篙头插入河床,篙帽放在腰肚皮,双脚掌顶在前熬梁上,双手攀老鼠跳沿边”。遇到水流急的地方,船动不了,岸上拉纤的人和撑花篙的人是要一起配合的。撑花篙的稳定船体后,扳一下船,拉纤的往前一拉,船头浮起来后,整个船就向前面走了。遇到水碓处,水流相当急,船通常要往后退几次,退到水软(水流缓和)的地方,再攒足力气往前。在这种情况下,通常要三四个人一起配合。周土泉说:“逢这个到滩了,连饭也不能吃,一定要把滩撑过去。”《滩行曲》中写道:“黄头郎既觉有力,青唇妇亦工操舟。而乃入险复出险,迂回不复能预谋!”尽管江上险象环生,船工们总能齐心协力将一个一个险滩、困难度过去。

瀔水滩行难

一滩才过一滩又,滩声化作风飕飕。

天公有意弄奇局,乃于水底生赘瘤。

——《滩行曲》

衢江上撑船,除了难以辨测的险滩,还有各种各样需要小心提防的水文气象与险滩。在此过程中,他们积累了很多经验。比如说,平时看鸟、看蚯蚓来判断天气变化;燕子低飞,肯定要下雨。周土泉老人说:“这个要防牢,风大风小,在河边上他们一看就清楚的。他们马上就要到避风港去避风。”一般会到潭里避风,因为潭面比较平静,风浪较小。遇到下雨的时候,船员们穿着粽叶做的蓑衣、戴着笠帽,还得继续撑船。在谈到船工的穿着时,周土泉老人回忆说,那时候有一种头发编织成的袜子,不吸水,一从水里捞上来就干了,很适合在水上讨生活的人穿,水亭街上有卖的。可惜的是,现在根本看不到这种袜子了。

船在江上航行的时候，还会遇到触礁的危险。船前面或者后面触礁，一靠就好；麻烦的是船两头浮空，中间触礁，这时一定要水性好的人游到船底，把船背出来。船在水面，稍稍用力就好。清代俞樾在衢江《滩行曲》中写道："长鲸系舟舟不动，短篙撑舟舟仍留。竟须大力负之走，入水学作吴儿泅。"钱云才老人说，即使是寒冬腊月，滴水成冰的时候，也不得不脱下衣裤下水去把船撬浮弄下滩去。所以，开船要小心翼翼，有水花（漩涡）的地方就一定有礁石。晚上一般不开船，要停一停。周土泉回忆说，小时候在船上很害怕，特别是浪来的时候，有几只船在一起的时候就不怕了，一般至少两条船在一起的。那时候有船帮，你帮我，我帮你，关系要搞好，你吃我的，我吃你的。"我们江山人很讲义气的。"对于"江山帮"，《历史文化研究》第四辑中记载，"钱塘江上所有船户，大抵可分四帮，以江山帮为第一，次则义乌帮，次则徽州帮，次则桐严帮"。江山帮的起源是，"清末民国初，江山农民田产都集中在少数地主手中，为谋生计，沿江农民则以撑船放排为唯一出路"。无论其起源是什么，船帮对于身处风险的船工来说，是一个宝贵的身心栖息的依托吧！

江神

移山那有夸娥子，贷水更无监河侯。
即使舟轻似赤马，何堪滩险如黄牛。

——《滩行曲》

"夸娥子"指的是神话中的大力神，"监河侯"指是《庄子·外物》中的一个人物。这行诗说的是，船工行滩没有什么神灵或者贵人相助。但是，撑船的是要拜神保佑的，最信的是周王庙的神。周土泉老人小时候，他的爷爷是要拜周王的。《衢州民俗大观》记载，"周宣灵王，'威灵显著，水旱疾疫，祷之辄应'，被船民奉为水路保护神而代代祀拜"。这也可能是衢州的周宣灵王成为钱塘江水系共同信仰的原因吧。但是除了周宣灵王，老人说，天妃娘娘是海神，也要拜的，撑船的很相信水神海神。“衢江或其支流沿岸设有多处天妃宫。天妃又称天后，在台湾和东南亚称为妈祖，是船工、船员、客商、渔民祭祀的海神娘娘。”[1]可以想见，当时下营街的周宣灵王庙和天皇巷的天妃宫该是多少船工祈福的地方啊。钱云才老人说，他们船上有一个香火，再买来周王佛纸贴在船头，要开船了，三炷香，一刀纸一烧，再拜，祈求开船大吉；要从衢州到兰溪，买点猪肉再请一请，意思是“烧顺福”。三个人每人半斤肉，总共一斤半肉，再买点其他菜、萝卜啊。不管什么船都有这个习惯的。“现在下营街18号周王老佛，那个周雄他是个孝子。我们撑船的人就是信他。我们拜他以后灾难就少了，风灾，雨灾，船打破啊，就是信他。每个地方都有周王庙的，衢州有，乌溪江有，乌溪江到那个王村头也有。你到那个樟树潭也有那个周王庙。撑船的人就信这个了。”[2]老人说，一般情况下都是在船上拜拜，到了码头靠岸了，才去庙里拜拜。

那时周土泉的爷爷有交代，船上有几个忌讳：吃饭的时候，陆地上的人可以把饭碗翻转竖起来，将水滴掉，船上碗必须是顺放的；筷子不准放碗上面，否则就意味着船要搁浅；早上开始拔第一篙时，要拜一下的，意思是保佑这一整天撑船都平平安安的。钱云才老人说：“开船的时候坏话不能说，比如什么死人了；吃鱼不能翻，那要翻船的。这些东西好像是一种迷信的说法，不过撑船的人习惯遵照这些规矩。”

水上婚礼，一摇三晃

讲到船上婚礼，周土泉老人回忆说，那时候一般年轻的船员比较帅。码头上运货老板的女儿喜欢上了就和他结婚。船上婚礼和陆地婚礼不一样。结婚

---

〔1〕占剑：《天妃宫》，《衢州民俗大观》，第222页。

〔2〕陈艳：《钱云才撑船》，录音编号：20100723。

九姓渔民船上婚礼

的时候，新娘乘轿子到达码头，要背过跳板。就是长木板，一头搭在岸上，一头搭在船上。“新郎官把新娘子抱起来，走上去，还要‘一摇三晃’。一般不是渔船上的人，娶进来的媳妇不是本省船上过生活的人，一定要‘一摇三晃’，让她有个习惯，以后都是这么摇的。”[1]然后，在船上拜天地举行婚礼，之后在岸上的饭店吃饭。周土泉老人讲的是陆地上的姑娘嫁给船工的水上婚礼。

而对于水上人家之间的婚礼，钱云才老人如此回忆：“解放以前我看到的，他们结婚是船对船拿来靠拢，这个船不能拼拢的，船离开的时候，把这个新娘子抛过去，他的对面有接的，很近的，船对船，板对板靠拢不行的，要离开点。”《衢州民俗大观》（119页）记载：

〔1〕张崇录音整理资料。

明初以来，官府严禁九姓渔户与岸上人通婚，故生活在华埠一带的船户只能在船上的四姓中择偶，婚礼只能在船上进行。这种水上婚礼逐渐形成了一套仪式。以新娘为中心的水上婚礼内容有：坐房、并彩、送妆奁、哭嫁、催身帖、浴身、吃上轿饭、训婚、抛新娘。围绕这九项内容又有许多具体的内容和形式，每一项内容称为一场，共同组合成为一个完整的水上婚礼过程。最后一场抛新娘为婚礼的高潮，非常精彩和欢乐。

可见，《衢州民俗大观》里记载的也是水上人家之间的婚礼。钱云才老人所说的也正是抛新娘这一个环节。然而这九项内容的具体过程却已不为人所知了。

滩行难，何足忧

殷殷酌酒劳童仆，勿言鼿兀今番尤。
平生忠信颇自负，风波虽险何足忧。

衢江船工的生活是一个时代的缩影，代表了当时社会底层挣命人的辛酸。不过，船工与自然、与社会抗争的坚韧和乐观，是不管穿越了多少历史，至今依旧弥足珍贵。目前，周土泉老人乐笑呵呵地当着天妃宫的守护者，为香客行各种方便；而钱云才老人退休后，写船工回忆录、练二胡、写书法，不断地书写人生新的精彩。这份对于生活的热爱，即使是年轻人，也自愧不如。正如《滩行曲》中所写，“风波虽险何足忧”，这份自信豁达，让衢江船工的生活苦中带甜，淡定致远。

（陈艳、吴宗杰）

江边吊脚楼

衢江靠水亭门沿岸曾经建有一长排亲水“吊脚楼”。老人们说房子没有什么特别的名字，很久以前就在了。水亭街皂木巷93岁的汪栋时老人称其为“建在江边的房子”。老人回忆说，该楼的位置从南到北，大概自小西门一直延续到西安门。《西安县志》图考85页中所画的城墙外的那一排房子或许就是当时水边的“吊脚楼”。水亭街水果店老板说，在电视里看到湘西的吊脚楼，才知道那不就是我们建在河边的房子嘛！那么，衢江的“吊脚楼”是什么时候建起来的，后来为什么被拆呢？

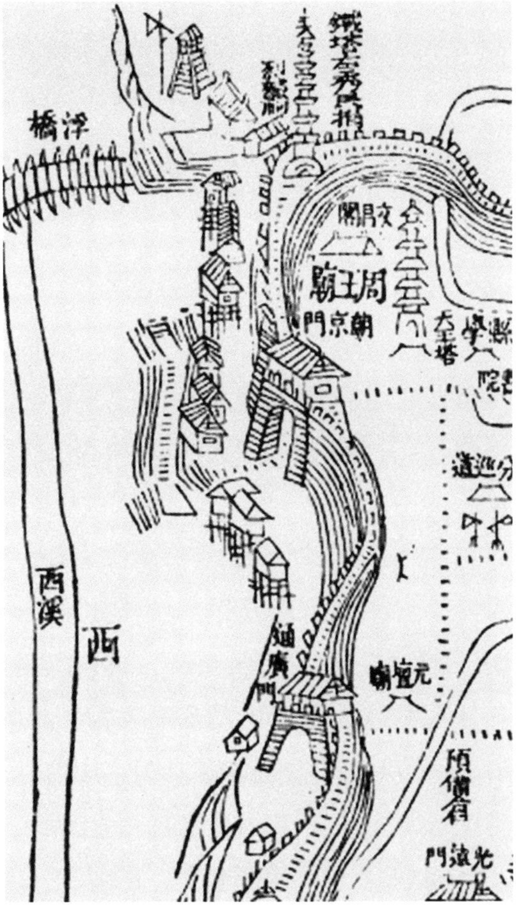

沿江图景

“吊脚楼”的叫法源于湘西、鄂西、贵州等地。楼多依山

昔日水亭门江边景观
（陈锡华作，陈锡祥提供）

就势而建，呈虎坐形，以“左青龙，右白虎，前朱雀，后玄武”为最佳屋场，吊脚楼多建于沿江集镇，多以木桩或石为支撑，上架以楼板，四壁或用木板，或用竹排涂灰泥。屋顶铺瓦或茅草。吊脚楼窗子多向江，所以也叫望江楼。吊脚楼是远古巢居的发展。现在，具有民族特色的吊脚楼越来越成为人们旅游的向往之地。

汪栋时老人说，衢江的“吊脚楼”都是木结构的，背朝衢江，面朝城墙，即坐西朝东。一半建在陆地上，一半悬空，悬空部分由木柱子支撑着，柱子的底端抵在江边的大石板上。房子有一层的，也有两层的。一般来说，建在陆地上的那部分是两层的，用柱子撑着的后半部分是一层的，因为毕竟木头的承重能力有限。房子沿江而建，通风好，但房间比较小。根据老人的叙述，水亭门外的“吊脚楼”是由木柱支撑的，坐西朝东的半干栏式的建筑。

那这些房子具体都干什么用呢？王汉卿老人回忆说，“吊脚楼”有一些是开店的，有饭店、茶店、酒店、绳子店。卖船上用的竹篙底端铁头的铁店、木箱

店，主要是“做水上人的生意”。当过船工的钱云才老人说，船上很多东西要用铁的，比如说，竹篙头、花篙头、环、钩。江边的两家铁店都很忙。除了铁店，还有盐店、茶店。有家茶店的老板叫“外国男”，真名不清楚。那时候老板的真名都不告诉别人的。茶店隔壁是小麻子盐店。此外，在这排临水而建的木房子中，设有张协大、汪顺裕两家近百年历史的运输行。老板、伙计、管账先生在一楼临街的房子里经营生意。有客人需要运输物资的，运输行就为他们寻找运输船，中间抽取利润，类似今天中介公司。总的来说，这排吊脚楼是服务于衢州的水运业的。郑怀棪回忆，有些渔民是住在吊脚楼里的；德坪坝口上以前有一个叫“防洋楼”的三层楼酒店，在浮桥头附近，一般都是大老板去的。他的父亲就在那边请过客。

钱云才老人说，那时船管所成立，他去那边帮忙登记船名，在“吊脚楼”里住过一段时间。他回忆，他住的房子在通广路，就是现在的江滨路，“房子蛮牢固的，有科学道理的，不能太重的，否则楼板要断的，比较简易。涨大水的时候，下面都是水,房子就像浮在水上一样的”。他住的那幢“吊脚楼”靠江的一层后屋是住人、烧饭、吃饭,风景比较好,夏天凉爽,但是冬天比较冷,风会从房板下面吹上来。二楼住人,有房间,也有杂物间。想象一下住在当时的“吊脚楼”中的一番风味:每当夕阳西下,落日照在清粼粼的江面上;船一个连一个靠在码头边上,江风阵阵,炊烟袅袅;这时偶有人“扑通扑通”跳入江水中畅畅快快地游泳。

王汉卿老人回忆,以前这片木房子经常会着火,“着一点,少一点,着一点,少一点”。还有老人说,这些房子是“越烧越旺”的。郑怀棪说,房子最后在建江滨路的时候被拆掉了。无论如何,水亭门外的这群“吊脚楼”见证了衢州水运的繁荣。它们临水而建,因水而生,最终随着水运的没落而消失在历史长河里。

(陈艳、吴宗杰)

衢江渔民

垂 钓 图

章 典

远树寒烟古渡头，一竿深处碧潭秋。

此中乐意君知否，点点苍波起白鸥。

——《西安怀旧录》卷三

衢江三民包括排民、船工和渔民，这三类人多是三面朝水的劳苦之众。渔民的生活更是艰难。据生活在柴家巷的70岁老人黄惠康介绍，他的母亲就是来自衢江渔民家庭，而他的几位舅舅也以打鱼为生。他的六舅舅陈龙标老人向我们介绍了他的经历。

陈龙标老人今年85岁，生于衢州，祖祖辈辈是渔民，主要在水亭门和小西门这一段打鱼。老人10岁就开始帮忙打鱼，替家里收网、抓鱼、清理石块、织渔网，婚后父亲给了一条船。老伴也是渔家女儿，从此撑着夫妻船，以打鱼为生，直到70岁。当时衢江上大概有700多条渔船。1949年后，成立了渔业大队，20个人一个大队，拿工资，捕多捕少一个样。七十二三岁在双港口买了房子，从农民那边买的地，现住在大儿子的家里。钱云才老人说："货船弄得不好可以去抓鱼去了，机动灵活；但是专门捕鱼的就不能装货，船太小了；现在渔民老人养老金200多块钱一个月，因为当时没有交劳保。渔业大队、木电厂的头不行，一次性给渔民7000元，(渔民)

就和大队没有关系了，渔民很苦的。船工（工资）少的1100，多的1700。”

老人说，以前穷，生意难做，8个铜板一斤鱼，刚好糊糊口。说起渔民生活的贫困，水亭街骨科医生王成德儿子回忆，那时候他有个同学家是捕鱼的。爸爸每天出去打鱼，孩子们在家里等啊等。如果今天爸爸捕上了鱼，孩子们就很高兴，因为鱼可以换米，这样他们就有饭吃了；如果今天爸爸捕上来的是虾，孩子们就哭，因为虾换不了米，这一天他们就得吃虾充饥了，长大后他们一看到虾就想吐。看看今天的衢江，不是身处那个年代的人，恐怕很难想象。

谈起渔民一天的生活，老人说基本上都是夜里划船出去捕鱼，船上有汽油灯或者煤油灯，直到晚上12点才能休息。第二天凌晨4点就早早地起床，把鱼按照个头大小用水草或者杨柳条串起来，整理好。5点，挑着鱼到水亭街或者小西门卖，放鱼的篮子形状像元宝一样，卖不掉的就晒鱼干。老人说，一般情况下鱼就直接卖给贩子了。卖完鱼后，就顺便在水亭街买点菜、米回去，在船上吃午饭，之后午睡。老人说，“打鱼的人不喜欢吃鱼”，也不去茶馆喝茶，运煤的、运炭的会去喝。这样日复一日，不论春秋寒暑。

以前衢江上放竹排。就是从开化砍的树，一根根并排绑起来，做成一个竹排。树多是从古田山砍来的，那里是一个“原始森林”。撑船的划着竹排，把木头运到杭州。有些木头也用运输船运。说起捕鱼的工具，有一种工具叫鱼帘，用麻（麻是农民种的，外青内白，用刀子把外面的青刮掉）做的，结实得很，拦在江上，鱼就被阻碍住了。黄连国，今年61岁，8岁就在爷爷和爸爸的渔船上帮忙直到16岁，他回忆说，鱼帘很大，先在水流急处放一根毛竹，再在前面拦一面网，兜住；鱼游过来时只能往上跳过毛竹，这样就跳到了网上。除了鱼帘，还有跳网，鱼遇到水浅的地方会跳起来，这样就跳进了事先放好的渔网里了。

黄连国说，当时有一种网是绍兴做的，叫丝网，尼龙做的，硬硬的，白白的，质量特别好。网孔的大小，决定了捕上来的鱼的大小；捕鱼的时候，把网撒到鱼群上，罩住，然后再收网。夏天，要把网撒在活水（就是流动的水）上；冬天，要

2002年大西门对岸渡口（周叶典摄）

把网撒在死水上，因为那时鱼在深水。以前打鱼有一种鱼钩，挂在绳子上。一根绳子上大概挂250个鱼钩，每隔1.5米挂一个，一共有2000多个鱼钩。钩子上串蚯蚓。蚯蚓是早上在田里抓的，以前田里有很多蚯蚓，大概两三个小时可以抓五六百根。蚯蚓抓上来后，放在缸里，缸里放点泥，以免蚯蚓死掉。下午两点把蚯蚓都串在钩子上，晚上放钩抓鱼，老人说因为白天鱼吃了蚯蚓是不上钩的。

那时候鲥鱼比较受欢迎，有时一条有五六斤，味道鲜美，一般7、8月份比较多。鱼一般的做法有煎、烧、晒干……有一次，陈龙标老人捕到了85斤、长约1.5米的“鳡鱼”，又称为虎鱼，这种鱼会吃很多小鱼，后来被卖掉了。有一种鱼，叫河豚，形似蝌蚪，有毒，把皮和肺去掉以后才能吃，“一斤鱼，半斤肺”。当时有一种说法，叫“拼死吃河豚”，意思就是河豚毒性很大。每年梅雨季节过后的6、7月份，江里的鱼比较多。那时候江水很清，一伸手就能抓到螺蛳，螺蛳没有人吃，黄蚧（一种贝类）也如此，现在螺丝也贵了呢。以前衢江里有很多鱼，衢州涨水涨到马路，石板路的下水沟里也有鱼、虾、鳗鱼……老人说，70年代左右，化工厂建立，还有毛猪厂，鱼就没有了。回忆起以前的衢江，水亭街的很多老人眼中闪着亮光，好似聊起自己儿女一般地骄傲，也带着淡淡的忧伤，“以前的肉、米、鱼都很好吃呢”。可是,无论多么美好,毕竟那是逝去的了。

其实渔民在船上不只是打鱼,还可以养猪呢。陈龙标老人回忆,以前他在船上养过猪,一次养两只或者三只,但是只能养母猪,因为母猪小便的时候是解在外面的。猪是在岸上放养的,船晚上靠岸。黄连国笑着说,那时候他们家的船上也养猪,猪有时候会掉到江里去,可是猪会游泳,“游起来很快,像火箭一样”。老人说,小时候经常在衢江里游泳,“晒得黑人一样”。也在城墙上玩过,比如说放风筝。城墙上有枸杞子,蛇苗苗(长得像草莓的样子),吃之前用嘴巴哈一下气,怕蛇闻过。也有桃,一种野果子,草本植物,籽里面有毛,不好吃……

现在陈龙标老人和妻子定居在衢州百岁坊,辛苦了大半辈子后,开始享受陆地上安静的生活。在采访过程中,老人始终面露安宁慈祥,没有滔滔不绝的言谈,只是淡淡地笑,缓缓地讲述。一种强烈的历经生活沧桑后的淡定笼罩着我们。清朝衢州人士袁士灏《招贤晚眺》[1]诗云:

澄澈空江万里天,
渔翁打桨入秋烟。
捕鱼初罢腥风散,
几个鸬鹚上钓船。

诗中描写渔翁劳作一天后开始休息的情景。其中江、天、船、烟、鸬鹚、渔翁和谐地融为一体,那样悠闲恬然,令人神往。而今,当年衢州的渔翁已经渐渐老去。由于时代的变迁而非时间的流逝,衢江上难见那样的船、翁、鸬鹚,那种景象也随着时间的流逝而淡去……

(陈艳、吴宗杰)

---

〔1〕傅春龄编:《衢州历代诗选》,复旦大学出版社,1990年,第229页。

水灯灿烂若星点

夫天下未有不读书而可与言鬼神者也，
未有不折衷于古昔而可以行之久远者也。
——《联豸徐氏家谱·乡校复礼议》

衢江不仅曾是一处生活劳作的水域，也是一片可以寄托精神的流水。“慎终追远，民德归厚矣”，古人对亡者的悼念，超出对灵魂的关注，而是看成笃厚社会之风尚道德的重要活动。农历七月十五中元节，祭奠亡人，衢江最隆重的要数放水灯了。明代《酌中志》记载：“十五日中元，甜食房进供佛波罗蜜，西苑作法事，放河灯。京都寺院咸做盂兰盆追荐道场，亦放河灯于临河去处也。”刘若愚记述的是宫闱之事，亦可见放河灯起于寺院，后与儒道礼仪对接，成民间活动。[1]水亭门《联豸徐氏家谱》记载中元节说：“惟七月盂兰之祀本道家言，而杂以释氏。特创不经，为地官赦罪之说。夫人必有罪而后有赦，阴阳一理也。”不过当年徐氏族人对礼经所载弃之不问，“跪拜进止悉听诸浮屠指挥”的现象也颇有质疑，认为这是儒释良莠不分，渐缺儒家慎终之礼，感叹民心如草，唯风向之从，“是故释氏之良莠，而乃世之人莫能辨其有无真伪，而相与惑于其说，是礼经可废，释氏亦可废，

〔1〕李露露：《中国节：图说民间传统节日》，福建人民出版社，2005年，第148页。

而惟释氏之良莠反不可废也!”

衢江及至清代,放河灯已蔚为壮观,据清嘉庆年间《西安县志》记载,“中元俗称鬼节,素食祀先,沿河竞放水灯,灿烂若星点”。可见衢州当时已有颇为壮观的放水灯活动了。水灯,又叫河灯、鬼灯或荷花灯。据清《京都风俗录》记载,旧时北京“市中买各种花灯,皆以纸作莲瓣攒成,总谓之莲花灯,亦有卖带梗荷叶者,谓之荷叶灯”,全国各地水灯大小、材质及其颜色也不甚统一。那么衢州本地的水灯是什么样子的呢?汪筱联在《竹枝词》中注释,河西有放水灯习俗,“将香烛插在木板上”。据徐文华老人描述,衢州中元夜放的水灯则是“纸做的,米糠上面用松香浸一浸”,老人一边说一边用手向我们比划着,将纸卷折,糊成倒置的漏斗形状,“水灯的底是平的,正方形的四个角,也用松香胶起来,会浮起来,还能防水。这些水灯一般在香店里买的”。据郑怀棪老人回忆说,“做的水灯大有大的,小有小的,里面倒点桐油、清油,保佑清清洁洁。灯草点起来,蜡烛点起来,是鬼的节日啦,保佑顺顺利利……每年都要放的,解放以来取消迷信,就没有了”。

七月十五这天晚上,人们吃过晚饭走到衢江岸边,竟相观看水灯。“河两边都站满人的,小孩和大人都喜欢看,非常热闹。”徐文华老人描述放水灯时江面的景色如是说,当时衢江上有五六只船,专门有人在船上放水灯的,点一只,放一只,从双港口一直放到樟树潭,“开始的时候是一条线,慢慢慢慢地就散开了”。水灯顺着衢江水流,缓缓而下,由近到远,时分时合,倒映在江面,灯影在被风吹皱的波纹里闪闪烁烁,摇曳多姿。彼时,江面上似散落着千朵万朵金花,又似点点星光。而此刻,面朝水亭门江面的西河徐氏祠堂,正在烧锡箔灯。据其宗谱记载,每年中元节前三日祠堂东西廊庑,节孝义祠寝室等龛前,就挂满锡箔,待“中元夜焚荐”。

船上除了有人放水灯,还有人在一边打锣鼓,很是热闹。船上还设香案,点香烛。据老人说,当时水亭街有道士,他们坐在船上,摇铃超度孤魂野鬼,祈求

中元节放水灯

平安。请道士的钱都是船老板出的，郑怀棪老人清楚地记得有个大老板叫钱生富，后来开了油行，裕隆油行，是最有名的。随后，他还兴致勃勃地为我们列出了一长串船老板的名字，末了他说，“放水灯这些老板拿出来的钱最多”。船老板经营的是水上生意，为了保平安，少淹死人，放水灯、请道士，似乎也成了与经营航运生意同样重要的事。

徐文华老人回忆，旧时衢江水里经常有小孩子淹死，特别是老浮桥一带。但水亭街一带不涨水，也不会淹死人，传说是“有个和尚丢下聚宝盆，(水亭街)是个滩，很平的，不会淹死人的”。当年有孩子淹死的人家也会去放水灯，但有些人家没有钱，就不去放灯了。大概在当时，水灯也不是穷苦人家能买得起的东西。

现代女作家萧红在《呼兰河传》中写道：“七月十五是个鬼节；死了的冤魂怨鬼不得托生，缠绵在地狱里非常苦，想托生，又找不着路。这一天若是有个死鬼托着一盏河灯,就得托生。”大概从阴间到阳间的这一条路,非常黑,若没有灯是看不见路的。所以放灯这件事是件善事。老人跟我们说,“水灯淌来淌去,人们都是让它漂去的,不会去捞”,只是望着水灯渐渐远去,不知道是不是也想让灯多一盏,亮一盏,为逝去的亡魂多照亮一段夜路?

同样,在漂泊中的活人,借着中元节,也要有一番归根的寄托。客居衢州的清人胡启宦[1]作《中元节》一诗,收录在《西安怀旧录》。诗中描绘中元节到来时的思祖、思乡之情:

帝王滩与浮石潭(明天启《衢州府志》)

中 元 节

中元节届客心悲,有远难追独自知。
踏遍城头惟北望,浮云何日是归期。
唏嘘未已强归来,又见家家扫纸灰。
若使果能化胡蝶,不妨遥荐总飞回。

作者乃“庚辛之乱侨居柯城”,中元节登上衢州城墙,看着家家为亡灵烧纸钱、点水灯,想着自己有远难追,不能回故乡追思祖先,顿生悲情。于是想象那些纸灰能化成蝴蝶,飞回故乡去祭祖。由此可推,中元节放水灯包含儒家“慎终追远,民德归厚矣”的精神内涵。

现在,90多岁的郑怀棪老人回忆

[1]《西安怀旧录》介绍胡启宦:“启宦字任才,原籍昌化。咸丰间避乱来衢,遂家于此。”

起放水灯的场景，眼里还闪烁着激动的神情，“好看的啦，一盏一盏，有几百、几千只咧。假如说晚上有月亮，水是透明的，那是相当好看的啦。”不过到“文革”时期，除了清明节，所有的传统节日都被取缔，中元节也没能幸免。现在，传统节日逐步回归，中元节却被冷落了。作为民间中元节民俗活动之一的放水灯自然也渐渐淡出了人们的记忆。

如今在衢州，已不见中元之夜“竞放水灯，灿烂若星点”的场面了。我们也只能借着老人们的口述，推开记忆的虚掩之门，探头望一眼昔日放水灯的星星……却不知“天下事何毁废之易，而修复之难也”(《联豸徐氏家谱》)。

（张丽燕、吴宗杰）

结 语

衢江自唐宋至明清，航道中千帆林立，也包括各种传统休闲活动，留下了许多可供旅游休闲开发的文化遗产，如纤夫、花船、放水灯、走浮桥、打鱼、唱道情、水上婚礼等。通过重建有针对性标志古迹，比如衢江码头、浮桥、驿站、渡口、吊脚楼等，同时把一些传统活动改造为旅游休闲节目，从而形成能够反映整个衢江水系过去文化、劳作与生活景象的江上休闲文化，重新呈现衢江特别是水亭门一带水上文化景象。当然最重要的是要给这片水域空间注入敬畏之意。当年周王庙、桥庵祠，以及放水灯首先也是表达一种对水的敬意。

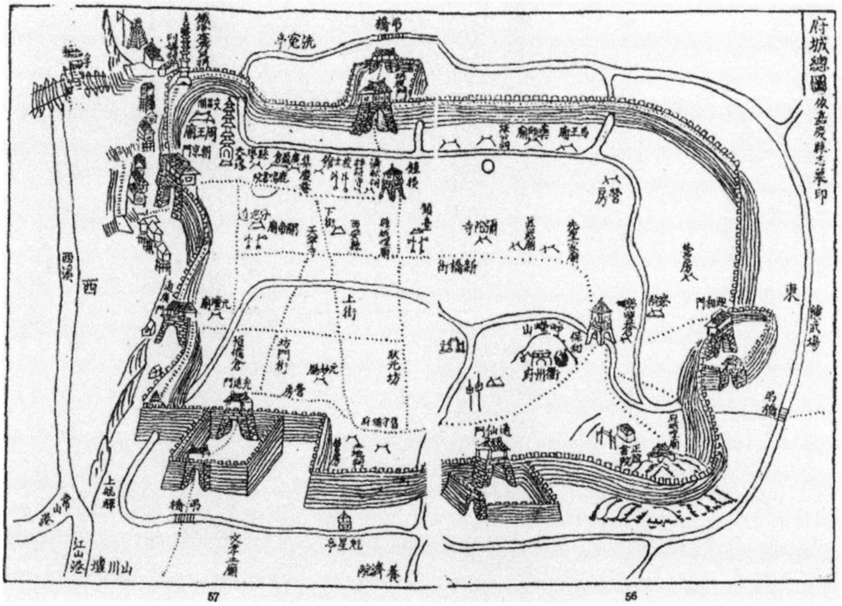

清嘉庆十六年《西安县志》府城图

坊 巷 篇

- 水亭街
- 天皇巷
- 柴家巷
- 上营街
- 下营街
- 皂木巷
- 宁绍巷
- 罗汉井巷
- 进士巷
- 黄衙巷
- 三圣庙与居委会

引 言

清嘉庆十六年《西安县志》称“城内有隅，郭内有坊，直曰街，曲曰巷”。水亭门街区今留有三街七巷，街有水亭街、上营街、下营街；巷有柴家巷、皂木巷、天王巷、罗汉井巷、进士巷、黄衙弄；还有两个延伸的小巷，曰小天王巷、小柴家巷。康熙《西安县志》还没有水亭街、上下营街的记载，可能那时另有他名。古城衢州分四隅，通称为坊，以县治西十字铺（街）分界。“由铺西经南市街抵旧天后宫转北为西隅”，也就是水亭门街区所处区块。区内记载的坊有西太平坊（朝京门内南向上营）、灵顺坊（朝京门内北向下营）、明扬坊（水亭街）。上述坊古时“各以为坐土人民之完粮纳税，悉依坐土为标准”。坊在古代也是一种行政管理体制。唐制“百户为里，五里为乡，四家为邻，四邻为保，在城邑者为坊，田野为村”[1]。“士、农、工、商，群聚而周处焉，亦建表宅中之意也。”[2]衢江区民国档案显示，1937年，衢县峥嵘镇所辖“衢县城内全区”有保数34、甲数414、户数6106、口数28893、方里约数2公里；四境至界：东至樟树潭镇，南至将军乡，西至白渡石梁两乡，北至浮石乡。镇公所地址：城内县学街。这个资料说明，当时作为邻居关系（甲）的户数平均约14户。保的平均户数是180。民国档案显示，天皇巷设有办公室，许多保都在这里召开保会。厢坊制度根本上是中国

〔1〕《资治通鉴》卷一百九十。

〔2〕康熙《衢州府志》卷八。

几千年地方治理文化的延续，源于上古，定型于周代，欲使百姓出入相友、守望相助、疾病相扶持。《文献通考》卷十二这样描述：

> 周制，大司徒：令五家为比，使之相保，五比为闾(闾，二十五家为闾)，使之相受，四闾为族(百家)，使之相葬；五族为党(五百家)，使之相救；五党为州(二千五百家)，使之相赒(接济)，五州为乡(万二千五百家)，使之相宾。

1949年后，这个厢坊结构就成为居委会，其文化精神延续。因此坊、厢、保、甲或者居委会是中国传统治理体系。从正面角度看，体现《周礼》教其相率而为仁厚辑睦的邻里关系，从否面看就是秦代那种连坐制度。但坊巷文化不能只从组织结构理解。《尚书·毕命》记载这是以“表厥宅里，彰善瘅恶”为要义，其核心是“贤其人”，重在激励人心。“表厥宅里自周有之，所以贤其人也，后世乃以表科第，近又以表其官。此有司崇重激励之意，其亦甚矣。”[1]

本书坊巷不仅是由建筑构成的街区，它还包括渗透其中的邻里、礼俗、家族、商贾、名贤(牌坊等体现)、园林、城池、宗教等非物质文化遗产。坊巷内存在或消失的各种历史遗迹，可以是民居、商铺，但还有各种亭、园、楼、阁、寺、塔、祠、庙、坊等。但每一个遗址承载的是建筑以外的丰富多彩的无形文化遗产，通常又与家谱、寺祠志、建置志、古迹志、人物志及诗文等连接起来。先人对坊巷的记载往往体现“微言大义”的话语风格，包含着过去与当下、历史与文化、物质与非物质、遗产与伦理等重大问题思考，这都是今天重新理解街区文化的重要参照点。要全面认识街区文化遗产的价值，就有必要从古代方志里重新梳理出坊巷文化的肌理及其背后的大义。

---

〔1〕《姑苏志》卷十七。

坊巷文化肌理是指各种文化要素构成的体系及其质地，与中国“文”的传统含义相似。《说文解字》解释：“文，错画也，象交文。”意指由线条交错组合而成的一种图案。在西方，肌理或纹理这一概念比较多地出现在文物与建筑遗产的修复中。街区文化遗产的肌理通常关注其物质细节及其结构，也包括视觉面貌和内心感受。本书对文物或者说坊巷肌理的认识拓展到非物质文化范畴。荀子认为礼是渗透于中国社会的文化肌理。修复坊巷文化肌理应把有形和无形的，错综复杂的文化线索编织为一个整体。

今天漫步水亭门坊巷，似乎领略不到古时之遗韵，这也是时代变迁之无奈。衢州坊巷之胜景应该出现在宋明期间，《衢县志》卷二“坊巷”序称：“街市坊巷今有可考者，大都皆明以后胜清时代遗迹也。”唐时居民盛集于峥嵘山下，宋南渡后多居紫金街，元代一半城市为驻军，除了上、下营街，还有西营、南营。今天留下的是明清时代的遗迹。前代胜迹“已朱雀野草、乌衣夕阳，非复曩时之景象矣”。

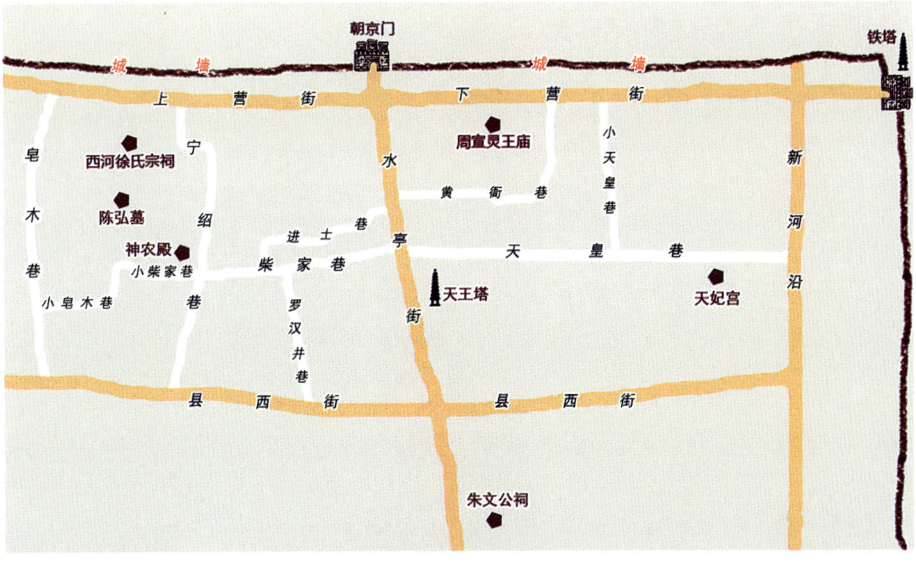

水亭门三街七巷坊巷图

本篇呈现这些街巷的格局、文化和建筑质地、历史变迁、人文特色,也包括百姓生活特点、趣闻轶事。这一研究为今后修复往日街景、形成怀旧意境的水亭门坊巷风格提供依据。本篇尽量以明、清以及民国初年景观为解读底本,对两侧的住家、民居与商铺、路面、牌坊、名木、古井、外围景观等进行描述。着重把握每条街巷的特殊风格和人文特色。此外,坊巷篇是本书最后成篇,在整个书中还起到串联和拾遗之作用,也就是坊巷两边的文化都在其他篇目中有详细展现,本篇除了将其串联为一体,还对其他篇目不曾涉及的遗漏加以弥补。

水亭街

进入朝京门，径直而对的便是水亭街。《衢县志》(220页)记载："(民国时期的水亭街)在朝京门内，直抵新驿巷口。"据说水亭街街心是窄窄的青石板路，两边则是卵石铺就的小巷。过去，走在这样的路上也是有礼节意义的，中间留给长者、尊者，以示尊敬。而这窄窄的街道勾画出水亭街的文化魅力。老人们回忆说，两边店铺鳞次栉比，十分红火，从早上八点一直要营业到晚上八点，来

昔日水亭街十字路口

往之人川流不息,“人挨着人,转都转不过身的”。

关于水亭街的得名,《衢州市地名志》(123页)记载:“因古城门外水坪建有捲雪亭,衢江水从亭下流过,俗称城门为水亭门,街名以此。”在民间还有这样一种说法,说水亭街时常积水,如果赶上衢江涨水,则会漫过“大埠”,流入大街,所以有“水亭街,街亭水,街亭水不停”,这与“浮石潭,潭浮石。潭浮石不浮”形成对仗,因此称横句‘水亭浮石’。亭、停谐音,因而得名。在柴家巷居住过的82岁老人沈典武对于水亭街的得名给出了他自己的理解:“为什么叫水亭街呢?因为路上都是水,来往人多,地面就不会燥。下面船要运货,要搬货,来来往往人很多,水亭街路面都是石板路,就是不干燥。”可以想见,当时从船上卸货的搬运工人来来回回,汗水滴滴落下,河水顺着脚底淌出,所以水亭街的地面总是湿漉漉的,那是怎样一幅繁忙热闹的景象!

历史变迁

从民国《衢县志》(220页)对于水亭街的记载看,水亭街不单是指一条街,还泛指周围小巷,是作为一个街区来记载,而“明扬坊”则可能是作为这块坊巷的名称。当时水亭街包括“城外三马头(盐马头,粪马头,新马头,沿河皆有街市)、下营、上营、漕门弄、大小盐仓巷、黄衙巷、天王巷、新河沿、小天王巷、簧序巷、新驿巷、县学前和箭道巷”。

查康熙十八年陈鹏年修《西安县志》,那时还没有水亭街,这一带的巷是以朝京门和县学街为区域记载。《衢县志》把民国水亭街与康熙的旧志记载比较,发现已经有很大变化。“按陈志载有厚俗坊,西有柴巷、饭巷,俱后街九出,旧名水亭街,北有拱酱巷、打铁巷,均无可考,又天宁寺西有小天宁巷,今废。”如今的水亭街与《衢县志》的描述相比,又发生了一些变化,比如县志上记载的漕门弄已经消失。但是据95岁的王汉卿和91岁的郑怀棪两位老人的回忆,现在从水亭街进入的进士巷应该是县志上提到的漕门弄。《衢州市地名志》(132页)

记载:“进士巷,曾名漕门街。北起水亭街,南曲通柴家巷,长173米,宽3米,水泥路。”另外《衢县志》提到的大小盐仓巷、黉序巷、新驿巷和箭道巷都已经消失了。只有新河沿、县学前名字还保留着,但风貌早已不是从前。

景观质地

早期水亭街的宽度也不似现在这样。1928年,浙江民政月刊在《衢州状况调查》中称,衢州城内道路狭隘,当时水亭街是卵石石板路,宽5米。1942年,衢县县政府将水亭街拆建为宽12米的泥结路面马路。

下面以清代以及民国初年景观为底本解读一下水亭街的文化质地,对两侧的住家、民居、商铺、路面、牌坊、名木、古井、外围景观等进行描述,着重把握

朝京门内水亭街

这条街巷的特殊风格和人文特色。

水亭街的入口 今天从外面进入水亭街首先是城门口,接下去依次是上下营街口、进士巷口、黄衙弄口、柴家巷口、天皇巷口和十字街口。各个入口当年的景观大都已经发生变化。但从各个方面的回忆来看,从大西门进入的景观应该类似湖南凤凰城的入城口。当年进入朝京门,便可看到左侧有米行和金龙酒店,右侧有天成米行和徐大丰烧饼店(现碧春楼停车场)。如今这些建筑都已拆除,但与上下营街交叉的小和尚茶馆和王震大茶叶落花生店基本保持原来格局。

水亭直街景观 据汪筱联考证,"明、清时代水亭街宽度仅二丈左右,从水亭街头到城门约200米。青石板街心,两厢弹石路面。两侧店铺相继排列,街景自然和谐。"据弥陀寺居士徐文华(其父亲1949年前在水亭街与县西街交界处开"徐协昌蛋行")回忆,水亭街两侧的建筑与商铺与现在不一样。"我们站在水亭街楼上看抬老佛爷,有屋檐,回廊,有凳坐上面。"她说,"当时水亭街与上营街一样宽。水亭街的房子改过,1941年拆马路。鼠疫封锁了2个月,然后地板都拆掉、烧掉"。据说细菌战以后,水亭街被封锁,商铺无法继续营业,重建花了半年,都是由各个商铺自己负责,政府不管。1941年档案记录了当时拆建后沿街房屋的标准,由此可见当时水亭街景观的特点,实录如下:

马路两旁新建市屋标准

一、屋为两层

二、外柱紧贴人行道(内需紧贴拆让符号之内方)

三、檐高离人行道十八市尺(即离现有街心十八市尺半)

四、檐在柱外三尺六寸

五、柱外不得有挑楼等建筑物。檐屋门面一律髹漆白色,檐□一律髹系□

六、均须装白铁水漏

七、楼层门面下殿须装置绿色铁栏

八、每房屋五幢至少需要砖墙一道

九、建筑石库门之外墙高为十八市尺

十、旧料改筑外，除高度得仍旧观外，其他依照上例多项办理，但仍需在五年内改正之

1940年档案显示，拆建水亭门时，为了防火要求建防火墙。规定："每隔六十尺须设置风火墙一道。水亭街以城门为起点。用石砖砌成，厚度至少一尺以上，高出屋顶二尺。墙上不得开辟门窗或空洞。"据徐文华回忆，水亭街经常着火，天皇巷口有一个太平池，供救火用。与县西街交叉的十字路口也有一个。池建在地面上的，约2米多宽，1.2米左右高，砖头的。另外在天皇巷，即现在的税务局边还有一个。池后面有井，救火的人戴着铁帽，穿着草鞋，有的赤着脚，拖着管子。救火的设备就放在周王庙里。水亭街多是木行，每个商铺之间的隔墙都是用木板做的，常着火。徐文华认为以前人诚实，各家就用木板隔开，不愁偷盗。民国档案还附有地下水道图样。

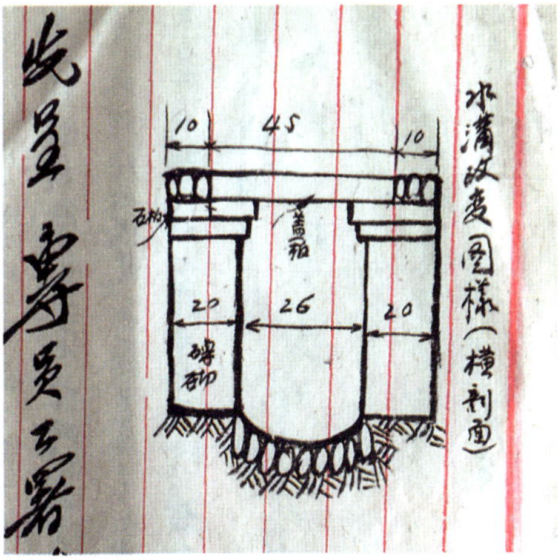

民国水亭街下水道图样（衢江区民国档案）

建国以后，1959年衢县人民政府又改建水亭街为混凝土路面。因此《衢州市地名志》（123页）这样记载现状："水亭街，西起大西门（水亭门），东至县学街，长155米，宽12米，原泥石路，1960年改为水泥路。"这些变迁当然有其现实需要，但今天来看，不变的水亭街似乎更加具有文化魅力。

里仁为美

过去的街坊,总是立有一些牌坊,这是中国传统以坊巷树立教化空间之需要,也是为了彰显德行,培育里仁文化。水亭街虽然不长,但自东向西眺望,街道中有骑街而建的三座功名青石牌坊,水亭门城楼衬托在后,三座青石四柱三门功名牌坊,自东向西依次而立街道中:

- 蔡春明牌坊,系功名坊,骑水亭街口而建。据明《嘉靖府志》载:[蔡春明牌坊]水亭街,为举人蔡春立。(按;蔡春,为弘治五年(1492年)壬子举人。)

- 殿中执法坊,系功名坊,骑水亭街建。据清康熙《西安县志》载:[殿中执法牌坊]在水亭街,为御史徐任道立。(按;徐任道,万历十四年(1586年)丙戌进士,官至监察御史。

- 魏政进士牌坊,系功名坊,水亭街进士巷口,骑水亭街建。据明《嘉靖府志》载:"魏政进士牌坊:水亭街,为进士魏政立。"魏政天顺三年(1459年),山西中举人,成化二年(1466年)丙戌进士。居家水亭街南,存有进士巷地名,巷内有"进士厅",为衢州十三厅之一。

在现在人看来商业繁华之地必然以追求利润为最终目标。然而我们也发现,这里的商家大都前店后寝格局,商家亦是邻里,之间不乏人情来往,可谓孔子笔下的"里仁"。郑怀棪老人回忆,有一次他腰骨痛,下不来床,隔壁同德堂老板叶龙生亲自来给他针灸,一下子就好了。郑老说:"我们是隔壁邻居不收钱的,都是邻里帮忙。"可见当年商家邻里之间的和睦关系。《论语》中说:"里仁为美,择不处仁,焉得知?"里者,民之所居。透过这些商铺的商业活动,我们看到的是这些活动背后人和人之间的熟人纽带,情感联系。

郑怀棪老人的父亲在柴家巷开设顺昌南货店,他回忆,以前的南货店,如果你一年到头光顾他生意,到了过年的时候,他会送些东西以表谢意。很多店都是这样子,这是当时的习惯。以前也有类似今天"超市卡",叫"经褶"。用白纸做的，一拉就很长，一大一小，然后用布套套起来，可以放在裤腿或者袋子里。今天买一斤肉，可以不付钱，先拿回去吃，到一个月或者一定时间，结算一下。或者到其他店，拿着经褶，买什么东西都可以，到时候结算一下。这个风俗一直到1937年抗战开始还有。不过现在70来岁的老人应该没有见过了。

郑怀棪说，以前那些一年到头来他们家挑大粪、泔水的，到过年的时候，会给他们家一担米或者两斤猪肉，以表示感谢。总之逢年过节，商家会送给顾客一些东西，以表示感谢。胡嘉镐回忆，过年的时候，一些菜馆会派大厨去他们家烧菜，且食材都是自带，作为对老顾客的感谢。

修复水亭门，重新竖立那些牌坊必然会增加街道的古韵，然而，里仁为美，这些牌坊本来是为敦厚民风存在，同样，水亭门的街坊邻里文化也是不可缺少的一部分。

水亭街上的商铺

作为衢州城最繁华的街道之一，水亭街上的店铺生意一般做得都很大，既

水亭街质地

有零售也可批发,吃的穿的用的玩的一应俱全。这些店铺延伸到下营街、上营街和柴家巷。水亭街商业盛况一直持续到抗日以前,在解放初又渐盛。

进入水亭门右手边第一家就是徐大丰烧饼店,该店做的麻饼是今天衢州非物质文化遗产之一。每逢中秋节和过年,麻饼生意就相当好。有打油诗“看杜(大)水”,大意是“脚穿木榻板(鞋),出城看杜(大)水。走到水亭街,大丰七(吃)烧饼。头戴箬壳帽,爬上城墙顶。但见水谩‘挢庵里’,茫茫听见鹿鸣鸣……”

长155米的水亭街上,白墙灰瓦的商铺错落有致,棕色木结构店面临街而立,最高的店铺可达三层。这些店铺有的是三间两进,有的是五进、六进,最多的可达十几进,从水亭街上可以一直通到上营街。店铺“前店后寝”格局居多,即前面开店,后面住人,有的是掌柜住在店里,有的则是学徒或者外地的单身伙计住。

进入城门,有汗流浃背的搬运工、货担郎,他们车推肩挑,在熙熙攘攘的人群中间左躲右闪;也有穿着长袍大褂,拎着提包的来自徽州、上海、杭州等地的商客。这样的景象无一不在显示水亭门一带商业的繁盛。《衢县志》(645页)记载:“西城水亭街,南城坊门街,十字街,西南市街皆为繁盛之区,十字街南为上街,十字街北为下街次之,至县西街与浮石街则又其次。”衢州首条公路常玉公路(常山至玉山)于1928年建成通车。1932年衢州有至江西、兰溪的公路。这之前,自古以来水路一直是衢州主要交通通道。《衢州市地名志》(123页)记载:“昔日水亭门外,衢江中帆樯林立,热闹无比。”

据郑怀棪和郑宏盛以及王汉卿三位老人回忆,1949年前水亭街上光布店就有十五家之多,如叶震兴布店(现在柯城区红十字会)、大昌绸布庄(现爱婴房前面)、王长源布店、林振兴布店(水亭街22号,现卖凉席的地方)、汪培生布店(水亭街18号)、万成布店(现在是鼎顺策划)、怡大布店(水亭街52号)等。药店也很多,有专业卖西药的中英大药房(现水亭街62、60号),也有卖中药的同德堂(现煮三国餐馆)、仁寿堂(现同德堂药店水亭街46号)、戴沅昌药店(水亭街24号)等。

今水亭街上的衢州旧书店

水亭门是福建等地山货的集散地，南货店非常多，有裕和南货店（现水亭街26号），三间店面，黄石麟所有，为衢州最大，店铺很深，前面零售，后面批发。德舆兴南货店（现在是国医堂），是铺面最大的，一直通到罗汉井，由李清芳开办。他清朝时因为做生意，从福建莆田过来，把福建当地的桂圆干、荔枝干贩卖到水亭门，同时售卖糕点等。另外还有王大昌南货店、王文静南货店等。水亭门的水果店有元大森水果行（水亭街33号），老板叫高宏祥，父母在日本细菌战时都先后死去，只剩下他一人，所以他年纪轻轻就做了老板，万春祥水果店（水亭街73号）。王震大茶叶落花生店（现在永芳理发店）主要是卖衢州名特产咸花生，一些花生店以及水果店都有卖这种咸花生。曾经在元大森水果店做过学徒的郑鸿盛回忆说，每天晚上打烊后，他们都要用纸包好第二天要卖的咸花生,这种咸花生非常好卖。此外,水亭街上还有豆腐店、肉店、红纸店、香店也很多。米店比较有名的是郑永甫开的“元聚米店”。还有当时很有名的汪胜馀过塘行、“张协大”过塘行,还有卖纤绳的,卖竹篙的,至于供来往船工喝茶、喝酒休息的小酒店和茶店就更多了。

很多老人们说旧时衢州有“三大缸”:染缸、酒缸和酱缸。据《衢州酱园业记略》一文(见《衢州文史资料》第四辑)介绍,民国初年以来,衢州比较大的酱园有7家,水亭街上的德兴酱园便是其中之一,于20年代歇业。此外还有天乳酱园(水亭街41号)、五丰酱园(红楼大门口)。天乳酱园老板曾经在日本留学,后来又改做胡德泰肉店。

五丰酱园在水亭街上现红楼门口的位置。大概两个店面,之前这里是福兴楼菜馆和香店。郑怀棪和郑鸿盛说:“老板开店是玩玩的。徐志馀,很有名的,国民党官员,驻守宁波镇海的保安司令。”徐志馀的儿子徐麟说可能叫做“和丰酱园”。当时“花园前面是酱的作坊,再前面是现在叫门市部,里面做酱菜,酱瓜堆得像小山一样。那个千斤缸很多很多,上面都有盖子盖起来的”。酱坊里面卖酱、酱油,还有酱菜。当时人家来买酱菜,不像现在一样有包装袋,有的就用荷叶包去,有的自己拿盆碗装回去。

从天妃宫望天皇巷

水亭门原来有很多布店经营各种布料,花布、土布、丝绸。农村人一般喜欢石灰印的花粗布,土布一样的东西,石灰印上花纹。后来有洋布,买的就是机织的布。这时布料都是到杭州去进货的。万成布店位于水亭街44号,即现在的“鼎顺策划”。1952年房产资料上显示是属于江鉴明。江鉴明的孙子江先顺现在住在黄衙巷8号,即鼎顺策划后面。他说,爷爷11岁的时候到衢州,在水亭街上的叶振兴烟店做学徒。在叶家认识了当时给叶家烧饭的奶奶,后来二人就结婚了。大概也是十几岁,就在水亭街上摆了布摊。慢慢的,就买下了店铺,从临水亭街的店面,一直通到现在黄衙巷8号的位置。这店是从一个姓仇的那里买来的。除此之外,还逐渐买了很多纸槽和土地。他回忆说,“万成布店”有三间店面,跟现在大小一样,就是窗户的形状有些和原来不同。一走进店面,就是一个很大的金字招牌摆在柜台后面,从屋顶一直到柜台下面。是铜和金,还有木头做起来的。上面写着,“童叟无欺”。后来店铺倒闭后,家里人把这个招牌就敲掉了。江先顺说,那时候爷爷大概在徽州会馆里有些作用。特别是皖江小学,好像每年给学校钱,要资助的了。

不少水亭街的店铺一直开到1949年后,比如元大森水果店、徐大丰烧饼店等,仁德旅馆则更迟,大约60年代还存在。毛林江老人说:“这个地方米店多,药店多,南货店多。所以形成这条街是繁华街。大西门水亭街最繁华。”

江水浩浩荡荡,奔流不息,江面上船只往来如梭。迎面是雄伟逶迤的城墙,从船上下来拾级而上,是一排别具风格的吊脚楼,吊脚楼一半在岸上,一半则是在河滩上。茶店、酒店一家挨着一家。和吊脚楼隔着一条路,紧靠城墙的是一溜低矮的房屋,都是各种各样的店铺。由于来往船只众多,人流不绝,供客商娱乐的画船歌女也应运而生。夜晚的衢江,江船灯火通明,时常传来悠扬的琴声歌声,不时有过往的船只停靠,走下来的船工或者选择自己中意的酒店或者茶店喝点老酒,就着下酒小菜,听着道情;或者找一家旅店暂时安顿一晚,确有“水门向晚茶商闹,桥市通宵酒客行”的浓厚韵味。

（张崇、吴宗杰、汪筱联）

天皇巷

天皇巷，原名天王巷。与“曲曲”的黄衙巷不同，站在天皇巷口，能一眼看到巷子另一头的新河沿。清嘉庆年间《西安县志》记载：“天王巷在天王塔下东首。”民国《衢县志》记载：“天王巷在天王寺西首，因名，由水亭街通新河沿。”

江先顺的万成布店旧址

衢州人想象的天皇巷与天王寺(曾令兵)

衢州有句老话,“看不见天皇塔,眼泪水滴滴嗒”。据文史资料记载,“当时,进城的人,在离城一二十里就能看到它朦胧的轮廓,这就意味着——城里快到了。出城的人,走远了就回头看看,这就意味着——离家要远了”。然而,如今在天皇巷,已经看不到天皇塔的踪影。根据一份1953年的档案,天皇塔在1952年被拆除。

据历史档案《衢县人民政府税务局房地产税编查表》,天皇巷有多处住宅都是王善条、王开善所有。此外,还有许多祖辈在此的中小人家。因此,大家喜欢用王家、陆家、孙家、潘家和张家等来称呼巷的特定区域。到民国时,拥有天皇巷最多房产的是王家,主人王善条曾在天皇巷拥有多处房产。据90多岁的郑怀琰老人回忆说,天皇巷大的房子都是他的。从1954年到1962年,王善条和郑怀琰从30多个人当中被选出,给国家养蜂。1949年后天皇巷居委会的负责人祝汝涛现在已经90岁了。他对天皇巷的历史如数家珍。在他的印象里,王善条手很巧,会做鸟笼。根据祝汝涛老人当年编写的《衢县人民政府税务局房地产税编查表》和他本人的回忆,天皇巷的很多房子曾经属于住在乡下深山里的王开善。而王开善本人则从没来过天皇巷,都是家里的长工和小辈来打理生意和房屋出租等事情。衢州档案馆的史料显示,1952年,位于新河沿的省立衢州中学扩建,部分新河沿的居民在新河沿的房产换到了当时的天皇巷4号、5号。同时期,王开善和王仁通"将坐落衢城天皇巷全部房屋赠送"给省立衢州中学,"请即日起营业"。

天皇巷13号的白色小楼就曾是王开善的房子,简约的线脚勾勒柱头和门楣,南北两侧各有一间西式八角小阁楼,当年的推拉门扇至今还保存着。现今的居民都说这是一栋"法式小洋楼",带有"欧式风格"。民国时做过税务局,20世纪五六十年代一直由衢州婺剧团越剧团和杂技团使用。

天皇巷的陆家曾在水亭街开了一家"穗丰米行"。陆家后代陆浩泉生在天皇巷,长在天皇巷。"穗丰米行"由陆浩泉的父亲及其兄弟三人合开。小时绰号叫"陆得吃"的陆浩泉在家排行老小,在街上吃了小食从来不用自己付钱,因为他爸爸会来给他付,所以街上的商贩也乐得让他多吃。

祝汝涛老人和陆浩泉都记得,叶半城家的账房先生潘贵来当年就住在陆家的对面。那时,陆家和潘家都是大门朝向天皇巷,而不像如今这种分别南北朝向,门对门的格局。

陆浩泉六岁的时候进入鹿鸣小学读书。用他的话来说,也不是上学,不过是"找个地方关起来,因为近"。小学校就设在位于天皇巷最北段的天妃宫。他的二哥跟姐姐当时也在天妃宫上小学。《衢州文史资料》(第七辑)曾有记载:"1946年7月26日……自此,鹿鸣小学迁至天皇巷天妃宫。"后来鹿鸣小学再次搬迁,至小西门附近。今天那里有新华小学。从此,陆浩泉上学校就要穿过长长的天皇巷,经过热闹的水亭街,沿着城墙走到学校。调皮的时候就抓住

天皇巷民居

城墙粗壮的蔓藤攀上三四米高的古城墙，翻进学校的墙头。城墙上有时有水果店铺晒的花生等小食，小孩子就一路吃了过去。40年代，鹿鸣小学频繁更换校长、教师和校址等，自1912年至1949年间，鹿鸣小学前后更换了19位校长。衢州的书香世家郑永祚就曾经担任过鹿鸣小学的校长。

鹿鸣小学搬迁之后，天妃宫就用作粮仓，称作“两分仓”，也就是“第二分仓”。天妃宫也叫做天后宫，据民国《衢县志》记载，“天后宫，福建会馆，在西隅天王巷，闽商新建，俗称新天后宫，以别于老天后宫。清康熙十九年封天妃为护国庇民妙灵昭应宏仁普济天妃，随又加封天后，春秋致祭，嘉庆五年奉旨文武官员朔望行香。六年，闽商鸠资重建，庙貌扩新”。作为福建会馆的天妃宫，土生土长的衢州老人回忆，“这是福建人造的。福建人到这里来做生意，要有地方招待”。如今的天妃宫，是老人们听戏的地方。每周都有那么几天，住在附近的老人,衢江对岸的老人,新城区的老人,都会到天妃宫来,花三块钱买一张戏票,喝一口自带的茶叶泡的茶,看看戏,聊聊家常,赶在儿孙到家之前回家去。

曾经的江山公所就跟福建会馆斜斜相对,坐落在天皇巷西侧最北端。民国《衢县志》记载:“须江公所,即江山会馆,在天王巷朝东,斜对新天后宫。宣统间由旅衢江山人捐资,嗣又募诸江邑居民。民国初年始购民屋,今已拓阔基址,改建一新。”[1]如今,江山会馆的原址建筑了一栋现代楼房。

王汉卿老人的哥哥王迪元就在须江公所跟着有名的江山先生周浃念书。他本人在江山读私塾时的先生正是周浃先生之子。老人至今还能背诵当年江山的私塾周先生教给他的吟诵。根据王汉卿老人的回忆,当年的须江公所有三个门,两个厢门中间一个大门,还有三个踏步。因为以前要做戏,进门第一进曾经搭有戏台。观众在两层的楼中看,两边是小孩,下面则是大人看戏的地方。当年的须江公所,与现今仍然在演戏的天妃宫非常相似。1949年前,戏院不在天妃宫。陆浩泉老人和住天王古寺的居民姜谓春都记得,建国以前,天皇巷南侧有间戏院。陆浩泉小的时候,戏院演戏到十点就打开大门了,小孩就趁这个时候进去看戏尾,戏要一般唱到十一二点。演出的都是金华戏,如婺剧。他们小时候都要去玩。姜谓春和水亭街徐大丰麻饼店的伙计刘芳昌都记得,当年的戏院名叫胜利剧院。浙江有很多的戏班轮流来唱,签合同唱几本。唱完之后,换个戏班来唱。几乎天天有戏唱。姜谓春这样在天王古寺下住了五十多年,他记得胜利戏院的后门通到县西街。

紧挨天妃宫一侧的有一户人家,天皇巷14号,主人叫张斌,现年85岁。房子坐东朝西,五开间两搭厢,前后两进,整体格局,梁架保存一般。房子虽然不算豪华,但颇具江南民居风格。花格子窗下围着小院子。老人说:“这已

〔1〕民国《衢县志》卷四。

张斌家被日军敲破的花盆

经是烂房子，是我太公留下的，有两百多岁了，我就出生在这个房子里。”张斌是长子，父亲张承德1949年前曾是鹿鸣镇镇长，太公在水亭门开布店，家庭富足，也算是个公子哥。至今在天皇巷还有他一排店面房出租。从朝巷的大门进入，可以看到一排精心料理的花坛，上面有石榴、兰花、茶花等。张斌指着这些花坛和其中破损的兰花盆说：“这都是日本人敲掉的，我留下来也是作为纪念，是古董了。”[1]老人身体已非常虚弱，但谈到水亭门的过去，便眼神一亮，回忆自己小时候，敲锣开道，嬉老佛爷，跑遍衢州32条街，76条巷，九楼八阁十三厅。邻居说张斌老婆做徽州烧饼很好吃，但前几年去世了。张斌说：“老太婆也死了，我一个人，苦的啊，一下子就不行了。”如今他躺在椅子上，

〔1〕吴宗杰等：《张斌·庙会·自述》，录音编号：20100720。

张斌目送采访人

每天主要吃盒饭,还说:“我吃快餐店里的,五块钱一餐,一荤两素,蛮好吃的。”讲到子女,他说都孝顺,还为自己拥有一个大家族而自信。“弟弟来看我,我吃不消,上海都不敢去。上海有三个妹妹。家里人很多,有五十多个,各个都是很亲很亲的。”谈到今天水亭门的变迁,老人无限感慨,他用三垮形容自己的心境:“马路开通了以后水亭门就垮了;1949年以后家族垮了;老婆死了自己身体也垮了。”老人摇摇晃晃把我们送出大门,并再关上,几个月后我们就听说老人去世的消息。

根据周洪先生的孙子周叶典和王汉卿老人回忆,当年天皇巷两端巷口各有一个跟天妃宫红墙一般颜色的木制圆门,门顶上有木刻龙雕。曾经矗立在红楼后天皇塔与两扇红色圆门勾勒了当年天皇巷的景观轮廓。黑瓦片,白石墙。只有今天天妃宫低回婉转的唱腔,隐约回应着须江会所遥远的胡琴咿呀。王汉卿老人指认正对小天皇巷出口的弄堂说:这里以前还有一个天官像,很大。

现代的天皇巷也是故事不断,天妃宫旁35号的古民居大院有以年轻人为主创业的影视室。工作室已为十几家企事业单位制作了专题片。业主说:“选择天皇巷为基地,主要是看中这里深厚的文化氛围,它能给我带来灵感。”天皇巷居民也有民间能人,86岁的郑才柄,化了三年多时间,用毛笔完成了《新千字文》,共有20多页,颇有新意。《新千字文》开头写道:“日月星辰,宇宙亘古。春夏秋冬,二十四节。暖热凉寒,万物消长……”

天皇巷红楼西眺周王庙

今天柯城区下属有天皇巷社区，是由以前新驿巷、天皇巷、大西门、县学街大部分四个居委会合并而成。1949年档案显示当时天皇巷办公室曾举办过几个保的保长选举活动，包括峥嵘镇二十二保、二十三保、二十四保、二十五保、二十七保等。第二十四保来参加选举的公民有110人。当时正是时局动荡，故许多选上的人纷纷递交辞职信。

（谢洁怡、吴宗杰）

柴家巷

《衢州地名志》(113页)上记载柴家巷“位于市区西北，北起水亭街，南至宁绍巷、小柴家巷口。长7.5米，宽3米，水泥路。以姓氏得名，为宁绍巷居委会所辖”。其中的“长7.5米”应是“750米”。而地名志还提到“小柴家巷”，称其“位于市区西北部，从宁绍巷向东，曲折延伸与小皂木巷相连，长154米，宽1.5米，水泥路。柴家巷派生地名”。但是，“小柴家巷”在《衢县志》(220页)中却并无记载，倒是有“李家巷”的记载：“皂木巷内小衖，通药皇庙旁。”也许《衢县志》中的“李家巷”就是今天的“小柴家巷”。

《衢县志》(219页)记载：“柴家巷，北通水亭街，东转县西街，一横一直，有宁绍乡祠。”其中“宁绍乡祠”亦即宁绍会馆，而宁绍会馆现在来看是位于宁绍巷上，但是郑永禧《衢县志》上并无“宁绍巷”的记载，可见，宁绍巷是后来才取的名字；而从《衢县志》记载柴家巷有“一横一直”来看，而很可能宁绍巷原来就是柴家巷的一部分。或者“宁绍巷”就是记载的“护领巷”：清嘉庆十六年《西安县志》(239页)记载：“护领巷，即皂树、柴家二巷内横衖。”郑永禧《衢县志》(220页)记载：“护领巷，姚志谓即皂木、柴家二巷横衖，今属柴家巷，西通太平坊处。”太平坊在上营街，故宁绍巷无疑就是护领巷。这条巷，应该与巡辖巷、护领巷、贡院巷等一样出自明代的官署。

李吉安在《浅谈明清府志中衢州街巷名的文化内涵》一文中说：“衢州境域属姑蔑，秦为太末，是浙江最早建县的13个县之一，其历史在浙江堪称悠久。

南朝陈永定三年置信安郡后，衢州在唐宋元明清一直为历代州、府、路、道治署所在，衢州城作为浙西政治、经济、文化中心，历来是州府衙署驻地。明清之前，街巷史料缺失。明清之后，这种区域行政中心地位在衢城街道地名中得以反映。"[1]其中，李吉安就提到明代的护领巷等地名与历代政府机构设立、官制设置有关，是一定年代的政治体制的反映。护领巷等街名到民国才消失。

柴家巷之"柴氏"

"柴家巷"以姓氏得名，但这里的居民中已无后人可考。据说此巷曾居住过"旧时王谢"豪门望族，是五代后周皇帝的周恭帝后裔，宋朝时封为"崇义公"，故《衢县志》(1124页)记载柴家巷之柴氏为"崇义柴氏"，"旧在城西隅柴家巷，周恭帝后。叔夏封崇义公，收掌二帝位版，权就衢州景福院奉安，子孙遂家于衢。今城内但存柴家巷地名，祠不可考。"周恭帝乃是赵匡胤"陈桥兵变"时被废掉的后周小皇帝。不过赵匡胤对被他灭掉的君主还是仁慈相待，规定子孙后代都不许杀柴家人。《嘉靖府志》记载，称其先祖家住西京(今洛阳)，"宋嘉祐四年(1059年)，诏柴氏最长一人封公奉祀。政和八年诏云：'我艺祖受禅于周，而恪封之礼未尽，择柴氏最长见存者，为周恭帝后，袭封崇义公，监周陵庙，以示继绝之仁'"(见《衢县志》2449页)。柴家到衢州是在绍兴二十六年(1156年)。《宋史》(119卷)记载：绍兴五年(1135年)，诏周世宗玄孙柴叔夏为右承奉郎，袭封崇义公，奉周后。二十六年，叔夏升知州资序，别与差遣。以子国器袭封，令居衢州。朝廷有大礼，则入侍祠如故。《嘉靖府志》又记载："绍兴五年，袭封叔夏请于朝云：周六庙，在河南府；嵩、懿、庆三陵，在郑州。臣今收掌二帝位版，权就衢州景福院奉安，从之，岁以春秋仲月望祭牲牢。遇郊，遵景祐诏旨，官其子一人。叔夏卒，国器嗣，次天麟。叔夏佥衢幕时，余寇起芝溪，

---

〔1〕李吉安：《浅谈明清府志中衢州街巷名的文化内涵》，《中国地方志》2010年第8期。

柴家巷

柴家巷上溯周室，乃是尧舜“继绝世”文化留下来的印迹(柴家巷老照片)

夜至城下，守王公嘱委之捍御，故寇不得冲突衢。既置庙院，乃命莘监建之，大有安宅、国宝，国宝、国光、春卿皆迭主祠事。安宅字居仁，能时(诗)，有《小艇集》。国宝字唯贤，亦能诗，人传其《严陵十咏》。元后，其家寖微，有孙一人。”

（见《衢县志》2449页）后周被认为是周室后裔。《论语》曰“兴灭国，继绝世，举逸民”，也就是通过承继绝祀的世族，实现文献互征，得以继承包括周室等先贤遗产。由此可见，今天的柴家巷乃是一代君王，历经传承，留下来的可考证的印迹，是孔子继绝世之仁的见证。崇义柴氏要比大部分南宋过来的望族都要历史更久、更深。

《衢州姓氏》中介绍今天衢县柴氏，全县约4000余人，主要分布在航埠、华墅、横路、岭头等地。柴家巷的崇义柴氏分支在大洲、全旺，廿里等地。《衢县志》还记载西乡有柴家，其始祖是周恭帝族弟柴禹锡次子。《衢州沧州柴氏宗谱》以崇义公为其溯源祖。2006年5月15日在浙江省衢州市召开首届柴氏历史研讨会，其中提到后周柴氏，奉柴荣皇帝为祖先。由此来看，今天衢州柴氏相当一部分是柴家巷出去的。

柴家巷意象

如今柴家巷柴氏似乎已经消逝在历史的长河里，它经历过多少岁月沧桑，可能一时间也难以想象。发生在这一巷子里的故事，与其古老的建筑，即使阅读千遍，恐怕也难以真正领悟。85岁的徐先熙老人是上营街西河徐氏的后人，提到柴家巷，他说自己小时候是不敢去的。至于原因，因为柴家巷里有鬼。到底是什么鬼，徐先熙老人却说不清楚。今天我们知道，在柴家巷13号，与罗汉井巷对着曾经有一个三圣庙，民国时香火很旺，1949年后一对做篾匠的老夫妻流落在此。再向南走几步就是曾被称为进士厅的深宅，该宅子今天也让王汉卿老人仰慕三分。就在边上，据说有黄石麟家的一个道院，当年依照衢州习俗，他的第一、二个老婆死后棺材摆此好多年，每天都点着油灯的。不过今天这些“鬼”的气氛已经是感觉不到了，倒是1940年，日军在柴家巷上空投下的鼠疫细菌，至今仍留下深深的伤痕。柴家巷是鼠疫细菌爆发的重灾区。第一个病例就是今天柴家巷9号吴土福家8岁女孩吴士英。至今他家房子仍留着因疫情而

柴家巷口的宁仙裁缝楼

烧掉的房子痕迹。此外黄权一家死了9人,阜城纸庄、顺昌南货店等等,都有屈死枉死的冤魂。

柴家巷在水亭门一带的诸多小巷中与众不同的一个特点是井多。从小在柴家巷长大的周雅庆说:“柴家巷有两个特点,一个是井多,十户人家七户有井。如3号、4号有井,斜对面又是井。另一个是这巷里的老人大多长寿,八九十岁的老人很普通。”井多一定和衢江的水有关系。那长寿的原因是什么呢? “文革”时期,柴家巷曾经一度改名叫和睦巷。邻里和睦相处,深巷里平静的特殊环境,也许是老人们长寿的重要原因(见《阿祥博客》)。

柴家巷的小巷韵味很浓。从水亭门进去的柴家巷1号,就是一幢风格别致的小楼,当年是裁缝店。裁缝名叫宁仙,她85岁的老公傅志金今还健在。再朝里走,西边是“一大染坊”,东边是“达源号钱庄”,以及周宣灵王庙的行宫。这些建筑虽然年久失修,但仍然不失其丰硕浑厚、朴实厚重的风格。而从宁绍巷一侧进入,任家祠堂躲在稍加改造过的民居背后,边上是阜城纸庄与黄石麟民居,古旧斑斓。当年拍摄电视剧《血洒黎明》选择此段小巷,如今门墙上还留下“吴凤棋局”四个大字。

(张崇、吴宗杰)

上营街

关于上营街的名字，《衢州市地名志》（127页）认为这是“以元明时驻扎兵营及地处衢江上游方向而得名”。关于这一时代，统辖衢州的最高长官称达鲁花赤，蒙古语为镇守者，均由蒙古人担任。根据康熙《衢州府志》担任此职的有瞻思丁、小布伯、失剌失里、孛罗帖木儿等，其中尤以维吾尔族薛超吾儿最被人怀念，他亲自整理地方文献，以仁恤民，并留下诸多诗文，不幸在朱元璋攻城

上营街北眺

后投水殉职。

清嘉庆十六年《西安县志》(239页)记载:“(水亭)街南:上营街,在太平坊同旧天后宫前。”到现代,这条街的记载是:“上营街位于市区西部,北起水亭街、下营街口,南至美俗坊、天后街口,长194米,宽7米,水泥路。”(见《衢州市地名志》)

衢州本地作家淡舟在带有虚构色彩的《神篙》中这样描写上营街曾经有过的民国街景:

> 江面上桅樯林立、行船如织。码头沿岸的通广路、水亭街、上营街、下营街上,各种店铺一溜儿沿街排了开去,有铺面上摆放着笋干火腿红糖咸鲞什么的南货店,有经营针头线脑等乱七八糟的小零碎儿外加烟酒蜡烛洋油的杂货店,其他的有米店布店棺材铺、酒馆茶馆澡堂子;有小门脸儿半遮半掩躲在弄堂深处的“野鸡店”,有门户大开高声高腔的戏园子;糕饼店、典当行、搬运行、木器店、铁匠铺杂七杂八的大店小铺总有一百多家,南来北往的各式各样的操不同口音的人,把“四喜亭码头”一带弄得熙熙攘攘的,却也热闹非凡。[1]

上营街的红色

1949年1月23日下午,正准备去樟树潭和九华乡发动纸业工人开展革命斗争的江文焕、林维雁,在西安门码头航船上被特务逮捕,这是被拍成电视剧《血洒黎明》的衢州“六烈士”的一幕。上营街上郑南轩就是六烈士之一。郑南轩,又名清燊,1920年出生于上营街,1948年加入中国共产党。[2]当年在上

〔1〕淡舟:《淡舟的酒文醉话》,http://blog.qz828.com/html/52/7152-32291.html。

〔2〕《衢州晚报》2009年5月6日。

营街最大的油行就是郑南轩与他哥哥郑仲轩共有的"诚益油行",在上营街42号。《衢州市志》记载,他把自己分得的油行资产全部捐献给党作为支部活动经费,并出钱购置了翻印文件用的滚式油印机,印制宣传品,以及收音机等。油行也成了地下党活动的场所。

郑南轩烈士像

据王汉卿老人说,诚益油行开在上营街靠城墙一侧,现在已经被拆掉了。"油行蛮大的,里面有一个我们衢州六个烈士之一,是烈士家属,是大老板的兄弟。"[1]王汉卿说自己小时候看见过郑南轩,他穿着长衫,很高级的。我们是小孩子,不会和我们说话的。老人说,郑南轩家里有地下组织,夜里还要发报,做的是类似于"潜伏"的地下工作。"我没有见,但大家都晓得的。"

1949年1月23日,在西安门船埠头,六烈士的江文焕和林维雁准备乘船去樟树潭时被捕。而郑南轩是于1949年3月19日被铺,4月中旬牺牲。在《营救南轩烈士片段追述》一文中,作者郑仲先回忆起自己哥哥郑南轩被捕后,自己和家里人展开营救的那段经历:"在南轩被捕以后,我们的心情惶恐,无一日宁。只要传来片言只语对胞兄生还有利,无不尽力取从。"[2]郑仲先说当时衢州有很多特务,不论大小,借郑南轩被捕一事直接或间接威胁或者逼迫他们,"予取予求,危言耸听,百般勒索,形同过江之鲫,彼时家属小心慎微,未敢稍涉简慢"。

得知郑南轩被捕是国民党城防指挥部所干,起初囚禁在王石林(疑为黄石

---

〔1〕张宇婷:《王汉卿学徒生活与三个茶馆》,录音编号:20100730。
〔2〕《衢州文史资料》第二辑,浙江人民出版社,1986年,第181页。

麟:作者注)家,后来囚禁在旧法院。郑家人辗转反复,试图营救。在诚益油行对面是叶震兴店铺上营街出口。叶家叶元椿的妹夫王多祥此时亦被捕,是“六烈士”之一。于是两家自早到晚商量,最后想到当时掌握生杀大权的上海警察局局长毛森。毛曾在衢州就读,与一位叫毛守梅的有师生关系,并在老师家住过。毛守梅愿意亲赴上海去说情。然而,在通过种种关系疏通打点后,被告知国民党已掌握确凿证据:“① 证实是共产党员;② 在当地动员策反部队。都是属于格杀勿论罪。”同时还被告知,如果国共两党和谈成功,性命可保,否则难说了。而当时和谈破裂已见诸报。回忆当时“六烈士”被处决的路上,一位受叶元椿所托的职工远远地跟着,他说:“大约半夜时光,地方法院走出一大群人,前后灯笼火把,中间有一大队枪兵,押着几个犯人,向南街走去,我远远跟在后面,走到十字街头,他们不向南转弯出新城门,而是朝新桥街直走。我走到十字路口,有位岗哨不许我前进,只得折回。”[1] 1949年4月中旬的一天,在黎明前天色最阴沉的时候,郑南轩、江文焕和衢州中心支部的其他四名成员被敌人残忍地活埋于衢州东门的郊外,六名烈士的平均年龄仅为28岁。郑南轩当时年仅29岁,而他被害的消息郑仲先却不敢告诉自己的亲人:“消息尽管恶劣,处境也极其恐怖,但未敢稍事泄露,盖老母痛失爱子情已难堪,不惜饰词相劝慰,令人心碎,还有稚侄遗孤,频问‘爸爸胡不归?’”郑仲先写道:“此情此景甚惨,每抚念及此,犹令人唏嘘不已!”

86岁徐文华说,“郑南轩的妻子是小学教师,二人有一子一女。郑南轩就义后不久,妻子改嫁,留下一儿一女。据93岁的汪栋时说,郑南轩的哥哥后来到嘉兴去了。诚益油行解放后亏本,欠一屁股债,债务都没还清,倒闭了,就到嘉兴去了,以后来过衢州一两次,我见过的”[2]。

诚益油行解放以后继续开设。《燕明笔记》提到了上营街成义(应为“诚

〔1〕《衢州文史资料》(第二辑),第180页。

〔2〕张崇:《汪栋时·陈氏祠堂·徐氏祠堂·祝汝涛法事》,录音编号:20110712。

益”)油行的工资问题:“工人对工资问题与资本家斗的尖锐,但如农民找老板减租时则表现有些袒护老板(主要是店员)表示立场不稳,原因怕老板从店里动资本还账缩小资金。”[1]其中提到成义油行,农会要从商店拿钱,店员不叫提,老板就挑拨,这样造成店员对农会的仇视。1991年,上海电影制片厂与衢州电视台摄制了电视剧《血洒黎明》反映六烈士的故事,其中有许多镜头就在水亭门。时任市长郭学焕亲自组织拍摄。

上营街的“富足”

网友木头格子曾这样写道:“上营富足,下营肃穆。”“富足”二字从何而来? 不禁让人浮想联翩。在《神篙》中有一段对于码头搬运工人的描写:

> 旁边不远处有两个壮实的码头搬运工在帮一艘杭州来的商船卸货,一只估摸着总得超过四百斤重的洋油桶被俩人放倒了,穿了索,用竹杠抬起,在俩人“起来吆,嗨”,“起来了——吆,嗨”的一唱一答中,就踏着搭在船帮和码头石阶上的尺把宽的踏板,颠颠悠悠地上了岸。搬运工们所发出的号子声,一路吆喝了开去,洒在街弄里,散在江面上。中间夹杂着各种叫卖声:“香烟洋火要否个,白糖饼——鸭子糖”“热辣辣烧饼哦——油炸馃”“毛豆腐——来了哦”。

看到这里不禁发问,这抬着洋油桶的码头搬运工是不是在给上营街的哪家油行搬运? 通过我们的考察,上营街这里油行很多,随便说说就有几个:诚益油行、全盛行、汪同顺油行、大成油行(由常山人合伙)、振源油行、裕光油行、

---

〔1〕衢州市政协学习和文史资料委员会:《燕明笔记:中共衢州地委书记燕明工作日记选》,1998年,第80页。

隆裕油行，还有上营街的叶吉记庄，等等。这些油行有的是经营着代客买卖的牙行业务；有的比如叶吉记庄是专替杭州同吉油行特约采购油脂；也有的不设字号，以个人名义专替沪、杭、宁、绍客商采购，从中收取佣金的。这些油行有点类似今天的贸易公司，除非是遇上战争年代，“每天只要能收到几担油，抽取的佣金，就足够一家温饱”[1]。

除了油行，上营街的当铺也值得一提。95岁的王汉卿老人说，现在上营街8号、10号和12号曾经是龚家当店。店大门在现在的上营街12号，后来500块钱卖给叶家。据《三衢战守记》记载：清咸丰年间，衢州有5家当铺，但资金实力不厚。其中坊门街的龚家当店在战祸中受损，难以继业，卖给杭州胡雪岩。后胡雪岩转给王文韶和钟骏声。王、钟合伙投资银十三万八千两，开设“亿成”“亿和”两家当铺。光绪十五年（1889年）以后，衢城有当铺3家，即“亿成”，设坊门街，“亿和”设上营街，“张复裕”，设后街巷。

叶家买下的是亿和当铺还是龚家当铺，这个答案似乎还不清楚。但是这一片房产确实曾是属于叶半城叶家所有。现在的上营街8号是一座中西合璧的建筑，至今保存十分完整。据说，这房子是为叶家儿子结婚准备的，哪知刚造好衢州便解放，房子收为国有，成为衢州市政府办公所在地，现在是衢州市委宿舍。阿祥在其博客中提到，当年衢县县委书记董炳宇、袁方烈以及戴万祥、范泰山、谢高华等领导干部都曾经住在这里。古居内还藏有江南难得一见的古建筑阁楼，修复如初。据在“通天星”退休的徐女士说：“前几年这里被某电视剧导演看中，并请来了一批演员拍了电视剧。”

叶家后人叶志雄说过，水亭街上的“叶震兴烟店布店”一直通到上营街，叶家的土纸经销处亦在此处。上营街的门一般不开，除非是要搬运土纸才打开。当年叶家的土纸有专门的运输行来搬运。《“水亭码头”今昔》一文介绍：“汪胜余行

---

〔1〕《衢州文史资料》（第四辑），第68页。

主要承运衢州土纸,叶仕衡家运销杭州以及北方的土纸专向汪胜余行托运。”[1]

上营街同下营街一样,靠城墙的一侧已经被拆,对于过去记忆的物质承载不再。阿祥在博文中提到,古城墙在六七十年代还有五六米高,七十年代“深挖洞”时,居民在屋后的古城墙底挖了不少地道。八十年代上营街有一件爆炸性的新闻,古城墙底的地道里发现一万多斤粮票,经公安调查后破了案。一万多斤粮票是航运社办公室里的出纳准备发给渔民的口粮。被盗的还有现金,但现金已被小偷花得一干二净。作案者是住在上营街某单位干部的儿子。此事一经爆出即轰动全城。而今西面的居家在老城改造时连同城墙一道被拆除了。10年时间已过去,也是无心插柳柳成荫,古城墙地基上竟郁郁葱葱地生长着一片遮天蔽日的杂树林。

贞孝牌坊

细数起来,上营街上的古迹还真不少:太平坊(已消失)、财神庙(房屋仍在)、西河徐氏祠堂(仍有留存),还有老天后宫(已拆除);而根据上海图书馆藏《孝义周氏族谱》(36页)中记载,下营街靠城墙一侧的孝义周氏祠堂在上营街还有一座贞孝牌坊:“太贞姑前明奉旨建坊旌表,额赐‘贞心天授’四字,遗址在城西上营鲁氏故居,迄今主宗祀者犹岁于长至日收,租

上营街上的贞孝坊(见《孝义周氏族谱》)

[1]《衢州文史资料》(第四辑),第152页。

一千四百文以佐祭品。”民国《衢县志》(1130页)中载,因贞一公之孙女守贞不字,故以孝义称。此女子在家谱中被尊称为“太贞姑”。《孝义周氏族谱》(28页)载有贞姑的侄子进士周洪对贞姑的评价:“贞姑之心如冰清,贞姑之质如金坚,坤之大亨贞比之,元永贞贞之,时义大矣,以事亲为孝,贞以抚幼为义,天地之道贞乎观者也;日月之道,贞乎明者也。贞姑之德,贞乎孝义者也。呜呼!此曰名标彤管贞德达九重,他年烟霭金垆贞风馨乎!”落款是“庚戌进士年宗愚侄洪顿”。周洪,字大猷,西安人。《衢州府志》称他“知易州,易俗剽悍,洪以文学化之,招抚逋亡存恤邻。”

太平坊

民国《衢县志》(220页)如是记载上营街:“朝京门右转,太平坊至老天后宫。”太平坊在民国《衢县志》中并无记载,《衢州府志》(642页)记载:“太平坊,朝京门内。”然而住在下营街的王汉卿老人说,太平坊其实就是个地名,没有东西。也就是方志所说的“各以为坐土人民之完粮纳税,悉依坐土为标准”。王汉卿说这块区域太平,当年长毛(太平天国军)攻打衢州城,杀进东门时,上营街财神庙对面还在演戏,所以叫太平坊。[1]这个戏台就是搭在财神庙前,一座骑街长廊西头的戏台。据说戏台不大,观众就坐在长廊底下。

从衢州博物馆所藏《西河徐氏族谱》记载可以看出,太平坊确有存在,其址似乎就是西河徐氏祠堂。族谱中《祠堂纪事记》提到:“戊辰冬祠宇遭火灰烬,仅余列祖木主而已……于是聚族而谋,仍卜于太平坊之旧址。”太平坊从风水上来说“位震向兑,爽气西来,秀水环绕,有是哉,徐族绵延之兆乎”。《祠堂纪事记》中还提到“太平坊旧祠墙脚”引发的诉讼案:“而太平坊旧祠墙脚自前明已有突,有陈姓控称墙脚为伊业,邑侯高公亲勘庭讯,申叶姓买得,胡姓老契载

〔1〕吴宗杰等:《王汉卿谈上下营》,录音编号:20100710。

有西至徐祠墙脚一带，其代书原即是陈姓父子，诬占不辨而明。遂援笔立有审单，永远作据，至新祠两旁尚有隙地，并墙脚俱揽人种租充祠用，而余地乃不致失遗。”看来太平坊和西河徐氏宗祠有着深厚渊源。

西河徐氏宗祠的一部分目前为“邵永丰”麻饼博物馆。从《西河徐氏族谱》的“祀规簿”记载来看，当年这一带有过许多店，都是民国时就不曾听说过的，可见当年太平坊一带也一直是繁华的商业地段。祠堂内有“祥源裕栈”，出租为七十六千文，三圣祠也出租商用，此外还有：上营祠前坐西朝东的“荣茂香店”；上营祠边左手的“凝瑞堂”；上营祠前坐西朝东的“毛有章店”；上营祠前坐西朝东的“高供泰”；上营祠前坐西朝东“长原栈”“姜缝苟店”；祠右“程根松店”“济成栈店”等，均为西河徐氏祠产。

旧时的水亭门一带可以说是寸土寸金。《衢县土地志》（290页）中衢州城区1934年标准地价区段等级表中将包括上营街在内的若干街巷定为乙级区段，每亩标准地价为5—8万元，仅次于包括水亭街在内的甲级区段（每亩标准地价为7—10万元）。西河徐氏由于祠产多，每年祭祀所买的胙肉、馒头、香饼等数量巨大。72岁的徐湖北说：“徐姓在衢州是个大姓。徐家祠堂最大的特点就是重视教育，读书人分别有奖励。普通族人发每年发香饼（麻饼）两只，16两称4两肉；高小毕业生发香饼4只，半斤肉；初中毕业生发香饼8只，一斤肉，以此类推。我隔壁村有个大学生，竟雇人把一担香饼和猪肉挑回家。”[1]此外西河徐氏祠堂门口还曾有一照壁，其命运亦如周王庙前的照壁一样，早已消失。

老天后宫

老天妃宫在衢州地方志中有详细记载。康熙《西安县志》记载老天后宫：“作天后宫，在县治西，朝京门之南。明时军衙漕艘吏卒所建。天妃海神，海中

〔1〕阿祥博客：《上营街徐家祠堂》。http://blog.sina.com.cn/s/blog_651914da0100m07n.html。

市舶奉之极谨，明初永乐时犹踵元制，用朱暄、张清行海运后改漕，因袭旧制而祀之，今犹军卫旧家主其祀事云。”民国《衢县志》(380页)也有记载：“清嘉庆间，闽商公建新天后宫于天皇巷，自为福建会馆，成立后此庙(指老天后宫)，日即颓敝，无过问者。光绪十九年因座间有杨将军(据云亦明代运漕粮者)神像显灵，里人遂醵资重新之，香烟一时称盛。”清代时，老天妃宫为清军中营营口所在地。

78岁的徐先熙老人是上营街西河徐氏祠堂后人，说起天妃宫他还讲了自己有一年与爱人到衢州去，住在上街供销旅馆。馆门口叫三轮车，请绕老天妃宫这里过去。车夫称老天妃宫不知道。再问从上营这里转，他说老天妃宫已经拆掉了。[1]老天后宫是在20世纪80年代拆的，庙宇拆掉时，天妃像还在。徐先熙从上营街看过去，可以看见那个天妃还坐在神台上，是泥塑。至于后来怎么处理徐先熙并不知道。“老天妃宫我没有进去过，因为里边是当时是竹器的作坊。”王汉卿老人回忆，老天后宫就是皂木巷那边的马路中央，没有现在天皇巷里的天妃宫大。他小时候还在老天后宫里上过学，“有好几个老师，姓陈的，姓许的。《三字经》，老师教你，你回去自己背，背给老师听，背不来就跪。”

试想当年的人们走在上营街上，首先看到的就是高高的太平坊和贞孝牌坊，还有财神庙门口的骑街“路亭”。周边都是掌控衢州进出口的“贸易公司”。到了晚上，路亭里幽暗昏黄的清油灯光忽隐忽现，给夜行的人们带来一丝光亮。街道两边有各式店铺，来往的商人、搬运工、小贩等等熙熙攘攘，还会驻足长廊看一下戏，乃是名副其实的太平景象。

(张崇、吴宗杰)

---

〔1〕张崇、高佳燕：《徐先熙谈西河徐氏祠堂周王庙天妃宫等》，录音编号：20110704。

下营街

下营街位于衢城朝京门内北隅，《衢州市地名志》(126页)中载其北起文昌阁、新河沿口，南至水亭街、上营街口，全长390米。这条街的历史，最远可追溯至元朝，衢州历来为屯兵重地，元朝年间，朝廷在此驻军，设有兵营，又因此处位于衢江下游，故名"下营"。当时"城半驻兵，上下营外又有西营、南营"。据清朝嘉庆十六年(1811年)的《西安县志》(239页)记载，当时的下营街南起朝

2002年前的下营街，左侧疑为周氏祠堂(周叶典摄)

京门,北至铁塔下。到了民国时期,《衢县志》(221页)中记载的下营街为“朝京门左转灵顺坊至文昌阁一带”。由此看来,下营街西头过新河沿这一段到民国已改为文昌阁路了。

古迹

今天文昌阁一带的下营街,已是一处花园,只剩下1932年开辟的西安门。但这片土地古时候却是充满文运之气。说起衢州文昌殿,人们熟悉的是江山廿八都的文昌宫,建于宣统三年。然而衢州之文昌殿历史悠久,与南孔故里儒学有关。据史料记载这一文昌殿是当时依照“水木之胜”的风水建造。清代文昌阁边上有一儒生,在此建了一个颇具名声的私家园林——崔圃,亦称观我园。老百姓称崔家花园。清代大学士朱珪曾在此寄居过,并留下“观我园”匾额及诗一首。说起崔家,明代在下营街(今天周明基故居北侧)留下过一座节孝坊,今天老人对此仍有记忆。此外,下营街还另有一节孝坊,为明代刘门二节而立,赞颂姑媳相依为命,一起把孤孙抚养成人。此坊在西门文昌阁边,系道光十七年题。

崔圃这一带还有拱桥、石桥、板桥六处多。下营街北有徐家花园。王汉卿老人说,花园黑瓦矮墙前后近百米。里头有池塘、栏廊、柳树。这一带为联豸徐氏族人聚集之地,花园应该是其族人。花园消失是在21世纪初。

从嘉庆时期的府治图来看,当年的西安门是一水门,贯通内河外濠,边上有一铁塔。因此,当年进城的乡民,还未到西安门,甚至还未踏上下营街的青石板,抬头先看到的便是铁塔。据记载,建造此塔以镇蛟龙之害,资其控扼,补形势之不足。因此铁塔也就成了衢州一邑之镇。

下营街原来是由青石板铺成,街两边是房屋。据《衢州文史资料》第四辑《水亭码头今昔》记载与王汉卿老人回忆,靠近水亭门的那一端,开满了店铺,有元大米行,德昌油行,金门南货店,王裕顺油行,徐宏昌豆腐店,徐大丰磨坊

下营街西侧被拆前的房子

等。据陈锡祥采访小时候住下营街的杜娜说:“下营街有药站,生意十分兴隆、省内外的药商纷至沓来,门庭若市,药站里有不少千斤缸供防火用;药站对面有手工摇面作坊,55号是蔡家油行等行业,蔡家油行有很厚实的石门槛,大门用铁皮包着,油行有两道天井,有前后厅,厅里有一人不能合抱的大柱子。”2002年西侧的房屋被拆,筑了一道白墙。今天街东侧房屋还在,大部分是一层楼民居,外墙大都用水泥修过,屋檐上是斑驳的瓦片。推门进去,则是斗拱与房梁,保存完好的几家,窗上雕花、梁上牛腿,雕刻依旧清晰。就在临近水亭门处,今天还能看到据说是衢州最早仿西洋式的小塔楼。

今天的西安门城墙,虽是断垣残壁,却依旧古朴苍劲。城墙的砖缝里爬出了绿色的植物,在铁红色的城砖上蔓延。清末民国时期的乡里人,便是经过这西安门,再由下营街入城。那时,清澈宽广的衢江贴着衢城西隅缓缓而过,江的西边,是宽阔的田野,东边是熙攘繁华的城市,一条浮桥,连接了东西两岸。清晨,第一抹晨曦微露,住在江西边的乡里人,便穿着褂子,挑着担子,晃晃悠悠走过浮桥,踏上龚家埠头,穿过西安门城墙,走到当时城里最繁华的水亭街。西安门城墙外,虽然也有通广路可进城,大部分人却还是喜欢走下营街。于是,每天,在这条当初并不宽阔的青石板小路上,行人络绎不绝。赶集人挑着菜、米、柴进城,也有纸、桐油,形形色色,据说一天三四百担是起码的。后来,独轮车出现了,乡里人肩上的重量,遂逐步转移到了独轮车上。那时雨后的青石板上,兴许还印着新鲜的车辙。

族人

20世纪的第一个年头，绍兴的周家坐船徐徐而来，当家人周意生携着娇妻，跨入下营街，选定了街北口上的一座老宅，自此梅香墨影，成为“门对千株竹，家藏万卷书”的一代书香门第，至今周家屋檐下的“坎”卦依旧棱角分明。而在绍兴的周家到来之前，另一名宦之家孝义周氏，早已把祠堂选在了下营街。

《西安县志》（1622页）记载，水亭周氏祠堂，在西隅水亭街北。《衢县志》（1130页）则详载孝义周氏祠在下营灵顺坊，也就是今天的周王庙对面。县志中介绍孝义周氏始祖名斌，为江宁上元人，明朝宣德五年时来衢。《孝义周氏宗谱》记载：“明朝洪武年间，佛保公以从龙军功授广信所，世袭屯卫都指挥，数传至贞一公，改调来衢，遂为迁衢之始祖。”家谱中所载的贞一公，便是县志中所说的孝义周氏始祖斌，其人文韬武略兼具，英勇豪壮，被赞“辕门尽毁，息千里之鲸鲵；虎帐云辉，宁万家之鸡犬。借虎踞于冲关，资龙骧于要汛，此三衢有管钥之司而百姓保安全之福也”。然而周氏家族何以名为“孝义”？《衢县志》（1130页）解释，因贞一公之孙女守贞不字，故以孝义称。此女子在家谱中被尊称为“太贞姑”。曾任山东布政使司的明朝进士方应祥为周氏宗谱写序时，赞其家族虽“世袭武功而训迪必以文事，是所谓说礼乐而敦诗书者，莲华清洁，细柳高风，兼擅其美”。孝义周氏的祠堂，

祠堂内供奉的周氏迁衢始祖

现已无迹可寻。据王汉卿老人回忆，当年的祠堂位于今天的下营街22号，其规模与对面不远处的联豸徐氏的祠堂相当。而现在，即使是联豸徐氏的祠堂，也仅剩了两个石头的旗杆墩，静静靠在下营街周王庙对面的白色围墙下，诉说着一个家族逝去的威严。

下营街的主要家族当属联豸家族，其宏大的宗祠坐东朝西，颇有气势。而周宣灵王庙是下营街上的一笔浓墨重彩。据《衢县志》中所记，周王庙古时又称周孝子祠。现存建筑部分可追溯到康乾时代。据称咸丰元年（1851年）从朝京埠移入城内，后多次增建、修复，庙内现存八块完整的明清石碑。这一带因周王庙也叫灵顺坊。

小巷人物

也许是受这古韵的熏陶，住在下营街上的人，都带了点古风。据李吉安《小巷人物》一文记载，当年街上住着刻字的财根，分头，清瘦个子，俊眉朗眼。他常穿藏蓝色的褂子，里面衬件白衬衫，给人极精明极有神采感。每天，他拎个蒲袋从下营巷口出来，过水亭街，到县学街前，然后坐下，开始一天的活计——刻字摊刻字。到傍晚他用布包收起刻刀，又拎起蒲袋踽行回家。二三十年了，似乎天天都是如此。[1]现住在下营街口的王汉卿老人，年轻时念过私塾，至今能抑

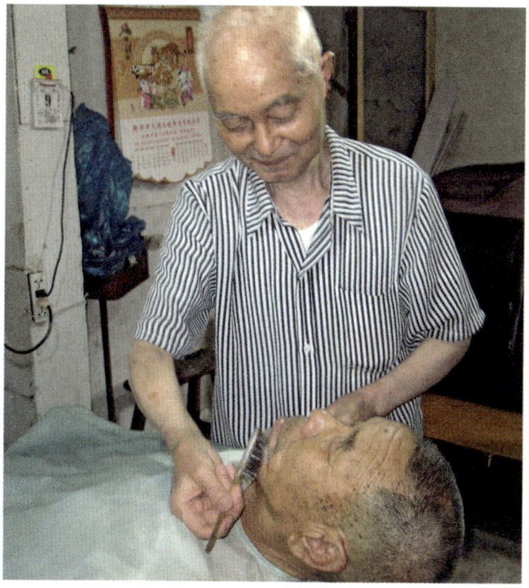

老手艺人老王

[1] 李吉安：《小巷人物》，《衢商文化》第17—18期。

扬顿挫地背诵一口流利的《石钟山记》。95岁高龄的他，每天依旧在屋里一笔一画练字。

80岁的老王也是下营街的神来之笔。他的老王理发店位于下营街14号，店面只有十平方米，原为周王庙的附属建筑。老王头发已然全白，却依然精神矍铄。他的理发店在下营街已经开了三十多年。在他的店里，保留着最传统的工具和理发手艺。一张被时光磨亮的躺椅，一张陈旧却干净的皮沙发，一把古老锋利的刮胡刀，一台上了年纪的古董收音机，稍远处则是烧着开水的炉子。老师傅一袭蓝白相间的条纹衬衫，笑容温润内敛。躺椅上一般也都是上了岁数的老人，是十几年的老顾客。据说有的甚至还专门从二三十里的乡下赶过来，只因这里服务还保留着老衢州的手艺，细致周到，收费公允。但见师傅取下敷在老人脸上的毛巾，为其细细擦拭嘴唇周

下营街上最早西式小塔楼

围的泡沫，复又用刷子在唇边涂上肥皂水，尔后拿出刮胡刀，在躺椅边的皮布上微蹭几下，开始刮胡子，动作轻柔而不拖泥带水。一遍过后，用热毛巾擦洗面部，然后再刮第二遍。其后又仔细地清理眼睛、耳朵、鼻子，最后把修剪过的头发又精雕细琢了一遍，才算完成。店内的收音机同时幽幽地放着老歌。

铁塔巍然，牌坊静穆，庭院深邃，庙宇神圣，祠堂威严，这便是下营街。选一个冬日的午后，走上下营街，数一数西安门的城砖，闻一闻周家老屋里的梅花，品一品周王庙雕梁的肃穆，探一探徐氏祠堂的旗墩。或者，信步走进平常人家，和里面的老人聊一会家常，看午后暖暖的阳光，慢慢从天井边的青苔石板往上方移动。你会发现，下营街的古韵，还真值得细细品味。

（高佳燕、吴宗杰）

皂木巷

《衢县志》(219页)载:“皂木巷,通上营太平坊,有宁邦侯墓,墓前有皂木,因名。”这条因皂木而得名的小巷,静静地徜徉在水亭街区的南面,看惯了春华秋实,沧海桑田,横亘在过去、现在与未来之间。巷名的来历古到无法追溯,漫步其中,古往今来,恍如瀫江水滔滔,没有尽头。

皂木巷南边一侧已完全拆除建成联排楼房,北侧也在历史的变迁中完全

由西向东看皂木巷,防火墙建筑为“裕记卷烟煤油号”

改变模样，但古迹遗址仍然可寻。在衢州，皂木巷应该是一条很值得悲空吊古的小巷。荒祠古墓，这里有衢州城最久远的古墓——宁邦侯墓，以及凭吊他的信安陈氏墓庙。月榭风亭，这里还记载有宋代就出名的双桂堂、韩徽猷宅，以及后来的盐官濮阳氏的享堂（《衢县志》1136页）。双桂堂为何人不清楚，不过《衢县志》（729页）记载小西门内有双桂坊，为举人赵镗和徐维辑同登乡榜而立，但这已经是嘉靖二十五年了。这里带有一点帝王气质，曾是古代士大夫居住的地方，包括与毛泽东同宗同族的著作郎毛勮和民国时期的汪家大院。《信安陈氏宗谱》说“士大夫家苟重氏族，则风气尤为近古”。如果时间回到宋代，这里还有许多地方志里也没有记载的古迹。《信安陈氏宗谱》收录一份宋宣和三年四月发的勒赐文帖。其中除了记述陈氏祠庙茔墓二处和双桂堂外，还有祠庙右后双月亭一所，银鱼池一口，红莲池一口，白莲池一口，庙前双月池二口，金鱼池一口，金鱼亭一所。此外整块区快东边是双塔寺，西边是马指挥房，南边有金鱼寺，北边是白莲庵。该宋代文帖还提到“御赐信安宁邦侯茔墓地七亩四分，坐落韩徽猷宅后，东至盐仓巷，西至护颍巷，南至皂木巷，北至韩家地”，称“以后不许外人侵占，如违赍此告官”。由此可见皂木巷还沐浴有古代皇恩，正如家谱所言这是“世积仁厚，元气蕴隆，如金在镕、如玉在璞”，体现出“昭昭穆穆，隆隆杀杀”的文化氛围。由于这条小巷紧靠衢江，后来也有许多重要商铺，如裕记卷烟煤油号、李敏斋酒坊。

闹鬼的巷口

从衢江一侧进入皂木巷，立在巷口最瞩目的老房子是皂木巷20号，1949年前曾是裕记卷烟煤油号，1949年后为医药公司。第三次全国文物普查资料对这座房子这样描述：“坐北朝南，屋顶硬山顶，风火墙，面阔5间，两搭厢式二层楼。主屋明，次间上下均作敞厅，梁架抬梁式，8檩4柱前后单步。明间承重之下设月梁，用材粗壮。楼层前檐设槛窗，梢间上下层隔断。屋顶望砖铺设。门框麻石造，做工考究，该民居格局规整，保存较好，体量大，楼层高，用材粗大，只是雕刻简单，建筑具有地方特色。”皂木巷20号在这条静静的小巷里显得格外醒目，不仅因其建筑规模较周围房屋庞大，还因为发生其间的往事，有离奇的，也有令人扼腕的，所有这些注定让这座房子会让人多看一眼。

目前可考证的最早的主人是绍兴人李家。据现住在皂木巷16号的李荣华回忆，那时真正李家的住宅是皂木巷20号。李荣华说：“那个房子原来是属于我们李家的，为什么后来不要了呢？听我父亲说，以前经常好几个房间里面一下子着火了，隔着花窗格都可以看见火焰，整个屋子看上去红彤彤的。大家马上跑去救火，后来七弄八弄一阵手忙脚乱，发现什么都没有烧掉。再就是，那边房子有个后门，门出去以后，晚上也经常有火光上来。这样的事情经常发生，听以前老人讲，说是三老官作怪，迷信呐！”正当我们在老屋采访李荣华时，有一位住在里面的老妇冲上来激动地对我们说：“着火了，大家来救火哇，烧掉了哇，都烧光了哇！”此情此景，让人不禁怀疑，这座房子高大的防火墙是不是为防火所建呢？

李荣华还说：“那时还有一个传说，那个房子院子里埋着宝贝，我家人就真的挖下去，真的挖到一个很大很大的缸，满心以为里面真有宝贝，结果发现里面都是水。意思是这些宝贝不属于你们，后来我们家人又埋回去了。”

裕记卷烟煤油号

不久，皂木巷20号就在李家人的不安中易手了，买主为当时中英大药房的经理汪锡华。据其子汪栋时回忆，以及汪杨时的记载（《衢州文史资料》第四辑），1937年抗战发生，交通堵塞，卷烟货源中断，中英大药房中的中英烟部和德丰仁煤油号同时歇业。直至1938年上海到温州可以通航，汪锡华买下李家的地皮，盖了楼房，把原来的中英烟部改为裕记，迁到了现在的皂木巷20号营业，专门经销香烟和煤油，史称“裕记卷烟煤油号”。曾在油号任协理的曾勤耕在《衢州煤油经销简史》一文中说:“抗战胜利后,(中英大药房)加入新股东,改牌号为裕记卷烟煤油号,由汪锡华任总经理,汪元为经理,曾勤耕、潘葵来为协理。负实际责任的是协理曾勤耕,职工徐延林。”

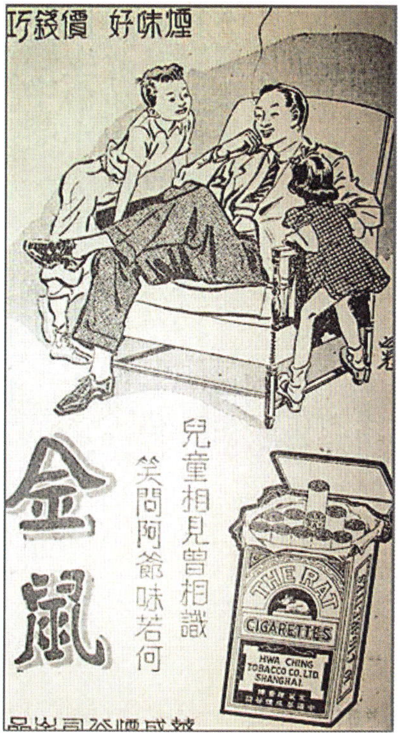

民国衢州香烟广告

汪栋时说,当时和父亲合伙做生意的有好几个,有汪柯生的弟弟汪干生。“他住在裕记卷烟煤油号的隔壁,煤油专营的时候,他是大股东。”除此之外,叶震兴烟店老板叶健修、叶家的账房先生潘葵来都有股份。由于战事,煤油货源断断续续。1942年日寇流窜浙赣线,煤油货物遭劫,遂告结束。回忆起那段艰苦岁月,汪栋时说:“煤油号被洗劫一空后,我们家里没有钱了,母亲把首饰卖掉养活六个儿子,两个女儿。”到1946年抗日胜利,卷烟煤油号恢复营业,直至全国解放。《衢州煤油经销简史》上说:“1949年后,裕记转业,1956年公私合营,过渡到衢州中贸公司,后又并入衢县合作社。通过清产,资本为二万六千元。”

汪栋时回忆,当时走进“裕记卷烟煤油号”店面,两面都有柜台,经营的香烟有金鼠牌、美丽牌等,都是从上海贩来的。日本人来之前,香烟并不贵,只有八分钱一包,是一般老百姓承受得起的价格。汪扬时在《汪锡华先生及其创办的企业》(载《衢州文史资料》第四辑)中介绍,当时老百姓已经逐渐用煤油灯取代了原来的青油灯(用乌桕树的桕油做的),汪锡华直接向上海德士古公司取得衢属范围特约经销权,所以裕记卷烟煤油号中经营的多为德士古煤油,美孚煤油相对比较少。德士古煤油商标为幸福牌、红星牌,故称为幸福油和红星油。当时煤油三十斤一箱,用大桶装,离这里一两里路的龚家埠头有煤油仓库。1949年后,皂木巷20号公私合营改为土产公司,后来土产公司改成医药公司。陈锡祥在其博客中写道,该房成为医药公司的中药批发部。许多分量很重的中药材都储存在楼上。

六七十年代,国际形势一度紧张,毛主席提出"深挖洞、广积粮、不称霸"。批发部经过个把月的奋战,挖了一个深约三米、从底部向东拐弯又掘进了三四米的地洞。后来汪锡华提醒,这古居里原来就有一个防空洞,是抗日战争时为了躲避日本飞机轰炸修建的。大家听后又惊又喜,挖开地表,果然有十几步的台阶拾级而下。只是年久失修,洞顶也已塌陷,洞内已塞满淤泥。公司决定花钱把防空洞重新修好。防空洞发现底部铺设松木地板,木板完好如初。只是那时没有文物意识,根本没有人想到报告文管部门设法保护,反而把木地板撬起,换上了水泥地。还用这些木板做了四张方凳。只是这些松木板在地底下埋了三四十年,做起来的凳子不牢固,人坐在上面咯吱咯吱地响。防空洞呈Z形,进口在东面,出口在西面,总长约18米,宽约1.5米。封顶以后人可在地洞内直立行走。陈锡祥和同事一起在防空洞里用中药里的紫贝齿在洞壁两侧点缀上美丽的图案。职工们纷纷拿出心爱的毛主席像章装点洞壁。真可谓别有洞天。令人难以置信的是,现如今防空洞的一段竟沦为化粪池了。

巷之南

皂木巷南侧的房子于2000年整个被拆,建起了全新的仿古建筑。李荣华回忆:"皂木巷原来很热闹,路宽大概是现在的一半,比柴家巷还窄,靠东面要稍微宽一点,当年住的人多。"他说,记得拆的时候铜钱很多,还挖出元宝。对面都是有钱人的大房子,有十来家,往西的房子更大。"我表弟汪奎照家就在皂木巷南面。解放前我姑父汪坤在水亭街上开糕饼店,他们家在皂木巷的房子占地四百多亩,现在宁绍会馆照壁后面的地方以前也都是属于汪家的。"李荣

新旧两臂皂木巷(北侧为李敏斋民居)

华妻子说:“南边的房子比北边的可好多了,都是有钱人家的大宅院,祠堂也在南面,拆了可惜啊!”

原来的皂木巷南侧,不像现在那么寂寞。老居民说最有特点的是南面33号,也许是老城最大的大杂院。院子里住着三十几户人家,过年时大杂院里有300多号人。院子里传奇故事三天三夜也说不完。“这里像七十二家房客,热闹得很呢。”人们说皂木巷巷口当年有秤店。进巷口5米左右有一位手艺精,是白铁皮师傅。巷中段住着一户姓诸葛的老头,专卖豆腐花,每天早出晚归。不过最美丽的传奇还是围绕那个大杂院。“大杂院是出美女的地方,随便一个女孩子在门口一站,就会引来路人的目光。”皂木巷的老居民回忆说:“33号出美人胚子。33号是红楼梦里的大观园,林妹妹一个比一个漂亮!”

无论是闹鬼的李宅还是七十二家房客的大杂院,终究是现代人对过去的猎奇。“表厥宅里,彰善瘅恶”,皂木巷北侧承载的是圣贤之陈迹,忠孝之芳躅。

韩徽猷宅和双桂堂

韩徽猷何许人也？九龄孙新浪博客在《故城居民成分结构与主要姓氏》一篇中提到，“两晋、南北朝，一批批退伍的军士和北方仕宦相继涌入(衢州)……韩徽猷、陈弘、祝巡、毛宝、慎修、徐洪、宗懔、江世源等仕宦氏族一一如此”。可见，韩徽猷和陈弘是两晋、南北朝迁入衢州的。宋代员兴宗撰的《九华集》(卷三)有“挽夔路帅韩徽猷”律诗一首，称：“先声一鹗天，万黠蜀山悬。……君因汉戈甲，守固蜀江山。”关于其人背景史料不详。巧的是，陈弘墓正好在韩家地基上。《衢县志》中记载：“晋信安侯陈弘墓……其地原名韩家地基。”可见，韩陈两家，关系非常。至于双桂堂，《衢县志》载：“(陈弘墓)左右有双塘，植桂其上，名双桂塘，后称双桂堂。”《衢县志》载：“据陈氏谱，祠内有双桂堂，本双桂塘，因宋有陈尧叟、尧咨兄弟并及第而名。”蔡东洲《宋代阆州陈氏研究》写道，北宋初年，陈尧叟、陈尧咨兄弟考中状元。而事实上，陈氏兄弟除了尧叟、尧咨，还有尧佐，三人是相继中进士，俗称三状元。尧叟、尧佐还官拜宰相。《宋史》对这三个人均作有传。三兄弟乃称四川阆中人。但对与他们的祖籍其实考证不清，蔡东洲称他们是唐末五代时阆中陈氏也，是这个时候入蜀的。如果是这样，晋代从阆中出来的陈弘，到了唐代或宋代，抑或其子孙又有归乡了？在浙西一带活动过的关汉卿，在其元剧《状元堂陈母教子》中就写陈家三子的故事。说其母冯氏教子甚严，盖状元堂令其苦读。朝廷开科取士，长子、次子先后中状元。但三子考的时候，谁知状元另有其人，名王拱辰，后王拱辰被冯氏招为女婿。三子陈尧佐被冯氏痛责，羞愧之下，发愤苦读，再次应试，终于得中状元，终于是母贤子孝。在《信安陈氏宗谱》中对陈氏三公，尧叟、尧咨、尧佐颇有赞美。其中《三尧公传》中提到父亲陈省华，“以子贵，封秦国公。三子尧叟、尧佐、尧咨”。其中提到“秦国公每宾客至，三子衣金紫侍立，客踧踖不安，求去。秦公曰：‘此儿子辈也。’”因此，“天下以秦公教子为法，陈氏家世为荣”。家谱还收

小皂木巷，斑斑驳驳

录了刑部郎中周洪的赞诗，明确提到始祖陈弘，赞曰：宁邦发祥，三尧继世；泽被夔民，光延远裔；公负伟才，登荣科例；睿眷春融，遐方锦制；上承余烈，波扬无既。《衢县志》记载，双桂堂因陈尧叟、陈尧咨兄弟考中状元而名。

毛氏故居：寻根毛泽东

康熙《西安县志》记载，韩徽猷宅双桂堂后曾为宋代嘉定庚辰科进士毛奎孙，著作郎毛勫居住。研究毛泽东祖籍源流的重要学者郑艮安在《毛泽东祖籍溯源——从韶山到衢州》一书中考证毛奎与其兄毛友都是江山清漾毛氏的后裔。自从《清漾毛氏族谱》公布于众以来，人们都普遍接受毛泽东祖籍源流至少应该追溯到江山清漾毛氏。毛新宇2009年访问清漾时说："我到江山清漾，也是追根寻祖来的。"这几乎也就确定了这一事实。此结论重要依据是《韶山毛氏族谱》载："渊源，遵照老谱，派接西江。自宋工部尚书让公世居三衢。"郑艮安在书中写道：三衢子孙毛让跟随儿子毛休迁至江西吉水龙城。《龙游毛氏宗谱载》:“当时，三衢毛氏有两兄弟仕南唐。兄毛巽，官光禄卿，见时事日非，弃官归隐。弟毛让，南唐大理评事，后仕至工部尚书。”毛让告老还乡后，全家跟随长子毛休定居吉水龙城。毛休生七子，弟弟毛任生二子，在江西吉水称“龙城九派”。因此，毛让既是三衢毛氏的子孙，又是江西吉水毛氏的始祖。元末，吉水毛氏后裔毛太华因战乱迁往云南澜沧卫(今云南永胜县)落脚。明初，毛太华携长子清一、四子清四往湖南谋取官职，之后便在韶山落脚。毛太华在韶山被奉为一世祖。毛泽东的祖父毛恩普为毛太华第18代传人。由此可见，韶山毛氏源于衢州。

其实无论是韶山、清漾还是三衢，他们共同的始祖都是与陈弘同时代(晋)来到衢州的毛璩。毛璩因平桓振之逆，而为其参军谯纵所害，被追封归乡公，食邑信安(衢州)。郑艮安考证说:“三衢毛氏源于毛宝长子毛穆之，始于穆之次子毛璩。”《明一统志》载:“晋毛璩，西安人，祖宝，世为庐江太守。自宝至璩凡三叶，俱拥节麾。”《衢县志·望族志》中记载了许多毛氏分支，如“柯山毛氏”“鳌川毛氏”“廷屋毛氏”“横溪毛氏”等，但明确说明，柯山毛氏(世称三衢毛氏)，也就是衢州城区的毛氏应是嫡系。《衢县志》(1140页)柯山毛氏家族条下曰:“散处各乡。晋毛璩之后。宋有毛友、毛自知，总称柯山毛氏，江山亦其分支，每岁时至柯山展墓。”为此郑艮安指出:“弹指一千六百余年。当年的三衢毛氏，即柯山毛氏生息繁衍……子孙内迁外徙，派生出清漾毛氏、邑前毛氏、奉化毛氏、韶山毛氏……子孙已遍布全世界。”但今天是否要把毛泽东祖籍追溯到衢州是有许多争议。一个重要理由是江山毛氏人口早已超出衢州。

据1990年统计，在衢州，江山毛氏占七万五百多人中的五万六百余人。最重要的还是清漾毛氏族谱清晰，祠堂及相关遗迹均保留较好。而在衢州，尽管是发源地，但对过去的遗产却是几乎彻底遗忘。依照中国传统，慎终追远，始祖乃是切切不可遗忘。把毛泽东祖先追溯到毛璩，应该是所有江南毛氏共同的道德责任，也是中华传统为何要记住祖先的原因。《陈氏宗谱》中有这样一句话："祖宗有功德，子孙不力为表扬，即曰不孝。" 当年与毛璩父子同时代来到衢州的陈弘，一千七百年后，他的墓仍然在皂木巷伫立，但毛璩墓却没有那么幸运。因此今天三衢毛氏，最重要的还是要寻找到可以表扬祖宗的载体。毛璩墓，其实与陈弘墓一样，一直保留到民国，地点就在今天已成为衢州城区一部分的毛家田铺。《大清一统志》（卷二三三）记载毛璩的墓："璩墓在西安县南一里。" 明嘉靖《衢州府志》云："征西将军毛璩墓在西安县城南一里处。" 民国《衢县志・古迹》载："城南里余，地名毛家田铺，一高阜上林莽丛杂，颇绕幽胜，村旁之古冢，璩墓。" 带着对曾居住在皂木巷的著作郎毛勳祖先的兴趣，也想了解一下这块毛家祖坟到底有什么样的风水，历史上造就如此众多的名人，直至影响世界的伟人毛泽东，2011年12月8日我们走访了今天的毛家田铺。三代都在毛家田铺的本地老农，盛土根（1959年出生）带我们看了当年的墓园。地点就在今天五湖村毛家田铺41号一带。盛土根说，他小时候就在这坟堆里长大，原来一大片都是墓，很多，很多。中间有一个大墓，四周是小坟墓。大坟朝西，是用不远的山上采来的石头砌成，当地人称 "黄石"。墓园里还有一个很大的水塘，可能是挖堆坟的土时挖出来的。墓园边上有许多屋址，上面还留着非常考究的建筑遗物，房子应该很好，是一个村。但自从他们来到这里，就没有见过毛姓人家。墓园是在六七十年代生产队的时候一点一点被挖掉。边上村里的老百姓把这些 "黄石" 挖走去造房子，围猪圈了。今天毛家田铺都造了联排楼房。剩下几

毛家田铺盛土根（54岁）指认毛氏墓园

毛家田铺41号毛璩林园故址

棵树,和一些空地,盛土根说地底下面可能还是有留着的遗物。前几年常有人来考察,找那些拆下来的木料。

今天皂木巷毛璩后人居住过的地址也许还能寻找,这得益有陈弘墓这一地标。宋代毛奎、毛勵,以及兄翰林学士毛友,方腊起义时守镇江,他们属于清漾毛氏支派,但雍正《浙江通志》都记载为“西安人”,也就是这一家族后来又回到了祖先地衢州,并在皂木巷定居。毛奎也是个忠义之士,被杀时血流如白色乳汁。《大清一统志》记载:“毛奎,字世高,本名倜,西安人。绍圣四年进士,为闽曹,建卒张员作乱,力疾谕心,竟死于兵,血流如白乳。”毛家居所到民国时还在,《衢县志》这样记载:“旧韩徽猷宅,双桂堂西,后为著作郎毛勵孙所居,今尚存。”也许靠宁绍巷一侧的某处房子,就是这位毛泽东同宗同祖的毛氏故居。

古往今来皂木巷

信安侯墓庙、韩徽猷宅、双桂堂、毛氏家族也许还能走出史料，成为皂木巷的一道风景线。据皂木巷18号的汪栋时回忆，民国时期陈家祠堂一度出租了临皂木巷的房子，被当成手工纸作坊，制作用来写对联的红红绿绿的纸。祠堂前有一个池塘，小时候经常和朋友一起进去玩；池塘的东边横放着酒坛堆起来，靠着墙。皂木巷的这些历史渊源或许生活其间的人也未必了解。汪栋时回忆，皂木巷南面的老房子在2000年被拆了，建起了仿古的小洋楼，和巷子北边的老房子形成了鲜明的对比。一古一新，南北对应着，像是过去和现在的对话；又或者说，新房子预示着老房子的将来，老房子述说着新房子的过去。不过，未来终究还是靠人去书写的。

（吴宗杰、陈艳、张宇婷）

宁绍巷

《衢州市地名志》中记载宁绍巷位于市区西北，西起上营街，东至县西街，长220米，宽3米。据《西安县志》记载，这条巷称“护领巷”，当时注明是“即皂树柴家二巷内横弄”。据称，“清乾隆四十三年，好客的衢州人在朝京门码头一带，专门腾出一块黄金地盘，供宁波绍兴商人落户生根，修建了宁绍乡祠。之前这条巷子称护领巷，从那以后至今县西街直通衢江码头的这条古巷就被称为‘宁绍巷’”〔1〕。话虽如此，护领巷的名称，一直延续到了民国时期，民国《衢县志》(220页)中仍用“护领巷”来记载，并指出它当时“属柴家巷，西通太平坊处”。《信安陈氏族谱》记载有宋代一个文书，指这一带有“护颖巷”，目前无法考证“颖”字的来由。由此看来，护领巷更名并从柴家巷中分离出来，可能是后来的事情。

漫步上营街，至当时的财神庙，也就是现在的上营街26号，就是县志中所说的太平坊。此处曾有一座骑街的戏台，钟鼓戏乐之声不绝于耳。穿过戏台，往东一折，便拐进了宁绍巷。与水亭门的其他街巷一样，宁绍巷中不乏古迹，香火鼎盛的神农殿便藏身于此，另外还曾有宁绍会馆，其古雅的照壁至今仍立于巷子东口。据说巷中还曾有武训阁。然而，宁绍巷的韵味，还在于藏在这深巷中的民居。世事浮沉，这里居民几经变换，聚集了从晚清到建国时期不同风格的民居。

〔1〕《宁绍会馆今何在》，载衢州新闻网。

风景就在拐角处

水亭门的小巷大都是直来直往，唯有宁绍巷却是蜿蜒曲折，从上营街进来不久便是一个“之”字形的转角。然而，也正是这一个转角，成了“深巷民宅”的一道风景线。宁绍巷25号是转角处的第一处房子，文物普查资料登记为“陈氏民居”，并判断为清朝建筑，1952年的房产登记人则为周兰英。宅子坐南朝北，门开于前厅西侧。刚进去为一个天井，再往深处走，才发现别有洞天，里面由前后两个三间两搭厢组成，为前厅后楼格局，至今二楼的木雕栏杆依然古朴雅致。

旁边紧挨着的宁绍巷23号，其历史也可与陈氏民居相媲美。据现在的房主杨雪祥老人介绍，这栋屋子已经有200年的历史，因为年岁久失修，现在已经有白蚁。老人说，房子是他从外婆家继承过来的。外婆姓郑，母亲为独生女，

宁绍巷25号拐角

外公则被日本人打死了。1952年的房产登记资料显示，该房主人为郑毛头，可能为杨雪祥外婆的父亲。

看过清朝的建筑，信步往前，在“之”字的第二个转弯口，寻得一扇小门，走进一座小院，院内靠东侧有一幢平房，黛色砖瓦砌顶，红色木窗镶玻璃，白色水泥刷墙，房子显然不属于传统风格，但却别有历史风味，当是建国后所造。关于这所房子的来历，还与衢州一中建校有关。据1952年的房产登记资料来看，这所宅子原是衢县人民政府的房产，准备拨给当时的浙江省立衢州中学(现在衢州一中的前身)建造校舍。然而，学校希望把新房屋建造在县学街校舍后面新河沿一带，于是与新河沿剪刀巷(应是“箭道巷”的俗称，又称贡院巷，其址位于今天县学街一带)的住户程清泉商量置换。双方最终签订合同，学校用宁绍巷20号的平屋八间，“东至徐姓房屋，西至空基，南至宁绍巷路，北至空基”，与程清泉剪刀巷的房屋六间交换。于是，自1952年8月21日，程清泉从新河沿的家中搬出，移居到了此地。五十多年过去了，这所当年的校舍用房，现今住的都是耄耋老人。那种带有现代水泥与玻璃，反映建国初期非常简朴的风格，不像传统老房子，这类房子现代人往往觉得没有文物价值，但对“文革”以前的一代人来说，尤其能勾起他们怀旧的心理。

巷子里的原住民

如今城里的老街区，祖辈都在此居住的老居民已经越来越少。不过宁绍巷还留着这样一些老居民。正是他们的存在使小巷不会被遗忘。

从宁绍巷的拐角自西向东延伸，会看到一棵树，就在程清泉房子东边的墙角处。在这树底下经常可以看到有老人坐在小椅子上看着过往的行人。他们大都是居住在对面民居里的老人们。其中就有斜对面的宁绍巷21号，衢州名医许春祥的后人。今年80岁的许珍珠老人是许春祥的女儿，她保留着这条巷许多有关中医的记忆。

小巷深处（中间白墙为许春祥民居）

宁绍巷是衢州药文化的摇篮，在这条长不过200米的巷子里，东边口上是衢州有名的阜通药栈，以及后来从阜通独立出去的永通药栈；巷子中间是历史悠久的药王殿，不仅祭祀医药的祖先神农，也是药业公会的会馆，相隔不远处有衢州最早的西式医院——三衢医院。据许珍珠老人介绍，父亲许春祥，1949年前曾在水亭街上的仁寿堂药店里做坐堂医生，是一位老中医，许珍珠老人说："那时候像他这样的也不多的。"许春祥15岁时拜师学中医外科。那时候都很穷，找人拜师不容易，要准备礼金礼品等去孝顺人家，还要靠熟人介绍的。介绍人要打包票，徒弟最看重品行，人要"老老实实，可靠，不会找麻烦。正所谓严师出高徒，学医也要从最基本的洒扫进退应对开始，扫地、擦桌、为师傅泡茶、点烟、搓火、读书，一点都不能懈怠。按许珍珠的说法，"要有点规矩的，不像现在，又没有规矩的，小孩那么冲"。许春祥跟着师傅学了好几年，先是看药书，之后师傅再慢慢告知什么病用什么药。许珍珠说，不是一下子全部都学的，这个中医是慢得很的。“现在说‘三年熟读’，三年还熟不了的。”出师之后，许春祥便在仁寿堂里为人看病，1949年后又去红会医院做医生。现在许珍珠的家里，还保留着一张古色古香的桌子，据说是许春祥当年开药方用的。

许春祥家的老房子今天也被列为需要保护的清代建筑。房子坐南朝北，屋顶硬山顶，封火墙，主屋梁架穿斗式，七檩四柱前后双步。大门山墙上设金鼓架，与厢房屋面交接，主屋楼层前檐设槛窗，明间后金柱间设太师壁，壁后开门。左右厢房设槛墙花格窗，屋顶施天花板，天井麻石板铺设。据许珍珠老人回忆，在她父亲入住之前，房子原来主人叫程家涛，是徽商，做酒糠生意发家，后又开油行，人称油行老板或酒糠老板。当年其家里有雇工、奶妈、保姆，房子很大，“前厅后楼，这处住房也只是媳妇住住的”。据说，程家涛曾用这座房子后楼开过“过塘行”。所谓过塘行，“像中介公司一样的”。可惜，在程家涛儿子手上，“生意做败掉了”，不得不把房屋出卖。于是，当时的租户许春祥和邵炽昌一起将房子买下。第三次全国文物普查资料登记此房为“邵芳琴民居”，邵芳琴可能就是邵炽昌的后人。

许春祥内院刻有徐树源父名“徐坚记”的隔墙

与许珍珠家一墙之隔的是宁绍巷15、17号。其中15号住的是83岁老人徐树源一家，靠小巷的17号据称是徐家祠堂。祠堂虽小，内部建筑却是十分讲究，坐南朝北，前后2进，占地面积202.10平方米，硬山顶，为前厅后楼结构。前厅敞开，三间两搭厢结构，梁架抬梁式，八檩四柱前双步后单步，柱头讹角斗，檟形础，厢房三檩二柱，前天井麻石板铺设，

八间平屋与徐家小祠堂

屋顶施望砖。前厅用材粗大，牛腿等构建雕刻古朴精美。后楼明间梁架穿斗式，六檩四柱前单步。明间原有落地花格门，楼层后檐设坐窗，过厅为后来搭建。前厅原有一“爱日堂”匾额，解放时被毁。祠堂后楼据说为徐树源爷爷所建，原为徐氏后代祭祀祖宗及宗族活动的场所。现由徐树源兄妹分住。据徐树源说，徐家后人因为抽鸦片，家境败落，最后把祠堂抵给黄石麟。这位被戏称“老婆多房子多”的大地主，

徐家祠堂内部被石灰掩盖的牛腿雕刻

在宁绍巷便有三处房产，分别是宁绍巷14号、15号和17号，其内雕梁画栋，品味高雅(详见宅邸篇)。

与黄石麟家族一样，徐树源祖籍也来自绍兴，其爷爷当年从柯桥过来，做布生意，打下了一片家业，在老乡中树立了很高的声望。“当年城隍庙老佛爷巡游，一定会经过我们家。弄堂口进来，有块空地，就在这拐弯处搭台，请菩萨。”据说，爷爷是宁绍会馆的重要成员，徐树源小时候，常去会馆玩，还在那里读书，度过蒙学时代。[1]据老人回忆，宁绍会馆很大的，跟现在天妃宫差不多。徐树源10岁那年，抗日战争爆发，他就跟着家人到了常山乡下，家里这处房子外墙被日本人敲掉，用来养马了。[2]一直到18岁，抗日战争胜利后，全家又搬回了衢州老房子。徐树源20岁就有了自己的家庭，妻子比自己小一岁，

任氏祠堂(近处)与比邻的三衢医院(黄石麟民居)

〔1〕刘朝晖、张崇等:《采访徐树源》,录音编号:20100703。
〔2〕韩晓培、谢洁怡:《徐树源采访》,录音编号:20100724。

他说“是我表娘舅介绍的，结婚前两个人没有说过话。正式过门之前，女方也是把八字拿过来合。结婚的时候是戴礼帽，穿长袍，而新娘的打扮则是凤冠霞帔，用轿子去抬回来，请酒三天”。徐树源年轻时也是做油行生意。1949年以后，油行不能再做了。1951年抗美援朝开始时，他到居委会做抗美援朝分会工作。随后就去考华东税校。回忆当年考试的情形，他说：“当时有400多人考，只录取15个。第一个考珠算，人家一个小时没有做完，我15分钟就做完了。因为在油行天天跟算盘打交道。”后来又考笔试，考几何、算根，这些从来没学过的东西。“我不能做。我就在考卷上写着‘我没有读过’五个字，就第一个把考卷交了上去。第二天是口试。那时恰巧问到搞抗美援朝这个题目，因此很有把握。最后考的人就说这个人很好，很能干的，珠算第一个交，笔算也第一个交，政治思想也很好。”徐树源终于被录取了，从此就在上海开始了一辈子的税务工作。

乐安任氏

今天宁绍巷最悠久的原住民可能是任氏家族，始祖任一成原为山西太原文水县人。水亭门街区曾经祠堂众多，如上下营街的两大徐氏宗祠，皂木巷的宁邦侯祠，水亭街的张氏宗祠，如今这些家族的后代都已迁至他处，或不知所踪。只有位于宁绍巷的任氏，子孙后代至今仍围祠而居。

任家也是世代官宦之家。据民国《衢县志・族望志》记载，居住在宁绍巷（县志中记载为“柴家巷西隅”）的为“乐安任氏”一族。“清初官衢州都司，因家焉。”任氏祠堂为康熙间任重买基所建，位于宁绍巷与柴家巷交汇处，坐西朝东。时隔三百余年，其建筑轮廓仍保存完好。今年66岁的傅水仙是任家的长房媳妇，嫁到任家将近五十年。据她回忆，刚嫁进来时，祠堂已经空了，但上面还有两个匾额。现在则是连匾额都没有了。

1952年的房产登记上，任家祠堂这块房产属于任建明，也就是傅水仙的丈夫，现已过世。任建明上面有三个姐姐，其中一个嫁给了叶家，后来离了婚，还有一个姐姐任爱娇则嫁给了联豸徐氏最后一任族长的儿子徐循理。据说这一祠堂的部分产权属任爱娇，是母亲给她的。但傅水仙说，嫁出去的女儿泼出去的水，按任家规矩，祠堂向来只能分给最大的儿子。因此这座祠堂是丈夫从他爷爷手上分来的，他的姐姐们应该都没有份。现在，傅水仙的儿子任小兵是任家的嫡长孙。可惜的是，任小兵说，现在祠堂也就用来放放柴火，任家没有后人来祭拜了。

据傅水仙说，任家祖上在衢州是开银楼的，水亭街上有店面。丈夫的曾祖则开在南街今沃尔玛对面。那边打好了金子银子，拿到这边水亭街来卖。现在的水亭街53号曾经是“信和银楼”便是任家所开。家大业大的任家，在宁绍

重访宁绍巷21号邻里（着红衣老人为许珍珠）

巷亦有多处族宅。傅水仙说，她家的对面原来也是任家的房子，从柴家巷一直通到宁绍巷。现在她家的隔壁，一直到宁绍巷12号，都是姓任的，只不过和她不是本房。对于目前的祖宅，傅水仙很满意："我这里是棺材头。"所谓的棺材头，即取升官发财之意。

据陈锡祥老人称，由于宁绍巷神农殿一带的文化氛围，从江山迁衢的徐祖德祖上就是看中了今天18号的地方，并建起了房，墙角上嵌入了"徐姓墙界"的界碑。就是这处房子，60年代初，曾是衢州著名的居委会办的宁绍巷食堂。

如今走在宁绍巷，经常可以看到许珍珠老人坐在家门口的树下乘凉；徐树源老人从曾经的徐家祠堂边走出来，笑着和邻里们打招呼；杨雪祥老人隔着窗子向小巷张望。衢州老巷大部分住户都已迁走，但这里一路走过去，老屋子故主依旧，还维系着小巷的老人脉、老家族，好像是一部怀旧的老电影。

（高佳燕、张崇、吴宗杰）

罗汉井巷

罗汉井巷很不惹眼，地方志或地名志在提到这个小巷时，都是轻描淡写地一笔带过。《西安县志》(239页)："通水亭街及大盐仓巷内。"将其列在县西街下。民国《衢县志》："由柴家巷通水亭街。"《衢州地名志》："位于市区西北，西起柴家巷，东至县西街，长165米，宽3米，水泥路面。为宁绍巷居委会所辖。"它的确很容易被忽略，江南的小巷多悠长，可以勾起人们的无限遐思，而罗汉井却只有短短的百来米，进得巷口，还没来得及仔细体味，就已经到了尽头。但是，巷子虽小，却一样承载了厚重的历史。

罗汉井巷名的来历，陈锡祥博客里说罗汉井"原本是一口井，后来多了一条弄堂"。另一说法则来自罗汉井巷杨家的杨森林老人。他记得爷爷给他讲的一个故事："罗汉井里一长者，有一晚上梦见一个罗汉。罗汉对这长者说，这条弄堂要在太阳升起的东头修一口井，饮用这口井里的水能免疫消灾。长者急忙把罗汉的托梦告诉弄堂里的百姓，于是众人出钱出力修建了这口井。"然而，住在黄衙巷的郑怀棪老人却说，这罗汉井本来是天王寺里的一口井，"过去天王寺很大，几条街都是它的，一直到罗汉井，柴家巷过去"，而且"罗汉井旁边，有罗汉堂，就是为天王寺服务的"。一口井，一条巷，还有一座寺，种种的说法，这里不知还有多少被遗忘的故事？

罗汉井

衢州水系发达，水井众多，据民国《衢县志》记载："民国三十三年(1944

罗汉井老照片（衢州新闻网）

年），城内有水井153口。”但保留到现在并仍在使用的水井并不多，罗汉井就是这为数不多的古井之一。提起这口井，郑怀棪老人说：“这口井，遇上大旱，三个月五个月不下雨，大家吃水都到这井来挑水。外面井干了，这里水都不干，我搬到水亭街，都到这里来挑水吃的，这个水吊出来清清净净的，吊不完，这口古井要保护。”第三次全国文物普查登记罗汉井，“三面为建筑包裹，现在依然为周边居民主要汲水点，水质清澈”。

借了佛缘的罗汉井水一直源源不断，老井因此得以目睹井边的人事变迁。这井究竟有多少年的历史已经无从考证，但关于天王寺的记载可以追溯到嘉靖年间的《衢州府志》。过去寺庙的水源多是靠水井来解决，因为在寺庙的缘故，这些井常被称作“罗汉井”。这口罗汉井既是为天王寺里静心修行的和尚提供日常用水所用，应该也有上百年的历史。百年来，井边的风景已几经变幻，曾经香火不断的古寺早已消失，取而代之的是忙碌的店铺，来往的商人和此起

邻里帮忙在罗汉井打捞水桶(来源:汪剑弘博客)

彼伏的叫卖声。水亭街的繁荣带动了周边的小巷,走出天王古寺的罗汉井也在不知不觉中被这浓浓的商业气氛所包围。来井边打水的也不再是断绝尘缘的僧人,而是忙于生计的商贾人家了。

巷里人家

巷子虽小,却住着几户显赫人家。有开“杨震益红纸店”的杨家;投资房地产的黄家;还有大名鼎鼎的叶半城叶家。杨家紧邻罗汉井,与叶家比邻而居,黄家在巷南,与杨家门对门。黄家和杨家一向来往甚密,现在住在罗汉井2号的杨金玉老人还记得儿时跑到对面黄家的池塘嬉戏的情形。杨家的小女儿“凤儿”嫁给了黄石麟的大儿子之后,两家又实现了真正“门当户对”的联姻。凤儿的联姻还帮了哥哥杨庆玉的忙,在哥哥娶了个与父亲八字相克的媳妇黄玉环后,父亲不许这个媳妇进门,还是凤儿恳求公公黄石麟弄了间房给她住,收留了她。

现在的罗汉井2号当年曾经是杨家开的纸行。食品公司退休的杨森林还记得当年他家开的纸行叫三泰过堂行。取名“三泰”，是因为他的爷爷在弟兄中排行老三。“选址在罗汉井，是因为离水亭门码头近，方便外运。我父亲按现在的说法是推销员，负责赶外场销纸。当年的三泰行有1100多平方米面积，可摆100挡酒席。”（语见阿祥博客）

然而巷子里门庭若市的景象并没有持续很久，在日军飞机的轰鸣声中，罗汉井开始了一场噩梦。

罗汉井叶家窗格子

> 1940年10月4日凌晨是一个灾难的开始。一架日机飞临衢州城上空，盘旋一周以后开始向下俯冲，到了200—300米的低空后，即沿衢州城的西安门，向上营街、水亭街、柴家巷、罗汉井、县西街一带的居民区飞，一边飞一边散下了大量的麦粒、粟粒、破布、纸包和传单等物。来回往返两次后飞离衢州上空。

杨家大门上的八卦图

这段文字出现在邱明轩撰写的《罪证》一书中，也曾出现在大量关于衢州细菌战的资料里。2005年，在邱明轩老人与杨大方、吴世跟老人的努力下,一座简陋的细菌战纪念馆在罗汉井5号开放了。罗汉井由此开始走入人们关注的视线。选址在罗汉井5号,有着特殊的意义。1940年10月4日,就是在这个院子里发现了日军空投的细菌包,而一墙之隔的黄权家把散落的麦粒扫起来喂鸡,结果两房妻子都成了受害者,房屋被焚;后来,日军又在罗汉井的井水里投下了伤寒菌,曾经清冽的井水顿时成了疫病的源头。

生命的记忆和战争的印迹让小巷多了一份凝重与苍凉。它像一位老者,满载着岁月的沧桑与伤痕,那一扇扇油漆剥落的门窗就像是他朦胧的眼,注视着巷子里每一个人物命运的变迁。动荡不安中,黄石麟见识了那场摧枯拉朽的革命。他头顶纸做的高帽,被赶出了自己的房门,三个老婆紧随其后。

接着,巷子里迎来了一批新的主人,兵役局的家属搬进了罗汉井5号,院子里开始人声嘈杂,巷子也热闹起来。而每天清晨,这里的居民还能看到黄石麟熟悉的身影,他手持扫把,一下一下地刷过地面,在人们的注视下无言地清扫着他走过无数遍的巷子。今天,巷里年纪最长的老人应该要数杨家大嫂了。70年前,她梳着光亮的发髻,款款步入杨家大门,从此在这条巷子里过起了足不出户的生活。岁月流逝,老人已经布满皱纹,而这条巷,这座房,就是她大半生的活动空间。

65岁的黄兰君老人从小就生活在罗汉井9号,她说“过去罗汉井是周边居民赖以生活的水源,现在大家都装上了一户一表,用上了自来水”。虽然罗汉井依然是附近居民的汲水点,但相比从前,井边清净了很多,过去围在井边洗菜、洗衣的场景也不再有。井在维系邻里关系中所扮演的角色也逐渐淡出。罗汉井在见证了数百年的历史后,也逐渐退出了人们生活的中心,成为需要保护的文物。

(杨建平、吴宗杰)

进士巷

进士巷小弄

柴家巷窄而悠长，一路上白墙黛瓦的房子一间紧挨着一间，不时也有开过店铺的屋子，如今已人去楼空门扉紧闭。抬头望去，高矮错落的马头墙，青苔斑驳的墙面仍然保留着旧时街巷的痕迹，不过路面已经画上了现代文明的标记，古时的石板路“在‘文革’前几年已经换成了水泥路”。

沿柴家巷往南走约100多米右转，有一条由东曲曲向西的小弄，宽约3米左右。而贯穿南北窄而悠长的柴家巷宽度也不过约2.2米。由于这条小弄不长，加之在窄而悠的柴家巷衬托下，似乎显得比较宽阔。这条小弄有名字吗？为何要比柴家巷还宽些？追溯这一疑问，正是发现当地老人里留下来的有关水亭门进士巷的文化记忆。95岁王汉卿老人指着这条弄这样解释说：“进士巷到这里路就变阔，为的是要抬轿。进士坐在轿里的，就像个老佛爷，任何人要回避。

就是走轿子的时候要前呼后拥。其他房子哪有这么阔的路?没有这个衔头,不可能有这么宽的路。”原来这一细微的差别是与古代坊巷的礼仪有关。

进士巷的由来

进士巷的另一头就是水亭街了。91岁的郑怀棪老人站在水亭街上,指着柴家巷西侧一条小弄,上面横挂着修理铺——加工白铁的牌子,说:“这条弄就是进士巷。”它的西侧是柯城区政府大院的围墙。但走进小弄不到10米,就发现已被堵死。于是老人顶炎炎烈日带领我们绕道柴家巷,来到上面提到的宽阔的进士巷南侧入口,告诉我们这是他当年经常出入的小巷。

根据老人叙说,想从古代文献中找到一些蛛丝马迹以证实这条进士巷的存在,可查遍了历代县志并没有发现这里有进士巷的记载。不过,《民国衢县志》(220页)的坊巷中这一带记有一条名叫漕门街的小巷。记载说漕门街“斜对天皇巷小弄,曲曲通柴家巷”。根据这一描述进行实地勘察,这条弄从地理位置来看似乎正好是现在老人所叫的那条进士巷。此外1942年档案也记录,姜善德因乾坤泰豆腐店侵占漕门弄地基建房打官司。由此看来进士巷至少在1942年以前仍然称漕门街。那么缘何演变成进士巷呢?

漕门又为何意?我们得先从漕运说起。漕运是指古代由官方督管将征收来的粮食中的一部分,通过水路,水路不通之地辅以陆运,运往京师或其他指定地点所形成的一整套组织和管理制度(江太新,《清代漕运》)。水亭门外的衢江自古以来就是衢州的主要交通通道,在水路漕运中具有突出地位。浙江是清代政府规定的八省承担漕粮完纳任务的省份之一,其实清代漕运的政治意义远大于经济意义。清代漕运总督下设卫署,据王锺翰《清史补考·满洲名称考辨》记载,浙江有杭严卫,衢州设衢州守御所,各卫所递加裁减。旧时的衢江,百舸扬帆,樯桅林立。水亭街商贾云集,商业繁盛。由此看来漕运机构设在离水亭门一箭之遥的街上也是合理的,这条街叫为漕门街也有依据。但如今健在的老人全然没有听说过这条小弄曾经叫漕门街，他们都说是进士巷。那这条街是如何沿革成今日的进士巷的呢?

有关进士巷的叫法，在官方文字记载中，细菌战衢州展览馆的地图上标出进士巷，还提到当年日本人将细菌包、跳蚤包扔在柴家巷内，其中也提到了进士巷。另外，衢州市旅游局旅游网介绍进士厅时，也用了进士巷来指称这条小巷:

> 进士厅;古城十三厅之一，在水亭街南侧，进士巷内。魏政，天顺三年(1459年)乙卯，山西中举人，成化二年(1466年)丙戌进士，居家水亭街南，存有进士巷地名，巷内有“进士厅”。

在浙江省衢州市地名委员会办公室编写的《衢州市地名志》一书中“上街街道历史沿革”一文中对进士巷这样介绍:“曾名漕门衖。位于市区西北部，北起水亭街，南曲通柴家巷，长173米，宽3米，水泥路。”民国《衢县·古迹志》引明嘉靖《衢州府志》记载:“为魏政立，魏政明成化二年进士。”(11页)旧建有进士厅(毁)，巷名为此。为宁绍巷居委会所辖。

那么曾经住在进士巷里的魏政明到底是谁呢?《西安县志》分别在四卷不同栏目下对水亭街进士坊和进士有记载:

> 魏政，进士坊:在水亭街，为魏政建　　(嘉庆十六年《西安县志》249页)
> 魏政，山西中式丙戌进士　　(《西安县志》1004页)
> 名宦:成化二年丙戌罗伦榜　魏政评事　(《西安县志》991页)
> 仕籍:魏政 大理评事　　(《西安县志》1152页)

民国《衢县志》(249页)也记载:进士坊(嘉靖府志)水亭街，为魏政立。

成化二年丙戌即1466年,魏政高中进士,任大理评事。在明朝,评事为官名,秩正七品,掌同司直,出使推按,参决疑狱。大理就是大理寺,相当于现在全国的最高上诉机构。明朝大理寺不掌审刑,专门负责对重大案件的复核。但是如遇有重大案件,则由大理寺、刑部、都察院共同审理,称为三司会审。都察院相当于现在的纪检部门,由此也可能得出中国传统司法制度的严密性。总之魏政当年高中进士后,曾任京官要职。

魏政中进士后,朝廷在水亭街为他建了进士坊。在古代牌坊是崇高荣誉的象征。树牌坊是彰德行,沐皇恩,流芳百世之举,是古人一生的最高追求。牌坊俗名牌楼。它不同于民居——民居是住人的;也不同于祠庙——祠庙是供神的;它是一种门洞式的、纪念性的独特的建筑物。牌坊是由棂星门衍变而来的。棂星原作灵星,灵星即天田星。汉高祖规定:祭天先祭灵星。到宋仁宗天圣六年(1028年),筑郊台(祭祀天地的建筑)外垣,设置灵星门。后移置于孔庙,用祭天的礼仪来尊重孔子。后来人们认为汉代祭祀灵星,是为了祈求丰年,与孔庙无关。又见改灵星为棂星。宋元以后,尤其是明清,这种建筑不仅置于郊坛、孔庙,还建于庙宇、陵墓、祠堂、衙署和园林前或街旁、里前、路口。也不仅用于祭天、祀孔,还用于褒扬功德,旌表节烈等等,于是灵星门不仅一变成为棂星门,而且再变为牌坊。牌坊就其建造意图来说,可分为三类:一类为标志坊;二类为功德坊;三类是标志科举成就的。或者又可分为:表彰宦绩政声,旌表孝子义士,旌表节妇烈女,作为里、院、墓道的门房等。

水亭街的进士坊,据老人说,是骑街造的。由于路不够宽,县长令拆宽,这样就把进士坊给拆了。1928年,在《衢州状况调查》(载《浙江民政月刊》)中记载,衢州城内道路狭隘,时水亭街是卵石石板路,宽5米。1942年,由衢县县政府将水亭街拆建为宽12米的泥结路面马路。魏政的进士坊建在水亭街,那么他的住处有可能是在哪里呢?

进士厅

从柴家巷拐入进士巷(漕门街)走约30米左右,迎面有家颇有气势的院落,为柴家巷27号。走进院内,有一扇大门映入眼帘,细细观望,门上有门披、防火墙,门披为木作雕花。

面对这一院落,王汉卿老人回忆道:“以前小时候来过,怕的,不太敢来。这房子是大户人家的,进士的。皇帝赐下来的。有衔头哇。老百姓造得起的

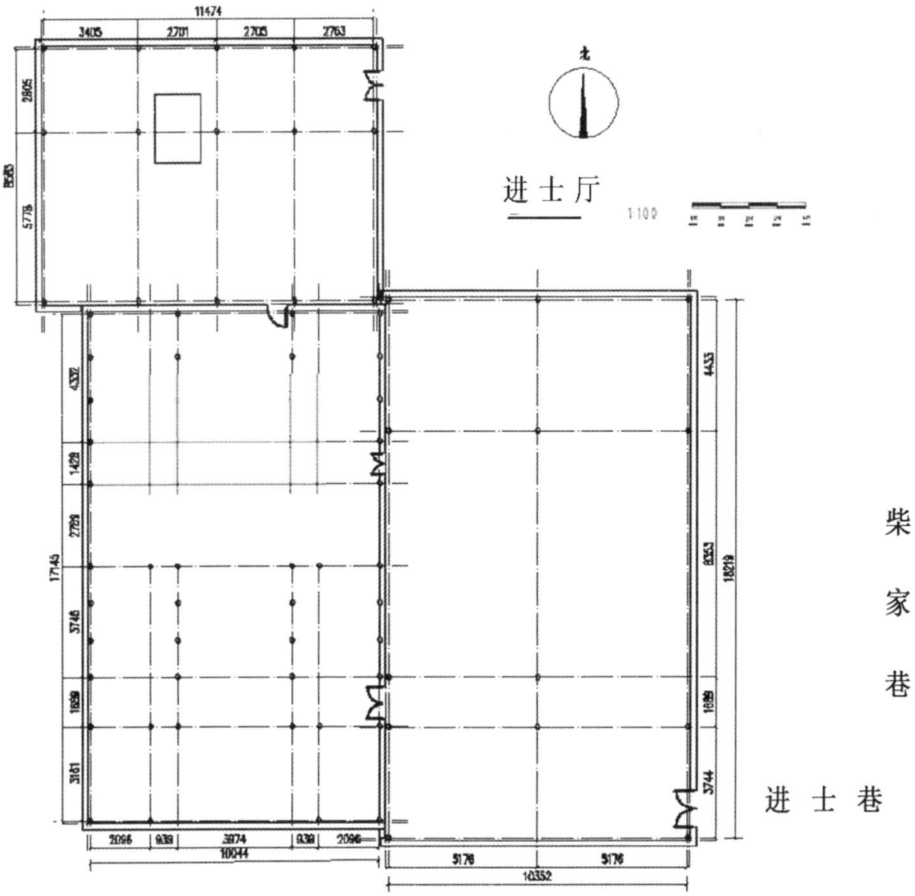

进士厅平面图

大树下的进士厅故址

啊？有好几进的。结构非常漂亮，有搭砖的。上面瓦，下面砖，不会漏的，有搭砖的。几百年了哇。”住在这房子里已经50多年的徐秀华，当年搬来这里时还是个姑娘，回忆起第一次踏入这个院子，看到花园的栏杆说：“我从过来没见过这么漂亮的院子，可惜现在已经面目全非，只留下一颗桂花树。”

这一曾经让小孩感到肃穆的老房子为前厅后楼。房子为白墙灰瓦红柱，看上去似乎有二进，一进花厅、二进楼房，后面（即北面）是厨房。一进、二进前都有天井，二进前的天井为最大，由青石板铺设。后金柱（最外一层屋檐下的柱子）间设太师壁，后檐金枋（两柱之间起联系作用的方柱形木材）间留有匾托。后檐柱间设太师壁，后檐金枋设香火架，明间前金柱设万字形风槛（栏杆）。大门开在厅的东侧，门框为青石板，门厅呈“U”字形。二进的东侧也有一门，称为边门。厨房东侧也有小门。这三扇门都通向东面的庭院，庭院的三面为平房。据文物部门判断这座房子从建筑风格和雕刻艺术来看属于清代典型的民居建筑。王汉卿老人指着27号东面绕庭院三面平房说：“这里的房子出进士的，后来造了这平房做张升泰的油行库房。房子很高，很好，大门上也有像里面这房子一样的门披。”老人指着大门的墙说：这个是老墙头，很高的，是以前的墙。这是老柱头（这房子内的柱子和柱础），很好的。由此看来这个院落虽然已经不是当年的进士厅，但还留着许多进士住宅的痕迹。

魏政的住宅，即衢州市旅游局旅游网说的进士厅，早就被拆，已无从考证。根据明朝的规定，我们能从侧面略知一二。在《明史》中对百官的住宅有如下叙述：

> 百官第宅。明初，禁官民房屋不许雕刻古帝后、圣贤人物及日月、龙凤、狻猊、麒麟、犀象之形。……洪武二十六年定制，官员营造房屋不许歇山转角，重檐重栱，及绘藻井，惟楼居重檐不禁。……六品至九品，厅堂三间，七架，梁栋饰以黄土。门一间，三架，黑门，铁环。品官房舍，门窗、户牖不得用丹漆。功臣宅舍之后留空地十丈，左右五丈。不许挪移军民居止，更不许于宅前后左右多占地构亭馆，开池塘，以资游眺。三十五年申明禁止，一品、三品厅堂各七间，六品至九品厅堂梁栋只用粉青饰之。(《明史》卷六十八)

由此看来，明代官员建筑的规模、格局、装饰并不是像今天那样可以任凭主人的财富和想象随意建造，而要反映礼制要求。明初对住宅的等级有严格划分。无论官位多高，造宅不许用歇山及重檐屋顶，不许用重拱及藻井。还从大门与厅堂的间数、进深以及油漆色彩等方面进行了限制。只能用“两厦”(悬山、硬山)。除公侯外，官员住宅分为三个级别：一品至二品，三品至五品，六品至九品。至于百姓的屋舍，则不许超过三间，不许用斗拱和彩色。由此可以看出官职级别越高房子越大越精致。

魏政任大理评事，为七品官，这样我们可以想象那个已经消失但还留下痕迹的魏政进士厅应该是：

> 厅堂三间七架，梁栋饰以黄土。门一间，三架，黑门，铁环。

面对这样一个院落,当年还是小孩的王汉卿老人感叹:“不敢来。怕的。大户人家的,进士的。皇帝赐下来的。有衔头的。老百姓造得起的啊?有好几进的。结构非常漂亮,有搭砖的,上面瓦,下面砖,不会漏的。对老百姓来说,他可是大官。房子又大又漂亮。”

其实关于这座房子,在文献中也有记载。《衢州地名志》介绍,衢州有九楼八阁十三厅。进士厅在进士巷,今圮。明成化二年魏政中进士后建厅。自唐代科举后,衢州共有进士1096人,举人1 383人。清代《四库全书》著录和存目的衢人著作就有四十余种之多。时人赞誉衢州文化发达,百姓的心目中更是保留着它的地位。这条漕门街历经更朝换代,而最终留下来的却是进士巷。

如今进士厅已无踪影,入进士厅的小巷依然在。小巷已不见当年进士住时的显赫与威仪。曾在王汉卿、郑怀棪老一辈中叫为进士巷的这条小弄另一端在近二三年间被住家用栅栏封住,只是比柴家巷还显得宽阔的路面仍然在默默地叙述着曾经在这里有过的礼仪。

(安文英、吴宗杰)

黄衙巷

沿着水亭街往东走约十几米，便在街北寻得一条窄窄的小巷，巷口一高一低挂着两个蓝色牌子，上面是破旧的小牌子，写着“黄衙弄”，而下面新一点的大牌子上写着“黄衙巷”。巷子很窄，有些地方并排走两个人的时候还要微微侧身才能过去。《衢州市地名志》(32页)描述小巷：“长165米，宽1.2米。”黄衙巷曲折悠长，要走完它中间得转四五道弯，眼看着前面无路可走了，稍微一转便又有“柳

黄衙弄

暗花明”的惊奇。巷子自水亭街起,中间与天皇巷相通,再往前走转几道弯却又通向下营街了。黄衙巷是水亭街区的一条很普通的小巷。《衢县志》中记载,“黄衙衖:大周王庙后门,曲曲通水亭街”〔1〕。而往上追溯至《西安县志》,其中也记载:“王衙衖,通天王巷及文昌阁。”〔2〕据说原小巷曾经铺的是青石板。

弯弯曲曲的小巷,可以算得上是衢州城一道亮丽的风景。关于衢州老城的格局,素有“36条街,72条巷”的说法,而黄衙巷只是这么多巷子中无比寻常的一条,没有过繁华更谈不上重要。而与之毗邻的下营街、水亭街却有着辉煌的历史。与之毗邻的天皇巷虽没有那般热闹,却也毫不逊色,巷内有天皇寺、天皇塔,还有天后宫等,在衢州历史上都占有举足轻重的地位。然而,黄衙巷只有一米宽左右。但有着小家碧玉般的清新和淡雅。虽身居闹市,却躲在僻静的深闺,隔绝了市廛的喧嚣。巷子深邃悠长,两边是白墙黛瓦围起来的高高的房子,略微潮湿的墙上长满了斑斑驳驳的青苔,攀爬着黄绿相间的青藤,不免让人联想到“青砖小瓦马头墙,灌木回廊绣阁藏”的意境。

巷陌深深,拐弯处偶尔开着一个小小的墙门,门口坐着老头老太,一边择着小菜一边闲谈。巷子里每个庭院内都会住三四户人家。大部分都是老人,八九十岁的就有十几位。因此,黄衙巷又被人们戏称为“长寿巷”。这些老人虽然年事已高,但大都独自生活,不与子女们一起,每天自己洗衣做饭,保持着健康良好的生活习惯。这里,每一位老人,每一扇木门后面都承载着太多的记忆和故事,和这百年老巷一样,像多年的老酒一样醇香久远。

方言背后的黄衙巷

读到县志中对黄衙巷的记载,人们不免会对地名产生异议:《西安县志》

〔1〕民国《衢县志》卷二。

〔2〕《西安县志》卷八。

中记载的是“王衙衖”是否就是《衢县志》中的“黄衙衖”，而它们是否就是人们常说的“黄衙巷”呢？衢州市著名的老中医张玉恢先生曾提到过，黄衙巷本是“皇衙巷”，因那里原本是个衙门，才有此名，只是以后变成了“黄衙巷”。还有一种说法，认为黄衙巷这名字跟附近的天皇巷有关。据住在天皇巷口的71岁的姜谓春老人讲，天皇巷原为天王巷，因巷子里的著名的天王塔和天王寺而得此名[1]。究竟天王塔和李天王有没有关系，史料里没有记载。但《西安县志》里曾明确记载天王寺建有天王殿。如此说来，黄衙巷的“衙”可能就是天王殿的衙门，故称其为“王衙衖”也不无道理。语言工作者王世范先生在他的著作《衢州话》中讲到，在衢州方言中，“wang”发音通“huang”。[2]多年来，由于人们方言口述的误差把“王衙衖”说成“黄衙衖”也是有可能的。此外，在繁体中“巷”和“弄”均为“衖”。《说文》中也记载，弄同巷，里中道也。故两个县志中记载和现实中的黄衙巷（黄衙弄）应属同一地方。其实，我们没有必要一定去追究哪个名字更合理。因为，每一个名字背后都讲述着黄衙巷过去的故事，都承载了的一段独特的历史和记忆。

弄口人家

黄衙巷1号是弄堂口的第一所房子，大门是木头做的，由于年代久远，上面涂的红漆已经变淡，有地方已经脱落露出了原来的颜色。据住在这里的郑怀棪老人讲，这所房子是清朝建的，到现在已经三百多年了。如今，房子虽然已经破旧，但里外收拾得很干净，格局还很完整，仍能显出当年的气势来。这里目前住着三户人家，房子属于房管会所有，住户们都是向公家租来住。门口第一家是医生王成德。王医生今年已经86岁了，早年毕业于浙江医科大学，以后

---

〔1〕关于天王塔和天王寺的说法在各版本县志中均有记载。

〔2〕王世范：《衢州话》，浙江文艺出版社，2008年，第52页。

在衢州市人民医院做骨科医师。如今虽退休多年,却闲不下来,在水亭街开办了一个诊所,虽过了耄耋之年仍坚持治病救人。

过了王家往里走就是一个天井院,还有个两层的木质楼房,二楼已经不能够住人了。今年91岁的郑怀棪老人住在西厢房里。他老伴已经去世20多年了,如今由60多岁的保姆照顾他的饮食起居。但儿女都非常孝顺,每个周末都会来看望他。郑怀棪说他以前是住在柴家巷的,后来才搬这里。父亲郑昌垣原是上海法院的侦查员,1942年搬回了衢州,开了南货店做生意。自己早年在上海读书、工作,1949年回到衢州生活。之前还做过运动员,参加过四次运动会都得过奖。老人至今还保存着自己1952年衢县运动会的奖状。提到衢州尤其是水亭门街区以前的任何事情,几乎没有他不知道的。老人渊博的知识与他出身于书香门第的家庭背景也有极大的关系。据他回忆,自己的爷爷当年兄弟四人,分别取名为永麒、永麟、永禧、永祚。他是永麟的孙子,而三叔公郑永禧(1866—1931)曾是旧时衢县有名的才子。

小巷里的寡妇

对面2号户主名江南山,1949年前后水亭街的万成布店就是他家开的。顺着小巷往里一点便到了黄衙巷3号,这也是一座四合院一样的房子,明显比1号普通的多。84岁的老人傅荣香在这条巷子这所房子里住了一辈子。她回忆道,从祖母开始,家里五代人都住在这里。当年祖母靠帮人洗衣服维持家用,父母亲在这所房子里结婚,可惜父亲死得早,母亲年纪轻轻就做了寡妇。小时候弟弟妹妹多,她是长女,家里重男轻女,她想去天妃宫看戏,都没得看。长大了结婚也在这里,丈夫是安徽人,逃日本人出来的,因回去也没有房子住。她家里也没有劳力了,母亲就"把他拿来做奴才一样"在家里干活,之后就把她嫁给了他,喜酒也没有办。丈夫却在45年前早早地去世了,丢下39岁的她独自一人带着母亲和六个孩子生活。为了养活这一大家子，她就“日夜做，夜里做，白天做”，帮人做鞋袜、洗衣服。后来居民会就介绍她到冷冻厂工作，之后调到食品公司养毛猪。在食品公司退休，让三儿子顶替了工作。大儿子先是在糕饼店做伙计，之后在铁路上当了6年的兵，仍旧回到铁路上工作了。二儿子在食品公司杀猪，后来到保险公司开车，在那里做到退休。如今自己也老了，儿子们都有了自己的房子搬外面住了，她没事的时候就在外面弄里坐坐。

据老人讲，她住的房子以前是属于周王庙的，做过酒坊，做酒拿来卖。旧社会的时候给周王庙交房租的，每个月交“几个洋钱”。周王庙里八个大老板，像当家人一样，房租由他们来定。1949年后房子就归房管会了，房租交给公家。旧社会的时候房子漏了是老板来修的，一漏就会过来修，修得很好。现在房管会只“要进不要出”，房子漏了叫几次才来修，用的毛竹还“纸一样的，雪薄雪薄的”。

百年古井

黄衙巷第一个转弯过来是一间私人搭起来的小屋，黄衙巷副8号，目前是郑繁英老人白天在这里生活。小屋前面是一堵残缺的矮墙，矮墙上摆着一些花花草草。矮墙边上有一口古井，据说已经一百多年了，井水依然很好。井沿是用青石凿穿而成的，有一尺来高，有一处已经残缺了一个大口子。井边有搭起的一个石台子，平日里人们在上面洗衣服、洗菜。据郑繁英的女儿介绍，井边台子

黄衙巷老井

那里原来是有个小屋的,是她家的厨房,每天做饭的时候就顺手从井里面打水的,像个水缸一样,非常方便。刚开始是她一家在用,出门的时候怕别人进来打水,就把门锁起来。可是时间长了,里面的水就变成了死水。她母亲就说让周围的邻居都过来吊水吧,这样水才能活起来。于是,井水就公用了。如今家家有了自来水,但巷子里的老人们洗衣服、洗菜还在这里,偶尔停水的时候,也会打里面的水来吃。

在衢州,像这样的古井原来有好多,随着城市的变迁正在渐渐变少,逐步从人们的生活中隐退了。几口古井,如白果巷的白果井,杨家巷的太白井等出于“保护”的需要,都被围在坚实的铁栅栏里,盖上厚厚的井盖,与世人隔绝了。郑怀棪老人看到“被保护”的太白井,非常惋惜地说:“大家都来这里挑水吃的,其他井都会干,这两口井不干,小菜都要到这里来洗喽,怕它弄脏,不准洗,这个水就要死了哇。要让他洗的,他吊要让他用,用用更好,污水处理好,很简单。现在井就臭了,脏了,不好用了。真是不会管事。”值得庆幸的是,黄衙巷的这口没有名字老井还活着,还没有“被保护”。每天还有不少人到这里洗衣、洗菜,还有孩子到这里玩耍嬉戏。

周老佛爷的后门

走过古井继续往里,拐过弯去又是一段窄窄的巷子,县志里记载的“大周王庙后门”。如今这后门已经不复存在,常山周先生回忆:“后门原为两扇,较大,门前为青石板,当年小孩在青石板挖出圆形小坑,供弹子游戏用。”路左边是黄衙巷7号,一座很普通的庭院,厅堂一间,厢房八间、中间一个小天井。据三号的傅荣香介绍,这里曾是周王庙老佛殿的厨房。以前每逢老佛生日,庙里做戏的戏班子都会在里面烧饭吃。如今这处房子里住着83岁老人唐樟松,房屋产权归房管会。唐樟松原是兰溪人,1953年来衢州,以打散工为生,后来到工厂里当工人,1979年退休。据他介绍,他是1955年左右辗转租住到这个房子的。同住的还有几户人家，最早住在这里的是一对姓祝的夫妇，是看管厨房的。这里住的还有姓徐的，租客去去来来，多年来换了不少。几年前祝家买了新房，也搬走了。现在祝家老人都已故去，活着的话，也快一百岁了。4年前房管会将老房拆掉了，包括所有老的木（雕）门、窗子，进行了重建，修了新的墙。庆幸的是，天井四周还保有四根老的木柱子，南墙保有老的木板。这些遗留的木柱、木板见证了这间老厨房多少年来的变迁。

7号斜对门是黄衙巷10号2，进门是个小天井，当中是厅堂，两边厢房。房子东厢房（私有）临时出租，西厢房（公有）属老租赁住户。大门斜对周宣灵王庙后门与厨房。房子四分之三为私房，归雪莉所有，西南一间为公房，目前租给拆迁户王秀香。厅堂挂着雪莉先父先母遗像。雪莉的房子目前租给江西玉山人。公房租户王秀香是江山人，16岁到衢州，住此房十几年了。

据唐樟松回忆黄衙巷10号2的房子西侧山墙拐角处曾有祭祀用的砖砌建筑物，两人高，很多不同地方的人都来拜，就在周王庙后门。现住常山的周治根先生回忆“这是约两平方米的小庙，菩萨下面是烧香纸用的，解放初期还有人烧香”。如今巷子边还保留着周宣灵王庙的一根石横梁，两根石门档，还有若干石柱子。过了这处房子转弯，是称为走马楼的大洋房，以及接近下营街的中医世家张玉恢的祖宅。

在水亭街区的巷子中，黄衙巷是最为曲折的。巷虽小，却串起了许多大户人家和重要庙宇。走在寂静的小巷中，常会看到95岁的江山妈妈坐在藤椅上，在拐角处悠闲地晒太阳，也时常会见到独居的84岁的周志明老人坐在门口默默地吃饭。在这条窄窄的巷子中，时间仿佛停滞了，像巷尾那口古老的水井一样，静静地经历着人事沧桑的波澜不惊。

（韩晓培、吴宗杰）

三圣庙与居委会

人称凡有汉族人群居住的地方就供奉有土地神。但衢州与众不同，供奉的是三圣，到处建有三圣祠(庙)。墙角、园地、堂下无处不祀。民国《衢县志》(381页)故记载："三圣之祀，偏于衢地，三家之村，三叉之路，及于园圃之间，几乎无处无之。"在水亭门，有记忆的至少有三处。三圣庙的神祇地位也许不高，但就像居委会主任一样，与老百姓生活息息相关，颇为亲近。祈福、求财、开张、上梁，事无巨细，都会去祈求。三圣庙在衢州有着自己独特的来由和传说，《衢县志》列出的正式名称为"鲁阜山神祠，亦称三圣祠"。说起来，与孔子家族适衢带来的"孔子夫妇楷木像"有渊源。

孔子夫妇楷木像

相传南宋建炎三年，金兵破天长军，高宗逃离江北。孔子四十八世孙、衍圣公端友不甘受辱，奉端木子贡手雕孔子夫妇楷木像，扈跸南迁。据清朝乾隆年间衢州冯世科的《鲁阜山神祠》记载："衍圣公孔端友负楷木圣像扈跸来南，夜泊镇江，奉像舟覆风浪中。”[1]端友登岸，始觉圣像已失，急命捞寻，竟同石沉大海。正捶胸流涕，哀痛欲绝之际，忽见江上现三神像，峨冠博带，共擎一物，冉冉而来。仔细看去，神像所擎竟是神魂所系之宝——楷木圣像，因破涕为笑，顿首再拜。片刻，三神杳然，圣像则赫然旁坐。于是喜不自胜，复焚香再拜，香烟袅袅，空中居然篆写“鲁阜山神”字样。圣像得以保存，鲁阜山神功不可没。冯世科因此认为尽管“孔子辙迹，未历姑蔑”，但衢州人“一旦得瞻圣像，则鲁阜山神之大有造于吾邑也。”

后来，衍圣公赐居衢州，因感德而祀鲁阜山神，建柯阳首庙于衢城中，世代祭祀。此柯阳首庙即嘉庆《西安县志》中所载的鲁阜山神祠，亦称三圣祠。然而，又为何称之为三圣庙？冯世科的解释为：“俗因神屡着灵异，遂讹称为三圣。”也有说，因为“山神”、“三圣”音谐，其后，因年代久远，民多误称为三圣庙。

到了清朝，除了柯阳首庙，《西安县志》中所载的三圣祠还有四处：一在长竿林，一在县西街，一在县后北楼，一在南市街天宁巷。到民国时期，此四处已只是冰山一角，《衢县志》“故举此数者以例其余”。生于乾隆年间的江南春，在其《静寄轩杂录》中描写当时三圣庙之盛时说“三圣庙，衢郡所在有之，惟地名长竿林者，灵应特异。……神于衢人家多供奉之，或楼上，或堂上，而为之龛，或隙地，或墙隅，或木或石，而为之座，神即奇焉。凡造新房屋、开张新店，不先安神所在，则日夜扰攘，抛砖掷石，惟默祝供奉焉，则晏然无事。或与妇女私通往来，与常人无异，亦成胎孕，诞弥厥月，亦有养育之成人者，不则拖置庭中，神自抱去。”据说其香火不衰直到解放初。

水亭门的三圣庙，其址有三处。一处位于柴家巷13号。民国档案记录有古迹“漕门弄三圣古寺”，即是也。漕门弄就是今称进士巷。据住在巷子里的黄惠康老人回忆，该庙是正对弄堂的。附近的居民说，当时房子有三进，门是个大圆门，一格一格的，里头有三个大老佛，叫“三圣老佛”。从小居住在柴家巷

〔1〕《西安县志》卷四十三。

的吴土福老人也说:“里头有老佛、子孙堂、土地老佛,还有个铜老佛”。黄惠康老人赞道:“相当漂亮,好像水浒传里面那个祠堂的摆设,相当古朴的。”据吴土福老人说,这个庙很灵。以前一生病到这里一拜就好。有趣的是,也有人说,这里的老佛“很凶的,走过的时候怕的”,徐先熙老人说他小时候连柴家巷都不敢走。1949年以后,该庙的香火就断了,黄惠康老人回忆:“解放以后有人住在里面,一对老夫妻,做篾工的,那时候没人管,就住进去了,后来他死掉以后就拆掉了。”三圣庙里的佛像,据吴土福老人的说法,也在“‘文化大革命’被抄掉了”。到现在为止,只有“屋是原来的”。

除了柴家巷,还有一处三圣庙位于小天皇巷,现在住在附近的很多老人都能指认出当年的位置。住在下营街的王汉卿老人回忆,当年庙大概10平方米左右,“里面供着三个老佛,一个大的,两个小的,大的在中间,小的在两边”。老人说,他以往初一、十五都要去拜,因为庙太小,一般是在外面拜拜的。至于

柴家巷三圣祠故址

是什么时候造的，则已无法考证，王汉卿老人说是“以前留下来的，一贯就有的，和大周王庙那个菩萨庙一样的”。

另外一座三圣庙记载于衢州水亭门西河徐氏家谱中。西河徐氏历史悠久，根基深厚，其祖先于元迁往衢州，族中人才辈出，是水亭门乃至衢州有名的望族。清朝出版的西河徐氏族谱中《祠堂图》上西北角，赫然记着“三圣庙”。据家谱《祀规簿》记载，三圣祠为西河徐氏祠产，租钱四千文。每年三圣神诞日，都会从栈租内拨出钱三千文，办糕桃寿面香烛万贯元宝等项。每年元旦祭祀时，也要准备大高纸，“土地三圣合半刀”。

对当地人来说，三圣庙是否与孔子后人相关并不重要，比起周王庙和神农殿，它更像是衢州人自己的土地庙，保佑身体健康，事事顺畅。如果说城隍庙是衢州的市长或县长，那么三圣庙，用王汉卿老人的话来说，就好像是“居委小组长一样的”。

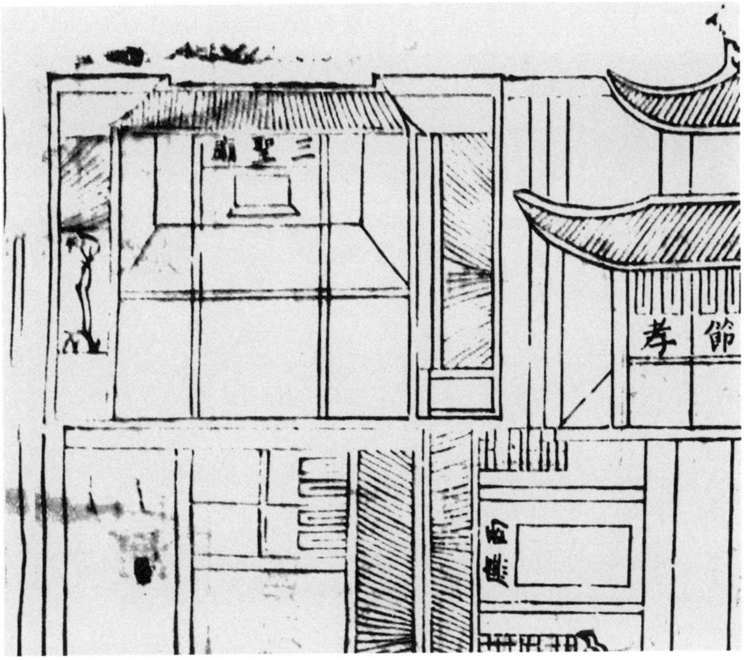

《西河徐氏家谱》东北角的三圣庙

老主任谢秀玲

过去水亭门究竟有几个三圣庙已搞不清楚。但后来的水亭门,在当时被划分为两个居委会,一个是宁绍巷居委会,另一个是天皇巷居委会。就在当年天皇巷三圣庙的对面,今天还住着一位曾经闻名全国的居委会主任谢秀玲。王汉卿老人一提起她乃是赞不绝口。这位被尊称为“老主任”手中,今天还保存着一本“亡人簿”,从1973年到2001年天皇巷过世居民的名字、去世时间、病名、所在居委会小组等,都整整齐齐记录在案。巷子里居民的生老病死,在谢秀玲手中的“亡人簿”上一览无余。黄衙小居的原主人方翠英的信息,便是在这位老主任的“亡人簿”上查到的。

提起这位居委会老主任,新近退休的居委会主任张金凤赞不绝口:“老主任是我们天皇巷的一个窗口,一面旗帜。”在她眼中,今年88岁的谢秀玲“真不简单”,“居委会很多先进,都是老主任的功劳,是我们学习的榜样”。

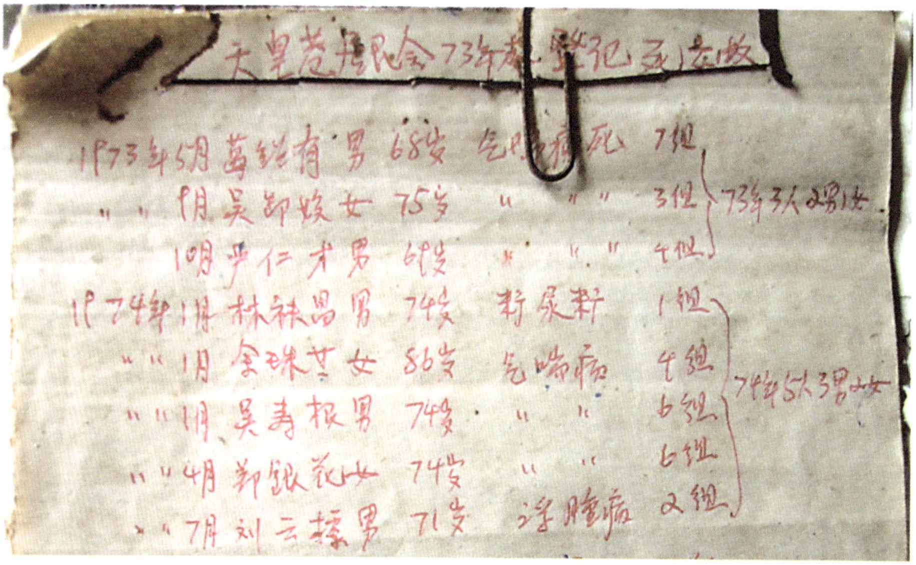
天皇巷居民会73年死亡人数
1973年5月 葛銘有 男 68岁 气喘病死 7组
〃 〃 1月 吴郑姣 女 75岁 〃 〃 3组
10月 尹仁才 男 61岁 〃 〃 4组
73年3人2男1女
1974年1月 林禄昌 男 74岁 肝腹水 1组
〃 〃 1月 余珠芝 女 86岁 气喘病 4组
〃 〃 1月 吴寿根 男 74岁 〃 〃 6组
〃 〃 4月 郑银花 女 74岁 〃 〃 6组
〃 〃 7月 刘云标 男 71岁 浮肿病 2组
74年5人3男2女

谢秀玲1973年记录的天皇巷亡者名单

据谢秀玲老人回忆，她本是温州人，1952年跟随部队的丈夫从上海回到衢州，来的时候是6月，8月份便开始工作。谢秀玲说，自己文化水平低，普通话不大会讲，衢州话又讲不来，在这里人生地不熟，所以胆子小，有点不大敢当，但是丈夫鼓励她说："做事情注意点，勤恳点。"她便拿着笔拿着本子，从一开始的居委会委员做起，几个月后调为居委会主任。

谢秀玲说，现在都是住办公室，当时上任时，组织上只给了一条长凳，居委会没有办公室，没有空调，只好把地主家的堂前（即客厅）拿来用，曾经在郑怀棪家的向阳院工作开会。好人好事，学雷锋，青少年活动等，都在向阳院里开展。"学生暑假结束了，居委给他开证明，证明暑假这里工作的成绩，印盖着拿到学校里去。"这项工作，居委会至今还保留着。

谁也没想到，在这个岗位上，谢秀玲一干就干了44年。这44年中，天皇巷大大小小的事务，都离不开她："居民里各项工作都包了，调解、卫生、跳舞、唱歌、做好事。"每天晚上要开会，要巡逻，还要家家户户查"三防"工作，查水查电查消防安全，手里还拿着一面三角形红旗一开始还砰砰砰敲着锣。张金凤说："她（谢秀玲）带领，下面还有两个副手的，她是主任，一个主任两个委员，把他们带起来，自己带头，每家每户走。"

查卫生也是居委会日常工作。问起天皇巷以什么出名，张金凤说："天皇巷的卫生是一面旗帜，全国有名的。"谢秀玲也很自豪："天皇巷是省卫生先进单位，我自己也是省级卫生先进。"卫生是居委会的日常工作，弄堂里每天一把扫把，一个红袖套都会在。当时有"门前三包"的说法，自己门口的位置，家家户户要扫的。没有人管的位置，就由居委会主任、副主任、委员自己扫。谢秀玲说，那时候卫生中央省里天天来查。张金凤说："以前我们局长来检查，还有全国的、省里的，他们带白手套来摸的。我们都早上两三点钟起来，自己拔草自己扫地，揩了抹的。"叶家在下营街的跑马楼，在谢秀玲当主任的时候，楼梯都是红地板，全部干干净净，都要脱鞋子上去的。全国各处都会来此参观，连外国人都来参观。“很可惜,现在搞得一塌糊涂。”

搞卫生时除了自己带头,还要发动群众,谢秀玲说:“群众非常听我话的,我们做得公正,实事求是。”有一户人家是“钉子户”,平时不遵守卫生制度,多次劝导无效,有时还说几句风凉话,谢秀玲就每天默默帮这户人打扫门前垃圾,一连打扫了四个多月,这家人终于良心过不去了,说:“谢主任,你辛苦了,真不好意思,今后我们自己来打扫吧”。[1]而现在,张金凤叹道,卫生是省里市里偶尔来检查一下,而且之前网上都会有通知的,“明天来查今天突击一下”。

调解工作则是各式各样的都有,夫妻矛盾,邻里吵架,谢秀玲动之以情,晓之以理,令吵架的小两口言归于好,离婚的夫妻破镜重圆,打架的邻居冰释前嫌。此外还有对失足青年的教育。1982年以来,天皇巷居民区先后有7名青年劳教、劳改释放回来。这几位青年大多自卑、消沉,背后有思想“包袱”。谢秀玲便逐家挨户上门找他们促膝谈心,鼓励他们充满生活信心,同时召集这些失足青年开展军警民共建活动,帮助他们解决就业问题,并牵线搭桥,为他们解决婚姻问题,使这几位失足青年痛改前非,有的还成了先进工作者。[2]

按谢秀玲的说法,当时真是“一年365天,一天都没空”。“现在想想,怎么过来自己都搞不清楚。”近90岁高龄的她诸病缠身,张金凤说:“她一身的毛病都是做出来的,以前居委会主任比现在难做,现在好做,就电脑操作一下,网上什么东西,搜索一下,百度一下。”

然而,令人难以置信的是,在这44年繁琐的工作中,谢秀玲有31年是没有工资的,直到1984年,才开始每月拿25块钱。在这之前,每月由丈夫给20块钱。然而,不管是丈夫给的钱也好,还是谢秀玲后来领的工资也好,全部都花在了居委会上。张金凤说:“老主任和困难户结对子,有几十户了。自己的钱拿出来,

---

〔1〕谢秀玲:《1988年工作情况汇报》,手稿。

〔2〕《串百家门,管百家事——记一片真情献他人的女共产党员谢秀玲》,手稿。

买东西给别人，瘫痪的，残疾的，五保的，困难的。”现在天皇巷还有个五保户，名叫姜金福，将近84岁了，还和谢秀玲在结对，每年过年过节，中秋，重阳，老主任都会用自己省吃俭用节约下来的钱，买点面条鸡蛋让张金凤送过去。

国家民政部颁发给谢秀玲的孺子牛奖章

谢秀玲曾带领居委会干部群众，先后办起了旅馆、商业等三个服务企业和幼儿园，企业办起来后，她带头制定和执行各项管理制度，从不到企业拿一分补贴。到了每年年终企业发奖金，她都把自己的一份让给他人。她身体不好，医疗费用大，但一直都自费医疗。仅1987年，就花去医药费300多元。组织要她申请补助，她不是谢绝就是谦让给他人。[1]

与之相反，谢秀玲家的生活则是捉襟见肘，一家人全赖丈夫的工资。老人回忆，那时买不起荤菜，只能吃咸菜：“真正说吃肉、吃鱼没有的。”家里唯一的儿子，是吃酱油泡饭长大的：“花生米拌成两半，弄点酱油蘸蘸吃。”她曾有三次招工的机会，为了居委会工作，最终放弃了，她说：“为了这1000多居民，值得。”按张金凤的话来说，她是生活上低标准，工作上高标准。

多年来，谢秀玲一家三口挤在10平方米的小房子里，张金凤说：“她以前是住在居委会里面的，居委会一个家，小房子，十几个平方。”因此，这个房子又是居委会的工作地点又是谢秀玲的家。历史上有孟母三迁，现今则流传着谢秀玲“三让房子”的佳话。她自己原来有一套20平方米的住房，当她看到邻居朱唐娜一家6口只住10平方米的小房间，主动与朱唐娜调换房间。1982年，房管

〔1〕《串百家门，管百家事——记一片真情献他人的女共产党员谢秀玲》，手稿。

部门分给谢秀玲一套房子,她又把房子让给了住房困难户吴水凤。1985年房管部门再分给她一套30多平方米的住房,她又给了一时无住房的居民小组长季瑞仙。现如今住的20多平方米的房子,是当时的衢州市委书记叶继革调到三明去之前,看这位老主任干了一辈子房子都没有,找了这间,没有卫生设备,搭起来的房子,但是谢秀玲说,她心满意足了。

提起房子,谢秀玲叹息道,现在房管会的房屋,空着的很多,死掉的人都走了,人家没有租的人,应该让人家租,空着的时间长久房子要倒塌。但是配套设施要弄好,只是现在的领导,都是自己乌纱帽弄弄牢,弄个几年退休了,不管闲事,没有责任。

正因为这位老主任心地善良,舍己为人,谢秀玲在群众中威信很高。张金凤说,这里居民对老主任都很满意的:"我们老主任威力很大的,以前7点钟开会,准时到,没有一个迟的。现在开会,我迟5分钟无所谓,10分钟无所谓,早走也无所谓。以前没有这现象的。"连续44年,谢秀玲都是以全票通过连任居委会主

天皇巷居委会旧址与谢秀玲捐办的宣传窗

任，直到75岁退休："现在主任，4年6年换届，她44年，全票通过。"从踏上工作岗位以来，她亦是获奖不断："我做了44年，每一项工作都评上奖。居民积极性相当高。年年评上奖，发奖状有100多次，国家级的有四个。一次是'全国优秀居民主任'，两次是'全国三八红旗手'，一次'人民调节工作'。"1995年，民政部还为她颁发了"孺子牛"的雕像，以表彰她的贡献。前年，省里领导专门来看她。

老主任如今年事已高，每天就在原来三圣庙遗址边晒晒太阳。这位把自己的毕生都贡献给天皇巷居委会、一生获奖无数的老主任，回忆往事唯一遗憾便是：当时为了工作，只生了一个儿子。如今儿子媳妇都已定居杭州，谢秀玲因舍不得天皇巷，一直留在了衢州，身边什么亲戚都没有，所有日常事务，领工资，买菜等，都由接她的前主任张金凤代劳。老主任说："现在有点悔了，老了哇，现在孤单了。"

（高佳燕、安文英、吴宗杰）

谢秀玲与张金凤在家门口三圣庙遗址边

衢州20世纪30年代街坊景观，陈锡祥辨认这里是水亭街进入的新驿巷。路面有主辅石板，体现君臣关系、男女有别。摄影Edward Powell（英国人，1927年开始曾在上海工作）。照片来源：http://weibo.com/2249965173/xm44b4Ceb

结　语

《诗·小雅》说:"悠悠我里。"坊巷文化的美在于人。宋代陈祥道说:"仁人之于里,犹玉之于山,珠之于渊。玉在山则木润,珠生渊则厓不枯,则里之有仁,犹当知以为美,里之有仁以为美,则自择而不知。"(见《论语全解》卷二)坊巷还体现为桑梓文化,也就是今天所说的"乡愁"。康熙《衢州府志·坊巷图》序曰:"夫生于斯,长于斯,聚国族与斯。里名履道、巷号乌衣,以地之灵钟人之杰,坊巷之名多有起于是者,人又乌可不争自树立为桑梓光宠乎?"坊巷改造中如何安置原住民一直是重要的课题,但只是安置还不够,水亭门该如何"择其贤民,使为里君"《管子·小匡》?而对于那些住在这里的人来说,又如何利用坊巷的名号,树立自己敬土爱乡的桑梓情节?

水亭门街区的坊巷改造和修复应主要重文物视觉艺术角度加以修复。它应建立在3个原则上,1)原真性,就是尽可能保持历史的面貌,除非在物质层面已经不可能;2)艺术性修复,那些物质意义上已无法保留原真性的应该从视觉艺术角度加以恢复,其原则是修旧如旧,具有很好的视觉观赏性,艺术性不是按照流行观念任意想象,而是依照遗产意义和遗产怀旧视觉效果加以创造性修饰;3)游客体验可视性、益智性和趣味性和人性化。总之既要放下那种一万年不变的死守载体原真性的思维,又要防范任意想象,不考虑过去信息的做法。不过能支撑以上修复工作的,还是对这块土地留下来的遗产之传统道德意义的把握,离开了它,就失去了生命躯体,能看却不能欣赏。

由于中国历史街区的复杂性，根据现行遗产保护标准要定义什么是遗产是一件相当具有挑战性的任务。在专家决策中，什么是遗产的想法通常受制于西方遗产话语，倾向于追求西方“纪念碑式”、物质原真性与永恒性等高端文化，往往忽视本土价值的遗产。结果是，许多看似普通，与未被认可的传统价值观相联系的普通坊巷，不管是物质还是非物质的遗产，在全球化和都市化进程中面临威胁。水亭门街区坊巷文化肌理的修复应探索一条非西方的遗产保护途径。通过折中于古昔，把遗产看作是当下事业行之久远的保证。对古人来说遗产是美德的载体，自后人慕之，则见为古迹。如何激活古昔之德感，而非物质本身，乃是重建水亭门坊巷文化之关键。应尽可能保持坊巷碎片的真实性，这里主要指的是意义碎片，同时将其编织成有深度的空间，要把物质和非物质文化遗产的边界消除，把纪念碑式的和普通的、真实的和不真实的界线都模糊起来，以实现古今之互通。

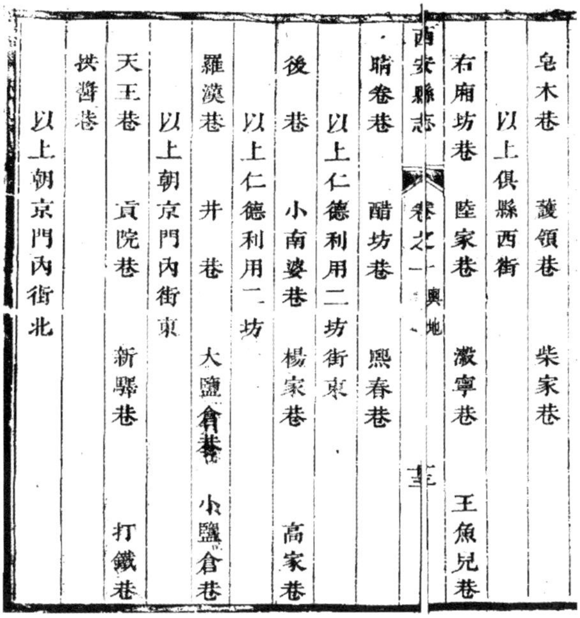
皂木巷 護領巷 柴家巷
以上俱縣西街
右廂坊巷 陸家巷 澂寧巷 王魚兒巷
西安縣志 卷之一 輿地
晴巷巷 醋坊巷 熙春巷
以上仁德利用二坊街東
後巷 小南婆巷 楊家巷 高家巷
以上仁德利用二坊
羅漢巷 井巷 大鹽倉巷 小鹽倉巷
以上朝京門內街東
天王巷 貢院巷 新驛巷 打鐵巷
洪濟巷
以上朝京門內街北

康熙《西安县志》水亭门巷纪

宅 邸 篇

- 信安陈氏墓庙
- 联豸徐氏
- 西河徐氏宗祠
- 叶敬德堂
- “大洋房”的乡愁
- 水流不盈　周氏故居
- 吴土福与“六间”
- 黄石麟民居群
- 杨家大院
- 王汉卿家传
- 读书言神话祝家
- 应篪房
- 大陈汪氏
- 郑家遗风
- 黄衙小院
- 蔡伦部落“王立大”
- 汪氏父子
- 红楼与徐志馀

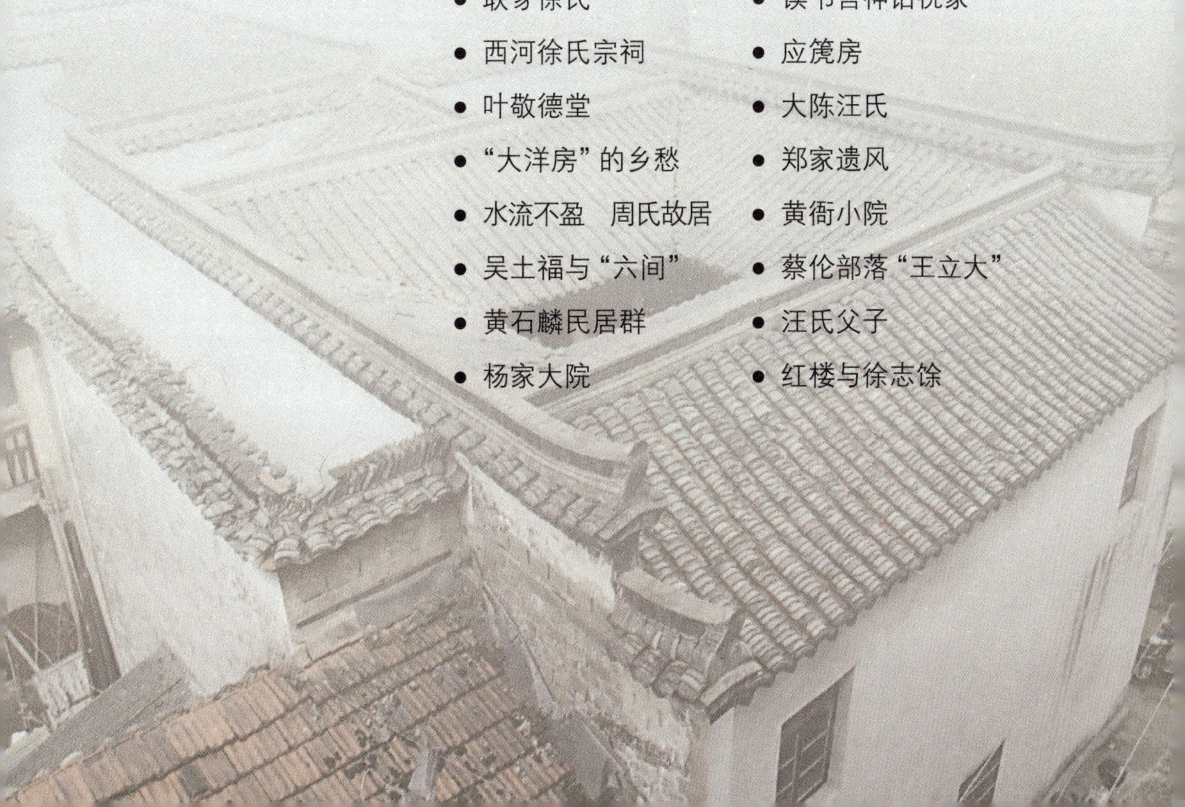

引　言

衢州自古无土著，居民大都从他乡转徙而来，溯厥最先，要数郑、陈二族，起于三国两晋之间。不过韩愈作《衢州徐偃王碑记》云:“衢州故会稽太末也，民多姓徐氏。”要不过迄唐而止，逮乎又有传闻。到唐代，衢州有五色人家:洪、黄、蓝、陆、白，以姓氏着，皆世代之家族(《衢县志》211页)。衢州家族变化最大要数两宋时期，一直影响到当代。南渡迁来的大批官宦，定居在紫金街一带，有“南楼北赵”之称，曾盛绝一时。但到民国，南门之楼久已渺无可考，北门之赵实亦即于式微。不过南渡过来的徐、王、孔、叶等家族，数传之后，族大支繁，炳蔚史册，家族代有科名，至今许多宗祠仍然方位可考，历代方志也多有望族祠堂记载。

根据方志及建国后房产档案记载，在水亭门街区存在过信安陈氏、联豸徐氏、西河徐氏、乐安任氏、洛阳刘氏、水亭周氏等十八家宗祠(见附录“水亭门街区望族祠堂列表”)。方志常把它们归类为“望族”，这些宗祠体现水亭门的家族根基，呈现中国最根深蒂固的宗族文化，也是衢州城一切文化之基础。到晚清民国时期，水亭门家族经历了大的变迁，随着商业之兴衰，这块街区出现叶氏、徐氏、黄氏、周氏等大家族，由于时代变迁，街区内已无宗祠，但其民居却实质性占据此地，并形成相互依赖的宗族纽带。在考察这些新旧望族时，我们了解到这里过去曾经有过的建筑布局、人文脉络、名人事迹、祭祀礼俗、社会关系、商业文化、移民关系以及众多的诗文记载，充分体现水亭门街区的文化底蕴。

康熙《衢州府志》曰：天下之大，一乡一里之积也。圣贤之诣，自庸行庸言基之也。古人家有塾，党有庠，术有序，所以驯其子弟。使之渍渐于仁义道德之途，而后化行俗美，底于大治。[1]宅邸篇展现的文化是水亭门民居群的意义来源，这些一家一族之积累构成文化光晕能照亮这一片建筑，同时也体现衢州作为"东南阙里、南孔圣地"的民间土壤，是反映古城历史变迁的重要窗口。这些文化的展示有利于恢复衢州本地人的自豪感，敦厚乡情，纯朴民风。古者仁里崇德，家庙祭祀为详。期望通过与一些"望族"后代的联系，恢复一些祠堂，使水亭门能再次成为他们的桑梓之地。礼称，宗庙之中，未施敬而民敬。这些宗庙也是培育衢州人敬土爱乡的重要形式。

---

〔1〕杨廷望等纂修：康熙《衢州府志》，收入《衢州府志集成》(衢州市地方志办公室编，韩章训标点)，西泠印社出版社，2009年，第1055页。

信安陈氏墓庙

今天衢江临城一段水域称信安湖，并作为重要的风景区来开发，而在衢州能用“信安”为宗族命名的唯“信安陈氏”，该族家谱为此特别说明它在衢州的独特历史地位：“信安在晋为本邑号，他族无此称名，而仅见吾姓者，昭其旧也。”《衢县志》称衢州“徐、王、孔、叶为着姓”，认为“族大支繁不能尽记”。但从文献考证，信安陈氏可算是衢州城里历史最悠久的氏族，县志也承认“溯厥最先，莫若郑陈二族”。衢州望族大半是宋南渡故家，唯陈氏是从晋太康年间从四川阆中来衢州。陈氏家谱曰：“吾乡着姓半皆南渡故家，凡聚族而居者各有谱。余始祖起自阆中，太康时食邑兹土，封信安侯，由来最久。”到清道光年间，该家族已“丝丝延延迄今五十余世”。

衢州在汉献帝时立县称新安，据说因与河南新安县同名，太康元年改为信安。而陈氏始祖陈弘（家谱记为陈宏）也就是这个时候来到衢州，被授予峥嵘镇总管，都督一州军事，封“信安侯”（见《衢州市志》第6页）。《文献通考》称此县名是因为信安溪而得，但也有一说是溪以县得名。一直到唐咸通中（860—874年），信安才改为西安。不管县名怎样改变，“信安”两字与该家族可谓颇具渊源。

今天衢州城历史最久的文保单位应是“晋陈弘墓”，坐落在皂木巷。而当年除了墓，还有庙，即是陈氏宗祠，也称“宁邦侯庙”。据今天看见过这一庙宇的汪栋时老人回忆，祠庙打破衢州一般家庙坐东朝西的惯例，而是坐北朝南。

陈弘墓庙遗址

这可能是因为宗祠是与墓合二为一,也许陈弘有着特殊的历史地位。据宋宣和三年(1121年)峥嵘镇都总管亲自发给陈家的帖描述:“勅封祠庙坟墓二处,庙东墓西,各双塘为记。”也就是一开始的时候家庙与墓是分开的,一个在城东迎和门,而墓是在城西皂木巷。当初的庙宇据说“规模宏大、气象崇高”,《浙江通志》载,“在城东,陈弘讨赵峻有功,封信安侯,祠于此”。后来因为兵乱祠宇被毁,于乾隆五十八年在城西遗址重建。据记载,宋宣和年间,陈弘墓这块地方的规模就达七亩四分,坐落在韩徽猷宅后,东至盐仓巷,西至护颖巷(疑为元代后的上营街——作者按),南至皂木巷,北至韩家地。墓边有双桂塘二口、石碑二座、南庵堂三间,供著作郎(国史秘书)居住,打扫坟墓。墓西庵堂六间,塘东塘西基地亦系陈家子孙掌管。

历史上陈氏家族曾出现过15位进士,其中包括唐武德进士陈叔达任礼部

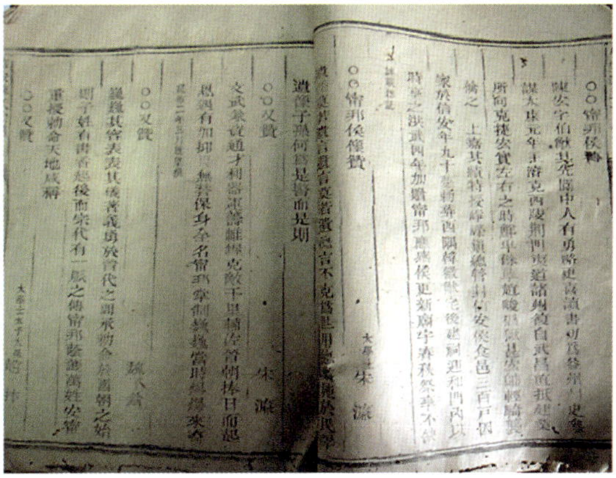

《信安陈氏宗谱》记载宋濂、赵抃等写的宁邦侯像赞

尚书，唐贞观进士陈元仁任中书舍人，宋徽宗进士陈与义任参知政事。经过近一千七百年的历史沉淀，该家族形成了自己的特有文化，树大根深，一定意义上也塑造了衢州城的家族文化。家谱记载了十二条家规，由此得以一窥。其中首先引《诗经》“永言孝思，思孝惟则”，意思是只要有一点孝心之所思，天地也会感动，可成四方法则。族人要求不分亲疏贫富，皆当致敬尽礼。衢州当年常有为子孙泽福而求吉穴的风俗，把棺材停在祠堂迟迟不葬。因此族人相约，“葬宜速，俾先人入土为安”。家族还规定“男不言内，女不言外”，“男女不相授器”，认为这样做是“古圣人杜渐防微，俱有深意”。男女间“宁以义胜恩，勿以恩胜义”，用今天的话就是不要把爱情置于道义之上。如有“纵情败度、渎乱天伦”，其名字从生至死不许再入祠堂。在婚姻上，要求不要只重富贵，而不注意婿与妇之“性行及家法”。对于亡夫之妇，首先倡导“永守清节”，家族因此申报朝廷，以旌厥志。改嫁也可以，但“毋许招夫入赘”。家规还特别规定，不准淹死女婴，自残骨肉，否则罚银，乃至送官治罪。族人相约禁赌博、兴文教，认为儒业为家族文脉所系。子孙不读书即不知礼义，不是简单把读书看作是升官发财的仕途而已。对于事业，认为是“资身之良策”，英敏者可以通过求学获取功名，一般人则应耕作自给或经商自食其力。家族也不提倡诉讼，万不得已不要打官司，有纠纷尽可能在族房内排解。陈氏家族对先祖留下来的文物，视作家宝。祖训规定“如有不肖子孙将遗器鬻卖者，革出祠”。这与今天的文物收藏理念非常不同，增加了一份道德内涵。这些家规家风体现了儒家所提倡的“孝”“仁”“义”等传统文

化的,对今天理解家庭和社会中出现的各种问题都有所借鉴和启发。

今天信安陈氏宗庙或称宁邦侯庙所在地作为商业用途和一片空地,很难想象当年这里曾经有过的恢弘和肃穆。据家谱中《捐建墓庙志》一文描述,晚清时这里曾经有如下的景观,似有为水亭门街区一角之未来描绘蓝图:

> 郡治西北百步,巍峨宏敞者,陈氏墓庙也。庙前碑一,镌“晋宁邦陈侯墓”六字。中庭塑像一尊,东西两廊外建平屋十余间,为守墓人所居。内庭则展墓栖迟之所,庙后一门,高坟斧若,又立一碑,镌“晋封宁邦侯陈讳宏之墓”十字。旁有二塘,望之如环,嘉木亭亭,荫盖四围。左右前后隙地有零,俱收入宁邦户内。春秋祭享,明祀极盛,土人亦间有礼拜者。

衢州本无土著,居民都是不同朝代的移民,潮起潮落,不断更新,早期望族大都式微。然而唯有陈氏一族直到晚清还体面地在今天的“信安湖”畔祭祀祖宗。这有得于历代皇恩,屡世御赐加隆,使得香火绵延。但今天我们踏遍水亭门,陈氏子孙踪迹难寻,只留下皂木巷那块空地以及孤零零的坟冢。据《衢州姓氏》一书介绍,信安陈氏分支在东乡陈泽、高家和南乡杨家坳头等地。嘉庆《西安县志》卷四十五在评论坟墓之意义时曰:“礼称:墟墓之间,未施哀而民哀。”人们一到坟墓之间就自然会产生一种悲哀的情感。如果今天已经没有人在乎坟墓,乃意味着礼崩乐坏、百姓悲哀。一千七百年前陈弘文武兼资,驰骋疆场,克鲜卑,不远千里,只身来到衢州,食采兹土,因家信安。他在四川的后人直至晚清仍千里迢迢来祭祖坟,今天他似乎又成了“孤魂野鬼”。

(吴宗杰)

联豸徐氏

水亭门曾有过一座规模接近杭州岳王庙的家族祠堂——联豸徐氏宗祠。南宋一代名臣清献公赵抃评价该家族时说:“士之名世也有二:人品与世家而已。人品不足而家世犹足以振之,人品与世家而无忝所生也。徐氏子孙并皆有之,此其所以为名世也。”[1]这也道出了个人与家族的关系。

据清嘉庆《西安县志》记载,“联豸徐氏祠堂,在西隅下营”;民国《衢县志》记载得更为细致:“联豸徐氏祠堂,在下营灵顺坊。”联豸徐氏最后一位族长之子,已90岁高龄的徐循理老人道明了它的具体位置:“我们家的那个祠堂,在周王庙隔壁,就是现在的饴糖厂宿舍。”该厂的老职工姜桂兰回忆说,她16岁来到这里做工的时候还看到祠堂的老房子,“一进一进蛮多层,有个老井,大概是在七几年拆掉的”。现在还能看见一堵通往周王庙的祠堂老门。《联豸徐氏宗谱》载,当年祠堂面向衢江的大门上有“六朝风雅开明派,二酉文章启后昆”的对联。

徐循理老人说:“那个饴糖厂整个都是的,与杭州岳王庙差不多的。”从卫星图上看,联豸徐氏祠堂与以前的周王庙规模相当。家族祠堂能有这般规模,的确不一般。徐循理老人说:“我们那个太公,是吏部一个天官咧!”住在周王庙不

---

〔1〕见《联豸徐氏宗谱》。该家谱于清光绪三十年(1904年)重修,八卷。上海图书馆藏有其中六卷(卷一谱说、谱序,卷二诰敕、奏疏,卷三坊表、宦族、家政、宗规等,卷五实录、行状、传文、诗赋,卷七世系图,卷八世系传、后跋);衢州市博物馆藏第五卷的残本。

联豸徐氏在水亭门街区遗迹图

远处的王汉卿老人回忆，以前徐家祠堂门口有两个石墩的，上面插着旗子。按老人家的说法，这可不是随便什么人家都可以有的，要是当官的、中进士的才有的。今天那两樽旗杆墩还留在水亭门。经王汉卿老人指点发现，它们还静静地立在周王庙门前靠城墙一侧的围墙下。旗杆墩大约二尺高，中间有一个大碗口大小的插旗杆的洞。王汉卿老人说他小的时候会跳到这旗杆墩上玩。

联豸徐氏祠堂故址上的饴糖厂宿舍

《联豸徐氏宗谱》载，祠宇由明崇祯十六年拔贡（见康熙《衢州府志》）、御营兵部职方司主事（见家谱）的徐国珩创建。光绪年间记载祠堂“南至周王庙，北至祠自衙，东至吴姓地，西至大街，有井一口”。此外周边各处包括周王庙右首，祠门左右首均有祠堂房屋。

南渡适衢

联豸徐氏曾是衢州的望族，民国《衢县志》“族望志”中，就有其名号在列。追溯“联豸”之名，《联豸徐氏宗谱·重修家谱序》这样写道：“吾宗本宋东京祥符人，祖讳楠与杓者并为御史，扈跸南渡，居龙邱之瀫水乡，称联豸徐氏。”上海图书馆《联豸徐氏宗谱》摘要说：“因古代御史戴豸冠，故时人称联豸徐氏。”由此看来，联豸徐氏与先圣孔子后裔一样，也是南宋建炎初年南渡适衢的。不过联豸先祖南迁后，先居衢之龙游（当时称龙邱）。

那又是何时迁到水亭门的呢？《宗谱》记载：“仲礼公第五子彦祥公赘于水亭胡氏，因家于郡邑，而西安于是有徐氏，此又吾宗之所自始也。”《衢县志》引《徐彦祥传》说到了联豸徐氏迁入水亭门的大致时间：“彦祥洪武间赘于衢，遂居信安之灵顺坊。”洪武（1368—1398年）是明太祖朱元璋的年号，也就是说，水亭门联豸徐氏始于明朝初年。尽管是迁徙来衢，追根溯源，联豸徐氏与大多数本土徐氏一样，把自己归于徐偃王之后。宗谱收录的赵抃《题徐氏宗谱序》中写道：“今以偃王为奕世之祖，有功公为御史，奭公为状元，君房公为吏部尚书，

今周王庙前的联豸徐氏旗杆墩

安贞公为翰林学士，枘公、杓公俱为御史，子孙分徙四方，皆出偃王之派也。”这种追溯尽管无法考证，但具有重要的礼义。周恂在衢州水亭门另一徐氏家族的《西河徐氏宗谱·旧谱序》中说：“其先称述偃王流派，不敢删削，礼也！”追根徐偃王是德之诉求。偃王乃西周徐国国君(约公元前1000年)，仁义待人，36个诸侯国臣服。后来偃王“谋反”，周穆王进攻徐国，“偃王好行仁义之道”，不肯战，遂败逃(见清李锴撰《尚史》)。唐代韩愈《衢州徐偃王庙碑记》为此称“百姓随而从之，万有余家”，“婉婉偃王，惟道之耽，以国易仁，为笑于顽”。今天衢州人把偃王南迁的后裔看作是本地最早的原住民(《衢州简史》第24页)。《联豸徐氏旧谱凡例》第一条就写道：“立谱所以明统宗合族之义，首着纪原以明立宗传嗣之由，不敢妄引无据显宦以欺世也。”联豸徐氏到清光绪三十年重修谱时，已发展成许多支脉，如水亭厅仁房，水亭厅义房、化龙厅，此外在黄甲山、洋村、廿里街等均有房系。

联豸徐氏从南宋伊始至明代初期，350多年近六个甲子之后，在水亭门再续兄弟御史的“联豸”传奇。从县志记载中可以看到，明朝万历、天启年间联豸族人徐任道曾任广西道监察御史，他的堂弟徐可求，也就是徐循理老人所说的“太公”，曾任右佥都御史，死后又被赐封为右都御史，之后达官贤人层出不穷。

读书可任天下事

徐任道，字仁卿，号弘宇，明万历进士。这“任道”一名的由来，还有一个耐人寻味的故事。《衢县志·碑碣志》载《明文林郎广西道监察御史弘宇徐公墓志铭》两篇，其一由与他同年科举登第的王士昌所撰，写道："公幼即歧嶷自异，过目辄成诵。五岁时，常夜侍母郑孺人织，读书楚楚。母问儿读书胡为者，公答曰：他日可任天下事耳。封公（徐任道父亲徐良锁）闻而大奇之，因以名公。"大意是说，徐任道自小就聪明过人，能够过目成诵。五岁的时候，夜里母亲郑氏织布纺线，他常常在旁边读书。母亲问他读书干什么，回答说："将来可以任天下事。"父亲封公听到了，大为惊奇，于是就以此应答为他取名"任道"。传统习俗中，取名字是颇为讲究的事情，官宦大户人家则更是如此了。正式的名并非出生前后起好的，降生之初只有乳名，周岁或稍长时才取名，行了冠礼之后再有字。今天为上户口，伴随人一生的"名"一出生就定好。

后来，徐任道进士及第，步入官场，实现儿时"可任天下事"的志向。南京国子监司业黄汝良记录了不少他生前的轶事。徐任道曾任河南汝宁府光州固始县知县。他一到任就去拜访地方上的长者，请教当地的礼仪习俗，询问百姓诟病的问题，并摘列了数十条，陈奏陈府台大人。府台大人立即批文同意，徐任道便将这些陈奏着于板籍，作为律令。他在任时还废除"民间税七百余缗（一千钱称缗）"，此事明天启《衢州府志》中也有记载。那时候固始县的城墙、城门都不牢靠，县府每年向老百姓征税七百金，充当修葺与士兵巡逻的费用，徐任道将此税废除。需要修葺的城墙官舍，他都另作安排；士兵巡逻也取消了，让百姓自己看护。天启《衢州府志》还记载了徐任道效仿家乡官吏，浚河修桥，与民为利的故事。固始县西有条春河，是南北交通必经之路。河上的石桥坍塌了，人经此地，需涉水渡川，颇为不便。前任县令修桥，未能完工。又遇年岁不好，议事者都认为修桥之役太难。徐任道却说："兴劳役可以救灾荒，赵、范二公在越州、浙西不就是这样做的吗？"于是他捐出俸禄修桥，最后"饥民得食而桥完"。康熙《西安县志》还记载了他赈灾抚民的故事。他在管辖地域里建有十几个“社仓”,即为防荒年而设置的义仓,秋季收储,春季分发。己丑年大荒,粮食歉收,瘟疫肆虐,他下令在村庄盖建了26座棚舍,发放米粥。他还在许多地方设置医药点,为染上瘟疫的人治疗,得以保全性命的不止万计。那些死去又无法办丧下葬的,徐任道下令建了三处义冢,收葬暴露于野的尸骨。因治理有功,徐任道擢升广西道监察御史。只可惜他上任“不数月而卒”,终年51岁。

《衢县志》记载说,水亭街曾有一座“殿中执法坊”,“为御史徐任道立”。民国时,此坊就已倾圮,但“多徐氏子孙居住”。而今天周边已无徐氏居民了。问起“执法坊”来,连95岁的王汉卿老人也不知所以了,想到的是水亭街上的城管。

忠烈公徐可求

徐可求,字世范,号观我,生于明嘉靖癸亥年(1563年),卒于天启辛酉年(1621年)。曾经的文昌阁旁有一座宅园,清代大学士朱珪赠匾额,名之为“观我园”。《衢县志》中解释说,或许是因为它比邻徐可求的故居,所以叫“观我园”。据退休的徐文荣局长说,水亭门新驿巷拆掉的老房子中有徐可求故居。

徐可求墓前石像

如今在衢州民间,还常能听到徐天官的传说。唐光宅元年(684年),曾改吏部为天官,意思是取之《周礼·天官》的官职。徐循理老人不止一次地说:“我们那个太公是吏部一个天官叻!”《衢县志》记载了徐可求墓:“公由吏部文选司郎中出身,故俗称徐天官。”其后还有小字为注:“与徐一槚同，往往致误。”徐一槚是西河徐氏的人。

对于太公徐天官的传说，徐循理老人也非常乐意讲。他也相信徐可求就是护送娘娘来衢州，到了樟树潭，看到天皇塔，那会心一笑招来“调戏娘娘”的罪名，而遭斩首之祸。他说皇帝为此赔了36颗金头。而这个传说导致后人不断盗他的墓。

不过历史记载中，徐可求并非这么死的。《明史·本纪》第二十二中写道：“天启元年……九月乙卯，永宁宣抚使奢崇明反，杀巡抚徐可求。”《衢县志·人物志》更有详细记载：“遂有督抚四川之命，时蔺贼奢崇明、何若海等夙谋不轨，主令樊龙、张彤等发难，称难于操场，公大骂不屈，与文武将吏七十余人同时被害。”天启《衢州府志》纂修者叶秉敬为其作的墓志铭文赞道：“气炳列星，神魂赫怒。”按《衢县志》记载，徐可求死后，明熹宗嘉封其为“忠烈”，并追赠官职“右都御史”，封荫一子世袭“指挥佥事”。《联豸徐氏宗谱》中还收录了“谕祭巡抚四川都察院右佥都御史赠右都御史徐可求文一道维”。清徐干学《读礼通考》认为，明代祭坛有着严密的礼制规定，且看其祭品规格：

> 猪一口　羊一羫　馒头五分　粉汤五分　果子五色　每色五觔　风鸡五双　按酒五盘　煠鱼一尾　煠骨一块　鸡汤一分　酥饼酥锭各四个　鱼汤一分　降真香一柱　烛一对　重一觔　焚祝纸一百张

徐可求在朝廷和各地为官时的轶事也有不少。初任南昌知县，曾“亲入盗室，破棺获赃，群服其能”。后来调任上海，当地“奸人告人命多虚”，就是说，状告害命的官司大多都不属实，于是“公命告者随车相验，事诬坐之，民乃服”。徐可求任职朝廷，曾“分校礼闱”，主管科举会试。

康熙《西安县志》说徐可求“性善解悟，不事口耳，记诵左祖姚江之学，卓有异”。徐忠烈公墓志铭文还记录了他的天资与才气，说“天挺岐嶷，炳慧含灵,鼎常舌隽,吐葳吸精,笔超蹊径,思入蓬瀛”。意思就是,他天生聪颖,昭明智慧,内蕴灵性,文风如入仙境蓬莱和瀛洲,富有想象。嘉庆《西安县志》中,徐可求被载入忠臣之列。

一代名臣徐应秋

明朝万历年间,联豸徐氏家族有着“一门三进士”的荣耀。徐任道是万历丙戌科(1586年)进士,徐可求是万历壬辰科(1592年)进士,其子徐应秋则是万历丙辰科(1616年)进士。

王汉卿老人说:“徐家是书香人家。”考察多个版本县志中所载的联豸徐氏族人,几乎个个都是聪颖好学。而这之中,徐应秋当是其典型代表了。徐应秋,字君义,号云林。《衢县志》说他“有书癖,受充栋之藏,涉猎殆尽”;后来“两令剧邑,皆有惠政,退食之余,手不释卷”;《西安县志》也有载:“应秋慷慨有学业,弱冠释褐,两令剧邑,皆能以经术饰吏治,故所至称最。”徐应秋弱冠之年就进士及第,成为政务繁剧之邑的县令,可谓少年得志。但他读书不仅仅在考功名,处理政事、吃饭之余,仍是“手不释卷”。徐应秋读书,以经学之术辅助治理政事,颇得儒家“经世致用”的要领。

后来徐应秋擢升朝廷为官,有“侃侃朝堂,体骨不媚”之气。《衢县志》记载:徐应秋为仪部郎,对魏忠贤丝毫不献媚,遭其记恨,于是被削夺家食数年。这期间他闭门不出,博览群书,不曾虚度一寸光阴。此事《西安县志》也有记载:“时魏忠贤窃弄威福,炙手可热,内外莫不争先贡媚,甘同奴隶。应秋独侃侃朝堂,有朱云折角之气。夺职家居,泊如也。”

不久徐应秋重新得到起用,负责主持粤东乡试,所举之才都是辅佐朝政的栋梁。闽寇刘香在海峤起兵谋反,徐应秋又授命前往“巡视军实”。他一到就训练兵士,谋划战略计策,最后征讨刘香,平复叛乱。由此,徐应秋升任福建左布政使。后来,又是由于不顺从权贵,遭其中伤,于是又“拂衣归来”。

回到家乡衢州，他专心学问，闲暇时接纳当地英才俊杰拜会，在足园结社，尽享饮酒为文之乐。徐应秋著述甚丰，《衢县志·艺文志》记录了他的一些著作，如《两闱合刻》《雪艇麈馀》《玉芝堂谈荟》《枳记》《古文藻海》《古文奇艳》《骈字凭霄》等。他的文章，《西安县志》称赞道："为文瑰博绝丽，其素所蓄积然也。"四库全书收入了他的《玉芝堂谈荟》，该书内容丰富、光彩陆离，"读其文如入蛟宫琼室"。比如在"外藩朝贡"篇中，一一考证了明洪武中时世界上来朝贡的国家："四夷王会啚，共千八百国，嗣后朝贡之国多。"其中还谈到，元时外藩朝贡者千余国，可谓穷天极地，但"惟日本倔强不臣"。该书还有一篇记黑人"人黑如漆"，称"诃陵国女人含毒涎，液着草木立枯，丈夫与之合者辄苦疮"。在"人面鸟"一文记宋乾道六年，家乡"西安县官塘，有物鸡首人身，高丈余，昼见于野。《抱朴子》：'千秋鸟人面寿如其名'"。

儒林鸿博徐之凯

徐之凯，字子强，号若谷，徐任道曾孙，顺治戊戌（1658年）进士，官桂阳知县、四川茂州知州等，康熙《西安县志》的执笔编纂者。他的父亲徐国珩列入《浙江通志·人物·文苑》，称国珩为"尚气节、敦行谊，读书上下千古，为文奥衍雄肆，尤好奖励后进"。著述有《隐史》八卷及书画。联豸徐氏不乏重臣名流，徐之凯为学独树一帜。

康熙时，徐之凯被荐举为博学鸿词（一种朝廷科举，指学行兼优，词文卓越之人）。人尊称他为"鸿博若谷公""若谷茂州公"。徐之凯对衢州地方文化建设可谓有功，是重要的名流乡贤。他所编纂的《西安县志》"发凡起例"，时任兵部右侍郎兼都察院右副都御史的陈鹏年（曾为西安县令）在为徐氏宗谱撰《若谷公传》时称赞他是"良史之材"。

徐之凯诗词文赋自成一家。陈鹏年说他"所著诗古文词积至十余万言，尤长于作赋,高华奥衍,卓然可自名家”。主修《浙江通志》的毛际可,与徐之凯同第登科,为他作墓志铭。他在《松皋集》中说他“胸罗万卷,诗文高华奥衍”,又称“叙述方略,援古证今,一时纸贵”。郑永禧《西安怀旧录》收录徐之凯任卢阳县令时的《卢阳官舍早春作诗》:

帘前芳草绿平洲,小槛花笼日影浮。
野笋春来尝一掬,山兰雨后见双头。
游丝欲去偏萦树,乳燕初飞只傍楼。
尽日风尘还自遣,庭除彷彿玉壶幽。

徐之凯为官也颇具传奇色彩。嘉庆、民国县志都有记载,徐之凯任陕西安化县令,请求免去百姓的定额之外的钱粮税款——“浮粮”,当时“有贼结寨于山,屡剿不服,遂以一骑赴寨招安之”。此事,陈鹏年的《若谷公传》讲述更是生动详细:公以一人一骑赴寨招安,贼闻公驾至,曰:“此吾邦贤父母也,彼至,吾辈自有生路。”遂开寨跪迎,俯服环身,大哭,诉以不得已而然之故。公谕以朝廷养育之恩,不可轻自殒生,遂率众归顺。

由于徐之凯招安之功,制府(即总督)大人请其补任知府。不久吴三桂旧党王辅臣叛乱,“平、庆(两郡)相继陷没”,徐之凯被囚。他在狱中用蜡丸密送达书给督抚,作为内应,最终“擒斩伪帅,庆郡得完”。难怪嘉庆《西安县志》“儒林”卷之外,“循吏”卷中又载其名。

徐之凯也颇有道家隐士之风范。任茂州知州时,手下曾有“失印”之事,他也因此“被议落职”。此后,“退居林下者二十年”。陈鹏年赞曰:“君子处世不争,赫赫之名;处身不为,矫矫之行,曲则全,枉则直,蒙难全身而不失其正,则几于哲矣!徐先生知老氏之学乎?”

老庄之道,儒家精髓,他深谙于心。所撰《乡校复礼议》,融汇儒道要旨,观察衢州的风土人情、政治教化。开篇引老庄之语:“室庐相望,鸡狗之声相闻,民至老死而不相往来。”徐之凯认为这是“善言醇古”之句。他主张说:“惟节省其文,简约其礼,犹有真意存焉!”对于家乡衢州的婚嫁、丧服、祭祀、祝寿、庆阴寿、宴请、戏曲、佛事、巫术之风俗,他都有独到的见解,往往能将道家之精神寓于儒家之“礼”“义”,以古贤圣人之遗意反观当世之现状。该著述对当时衢州文化的评述,深切著明。

徐循理在先祖徐可求《日迟亭记》残碑旁

联豸徐氏与烂柯山文化

今天被衢州人奉为“两子”文化之一的烂柯山与联豸徐氏家族有着密切的渊源关系。烂柯山又名石室山、石桥山,黛峰翠嶂,景极幽邃。此地是传说中王质遇仙之处,是道教的“青霞第八洞天”。

天生石梁下还有著名的日迟亭,当年的《日迟亭碑记》正是出自徐可求之手。现在,其残碑还在。《衢县志》中收有此碑的碑文,其中有说:“公忘余之不慧,属口为名而记之。余且忆断碑之章,曰:‘洞天春远日行迟,几点星残仙子碁,樵斧烂柯人换世,碧桃花影未曾移。……因颜之曰‘日迟亭’。”如此看来,日迟亭之名原来也是受郡守之托,由徐可求取的。写到日迟亭的美景,徐可求说它是“山川四映,风日宜人,可以息劳,可以览胜,可以传觞,可以忘归”。还说他“故取涂于山,未尝不登眺,登眺未尝不穷日,穷日而促归,未尝不怅懑于不满,志私心焉。于此诛茅作室,便可与王子传问弈谱,如积薪当年故事”。徐可求对此地的喜爱之情,由此可见一斑。他甚至还吩咐后人,死后将他葬在“青霞洞天”之下。《西安县志》记载:“明四川巡抚谥忠烈徐可求墓,在通仙门外青霞洞天山麓。”

讲到徐可求在烂柯山的墓时,徐循理老人反复说到祖上传下来的话:“太公生前有交代过:‘将来我死了,要葬在这个地方。’”不过《衢县志》中记载徐可求墓时有道:“相传公赐御葬墓有数处,此在柯山者,或谓亦一衣冠坟也。”也许,这跟今天衢州人的徐天官死后皇帝赐给他三十六处墓葬的传说有关。据徐循理老人说,民国时,因徐天官金头的传说,烂柯山的徐可求墓常会被盗。据说当初挖出来只找到一把生锈的宝剑和一盏油灯,后来再盗就什么也没有了。

徐可求墓道前原本还有石柱,上刻有墓道联。县志记载,此联是皇帝“敕赐”:劲节凌霜垂乾坤而不朽,丹心匪石同日月以长明。徐循理老人还说,当年徐可求墓边有石像,石羊、石马,那都是他与父亲后来重造的。他说:“有一年我和父亲去扫墓,发现石像都没有了。那是1948年的事情了。我父亲就拉着我,再造石像八只,石羊四只、石马四只。父亲是族长,那时祠堂还有钱的。解放前一年去还有的,后来再去就没有了。听人家讲没有多久就给别人抬走了。”

现在烂柯山管理员的宿舍中还留存了徐可求墓边一颗石像的人头,徐循理老人说,当时的“石像跟真人差不多高的”。据徐文荣老人回忆,今天烂柯山的宋忠壮公徐徽言(2003年迁于此)墓前的石羊、石马,有几只就是从明徐忠烈公可求墓前搬过去的。他还说,徐可求墓是1964年拆除,当时认为“不能让死人占据风景区”。

宝岩寺

在徐可求墓的右侧,赭红色的围墙中,有柯山石桥寺,建于梁大同七年

(541年),宋景德二年(1005年)重建,现名宝岩寺。寺前有井,据传明太祖朱元璋曾在此井饮马。据徐循理老人说此寺长期以来都与联豸徐氏有关,是他们宗祠提供寺产和供养。《衢县志》记载,到民国柯山名胜仍有高僧驻锡其中,卓卓在人耳目,旃檀香火绵亘,至今不绝。老人说:“这个寺庙是太公修的,太公死了之后,每年清明,庙里的和尚都要来祭的。”县志的记载却是这样的:“宝岩寺梁大同七年建,宋景德赐额,即柯山石桥寺”,“乾隆五十三年寺僧戒贞重修,徐天元为记……咸丰间毁,光绪十一年寺僧广信募缘重建。”明徐维辑留下古诗:“烟云漠漠带栖鸦,寺近清溪道士家。”虽然找不到明确的徐家记载,但老人说,“这个寺庙他们徐家供养的,那时庙里有十三个和尚。正月初四我爷爷来这里祭祖,住持会派一个小和尚到山头看着,人来了就赶快回来报,住持出来迎接”。老人还记得,解放后,所有祠堂财产收归国家,联豸徐氏也无法再供养寺庙。有一次庙里的当家和尚找到徐家,说是寺庙无法维持下去了,请求帮忙。他们只能无奈回答,现在全部取消了,你们只能自谋生路。

徐家后人,为烂柯山留下了不少诗文,如《西安怀旧录》中收录的徐国珩《柯山四咏》,其一:

霞洞空青

隔林空霭送遥青,旧有仙人驻彩軿。
风度泉声清业耳,阶匀草色衬残形。
古碑剥蚀依颓壁,新树参差覆广庭。
委蜕不知惊梦蝶,昼间安憩日迟亭。

这些诗文对于恢复烂柯山风景区的意境有着重要意义。此外,徐之凯也有《重午约同人避暑烂柯山》诗一首:

逢场物采应时芳，黄实未英上草堂。
天地菁华初夏满，神仙方药午时良。
残杯莫惜倾山月，好友堪携渡石梁。
此日青霞如可掇，葛蒲已作水云香。

联豸徐氏家族在烂柯山留下了深深的足印，这些印迹把水亭门，乃至衢州城与烂柯山的紧紧联系了在一起。也许还有更多的衢州家族印迹，正是这种联系才使烂柯山与水亭门充满历史意义。如何让其相互映衬是开发衢州历史文化资源的重要方面。

族裔追忆

联豸徐氏从彦祥公过赘到水亭门胡家，历经百年，成为文武连襟的书香门第，尚德载物，世代相传。这一家族最后的名人就是民国将领徐志馀(族名徐昭寿)，不过他已受西风影响甚深，不来宗祠祭祀。家族文化的传承在中国传统社会里有着重要意义。政治制度与伦理道德的建构并非始于今天意义上的政府。《联豸徐氏家谱》称："古者明伦教孝，先由亲始，而于木本，水源之意，必溯其先……祖德之功，世世相传。"联豸徐氏这条传承体系，用他们自己的话来说，上溯"自若木始祖赐国为姓，着自偃王，辉于联豸，据龙游之溔水乡"，下"至彦祥公赘衢西安"，通过这样的追溯，"孝悌之心，油然而生"，"而后之贤子贤孙得诸说而鼓励"。从社会管理角度来看，《联豸徐氏宗谱》认为"管摄天下人心，收宗族厚风俗，使人不忘本"乃是家族传承的要旨。否则就会有凌与嫉之心，"贱而贫者或凌之，富而贵者或嫉之"。"故此圣人治天下自家至国，笃近举远之原也。……国无国之道而后国乱，家无家之道而后家乱。故礼乐纲纪国之道，宗谱世系者家之道也。"

联豸徐氏最后的族长叫徐炳炎，他那时管理的族产"徐大丰"麻饼店是今天衢州最负盛名的非物质文化遗产“邵永丰”的前身。徐炳炎的父亲徐太庚，当年也是族长。而最后族长的长子徐循理，本来也可能承担这个传承的责任。他是今天我们能追溯到的仍然保存着这个家族记忆的最后老人。他说：“祖父是族长，父亲也是族长，我是家里的长子，后来解放了，也就不再有族长了。”前几年因中风，徐循理的记忆和体力都已非常弱，但当我们采访他时，几乎唤起他整个道德情感，用他夫人的话说，“这是这几年里从未看见过的好状态”。也就是在这次采访中，他把封存了大半辈子的记忆倒出来，而他64岁的儿子徐昭鹏也是在这次采访中第一次得知自己的家族史。以下的故事来自对他们父子俩的采访。

最后族长徐炳炎

徐炳炎，就是联豸徐氏家族最后一位族长，家有兄弟七个，他排行老七。前面六个，地位都比较低下，做手艺的，卖小商品的，做烧饼的。到徐炳炎手上，成了一个资本家，是衢州当时颇有名望的人物。徐炳炎经营木材和木炭生意。“解放前把木头运到杭州、上海、苏州、南通等地去的。早年用船运，后来通火车了，火车皮一节节地装。”据徐循理老人说，徐炳炎的父亲叫徐太庚，是个秀才，教书，私塾在烂柯山那边的廿里街。当年那边有一大片房产和田地，都是徐家族产。《联豸徐氏宗谱》记载当年（光绪三十年）的领谱单时有言：“廿里街领系图传三本一部。”民国时，徐太庚被聘到衢州的粮食部门当负责人。

徐炳炎

徐炳炎娶了两房妻子。徐循理儿子徐昭鹏回忆说：“我爷爷都大小老婆的，到解放以后还是大小老婆。”徐循理是大老婆所生,解放后小老婆不能住在一起,但依然靠他养。徐昭鹏说,有一次爷爷给小老婆送钱的时候带着他去的,他亲眼看到的。“那时候工商联安排到糕饼店当营业员,爷爷一个月工资有32块。这钱他分成了三份,一份给大老婆,一份给小老婆,再自己一份。听说一个月给小老婆12块钱,她还带着两个女儿,12块钱管三个人的生活,不太够的。那时她名气也不好,待遇也不好,做点小活儿,打草包什么的,蛮苦的!去年父亲生病,他同父异母的妹妹还来看他的。”

徐昭鹏说,听他父亲讲,当初衢州国民党的司令部就设在他家的楼里。那楼在上街,是临街的两层洋房。徐炳炎常年在上海、杭州做生意,也就学着造了这幢当年来说很气派的洋房,屋里全部铺的地板,玻璃门。以前的大地主住的都是那种四合院老式房子。这个洋房衢州当初还没有,因为很洋气,那时候不少国民党大官都要住在这楼里。徐昭鹏说:“因为即使当初不肯,也是该他们住的。我爷爷不是有点名气的?房子又漂亮,国民党当时掌权的,他们要占你房子,你不得不给拿走。实际上我爷爷也是一个生意人,他是很容易逢合他们的,拍马屁是不是啊?当初国民党总部住在那里,说老实话,当初来讲,我们家里也是耀武扬威呢,人家看见也怕的。”1949年后,徐炳炎被划分为工商业资本家,这洋楼和其他房子都被接收走了。徐循理老人说:“实际上是他(徐炳炎)送掉的,他胆子小,都送给政府了。“文革”的时候,这上街的洋楼就被拆掉了。那时连家里的灶头都拆了,说里头藏着金银财宝。再后来落实政策,家里去交涉,房子拿回来八间。”

嫡长子徐循理

徐循理是最后族长唯一的儿子,他说他是“工人”。这两个字从老人口里说出来的时候显得特别干脆,可以感受到他心中的那份坦荡。他以前做的是机械工,制造榨油机、榨糖机等,他管施工的。厂子叫凿岩机厂,是从一个修理厂起家的，刚开始就三个人，后来变蛮大的。那时他工资能有42块，当时是非常不错的。他也管供销，有科长的权限。但由于成分不好，不给他这个职位的。退休以后，他去了衢州棉纺厂，在传达室看看门。按老人说，他在那里其实不是看看门那么简单。有一次厂里采购员采购进来一批木头，他凭随父学一起做木头生意的经验，发现不对劲。于是就跟人说，那批木头是废品。那个人就报上去了。厂长跑来了问他，怎么知道是废品？他说，这个木头弯的，木头要正直，头要大，尾巴要小。厂长一听有道理，就交代，今后建筑材料进厂都要给老徐检查过。还有一次进来一批水管，他发现有花斑，用洋钉一挖，是补过的。他说他以前做过水工的，凡是浇出来的东西纹路不好，就是有毛病的。从那以后，就把他调到了基建工地管材料，工资提高到48块。徐循理妻子任爱娇（2011年7月采访后去世）比他大两岁。她也是大户人家出身，爷爷是当年水亭门"任记银楼"的老板。他们育有6个儿子，2个女儿。那时妻子也不挣工资，徐循理一个人养活一大家子，很不容易。徐循理儿子徐昭鹏说，父亲有些生活习惯一直延续到现在，就是以前的那种大户人家的生活习惯。

令人惊讶的是，有关祖父和太公徐可求的很多事情，徐昭鹏也是第一次从父亲口里听说的。徐昭鹏说，"以前他根本不讲这些"，"资本家都闭口不谈"。现在听说要给带去烂柯山找祖宗的坟墓，父亲兴奋起来了，那些陈年老账都翻出来了。在人看来很光彩的家族往事，徐循理老人为什么要隐藏得如此之深呢？对自己的儿女，联系徐氏家族的血脉，这大半辈子他怎么能做到只字不提呢？老人感慨地说："这个是不光彩的事情呢！以前你们不晓得，资本家！要低头啊！"话未说完，老人家却又从容地笑了。儿子徐昭鹏似乎也是百感交集："实际上现在自己也不光彩的，一代不如一代！"当年他去参军，本来已经报上去了，通知书都开着了，结果说体检没过关，有血吸虫病，就不让去了。后来才知道，是成分问题、历史问题。徐昭鹏说，那时还恨自己的有这个家族。徐循理老人却有不一样的心态:“那个年代都是这样的啊,也没有什么好抱怨的,能保命就不错了!”

问徐循理老人现在他的儿女们是否会有意重建家族的祠堂,老人回答说,他们这一代不会管的,他们都只是普通工人,挣口饭吃。后来徐昭鹏的意思也是说,他们家族的人现在已经自己都不认得了。家谱、祠堂的事更是不会关心。《联豸徐氏宗谱》所记“联豸徐氏宗规”首先一条便是“重祠宇”,说:“古之君子将营宫室,必先立祠,盖祖宗灵爽所由凭,而子孙昭穆所从序也。”在徐循理老人心里,家族、祖宗的地位依然还是在的。徐昭鹏说,一听说要开车带他去烂柯山找太公徐可求的坟墓,不仅把那些家族往事给家人讲了一遍,还早早换好衣服,穿得精精神神的在家候着。到了烂柯山,年近九旬的老人在山路上拄着拐杖,步子虽迈不大,可步伐节奏比年轻人都来得快。他到宝岩寺打听,寺

徐家父子失望地看到徐可求墓已被夷为平地

里的一位和尚听说找姓徐家大坟，指了刚迁过来的徐徽言墓的方向。还是荆溪村64岁胡美士老人带他到徐可求的墓地，但令他非常失望的是，墓早在1962年就被推为平地。现在原地刚立了一块新碑，上面刻着明代绍兴人徐渭歌颂戚家军抗倭的诗四首，已经没有任何徐可求墓的痕迹。徐循理说1948年父亲亲自带着他来这里修好坟。胡美士老人告诉他，徐可求墓的一些石碑，后来由烂柯山风景区从村里收回来，目前保存在风景区里。

采访徐循理时，有一个故事他重复了无数遍。由于中风记忆损伤，他完全没有意识到他在反复讲述同一个故事。他的儿子也是第一次听他讲述这个故事，故事细节他却记忆如新：

联豸徐氏祖上文人辈出，在《浙江通志》《衢县志》都记载了该家族留下的大量著述。据说明代徐应秋还是著名的藏书家，名入《江浙藏书家史略》。

徐循理、任爱娇与子女50年代合照（徐循理提供）

徐循理老人说，徐可求死后，一部分手稿古籍都留在他家。1937年抗日战争，杭州沦陷。作为族长的父亲徐炳炎说，要把两箱太公遗留下来的书，运到下石埠，那里住着一个堂份的哥。于是，徐循理与父亲把书一部一部运到小南门，在码头雇船打算再运到坑口。到了下石埠(到黄坛口的路要经过的)时，国民党军队过来，把他们赶出了船，太太走不动了，他要船载太太。那时他们哪里吃得消争辩。这样，还有两箱，装了有三四部书，家里的雇工就用一个包裹打起来背着走，那时徐循理还只有十几岁。到了坑口那个地方，徐循理回忆说："还好隔壁有个山神庙，我们哥弟两个再有父亲，就躲进去。那么刚刚雨没有了，爬下来的时候，山洪暴发了，哗哗哗，连我住的房子都冲掉了。我们父子还好，边上抓住一根树，死死抱住。水哗哗哗，我父亲说房子靠不住了，抱住树。结果房子冲掉了，书也淌掉了，真可惜，两箱啦。命逃出来算好了。"当问起现在家里还有什么祖上留下来的东西时，他回答说："什么都没有了，文化大革命都没了。以前我们家里书籍、像、画很多。现在祖宗的东西什么都没有了，'文化大革命'红卫兵毁掉了，家里的灶膛也给拆了，说下面有金子。"

(吴宗杰、侯松、安文英)

西河徐氏宗祠

敬其所尊爱其所亲迩之为仁人孝子

孝移于君顺移于长远之即义士忠臣

——西河徐氏宗祠大厅二柱对联

自宋朝衍圣公孔端友扈跸南渡，并奉旨立孔氏家庙于衢州之后，各名门望族纷纷随之安家南孔圣地。民国郑永禧《衢县志》(1113页)如是记载:“南渡以还，缙绅显宦往往遁迹于衢。”徐氏便是当时南渡适衢的望族。在水亭门街区，曾经有两大徐氏家族宗祠:下营街的联豸徐氏宗祠与上营街的西河徐氏宗祠，均为宋南渡时到衢州。联豸徐氏的祠堂在20世纪70年代左右已经被毁，如今只剩下西河徐氏宗祠还有迹可寻。

西河徐氏的由来，据郑永禧《衢县志》(1123页)记载:“宋衢州守徐大兴与裔孙逢吉任衢州路大使，因聚族于邑之西河而居之。”徐大兴的父亲为节度使徐襄愍，《浙江通志》对徐襄愍亦有记载，称其为河南洛阳人，“举制科，补右正言，擢淮东节制副使，领河阳军节钺。宣和间，辞疾居常山。靖康间，金人再入，率所部鏖战死，赠银青光禄大夫，开府仪同三司，谥襄愍。”宋朝宝文阁直学士王涣之为其撰墓志，称徐襄愍为御史中丞清穆之曾孙，先世居汴京柳家庄。徐襄愍生于宋熙宁五年(1072年)，其母詹氏“梦星堕怀，状如斗，光耀山震地，遂生公”。金南侵，兀术由沧州渡江，其他守军望风而逃，独徐襄愍率部力战而死。为加褒,宋天子遂赠其子徐大兴为衢州太守,收父遗骸葬于常山护国寺。当时金兵充斥中原,徐大兴“奋不顾身与其季弟收父遗骸,间关百日,始达于南陔”。彼时正值酷暑,然而长途跋涉之后,其父徐襄愍的遗体肌肉如生,王涣之叹曰:“岂非纯孝所致哉?”

《浙江通志》中记载,徐大兴迁衢州守后,“抚疮痍,修战具,却赂遗,充积贮”。那么为何居衢州?据王涣之推测,“盖以太末为徐宗国,而又节度公旧游之地也”。也许这也成为衢州徐姓独大的原因。国仇家恨,“语及时事,辄北面流涕,誓不与戴天,语语激烈,令人动容”。第四十九代衍圣公孔玠曾题词赞曰:“本抱仁戴义之质兮,浊世亦钦为大儒。怀致君泽民之念兮,搴帷径至于三衢。遭世运之凌夷兮,王业既偏安于一隅。得刺史之分忧兮,黎明少解困于催呼。慨东南之半壁兮,此岂复有良图?辞轩冕而入籍于信安兮,避风雨于篷庐。”

清朝宣统年间所修的《西河徐氏宗谱》记载,逢吉为徐大兴七世孙:“元至大二年(1309年),以才干举掌宝钞局大使,由常迁衢,卜居华丰楼西河下,遂入籍焉,至今以西河名西邑。”其后西河徐氏分为五个支系,逢吉公则被尊为其一世祖。据宗谱记载,逢吉公死后葬于常山,每年九月内,都要去祭扫,每支一人,公以五人为率。“如若迟至,岁终未经祭扫,值年人公议重罚以为不敬。”然而若是慎终追远,衢州的徐氏可追溯至周朝的徐偃王,西河徐氏族谱亦记载,“衢州东海郡三十六户承徐偃王之后”,故西河徐氏宗祠上曾有对联曰“百叠鳌山光摇东海,

《西河徐氏宗谱》中的偃王玉玺

万枝龙烛影射西河”。下营街的联豸徐氏，亦视其族为偃王后人，故两族实乃同远祖。宋代时任提举浙东常平茶盐公事的朱熹曾作《西河徐氏宗谱序》赞曰：“徐氏之先出自颛顼之裔，嬴姓伯益之后，受封于徐，子孙因氏焉，历千百载以嗣以续，如视诸掌，其子孙之贤可知矣。”据徐文荣说，朱熹与西河应是亲家关系。

宗祠沉浮

据宗谱记载，西河徐氏宗祠位于上营街太平坊。乾隆时期徐一槱所书的《西河徐氏重修〈齿录〉序》中考其建于明朝万历十六年，由当时的通政使司右通政徐一檟倡导族人捐俸而建，历时十年才成：“今上纪元万历岁戊子，本族通政公宾梧倡义捐俸，并劝宗人之慕义者偕与相基卜吉，庀材鸠工，鼎建大宗祠，至戊戌落成。”

不幸的是，宗祠于乾隆十三年冬天遭遇火灾，房屋被烧为灰烬，“仅余列祖木主而已”。虽然祠侧有义室数椽暂栖神位，“为子孙者终难刻安，于是聚族而谋，卜筑于太平坊之旧址”。当时族中“慷慨捐资者多寡不一，更得贤董事二十辈踊跃赴事”。宗祠于乾隆十四年春鸠工起建，分班轮管。据记载重建时还与边上信安陈氏因旧基问题发生过诉讼。

乾隆二十年冬天，祠宇才初成，进主以奠先灵。建成后的祠堂，南庑至玉皇堂，北至徐敦彬屋，东至陈宁邦侯地，西至大街，积步七百八十三弓一分，地三亩二分六厘二毫九丝六忽。其格局一直延续至今。

《礼记·曲礼》记载：“君子将营宫室，家庙为先，厩库为次，居室为后。”祠堂在礼制中享有崇高地位，古人建造房屋时，首先考虑的是宗祠的位置，其次是牲口棚及库房，最后才是住宅。而古人建祠，往往仔细考订方位，确定其风水。祠堂风水一般要求地址山水聚合，藏风得水，其中又以得水之地为上等。[1]

---

〔1〕陈凌广：《浙西祠堂》，百花洲文艺出版社，2009年，第35页。

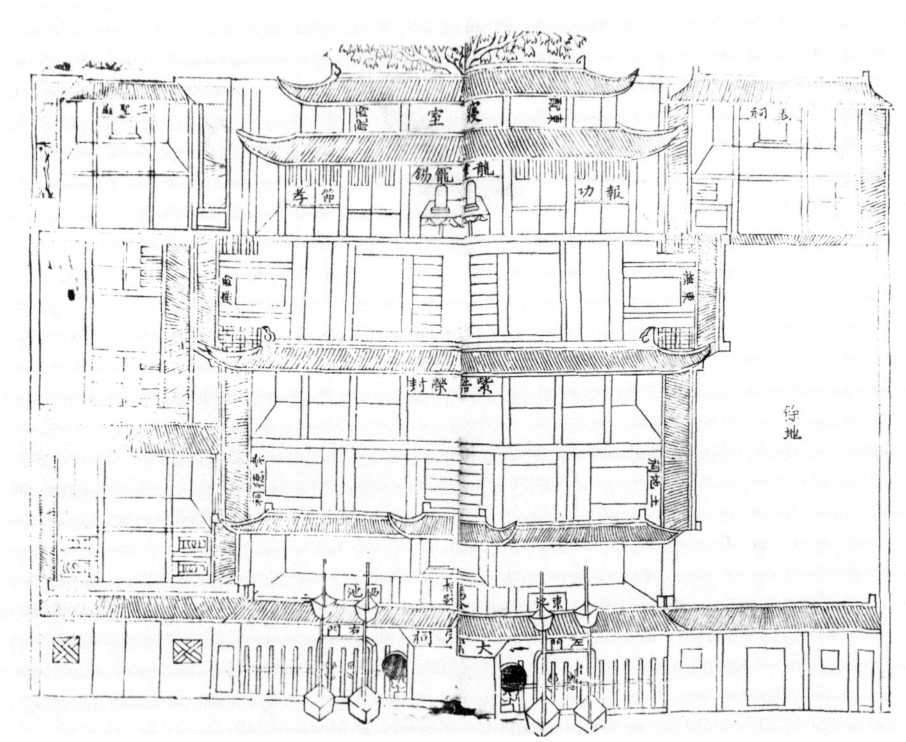

西河徐氏宗祠图(载《西河徐氏宗谱》)

位于太平坊的西河徐氏宗祠,面朝衢江,视野开阔,水流盈转,门外两侧分别有道曲径通幽,可谓是一风水佳处。《宗谱》中称:“位震向兑[1],爽气西来,秀水环绕。有是哉,徐氏延绵之兆乎!”

西河宗祠“位震向兑”,还有其礼制讲究。《浙西祠堂》记载,古时统治者为显示其高高在上的地位,除皇家建筑、庙宇、官衙等之外的民宅皆不敢正南北向,即便南北向,也要稍微偏移,因而绝大部分祠堂是以东西向坐落,只有少部分有南北方位。位于柴家巷的任氏祠堂,其所祭始祖任一成清初官至衢州都司,因此该祠堂也是东西朝向。但是西河徐氏祠堂东侧的宁邦侯祠,因其所

[1] 即坐东朝西。震,东方;兑,西方。

留存的宗祠第三进

祀之人陈弘在晋朝时军功显赫，被封为信安侯，后世又加封为宁邦侯。他的祠堂，据93岁高龄的汪栋时老人回忆，便是南北朝向。

《西河徐氏宗谱》中所描述的徐氏祠堂，其布局基本根据中线对称发展，部署秩序左右分立。这样的布局，梁思成认为，适于礼仪之庄严场合。[1]祠堂共分三进，严格遵循“前堂后寝”的建筑安排，其主体建筑沿中轴线依次为围墙前院、天井、前殿、天井、正殿以及寝殿，旁边又有厢房长廊，第一进为大厅，两侧廊道分别为崇德祠与土地祠。第二进北南两侧分别为报功祠与节孝祠，中间为大厅，供奉祖先牌位。两侧东为庑（廊屋）与西庑。最后一进为寝室，其南

---

〔1〕梁思成：《中国建筑二十讲》，线装书局，2006年，第57页。

侧为义祠(东南角),北侧为三圣庙。此外宗祠中还有照壁。祠堂各处均张贴有对联,其长宽尺寸在家谱中有详细记载。

清朝《大清会典》有规定曰:“凡品官家祭之礼,于居室之东立家庙。一品至三品官,庙五间,中三间为堂,左右各一间,隔以墙,北为夹室,南为房,堂南檐三门,房南檐各一门,阶五级。庭东西庑各三间,东藏遗衣物,西藏祭器,庭缭以垣,南为中门,又南为外门,左右各设侧门。四品至七品官,庙三间,中为堂,左右为夹室,为房,阶三级,东西庑各一间,余制与三品以上同。”从规模来看,西河徐氏宗祠庙基本遵循这里描述的礼制布局,应为四品至七品规模。

宗祠朝向上营街,大门上有一匾额“大宗祠”,匾宽六尺,高二尺三寸五分。据宗谱记载,门上还有门联一对:西河望族,东海名宗。紧靠大门为两座抱鼓石,它是家族身份地位的象征,一般来说,官位越大,门前的石鼓也越大。[1]大门两侧还有左右两道侧门,一般来说,祠堂的侧(边)门供平时出入,大门只在有大事或年节期间才开启,而且也只能由族长或管事才有权力开启,个体祭拜只能走边门。[2]正对左右侧门有旗杆四座,联豸徐氏的宗祠前曾经亦有旗杆。今年78岁的徐先熙老人,是西河徐氏的后人。据他说,到了1949年前,大门上的匾额改为了白底黑字的“西河徐氏宗祠”。门上画着两个门神,是两个武将,分别一边一个全身立着。老人说,这两个门神是彩绘的,每次上祠堂都修色,颜色都比较鲜艳。

大门进去之后为中门,之间有桥连通,桥左右为“东池”与“西池”。这两个池塘,在古时可能有风水的含义在,汪栋时老人说,后来主要是防火用的。池塘里面养了鱼,也不是什么名贵的鱼,是用来吃水里的蚊子幼虫的。一直到20世纪七八十年代,这两个池塘还在。

---

〔1〕陈凌广:《浙西祠堂》,第200页。

〔2〕陈凌广:《浙西祠堂门楼的建筑装饰艺术》,《文艺研究》2008年第6期。

祠堂大门遗址

据祠堂图来看，第二进中安放有神位，上有匾额，刻有“龙章宠锡”四字，意为“圣旨恩赐”，是古代皇帝对有功大臣的最高奖赏。据家谱记载，西河徐氏历朝历代敕封甚多，因此宗祠中的“龙章宠锡”四字，实非自夸，只是源于哪个皇帝恩赐，已不可考。此殿中供的神位，主要为始祖及后四代宗子，其排放也是按照《大清会典》规定：“堂后楣北设四室奉高曽祖祢四世，皆昭左穆右。”昭即为二世、四世祖，穆为三世、五世祖，分列在始祖两侧，以此来分别宗族内部的长幼次序、亲疏远近，正所谓“春祀秋尝遵万古圣贤礼乐，左昭右穆序一家时代源流”。其余的历代神主，据宗谱记载，均送进义祠，春秋致祭。至宣统辛亥年（1911年），已有府君295位。

汪栋时老人说，他十三四岁的时候去徐氏祠堂里玩耍过。那时候大门进去是一条路，宽度大概可以通过一辆小汽车，路两边就是池塘。路的右侧是一幢矮屋，里面住着一个看门的，可能是徐家的人，也可能是徐家请来的老人,跟现在的小区物业管理员一样的。路的左侧有个小门,可以通到旁边的隆裕油行。祠堂的大小和现在差不多,有三进,第一进是个大厅,现在已经拆掉,第二进也已拆掉,现在保留的是第三进。当时里面有些牌位,“黑漆漆的,白天蝙蝠很多”。

到了1949年前,这里有国民党政府机关办公,用来关抓的壮丁。汪栋时说,他正好看到过有人被押着进去。这些壮丁是农村的,有的是城市的,大多在二十岁左右。读书的学生是不抓的。祠堂门口有兵把守,这个时候是不允许人进去的。国民党兵住过很多,后来还做过兵工厂,部队的米也曾经放在这里,相当于后勤部。1949年以后徐家祠堂被收为国有。汪栋时老人说,所有祠堂都是国家的,由房管部门收去。当时徐家祠堂收归国有以后,成了粮管所。据陈锡祥记载,粮食紧张时期,老百姓在这里排队买碎米[1]。

后来的徐家祠堂,成为了邵永丰麻饼博物馆。据其老板徐成正回忆,当初他看到的徐家祠堂还很漂亮。有两个大门,还有小门,进去后两边是厢房,相当于值班人用的。中间一座桥,桥的两边就是池塘,很漂亮的。桥过去之后又是一座墙,这座墙像风火墙一样的。墙进去又是一座桥,桥两边有房间,中间是很宽的厅,厅进去之后两边都有房间。后面是天井,左边有一条走廊。最后面是作卫生间用的。徐老板说,他的麻饼博物馆基本格局还是按照原来的,墙角没有动。所以,从现在的博物馆,尤其是最后一进中,依稀还能窥得当年西河徐氏宗祠的风貌。

除了宗祠本身之外,西河徐氏还有众多祠产与祀产,分别位于县西街头、朝京门外、梧桐巷以及邻近各山村。这些祠产,到了后期都出租给了各家店面或者个人。其收入多用于祠堂的祭祀、维护等。《祀规簿》中对于光绪年间水亭门地区及其附近的祠产和地租有详细的记录。

---

〔1〕阿祥博客:《上营街徐家祠堂》。

今天宗祠内的通道

祭如在明德维馨

《礼记·祭统》曰:“凡治人之道,莫急于礼;礼有五经,莫重于祭。”据宗谱记载,每逢元旦、新年、清明、中元、重阳、农历二月二十五以及八月十五,都要去祠堂内祭祀。其中又以春祭二月二十五和秋祭八月十五最为隆重。据宗谱记载,春秋二祭前三日斋戒,值年人便要预贴榜文,祭祀前一日,还要请宗长献牲。祭祀的规格严谨肃穆,正如其西侧长廊的对联所云“祭如在明德维馨”,祭品如下:

看桌一席　围碟一席　五牲　糕桃二小盘　子面二银碗　粢盛二银碗　爵着二付　椅披二条　水果湿点心四冰盘　糕饼京果四冰盘　帛二端　祭顶一付　大五事件一付　大棹围一条　供棹花布一块　花卉古铜

事件不拘　像生果十碟　全猪全羊一　猪头鹅六付　鸡肉三牲六　共计熟肉八十六斤

除了考究的祭品,当时还有严格的祭仪程序:

前三日	斋戒,预贴榜文
仪节	通赞　引赞　左执事一　右执事一　读祝一　读宣嘏一
子姓序立两阶下	
执事者序立两阶上	禁止言语喧哗
序立	
肃班	通唱
就位	引唱　主祭孙就位　分献孙就位　与祭孙就位　执事孙各执共事
瘗毛血	
迓神	四鞠躬　诣盥洗所盥洗

祭祀对象,即迁衢始祖逢吉公,及其后五代始祖,始祖的牌位上写着:

迁衢始祖
宝钞局大使仍十一府君
妣老安人　王氏
之神位

子孙面对牌位与香案,会念宣嘏,即宣誓恪遵"为长者教爱子弟,为少者孝敬父兄,恩义交孚,患难相救","倘有凶恶悖伦,罔念宗族、气力相殴,巧诈相陷,如路人寇仇相胥,则我祖宗必阴加谴责,以罚其身"等等。这一祭祀过程显然是一个重要的道德规训,对敦厚民风能起重要作用。其祭祀程序如下:

上香	酹酒　叩首　兴　复位
参神	鞠躬　跪　叩首　兴　凡四次
行初献礼	诣酒尊所　司尊者酌酒　诣诸神前　跪　献爵　奠帛　叩首　兴　复位
读祝	诣读祝位　跪　众皆跪　读祝　叩首　兴　复位
行分献礼	分献孙行分献礼
行亚献礼	诣酒尊所　司尊者酌酒　诣神位前　献爵　献箸　选馔　叩首　兴　复位
行终献礼	诣酒尊所　司尊者酌酒　神位前　跪　献爵　粢盛　兴　复位
饮福受胙	诣饮福位　跪　饮福酒　受胙　叩首　兴　复位
宣嘏	宣嘏者代宣祖训　子孙静立恭听训言
辞神	鞠躬　跪　叩首　兴　凡四次
焚祝帛	读祝者焚祝　捧帛者焚帛
撤馔	
望燎	四鞠躬
礼毕	
退班	

然而，到徐先熙老人十多岁的时候，祠堂因被国民党占着，于是族里人只是每年正月初一去祠堂给祖先拜年。不要说祭仪，就连祭品也远远不及当初，只拿着香、蜡烛和纸马。所谓的纸马，就是普通黄纸头，折成三折。据老人回忆，那时他大约十多岁，因父亲过世得早，由伯父领着去祠堂。那时祠堂的门都是关着的，进不去。于是大家只能在祠堂门口拜一拜，在马路上点香烛，烧纸钱。凡是住在城里的男丁，都会去，在城外的本家，则不会去了。一支里面到二十几个人，五支则有一百多人。祠堂门口路上都插满香。老人说，那时族里的人平日都不大来往，只有到了每年初一这天，才有机会见面，这个时候才能感觉到亲情："有些认识的会问：'噢，这是谁呀？这是谁家的孩子？'我伯父介

上营街旧景——族人当年就在街上祭祖

绍，这是某某人的儿子。‘哇，嘎大啦？小人嘎大啦？’那么我伯父会介绍：‘叫爷爷。’”由此可以感觉到祭祖带来的“亲亲睦友、民德敦厚”的气氛。正如朱熹在《西河徐氏宗谱》中写的：“人道亲亲也，亲亲故尊祖，尊祖故敬宗，敬宗故睦族，睦族所以尊祖敬宗者也。”

每次正月初一拜完之后，祠堂照例会分馒头。五个箩筐，一支一个箩筐，凡是到的人，都有馒头发。大家香点完：“一支那边去，两支这里，三支这里，四支这里，就在马路边上。箩筐一拎，大家十几个人二十几个人过去分。”一般开始时先每人发四个，如果有多再拿几个。老人笑说，有一年，雪下得很大，一直没到小腿处，到祠堂上香的人比较少，他上香时一只篮子拿去，结果一篮子馒头拎回来。

据老人回忆，在他爷爷手上时，除了馒头之外祠堂还发香饼：“这个香饼一面是芝麻，里边是红糖。”关于祠堂分发馒头和香饼的定例，宗谱《祀规簿》中有迹可循：“元旦日值祀人办馒首一百六十斤，又香饼百斤，照丁分给。”据徐先熙老人说，香饼和馒头，只有去祠堂拜的男丁才有，女人一般不去祠堂，去了也没有。

宗谱《祀规簿》中还规定，祠下子孙年十六，每逢春秋祭祀，给生胙八两，年登六十者加生胙一斤，七十者加生胙二斤，八十者加生胙五斤，九十者加生胙八斤，百岁上寿加生胙二十斤。到了徐先熙小时候，已经没有胙肉。唯一有一次，是在1947年，家族重新修家谱。他说：“这是宗祠里面很大的一桩事情。修家谱应该在祠堂里面做的，但祠堂被国民党的单位占了，我们就在城里面租了一个店家开会。”店就租在道前街和美俗坊的口头，原来是个打铁铺子。家谱修好后，初一时，店铺不开业，大家去租来的店里拜老祖宗，那时没有祖宗的牌位，只有“一套家谱供在上面”。每个去拜祭的人，一人发了一张半斤的肉票。

当时，到底是国民党哪家机关占了西河徐氏宗祠，徐先熙老人说不清。总之门一直是关着，也没说能不能让人进去。但有一次，徐先熙与他的族人终于得以进去看了。“有一年我去烧香，这个大门看去有一点点好像没关得很紧。我当时小，十几岁，就推了推，一推，门开了。我索性推大一点，进去了。我进去以后，其他的叔叔伯伯，年纪大的长辈们，也一起进来了。”据老人回忆，祠堂大门进去是一个很大的门厅，“这个门厅倒比较像样的”。门厅进去有一个露天的过道，过道走进去有个大殿，大殿不是正对大门，有点偏的，里边比较阴暗，神祇牌位也在。牌位不是很多，就当中几块始祖的神祇牌位。老人小时候听其祖母讲过，里面的神祇牌位都像砧板一样大的，进去一看，果然如此。只是上面的字已经看不清楚了。不过家谱里都列有详细的神位排行。

老人说，当时是小孩子，也不觉得神圣，只觉得里面的殿不是很大，大概就三间，进深多少也讲不出来了。老人慨叹，这是他第一次到祠堂里面去，还是碰巧的，也成了最后一次。

天官“奖学金”

徐先熙老人说，他家是五支中的第二支。早先家族里每家每户都有灯笼，上面一边写“西徐”，即西河徐氏的简称，另一边则写着各家的堂分：“人家一看这个灯笼就晓得是哪个徐。一看堂名就晓得你是哪一家人家的。”徐先熙家的堂分是“瑞庆堂”，是从他祖父手上传下来的，当时“瑞庆堂”三字，还是其祖父的妹夫，《衢县志》编者郑永禧所书。

回忆起自己所属的二支,老人很自豪:“第二支里面有个叫徐天官。”老人说的这个徐天官就是倡造宗祠的徐一榎(家谱记载为第四支介十七房)。康熙《西安县志》中介绍其为隆庆五年辛未进士,官吏部稽勋司主事,故有徐天官之称,与联豸徐氏中的徐可求同,因此两者在衢州民间容易混淆。县志中还记载,在关王殿前曾有“天官坊”,即为徐一榎所立。[1]据西河宗谱记载,徐一榎曾任宁国知县,初上任便进行了一系列整顿:“却供账,罢里甲,斥猷法胥吏数十人,清庾田六百余亩,县以大治。”后又调剧丹徒,“筑长堤以捍江。县有官民田二则,官田粮重差轻,民田粮轻差重,一榎减官粮于民,推民力于官,又山乡瘠壤,沙乡沃壤,请以山乡二亩抵沙乡一亩,民甚便之”。因政绩显著,擢吏部稽勋司主事,历文选司郎中,“守法不阿,有援请故求善地者,一切无所假”。《衢县志》(2281页)中赞其“倡造宗祠,置祀田,人称重义”。徐一榎父母偏爱小儿子,一榎“顺承其意,一切俸糈尽割与弟”。

据徐先熙老人说,徐一榎原来住在天皇巷,天妃宫对面:“这是我们徐一榎的祖居,房子很大,后来由于我们祖孙关系,房子卖了,卖了以后就分开了。”天皇巷中曾有天王寺,创建于梁,据宗谱记载,徐一榎曾为之捐助,故“寺正殿左首均设龛供奉大檀越宾梧徐公神位”。据王汉卿老人回忆,天皇巷中以前还有个天官庙,庙里有“天官菩萨”,与真人一般大小。陈锡祥先生还为此采集到了一个有关这位天官的爱情故事,只是坊间不知道此天官像为徐一榎还是徐可求。两家都在附近。

徐一榎祖居虽然早已不在了,但是这位太公留下了一笔钱,规定给族里的子孙读书用。徐先熙说,这个传统一直延续到了他念书的时候。说起徐一榎的“奖学金”,老人很是骄傲:“要考秀才,中秀才,才能够有一份,我们叫一股。”当时二支这一族,就是徐先熙的祖父和大祖父两家。“我祖父没有功名的,是用

---

〔1〕《衢县志》卷七。

钱去买了一个小功名，这个就不能算的，一定要考秀才。大祖父是个秀才，所以我们两家，大祖父和我祖父，只有一份。”

民国时期，科举取消了，于是祠里又规定中学毕业可以拿这笔钱。“我伯父同我父亲都是（衢州）第八中学出来的。所以当时，这笔钱就是我伯父同我父亲两个人可以拿。”徐先熙伯父与父亲均是其祖父所生，其大祖父则生了三叔与四叔。当时大祖父已经去世了，三叔四叔中学没有毕业，都没资格拿这个钱，所以“大祖父房里面一个人都没有了，就是我父亲和我伯父拿这个钱”。因此老人说，“拿这个钱的人很少的，现在到处都是中学生和大学生，当时来讲，读到中学生已经很不容易了。在老人三岁时，父亲过世，“那时两家里就剩我伯父一个人拿了”。

徐先熙的四叔，中学没有毕业去了福建，后来从那边传来了一份证明材料，证明中学已经毕业，故又可以拿。那时徐先熙正念中学，因为还在念书的关系，所以拿一半。“当时来讲，伯父一份，四叔一份，我半份。我们两家人家，这么多人，堂兄弟那么多，只有两份半，数量很少。”

族里的“奖学金制度”，在宗谱内亦有记载，《凡例》中称：“祠内宾兴向例：于文生给钱四千文，武生给钱四千文。”这笔钱来自族里的祠产和祀产，不过这是面对整个族五支的，不仅限于二支。而徐先熙则说，当时“徐一樌奖学金”，只有二支其嫡系后人才有，而这笔钱，到了他念书的时候，也主要来自族里的产业。“据说一部分是房子，老祖宗遗留下来的房产，还有地产，当时由族里的长辈掌管的，比如说今年我这个名下有几股人，收了多少钱，大家平均分配的。”除了钱以外，《祀规簿》中还记载，元旦祭祀时，对于念书的人，还发胙肉。“祠内给胙，办应照章订定。凡在高等小学毕业者，准廪增附例给胙，中等各学堂毕业者，准贡生例给胙，高等各学堂毕业者，准举人例给胙，京师大学堂毕业者准进士例给胙。若在外洋务各学堂毕业者，准照毕业学堂之程度，与中国相当之学堂给胙。如在传习所、養成所研究所速成科等处毕业者，准给熟胙二分。”这里可以看到从科举到现代学堂制度的相应转型。

给族内“知识分子”发胙肉的传统，到徐先熙中学时期已经不复存在。而且，据他的说法，那“一股”的奖学金，其实数量也很少：“据我估计，我每年拿半份，这个钱拿来做一套衣服。”当时他只有十来岁，个子也不高，但是如果要做一套料子稍微好的一点的双面卡其布的衣服，自己还要贴点钱。钱虽不多，却是很大的荣誉。徐先熙说，他福建工作的四叔，“一直到他快要过背（去世），对奖学金的事情还念念不忘”。不光是其四叔看重，老人的祖母都很看重：“当时在祠堂里说起来：‘哟，你这个孩子。’‘噢，我这个孩子拿到钞票了。’”在族里人看来，这是光耀祖宗，很有出息的。

凡是拿到徐一檟奖学金的人，据徐先熙说，每年都要去大洲乡徐一檟的坟上去拜。另外，徐先熙的四叔当年在信中，还向他提起过一桩事情：“徐一檟徐天官他有一顶帽子，一双靴，这两样东西是每家人家轮流起来供的，供在‘天地君亲师’坛下，万年香火。”这顶徐天官的帽子，据其伯父讲，也不是头上戴的真实的乌纱帽，而是放帽子的一个东西。这两样东西，第二支系的人每家一年轮流供奉一次，逢年过节要奉香火，一直持续到民国时期。可惜，有一年，“供在大祖父那边，后来日本人炸弹来了，就没了”。

西河徐氏的后裔

周恂在为西河徐氏所撰的《旧谱序》中有言曰：“徐为衢之世家，自若木封君受姓以来，厥后侯王将相文武名卿代不乏人，盛矣哉！”到了徐先熙这一代，虽然家道中落，但依然藏有望族之后风范。

据徐先熙回忆，其曾祖父为守字辈，祖父为正字辈。只可惜，祖父的名字，老人已经没有印象，只知道是号镜心。徐先熙的祖父便是那位因买了官而没有拿到祠里奖学金的人。据老人说，当时他祖父买的官，也不是什么大官，没什么实务，就只是一张纸，是为了死后写在坟墓上好看的。

徐先熙夫妇在上海家中

徐先熙的伯父徐绍仁，在1949年前曾经教过书，也在国民党政府里面做过公务员，1949年后就在食品公司管账。老人说，二支里面的事务，多由其伯父管理，其族产地租等都由其伯父代理，1947年重修家谱时，其伯父也是参与的，只可惜重修后的家谱去了哪里，徐先熙已经不知道了。

徐先熙的父亲名徐绍箕。据91岁的郑怀棪老人透露，徐绍箕出生于清末，是盐运科第三科科长，娶了两任妻子，均是大户人家。“两个老婆相当好的咧”。徐绍箕的第一任妻子生了三个女儿，徐先熙是第二任老婆王氏所生，与他同父异母的姐姐们关系很好。徐先熙从小住在衣锦坊的房子，据他说是父亲买的。他三岁时父亲过世，五岁时母亲过世，所以一直和祖母生活。其祖母姓何，裹着小脚，平时不大走动，家里的主要经济来源，就靠衣锦坊的房租。

16岁时，徐先熙离开了祖母去参军。“祖母么年纪大了，我学校里面念书，念书要钱，吃饭要钱，怎么办？当时思想比较进步，要去参军”。参军离开衢州之后，徐先熙曾在南京三野政治部学习，后来又转到上海外国语大学。1954年从俄语系毕业后，在各地造船厂为苏联专家做翻译。“后来中苏关系不好了，厂里也不要翻译了，我们都走掉了。我去西安交通大学教书，教了六年。”1963年，徐先熙调回上海，在机电工业局工作，退休职称为经济师。

徐先熙有一子一女，女儿为高级经济师，儿子在同济大学。老人是先字辈，按照家谱的规定，下面是贤字辈。在他看来，按照辈分取名其实有一定的道理在，比如一看到绍字辈，就知道是父亲那一辈，是本家。老人说，好玩的是，小学里班上有一个同学，是正字辈。“年龄和我一样大，我要叫他祖父。”下面班里有个同学，是贤字辈，“就要叫我叔父了”。然而，当问起是否给孩子按辈分取名时，老人摇了摇头：“当时解放以后，新思想，这个传统不要了。”老人说，当时情况两样，要打破各种封建家族，这样才好搞革命。于是名字的传承，在他儿子这一辈就断了。家族里的故事，徐先熙也从没讲给儿子听过，儿子也没问过。“这个事情，不讲了算了，儿子也不一定听。”据他说，现在人的观念和他们老一辈的观念，已经两样了。“他们有他们的想法，我们有我们的想法”。

朱熹《西河徐氏宗谱序》中曰：“夫人之初生，固无以异于禽兽，有圣人出，教以相生相养之，道自父子兄弟间而推之，以为敬宗睦族之义，由一家而达一国，由一国而达天下。”西河徐氏自先祖若木受封以来，绵延数千年，家谱几经翻修，祠堂几经重建，其景先哲启后昆之心，追祖功报宗德之意，代代相传。正所谓“敬其所尊，爱其所亲，迩之为仁人孝子；孝移于君，顺移于长，远之即义士忠臣”。敬祖而知孝悌，孝悌乃致家和，家和方能国兴，而这其中的道理，到了现代又有多少人能够理解？

（高佳燕、吴宗杰）

叶敬德堂

现柯城区政府办公楼所在大院，是曾经的叶震兴烟店布店，大多老人们都说这是当年水亭门最大的商号。1952年的衢县人民政府税务局房地产税编查表中，当年水亭街41号的“叶震兴”所有人标记为“叶敬德堂”。叶家后人叶志雄老人解释说：“叶敬德堂是蓝田家乡宗祠的名称，我看到其他叔祖伯祖家中都有‘敬德堂’字样，和烟店、布店的生意没有关系。”这一家族就是

叶敬德堂小洋楼（上营街8号）

衢州占有商业半壁江山,显赫一时,人称“叶半城”的徽商家族。这一家族在民国早期郑永禧《衢县志》中就有详细记载:“今其城内东中西三河石阑有刊‘叶敬德堂’者,悉数诸子承命而建设者也。”如今叶家故人早已离世,后人也离开这个街区,但是在此地,叶家的屋,叶家的店铺,叶家人物,叶家的排场和叶家的故事仍然让人津津乐道。据说当年叶家嫁女时,嫁妆有108杠,浩浩荡荡挤满了整个水亭街区。嫁妆中还包括两口棺材,就是说女儿到婆家一辈子所需的东西,包括身后事都准备好了。在水亭门街区,曾经叶家的房产有叶健修所有的小天皇巷5号,罗汉井8号,下营街37号(已拆),上营街8号;叶家的店铺有叶健修所有的水亭街叶震兴纸号,叶震兴烟店布店(水亭街41号通到上营街9号,水亭街41号现为柯城区民政局),叶仕衡所有的水亭街27号,上营街57号通到美俗坊34号和36号(已拆),叶豫兴所有的下营街1号(已拆)。水亭门街区所指的叶家基本是叶家三房叶健修这一支,而这只是整个叶氏家族的一部分,其在水亭门留下的痕迹折射出整个叶氏家族甚至徽商在衢州的发展史。

叶仕衡之子叶元椿在《衢州文史资料》中详细记录了叶家先祖来衢创业的经历。从叶志雄收藏的《蓝田叶家家谱》来看,叶家从第一代先祖叶维嘉来到衢州,到如今已经在衢州繁衍了七八代,他们中间有曾经在生意场上风生水起的富商巨贾叶仕衡和叶健修兄弟,有时任民国财政厅长、膺中将衔的著名爱国人士叶元龙,但更多的是一代代兢兢业业发展家族产业的叶家人。我们寻访到曾经住在水亭门街区的叶健修这一支叶家的后人,叶健修的孙子叶志雄,从他提供的家谱中,我们整理出了叶家的人物脉络。

从谱系表可见,叶维嘉(光衍公)是从徽州歙县蓝田来到衢州创业的始祖,其子孙都可称为叶敬德堂族人。叶维嘉膝下五子,其中长子叶本立膝下五子,分别是长子叶开知,次子叶开仁(叶豫兴),三子叶开勇(叶健修),四子叶开瑞(叶蔚人)和五子叶开铨(叶仕衡)。在水亭门的叶健修这一支,其膝下五子,分别是长子叶元灏(叶竹亭),次子叶元淑(叶静帆),三子叶元嘉,四子叶元善(叶衢生),五子叶元庆。其中叶元淑独子叶大勋(叶志雄),叶元善儿子叶大春是如今我们可以采访到的叶家后人。叶志雄说:"我们叶家是很大的家族,我太公叶维嘉那一辈是五个兄弟,我爷爷叶本立那一辈是五个兄弟,我父亲叶健修这一辈也是五个兄弟,人很多啊。"同时,已故的衢州实业界元老叶元椿是叶仕衡的次子,在《衢州文史资料》里留下大量有关叶家和当年衢州工商业的记述。

叶大春也说:"叶家家谱系表是开、元、大、名、家,我是大字辈,在衢州的叶家光是大字辈的人就有一百多个了,是大家族。"叶维嘉这一支的其他族人还有叶维嘉的四子叶本新,孙子叶元龙;我国著名文艺理论家叶以群(原名叶元灿、叶华蒂);晚清民国时期著名书法家叶开淇也是这一支开字辈子孙。从他们身上可以看出叶家族人已经不仅仅局限于商业,在政治、文化、教育界也人才辈出。

从小盐摊到"叶半城"

据水亭门街区的老人们的说法,衢州本地人是不善于做生意的,在衢州生意做得最大的都是外地人,像徽州商人,宁波商人,绍兴商人,江山商人,福建商人。正如《衢县志》所载:"一切金融之流通,价格之上落,悉操诸客帮之手,闽、赣、徽、宁、绍各树一帜,其在土著之家无非小本生营。"而明清以来,"徽商富甲江南",衢州地处浙、闽、赣、皖之要冲,地理环境独特,资源条件丰富,自然成为徽商经济活动的重要辐射地区之一,而蓝田叶家就是其中的翘楚。民国衢州诗人杜子贞诗云:"瀫水之北通皖水,黄山奇特拔地起。钟灵毓秀富人文,半显宦途半隐世,我衢商界多徽人,积赀巨万见亦频。"

衢州府在明清时期辖西安、龙游、常山、开化和江山县,水陆交通十分便利。据方志的记载,衢州地区早在隋唐时期,就有徽人开始从歙县的篁墩迁徙衢州。宋元时期,徽商渐起,徽州蓝田商人叶万实于理宗宝庆年间举家迁至

“故盈川县之万石里”[1]。然而,比较集中的迁徙是出现在明清时期,这显然与徽商的崛起和兴盛有着必然的联系。如歙县洪盛源[2],明洪武年间来衢州贸易;程圣通[3]于万历年间由徽州绩溪来衢州经营米业生意,后娶西安县西河徐氏为妻,到顺治年间,程姓在城西大路口已经聚族而居;乾隆二十年(1755年),歙县人叶光[4]在西安县行商,后定居龙游北叶村。

追溯叶家在衢州生意的创始人,民国《衢县志》是这样记载:“叶道生其父光衍公(叶维嘉)自徽来贾于衢,值兵燹后设肆(店铺)南乡之前河,招集流亡贷给垦本,俾(使)安耕作。”叶仕衡之子叶元椿在《衢州文史资料》里描述了叶家先祖来衢州创业的历程。约在18世纪60年代,叶健修和叶仕衡的祖父叶维嘉携家自荻港转歙县乘船来衢州定居,先在南乡前河村摆小盐摊,继而兼营粮食生意,惨淡经营,后创设叶万源号,经营粮食、布匹、杂货等,由于经营得法,生意日渐兴隆。叶维嘉年逾花甲,将该店交付儿子们经营,自己携妻室回歙县蓝田村故乡养老。

叶健修与叶仕衡的父亲叶本立(字道生),系叶维嘉长子,继承父业,兢兢业业,待人宽厚、谦和、守信,不几年叶万源号生意十分兴隆,积累不少资金。随后叶本立独资在坊门街创设叶泰兴布号,又在布号内设立纸号,经营土纸制造、收购及运销业务。当时东南沿海一带商品经济发展甚速,衢州土纸销量随之逐年增长,叶本立商业资金不断积累,于是先后在水亭街创设叶震兴烟丝号,叶震兴布号,又在坊门街创设晋兴酱园和叶豫兴染坊。此时叶本立已经成为衢州市场中有影响的商家,但其生活仍然简朴如故,眷属仍居住蓝田村故乡。在民国《衢县志》是这样描述叶道生为人的:“叶道生(家状略)字本立,随

---

〔1〕《族望表》,《衢县志》卷十一。

〔2〕祝碧衡:《论明清徽商在浙江衢、严二府的活动》,《中国社会经济史研究》2000年第3期。

〔3〕《族望表》,《衢县志》卷十一。

〔4〕民国《龙游县志》卷四《氏族考下》。

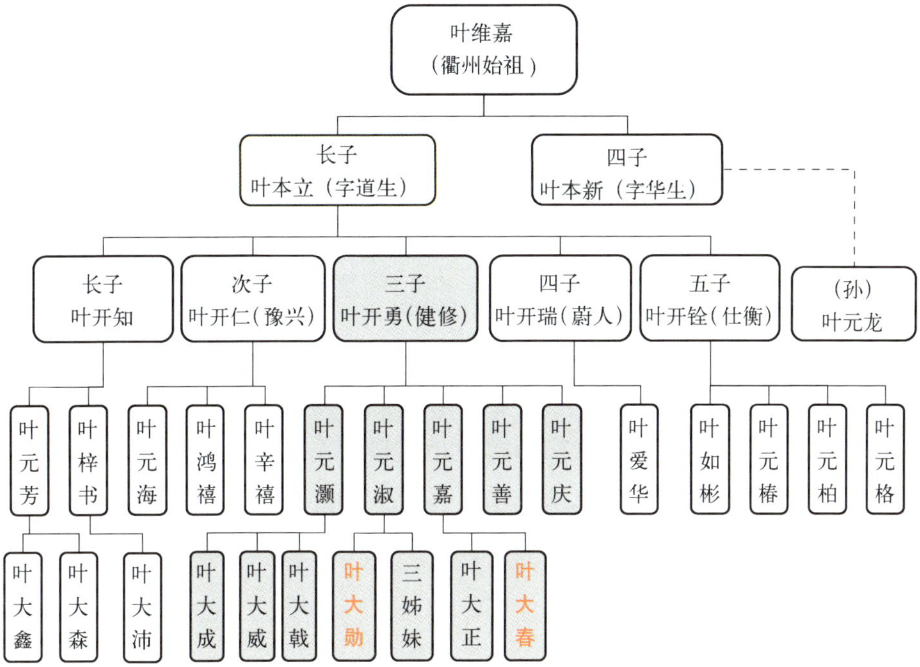

微商“叶敬德堂”迁衢谱系图(部分)

其父复助之施,贫乏者得以维生计。前河地当入闽孔道蹂躏特甚,凡往来桥梁涂径以及田间堰坝沟渠无不输赀,一一修复如故,一乡称善。父晚年退老,道生复推广营业,家境亦渐裕。光绪戊戌米价奇涨,道生首认办米二千石接济,米价遂平;又捐巨赀重修城北赤山桥及城南七里亭,官道甃(砌、垒)以石版,工竣不允署名。父年九十道生亦七十,婉谢亲友致祝,移寿宴作赈,迨年八十复谓子孙曰:吾少多疾病,父母恐吾不寿,亦自以为忧,愿好行方便,求补吾过,敢望报乎?今若此,愿亦足矣,勿谓冥漠中无主宰也!”

叶本立像其父一样,年过花甲,即分家析产,自己回故乡养老。分家时将叶震兴布店和叶震兴烟店(分给三子叶健修),叶豫兴染坊(分给次子叶开仁),叶泰兴布店,晋兴酱园(分给五子叶仕衡)等五家商店依次分给五房儿子,此外又将纸槽,山场,田地等分给各房。由于长子次子早死,叶本立嘱咐长房纸槽由三房叶健修协助经营,次房纸槽由五房叶仕衡代管。所以五房兄弟的纸槽山场,虽然各自经营,却对外形成两个经营管理企业,就是在衢州商场很有影响的两家商号,即叶健修主持的水亭街叶震兴号和叶仕衡主持的坊门街叶泰兴号。而叶本立的五个儿子也继承其父之善举。民国《衢县志》曾记:“当道重道生为人,迭加旌奖,有子五,皆善承先志,见义勇为。”

叶敬德堂的产业和善举,在叶健修、叶仕衡这些开字辈子孙时代达到了鼎盛时期。住在水亭街区的方光第老人说:“叶家那时候可以讲整个衢州占了一半啦,他们家是衢州、江山、常山、开化、龙游五县首富。酱坊、染布、烟店、钱庄、纸槽统统都有。叶家的屋多,下营街的屋拆掉了,坊门街也有的,下街也有的,县西街也有的。”从小盐摊到叶半城,叶家只用了叶维嘉,叶本立(道生)和叶健修三代人来完成,可谓伟业也。而令人惊叹的是叶家的一代代人不懈努力和不求回报的善举,使叶敬德堂和叶家人以“流寓”商人被载入《衢县志》,可谓流芳也。

叶仕衡的商业集团

衢州商场人士称之为叶家五老板的叶开铨先生可谓是其家族中最善于经商而久负盛名的人。开铨,字仕衡,1879年生于安徽省歙县溪头乡蓝田村,是叶本立最小的儿子。根据次子叶元椿的记录[1],其父亲幼年时虽然家庭经济富裕,但家教甚严,在蓝田受过几年私塾教育后,约十四岁左右即奉父命来到衢州,在他人开设的瑞丰小布店做学徒,接受草根式的商业实践锻炼。徽州人有句民谣说:“前世不修,生在徽州;十三四岁,往外一丢。”叶仕衡做学徒的店系家店相连,学徒初做家中杂务外,还要替老板娘烧火、做饭和带小孩,几乎整天不得休息。叶仕衡先生却甘之如饴,每天完成任务后,晚上坚持学习珠算,练

〔1〕叶元椿:《叶仕衡先生及其家族经商史》,《衢州文史资料》(第四辑),第171—178页。

习写信。每当经理与客户洽谈生意时，即细心静听且默记心头。因此三年师满后，对店中业务已了如指掌，并能提出自己的见解和主张，颇得商场前辈和亲友们的赞赏。父亲叶本立为培养他的能力与才干，要他辞去布店职务担任叶泰兴纸号的主管。

叶泰兴纸号集中了叶仕衡和长兄（其长兄已死）、四房这三房纸槽、山场的管理，以及对众多槽户的投资经营、土纸运销、资金调度等，任务非常繁重，但叶仕衡没有几年即将土纸经营的主要环节掌握起来且运用自如。他有过人的记忆力，对四乡槽户的生产能力都能熟记。当年土纸经营都以垫付成本、预售成本为主，能熟悉各槽户的生产能力，颇有用处。土纸市场设在杭州，全由土纸经纪人代为经手。当时市场的习惯，土纸运到杭州后，如没有使用经纪人的垫款，出售与否及何种价格出售，均需征得货主的同意。若已经使用经纪人的垫款，货到杭州上栈后，经纪人即有权按照市价脱售归垫。叶仕衡先生注意到这是关系到能否取得高效益的关键。为谋求掌握杭州纸市价格的主动权，他力求避免使用经纪人的垫款。为了自筹资金，他在原有从父亲手上继承的晋兴酱园之外，在新桥街又设晋元酱园，兼酿黄酒，在水亭街又开设晋大南货店，增加门市收入。1924年又在叶泰兴纸号内设立晋升钱庄，聘请韩利亨先生为经理，专为他筹集纸号头寸。在纸号资金做到自筹之时，更在杭州闸口买进地皮，修建一座土纸仓库。从此土纸运到杭州后，可以不上经纪人的货栈，土纸在杭州售价的主动权完全掌握在自己手中。当时土纸价格基本是稳定的，但是一年之中也有几次起落，如上半年剖签起槽季节，下半年起槽之时以及年终结算、预付工资等时候，槽户用款浩繁，纸价一般都要下跌，而清明、冬至等节日前，土纸需求增加，纸价一般要向上浮动，这已经成为规律。叶仕衡经营土纸能掌握市场规律，并采取有力措施，保证了经济效益的日益增长。不消几年，营业规模日益扩大，在四乡经营的纸槽约有百槽左右，运销的纸数约在十万担之谱。

在此期间，叶仕衡招盘了上营街汪同顺油行，改为晋丰油行。晋丰油行专营衢属各县出产的桐油、柏油和各类油脂运销杭州和上海。叶仕衡将运销杭州的土纸和油脂所得的资金,都存入各钱庄的“晋升户”。晋升钱庄遂成为杭州各钱庄往来的大户,建立起坚挺的信誉,叶仕衡的名声也进入杭州市场。20世纪20年代末期,叶仕衡先生又在晋丰油行内设立晋记卷烟烟号,经理上海颐中烟草公司名牌卷烟(前门牌,大英牌,老刀牌)。

在20世纪20年代,叶仕衡所经营的企业除合资者外,独资开设的六家店:叶泰兴纸号,晋升钱庄,晋兴酱园,晋元酱园,晋丰油行和晋记烟号。晋升钱庄管理其他各店,成为总管理,形成企业集团。各店每日门市收入解缴晋升钱庄,各店需用资金,则由晋升钱庄筹措。这样,集团内通用资金,加强周转利用率,有助于扩展业务,提高效率。可见叶仕衡先生虽然是一个旧式商人,但是通过多年的商业实践,在头脑中逐渐形成“金融管理企业”的初步设想并组织实施,从而取得很好的经济效益,深受当年商界同仁的赞誉。这一时期也是叶仕衡及整个叶家家族从事商业活动的巅峰时期。

如今,蓦然回首,当年叶仕衡先生的辉煌已经离我们远去,听叶志雄说,叶仕衡从前住在“蛟池街”,他的老宅已经不可寻,从前坊门街、县西街到南街的很多店面都曾是属于叶仕衡的,现在也难觅痕迹。但是在水亭街区我们还能找到叶仕衡先生那辉煌商业的一些细枝末节,从1952年衢县人民政府税务局房地产税编查表中可见,当年档案中叶仕衡上营街57号通到美俗坊34、6号(已拆)数千平方公尺的店铺来看,那里极有可能是晋兴油行及晋记卷烟烟号的旧址。同样,当年水亭街27号店面是属于叶仕衡名下,极有可能是晋大南货店的旧址。现在的水亭街27号是张氏诊所,建筑结构基本保持完整,门楼1幢、主屋1座、厢房2座、附房1座,从门面房进入内部可见该建筑为四合院建筑,面阔三间,坐南朝北,面积257.38平方米。双层结构,硬山顶。前金柱、前檐柱间设船篷轩,明间承重雕刻精美,用材粗重,明间六檩四柱,次间六檩五柱,前双步,是一处典型的浙西地区古民居。

碧春楼对面的“叶震兴”民国小洋房

水亭门最大商号“叶震兴”

衢州实业界元老叶元椿先生曾说过，衢州工商业的发展靠一个“土”字，也就是说靠农副产品：毛竹、土纸、烟叶、土布、木材、木炭。叶氏家族作为衢州著名的土纸商业巨子，前后拥有叶震兴、叶泰兴、叶寅记、叶大茂等多家纸号，其中叶震兴、叶泰兴并在杭州、上海设立纸号，直接经营或间接投资的纸槽有三四百个，最盛期年进出土纸尖屏打二十万担（件）左右，时称“叶半城”，可见其经济影响，对整个衢州的经济活动，有举足轻重之势。

在1850年到1949的一百年间，衢州纸槽业经历了一次兴起、全盛和动荡的过程。这个过程对衢县当时经济、市场和山区农民的生活都产生过相当大的影响。衢县地处浙江西部，背靠皖南、赣东、闽北高山，东连金衢盆地，而远交杭嘉湖。在离城三十里至五十里以内，由近而远，丘陵起伏，逶迤曲进，直至深山冷坞。据《衢州市综合农业区划》所载：“衢州高山土地类型有林面积115.69

万亩，其中毛竹33.70万亩，占全市毛竹总面积的96%；毛竹立竹总产量2819.28万株，居全国各县第四位和全省各县第二位。”

衢州以毛竹制造土纸。《衢县志·食货志》（688页）记载有花笺、南屏两种，色黄，供丧事与包裹之用。不过在唐代《元和郡县制》就记载衢州有绵纸与藤纸作为贡品。关于传承下来的土纸，叶元椿先生在《衢州文史资料》中记述自己曾向毛竹山区老农询问，据说：种毛竹，用竹浆做纸，史传是在明末清初，由江西人、福建人传入。历史上的大槽户如妙源乡寺坞村（现九华乡）吴大顺纸槽的祖先是福建人，至今已传七代。大头乡（现七里乡）王立达纸槽的祖先是江西人，已传八九代。据此推算，衢州土纸的历史，已经将近三百年。经过发展，逐渐形成纸槽行业，当在19世纪末叶，当时衢县槽户多达670余家，从业者逾万，年产量在70万担以上，仅仅用于研制土纸原料，估计对毛竹的采伐量，每年约在308万担，相当于现在的成材毛竹1000万支。年产纸约5万吨。

从历史背景分析，在第一次鸦片战争以后，外国资本主义的全面经济侵略使我国封建经济向最初的资本主义经济过渡。当时相对稳定的政治局势使得手工业和商品流通都得到了发展兴盛的机会。衢州纸槽业也就应运而兴。当时城区经营纸业的大户，如潘家、应家、叶家、“王立大”的经营历史，都是在这个时候发家的。

土纸在20世纪二三十年代进入巅峰期。20年代末期，因关内与东北恢复交通，土纸可由上海船运营口，转销东北内地，销数骤增，价格随之上涨，涨幅达50%之多。当年叶仕衡所经营的叶泰兴纸号和叶健修所经营的叶震兴纸号规模最大，存货最多，获利也最丰。在这个时期，叶家除叶仕衡之外，叶家其他各房都在城内设立纸号，获利不少。有人估计衢州四乡纸槽有60%—70%归叶家经营，其获利之丰可以想象。

如今，水亭街上还保留着叶震兴纸号、烟店布店的旧址。听水亭门这一带的老人讲，水亭街店面房从民国以来基本没有拆过，只有一处最大的店铺叶震兴被收归国有后改头换面了。原有的店面被拆了一部分，现在成为柯城区政府办公楼。来到水亭街41号，只见原来的门面已经被大铁门代替，办公楼干净整洁而且现代，只有自行车库旁的常年深锁的仓库颇有些当年叶震兴店铺仓库的旧样。85岁老人叶志雄（叶大勋），叶健修之孙，叶静帆之独子，曾居衢城三圣巷。2010年接受我们采访时告诉我们现在的叶震兴店铺旧址前面三间是拆掉了，烟店布店也都拆掉了，后面还有老房子，从前是仓库，好像没有拆。据他回忆："当年分家的时候，水亭街叶震兴分到我们三房，五房叶仕衡分到的是叶泰兴和坊门街的叶晋兴酱园。"当年叶震兴烟店布店有三个门面，门面三层楼，中间门面上写有"叶震兴"三个大字的招牌，左右的门面各有柜台，一为卖布的柜台，一为卖烟的柜台。里面二层楼，很深，有十几进，好几千个平方，内部设有叶震兴纸号，后面有放土纸的仓库。还有加工烟丝的作坊，从本地农民和江西农民那里收来烟叶并加工，有批发也有零售。卖的布是土布，从杭州、上海、海宁那边贩卖过来。

对于叶震兴店里的装修，叶志雄形容说基本没有什么装修，很普通的，店面是老式的木头柜台，靠两面的。有一个转角，另一边也有一个转角。就是非常深，大多数都是堆放土纸的仓库，为了防潮，土纸大多堆在二层楼的楼上，在一楼的用木头垫在下面，抬高一点堆放。原来的东风饭店也曾是堆栈土纸的仓库所在地。店面一直通到上营街9号，上营街也有门，一般不开，只有运送土纸的时候会开，这样到码头比较方便。运送土纸有专门的运输行和纸号，运输行和他们有联系，只要付了运费就好。先把土纸由衢州用水路运到杭州，再从杭州用火车运到上海。

与水亭街大多数店面前店后寝的格局不同，叶家的人并不住在店铺之内。叶志雄说："我们从祖上一直都是这样的，店是店，家是家，是分开的，我们家住在下营街37号。"但是学徒工人有住在店里，当时所雇用的工人有五六十个，工人有的是衢州本地人，有的是从安徽老家、江山那边的，有十来岁的学徒，也有已经成家立业的三四十岁的人，也有一直做到五六十岁的

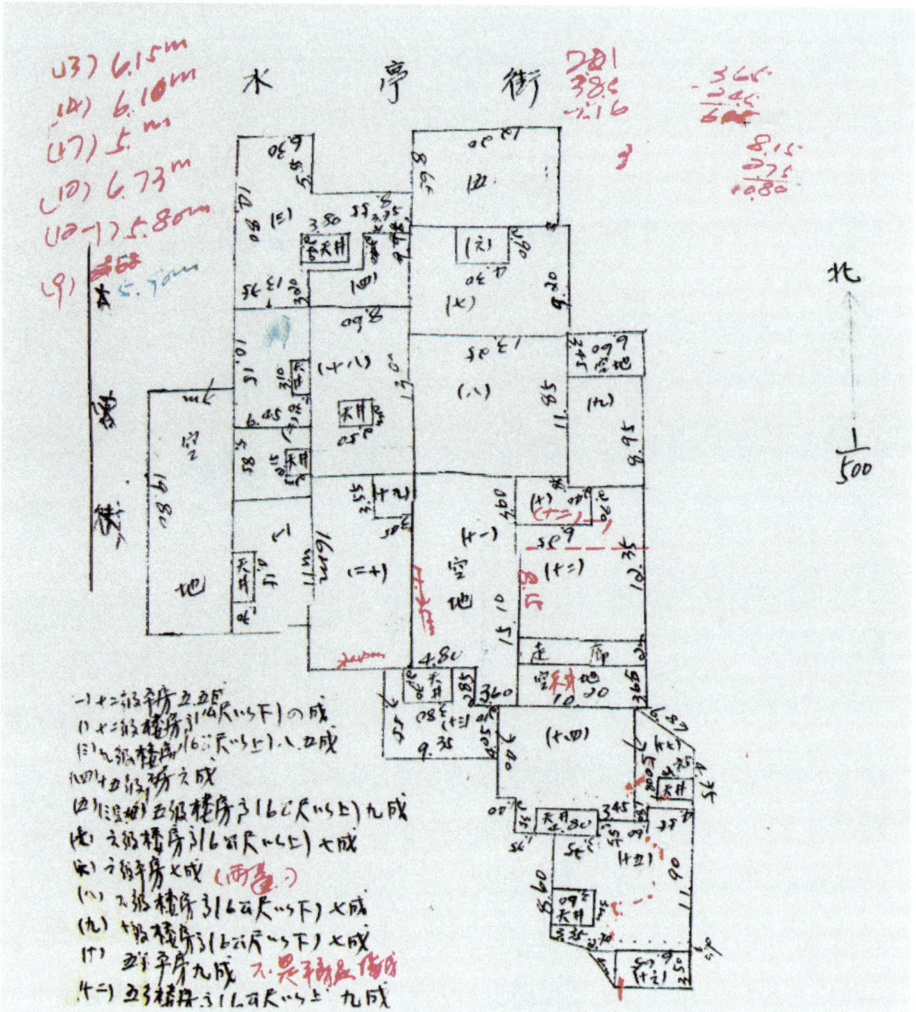

1952年叶震兴地产图(后为柯城区政府)

人。有家室在衢州的,做工完回家,没有家室的或者学徒就住在二楼,是一个大通铺的住房。

30年代我国经济受世界经济影响冲击而不景气,逐渐衰退,1937年抗日战争爆发,沪杭一带随即沦陷,土纸业发生严重危机,纸价跌至与包价(工资)相仿，毛竹山价完全蚀光，槽户纸商不堪打击，纷纷歇业停产，油行业无法运销，门市销售数极为有限，纸号全仗酱园、烟店、布店门销收入维持。叶氏家族经营的纸号也仅剩叶仕衡的叶泰兴、叶健修的叶震兴和叶开瑞的叶寅记尚能维持经营。已有的槽山虽然能勉强开工，但对众多槽户的山场就乏力维持，从而影响了土纸生产。

不久，战线西移，沪杭一带局势反趋稳定，一些工商业者集中到上海租界恢复营业，浙江宁波、温州相继恢复与上海通航。叶泰兴和叶震兴纸号迅速派人到宁波、温州两地区打通衢州运销该两地的路线，然后把土纸由海轮运销上海，叶健修长子叶竹亭立即赶往上海，设立上海信和纸号，料理土纸销售事宜，并与杭州信和纸号联合协调经营，土纸有了出路，衢州纸槽业产量达到战前的70%左右。叶静帆之子叶志雄也证实："中间第三、第四进的地方，有一个小房间，是我父亲叶静帆专门做土纸办公的，土纸要管理生产、销售各方面。我父亲叶静帆是负责管理生产土纸的，我的大伯叶竹亭在上海，他是负责推销土纸到上海去销售的，在淮海路上有幢三层楼。听我父亲他们说是卖到山东的，是迷信用纸，折纸钱，纸元宝什么的。我们家的人只主管土纸生意，烟店布店都是请经理管的。到解放的时候我们都还没有分家，都是我祖父的产业，土纸是分了，但是其他都没有分。"

1942年日寇流窜浙东，衢州沦陷百天，工商业损失惨重。叶泰兴纸号所存尖屏土纸，自衢州至龙游沿江各埠各栈房共损失达万担左右，闸口仓库被烧成瓦砾一堆，衢州城内一处仓库，因失火被焚，损失土纸千余担，元气大伤。叶震兴纸号遭受损失也很大，叶志雄回忆说："当时衢州沦陷的时候我在安徽，我父亲叶静帆还在衢州的，当日本人来的时候我们人已经走光了，一个人也没有，他们把能拿的东西拿走，土纸他们不要，就放火全部烧掉了。当时叶震兴烟店布店里面烧掉好几栋房子，损失惨重。"当日寇走后，叶健修比叶仕衡年长十岁，此时已是古稀之年，告老退休。纸号交由次子叶静帆经营，长子叶竹亭则在杭州上海主持销售。兄弟俩生活朴实，思想沉静，善于思考分析，工作勤奋，加上沦陷时杭州信和号损失甚微，保持实力，兄弟俩配合默契，利用杭州上海调动头寸的优势，尽力扩展衢州土纸经营，不久，叶震兴号所运销的土纸数量超过了叶泰兴号。

太平洋战争发生后，日寇进驻租界，接管银行，加上又经汪伪政权登台，停止使用法币，汇兑中断。此时上海出现了一种“套汇”的方法，即商人之间私自沟通交换钞票，两种钞票之间有一定的比例，根据市场的需求情况，随时上下浮动。该办法出现后，商场称便，各地仿效，衢州市场也跟着实行。进来的布业百货，可以和出去的土纸油脂按市场价比例交换钞票。叶震兴和叶泰兴在杭州、上海头寸较多，信誉卓越，加上手续简便，数目谈妥后，即可凭信件在杭州、上海支取。整个衢州市场都乐于与叶震兴、叶泰兴往来，最省时，连上饶赣东一带的商人都来衢州套汇。叶志雄回忆说:“我们这个土纸卖掉的钱呀都存在上海，衢州这些布店啊百货店呀在上海进货来跟我们套一套，他们门市收来的钱给我们，每次去拿钱都是在上海的大伯叶竹亭处。”在上海套汇汇兑一通，土纸业又开始复苏，各行各业也跟着兴旺起来。这时浙江省的海关已迁到衢州办公，由于交通、税务、汇兑等需要，西南内地和上海之间的商务都由衢州中转，短时间内衢州商场呈现一片繁荣景象，而叶震兴和叶泰兴的“套汇”起到疏通金融的特殊作用。

1949年后土纸生产几乎全部停顿，叶震兴纸号改为同益商号，运销土特产直至公私合营。对此，叶志雄有着亲身经历:“解放以后这个土纸不能做了呀，做什么呢？没有生意了呀，就转业开了‘同益’扣子厂，当时我们叶家的总账房潘葵来任经理。公私合营后改为国营的胶木厂。”叶仕衡的叶元泰纸号在叶元椿的主持下，根据县人民政府关于恢复土纸生产的精神，在县政府给予三亿元贷款的支持下，改为衢县土纸联合处，并由叶元椿出任董事长。后联合处被撤销。

在商言仕

衢州的叶敬德堂族人不仅善于经商，在政治、文化方面也是人才辈出。家族中的叶元龙是衢州最早到西洋留学的学生。在民国《衢县志》中记载了叶华生（叶本新）送长孙叶元龙留学的事："叶华生……见时局将变，储赀，命长孙元龙赴美留学。衢士之留学西洋者自元龙始。"

叶元龙1909年入衢州中学，1915年开始自费留学美、英、法三国，获美国斯康星大学"金钥"奖。1927年回国，历任国民党政府贵州省省教育厅、财政厅厅长；安徽省财政厅厅长、安徽省救济分署署长、重庆大学校长、监察院监察委员等职。他是我国著名的经济学家，担任过南京大学，金陵大学、上海大同大学、光华大学、国立政治大学、上海商科大学等校经济系教授，聘请马寅初任重庆大学商学院院长。根据《衢州文史资料》所收录的叶元龙的学生叶沛婴、侄子叶大良、女儿叶瞻美、同族兄弟叶元椿对于叶元龙的回忆，他清正廉洁，先后供职多年，却依然两袖清风。他书生气十足，吟咏"邑有流亡愧俸钱"以自喻。叶元龙自称一辈子学问受益于樟树潭小学的管先生和威斯康星大学的高斯教授最深。管先生精于训诂之学，十分注意读书先要识字。他毕业以此自律，也持以教导晚辈。据其侄子叶大良回忆道："伯父对子女弟侄，要求很高很严。晚辈要想在他面前得到好言称许是很难得，如果言行稍有不慎，只要被他知道就免不了遭受训饬，只是不那么词严色厉，而是以理相喻，使你心服而不愠。有一次，他谈到自己在美国留学所修的课程时，我脱口问他需读多少'Majors'和怎么样计算，把这个字的重音误读在后一个音节上，他发现后，除了随即大声纠正之外，还一再告诫说：'读书要先识字。'"

叶敬德堂的元字辈叶以群（原名叶元灿、叶华蒂，笔名以群）是我国著名文艺理论家，早年在日本留学，就读于东京法政大学经济系。参加革命活动，参加中国共产党。1931年回国，参加中国左翼作家联盟，任组织部长。1932年加入中国共产党，担任过《北斗》《上海文学》《收获》等杂志的主编或副主编，1932年开始发表作品。1954年加入中国作家协会，并担任过上海电影制片厂副厂长、上海文联副主席等职。叶以群在文艺理论方面造诣极深，著述很多。在国民党统治时期，曾两次被铺入狱，后经族人叶元龙保释得到营救。1966年“文革”初期被迫害致死。

叶家族人晚清民国书法家叶开淇，号竹斋，徽州人。擅长书法，精于鉴赏，收藏碑帖颇丰。光绪间，北洋政府司法次长余绍宋的曾祖父余恩荣解甲归田，结文社于柯城双桂轩，叶开淇常与会挥毫吟咏，他的书法诸体皆备，深受衢州徽商喜爱与珍藏。

而叶家商业巨擘叶仕衡也擅长书法，他与著名画家黄宾虹同为徽人，交情弥笃。1948年，叶仕衡七十寿辰时，黄宾虹专门绘赠山水图轴，并作《丙子纪游，仕衡七十寿，宾虹戊子重提》诗：“桥危藤络石，江迴树生秋。目断蒹葭

安徽歙县蓝田村

外，伊人未可求。”表达了黄宾虹对叶仕衡的高度评价，此画至今珍藏于衢州市博物馆。

慎终追远，蓝田之叶

徽商宗族观念极强，世代同族而居，重孝悌，崇礼义。无论在外生意做得多大，一旦到了花甲之年，他们就会分家析产给孩子，自己叶落归根，回家乡养老，蓝田叶家人也是。前文提到的叶维嘉、叶本立、叶健修、叶仕衡都是遵循着祖上习俗在外经商、在家养老。衢州的叶氏家族中的大多数成员都是出生在蓝田，教育在蓝田，结婚在蓝田，养老在蓝田。虽然他们人生的大多数时光都在衢州或杭州上海的商场打拼，但他们的根还在蓝田。

蓝田村，处歙东中心腹地，距歙县城21公里，桂溪公路直达村口，境域总面积10.09平方公里。村口东南面有三座山：分别为钟山、鼓山、旗山，这三座山分布成三角形，互为呼应，天成门户奇观。正因为这一独特的地理环境，后梁明帝天保末叶（576—580年）户部尚书，大司农叶孟对这里的地理环境一见钟情，遂将夫人萧氏等眷属避居在这里，到唐贞观元年（627年），告老返乡，正式定居名为蓝田村。正如蓝田叶氏《四老支谱》记载蓝田的地理形胜曰：“龙神卓越，局度宏敞，五星具备，各镇其垣，九曲入明堂，狮象捍水口，大小墩阜棋布星罗，秀曜明拖，贵沙暗拱……溯发源来自黄山，论同枝联于飞布……”

歙县民间有谚云：“不是篁墩（人）不姓程，不是蓝田（人）不姓叶。”叶氏被公认为徽歙的名族，民国《歙县志》尊叶姓为“蓝田之叶”。蓝田被称为“种玉里”，民风纯朴，教化之风蔚然，为培养后代好儒求仕，“蓝田之叶”历代重视“种玉”培养人才。民国以前祠堂设有警戒游手好闲者之督学大竹板，对贪玩子弟开祠堂门现打处罚。蓝田人先世统族严宗法，重孝悌，信神敬佛，崇尚礼义，致历代民风淳朴。

自然的山水屏障，使叶氏家族得以安居乐业，他们力田养家，繁衍子孙。

叶志雄一家四世同堂照（叶志雄提供）

但随着家族的发展，出现“耕获三不赡一”的矛盾，于是形成“天下之民寄命于农，徽民寄命于商”的独特徽州社会现象，族人出门行商，最初或许是养家糊口的个人行为，一旦稍有成就即成为村族生存之依赖，因此徽人把商贾看得与科举同等重要。

叶志雄的一生轨迹可谓是在衢州经商的蓝田叶家人的典型，他这样描述他的一生：“我在蓝田出生的。衢州沦陷的时候，我在黄山市念中学。那时候我暑假寒假不回来，在蓝田外婆家。1942年我在安徽老家结婚，抗日结束1945年我回到衢州水亭街。1949年我一个人去上海，家人都在衢州，1957年回来。蓝田我今年刚回去过，变化很大，办了一个很好的中学。我们徽州人一般都要回去养老的，在家乡那边造了一批房子的。”叶大春道：“我们叶家还有家谱，原来的丢失了，现在的是我们家在台湾的叔叔到安徽补写的。家谱系表是开、元、大、名、家，像我爷爷就是开勇开字辈，我父亲元嘉是元字辈，我是大字辈的，叶家到大字辈已经有一百多人了。这些我的堂哥叶志雄都很清楚的。”谈及家谱，叶志雄老人拿出他今年刚去蓝田村抄的家谱展示给我们，家谱封面上写着四个字“慎终追远”，问其意义，叶志雄说：“慎终追远就是把以前的东西很谨慎地保存下来，我现在每年都要去蓝田抄了一遍。”叶志雄手抄的叶家谱系书里录入蓝田始祖宗祠中堂对联，也是叶氏家族字辈依据：

文良应士其
启兆正光祖
开元大名家
五伦敦化里
百代永昌荣

叶信房遗迹

今天在柴家巷13号的门檐还可以看见一块写着“叶信房己墙”的砖头，是当年叶震兴店铺的墙界。据叶志雄说：“叶信房是我爷爷叶健修这一房的名称，当年我爷爷弟兄五人分家后仍住在一幢大房子内，使用的日用器具都是一样，为了便于识别各房自己的器具，都在器具（包括房地产）上标上自己房号，后来一直沿用。”在水亭街区，除了叶震兴店铺之外，叶信房当年还有四处宅邸，现存三处，是徽商叶家在衢州留下的最后印记。

柴家巷一侧“叶信房己墙”

消失的家

关于叶家老爷叶健修，虽然水亭门的老街坊们叫不出他的全名，但是对这位叶家大老板的事还是口耳相传，有所耳闻。听他们说叶家老爷住在下营街，他在家时间不多，经常在杭州、南京那里做生意。叶健修为人很好，认识的人可以到叶家打工，可以到叶家吃饭。他们虽然是老板，但是过年了，还是帮助生活困难的人，米背到人家家里去的。以前水亭门这里修桥建路，叶家作为这水亭街上的四个老板(徐、杨、叶，应)之一，慷慨解囊，一凑就出来了。不过老街坊们记忆犹新的却是叶家老爷的葬礼。据郑水娇回忆："叶家的老爷，就是茶香的公公我见过的，他死的时候已经解放喽，他死在家里，我看到他死后抬出去了。那时候有钱人死人要热闹的，要做法事，但是因为解放后不敢做，只好抬抬走，抬到花园岗祠堂里面，把棺材放在那里，之后再回家乡葬掉。"

从叶健修的孙子叶志雄处了解到，叶健修一家住在下营街37号。如今下营街单号一排的老房子已被拆除。从1952年的衢县人民政府税务局房地产税编查表中查到当年叶健修及其长子次子住在这里。房产主人标记为叶健修次子叶静帆。从平面图看，约500平方米，三进两天井格局。根据叶志雄回忆，这处房子前面一个厅，后面有三间，衢州的房子大部分都是这样，厅是一层，后面两层。说起这栋房子，叶志雄说："那栋房子没有什么特别的地方，这房子在衢州来讲不见得好呢，跟黄石麟家的房子比起来差得远了。" 也许叶家大都把家产投资在生意上，而且总是把安徽蓝田村看作是根，因此也不在乎自己在衢州住的房子。

在叶健修的五个儿子中，四子叶元善和五子叶元庆是同母所出，茶香正是四子叶元善之妻。据老街坊们回忆："茶香的婆婆死在罗汉井里，在老三面前死的，很罪过，解放了，都没有什么遗产。"

小洋房

在水亭街区的上营街最北面，有这样一座中西合璧的大宅邸，是水亭街片区最有价值的民居之一，不仅保存地较为完好，而且气势恢弘。该建筑位于府山街道县学街社区上营街8号。水亭街区的老住户都知道此屋原为“叶震兴”老板所有。东院为二层楼小洋房，坐北朝南，三开间加一耳房。平面呈“L”形，洋房东侧（左侧）设木楼梯，设有双层厢房，前檐柱为砖砌方柱，楼层高敞，施木灰条天花板。南侧为一开敞三合土天井，设防火墙。西院为木结构民国风格建筑，由一四合院和单披四间两搭厢两部分组成，原来在单披四间两搭厢左厢房朝路（西向）开有大门。现已修整一新。西院右侧（北）为三开间小洋楼，靠北端有一楼梯间，小洋楼前为一敞开天井，天井中有一水井。二层楼结构。西院左、右侧房之间设东西向通道，楼层将左右楼相连。根据此宅附属的艺术

上营街8号西院楼，东院为西式小洋房

构件、建筑风格判断,这是一处不可多得的近现代传统民居建筑群,1949年后收归国有。曾为市、县级政府办公场所,当年衢县县委书记董炳宇、袁芳烈,以及戴万祥、范泰山、谢高华等市委干部都曾经住在这里。

关于这座房子,坊间传闻说是叶家造了娶新媳妇用,其实真实情况并不是如此,说起这房子,叶志雄回忆说:"上营街8号的房子正好在我们叶震兴店铺上营街出口的隔壁,对面正好是诚益油行,我父亲叶静帆建这幢房子想必是将来自已居住。"当年这处房子的原址是一处当店,该当铺因抗日战争暴发物价飞涨无法经营业务而倒闭,房子卖给叶家。现在的上营街8号是将原来当铺房子的一部分拆建的,解放时尚未完工,空着未使用。1949年后叶震兴烟店因受香烟的兴起而销路骤降而停业,发放职工解散费用需要大量现金,只好将水亭街41号及上营8号全部卖给国家。后空军住进上营街8号,后给县委书记住。在"通天星"退休的徐女士说:"前几年这里被某电视剧导演看中,并请来了一批演员拍了电视剧呢。"

留下的根

根据对叶志雄的采访,罗汉井8号原属于叶健修,里面住着叶元善及其妻,其子叶大春,其母,也就是大春的奶奶。该建筑位于罗汉井的中段北侧,其南临罗汉井巷,西通柴家巷,东临县西街。旁边的罗汉井10号单层结构,相对简陋,疑为罗汉井8号的附房。整体坐北朝南,分为前厅、小四合院、后楼的布局。横向14.6米,纵向25.7米,占地350平方米。东西两条轴线。东轴线为主线,设望砖,地面铺设青石板,五开间,前后两进院落。三天井,两侧设封火墙,前厅单层、后楼双层,平面呈纵长方形。西轴线呈"日"字形,三开间。现如今罗汉井8号前厅,四合院属于房主叶大春,后楼为公房。

今天这座宅邸仍然保持着原来的样子,前厅部分由家住水亭街57号的翁小耀租下来,开设了一个象棋棋院。四合院部分现经房主叶大春(76岁)

罗汉井叶大春民居

和他的妻子修缮。叶大春毕业于浙江大学土木工程系58届，他说："这个房子是我祖父叶开勇（叶健修）在的时候买的，我12岁的时候祖父就过世了，后来传给我父亲，现在传给了我。不过之后前厅和小四合院属于我的，后楼还是公房。那个时候是这样的，解放后你自己住的就让你住了，出租给人家的呢就归公了，你租给人家说明你房子有多，全部都归公了。"在1952年衢县人民政府税务局房地产税编查表里，当年罗汉井8号的房主是叶衢生和周金娣，但是附录里记载，后楼全部为人民政府招待所使用。同时我们还发现1984年前厅和小四合院全部退还给周金娣的记录，证实了叶大春的话。

对于这座房子的渊源，叶志雄介绍："罗汉井 8 号的房子是我爷爷从江西人手上买的，大约在一九三几年的时候。"另据翁小耀母亲说："这个房子最早为'斋王'，由于借钱还不出来，抵给叶家。"

小四合院的走廊上挂着一张老太太的遗像,叶大春告诉说这是他母亲,对于这个房子,他表示:“虽然我现在住在别处,但这里始终是我生长的地方,是我的根。我不会把他卖掉,现在装修它只是希望他不要塌掉烂掉,保持原来的样子。我以后老了,想要住到这里来。”对叶大春来说,整个家族的根基在这栋房子里。

从18世纪60年代到20世纪50年代,叶敬德堂族人迁徙衢州,在商场上整整打拼了两个世纪,从最初的小盐摊创业,到鼎盛时“叶半城”的辉煌,逐渐走向仕途,四散各方,到最后归于沉寂,只在水亭门留下若隐若现的斑驳印记。叶家的过往,大抵就是清末以来徽商的典型,也是水亭门街区商业文化的缩影,如今时过境迁,但是徽州商人的朴实生活,亦商亦儒,辛勤耕耘的“徽骆驼”精神,恐怕是叶志雄80高龄仍归故土去抄下“慎终追远”字迹的真正含义吧。

黄墙头,走马楼

住在天皇巷19号的陆浩泉(68岁),在他童年的记忆里,小天皇巷的尽头是带着恐怖色彩的,“小时候,小天皇巷小孩子是不敢走的,那里没有人,只有一户叶家,叶家过去就没有人家了。叶家大门开在下营街那一面,小天皇巷只是他们家后花园,有园丁种花,我们孩子进去玩,弄弄花,踩踩草,要被园丁骂的。听说叶家四老板住在那里,是个傻子,他的老婆叫茶香,人看上去满精灵的”。对于小天皇巷的叶家大院,很多在水亭门街区的老人都有很深的印象,称这栋房子为“黄墙头”,问及原因,说是这房子围墙都漆成黄色,很是气派。直到2011年美籍华人胡嘉镐老人在这所房子里出现,我们才知道,这还叫“大洋房”,胡嘉镐说是未经政府之手“死当”过来的房子。

“走马楼”最后业主

住小天皇巷的江山阿婆孟彩仙说:“围墙早就拆掉了,我住的院门口的一

黄墙头

排矮房是1970年搭起来的，原来都是花园，三个大花坛，有葡萄架、树木。我来的时候这个房子红彤彤的，还很漂亮。”院门口不远处，还静静坐落着一口古井，住户方水娇（66岁）说：“这个井原来是在院子里的，花园拆掉后就公用了，现在废弃了。”走进大院，穿过走廊，映入眼帘的是坐东朝西的四合院，面阔五间，分前后楼。据说西厢房上下两层曾是叶家女儿叶大宏（她已经将房子专卖他人），其他都是公房。楼层沿天井四周设廊，四周皆可通行，俗称“走马楼”。从廊双端的双开小门上楼，檐柱间的栏杆，厢房的玻璃窗无不走在当年的时代前列；从下顾天井四周，落着葫芦档、蝙蝠牡丹纹花板，檐枋下如意纹挂落，楼上的天花板，后楼金柱间的太师壁无不诉说着当年的富贵繁华。方水娇说：“这个房子设计得很好，楼上都是可以乘凉的，走马楼楼上都悬着转，楼梯上下都可以走，以前堂前还有木地板铺起来，窗子的玻璃很多还是原来的，当时是很时髦的。还有柴房，不用的东西都放在那里，大门上都是青石板，厨房敞开式的,两层,解放以来楼上容易着火,就把楼板都拿掉了。这些都是以前茶香亲自跟我讲的。”

方水娇说,小天皇巷走马楼住的是叶家的四房和五房(叶健修的四儿子和五儿子),徐茶香就是四房的太太。根据1952年衢县人民政府税务局房地产税编查表,当年的叶家大院是黄衙巷4号和小天皇巷4号,黄衙巷是大门,小天皇巷是后门,历经多年沧桑变迁,黄衙巷大门已经被封上。当年产权属于叶元嘉和叶元庆。多年来,方水娇和徐茶香住对门,经常聊天,徐茶香也会与方水娇讲一些过去叶家的事情,听说茶香的公公为了造这个大屋,八十大寿都没有做,问起茶香家里这么发财,为什么不做寿?徐茶香说:“发财有发财的难处的,他要面子的,问人家借钱要倒霉的,家里吃的用的那么多,说到底还是做人家(节约)。”

现年86岁的方光第是最早租住在这房子里的人之一,已经住了五十几年了。据他回忆,当年解放初他刚住进来的时候,算是这一带最好的房子,房主人对租客提出三不租原则,即:负担重的不租,小孩多的不租,没工作的不租。方光第经熟人担保才租上这大宅,多年后渐渐地叶家人支持不起这个房子了,很多租客“文化大革命”时戴上地主的帽子,渐渐交不起房租,收到的房租连翻修房子都不够,最后叶家将房子送给国家,继而变为公有了。

对于走马楼最后的主人,很多街坊邻居就只记得徐茶香这个人,隔壁的江山阿婆说,我来的时候叶家其他人都不在了,就只有茶香一个人。茶香当年就住在大院西侧厢房(现在走马楼唯一私房,原属叶大宏)。谈起茶香,街坊邻居都觉得茶香这一生蛮罪过的。

“门当户对”

水亭门城楼下当年衢州最有名的一家烧饼店,是望族联豸徐氏的族产,叫“徐大丰”,徐茶香便是老板徐昭麟的大女儿。茶香的妹妹徐爱香曾在水亭街上住，是骨科医生王成德的妻子，2011年去世。当年徐家和叶家都在下营街，还是对门，据方光第老人说："过去讲究门当户对，叶家富甲衢州，徐家是水亭门的望族，你一般平民百姓人家不要你哇！"

茶香的公公叶健修，水亭门老街坊已叫不出他的全名，但是对这位叶家大老板还是口耳相传。大家说他住在下营街，在家不多，经常在杭州、南京做生意。茶香的婆婆死在柴家巷的罗汉井8号，在老三面前死的，很罪过。

说起茶香老公叶家四儿子叶元善，邻居们都说他是个疯瘫，胖胖的，不晓得事情，也不会走路，一天到头都坐在屋里自言自语，靠茶香服侍。听以前住在跑马楼的一个老奶奶说："叶家的四儿子年轻时候挺正常，还在上海读大学，是因为家里太发财了，后来就出事故了，吃营养，一吃就疯了，后来疯瘫了，先前还好，后来越来越疯。"茶香妹夫王成德说："茶香亲娘很早时候就死了，徐家明明知道叶家四儿子是个疯子，还是把茶香嫁给她，还不是因为叶家家里条件好！王忠敬曾随父母租住在下营街王汉卿家旁边的范家，他母亲回忆说，当时茶香就住在他们家斜对面，晚上还听见这个疯瘫儿子在那里叫。她说茶香本来生了一个儿子，可是在三四岁的时候死掉了。1949年前爱香曾经到小天皇巷姐姐那里去玩，但叶家人太有钱了，差距太大了，来往也不是很多。

罪过的四少奶奶

住在小天皇巷的郑荣娣（82岁）的母亲胡兰英从前是叶家的丫头，曾经服侍过茶香，后来嫁了人就出来了。听大家说胡兰英在叶家做丫头很好，出嫁还有箱子铺盖等陪嫁。老人们说茶香当年做四少奶奶的生活还是相当闲适和富足的。叶家四房五房都配有佣人，她吃了饭不用做事就去戏馆看戏，一天看到晚，她说要是在娘家这样一定会被骂。婆婆待茶香蛮好，因为她儿子身体不好，希望四房多宠她老公一点。叶家儿子媳妇都不出去做事，凭卡每月到账房拿钱,两个少奶奶住在这里每年每一房都有50斤菜油,还会把裁缝叫到家里来一房一房做衣服,做旗袍,到了冬天还有鸭绒被配发。茶香娘家在下营街,虽然隔得很近,但是每次回娘家都要(坐轿子)抬着回去的,要到水亭街、上营街那里转一圈才回家。到家门口时,弟弟妹妹就会喊:“大姐回来了,大姐回来了!”

叶家大宅的生活看似宁静,却也曾波涛汹涌。徐茶香的女儿叶大宏不是她亲生女儿,这事就牵引出另外两个儿子,五房叶元庆和媳妇孔繁英。方水娇说:“五房媳妇我看见过的,样子蛮好的,早就搬走了,去上方了。她当年坐产的时候叫亲妹妹来料理自己,没想到妹妹居然跟老公叶元庆好上了,老公把她妹妹带到上海去了,不要媳妇了。因为四房媳妇自己的儿子四岁时夭折了,五房媳妇就把生下来的女儿(叶大宏)送给四姨太养,自己改嫁到上方。而叶元庆和他的小姨子后来定居杭州。留下的女儿就与茶香相依为命。”

1949年后,叶家生意支柱土纸产业渐渐做不来了,而其他烟店布店酱园店等也在公私合营的浪潮中渐行渐远,叶家逐渐败落。而随着公公叶健修和丈夫叶元善相继离开,茶香失去了经济来源,她唯一的女儿也去了山东。方光第说:“茶香女儿做小姑娘的时候和电厂的一个小伙子好上了,才十三岁就怀孕了,小伙子后来犯了事进监狱了。那个小伙子的娘把她带到山东去,后来两人也分手,孩子男的妈妈带走了。”虽然听说叶大宏人倒很好,赡养费每月都拿来,但是晚年茶香还是一个人守着这所大宅子。

茶香婆家是地主,娘家又被划为资本家,日子之艰难可想而知。江山阿婆孟彩仙说:“叶家金条很多的,‘文革’时候抄家抄出很多都摆在弄堂里。到最后茶香只好帮人家做事情,带孩子过生活。”方水娇也回忆说:“她有时候会过来对我说:‘水娇,你这里有番薯吃吗?我肚子饿。’我就拿点东西给她吃。”妹夫王成德说:“叶家和徐家的故事都可以写出一部《家春秋》了。地主家之间联姻可谓‘人在人情在，人亡人情亡啊’。解放后，茶香老公死了，生活境遇悲惨，没有人敢睬她，还是我们念在姐妹之情接济她，关系挺好。她70多岁中风死了，没有人管，还是我们把她安葬好的。”

黄墙头已不存，但是走马楼还在。黄衙巷上大门早就被封，青石板也不知所踪，原先气派的厨房被分割成一块一块，原来可以悬着转的走马楼堆满了各种杂物，想走一圈已不可能。

（张宇婷、吴宗杰）

“大洋房”的乡愁

胡嘉镐在“大洋房”

89岁的胡嘉镐现在是美籍华人，从他20来岁开始，水亭门便是挥之不去、魂牵梦绕的乡情。他并不知晓小天皇巷5号是叶家的“走马楼”，只记得是他们家的“大洋房”。胡嘉镐说，这房子是自己七八岁的时候，爷爷胡瑞斋“当”过来的。什么是“当”？胡嘉镐解释说，如果是买卖房屋，要到政府登记，并且要缴纳一定比例的税款，而“当”的话，不用到政府登记，也不用缴纳税款。这在当时是“死当”，卖房的拿钱走人，房子就成了买方的财产。[1]

胡嘉镐说，这个房子当时是按照西式的造法，用的材料就是以前的“洋灰”，也叫做“水门汀”，不像现在还要在里面掺沙子，是用纯水泥造的，水泥磨的地面非常光滑，在那时候最特别。当年只有思想“先进”，有财力的人才能造得出这样的房子。

---

〔1〕吴宗杰、高佳燕：《胡嘉镐谈周泱教书祖父葬礼等》，录音编号：20110724。

当年胡瑞斋手上当来“大洋房”,和自己的五个儿子住在一起。胡嘉镐父亲叫胡德荣,是长子,占楼上四个房间,“我父母和我妹妹一个房间,我和弟弟一个房间,我们佣人一个房间,还一个房间放东西,是储藏室,我们有四个房间”。当时这个大家庭有公共的佣人,胡嘉镐有四个兄弟姊妹,父母单独雇佣佣人。胡瑞斋和老伴住在楼下客厅对面的房间,旁边还有书房。胡瑞斋去世后,胡嘉镐的父亲胡德荣与四兄弟分家。胡德荣是长子,胡嘉镐是长孙,比其他人要多分一些,分到了四间房。1948年胡嘉镐离开大陆之前这四间房子还是属于他家的,房间的锁只有他会开,这锁是那种需要对字的铜锁,做得非常精细,连他弟弟都不晓得是什么字,只有他自己晓得。

在胡嘉镐的记忆中,“大洋房”的大门开在黄衙巷,斜对着周王庙后门。1986年他从美国回来探亲,特意来黄衙巷想看看以前的老房子,然而却没有找到。2011年暑假,胡嘉镐接受采访时反复说没有找到以前的老房子,言语中透露出一种遗憾。他说,1948年12月28日他回来过一次,想看看这“大洋房”,看看自己曾经住过的房间,看到母亲陪嫁的嫁妆,两个衣柜、皮箱还在里面。后来胡嘉镐到杭州参加朋友婚礼后,就直接去了上海,然后到台湾,后来又去美国。这一离开就是几十年。然而,自从1986年回来后就找不到这房子了。每次他回来,都要来这边转悠,始终没有找到房子。有一年,有个人来采访他,他提出去看看,哪怕房子已烂了,臭了也没关系,但最终没有成行。2011年7月15日,在我们陪同下,再次来到水亭门找故居。循着老人的记忆,胡嘉镐带着我们来到黄衙巷通下营街的拐角处。老人说“大洋房”的大门就在这里。问周围的邻居,一位大妈说,门已改在小天皇巷那边,这边的门已经堵住了。经反复问人确认,最后走入老人那魂牵梦绕的“大洋房”。这时老人才明白原来是黄衙巷那大门堵住了,现在门是开在小天皇巷。

一进“大洋房”,胡嘉镐老人乐得笑容满面,连连说:“没有太大变化,没有太大变化。”他看到客厅照壁后面的楼梯,说:“小时候高兴,从楼上楼梯,一下

小时候滑的楼梯

子爬上去滑下来，从扶手的地方滑。还没变，这个楼梯还是这个样子的。”顺着楼梯来到二楼，看到自己的房间，他说1948年他回来看的时候，自己房间里面东西都在，除了母亲陪嫁的嫁妆，还有自己喜欢的各种锣鼓，都摆在这房间里。从房间出来再走进去是以前的厕所，“在二楼这个地方挖个洞，然后用一个木头架子，下面是空的，就像抽水马桶一样”。现在通向厕所的一面已经封住了。胡嘉镐老人满眼高兴地看着这座“大洋房”，看到一些栏杆的雕花，虽然有些破旧，但毕竟还有旧时模样。在天井四角原来还有水管，下雨的话就顺着这水管流下去。老人说，这大洋房基本上没有变，就是没有保养，有些破坏了。说现在来看这些木料都不错，到现在也算保存好。踩踩二楼的木地板，老人说这木料不错，再三感叹：“终于看到了，终于看到了！”

看到老人如此高兴，我们便建议他拍张照片。老人特意挑选了能够看见二楼房间的位置拍了照。事后几次叮咛嘱咐，要我们把这照片洗出来给他。后来到他的弟弟家，还有他全旺独龙坑的表姐家，他都要把照片拿出来，让人家看看这栋载着他美好记忆的“大洋房”。

胡家大少爷

胡嘉镐说，爷爷胡瑞斋是当年衢州商会的会长。胡嘉镐从小就跟在爷爷身边，见过许多世面。水亭街上的酒店菜馆他统统吃过。爷爷到水亭街上的酒店都要带上他。逢年过节，商界中关系比较好要互相登门拜年，给小孩发红包。爷爷往往带上他给人家拜年。在送给人家小孩红包的同时，他也能收到对方送的红包，这样下来能收到几百块。过年的时候，一些菜馆还会专门派大厨到他家免费做一顿宴席，用的菜等都是带过来的。以此作为一年来光顾其生意的答谢，在过年的时候才有这样的待遇。胡嘉镐说家里还专门有个房间用来放人家送的酒、火腿等等。其中一些酒坊专门会送五十坛或一百坛黄酒，一坛就有五十斤。那时小孩子年年都要给长辈磕头，就有红包拿。"小时候最高兴。"

胡家雇佣的厨师就有两个。每次吃饭，小孩子只能吃自己前面的菜，且不能翻来翻去，吃的时候不能发出声音。胡嘉镐说爷爷、奶奶和父亲兄弟五个都要喝酒。母亲不赞成喝酒，就劝他们不要吃酒。到染坊、绸缎庄，账房往往会预备酒和花生、豆腐干。爷爷和父亲常坐下来小酌。后来爷爷因喝酒太多，酒精中毒，肝硬化了。

家里有时候会专门请个竹器工人来家里做竹席、竹篮、竹床等等。来家里做一年，除了发工钱，还要一日包三餐。每天工人一早来上班，家里人把做竹器的要求告诉他，然后到市面上买毛竹。工人说哪个毛竹好就买哪个。那时候睡觉席子很讲究，竹子的竹青，青皮不要，用刀拨出来，拨七张，这样的竹皮做出来的席折起来不断。"不过，现在这样的师傅没有了，以前都是师傅带徒弟。这手艺也失传了。"

虽然家里生活非常优越，但是胡瑞斋对自己的儿孙要求十分严格。胡嘉镐7岁时爷爷就让他练习写字，每天写毛笔字，大楷、中楷、小楷都要练，练了要给爷爷看过。练到差不多，不用纸写了，用水蘸在砖头上写。后来胡嘉镐还到衢州当时著名的秀才周泱那里读私塾。"小时候读书，我爷爷让店里的长工到家里接我，送我到学堂里去。中饭送到屋里，放学接我。那时候害怕小孩子出啥事情,保护得蛮好。现在想想那时候过得太舒服了。”

胡嘉镐说,当时周浃会在自己的弟子中挑选出佼佼者,专门到神农殿的一个小房间去读书。周浃自己烟瘾很大,房屋里空气不好,得了肺痨。弟子们天天在这房间里吸“二手烟”,因此也感染了肺痨。胡嘉镐的小表叔,还有自己的哥哥就是这样死的。小表叔由于读书好,被调到周浃的房间去读了三年。后来周浃有个学生当了江山的县长,就问老师看能否推荐个学生做秘书。周浃就推荐了小表叔。没有想到小表叔到江山后肺痨犯了,不到一年死在江山。小表叔走之前,还向周浃推荐了胡嘉镐的哥哥到房间里去,结果胡嘉镐的哥哥半年后也死了。胡瑞斋说:“赶快赶快,别念了别念了”。这样胡嘉镐就没有再读了。

每年农历八月十五,家里会摆上供桌,放一个大麻饼,上面画着嫦娥奔月的图案,还会把麻饼挂在墙上。晚上,要把家里所收藏的玉雕啊、八仙啊摆出来供月亮。衢州各行业的领导,衢州商会里的委员也会来家里赏月,看看收藏。大家吃吃酒,喝喝茶,聊聊家常。后来听说日本人要来了,于是把家里的一些宝贝、钞票都搬到奶奶桥龙湾(音)乡下亲戚那里,让他帮着藏起来。结果这个人把这些东西埋在了地下后,又被日本人抓走了,就再也没有回来。所以大家到现在也不晓得宝藏到底埋在哪里,谁都不知道。

爷爷的葬礼

爷爷胡瑞斋是浙江海宁人。在海宁经营纺织厂,后来到衢州经营一大染坊,并在水亭街上有三家布店绸缎庄。在胡嘉镐的心中,爷爷的地位非常崇高,是一家之主,包括父亲在内的兄弟五人都在爷爷手底下做事。爷爷是当年闹红军的时候去世的。

爷爷死后,棺材就摆在“大洋房”一楼的前厅里。在装入棺材之前,嘴里还有两只手上各放一个小金元宝。除此之外,还放了很多值钱的东西。当时用家里经营的丝绵把尸体从头到脚捆起来，不会腐烂。《衢县志》(811页)称中等人家，半月或月余即行安葬，但富家巨族必需善地，至有权厝数十年，或竟至不葬者。胡嘉镐说他爷爷的棺材在前厅里摆了一年。棺材前面摆供桌，男的就要睡在地上守灵。据说当时全国各地的商界人士都来祭拜。祭文要接，祭礼要回。还要给这些来祭拜的安排吃住，要回礼，花了很多钞票。当时，人死以后要“做七”，七七四十九天一定要照规矩做。儿孙要睡在棺材前头守灵，穿着麻布衣裳，守着这个棺材。那时候请道士、和尚、尼姑都来做过法事。做法事的时候一定要有人跟着，人家让你子孙怎么做，你就得怎么做，要你磕头你就磕头。康熙《西安县志》对衢州“做七“也有详细记载，基本上与胡家相似：

> 富家始用小殓，停柩中堂，置楮于门，门外设告讣牌，牌上书某年月日生，某年月日终，以七日受吊，累至五七而止(亦有至七七者)。其吊酌礼之轻重酬答布帛，必稍逾来数，吊者散白布。每七日必作佛事，有至三昼夜者，丧主而下皆蔬食，即宾至不为具肉，三年不行吉礼。有不得已者，乘凶毕之。

爷爷的牌位也有讲究，当时有“点主”。牌位上主字上的“点”要有名望、有地位的人来点。胡嘉镐记得，为爷爷牌位上面点主的是胡汉民，当时全国商会的会长。出殡的时候还要“路祭”。在衢州闹翻天了，闹到山上去。请阴阳先生来看，几点钟安葬，几点钟入土，路祭怎么安排，几点钟到哪家店面，每一个店面要花多少时间“路祭”。每个站一定要路祭完毕，才能到下一站。这样全衢州都要转完。胡嘉镐说，路祭就是在店门口摆个供桌，上面有供品，棺材抬到门口，从屋里出来读祭文，要申明自己跟死者是啥个关系，还要对着棺材拜拜。这样在衢州进行了几十次路祭，花了好几天时间。作为长孙，胡嘉镐路祭要全程都在,要陪着跪,要还礼,每一站都是如此。穿的是白色衣服,用麻布做的,鞋子也是白的,还要戴白帽子,上面有棉花球。这样路祭祭完以后,再把棺材抬到乡下去安葬。

找坟地也是请了阴阳先生。棺材要在家里放多长时间,看坟地的时候,把泥土挖出来,看看颜色,用罗盘测方向,规矩很多。作为长子长孙的胡嘉镐都要跟在旁边。比如到了一个地方看坟地,这个长子长孙就要拜土地神,点上香,跪拜。《衢县志》称阴阳先生为堪舆相地者(风水师),还说到选墓地要与一家男女八字相合,并有很多禁忌:"葬礼皆取裁于弇舆,其时日亦必堪舆主之,一家男女皆以年命取合,其说拘而多忌。"

胡瑞斋的坟墓在桥头湾(音)。胡家当年买下整座山用来做坟山。这个坟有三进,一个土坟墓,有五件石碑,都是一人多高。谈及石碑,《衢县志》记载有志铭和神道碑:"墩中纳地契,以砖朱书之,其言鄙俚不经,大率仿古志铭,则反刻而植之墓外,与墓表神道无别。"

从胡嘉镐描述的爷爷的葬礼来看,混杂了儒家丧礼与佛事,似有良莠不分。清顺治戊戌(1658年)进士徐之凯对此现象颇有微词,尤其是那些"鸣铙击鼓,杂沓往来,若歌若号,赞诵纷纶"的所谓"功德"与"超度",不仅违背儒家礼仪精神,也有悖于佛教教义。在其《乡校复礼十议》(见康熙《西安县志》)中,徐之凯称:"吾乡不知有丧礼,其始殡悉听命于巫祝,入七后纯以佛事为之,虽学士大夫相仍不改,此荒唐愚陋之至者也。"从今天的角度来看,很多被徐之凯斥之为荒唐的佛事倒是遗留下来,但体现中国传统孝道的礼却逐渐消亡,怎不感叹"亲亡不能事之以礼,已为先圣之罪人,而反狃于庸俗之讥刺,抑又何也?"

1986年胡嘉镐第一次回到衢州。和自己的两个叔叔婶婶,还有堂兄弟姐妹去祭拜爷爷。结果找不到坟墓。原来的石碑、石板都没有了。整片山都种东西了,只剩下一小块土堆一样的。向有关部门反映,后来就告知胡嘉镐的叔叔说，墓被破坏了，只剩下两三块骨头。于是买了个骨灰坛，把这几个骨头装在里面，然后埋了下去。胡嘉镐再次要来祭拜的时候，结果“跪都没有地方跪”。政府就说，要么把人家种的地收回来。但是胡嘉镐并不同意。他说：“人家靠这个为生，你收回来，人家一定恨你。如果再偷偷把爷爷坟墓给破坏掉，你找谁去？你又没有证据。甚至把你爷爷骨头拿来喂狗，到那时候我就罪孽深重了。现在至少保留一块两块还是好，到那时候一块两块都拿不到了。”叔叔听了他的话，说我们不能再做对不起爷爷的事情。不要地啦，不要啦。前几年胡嘉镐又去祭拜，他让周围种地的农民安心，地不会收回。能够帮忙看着这个地方，就好了。

相较于爷爷的坟墓还在，胡嘉镐父亲的坟墓却已不知道哪里去了。当年逃日本人，胡德荣死在了全旺，就葬在了全旺。如今，曾经是坟墓的地方已经成了大马路。这坟墓是永远也找不到了。

妹妹的婚事

妹妹的婚事是胡嘉镐做的主。妹夫是国民党军官，河南人，到衢州这边，负责军粮。当时全旺乡乡长是胡嘉镐的舅舅，让胡嘉镐跟这军官谈，乡镇公署要招待多少军人，担负多少军粮等等。胡嘉镐就跟他谈：“我们很诚恳的讲，你要多少米、蔬菜，多少军粮一天，你列出来。凭我的财力来讲，我能够供应。百姓没吃饱，军人吃得饱，你不心安。百姓吃得饱，军人没得吃，我老百姓不心安。我诚恳讲来，你要多少，我要能够接受。”后来这支部队驻扎了三年。胡嘉镐说：“这军官很规矩，不吃烟，不喝酒，不赌不嫖，平时看看书，到全旺所有农村，老佛殿，看看走走。”

有一年，军官看到胡嘉镐的妹妹，觉得这是大户人家小姐，很不错。于是请胡嘉镐做媒提亲。当年衢州有个习惯：外地人不嫁，当兵的不嫁。衢州有句老话：“好男不当兵，好铁不打钉。”胡嘉镐说，但是这个军人很正派，不是那些没有素质的军人。于是就回家跟母亲商量。妹妹年轻,一般没有资格主张的。如果这桩婚事成功,那么就把衢州结婚的习俗打破了。胡嘉镐母亲说,女儿嫁给他,首先吃饭要有保障。按照衢州风俗来讲,结婚要门当户对。胡嘉镐说,但是这样观念很陈旧了,应当开放,先交往一段时间。母亲还是担心,虽然是正规军校毕业,但如果要当一辈子军人,不是很苦嘛?假如不当军人,没有什么谋生能力,那女儿起码的生活保障怎么办?母亲提出条件:第一要有生活保障,要他在全旺买些田地。这样即使将来军人不干,回家也能吃饭。妹夫就按照要求买了一些田地。其他穿的用的之类东西也都好办了。那时候大家都反对这桩婚姻,但是胡嘉镐还是把妹妹嫁给这个军人。他说:“也是革命性的,推翻老习惯。第一是外省人,第二是当兵的,这两个习惯都推翻。”

这个妹夫后来在杭州国民党兵站管军粮供应。解放前夕负责从杭州运粮到江西。杭州解放后,所有粮库官员都到舟山转到台湾。因为妹夫运粮到江西,没有赶上。后回到衢州,在衢州水亭公署做科长。本来是中校那时候就要枪毙,于是就变成少校。战犯要接受改造,后回到全旺。当时因为妹妹在全旺乡下有田地和房屋,加上有个收留的孤儿的保护,没有受到伤害。一直到80多岁去世。胡嘉镐的妹妹生了四个女孩,两个男孩。

1986年胡嘉镐从美国回来。妹妹的女儿就跟他讲,说父亲死了以后,兄弟伪造父亲房产印章,把本来给自己姐妹的房产夺了去。几个孩子争夺房产闹到法庭上打官司,大家都不来往了。胡嘉镐听了说:“现在先不谈,过两年再说。”第二年,他把妹妹的孩子都找来,一起到妹夫坟上去。他对着坟说:“就是要告诉妹夫,我来教育你的儿子女儿。昧了良心要独吞父亲的钞票。因为财产兄弟姐妹不来往,打官司。妹夫你家庭教育失败了。”“然后我开始一个接一个骂,”胡嘉镐说,“你们分家都不告诉我,按照以前中国规矩,老子死了,都是娘舅做主来分家。你们不等我来分家,现在都是冤家对头了。”胡嘉镐问这些孩子，还想不想和好？“想！”于是，胡嘉镐请他们兄弟姐妹全家吃个团圆饭。大家不要做冤家了。现在大家都和好了。妹妹的一个儿子在斗潭那里做土特产生意，女儿在邮政局里做领导。过年过节单位发东西都送到弟弟那里去。现在大家都好了。

胡嘉镐的妹妹原来在被服厂工作，现在退休在家。退休金从原来几十块，到几百块，到现在一个月有一千七百多块。每月一半都用不掉，高兴得不得了。平时没有啥事情就搓搓麻将。有老年证，坐公交车也不用花钱。相比之下，胡嘉镐弟弟胡嘉靖的老婆就没有这么幸运。当年水利学校毕业之后分配到水电站。结果去报到的时候发现水电站没有了。到学校去找，学校也没有了。到现在工资福利什么都没有。

“一生都是美好辰光”

胡嘉镐本来是家里第二个儿子，无奈哥哥少年早逝，胡嘉镐便成为了长子长孙。胡嘉镐青少年时期正是胡家最为“辉煌”的时候。1949年后身落台湾，后又到美国。尽管人生飘荡，但他说：“自己的一生都是美好的辰光。”

胡嘉镐说自己从小就是娇生惯养，家里开染坊绸缎庄。母亲娘家在全旺，嫁过来的时候有很多陪嫁的田地，还有一个小丫头和老妈子跟着。母亲结婚后就让小丫头和老妈子回家。母亲说：“嫁鸡随鸡，嫁狗随狗，我应该随夫家的规矩，不能把娘家的规矩带到这里。”她对老妈子说，你们回到全旺去，我要做媳妇的责任，不能让你来伺候我。我的田产你去管。小时候胡嘉镐到外婆家去，这位老妈妈就告诉他：“这个田、这个地是你妈的，这个房是你妈的。”

当年衢县县长胡伯匡刚上任的时候来拜访爷爷胡瑞斋。胡伯匡看到胡嘉镐就叫他：“伙计，伙计”，胡嘉镐说：“你这个人没有礼貌，叫我伙计。伙计是我店里工作的人，我是小老板，你叫我伙计啊？我说你来当父母官，入境问俗你都不晓得？虽然我小，你不要看不起我。看不起我就是看不起我爷

胡嘉镐看全旺乡外婆家故居

爷。”当时胡伯匡都不知道怎么回答。这时候爷爷走过来，就说，这个小孩子不懂规矩，你不要多心。胡伯匡对胡瑞斋说:“你这个孩子不得了，不得了”。胡嘉镐反思说:“小时候不晓得天多高，地多厚，乱说一通，现在想想，小时候太嚣张了。”

胡嘉镐小时候常到全旺乡的外婆家度寒假和暑假。有一年到乡下，看到一个小孩好苦，瘦小的个子在街上荡来荡去，没有吃，穿得破破烂烂，墙头上的石灰挖来吃。胡嘉镐回忆当时收留这个孤儿的经过。

胡嘉镐说:“这小孩子这么苦的。”给母亲陪嫁的老妈妈说:“不晓得哪来的野孩子”。我说这小孩子这么苦，天天走来走去，小孩子太苦了。老妈问有什么办法呢？我说有办法的，“你不是叫人家放牛吗？叫他去放牛嘛。我们雇了这么多人，不在乎再多一个。”老妈说，既然你要这么做，那就带回去吧。这个孩子就住在他们家楼上放柴火的屋子里。给他洗澡，理发，做衣服，那时有病，我喂他吃药。

胡嘉镐说，多亏收留了这个孩子。在“文化大革命”中，自己的母亲免遭迫害。母亲自从逃日本人开始，就一直住在全旺。胡嘉镐1986年回国探亲就到的全旺乡。当时他就问自己的亲人有没有受到伤害。结果让他很吃惊，母亲和家人都很好，财产保留，母亲的金器也都在。当年收留的那个孤儿，解放后上无片瓦，下无田地，成分好，做到了全旺乡的书记。母亲当年做人也很好，一位全旺的干部讲，母亲在全旺叫“娘娘”，“大众的娘娘”。母亲不看重钱财，哪家有困难就帮帮人家。大家都叫“娘娘”，同一辈人都叫大姐。孤儿当时就是要保护“娘娘”，没有被抄家游街之类。

日本人侵占衢州时，胡嘉镐随着母亲到全旺乡独龙坑避难。独龙坑在深山里面，鬼子没有染指。抗战胜利后，他离开衢州到杭州参加考试，结果被当时的国民党军队采用，给一个大官做秘书。后来从杭州又到上海。胡嘉镐说：“从杭州到上海，都是我的范围。那时我还蛮年轻的，连青红帮的头子杜月笙，我都去拜访。杜说，‘老弟，你到杭州找张强，当时是浙江省议会议长，你说我说的，有事情找你。’”在张强帮助下，胡嘉镐在杭州工作差不多三年，又被送到国民党中央培训。培训后被派到青年军当主任，为团级干部，后被派到了东北。“我拿了美国待遇，美国服装，美国武器。不带兵，我管钞票，管钱，管吃的穿的用的。”在东北的时候，胡嘉镐把每个月工资的五分之一，一百块钱邮寄给全旺乡的母亲。给在石梁上中学的弟弟读书用。可是母亲都不要又退到杭州。胡嘉镐就让在杭州管国民党军粮的妹夫保管，用这钱都买了米，到后来库里存了有一万多斤米。1948年胡嘉镐从东北回到衢州后，上面从杭州军粮里拨出一万多斤米派给了胡嘉镐。他母亲说，把这米卖了吧，你也不要走了，就在衢州结婚吧。在城里找户门当户对的人家，赶紧结婚。但是胡嘉镐觉得自己年轻，只有二十来岁，打算再看看。

在衢州没有住多久，胡嘉镐就到杭州参加同事的婚礼。婚礼于1949年元月1号举行，胡嘉镐是男傧相。这时候突然接到要求归队的命令，要到台湾去。“那个时候年轻，哎，东北去过啦，台湾还没去过，到台湾去看看，这样就去了台湾。”胡嘉镐现在回忆起来，如果自己不去台湾，就有可能同当年的徐志馀一样。

就这样，胡嘉镐坐着轮船跟着部队到了台湾。在台湾从青年军退伍后，就读书，念大学。开始胡嘉镐曾经给家里写过信，还给家里邮寄过钱，寄的是港币。家里人拿到银行去兑换，免不了一番盘问。当时正是中国社会的敏感时期，妹夫给他回复说，千万不能写信，千万不能寄钞票，增加家里的麻烦。那时候家门口挂了牌子，“斗争对象。”从此胡嘉镐不敢给家里通信。直到1986年，在确认绝对安全以后，才恢复跟家里的联系。先是写信到城里，后来又到乡下。胡嘉镐的弟弟说，当时信辗转到他手里以后，他还不相信，怀疑是不是真的是自己哥哥。母亲是1983年去世的，胡嘉镐说：“1983年如果我胆子大，给家里通信，那我母亲可能再活两年。”母亲可能一天到晚都在担心这个漂泊在外的儿子。胡嘉镐的故事不就是余光中的“乡愁”：当年隔着海峡，乡愁是一枚邮票，我在这头，母亲在那头；如今乡愁是一方矮矮的坟墓，我在外头，母亲在里头。

胡嘉镐四十来岁才结婚。他说，当时一个人孤身在外，和家里断了联系，未来一切都不可知，所以婚姻也就推迟了。太太是别人介绍的，当时是刚毕业的大学生。胡嘉镐对她说：“我不爱你，但是如果你跟了我以后，我不会做什么不好的事情。”后来二人生了一双儿女。也是因为子女的教育问题，胡嘉镐一家从台湾到了美国。他说当时台湾环境复杂，家庭环境好，子女难免娇生惯养。好的习惯学，坏的习惯也有。胡嘉镐忙于事业，难免对子女照顾不周全。到美国以后，孩子读初中。刚开始很苦，语言不通。太太负担起重要的责任，教育孩子语言和功课。现在子女都已成家立业，发展都还不错。

胡嘉镐原来是在台湾空军部队，后到美国空军学校学习空管。退伍后到台湾民营航空公司。到了美国以后加入美国航空公司，也是空管。“现在是用电脑控管，不用人，人没有啥事情好做，就这样退休不干了。”后在美国开餐馆，可是胡嘉镐啥都不懂，看到台湾的蒙古烤肉很受欢迎，只需要牛肉、羊肉、猪肉、酱油等佐料，不需要什么大厨，于是在美国也开了这样的餐馆。美国人喜欢吃肉，店里规定一个人尽力吃，不准带。一碗肉事先配好，搭配芹菜、胡萝卜丝、豆芽、芥蓝等等，还有面条。这样一家开两家，两家开三家，事业有成。

在美国胡嘉镐帮助过不少国内的亲戚朋友。有亲戚孩子在美国读书，供吃供住。有一年，有个安徽大学的教授到美国大学，当时国家给补贴是60美元。“买个花篮都不够，中国政府考虑不现实。那时候经济没有现在这样发达，人口又多，也是没有办法。”胡嘉镐就让这位教授来餐馆做服务生，每月一千块美金，还有小费。干了一个暑假，有几千块美金。教授用这钱买了“四大件”。后来，教授和妻子一起来美国大学读博士，留在了美国。

1986年胡嘉镐终于盼来了回乡探亲。飞机从上海下，到浙江省，到衢州，再到全旺，一路都是政府高规格的接待。那时候胡嘉镐是统战对象，政府非常重视，从衢州下火车的时候，好多市里领导来接待，并专门安排一辆汽车和司机供他使用。回到阔别多年的故乡，胡嘉镐找到了自己的亲人，到爷爷的坟上祭拜，并且让弟弟到海宁老家去看看以前的亲戚，还有纺织厂。结果都已经找不到了。母亲1983年去世，家里的两个弟弟一个妹妹都在，长辈的两个叔叔婶婶也都在，舅舅家的表妹表弟也在。胡嘉镐走的时候表弟还没有出生，60来岁的表弟直到胡嘉镐回来才知道有这个表哥存在。物是人非，当年离开家乡是20岁年轻小伙子，现在已经是白发苍苍的老者；当年还都是不懂事的小孩，现在额头眼角刻满了岁月的痕迹。大洋房，带着满满的乡愁，再次与这位老人见面。故乡那血浓于水的亲情，依稀还在。

（张崇、吴宗杰）

水流不盈　周氏故居

在水亭门这片熙熙攘攘的街区、下营街的尽头住着一户周姓人家，与周围浓浓的商业气息不同的是，周家是典型的书香门第。据目前住在周家老房近60年的姜香梅老人讲述，周家很多人都是教书的，还出了新中国第一代的外交官周明基[1]。有一个叫洋子的博友，在看了“下营街三十八号”[2]博客关于周家的描述以后，竟不远千里，从内蒙古来到水亭门、来到下营街，为的是亲眼见见周家老房子。那么这到底是怎样一座宅邸，怎样一个家族，竟有如此的魅力？早已远走他乡的周家后人说：“细数自家寻常事，巷也幽幽，人也茕茕，柴门轻启又一宿……”

周氏故居，第三次全国文物普查时把它命名为“周明基故居”，坐落在如今下营街44号（旧38号），它被这样描述“坐东朝西，前厅后楼，面阔五间，四天井。占地面积为332.75平方米。硬山顶，大门设于西面照墙之上。前厅明间设廊，明次间抬梁式梁架，五檩前后两柱，前檐柱头牛腿之上施垂莲柱，前后檐柱间施花格门窗，现已毁。前厅梢间梁架穿斗式，五檩三柱。前厅后楼左右两侧

---

〔1〕周明基（1929.12—　）柯城人，曾任外交部非洲司司长，中国驻缅甸、赞比亚全权大使。1956年12月至1964年2月随周恩来总理出访亚非14国，1979年1月随李先念副总理出访非洲，主管中国和非洲国家外交事务共30多年。

〔2〕本篇主要资料来源谢媛媛博客“下营街三十八号”http://ranranju.blog.163.com/，并得到她本人校阅，特此致谢。

周氏故居（图片来自“下营街三十八号”博客）

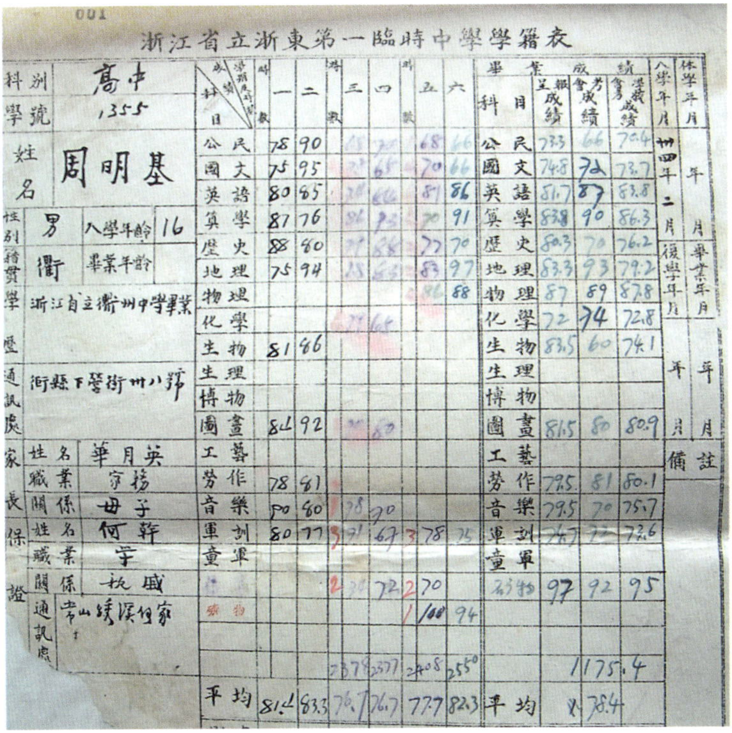

001

浙江省立浙東第一臨時中學學籍表

科別：高中

學號：1355

姓名：周明基

性別：男　入學年齡：16

籍貫：衢　畢業年齡：

學歷：浙江省立衢州中學畢業

通訊處：衢縣下營街卅八號

家長：姓名 華月英　職業 家務　關係 母子

保證：姓名 何幹　職業 学　關係 親戚　通訊處 常山縣溪伍家

科目	一	二	三	四	五	六	科目	呈報成績	會考成績	畢業成績
公民	78	90	[illegible]	[illegible]	68	66	公民	73.3	66	70.4
國文	75	95	[illegible]	65	70	66	國文	74.8	72	73.7
英語	80	85	[illegible]	66	81	86	英語	81.7	87	83.8
算學	87	76	[illegible]	93	70	91	算學	83.8	90	86.3
歷史	88	80	[illegible]	88	77	70	歷史	80.3	70	76.2
地理	75	94	[illegible]	83	83	97	地理	83.3	93	79.2
物理					86	88	物理	87	89	87.8
化學			[illegible]	65			化學	72	74	72.8
生物	81	86					生物	83.5	60	74.1
生理							生理			
博物							博物			
圖畫	84	92	[illegible]	80			圖畫	81.5	80	80.9
工藝							工藝			
勞作	78	81					勞作	79.5	81	80.1
音樂	90	80	78	70			音樂	79.5	70	75.7
軍訓	80	77	3 71	67	3 78	75	軍訓	74.7	72	73.6
童軍							童軍			
[illegible]			2 30	72	2 70		[illegible]	97	92	95
藥物					1 100	94				
			2378	2377	2408	2550			1175.4	
平均	81.4	83.3	76.7	76.7	77.7	82.3	平均		78.4	

入學年月：卅四年二月

休學年月：年 月

復學年月：年 月

畢業年月：年 月

備註

周明基1945年学籍档案及照片

为厢房(右厢房作书房用),厢房前砖墙隔断。后楼八檩五柱,前单步后双步。楼层前檐设槛窗,屋顶施望板,楼层后檐设槛窗,外施腰檐,并与厢房门厅屋面相接。……该民居格局规整,保存现状一般,体量大,额枋、雀替、牛腿等有雕花,雕刻繁多,具有明显的地方特色。该民居所以被如此命名,是因为周明基曾在我国外交部任职,出任东南亚、赞比亚等国的大使,因此是衢州古城少有的名人故居。今天衢州市档案馆仍然保留着他的中学学籍档案。

周家的来历

据新浪博客“下营街三十八号”博主的介绍,博主为周明基大姐女儿谢媛媛,周家的始祖周惠生,即周明基的爷爷,于1900年携着妻子郑氏从绍兴马鞍山,安家落户到了那时下营街三十八号。“太外公的故里是绍兴马鞍山,周姓,家里做着盐油生意。”

周惠生出生于咸丰九年(1849年)十二月,在他50岁,也就是1900年,带着比他年轻整整三十岁的第三房太太来到衢州定居。博客是这样叙述:“在他过完了五十岁生日的第二年春天,太外公携着娇妻,意气风发地乘一艘帆船逆流而上,把生意做到了衢州府。他肯定是步过码头上的那些石阶,再过通广路,穿水亭门,朝左拐弯,在下营街的尾巴上造了这幢房子。”由此看来,下营街38号的周家(马鞍周氏)并非衢州本土,但水亭门历史上就有周氏繁衍,并有家庙在此。

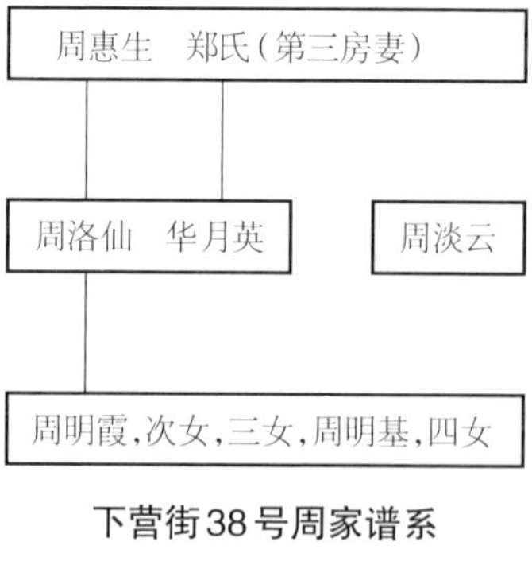

下营街38号周家谱系

据民国《衢州县志·族望志》记载："孝义周氏，城西隅水亭街北。" 这里的 "城西隅水亭街北" 指的地方大概就是现在下营街周王庙这一带。《衢县志》还记载："今下营街灵顺坊有周氏祠，始祖斌，上元人，盖屯籍。宣德五年（1430年）来衢，其孙女守贞不字，以孝义称，道光间举人。周世泰弟世滋始为谱。" 可见，这一带成为周氏族第的聚集地，由来已久。但 "马鞍周氏" 与 "孝义周氏" 是否有关系？周惠生为什么会在这里落脚？他与他的后代是否也会去离家不到200米的周氏祠堂祭祀？这些问题都已不可考证。

周明基的父亲周洛仙，也就是周氏故居的第二代，是家中独子，"素有 '周美人' 之称，是20年代的衢州城里四才子之一……不务正事，最擅长的是吹箫唱戏，戏是昆曲。" 周明基的母亲华月英，是衢州一户平常人家的女儿。关于他们是如何被相中，走到一块，周家后人这样说：

外公是大户人家的独生子，娶个称心如意的儿媳妇就显得至关重要了。据说，外婆是太外公看中的。她是小户人家出身，父亲只是个裁缝。当时外婆在一个专教女红的小学堂读书，太外公就叫了几个人躲在她必经的小巷子里偷看。那一天，外婆是穿着月白色竹布长衫，梳一条油黑发亮的辫子，大大方方地从几个藏藏掖掖的男人中间走过的。她不知道，这一走过，会走进一个再也走不出来的圈中。听说那天中午，太外公一回来就大叫上酒：'就是她了！' 太外公一锤定音，太

周明基母亲华月英

外婆就再也不提什么门不当户不对了。

婚后，夫妻关系相当和谐，“相敬如宾”，“从没有红过脸的时候”。然而，周洛仙身体羸弱，终撒手人寰。“外公生性懦弱，在十七岁上匆匆娶了如花似玉的外婆后，也只是一个又一个地生女儿，十年后他离世时，直拉着身怀六甲的外婆，久久不能瞑目。那时候太爷爷已经仙逝，偌大的屋子里只留下了孤儿寡母在苦苦地守着这个摊子。”周洛仙走了以后，留下了三个女儿，即周明霞、次女、三女，身上还怀有一个未见世的四女。

周家有很多知识分子，除周洛仙素有衢城“四大才子”之一的美誉，其儿女也个个颇有出息。姜香梅老人说：“他们家很多都是教书的。”周明基是外交官；长女周明霞是衢州一中的俄文老师；次女是在京的知识分子，“姨也真的争气，硬是一口气从小学读到了大学，考的全是公费”；次女之子陈小川是《中国青年报》的总编辑。“表弟1979年进入《中国青年报》，1988年起陆续担任副总编辑、副社长兼副总编辑、常务副总编辑等职务，2006年，又接任了总编职务。”还是第389号北京奥运火炬手。“一门父子三词客”，实属不易，周家的人才也确实不少了。

带孝的华月英

故居变迁

周明基故居坐东朝西，走进门去，中间有一条过道。过道左右两边以前是天井，现在成了住房。据老人介绍，住房是后来搭起来的，以前是院子。再往前，左面是一个别样的小房子，一半镂空的矮墙，一扇锁住的木门。姜香梅老人说，这间房子很久没有人住了，一直锁着。"这就是当年被外公冠以'红豆馆'的小书房，没想到后来外公、外婆都是从这里去了天国。"（博文《老屋记事·红豆香消，"美人薄命"》）。"外婆精神好的时候，也常来书屋坐坐。她告诉我，老屋以前也有一个书房的，叫'红豆馆'，是外公起的名，前厅还有两个对联，'家有爱莲风，书藏太极说'，氤氲着一股淡淡的书香。"（博文《老屋记事·一院清幽》）

再往里走，就是一个厅堂，厅堂两边各有一个厢房。姜香梅老人就租住在南面的厢房；北边的厢房是空着的。老人说，华月英当年就住在北面的厢房，"文化大革命"的时候，周明基家的靠南面的一半交给了国家，充了公房；北面的一半，还是私有的，但是目前已经没有人居住了。

左边是衢州档案局里收藏的1967年接管自留房记载。其中登记信息"产权人姓名，华月英。自留房屋登记；3、4号靠北楼下二套间占2/5价1465元。5号厨房公用"。可见，在1967年，下营街三十八号真正属于周家的房产也只有"3、4号靠北楼下二套间"，不到一半的面积。

图片中的对联是贴在北面厢房木板墙上的。据姜香梅老人回忆，是华月英90大寿时贴上的。左下图中①②当时是作为嫁妆给了周明基的姑姑周淡

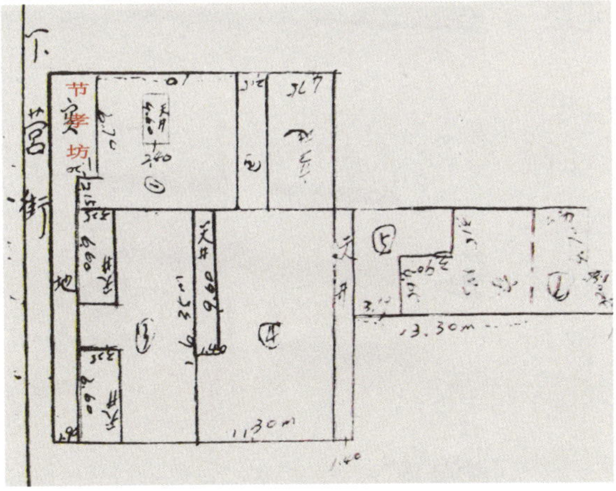

1952年政府登记的周明基故居格局

姜香梅老人

云。姜香梅老人说,“这个北面的房子给周明基的姑姑当嫁妆啦”;博客中也提到“右边则是偏屋,原先是下人住的,据说后来太外公把它分给了他的小女儿周淡云做嫁妆”。但没想到,这片“嫁妆”目前已经成为一块空地(图中标注的⑤),空地上种着一些花花草草,已不清楚谁是主人;而在图块⑥处,今天已建了一座高高的楼房,也就是这座楼房切断并终止了历史留下来的下营街。王汉卿回忆靠近西北角的地方曾经还有一个节孝坊。

如今周氏故居真正的老住户,应该是姜香梅老人,她今年85岁,原是江山人。她的大女儿在此地出生,今年也59岁了。姜香梅的老伴舒金明是徽州人,13岁跟着父亲出来,当年在水亭街最大的万成布店里合伙做生意。解放了,就被叫成是“老板”。王汉卿老人说,姜香梅的老伴以前在布店工作,后来拉车子,运货的,最后在搬运公司退休。姜香梅嫁到衢州据说是她丈人先看中她。老丈人在江山经商,和她的姐夫认识,看到了姑娘时的姜香梅,就托人做媒。“公公在江山做生意,与姐夫认识,看到我‘走来走去’,就找店里的老板来做媒。”老人说,周家人都很好的,很和气,周明基回来的时候还给她和她的儿子在天井下拍了一张合影。说起往事,老人笑意盈盈。

一轮明月照水中,只见影儿不见踪

周家屋檐下,正对着下营街,用砖块嵌入一个“坎”卦,赫然映入行人的眼帘。卦辞云:“习坎,有孚维心,亨,行有尚。《彖》曰:习坎,重险也。”水流而不盈。水流不盈到底是凶是吉还是德?听人们说,下营街西侧靠城墙那边的房子经常火灾,水是否有克火之意?但关于这个卦的来历,周家且有自己的说法:

屋檐下的“坎”卦

清明节，妹妹回来扫墓，说起我博客上的《老屋记事》，说是门楣上这个八卦中“坎”符解说不对。自我插队以后，妹妹一直在家陪伴外婆和母亲，也就常常听外婆讲一些旧事陈迹。她说，曾听外婆说这个“坎”符不是老屋落成时嵌上去的，而是因为后来屋对门又新造一幢房子，是平房，外有一道围墙，风水先生说那是官形。“官”“棺”同音，怕会触了我们的风水。当时又正逢外公生病，家道中落，当家做主的太外婆就请了樟生爷爷雇人凿墙做上了这个“坎”符来避邪。

坎卦为水，属行险用险的下下卦。但王公设险以守其国，险之时用大矣哉。象曰：一轮明月照水中，只见影儿不见踪，愚夫当财下去取，摸来摸去一场空。博客“下营街三十八号”写道：“据古代的阴阳学说，坎主阴，如月，又是水木火金四象中的水。”虽然说，周易只是观相取意，但是老房子里确实发生过一些让人叹息的往事，恰似“一轮明月照水中，只见影儿不见踪”。

女多男少 从之前的介绍可知，周家的男丁不多。周明基的爷爷周惠生和父亲周洛仙都是家中独子。“独苗的太外公，又是独苗的你，早生贵子，兴旺门庭，可是整个家族的大事啊！可你结婚三年才有了我的母亲，难怪老人们寝食不安了。”（博文《老屋记事·红豆香消，“美人薄命”》）为了延续香火，三女被送人当了童养媳。“我还有个三姨，在我读初中时，填写入团表格，我把三姨也填上了，很清楚地写上了‘给人当童养媳’这几个字。我认为，把自己的女儿都给了别人当童养媳了，那这家人肯定是穷的了，是受剥削的了。可是“文革”时大字报上的那些材料，又让我糊涂了，不对呀，照理说凭那时的家底，不应该养不起一个女儿呀，那时外公还好好地活着呢！一直到写这篇东西时，我还是有点不明白。就去问四姨，四姨笑了，说，很简单呀，是为了腾出肚皮生儿子呢！”（博文《老屋记事·三姨》）

可惜周家的第四个孩子依然是个女孩，而周家引以为荣的周明基据说是

小天井里的梅花

从别人家换过来的孩子。“这一摆弄的结果是我的四姨成了别人家的女儿，而别人家的儿子却成了我们至亲至爱的舅舅。值得关注的是，这个计谋的产生原因和导致结果都是清清楚楚，毫无疑问的。就是四姨的身世，也没有什么异议，她是外婆生的，后又抱到了叶家，成了叶家的女儿。所有的疑点全落在了我舅舅的身上，中间的实施过程一直是扑朔迷离。舅舅是从哪来的呢？舅舅的亲生母亲是谁？大半个世纪以来，这个疑团一直盘旋在老城墙根的这个周家老屋里。”不仅如此，周家的男人远不如女人长寿。老租户姜香梅老人也说，“周明基的妈妈活到了100岁还差几天……周明基的爸爸二十几岁就死了，我没有看到。”据说，周明基的奶奶也活了70多岁，周明基的爷爷活了68岁。所以，此后周家只留下周明基的妈妈、奶奶和周明基姐妹几人。可能是这个原因，周家平时生活比较低调，在调查过程中，有一些住在下营街的老人都没有听说过这个出过外交官的家族。王汉卿老人说，周家不做生意的，家境不错，平时不怎么接触。

细菌战受害者 据说周家3个亲戚感染鼠疫，病死在周明基故居中。曾经是周明霞的学生，老中医张玉恢的介绍，当时他画了一幅以周家为素材的油画，来表达他对细菌战控诉。周明霞本人也写过一段关于细菌战的记录，题为《我的姑母和侄儿侄女惨死于鼠疫病》，收录在《罪证》一书中。据书中记载，1941年周明霞的大姑母来下营街44号探亲，正遇上日军空袭轰炸，“一家5口惨死三人”。全文如下：

> 我的大姑母周灵芝携带四个子女从绍兴来到离别十多年的故乡衢州探亲，就住在下营街44号。……不料在立夏时节被鼠疫毒害，一家五口惨死了三人。先发病的是我大姑母，全身发高热，腋下淋巴结中发达，邻居刘银娇还用土方法（拧沙）为她治疗，直到第二天晚上在痛苦的呻吟中死去。姑母的大女儿王履妹，18岁左右，在一家棉纺厂做工，请假回来伺候母亲，谁知也染上了疫病，同母亲一样惨死。姑母的小儿子王孝曾，10岁左右，和母亲同睡一张床，等到来人抬大姑母尸体时，才发现这可怜的孩子已僵死在房门背后。……

政治运动受害者 “文革”期间，周家也遭受了冲击。据姜香梅老人回忆，当时周明霞在一中学校教书，被戴着高帽子被游街，关在一中食堂里面。关于这一段记忆，博客“下营街三十八号”也有记载：“天还是亮了，我起来时，母亲已经到学校去了，今天大操场要开批判大会，母亲的罪名是资产阶级学术权威，再加国民党太太……我一直在家憋了三个月，母亲也在学校牛棚里关了三个月。外婆当年也就六十来岁，买菜做饭地在家里撑着，小妹小弟年小不谙事，就轮流着给母亲送饭。妹妹性倔，昂首挺胸地当着牛鬼蛇神的女儿；小弟年幼，糊里糊涂地让人欺着还自得其乐。”文字中透露着阵阵悲凉。

中医张玉恢说，周明霞本来教英语，后来学校改俄语，她就边自学边教俄语。同学都挺尊重她，有次同学聚会去周家，看到厨房还是泥土地，大家马上叫来泥水工修了下。那时周的母亲还在。周的丈夫，说来话长，可能生病死的，但是可能也有冤假错案，大概是在“文革”的时候死的。

关于周明霞的政历，在“文革”结束后的第二年才渐渐得到平反。1978年衢州教育局文件衢文(78)49号中写道：“周明霞……经调查，该同志家庭出身为小土地出租。在伪国立女子师范学院读书时，未发现参加三青团，国民党等反动组织。”1982年，衢州教育局文件衢教人字82(101)文件最终对周明霞颁布了平反决定。文件规定：“周明霞同志在‘文革’中被怀疑参加三青团、国民党等组织受审查，经批复纯属假案，应予平反，恢复名誉，销毁全部污蔑不实材料。”周明霞的丈夫，有点像过门女婿的客人，据说是在1968年的7月8日那一天，没有任何亲人陪同，在寂寞和痛苦中死去。10年后的平反报告中说：“他是‘四人帮’反革命修正主义路线迫害致死的。”

“一轮明月照水中，只见影儿不见踪”。周氏故居如今已是人去楼空，挂着蛛丝的楼房依稀还可见主人留下的痕迹。但主人当年描绘的“鹦鹉藤前，画眉窗下。二分明月，一叶扁舟”的房子意境已难寻觅。也许谢媛媛看到这房子的主人一个个都离去，最后成为了空房子，不觉得把满满的记忆写成博客，没想到给这房子留下满屋的惆怅！

人逝言存

吴土福与“六间”

吴土福

水亭门十八家宗祠上演着望族演义，但还有许多不知名的小户人家、小人物也有别样的文化魅力。走入柴家巷，到巷子的中间，朝罗汉井巷的拐弯处，有一排两层楼老房子，人称“六间”（柴家巷9号）。在这里你可以看到一位满头白发，脚上穿着不太合适的鞋子，总是在忙碌着的一位老人，他就是今年85岁的吴土福老人。问起来，他会反复重复两件事，一是没文化，没读过书；二是自小到大，一粒药都不吃。“我一点书都没读过，没文化，就是身体好咯，从来不生病，不吃药，活到八十多岁，一粒药都不吃。我没有病，我不相信吃药。”〔1〕

吴鸿兴箍桶店

吴土福老人是土生土长的柴家巷人。爷爷辈开始从江山迁到衢州，刚来的时候在花园岗江山公所，到这里已经一百多年。祖上在柴家巷9号开“吴鸿兴箍桶店”，周边都是当年衢州有实力的商铺，如“文大布店”“壹大染坊”“顺昌

---

〔1〕吴宗杰等：《郑怀琰走访柴家巷与故居》，录音编号：20100722。

南货店”“阜城药栈”等等。吴土福说这个箍桶店是爷爷吴帮荣创建，从江山大青坞来到这里，箍桶店后传给吴土福的父亲吴仁有，又传到吴土福手上。箍桶店有六间房，一边开铜鼓店，一边开箍桶店。“这个是我爷爷传给我的，都我一家，那个铜鼓店也是我家做的。箍桶、铜鼓都是我家做的，六间房都是我们家的，现在都没有了，这一间都留不牢了。以前‘三反五反’，讲你是资本家，做手工哎。”据说，这里的铜鼓是原来“衢州城里第一家”，可惜“解放来了弄得一塌糊涂了”。老邻居郑怀棪老人说，“箍桶店第一高，手艺好，东西做得好，他是有名的。衢州这个店有几十家了啦，他第一家”。“衢州城里一百多家，就算我屋里最大家啦，”吴土福说，箍桶店的生意也做到了杭州，“当时用船运到杭州的，一天要卖七桶八桶，下半年我那个时候要加工人，加工人要加工资啦，以前二十多个人吃饭咧，徒弟都十几个。”[1]

1949年以后，国家对工商业、手工业等进行改造，“吴鸿兴箍桶店”关闭了。吴土福自己就参加工作，工资每月两块。“我是解放来就参加工作了，两块行银钿，在华东军区当通讯员。”但没有文化，认不得字，最后只干了五个月。转回来做手艺。“我有手艺，我重新再去箍桶，凭手艺，我一日做做么，都有好多块。”

那时候人们的生活离不开箍桶，洗澡的，装饭的等等都是木桶，因此“饿不死手艺人”，如今箍桶已经淡出了人们日常生活，吴土福对自己的手艺很无奈，说：“现在都是塑料桶，以前都是木头，山上面放下来，我买来做箍桶。现在桶都是塑料的，用不着了，时代不同了，同我一样，时代不同。”问他现在是否还做，他回答：“做不动了，工具都烂喽，一点用都没用，以后恐怕没有这个行当了”。今天许多地方已把箍桶看作为一种珍贵的非物质文化遗产，除了展示，也时兴用木制品了，特别是医生，连杭州、上海也有人来买。有新闻报道说，还有客人

[1] 张宇婷、张崇：《吴土福谈细菌箍桶店》，录音编号：20100730。

专门定做，说要送到日本去。除了蒸桶、水桶、拎桶、锅盖等之外，又兴起了一种浴桶，就是供洗澡用的，听他们说，杉木是活血的。

“六间”罪证

吴土福称自家房子为“六间”，也就是当年的箍桶店。他总说这是“留不牢”的房子了。柴家巷到“六间”这个区段最开阔，吴土福说他家对面就是周王老佛行宫。据老人介绍，自己家的这六间房其中有两间在细菌战的时候烧到了，后来又重新搭起来，也已经有六十多年了。吴土福回忆，当年自己还是十三四岁的样子，日本人在衢州投了大量鼠疫细菌。“那个跳蚤要长一点的。”据《衢州抗日战争史料》记载，“1940年10曰4日上午9时许，有敌机一架低空飞行，投下了大量麦粒、粟米、破布、麦麸、黄豆，白色粉末、传单、跳蚤。事隔17天之后（即10月21日，农历九月二十一日）即发生鼠疫”。吴土福的姐姐吴土英不幸成为鼠疫的第一个死难者。那天她突然高烧、呕吐。后来大腿的淋巴结肿大，大喊大叫地要水喝。在“鼠疫死难者名录”上，吴土福的姐姐吴土英被列在了第一位：“吴土英，女，12岁，柴家巷3号，1940年死亡，吴仁佑之女，弟弟吴土福。”[1]吴土福这样回忆说：“当时我只比我姐姐小一岁，全家人眼睁睁地看着姐姐在床上抓挠，第二天早晨姐姐就死了。”[2]

发生鼠疫以后，水亭门街区进行了封锁，并开始采取灭鼠措施，拆烧疫户房屋，还把城区大部分房屋的天花板、地平板、明壁板拆去。据吴土福介绍说，“有一百多年的房子烧倒了，做箍桶的。现在这个房子是后来搭起来的，有六十多年。人死掉后，房子叫市政局给你烧到，我姐姐死掉了，房子烧掉了。烧倒了就临时搭搭出来。那是解放前，快有七十年了，我还小，只是

〔1〕邱明轩：《孽债难忘》，香港天马图书出版社，2005年，第27页。

〔2〕邱明轩：《罪证：侵华日军衢州细菌战史实》，第153页。

十三四岁”[1]。今天看上去,后来搭建的房子和原来的房子相比有很明显的不同。

吴土福自己也是鼠疫的受害者。至今,他腿上依然有鼠疫细菌留下的痕迹,腿上长了很多灰色的斑点,看上去像过了期的食品上长着的霉斑一样。不过吴土福似乎已经习惯了,毕竟自从他十三四岁到现在,已经有六十多年了。吴土福还讲到自己被日本人刺刀捅伤了屁股,“我屁股,日本佬给我一刀我都没事情。快要七十年,那时候小哎,怪我,十三岁,还是小鬼哎,玩嘛玩的啦”。吴土福老人回忆,是一个长着络腮胡子的日本人捅了自己,“那个络腮胡子最凶,杀人,放火都是络腮胡子”。又是另一个戴眼镜的日本人救了自己,“用药包起来咯,日本人也有好的人咧”。

“没文化,一粒药都不吃”

每次和吴土福攀谈,他都会说:“我没有文化”。在他看来,没有文化是导致自己现在过这种生活的原因。“有文化的话还会在这里?老早就出去了,有文化我现在起码一个月退休五六百。”吴家做手艺,经济状况其实也不错,为何没有上学呢?老人说,当时他出生的时候,父亲给他算过命,说他活不到16岁。“旧社会么,讲你的命好坏,命好要培养的,命坏,拷来拷去都要拷着你的。”正因为这个原因,“弄得我没有书读,兄弟姐妹都读书咯。他们有文化了,就我一个人没有文化”。吴土福的大哥曾经在北京国防部工作,当年是地下党,遭到国民党的追捕,“逃得快,地下党,我家逃得快,不逃得快国民党抓走了。地下党死了角瓜(非常)多咧。大地主,都是大学生,都是清华大学毕业,有出息”。说起这位哥哥,吴土福说,“老子死了都不到家里来,来来去去都坐飞机的”。“来去不自由嘎,要国家批准的,要批准的。又一次十五到家里探亲,没到一天,电

〔1〕吴宗杰等:《吴土福录像》,录音编号:20100716。

吴土福的柴家巷“六间”

报就拍来，就叫他速回。”[1]

不许读书，吴土福便跟着父亲学箍桶手艺。箍桶技术含量很高，需要时间的磨炼，一个月两个月，根本就学不会。三年五年学下来，也只会做一些简单的家什。做箍桶需要的工具就有数十种之多，“象刨子就有内圆刨、起底刨、平短刨、座刨、抽刨、蟹壳刨、滚刨、斜刨、洋铟刨、龙凤刨；锯子就有粗齿锯、细齿锯、细长锯、爬锯、洋铟锯；凿子还有斜凿、圆板凿、小板凿、圆凿以及各种榔头、斧子、钻头等等，举不胜举”[2]。这些复杂的工具使用起来稍有不慎，就可能受伤。“木匠是用刨子刨长木头，不容易伤到手；而我们箍桶匠却是手拿小木棍去刨刨子，只要一不小心很容易被刨下一块肉来。”

〔1〕张宇婷、张崇：《吴土福谈细菌箍桶店》，录音编号：20100730。

〔2〕http://www.cityphotos.cn/picture/albumpic.aspx?aid=15205。

吴土福没有退休劳保,一辈子做了很多不同的活。从父亲继承下来的箍桶店,1949年以后关闭了,吴土福参加了集体工作,去参军,后下放到农村。“跟我哥哥两个人下放到农村里种田。我哥现在还是农村户口。在花园岗那里,他发财了,造大房造起来了。”“现在农村里好了,比城市要好得多,都是洋房和高楼。要是我一直在农村里也好了。我后又回到城里做各种临时工。解放来塑料也做过,木工也做过,在环卫所了做了22年,一天都没有休息过,做了22年临时工。”“种田我都种了十几亩田。”回忆这些变故,吴土福充满了很多遗憾,回到了城里,可是原来的六间房只剩下现在自己住的一间了。“没有本事收回屋子;现在没有本事,就这一间都留不牢了,都归国家了。国家收去了,弄得两头都不好。”

吴土福有两个女儿一个儿子,现在生活靠子女供养。“生病都要靠儿子女儿拿来钱咯。”2010年上半年,老伴摔断了脚,住院二十来天,医疗保险减轻了很多负担。他说:“现在就是靠共产党,我拿不到退休金,去看病,有一部分报销,报一万来块钱,没有报销一般吃不消咧。”但他说,“就老伴参加了保险,我也没看过病,没有参加保险,我没有病,我不相信吃药。现在大病没有,都是小病,没有用了,八十多岁啦,还有啥咧用”。

吴土福反复说“我没有文化,糊里糊涂”。他还说:“不要做坏事,要做好事。是太公祖上传上来的。‘无知为贵’,就是人要无知。不要骂人,现在时代讲要文明。”他一辈子住在柴家巷,回忆当年小巷的样子时说,“这里边上都是石子路,边上都是草,草铺石子的。中央一条石板路”[1]。他说过去的事情讲不完,哪有现在平安,生活好,共产党好。

(张崇、吴宗杰)

---

〔1〕谢洁怡等:《吴土福传》,录音编号:20100704。

黄石麟民居群

在衢州第三次全国文物普查中，有6处老房子登记在“黄石麟民居”名下，其中包括现在的细菌战博物馆，构成为柴家巷到宁绍巷一带重要的传统民居群。这些房子的历史变故非常复杂，但慢慢都归到黄石麟手中，据说他的房产

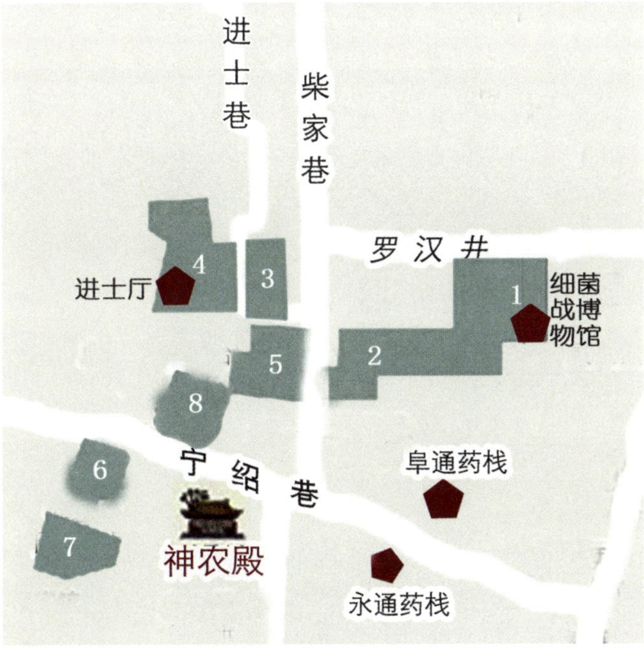

黄石麟民居群

1. 罗汉井5号纪念馆；2. 柴家巷13号；3. 柴家巷21号；4. 柴家巷23,27号
5. 柴家巷22号；6. 宁绍巷17号；7. 宁绍巷15号；8. 宁绍巷14号

还有更多，1952年房地产税务局登记时就有7处。黄石麟最小的儿子，现今70多岁的黄惠康老人说，他自己也搞不清楚家里到底有多少，在水亭街和坊门街上还有店铺，南街，现邮电局附近也都有房产。黄石麟也因此得了个“收税地主”的名号，显赫一时。

“新房子”与“老房子”

7处房产中，罗汉井5号与现柴家巷13号曾经为黄家人自住，家里人分别称之为“老房子”和“新房子”。老房子（柴家巷13号）建筑年代较早，据第三次文物普查的考证和黄惠康的回忆，属清代末年建筑。而“新房子”就是现在的细菌战纪念馆，是黄石麟生前所造，为民国年间建筑。这两处房子在1952年是作为一个整体登记在黄石麟名下。

据郑怀棪老人说，“罗汉井5号这房子是最好的木头。修理时拆下来的木头都是红木。黄家的房子是一级的”。黄惠康回忆“新房子”东侧原来还有一个院落，正门朝北，开在县学街一侧。“现在这个大门是以前大门进去的边门。

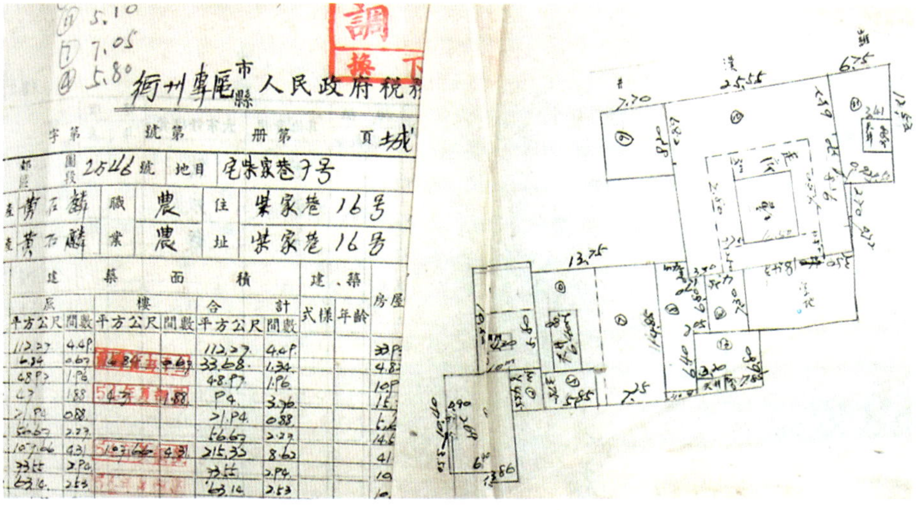

1952年房产登记老房子与新房子曾经连为一体

“新房子”，今细菌战博物馆

原大门是二重门，有拱做出来的，进来一个厅，小庭院的小天井是青石板铺起来的，现在都拆除了。”1952年的房地产登记册平面草图上还能看到这个院落。“新房子”现今只保留了四合院部分。院子左右对称，院落中轴线的正北方向是一个朝南的厅，原厅是敞开式的，宽敞明亮。黄惠康回忆，厅堂是院中规格最尊贵的建筑，也是举行的重要仪式的场所。过去厅里陈设有案几、八仙桌和太师椅。黄家供奉牌位和举行重要礼仪都在这里。每逢过年时，家里人就会在八仙桌上摆上供品，祭祀祖先。黄惠康记忆中父亲非常节俭，家里虽然殷实，八仙桌上的供品却“从来没有摆满过”。黄石麟自己住在厅边的房间里。厅堂两侧为对称的三开间的厢房，分别为大老婆和二老婆居住。房外沿天井四周设长廊，长廊过去由石栏环绕，中间还曾有一个黄惠康念念不忘的池塘，也就是现在的天井。楼上的布局正北为三间主屋，两侧厢房，四周亦设廊，廊外有挑檐。楼上楼下都有雕刻极为精细的牛角，图案有人物、家具、花卉、楼阁文房四宝等。“新房子”的柱子和门窗原本是褐色的油漆，后来改为红色。黄惠康讲起油漆的颜色时十分惋惜：“我们的那个木头都是本色的，现在都漆红了。又不是寺庙。”

今天这处房子已成为细菌战展览馆。其中一块展板就记载着发生在这座房子里的悲剧。“1940年10月4日9时，一架日机低飞盘旋在衢州上空，在城西洒下混有跳蚤的麦、谷、破布纸包。6日，从罗汉井黄某家金鱼缸里获取日机空投的跳蚤两包，检验出鼠疫杆菌。”回忆这一往事的就是黄石麟儿子黄运鑫。那场细菌战中黄家能幸免于难还多亏了学医的两个姐姐。她们了解日本人正在进行细菌战，因此发现细菌包后立刻用来苏水洒了院子。下雨时还把屋檐上落下的麦粒雨水消毒处理后倒掉。

“老房子”大门

据说当时向南出大门经过一个小花园就可以进入黄家的“老房子”。“老房子”由三个院落组成构成，当时由黄石麟父亲买来。从其建筑风格及雕刻艺术判断为清代末期典型的民居建筑。如今进出老房子，只能从柴家巷的八字大门。门上有以前拍电影留下的“吴风棋局”字样。第一个院落为三间两搭厢的结构，坐东朝西，屋顶是朴素的硬山顶，所有的屋角都规规矩矩地收在山墙之内，没有花哨的装饰。厢房有玻璃窗门隔断。这一进解放前曾租给天丰布庄，老板姓范，名德成，也是绍兴人。布庄的柜台原来就设在主屋的明间，解放初店铺还在。老房子的第二进坐北朝南，面阔3间，为四合院结构，是前厅后楼，主屋坐北朝南，西侧有一厢房。再往东走，就进到房子的第三进，这是一个坐东朝西四合院，相比前两进来说略开阔些，天井也更敞亮。主屋有两层，明间的檐柱下还保存有云纹的牛腿。黄惠康小时候就住在主屋左侧的房间，弟弟黄惠宏住右侧的房间。据说“文革”时这座民居曾为“民兵指挥部”。

“老房子”和“新房子”加在一起占地面积共739.17平方米。无论从建筑规模还是用材上看，黄家的房子在衢州城里都是数一数二的，连名震衢州的“叶半城”的后代叶志雄提起来，也不得不承认，“我们家的房子，还是他们家的房子大”。黄石麟共有5房妻室，10个儿女，加上家里的工人，最多的时候有几十号人同住一个大院。不过在康康的记忆中，很多房子都是空的，没有人住。

漂亮的“进士厅”

黄家最有气势的就是现在的柴家巷27号。95岁的王汉卿老人指认这房子就是以前的魏政进士厅，弄堂也因此得名进士巷。房子整体坐西朝东，门厅朝东开门，门框为青石板构件，门厅呈“U”形。一进花厅有一个开阔的天井，中间仍留着一棵高大的苦楝子树。进门有廊，廊上施船篷轩，廊轩的梁架粗大，呈月梁型，梁的两端缘有双重弧线。尽管现在看上去已非常破旧，但王汉卿对它仍然肃然起敬，说是“皇帝赐的，有衔头的”。廊坊后是三间两搭厢的明堂，堂后木板壁上还能看到原来挂匾的托架。穿过第二进向北又是一个三间两搭厢的院落。与第三进相接的是一处附房，为厨房间，面积很大，几乎像一个小院落，中间还有一个小天井。今天住在这里已经五十几年的徐秀华老人回忆刚搬进这房子时看到里面的天井花园，非常感慨。她回忆原来天井里有一棵桂花树和花坛，还有一排雕刻精美的栏杆，像水边游廊。那时她只有七八岁，只觉得“很奇怪，天底下居然有这么好看的地方”。

这房子几经易手，现在能够追溯到的是黄石麟以前的房主是“升泰油行”

升泰油行(进士厅)

老板张松泉。提到升泰油行,郑怀棪老人给我们讲起了“八张嘴”的故事。“八张嘴”是指张松泉母亲,据说她很会讲话,很会做人,因此得了这么个绰号。郑怀棪回忆:“升泰油行是母亲发起来的,到张松泉手上败掉了。他母亲手上开升泰油行生意很大。张松泉的父亲则只管做,是母亲当家。”因为经营不善,张松泉后来把柴家巷27号抵押给了黄石麟。黄惠康回忆:“他到我父亲这里借钱,后来没有钱还了,他自己跟我父亲讲,钱我又还不到,这套房子抵抵给你好了。我父亲讲,我随你,我没有问你还。就这样子这套房子抵给我们。我父亲讲,你抵我,人就住在里面,不要房租。”就这样,房子归到了黄石麟的名下。1949年后随同黄的其他房产被一并没收(也有说赠送给政府)。据徐秀华老人说,1949年后黄石麟就是租了这座院子角落里的一个简易小屋,并最后在这里过世。紧靠柴家巷27号老房子北侧的是黄家现在拥有的唯一房产柴家巷23、21号,现由黄惠康居住。据说黄家房产充公后,全家就搬到了23号这处房子的阁楼上。小小的阁楼当时住了黄石麟和他三房妻室及5个子女。今天23号，21号这处200多平方米的房子于1989年全部退还黄家，并且由黄石麟的所有子女共有，产权证10本。

阜成纸庄

现柴家巷22号据说就是民国时有名的“阜城纸庄”，开辟了近代衢州印刷业。第三次文物普查判断为民国时期建筑。这处房产过去是黄石麟所有，1949年前卖给徽州商人许静山。许氏在此开办“阜成纸庄”。关于这位老板，在1940年浙江省卫生处给省政府的电文中曾提到：“衢县于10月4日上午六时半，敌机一架侵入市空，飞行极低速。警报解除后，在柴家巷罗汉井一带发现大麦、荞麦、粟米及死蚤等颇多，当时目睹者均以为奇，有柴家巷阜成纸庄许静山者，拾集麦粟及死蚤等送该县防护团转省查验。”阜城纸庄的房子1949年后收归国有，分给老百姓做住宅用。末代秀才周浃后人曾在此居住，据周叶典回忆，当时有13户人家住在这个院落。

这座二层楼房子坐北朝南，大门朝柴家巷一侧，硬山顶。整个建筑占地400多平方米，由三部分构成：第一部分是前厅后楼的结构，大门开于前厅左厢房处。周叶典还能回忆起厢房门边是纸庄的柜台。后楼楼层前檐设腰檐，后金柱间设太师壁，壁后设木楼梯。前厅右侧后金柱后檐柱间有小门通向第二进。第二进是三间两搭厢的结构，主屋三间，明间过去为纸庄账房。右次间设小门，通向附房。附房为一四合院结构。中间天井。天井的南侧有一扇朱红油漆的小门。据周叶典说过去从那里可以通到黄石麟的另一处房产，即宁绍巷14号（原宁绍巷18号）。

1952年的房地产税务局的登记册上宁绍巷14号建筑曾为血吸虫病防治所诊疗部。据说其前身是“三衢医院”。第三次文物普查登记该房产为王学林（应为黄石麟）民居。占地220.76平方米，并绘制了房屋的平面图。从外面看,这房子高高的外墙给人深宅大院的联想。院内建筑保存较好,楼层绕天井四周设坐窗,外沿设葫芦档栏杆。值得一提的是房屋的雕塑,前厅梁下牛腿上童子戏金蟾的图案依然栩栩如生。厢房为单披,左厢房设木楼梯,右厢房沿天井设槛窗。天井为青石板铺砌。文物普查考证其为民国时期典型的民居建筑。

双排四合院与小祠堂

由宁绍巷14号向西走几米,左边就会出现一条窄窄的小弄。弄呈L型,转过弯就到了宁绍巷15号的门前。1952年房产登记册上房产所有人为黄石麟,第三次文物普查登记房子是王石林(黄石麟)于20世纪20年代建造。房子是并排的两个四合院,中间用木板隔断,硬山顶。两个四合院的格局基本相同,都是前厅两层,后楼三层的结构。后楼梁架结构六檩六柱,楼层前

双排四合院

宁绍巷14号"三衢医院"

檐设坐窗，上施葫芦档，后楼后金柱间设太师壁，壁后置木楼梯。东四合院保存比较完好，梁枋及门窗上的装饰都清晰可辨。檐柱上的木梁枋雕有手执文书的官员、散落花果的仙女和精致的纹样。雀替两端的瓜果栩栩如生，各种元素层次分明，人物形象丰满，体现了非常高超的木雕艺术造诣和屋主不一般的审美品味。西四合院的雕饰在"文革"期间遭到了较大的破坏，纹样已无法辨认。

出得弄堂，就是宁绍巷17号，也就是徐家小祠堂，现为房管会所有，后楼现由徐树源兄妹分住。据说徐家后人因为抽鸦片，家境开始败落，最后把祠堂抵给黄石麟。[1]1952年房产编查表上房产登记在黄石麟的名下，至今在朝宁绍巷墙上还竖着一块"黄姓墙界"的界碑。

---

〔1〕张崇、张宇婷：《徐家楼徐树源》，录音编号：20100704。

妻妾同处　宜室宜家

黄家庞大的房产，据黄惠康说是从祖上继承的。黄家祖上是绍兴人，家底殷实。据郑怀楼老人讲，黄石麟的爷爷去世时，父亲黄乐山在绍兴分得家产有20万。黄乐山到衢州发展时最初在石梁的小沟，做土纸生意，把衢州的土纸运到绍兴卖。生意越做越大，把这里的土特产带到绍兴，杭嘉湖的工业品，布匹、日用品也带过去，到后来土纸的作坊也买下来了，就把绍兴的家搬到了衢州。

黄石麟，字兆元，是独子。1944年宁绍旅衢同乡会发起人名册上有黄石麟名字，时年49岁，家住罗汉井。他在衢州衢郡学堂(即衢中八中的前身，现在是衢州一中)修学四年后考上大学。大学毕业后曾投资衢州电灯公司，是公司最大的股东之一。之后子承父业，开始四处置买房屋和店面。黄家水亭街一带的房产就是这么一点点积累起来的。

水亭街上的人们提起黄石麟，谈论得最多的还有他的五房妻室。大户人家，娶个两房三房倒常见，但能娶五房的却是不多。据徐文华回忆，"解放来时，黄石麟皮袄反穿，戴高帽游街。个子不太高。游街游了好几日"。住在对面的杨月轩老人那时年纪还小，但还记得当时跟黄石麟一起游街的还有他的三个老婆。黄石麟的五房妻子，大房二房去世得早。叫什么名字，左右邻居和年长的老人无人知晓，只知道有一个姓魏。黄惠康也没有见过他们。大房生有二子四女，二房生有一子，三房无子，四房二子一女，五方一子一女。

这是一个折射着不同时代烙印的家庭。大房和二房都娶自大户人家，三房出身不详，四房是船上的歌女，人称"小牡丹"，五房是菜农，华婆说她"勤劳、人生得壮实"。黄家的家道由富足走向败落的过程中，子女的命运也随之跌宕起伏。大女儿黄惠珍和二女儿黄惠珠当年都毕业于专科学校，是助产师。黄慧珍嫁给了国民党军医，黄慧珠嫁给国民党飞行员，1949年前一起移居美国。走之前曾力劝黄石麟一起离开。但黄看看身后的一大家子人，没有同意。黄惠

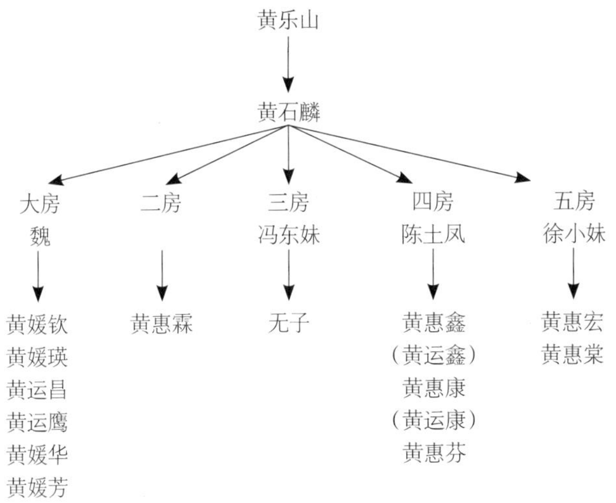

康讲起这件事时感慨地说："她们叫你，你不走，到杭州也可以，杭州房产给你弄好，你在这里没有命的，他们部队里晓得这个。我父亲就是不走，杭州他也不肯。我两个姊姊就自己走了。我们当时一家也好走，就是没走。"黄惠珠后又辗转去了台湾，现住台湾养老院，大女儿黄惠珍已去世。

留在大陆的孩子们中，黄运昌（黄惠贤）年纪最长，毕业于南京医科大学。说起大哥，黄惠康掩饰不住地赞赏："人很开朗，无论男女老少，贫穷富贵，都对你很亲切和善。很洋派，西装革履的。"据说收租的时候农民挑着谷子过来，有人挑毛病，黄运昌就说："好了好了，挑过来已经很辛苦了，不要太计较了。"黄运昌毕业后当化验师，曾在华东五省一市吸血虫医疗队专家组工作。后在杭州安家，现已去世。次子黄运鹰被家人称作"老寿星"，因为他不愿多讲话。黄惠康已记不起哥哥的教育经历了，只记得他有一张穿着戎装佩剑的照片。他后来在永康一中教书，现已退休在家，也九十几岁了。

郑怀棪老人年少时与两兄弟同在衢州一中读书，关系很要好，因此知道黄家很多家事。他讲了一段两兄弟的趣事。"黄运鹰谈好了恋爱，同黄家对面水亭街杨振业红纸店杨振益的女儿。杨振益是五个儿子一个女儿。女儿非常漂

“老房子”通向新房子

亮,叫杨金玉。以前杨金玉同黄运鹰谈恋爱,哥哥黄运昌回来,看见漂亮的,讲‘我要,我要’,夺过来了。真有这个事情咧。她原来讲好给黄运鹰做老婆,只是还没有拜堂,没有举行仪式。哥哥回家看见她漂亮,就把弟弟的老婆抢去喽。弟弟黄运鹰只好另外找一个,后来这个家住在西河沿,岳父当律师,叫程祥顺,大学毕业,也是大地主。但这家的女儿没有杨家女儿漂亮。”

五女黄惠荣解放初到上海。曾在杭州萧山打工,结婚后随丈夫在上海安家。虽然同父异母,她对黄惠康的关照最多。黄石麟去世后黄惠康曾有过辍学的念头,是在惠荣姐姐资助下才继续读下去的。水亭街的老百姓常戏谈黄家有三“子”,“一个驼子,一个瘸子,一个疯子”。女儿是疯子,驼子就是二房生的黄惠霖。郑怀棪老人说他是逃日本人到乡下时把背睡驼的,“乡下没有好医生,只好整天睡在椅子上,时间困长了,背就驼了。他很会讲话,记性也好”。黄惠霖后来就住在柴家巷21号,76岁去世。瘸子黄惠鑫是黄惠康同母所生的哥哥。黄惠康回忆说他很聪明。小时候在学校念书的时候,捉迷藏爬树掉下来把腿摔断了。那时正好是抗战时期，没能及时治疗。后来到杭州治疗时，腿已经烂了，50年死于腿病复发。

黄惠康是今天仍住在水亭门的黄家后人，经历坎坷。母亲是四房，据水亭街的老人说，是船上的歌女，人称“小牡丹”。1949年后因为父亲身份，黄惠康受到不少牵连。读高中时，赶上学校“调整，巩固，充实，提高”的运动，他和另外两个家庭成分不好的同学都被清除出校。从学校出来，就开始挣钱养家。当时和他一起生活的还有母亲和妹妹惠芬。多年来一直从事重体力活，拉沙、装卸，有一段时间给供销社拉货。一天来回90里路，风里来雨里去，夏天胳膊都被晒焦，还曾经昏倒在路上。“一百斤的东西拎到，给四毛五分钱，还要开一张发票收管理费，哎，很难挣的。”康康后来到了弟弟黄惠宏所在的建工集团，在那里干到退休。黄惠康同母妹妹黄惠芬比他小六七岁。父亲没有后，小学毕业后就辍学了。到外面捡烂菜叶，摆点小地摊。后来下放到严家淤外婆家。对她来说能下放农村是非常高兴的。五个舅舅在那，虽然还没有到工作年龄，下乡时间要比知识青年上山下乡还早。

三房冯东妹，家里孩子叫她东妹新姨，没有生育能力，孤身一人。黄惠康回忆，当时她跟他们一起生活的，就住在隔壁，父亲1958年死，她可能1959、1960年死。黄石麟的第五房妻子叫徐小妹，育有一子一女。1949年后，徐小妹为了生活，住到坊门街，摆摊卖点山货。她与黄石麟也因为生计而离婚。据说以前摆摊要摊贩证，黄石麟也在县西街摆。她要摆摊就批不下来，一家人不可以两个摊位。于是在五几年离婚，但还都是一家人。儿子黄惠宏，为了避嫌，跟妈改姓徐，后来又改回来姓黄。他女儿很漂亮，但被

黄惠康

电线杆敲死了。黄惠康回忆,几房姨妈对孩子都很好的,也算是宜室宜家。

罗汉井一带的居民说黄石麟是“开明地主”,一辈子勤俭,敬业。郑怀棪老人给他的评价是“好事不做,坏事没有”。黄惠康记得1949年后父亲被拉出来批斗,叫当时的佃户斗争,“那个佃户讲,我欠他的租,又不会催我。他有么拿点,没有么就算,他对我很好。我斗他干什么呢?”这个长工是黄石麟从小沟带来,家里老婆死了,只身带着女儿,没地方住,黄家人收留他,“待他女儿就像自己家里人一样”。这个长工很长寿,后来活到80岁,跟黄家一直都有来往。黄石麟在1958年去世。当时劳改释放后参加学习班,在河里洗沙时得了感冒,后来感冒转成了肺炎,不治而死,终年63岁。死后葬在衢化运输区附近叫郑家的地方。那里是黄家的祖坟,黄惠康说“风水比较好”。建了衢州化工厂后那里就变成了厂区,坟就找不到了。有一年台湾的二姐要回来祭奠。郑怀棪老人就建议黄惠康找几件父亲生前穿过的衣服,做个假坟头埋在里面。这样二姐回来也好有个地方磕头。无奈黄惠康没从。二姐回来找不到坟头,大哭了一场,回去后气愤地写了一封信,指责黄惠康“妄为人子。”

黄石麟今天留下来的东西是他亲笔书写的一个竹编的饭篮。盖子背面写有“黄利房办”四个字。据说黄石麟这一房叫黄利房,于是就在自家的东西上都写上“黄利房办”字样。黄氏民居群已在岁月的洗礼中,风雨飘摇,一度人丁兴旺的黄氏家族,就像南宋过来柴家巷的柴氏一样,即将从这块土地消失。

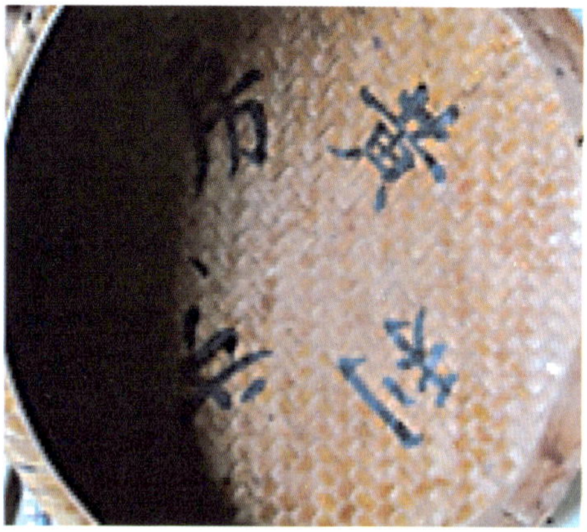

黄石麟手书字迹

(杨建平、安文英、吴宗杰)

杨家大院

从罗汉井到水亭门这片古时候曾是天王寺的范围，如今是一处颇具规模的民宅，应是随着水亭门商业兴起发展起来。吴土福老人说，这里原来是在水亭街上开杨震益红纸店的杨家住宅，很多杨家的后人至今住在这里。第三次全国文物普查中杨家有几处建筑被列入登记，称“杨氏民居”（罗汉井6号），杨家后人说已经有二百多年历史，是太公留下来。

杨家大院，从水亭街到罗汉井

“杨氏民居”是属于典型的前厅后楼式格局，两进院落三天井，前院平面呈“H”型，单层双坡硬山顶。大门位于东厢房朝向罗汉井，歇山顶式门披。虽然随着岁月的侵蚀，这栋房子原来的漆早就已经剥落，只剩下暗黄色的木结构，但是它的梁架、斗拱、雀替、挂落等都保留了下来，仿佛争先恐后地向我们诉说这个房子昔日的繁华。当走到房子的最深处，也就是后楼的时候，就看到这座两层小楼的精致所在。“四合院式的二层楼。主楼八檩

罗汉井2号杨家大院

六柱前双步后单步，次间移柱造。门楼明次间梁架穿斗式，五檩三柱。厢房四檩单坡顶。沿天井四周用牛腿挑出支撑走廊。下沉式天井，麻石板铺设。东厢房为楼梯间，内设卷棚顶门通东侧附房。”这处房子据说是属于当年杨家大房所有。不过这二进院落三天井后面还有一进，也是杨家的房子，属三房所有。大房和三房之间有石框大门相通，虽然今天已被隔断。而沿着三房继续向水亭门方向，就是二房的宅院以及杨家的店面屋，可惜都在不久前拆除。

历经百年风云变幻，这房子的杨姓老主人早已作古，但是，当走上年久失修的楼梯的时候，廊角的一只不起眼的梳妆台跃入眼帘。它显然被废弃多年，底足损坏，灰尘满布，红木材质却依然闪着古朴凝重的光，精细的雕工依然摄人心魂，中央的大片黄铜镜子依然完好无缺。透过那面镜子，仿佛看到了当年的杨家媳妇对镜梳妆，身后是杨家人来人往的繁忙景象。杨家后人也记不清来到水亭门那位太公的名字，只说叫“大官”，于清朝来到衢州。“大官”育有三个儿子，分别为大房杨聪菊，人称“凤”，二房已无后人，三房叫杨雪严。后来分家，就把一个完整的大院一分为三，原来可以从水亭街串到罗汉井的大院的一道道门也就被堵上了。

大房目前健在的老人是81岁的黄玉环，她是大房“凤”的四子杨庆云的媳妇。据她说，不仅现在罗汉井四号的房子是属于大房的，而且隔壁(罗汉井六号)原来也是属于他们家。由于三房之间兄弟不同心，大家后来都不管生意，家族的大林布店欠下政府1346块钱的税，还不出来就把罗汉井六号以税的方式抵给了政府，一直由水电局使用至今。罗汉井六号在杨家以前的功用主要是作为大厅。那个前厅高檐粗柱，非常气派，是杨家人娶媳妇、做寿等大事的摆酒之处，颇为重要。当年房子被抵押的时候，据说里面有大量杨家的家具，如一人半高的大衣橱，装着满满古书的杉木箱子等等都没有去搬出来，现在早已不知去向。杨家对这份历史遗存颇为惋惜。

黄玉环虽然没有经历在公公那代的杨家分家大事，但是对各房的房产布局很了然。公公是大房，又是长子长孙，所以房子分得要比二房三房多很多。目前杨家辈分最高的三房杨家大嫂也这么说。长子长孙当年是要延续家族文化，所以分到的是现罗汉井四号和六号的房子。二房据说分到的是原水亭街17号杨震益店铺的后寝。后来二房的爷爷也住在罗汉井四号，平常就种种花的，那个时候有个专门种花的花厅。据黄玉环老人说二房现在已经没有后人，因此他们的房子也已经被拆，成为一块空地。而三房分到的是今罗汉井二号的房子，也就是杨家大院中间那个天井。二号东边当年是杨家的花园，还有一个89岁的杨家大嫂在。

杨震益红纸店

说起杨震益红纸店，水亭街的老街坊们可是印象很深，根据1952年衢州市房产登记名录，当年的店址在水亭街17号，和县西街相邻。根据《衢州文史资料》（第四辑）中周明熙的《“水亭码头”今昔》口述，1949年前这个地区经营文具用品的有杨震益、宏大和开源三家红纸店。据老居民回忆，杨震益红纸店是这地区最大的红纸店，当年的红纸店经营各种纸，品种非常繁多，有节庆写对联用的红纸，写字用的白纸，印刷用纸，牛皮纸，贴墙用的墙纸，烧给祖宗用的冥纸等等。住在下营街今年82岁的金杏芳老人回忆说，她母亲以前经常在七月半的时候要去杨震益那里买冥纸的。有意思的是那时人们称之

红纸店记忆

为红纸店，其实红纸店还经营今天叫作文具的商品。“杨震益红纸店”的发迹与衢州纸业大王西乡大头村的“王立大”不无关系。王家在天皇巷有一大片产业，娶了一街之隔的“凤”的女儿杨莲玉进门。据说杨家当年也是衢州工商业中的“四大家族”之一，开了好几处纸糟，经营“商纸坊”。三房还在罗汉井2号开了纸行，因排行老三，取名“三泰行”。据阿祥采访杨家后人杨森林说：“选址在罗汉井是因为离水亭门码头近，方便经商对外托运。当年的‘三泰行‘有1100多平方米面积。后来爷爷和父亲被日本鬼子抓去做挑夫，‘三泰行’从此生意日下，走向没落。”

现如今杨震益红纸店早就消失了，但在这块原址上，今天还留着鲜活的文化记忆。就在店的前面人行道上竖着一个红纸写对联的摊位，现年七十有余的陈旭耀在此处写对联多年。以前找他写对联的人很多，四面八方都有，大都是一些平民百姓街坊邻居。现在他也在写春节的吉祥对联，他说现在天气热，写好了很快干，到过年再写就要来不及。可以想象当年红纸店门口也许就有这样一个写对联的摊，人们从店里买了红纸以后就直接在门口让师傅写，把满满的吉祥祝福带回家。不难看出杨震益红纸店留下的文化还在延续。“写对联”可也算是需要挽留的文化记忆。

八字挡道

问起黄玉环有关公公也就是大房的掌管者的往事，她记得公公叫杨聪菊（音译）。但其实很多熟知他的人都叫他“凤”。据出生在水亭街的徐文华和曾经住在天皇巷的祝汝涛两位老人说，“杨震益红纸店”招牌上绣了一个凤凰，“凤”就代表老板杨聪菊自己，因此人们就叫他凤，而他的本名却渐渐为人所淡忘。据徐文华回忆：“凤有三个老婆，大老婆也就是结发夫妻生了五个儿子三个女儿。”黄玉环回忆说：“我听二房的奶奶说，婆婆死得可怜，生不下来和胎儿一起去的。生了八个，第九个连小孩一起去了。那时候都用土方法，生不下来就去啦。”

大老婆死后，她把财产都给了叫“蜜倮”的外甥女。蜜倮后来就嫁给了“凤”，成为第二个老婆。据说人不是很好看，生有一子，即杨家老六，在农场工

杨家大院高墙

作。蜜倮与凤的所有孩子们相处都很好。但1949年前不久凤就与蜜倮离婚，后转嫁百货店老板。凤的第三个老婆是东北人，很漂亮。曾住北门街窑巷(即小巷)。他们以前就相识，凤与蜜倮离婚后就与这位东北姑娘再婚，但他们没有孩子。徐文华回忆凤是三反五反时病死的。后来他的房子与黄石麟的一起就成为军人接待站。

对于黄玉环来说，公公“凤”差点扼杀了她与丈夫的姻缘。这事还要从她17岁那年说起。黄玉环母亲是乡下人，曾经在下营街开了一家现今类似于棋牌室的麻将馆。“别人搓完麻将给点钱，就靠这个过活。而我那时候帮忙料理他们，搞点洗脸布给他们擦擦汗啊，那个时候没有电风扇啊，弄一个大纸扇，再拉啊拉啊拉啊。我和老头子(杨庆云)就是那个时候认识的，他比我大四岁。”没想到两人的婚姻却遇到了父亲“凤”的拦阻，原来黄玉环的八字与公公“凤”极为相克。当年凤说:“糟糕了，我本来活得很好的，她一过来，我就要死的，我不要。”随即对儿子说，“随便什么女的，我给你做主，要多少钱我都给你，就是这个不要!”黄玉环笑着回忆说，“我丈夫那时候回答:‘你不要，我偏偏要!’那时候我17岁，不晓得什么事，糊里糊涂。他问我同意不同意？我说什么同意不同意？他说你到我这里来。我说好哇。就这样随口一答应。”那么父亲不答应，又怎么拿花桥把媳妇抬走呢？杨庆云就说:“好办，我们就到杭州去结婚，那叫旅行结婚。”“那我就没有办法了，只好跟他走。我说，‘我难道就这样自己走去啊?’他说，‘好，我给你叫辆黄包车，叫黄包车拖你到车站。’然后我们就在西湖边上租了一个房子住。几天后回家来，父亲就不肯给我住。那没有办法，我那第三个姑姑(杨金玉，杨庆云妹妹)说，‘这么可怜’。她就和他的公公黄石鳞讲，‘我这个弟媳妇可怜的，也没地方住，这里房子这么多，就弄一间她住住。’就这样，我之后就一直住在黄石麟家。1949年以后，还是住在他家里。后来包括我那个东北婆婆就和公公说，‘女儿都生出来了，都这么大了，你说生辰八字冲，孙女都生出来这么大了，你都没有死。要死当时就死了，认她做媳妇算了哇,跟你儿子小孩都生下来了。’”终于,黄玉环过门了,也去认这位固执的“凤”老公公。

如今黄玉环自己也当上婆婆了,谈起“八字”“算命”好像还挺相信的。以前坊门街有个“瞎子张”,她说:“算的蛮准的,他说我灾难很多,到老了你还要残废。你看我这个手指腰就残废了喽。那个瞎子,算命什么时候行运,什么时候没有运,什么时候会好起来,什么时候不好,他都全部帮你算出来。寿元几岁他都帮你算出来。”黄玉环说,瞎子张身高八尺,脸色白净、眼戴目镜,相貌堂堂。黄玉环年轻的时候他就已经很老了,但是“他穿得很漂亮的,青褂领,很漂亮的,我问你眼睛看不见还穿那么漂亮干什么,他说,‘我自己看不见人家看得见的,人家看我都漂亮的哇。’”

大房“凤”的孩子们

黄玉环说,她当时去认公婆的时候,不是自己的亲婆婆,是转嫁过来的那位东北人。亲婆婆的八个孩子中,大儿子叫杨庆凡,五弟弟杨庆祥,三个女儿分别是杨爱玉、杨莲玉、杨金玉。杨莲玉嫁到了“王立大”家,杨金玉嫁给了黄石麟的大儿子黄惠贤(又名黄运昌),现在住在杭州。三儿子1949年前就死了。

“凤”的大儿子杨庆凡据说担任过嘉兴地委领导。黄玉环对这位大哥还历历在目,称他现在还生活在杭州。杨庆凡1949年前是中共地下党,17岁在学校里就参加地下党了,与诚益油行老板的弟弟郑南轩“衢州六烈士”是一起的。国民党来抓的时候,他就逃出城了,逃到七里镇的深山里面去。就是躲到姑姑杨莲玉“王立大”家的楼上,幸免于难。1949年后回来就升官了。后来红卫兵造反,说他是叛徒。“这么多人死掉你没死,肯定是叛徒。”他辩说:“我不是叛徒,没有叛变革命,没有做过卖国的事情,我没有卖国的心。我17岁就在学校里参加共产党。那时候我躲起来了。你们说我是叛徒,我不承认。”于是就受

罗汉井4号杨家

罪了，被吊起来打，用酷刑，以至于从腋窝往下的身体全部没有用了，坐车都没法坐，只能睡在床上。后来平反了，恢复他的一切党衔，工资发给他，现在就变成革命家庭。黄玉环说："现在可能年纪很大，80多喽，我想他应该还活着，他都不来信了"。

杨家"凤"的小女儿杨金玉是黄石麟家的大媳妇。据她家人和当年见过她的人回忆，她长得十分漂亮。当时黄家和杨家都住在罗汉井，家世相当，门当户对。于是"凤"和黄石麟早早地约定，把杨金玉许给黄家的二儿子黄惠鹰。只是人算不如天算，姻缘三生石上写，当时日本人来了，一直在南京医科大学读书的黄家大儿子黄云昌逃回到家里。黄家把未来的准二儿媳妇杨金玉也带着一起，于是两个人遇见并相爱了。据黄石麟的儿子黄惠康回忆，他的那位大哥个子很高，人很帅，也很新潮，西装革履的，性格开朗，特别是人随和。男女老少，不管你贫穷富贵都和你套近乎，深得大家喜欢，当然也得到了杨金玉的欢喜。

当时他们不顾家里反对，坚决要走在一起。杨金玉也就成为了黄家的大媳妇，后两人定居杭州。不过水亭门今天还是有传言，说是哥哥抢了弟弟的“亲”。

“菜栏门还是牛栏门”

杨家大嫂

走进罗汉井二号探寻杨家三房，穿过蜿蜒曲折的过道，就来到了杨家三房的大厅。这里虽不如大房的前厅恢弘，却别添一分雅致。雕梁画栋精美绝伦，上面的红漆依旧熠熠发光。天井里的花草枝繁叶茂，二楼的雕花窗子仿佛随时会被里面的闺阁小姐推开似的。与其他房不同，罗汉井二号自分给三房以来，一直是由杨家三房及后人居住。他们一直维护着，仿佛这房子没有经历过这百年风雨的冲刷。长长的过道，屋檐下的水井，大厅的八仙桌，脚底下的石板，还有从天井里投射进来的光，都让人有时光穿越之感。一位89岁的老婆婆正坐在太师椅上，倚着门边，笑吟吟地吃着大饼。她就是如今杨家辈分最高的三房媳妇杨家大嫂。当问老人叫什么，她绝不提自己的姓名，自称姓杨，叫杨家大嫂。看上去她是铁定了成为杨家的人。走进正厅堂，堂上挂着七位先祖照片，据杨家大嫂的女儿杨月轩（69岁）说，他的爷爷杨惠田是杨家小儿子，也就是三房。中间是她的爷爷杨惠田和奶奶，右边分别是她的父亲杨雪严，她的大妈，她的大姑姑（杨雪严姐姐），左侧是杨家大嫂的爹妈，也就是杨月轩的外公外婆。不过在正厅的侧面板壁上，还挂这一幅遗像，这幅像没有与其他祖先挂在一起，问起是谁？杨家大嫂说是儿子，去年亡的，媳妇还住在一起。

杨家三房逝人画像挂于堂上

据杨家大嫂说，这个房子有两百多年了，是太公在清朝的时候造的。房子造好以后，在日本佬走后油漆过一次，现在看到的旧漆是当时留下来的。厨房在西厢房那侧，有一个小小的圆拱门，以前是大宅的柴房，厨房里还有老式的大灶。在通向厨房的走廊屋檐下有一口古井，当年喝水都是在这里的。出生在这里的女儿杨月轩说："我喜欢老屋，新屋不欢喜，爬下来就爬不上来了，脚骨痛，我这个屋里到外面去多么直爽。"杨家三个房原来都是从罗汉井那里的大门进出，据说当年罗汉井边上还有一个老佛殿。

当年杨家是个大家族，都有家谱的，可惜文化大革命烧掉了。当年因为害怕还敲掉了很多瓷器，古书画，现在只剩下当年的钟，还有留下来的一套家具，包括搁几，八仙桌，两把椅子，仍然散发着暗紫红色的光芒，品相还不错。水亭门曾有过许多显赫的家族，如今大都人去楼空，看得出来只有这位长者杨家大嫂家，还保持着历史的延续性，与孩子们一起还住在祖先留下来的老房子里，安享晚年。

杨家大嫂17岁嫁到杨家，已经70多年了。她也是衢州人，日本人来了以后，她父亲把家迁到金华罗埠做生意，他的公公也就是杨惠田，从前也是老亲家，在日本人来的时候也去金华罗埠避难，就把杨家大嫂带回来做媳妇了。自嫁过来以后一直没有出去工作，烧饭洗衣服带小孩孝敬公婆，就是她一辈子的工作，今天也是子女供养她。她平常大门不出二门不迈，连买菜都是男人买回来她再烧。她也没有出过远门，以前水亭门很热闹，船都到上海杭州，她也就坐船到娘家金华罗布去过。"我呢坐在屋里不出去的啦，一年到头关在屋里的。旁头（对面）女子不得跑过来跑过去的，只在家里做事，饭吃了嘛做鞋，做袜，都关在家里的，不出门的。买菜呗男的买回来的，不出去买的。买回来到屋里，我再给他烧烧。"

那时候杨家这样的大户人家规矩重，婆婆对媳妇要求很严。以前的大辈（长辈）很大嘞，一点事情没有做好就要骂的啦，一点事情做错了要跪在婆婆面前赔礼，说："我错了，我错了。"杨家大嫂回忆："每次我到大溪里洗衣服，拿着篮子，要说，'妈妈我去洗衣服了'。大概有一次没有说，回来妈妈给你砰一拳头，问，'菜栏门还是牛栏门？'我回答不出来了，就跪在婆婆面前说，'我错了，出门去要报。'还有，早上婆婆爬起，门一开，你在烧早饭的话就要走过来说'妈妈，你爬起来啦？'你没有来报的话也是错！"对于这些，杨家大嫂笑称："这个是大户人家都有的规矩，一般人家也不会这样。"如今她的69岁的大女儿杨月轩也说，她教孩子时还常用这句话"菜栏门还是牛栏门？"

杨家是水亭街区典型的商人大户人家。前店后寝，族人聚居，从水亭街一直伸到罗汉井，庭院深深。而这一路过来，应该就是古时候天王古寺的地盘。虽历经百年，杨家的产业已不复存在，老一辈人也纷纷过世，但是杨家人自始至终生活在祖上留下的房子里。在他们身上，深深镌刻着水亭门历史街区的文化印记。

（张宇婷、吴宗杰）

王汉卿家传

王汉卿老人回忆水亭门往事

清末一位叫王嘉江的木匠从江西玉山来到衢州做手艺。他勤劳节俭、小有积蓄，就在上营街到小天皇巷一带购置了家业，还在水亭街开设了店铺。老人过世后，便把家业传给两个儿子王修林和王水生。前者在碧春楼对面的上营街开了一家两间两层的“王震大”茶叶落花生店，兼营香烟、肥皂等日用品；而王水生则开了“王震昌”的南货店，也做落花生茶叶的生意。如今在水亭门街区，这两家店都不复存在，但老大的小儿子，现年95岁的王汉卿老人，仍然居住在下营街34号一处风格别致的三间两搭厢小矮屋。而王水生这一支，则继承了小天皇巷14号01一处民居。衢州文物局“水亭门街区文物普查资料”将其登记为“王林发民居”。王汉卿老人改正说叫“王令发”，是自己的侄子，王文俊的儿子。王家这两处房产，原来是连成一块，中间隔着一个池塘，叫“九塘窝”。后来在这上面造了一幢楼，包括那七十年风格的“文明楼院。”王汉卿老人说，他家边上原来也有一些园林风格的小廊屋。北侧是应该就是“徐家花园”，南侧有“黄墙头走马楼。”

“三毛头”

王汉卿老人从出生到现在，几乎很少离开过水亭门。如今是这一带最年长者，见证了水亭街九十多载沧桑岁月、风云变迁。今天老街坊不太多记得他的真名，但提到“三毛头”，大家都晓得。王汉卿用过不少名字：三毛头、王迪利、王根全、王汉卿。他说自己“从小就在这里跑来跑去。”研究水亭门，他带着我们跑遍整个街区，笑谈沧桑九十载。

王汉卿有两个哥哥，三个姐姐，下面还有一个弟弟。兄弟几个名字是仙、元、利、昊。三个姐姐都没有活下来。大哥20多岁时得病，给他算命，说要娶妻冲冲喜，但老婆讨进来两年就死了。弟弟王惠秋，大名王迪昊，16岁的时候死于日本细菌战，得了鼠疫症。王汉卿回忆说，那时死了人，哭都不能哭的，怕哭了房子要烧倒。那时候很多人家因为有人感染鼠疫房子被烧掉。王汉卿的哥哥买来棺材放在机场，需要请人去抬，可是没人肯去。后来拿出很多红包，弟弟才被埋葬到了石梁。王汉卿下营街房子也因为细菌战，把木板都拆下来烧掉，重新砌上水泥砖块墙，现在依稀可见痕迹。

王汉卿说，自己上有哥，下有弟，娘老子喜欢大的，因为大的可以干活，会赚钱。因此“小的要罪过点，大的要快活点的”。吃，要大的吃得好，小的吃得差，也挨不着读什么书。当时大的读书一年要12块，自己7岁时上了一年两块钱的蒙学。而且只是下雨天才有书读，天晴要去晒落花生。13岁时，王汉卿开始在父亲店里帮忙做学徒。18岁怕抓壮丁，逃到了江山，在那里读了八个月的书，从此对那位称周浃的私塾老师终身不忘。王汉卿23岁的时候结婚。新娘家门当户对。“结婚的时候我23岁，老婆叫范小娜，22岁，家住在鹿鸣山，只有三里路。但那个时候不能看，是一位姓范的邻居介绍。我们送去两百块钱聘金，120个糕饼，八套衣裳，两个金戒指。她家里也很好，又是小女儿，是八箱嫁妆。”婚后第二年生了一个女儿，还有一个儿子在浙江第一监狱工作。

王震大茶叶落花生店

现在的水亭街73号“永芳理发店”当年就是“王震大茶叶落花生店”。当时在父亲这家店里做学徒，每天一大早起床到店里。“早上起来要拜菩萨的，然后烧茶，开店门，下店门板，再烧水，倒烟筒，这都是小孩子做的事。”[1]在店里忙活一阵后，才回到下营街家里拿早餐吃。父亲来了以后要给点上烟斗。平时有生意做生意，没有生意选茶叶。所谓“选茶叶”就是把茶叶里的黄叶子、茶梗什么的挑出来。一年365天都是这个行当。那时候店里卖的茶叶是今年收来明年卖，要藏一年。这样的茶叶耐煮，有香味的，气味浓。茶叶也卖给茶店，一块钱八包。茶叶包外面是油光纸，里面是土纸。从早到晚，一天大概可以做

---

〔1〕张宇婷：《王汉卿学徒生活与三个茶馆》，录音编号：20100730。

三四十块生意。

王汉卿25岁的时候，父母亲去世了，就和哥哥分家了。哥哥王迪元（王惠文）开了“王元昌”茶叶店，而王汉卿则延续了父亲的“震”字，开了“王震源酒菜店”，也叫“三毛头酒店”。1952年衢县税务局房地产财税编查表显示：上营街1号为王惠文所有，是“王元昌水果杂货店”；上营街3号为王迪利所有，使用人姓名为“王文俊”，使用情况为“住宅”。《“水亭码头”今昔》中记录：“饮食服务业除通广路是茶酒馆酒肆外，还有昌和楼、福兴楼、吉兴楼、群英馆和1944年开设在上营街的震源酒菜馆。”其中提到的“震源酒菜馆”应该就是王汉卿的“王震源酒菜店。”回忆起当时开酒菜店，王汉卿说国民党的宪兵非常可恶。曾经有一个宪兵到他店里买二两酒，硬是让王汉卿跑去别家买些下酒菜给他。王汉卿随口说了一句自家店里也有菜的，结果那个宪兵很不高兴，就把王汉卿抓了起来，竟然将他关在一个祠堂的棺材里。好在王汉卿认识的一位保长，他

下营街王汉卿小屋

的老婆经常与这个宪兵的老婆打麻将。几番周折,王汉卿才从拘留所里出来,所以他说自己是从棺材里爬出来的。

1949年后,王汉卿被划为地主成分,房子收为公有,但是由于财产不是很多,不是主要目标。后来政府派人进驻了"王震源"商铺。当时生意渐淡,王汉卿也无力支付合资的钱,店铺倒闭后,王汉卿转行挑肩步担,主要贩运城内索面到乡下,返运乡里茶叶等农产品。后因统购统销政策,无法继续做挑担买卖,自己买了一辆独轮车拉货。后来进入运输队,最后62岁在衢州开山公司(现开山集团)退休。王汉卿老人说自己:"人生起伏,也苦,也甜。"

衢州咸花生

王汉卿家传店里的主打商品是咸花生,而这曾经是衢州有名的土特产。在《衢州咸花生》[1]一文中就提到王震大经营落花生的记载:1925年至1940年间,衢州咸花生除江森记加工经营外,还有程裕记、吴德太、王震大、俞利丰等十余家。可见王家做的咸花生比较有名。《衢县志》(657页)对衢州落花生的来由追溯到康熙《西安县志》:"《陈志》云种自闽中,堆沙植之,花落沙上即结实,沙中状如盆,《姚志》云:苏人谓之长生果,今土种已稀,农人多取洋种,实大且番。"

这一具有悠久历史的土特产,后来被加工为闻名遐迩的衢州咸花生。最初是"江森记水果店"的江贵生首创,始于清同治九年(1890年),距今有一百多年的历史。《衢县咸花生》一文中说:"久已闻名全省的衢县咸花生,果衣黑色,果仁似玉,味咸香脆,松而耐嚼,是衢县传统的特产之一。也是民间馈赠亲友的一种礼品。""当时浙江省内除常山县外只有衢县有此特产。产品除供应衢城外,还销到兰溪、建德等富春江沿岸各城镇以及绍兴、杭州、上海等地。"郑怀棪

[1] 龚茂盛:《衢县咸花生》,《衢州文史资料》(第四辑),第203页。

老人回忆，当时的元大森水果店也卖咸花生："元大森这样的水果店，每天要搞到夜里十二点钟，花生要一斤一斤包，再来卖。一天到晚卖光了，再为第二天包，要摆满，一定要摆满才能睡觉。他们店里的伙计要包到半夜十二点钟，很辛苦的。"《衢县咸花生》一文介绍："为了保持衢县咸花生的正常供应，经营加工的店家要在每年新花生上市时，就着手成批收购，然后煮熟晒干，进仓储存，以供陆续烘焙，陆续销售，这样从新花生上市到次年4、5月份，一年中有八九个月都有咸花生供应。"

关于衢州咸花生的口味，一些上了年纪的衢州人仍然念念不忘。一位自称"无尘"的网友在其博客中回忆当年下课时自己迫不及待从书包里拿出来咸花生："'格'！咬开灰黑色的壳，用指搓去黑衣，微黄的花生仁浓香扑鼻，有时连花生衣都不退，手一扬，扔入口中，'咯吧'一声，慢点！这时你闭上眼睛细细地品……那个香、脆、咸、酥……不好意思说，连蛔虫都要爬上来的。待到年长了些，有资格再抿上一口刚开坛的陈年三白酒，感觉真格是飘飘若仙了。"无尘写道，自己的外祖父就在一次晚上的小酌，为寻找掉在八仙桌下的一颗江记咸花生肉，美孚灯罩打破了两个才找到，连灰都来不及吹就扔进了嘴里。《衢县咸花生》一文介绍了咸花生的加工特点：

> 选用衢州东乡产的细长、壳薄、果实饱满的"土子"花生（一般一颗花生有果仁三四粒），剔除破粒、小子，并在花生八折干时进行加工，这样制成的产品吃味好。如果加盐煮熟，放小量绿矾，煮熟后带温堆放七天，使咸味渗入果心（这是保证质量最重要的一环），然后晒干。用特制的焙笼烘焙。在烘焙时要认真掌握火候和勤翻倒拌，打到松脆均匀。

从50年代后期起，咸花生加工中断多年，衢籍港胞王木生1981年回乡探亲时曾建议恢复加工咸花生销售港澳。1988年当年的衢州市果品公司成立了炒货加工厂，此外，城区的十余家个体企业也在加工经营。1988年总加工量达5万余公斤，但仍供不应求。

燕子人家

小天皇巷14号01，被文物局“水亭门街区文物普查资料”登记为“王令发民居”。文物普查上面介绍说，该民居“坐北朝南，为四合院式三开间两层楼建筑，占地面积为235.33平方米。屋顶硬山造。主屋梁架穿斗式，七檩六柱前双步廊。主屋底层明间后金柱间设太师壁，壁后置木楼梯，次间前金柱至前檐柱之间设双步廊，廊左右端山墙设双开小门。厢房前檐设槛墙，楼层设坐窗，外檐设葫芦档护栏”；“该民居格局规整，保存现状一般，体量大，额枋、雀替、牛腿等有雕花，内容丰富，具有明显的地方特色和民国时代特征。”

今天住在这处房子里的是88岁的毛根弟老人，丈夫王文敬，王令发是他们的儿子。毛根弟说，这个房子是公公造的，她18岁嫁过来就一直住到现在。当年定亲的时候，婆家问是先结婚还是先修房子，毛根弟的妈妈就说，“都是房子修先哇，房子修好了再结婚”。

天皇巷14号王令发民居

这座房子院子中间有一道月亮门，一直通到天皇巷。后来因为人来人往嫌烦，月亮门拿墙砖给砌了，现在还能够清晰看得到痕迹。文物登记上说，“天井和门楼间月梁处现因分家用砖墙隔断。天井麻石板铺砌。此建筑与小天皇巷12号建筑相连，为同一户主。现为出租给五户人家共享”。老人说，1949年以后国家把这座房子收为公有，后来又还了回来，现在住的就是后来还回来的。但是外面的房子由于隔了一道墙，就没有还回来。老人后悔当时把房子给隔开。这处房子原来由王文俊和王文龙两兄弟所有，小叔那以后就没有来住，卖给了毛根弟家。

这座民国的老房子中，天井明亮，砖木结构的材料，房子很高，空气流通，感觉很舒适。房子木雕花图案看起来十分精美。据说原来二楼是可以走一个回旋的，后来房管会接管，做了隔板出租，才改变了模样。毛根弟说，这个房子别的没有什么，就是凉快。天井旁客厅里一张椅子，上沾满了鸟粪，顶上有个燕子窝。每年，燕子都会产下一窝小燕子。因为有几次刚出生的小燕子从窝里掉了下来，摔死了。毛根弟就喊人帮忙给燕子窝下面钉上了一块长木板，防止小燕子再掉下来。毛根弟说，这个燕子在他们家很多年了，每年都会如约而归。每天她没起床的时候，燕子就出门了，晚上大约六点半的样子，燕子们就回来。它们是认识她家的，所以不会迷路。今天水亭门周边已经都市化，极少有田地，因此王家对这窝燕子倍加珍惜。“燕子不落愁人家”，每到春天，都盼望燕子归来。房子的旁边还有一个小花园，花园里面长着一棵很大的香枹树。春天花开的时候，满院子都是香气。到了秋天，叶子变黄，落到里地上，老人就扫起来，用来烧火做饭。

毛根弟

从毛根弟老人的名字就可以看出，她的父母希望能够在她以后生弟弟。但老人说，自己没有弟弟，只有四个妹妹，有过一个哥哥，但死了。毛根弟的娘家就在新驿巷。问起一辈子有什么故事，她最难忘得是13岁的时候日本鬼子进犯衢州。妈妈带着她逃出衢州城，当时还是在夜里，人家喊："鬼子来了。"当时毛根弟还在生病走不动，她妈妈说："你出去喂，你跑出去喂，要死的。我讲我走不动喂，不会走喂。'要死的喂，你怎么不出去啦？'"这样全家逃到离衢州大南门三四十里的地方租房住下。毛根弟亲眼看见日本人把房东拷去。房东哀求："先生你不要杀我，不要杀我。"结果到江上还是给他杀掉，再门板抬回来，葬掉。又一次，鬼子来了，母亲抓起地上的木炭在毛根弟脸上擦一擦，又把头发抓一抓，弄得好像讨饭一样的。一个鬼子骑着高高的大马，站在母女面前，看了又看，没有抓她们。"以后我妈妈一听到鬼子要来，就要哭，她怕。"毛根弟回忆一个端午天，有一个11岁的小女孩，鬼子要拿来睡觉，要糟蹋。"他没法糟蹋那个，就刺刀割一下。再拿紫色的药擦一下。这时村里大家齐心，拿那个面盆当锣敲起来，大家齐心，两个日本鬼子不敢睡那个女孩，跑了。"结果来了十来个鬼子，把机关枪架得老高。毛根弟的父亲就这时候被鬼子拷去了。后来父亲经过一个水塘，塘边有一株杨柳树，就躲在树里，最后找机会爬城墙逃出城，又找到她们母女。"鬼子很坏！把人家装衣服的箱盖子敲掉，然后把饭菜倒到箱子里面，还把大便拉在里面，就是恶弄。"控诉日本鬼子罪行的书很多，但这些自然流露的大白话真正让我们有切肤之痛。

毛根弟的丈夫王文俊结婚以前做过小学教师，公公70岁死后，就在水亭街上开王文静南货店。公公娶了两个老婆，第一个老婆生了个女儿后就死了，第二个老婆，也就是毛根弟的婆婆给带大，"看不出来不是她生的，她一样的，我们也待她很好"。王文静南货店1949年以后就倒闭了。如今毛根弟的儿女都已经长大成人，也有了玄孙。老人生活简单，一碗白粥，配上萝卜干咸菜。丈夫死去已20多年。2011年开始，老头子的单位开始给她每月发530块养老金。说到这里，老人知足的笑容跃然脸上。

（张崇、陈啸、吴宗杰）

读书言神话祝家

今天天皇巷21号，当年曾是祝家宅院。1952年《衢县人民政府税务局房地产税编查表》记载，祝锡祥和祝汝森等居住于天皇巷原15号，而边上的13号记载为在杭州当教员的祝文白宅邸。《衢州文史资料》第六辑载杜瑰生“祝文白教授行谊述略”一文，其中也提到，祝文白先生故宅有两处，其中一处正是在城西水亭街天皇巷。今天走进天皇巷，曾经的祝家早已是人去楼空。找到今

祝家故居遗址（天皇巷21号）

天的天皇巷13号和15号,里面的住户都是新搬进去的,对于屋主是谁都表示不知。据前居委会主任谢秀玲老人回忆,天皇巷祝家的房子曾经被火烧了,现在用围墙围了起来。住在小天皇巷7号的毛绣友老人说,是因为电线失火,祝汝森家先烧起来的。她指着跟她家一墙之隔的那颗梧桐树,说那棵树下就是祝家弟兄被烧掉的房子。而那颗梧桐树正是位于现天皇巷21号。透过门缝,可以窥见里面的残破景象,俨然是大火所致。根据《衢县人民政府税务局房地产税编查表》,曾经的祝家住户主要有祝锡祥,祝汝森,以及杭州教员祝文白。谢秀玲老人回忆,祝汝森以前当过国民党里面的警察,1949年后没了工作,不多久就去世,而且祝锡祥和祝汝森还住在同一栋房子中。另据老人回忆,祝汝森的弟弟祝汝涛也曾住在天皇巷15号。2010年接受我们采访时,祝汝涛是祝家最年长的老人,2011年不幸去世,享年93岁。

关于祝家的来历,无法清晰考证。《衢县志·望族志》记载,水亭门一带有"忠孝祝氏","居新河沿,未建祠,附祠于大周王庙"。如此看来水亭门祝家也算是根基颇深。县志还记载,祝祖上原为衢州府知事。"明衢州府知事祝芹,山东武城(域)人,嘉靖间御矿盗,父子俱死于贼,子孙遂居西安,亦分支三十五庄清水桥。"

水亭门的老人都说,祝家是一个道士世家,当年就在城门底下摆摊为业。考"祝"字来历,《说文解字》中解释为:"祭主赞词者。从示从人口。一曰从兑省。《易》曰:兑为口为巫。"因而有祝人(古代掌祭祀的);巫祝(巫婆师公);祝伯(掌宗庙祭祀之官);祝宗(主持祭祀祈祷者);祝官(掌管祭祀祝祷等事宜之官);祝嘏(祭祀时致祝祷之辞和传达神言的执事人)等称呼。由此可见,祝姓人家操起道士也顺理成章。古代衢州地方志把这些人士列为"方技"。《新唐书》解释"方技":凡推步、卜、相、医、巧,皆技也。能以技自显地于一世,亦悟之天,非积习致然。如果是读书人操之,"则不迂,不泥,不矜,不神",并非今天人们理解的舞神弄鬼的小人。确实天皇巷的祝家在中国文坛上留下了芳名祝文白，曾任燕京大学和浙江大学教授，教诗学、文选学及周秦诸子等科目。《衢州姓氏》一书考证世居衢城之祝姓鼻祖，认为是衢州历史上科举官宦之家，而且列出祝文白的三部著作为祝姓代表。

鸿儒祝文白

据杜瑰生在《祝文白教授行谊述略》一文介绍，祝文白先生，1884年夏生于衢州柯城。先生初字敬唐，改莲仙，复改廉先。家名双斗，尊号学髯。《衢县志》作者郑渭川少作《蕙仙吟草》中有《五君咏》诗篇，概括介绍衢州西安县城里几位颇具才华的人物，其中就有学髯先生，称之“能诗，擅绘事，谙音律。杜瑰生认为“这辈人都弃举子业，甘于淡泊生活，可称当时的‘市隐’”。

祝文白在今天浙江大学校史馆馆藏的史料中有厚重一笔记载，他当年是中文系的重要教授。祝先生自衢郡中学毕业后，又考入浙江高等学堂，学习文史哲法政。衢郡中学改名为浙江省立第八中学，先生回乡后便担任了第八中学的校长。后来又到燕京大学任教。著名雕塑家、指墨画家滕白也（1901—1930）先生谈及廉先先生，说：“祝教授人极慈和，能诗歌擅绘事，对美术创作的鉴评尤具慧眼，实朗润园中一位可敬的长者。”祝先生1963年春赠送衢州文物保管委员会的一张山水画现存于衢州市博物馆。抗日战争开始后，祝先生南回浙江，担任浙江大学文学院中文系教授，西迁至湄潭时，还曾与其他教授如苏步青等结社吟诗，并曾

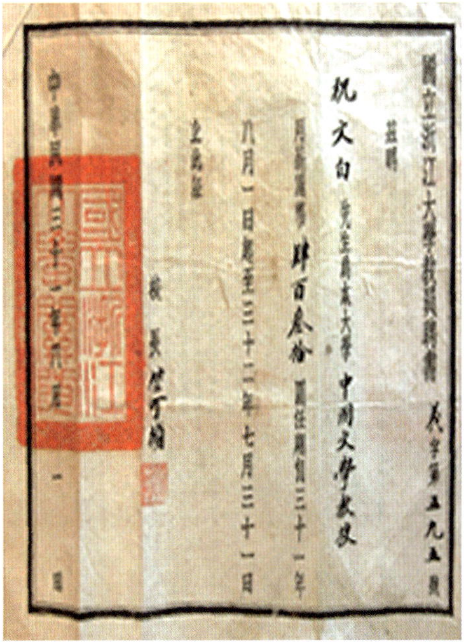
國立浙江大學教員聘書 民字第五九五號
茲聘
祝文白先生爲本大學中國文學教授
月薪國幣肆百叁拾圓 任期自三十一年
八月一日起至三十二年七月三十一日
止此證
校長 竺可楨
中華民國三十一年 一 月 日

竺可桢发给祝文白的浙江大学聘书

编撰成册。现任台湾中国文化大学林子勋教授所写的《青岩、遵义忆师门》一文中“遵义忆往”一节提及祝教授时说道：“祝文白老师教我们《论语》《孟子》，他逐句逐词讲解，常有新义。祝老师每堂课必点名，不看点名册，就能随口依次呼出，从无错误，可见记忆力之强。祝师曾有《文选六臣注订讹》一文，载《浙江大学文学院集刊》（第四集），在台北尚能找到。”祝教授在《文选六臣注订讹续编》自序中说道：“早岁读《六臣注文选》，疑莫能明者颇多，尤以五臣注为甚，及阅宋丘光庭兼明书，于五臣注多所諟正，私幸乡时所疑之不尽谬，而知《文选注》之未能悉当也。”并感叹“着书之难，而训注之尤不易也。”在他看来，“今《文选注》，六家并行，是非相贸，虽通识能辨，而浅闻初学犹或未能去过”。于是，祝教授便将萧选中诠释不明或是讹误的进行修正，并集结成册。祝教授对学问的严谨由此可见一斑了。这不也正是如今浙江大学“求是”校训所提倡的么？

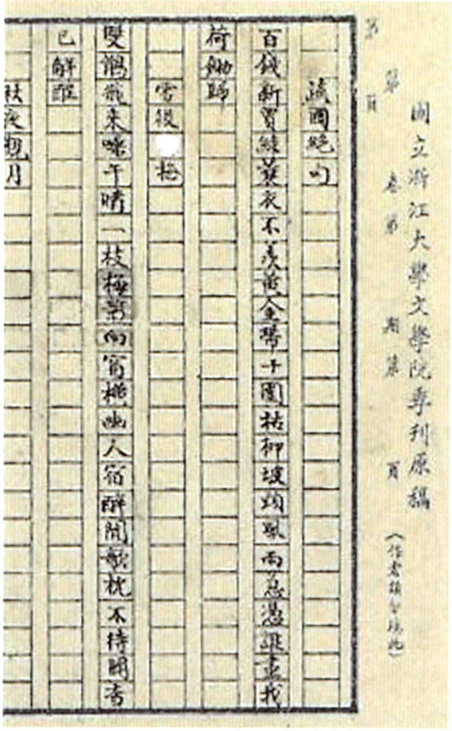

祝文白手稿

祝教授在保护文献方面极为尽力，查阅浙江图书馆所藏典籍，发现漏误甚多，撰写《两千年来中国图书之厄运》一文。祝教授还极其关注文渊阁《四库全书》的运输与保存，为运输和保管办法提出了宝贵建议。[1]在浙江大学任教期间，讲述四声，着《四声概要》，文中提到：“往昔学童识

〔1〕《衢州市志》编撰委员会：《衢州市志》，浙江人民出版社，1994年，第1301页。

字，必辨平仄，更进而分别四声，由渐而入，积久自能心领神会。近世公私小学不遑及此，追入大学，苟平夙不娴吟咏，虽高材之士，多有不解四声为何物者，识者病焉！”这一观点无疑也击中当今语文教学弊端之要害。祝教授一生著述颇多。主要作品包括《文选六臣注订讹》《两千年来中国图书之厄运》《中国小说源流述》等文章。1964年夏他和儿子祝璜回衢州探亲。1968年初夏患动脉硬化症，住院未半月而辞世。

祝文白“抗战期间的浙江大学”一文是如今研究浙江大学西迁历史的重要文献。他说：“综计此三年之中，周流五省，间关万里，当局之焦神苦思，师生之流离颠沛，虽历尽险阻艰难，而仍不稍馁其教学之志。……故虽处播迁之中，犹倦倦不望揭‘求是’以为校训，是足觇浙大精神之所寄，凡我新旧校友，允宜共喻而力行之者也。”今天浙大追溯其历史往往只从1897年“求是书院”开始，但祝教授溯之益远，《浙大今昔观》一文认为“数典者不忘其礼，汲源者必知其源。今之浙江大学，虽成立于民国十六年，而厥基所肇，实远自清季”，即敷文书院，崇文书院，紫阳书院，诂经精舍，东城讲舍，暨学海常六书院。由此观之，先生不仅学识渊博，而且深得孔孟之道，是一位真正的“求是”学者。杜瑰生评价他是本着“笃学之，审问之，慎思之，明辨之，笃行之”的“求是”精神以治学和育人。

水亭街最后的道士

提到天皇巷，有一个人不得不说，而且提到他，只要是有些年纪的，几乎无人不知。老人们的反应都是一样的，“哦，那个道士嘛，祝道士，祝汝涛，我们知道的。”水亭街的人们都传言说祝家出道士，但大部分人知道的只有祝汝涛。只有谢秀玲老人提起他还有一个哥哥也做过道士，不过已经去世很多年了，知道的人也不多了。

最后的道士祝汝涛已经去世了，有三个儿子两个女儿。但是，做过道士的

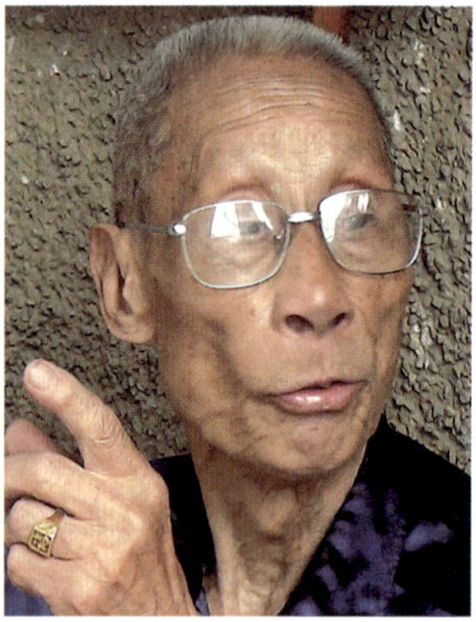

祝如涛生前最后接受采访

经历仿佛被他尘封了起来。生前,他忌讳任何人在他面前提起做道士这段经历,也不愿意提任何与八卦、《易经》相关的东西。关于当年他在水亭门街区做法事的场景,还是通过采访当地的老人,才略知一二的。

汪栋时老人告诉我们:"祝汝涛,之前做道士的。人家死人了,帮你念念经,做做唱。"当时做法事的具体场景,汪栋时老人还有些印象。据他回忆,一般请道士只有两种场合,一种时候办丧事,一种是求平安。而且请道士做法事价格也不便宜,不是一般家庭可以请的起的。"大户人家做一两天,小户人家意思意思。"做法事的时候,"穿着做戏一样的衣服,要戴帽子的,敲钹,敲叮当叮当,嘴里念些什么我也不知道。"主要在主人家里做,香烛需要主人家自己买好,他们会教如何烧。汪栋时老人还说,有的时候只是他(祝汝涛)一个人,但有时候五六个、七八个人也说不准。"衣服做戏一样的,红红绿绿的,站的坐的都有的。转来转去,死人棺材抬出去,在后面站着念。"另外,有些人迷信,会找道士清洁一下,家里没有污秽,祝愿家里平安,一路顺风。住在弥陀寺的华婆也见过他们做法事,据她回忆,道士们穿着黑色的道袍,前面还有锣鼓敲着,但是也是只有"大户人家才请得起。"

住在小天皇巷3号的黄玉环奶奶家里就曾请过祝汝涛做过法事。据她回忆,当年她嫂嫂因为生孩子太多,后来生病死掉了。她的母亲就为嫂嫂请了道士来做法事,俗称"破血河",主要目的就是希望"死后下去要轻松一点。到阴间去,我们给她念念经,拿点钱去,意思就是给她消点难。"当时的做法也比较简单,就是念念经。具体念了什么,老人说她也不记得了。只记得当时做了两天两夜的法事。至于有没有用,正如汪栋时老人说的:"道士祈福平安,相信则有之，不相信则无。”问起什么时候没有道士了，老人们说自从1949年后就没有了。那个时候“破四旧”，祝汝涛他们也不敢再做下去，就连道袍也偷偷地烧掉了。自此不愿再提起那段事情。

后来因为他成分好，又有个哥哥在房管会工作，房管会又刚好需要人，就被推荐到了房管会。1952年的《衢县人民政府税务局房地产税编查表》就是他负责调查编写的。这一调查表是后来衢州房产变动的最重要依据，其精确和合理程度，让今天人惊叹。汪栋时老人告诉我们：“他的待遇很好，退休还有3000多一个月。”

《论语》：“子不语怪力乱神。”徐之凯在《乡校复礼议》之《议巫》篇中也说道：“乃吾乡禜禳必以之，祈赛必以之，丧礼嘉礼必以之。”但“夫天下，未有不读书而可与言鬼神者也。”[1]祝文白是一个读书人，祝如涛曾经是言鬼神者，读书言鬼就是天皇巷的祝家。

（肖丽、吴宗杰）

---

[1] 徐之凯：《乡校复礼议》，《联豸徐氏宗谱》，藏于上海图书馆、衢州博物馆。

应篦房

司马迁在评述曾九合诸侯、一匡天下的管仲时说:“天下不多管仲之贤,而多鲍叔能知人也。”意思是说人们不赞美管仲的贤明,却赞美鲍叔能够识别人才。当年宁绍会馆里供奉的神像中就有鲍叔。而水亭门的宁波商人应家,从身无分文变成衢州巨富之发迹史,似乎暗中也得到衢州鲍叔这样的贤人之帮助。如今应家虽富有不复存在,但后辈仍然不忘鲍叔之恩,传诵着这一故事。

下营街6号应家宅院入口处

下营街6号

在离水亭门不远的下营街，有个不怎么起眼的小门，当穿过第一进的走廊后，才会发现下营街6号这座不大的宅邸被主人保养得别有一番情调。衢州文物普查资料中用寥寥几句描述此建筑："坐东朝西，三开间，前后三进两层楼，硬山顶。"站在小天井中，现年60岁的房主人应根龙向我们讲述了这座宅邸的变迁："这房子是我爷爷应渭阮留下来的，传给我父亲应启荣，去年父亲过世了，又传给我。"据应根龙回忆，现在下营街6号宅邸结构一直没有动过。现在第二进和第三进是属于应家的，却只占当时应爷爷买下时的三分之一而已。原来隔壁下营街8号的房子也属于应家。应根龙说，那是奶奶许金娣赌博搓麻将（1949年前的事情），输掉就划出去一点，再输掉就再划出去一点，就这样成了别人的资产。而下营街6号这栋房子传到应根龙父亲应启荣手上时，已临近解放。50年代居委会在这里开过饭店。63年全家因地主成分下放，房子收归国有。"文化大革命"期间被用来开过茶室。80年全家回城，房管会归还了第二进和第三进，但第一进目前还属于房管会管辖。

虽然历经岁月剥蚀，下营街6号的雕花门窗，雀替横梁等无不彰显旧日气质，民国时期能在这块地方拥有这样一座宅邸想必非富即贵，但应根龙却笑着说："这房子在我们家算最差的，解放前我们自己是不住这里的，用来给撑船的人住夜的。在衢州民国经商历史上，我们家排第三位，叶震兴和王立大下面就是我家。家里好的房子都在鹿鸣小学、西安门、天官桥那一带，我就是在那里出生的。我们家是做纸槽生意，爷爷应渭阮有七个儿子，一个女儿。每个人都分到房子、毛竹山场。"至此，下营街6号这座宅邸只是当年应家产业的冰山一角。

"鲍叔之恩"

说起应家的历史，应根龙一定要我们去乡下见见四叔应启高。他是目前应家最年长和辈分最高的老人,高龄95岁(2011年去世),家住离衢州市区十几公里的廿里镇塘湖村。谈起应家在衢州,老人精神矍铄,思路清晰。

民国时期,“宁波之民半游食于四方,”外出经商成为重要谋生手段。应家乃是典型的宁波人白手起家。应启高的爷爷,也就是应根龙的太爷爷应思衡,是宁波鄞州区下应村人。据《甬东湖下应氏宗谱》记载:始祖彪,唐代作牧明州,遂家鄞县翁洲。应根龙的名字就源于宁波下应家谱中的龙字辈,他的堂兄弟全部是龙字辈。应思衡家中兄弟六个,他排行老大,年纪轻轻就离开家乡来衢州做生意。应启高回忆说:“我爷爷应思衡他刚来的时候连住旅店的钱都没有,就睡在衢州的天宁寺里。在那里结识了几个朋友,大家在一起时间长了,看出我爷爷有什么心事啊!我爷爷说:‘我是宁波人,想到衢州做点生意,苦于没有本钱。’那时候衢州出产纸的,通常情况下天宁寺是装纸的转运站,当时没有火车汽车,都靠船运,一位朋友在装船时对爷爷说:‘你拨两百斤三百斤纸

下营街6号应根龙内宅

去，你装下去卖，不要你钱！’就这样我爷爷就拿着这些纸做了第一笔生意，赚到了，就拿钱去还给朋友，朋友说：‘我这里纸多得很，可以让你做第一次，也可以再让你做第二次。’第二次我爷爷又赚了。但是那个纸的价钱是：一担米一点（一毛钱叫一点）金买一件纸。我爷爷就从朋友这三百钱白手起家做纸槽，鼎盛时期在山里有一百多个槽，行号叫应福星思记，门市部在县西街，是我妈妈许金娣继承来了，但图章已经遗失了。”

关于当年应家在鼎盛时期家业有多大，应启高做了一个比喻：“当年我们家里的山场、田地、房子，动产不动产加起来可与当时的棉纱大王无锡荣德生相当！”“多亏鲍叔知素交，此心江柳尚依依。”今天应家子孙一代代仍然在传诵这一佳话。

女当家

在衢发了家的应思衡娶了三房妻子。据应启高回忆：“我有三个祖母，大祖母在宁波小港李家，她没有儿子，只有三个女儿。二祖母有一个儿子，也在宁波，我祖父到衢州来做生意发财后，要走十万银元营养钱。第三个就是我祖母，是我爷爷当年在农村西楚塘头柴家房西厢娶到的一个老婆。结果娶来的蛮好，我的祖母也是一个儿子，就是我爸爸应渭阮，衢州出生，到现在也该一百多岁了。”

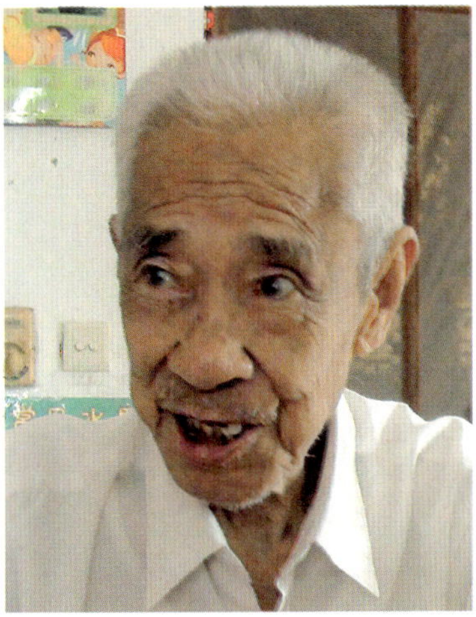

适衢第三代95岁应启高

到应渭阮这一代，当家的却成了女人。应启高的父亲应渭阮早年曾经留学日本，回来后就种种花，养养鸟，从不做生意。他曾说：“我还需要做什么事，这么大的家业！”幸运的是，他娶了当年台州黄岩县长许福元的女儿许金娣。说起母亲，应启高不胜感慨：

“我妈妈不仅生了七个儿子一个女儿,而且从爷爷那里接过了家族生意,一个女人就操持起这么大的家业。”

应家人都认为,许金娣在当代绝对是巾帼不让须眉的女强人,当年应家的纸做出来都是直接装船运杭州的。她儿子回忆说,她雇人管理这么大的生意,跑山的跑山,跑田的跑田,出纳的出纳,船运的船运,一切井井有条,兴旺发达。徐以新的父亲就是许金娣手下跑山场的,他的父母亲都葬在南乡。徐以新17岁参加中国共产党,经历过长征,在1949年后的岁月里给了应家不少帮助。在如今的下营街6号天井的壁板上,还挂有一幅许金娣的照片。照片中的她虽是旧式妇女的打扮,却目光如炬,想来是精明能干的女子。应根龙看着奶奶的照片对我们说:“奶奶许金娣在‘文化大革命’后死了,八十多岁,她本来可以活得更长的。”

子皆习书

应家虽然是做生意起家,但后代中却多是读书人。应启高自豪地说:“我们家里做纸槽都是雇别人做,自己家里人都去读书。我大哥大学毕业,二哥三哥都是做生意的,我排行老四,1916年出生。我本来也要学生意,大哥劝我妈妈让我去读书,我才去读书。我在上海的五弟弟曾上过黄埔军校,当过十六支炮兵,七弟应根龙的爸爸也是读书人,就是六弟脑子不大清楚。我们兄弟七个,现在还剩我和上海的五弟两个,都90多岁了。”

家业再大终究要分家,许金娣将家中山场,田地和房子均分给了七个儿子一个女儿。应根龙说:“我爸爸是小儿子,分到的房子不是很好,所以相对山场要好一点。如果房子好一点,山场就要差一点。”应启高则回忆说:“老三和老四分到的新洋房是在1933年,我在上海读书的时候三哥建造的,三层楼,属于衢州最早的一批洋房。当年我1 500块卖给了土产公司,那个时候一块当一万的,相当于现在1500万。那时还没有解放,日本佬已经返了。可惜现在拆迁掉了。”

1949年后，纸槽业迅速缩减，应家没有生意做，就靠房子度日。应启高回忆说：“我家的堂名是应本立堂，我母亲许金娣继承来了。县西街的应福星思记后租给南货店。因我家带点地主成分，解放后归房管会保管，房产证也遗失了，终究是归国家了。”之后的故事并不鲜见。应根龙感慨地说：“爸爸应启荣是一个读书人，在杭埠中心小学教书，因为成分不好被划为右派，在城里待不下去，1963年全家下放农村。‘文化大革命’时候，爸爸被批斗，戴上白袖套，上书‘地主’。1980年回来，房子归还。父亲去年死了，母亲还在，在衢化。”而应启高也在60年代被下放到廿里镇塘湖村，至今仍然与子孙一起生活在那里。

尤其让应家人自豪的是许金娣唯一的女儿的儿子周月文。应启高说，我姐姐的儿子在1944年考进航空机械师，当时效力于国民党沈阳空军部队，后来去了台湾。他的两个儿子都是美国重点大学毕业的博士。应根龙也根据父亲的回忆说，周月文大概在1947年或1948年左右回来过，劝舅舅们卖了家产出去，说是要变天了。当时他的舅舅们都是大少爷，哪里听得进去这样的劝。结果后来都下放了。

“应篾房墙界”碑

宁绍会馆界碑

当年家大业大的应家，在水亭门的遗迹也许就只剩下营街6号这处宅邸了，但这处宅邸的天井里还遗留着当年宁波商人的遗迹。天井中有一块长条石,常年静静地待在那里。翻过来之后上书“应箎房墙界。”说起这条石碑的来源,应根龙颇为得意:“80年代宁绍会馆被拆的时候,我父亲应启荣感觉很惋惜,经常在那里转悠。有一天傍晚散步的时候突然看到这条长石,上面写着我爷爷的名字,所以就费了好大力把它拉到家里来了。”

经应启高证实,原来应渭阮属虎,所以房号叫“应箎房”。当年应渭阮和其父亲应思衡作为宁波商人,把田地捐给了宁绍会馆,所以应家也成为会馆的一分子。会馆的作用类似于祠堂,应启高回忆说:“从前宁绍会馆每逢节日,七月半、清明节什么的会分酒、糕点给我们吃。”宁绍会馆有一部分地产是属于应家的,所以会有今日的“应箎房墙界”条石。可如今宁绍会馆也在动荡中遭遇了被拆的命运,只有这块“应箎房墙界”被应家人无意中保留下来,成为那段历史的见证。应家得到贤人帮助,一夜间成了衢州巨富,然富不过三代,如今只剩下水亭门6号一点点老屋,寄托着从宁波到衢州的家族变迁史。

(张宇婷、吴宗杰)

大陈汪氏

水亭街上曾经的中英大药房，位于现在黄衙巷1号靠水亭街的位置，当年是衢州商会副会长汪乃恕所开。药房后面也就是黄衙巷1号，是一处别具特色的民居，衢州文物调查报告把它命名为“汪柯生民居”，汪柯生是汪乃恕的儿子，汪家是江山大陈流寓在水亭门。现住在黄衙巷1号91岁的老人郑怀棪说，汪柯生是自己的三姑父。郑怀棪说，汪柯生被日本人抓去做挑夫，“就没有回

皂木巷南侧汪家原址新小区

家了,就没有人了"[1]。此外汪乃恕小儿子汪干生当年住在皂木巷南侧西头的20号,如今这片房子已被拆除。汪家在水亭门的店铺还有御记卷烟煤油号、汪同顺油行,可说是一个重要的流寓家族。

为富亦仁

民国郑永禧在《衢县志·人物志·流寓》(2489页)中记载:"大陈汪族富于产,原有萃文会在郡城,所以资给赴郡试之士子也,故汪氏之住衢者有十余家。"庚子之变后,汪乃恕举家迁徙到衢州城居住。《衢县志》(2489页)载:"庚子之变,行可率全眷徙家于此,若聚族而居。"汪乃恕,字行可,号守一,生于同治四年(1865年),1921年在上海去世。汪家来自江山大陈。先祖汪普贤,原籍徽州,精于医道,着有《医学直格》。明永乐年间,汪普贤在江山大陈一带悬壶行医,后定居于此。他的后裔在大陈世代经商,逐渐积累起巨额财富。父亲汪膏是大陈汪氏族长。[2]据说在大陈,"汪乃恕是著名的大粮户"。汪乃恕拥有万贯家财,"一生积德行善,铺路修桥、建凉亭、施药医,创办义学萃文学会,民国时改为萃文中学"[3]。汪乃恕为人行侠仗义,"有求罔弗应,每岁输资若干亦弗计"。1911年辛亥革命后,任职衢州军政分府,兼理县事。汪乃恕这时"奔走于军政府,慷慨论事,地方为公筹集军需",为此汪乃恕积劳成疾,后去上海医治,病死于上海。

据《衢州文史资料》记载,1907年汪乃恕被推举为衢州商会的副总理[4],在水亭街上开有中英大药房(详见《医泽篇》)和汪同顺油行。根据汪乃恕的孙子,92岁的汪慈年回忆,汪乃恕本人并不直接参与经营管理,而是由自己的儿

[1] 高佳燕、张崇:《采访郑怀棪》,录音编号:20100707。

[2] 汪筱联《解读水亭街》,手稿。

[3] 郑仲先:《衢州油行业》,《衢州文史资料》(第四辑),第66页。

[4] 衢州市工商联:《衢州商会史》,《衢州文史资料》(第四辑),第2页。

子汪柯生、汪干生负责。根据《衢县志》(2489页)记载,汪乃恕有四个儿子,其中长子为汪昭,是省议员,次子汪展,是众议院议员。然而据郑怀棪和汪干生的儿子汪慈年回忆,汪乃恕有五个儿子。老大汪志恭,老二没有成家,老三汪志庄(即汪展),老四汪柯生,老五汪干生。值得一提的是,汪志庄的儿子汪新士,是著名的金石篆刻家,也是当年杭州西泠印社的一人物。

《衢州文史资料》记载,汪同顺油行是"汪乃恕于晚清时所创设。这家油行资历雄厚,规模巨大,设备齐全,营业用屋和仓库的面积有六,七亩之宽广,千斤大油缸有一百余只,仓库存储各类油脂经常在千担以上。因为资金雄厚,所以营运方针以运销为主,其油销往沪杭一带,是当时衢州油业的魁首"[1]。汪柯生和弟弟汪干生都曾在油行做事,但是"汪家的几个人都不会做生意的"[2]。据《衢州文史资料》记载,"在上个世纪三十年代初,作为汪同顺油行老板的汪柯生因涉足上海交易所,耗蚀甚巨,于是将汪同顺油行出盘给叶仕衡经营"[3]。此外,汪柯生的侄子汪慈年又道出了另外一个导致汪同顺油行失败的原因,当年父亲汪干生打算进军上海,用船运油去上海准备大干一场。当时运油的船从衢州一直排到了兰溪,中间都没有间断。结果到了上海,三家上海油行联合起来压低油价,而汪干生初到上海一切都很陌生,"强龙不压地头蛇",结果落得亏本而归。后来顶不牢了,只好把油行卖给了叶仕衡。[4]

尸骨难寻汪柯生

水亭门早已没有汪家的后人。却说汪柯生当年被日本人抓去做挑夫,就没有再回家了。不过汪柯生的堂侄,92岁的汪慈年曾住在皂木巷多年,现定居杭州,儿子为浙江工业大学党委书记汪小春。他回忆说,那时候汪柯生并不常住

---

〔1〕〔3〕郑仲先:《衢州油行业》,《衢州文史资料》(第四辑),第66页。

〔2〕〔4〕张崇:《采访汪柯生侄子汪慈年》,录音资料。

在黄衙巷，当时汪家人都住在道贯巷。据汪慈年回忆，当年日本人侵略衢州，家里人都躲在道贯巷房子的防空壕里。但是由于日本人轰炸得厉害，觉得不是久留之地，于是商量到别处避难。汪柯生一家和汪干生一家则逃到了常山青石镇。那里有汪家的粮仓，粮仓很大，有72道门，现在还留下了一颗桂花树。因为汪柯生没有子嗣，看着五弟汪干生儿女满堂(7个儿子，2个女儿)，心中不快，于是带着妻子和养女离开，逃到了石梁上方的一个长工家里。结果一队去龙游的日本人经过那里，将汪柯生抓走做挑夫。当时汪柯生已经五十多岁，还戴着眼镜，没有干过重体力活的汪柯生哪能忍受这般重负。日本人一看汪柯生不能挑，更是鞭打不断。就这样一路打，打到了龙游。汪柯生就这样被打死了，尸体都没有，死得很惨。

由于汪柯生的夫人不能生育，于是领养了一个女孩，希望这个女孩的到来能使其怀孕生男孩，叫“押子媳”，就是如果生了儿子就给儿子当媳妇的意思。然而，领养女孩以后也没有如愿生下男孩。当时有观念就是不让财产落在外姓人手中，于是汪干生的第四个儿子过继给了汪柯生(这是汪柯生被日本人抓走之后的事情)，并娶了汪柯生的养女。养女的儿子叫汪梅村，也就是汪柯生的孙子，现居住在衢州。

一个当年的富家少爷，落到最后尸骨难寻，汪柯生的悲惨遭遇不禁让人感叹。汪慈年回忆，当年汪乃恕给五个儿子分家，每个儿子都得到了田。汪柯生将自己的田全部卖掉，用来修衢州到常山，常山到玉山的汽车路。[1]当年陆路都是用骡子来驮货物，从江西那边运来瓷器和纸张，从衢州这边运去盐。路修到常山的时候遇到一条大溪，前面有一座山，要修路的话就要把这山凿掉近三分之一，汪柯生就一直在这里待了三个多月没有回家。路造好以后改变了从衢

〔1〕汪筱联《解读水亭街》一文说：“1928年春，常(山)玉(山)汽车路股份有限公司成立，这也是浙江省最早的商营汽车公司之一。”

州到江西没有公路的历史。当时公共汽车很少，主要是来往运输货物的车子。两三年以后，汪柯生将造好的公路卖给了当时的国民党政府。当时在杭州读书的汪慈年还被汪柯生叫去同政府谈，“就是讲好多少钱，然后卖给政府”[1]。后来汪柯生还开过汽车材料公司，但是“汪家的几个人都不会做生意的”，后来汪柯生没有钱了，去盐务局做事。去之前脱下了长袍大褂，换上了中山装，对汪慈年说：“我去干了！”

此外，汪柯生还投资过金融业和煤油经营。据《衢州文史资料》记载，汪柯生是衢县地方农民银行的常务董事。该银行“建于1929年5月3日，系官、商、农、工、合资。资本六万六千元，营业总额曾达10万元。贷款对象为农村合作社的农民。贷款时必须以田产和房屋等为抵押品。后因业务日趋衰落，而由合作金库接收”[2]。《衢州文史资料》记载，汪柯生还投资入股煤油经营，是当时衢州三家煤油号之一德丰仁煤油号的股东之一，专门销售美商德士古石油。此外，汪柯生还投衢常汽车公司，无形中为德士古煤油号赢得了独家销售汽油和机油的权利。[3]

汪干生的经营之道

提到汪乃恕的儿子，就不能不提到他最小的儿子汪干生，因为汪干生及其后人曾经在现在的皂木巷20号生活过很长一段时间。这也是汪乃恕家族在水亭门的一大印迹。汪干生儿子汪慈年说，当年爷爷汪乃恕分给了几个儿子土地，只有父亲汪干生一人没有卖掉，因为他认为土地才是根本。汪干生参与过汪同顺油行和中英大药房的经营，后汪干生自己在皂木巷20号开了“御记卷烟煤油号”。后来身体不好了，于是请汪锡华做总经理，当时煤油是

〔1〕张崇：《采访汪柯生侄子汪慈年》，录音资料。

〔2〕王治文、徐能显、刘铁汉：《衢州金融业的演变及其经营情况》，《衢州文史资料》第四辑，第11页。

〔3〕曾劲耕、张如：《衢州煤油经销简史》，《衢州文史资料》（第四辑），第78页。

放在龚家埠头的仓库里,在皂木巷则有卷烟的仓库。[1]1949年后,汪干生害怕被枪毙,就将自己在道贯巷的房子全部捐了出去,自己则和家人租住在皂木巷的房子里。

汪慈年说,父亲育有七子两女,除了最小的女儿由于历史原因没有得到教育以外,其他子女都接受了教育,且多有成就。当年油号经营失败,有人劝他不要供自己的孩子读书了。他回答说:就是把田卖了,也要让孩子读书。他让老三学金融,老四学商业,最小的儿子学交通,其他的儿子都学农。因为他认为不论到什么时候,人们总是要吃饭的,都是离不开农业。七个儿子所学可以互为所长,以农业为本发家致富。他并不主张自己的孩子学工。当年汪慈年想学医,汪干生说做医生如果医治不好,会落下很多埋怨,而不管社会发展到何种程度,人们总是要吃饭,离不开农业。1949年前汪干生的二儿子,也就是汪慈年已经在常山买下一片山,用来种植各种水果。然而这一切都在1949年以后中断,汪慈年到了常山农科院里工作,是省级劳动模范。老五后来在呼和浩特搞甜菜糖加工,享有国家特殊津贴,学金融的老三则在哈尔滨的一所大学做教授。在前几年江山大陈的汪氏宗祠整理汪氏族谱的时候,汪干生的所有子女都上了族

汪慈年

〔1〕张崇:《采访汪柯生侄子汪慈年》,录音资料。

谱，只有汪慈年因为职称一条不符合标准没有上谱，老人提起来，言语中透露出些许遗憾。

汪慈年说，当时汪家人再加上佣人奶娘等有一百多人。汪干生的夫人生孩子很多，生下孩子无法照顾，于是就请奶娘来照管。汪家规定，被照管的孩子要为奶娘养老送终。汪夫人一共生养了13个孩子，在生第13个孩子的时候不幸难产死去，当时年龄只有30来岁。汪干生本人也只有40来岁，为了九个孩子，没有再续娶。那时候不时有强盗来抢劫，一些周围的住户也趁火打劫。有一次一户人家晾晒被面，一个奶娘看到了，对汪干生说：这不是我们家的吗？汪干生说：你不要去要，一是我们没有抓到他拿我们家的东西，二是同样款式的东西有很多，而且去拿了也会结怨的。汪干生的夫人陪嫁的两个金子做的花篮，本来是用来挂在床两边的，后来被强盗抢了去，后来有一次汪干生和朋友一起，强盗头子拿着从花篮上折下来的一小片来问这个朋友是不是金子做的。汪干生一眼就看出是自己的东西，但是没有指出，还说：你可以拿到银行去问。我可以告诉你，是金子做的。后来人家让他去要，他没有要。到了儿子汪慈年这里，人家又建议他去要（当时这个东西在县政府里）。他说：当年我老子都没有要，我更不会去要。

（张崇、吴宗杰）

郑家遗风

郑怀棪

黄衙巷1号居住着一位高龄老人郑怀棪，他生于1922年。这位在这里生活了半个多世纪的老人，是珍贵的活遗产，不断地展示出他丰富的文化记忆。如今他虽已耄耋之年，仍然身体康健，思路清晰。一说起自己的家史，郑怀棪无不自豪地说自己的爷爷就是当年编写《衢县志》的郑永禧。"解放以前我们是衢州'四大家族'之一，黄、郑、林、叶，郑永禧是我们祖上。"郑永禧（1866—1931）纂修的三十卷民国《衢县志》是今天研究衢州文化最重要的典籍之一。他还编撰了《姑蔑地理变迁考》《衢州乡土卮言》《烂柯山志》《西安怀旧录》《高密易义家传》《春秋地理同名异名考》《竹隐庐随笔》《不其山馆诗文存稿》《顽謦思存录》《蕙仙吟草》等。今天衢州乡贤无不对其贡献敬仰之至。郑怀棪老人由于时代的原因，无法著书立说，但对保护今天衢州幸存文化遗产竭尽所能。他始终把水亭门文化遗产研究看作是自己义不容辞的责任。从他身上我们看到了"郑家遗风，昭兮穆兮。"

郑怀棪住的黄衙巷1号，坐北朝南，南面紧靠水亭街的临街店铺。文物局调查认定此处为"汪柯生民居"，郑老说他是自家的三姑父，"日本人抓挑夫

(抓)去了,就没有回家了,就没有人了"[1]。本来郑家是要买下这处房子,三姑却不同意卖,就当"送我们一样的了。"1949年后,郑怀棪家将房契捐给了政府,"送了三次,才收了,不能不收的了"。1952年财税局房产资料显示,黄衙巷1号和下营街14号是放在一起的,所有权为"人民政府周翼云,"今天房子属于房管处。文物局普查认定房子为清代末期典型的民居,"整体用料、雕刻工艺均较为考究。是一处不可多得的古民居","该建筑硬山顶,双层楼,前后两进,面阔三间,呈'工'字形,前后两天井,青石板铺砌,楼层沿天井四周设腰檐,主屋明间面向前后天井均设有六扇大门,北后门处还设一花园"。现在房子进出是在南门,郑老说:"现在这个前门不好的,过去我们关起来不开的,以前是直接通到马路上。""我这个后门好,我父亲讲的,你今天办什么事,不要从正门出,你往这个后门走,事情就保证办得好。"

郑老说:"你要是生病,住到我这里毛病都没有。隔壁这对老夫妇,住进来一身都是病,四个年头了,他们身体越住越好了。"老人指着梁上的燕子窝说:"燕子搭窝就会有好运气,说明风水好,"燕子每年都会来他家,如今还有一窝小燕子,老人即兴吟诵道:"旧时王谢堂前燕,飞入寻常百姓家。"不过这房子楼上地板有两个大概直径一米的窟窿。郑老讲,这是日本人在自家搭的两座

黄衙巷1号正厅

[1] 高佳燕、张宇婷:《采访郑怀棪》,录音编号:20100707。

瞭望台,一直通到屋顶,士兵站岗的。老人回忆逃日本回来后发现,自己家里很干净,不像有人家床上有死人的大腿啊、人头啊什么的,非常血腥。

郑怀棪家在水亭门还有一处房子值得一提。父亲郑昌垣当年追随郑永禧到湖北恩施县做警察局局长,回来后在柴家巷22号开了顺昌南货店。郑怀棪说:“春天的茶叶,全城有一百担茶叶,我父亲起码占五分之三以上。”[1]说起在柴家巷的房子,是郑昌垣从周王庙租来的。那时候有钱人会把房子捐给寺庙,所以像周王庙这样的寺庙会有很多房产,这处房子曾经做过周王菩萨巡街的行宫。开顺昌南货店时,前面为店面,里面住着郑昌垣一家。1940年,由于日军细菌战,家里的一个丫鬟死在了厨房,后来便将厨房烧掉,今天这块地方依然是空地。

郑家风范溯源

郑怀棪是怀字辈,家谱排列辈分是“文光凡旭,至成永昌,怀新书秀,英秀长富”,郑永禧是郑怀棪的堂爷爷。郑老一生“经过多少风霜,依然谈笑春风”,其豁达和乐观乃是其郑氏家族传下来的遗风。郑家故居就在离水亭门街区不远的白果井巷,今天宁寺旁边。白果巷的名字源于巷口以前的一棵白果树。郑怀棪老人带我们走访这棵树的遗址说:“很大很高,比这个天宁寺千佛阁还要高。”“很可惜,死掉了,几千年了,树冠很大,像一个巨大的伞盖。”据说当年造千佛阁的时候,郑永禧很担心自家风水受到破坏,专门请风水先生来看,风水先生说:“没有问题,千佛阁高,但你这个树比它高,等于是当官伞盖一样的。”郑家在白果巷的房子门楣上写“书带盈庭”,中堂有“经畲堂”匾额[2]。郑老说:“一进一进很值得好好玩一下。你们要走进去,都走

---

〔1〕吴宗杰等:《郑怀琰走访柴家巷与故居》,录音编号:20100722。

〔2〕杜瑰生:《乡贤郑渭川先生》,《衢州文史资料》第六辑,浙江人民出版社,1989年,第127页。

不出去。”可惜的是，1942年，日本人占领衢州，因为“名气太大”，郑家的房子被付之一炬。

郑家对衢州的文运昌盛一直都有重要贡献。郑家来衢州就要从明末清初算起，距今大概有三百多年。民国《衢县志·族望》（1117页）就记载：郑氏为“龙江郑氏”，住“城西隅金钟巷”，“宋监门御史郑浃后，原住福建闽清，宋末进士大佐公名敬甫，徙漳之龙江，清初来衢。”郑家衢州始祖是郑士登。据说“三藩之乱”时，因抵抗流贼，全家被杀。当时郑士登很小，随畲姓舅父母逃来衢州。终究郑士登励精图治，“随旧业被革，重创万年基”[1]。清嘉庆《西安县志》（2357页）记载，郑士登著有《感应经图录》一书。郑士登一到衢州几乎就打算扎根于此，以继绝世。他和儿子郑炎一道回福建老家“览旧本，谨录以归”，并在衢州金钟巷倡议兴建郑家祠堂。据说，郑家遗留有家谱《厚街郑氏宗谱》，同治十二年（1873年）由郑启、郑锷等修。

追根溯源，郑家风范的缔造者可以上溯到北宋郑浃。《衢县志·序》中载“宋时绘《流民图》的郑浃是其（指郑永禧）始祖也”。郑浃，字介夫，号“一拂居士”。虽为一小官吏，但在《宋史》中却占有光辉的一笔，后人纪念他为“一拂居士”。福清城还留着“一拂街”，街边公园里还为他树了雕像，另外建有“一拂祠”。据《宋史》记载，郑浃是治平四年（1067年）进士，受王安石器重，视为知己。但当王安石询问变法时，郑浃回答“民曰不便”。他拒绝王安石提拔，因为看到变法百姓苦不堪言。他将所见绘成十二幅《流民图》，辗转呈到宋神宗手里。“帝忧形于色，对朝嗟叹，欲尽罢法度之不善者。”郑浃一生屡次提升又贬斥，返乡时行囊中只有一拂尘。《宋史》评曰：“穷厄至死，皆充然无悔，身虽不偶，而声名则昭著于天下后世矣。侠以区区小官，虽未信而谏，能以片言悟主，殃民之法几于一举而空之，功虽不成，而此心亦足以白

〔1〕郑昌和（郑永禧次子）：《岁末杂感书以示儿孙》，《不其山馆诗抄》，2004年。

郑洪《流民图》(北宋)

于天下后世。”郑洪着有《西塘先生文集》二十卷。他竖立的郑家风范，从其《教子孙读书》一长诗中可见一斑：“是经学道者，要先安其身。坐欲安如山，行若畏动尘。”

从郑士登来到衢州开始，郑家可谓是代有人才出，各领风骚数十年，有考中举人、进士，有做学问、做官两者兼有，一代又一代延续着郑家风范。郑士登有两个儿子，长子郑文忠，次子郑炎。据《衢县志》(2357页)引《两浙輶轩续录》记载，郑炎曾任州判官，其次子郑光璐，也就是郑永禧六世祖，为西安岁贡，为人“敦厚严正，以道自重”，“时出奇见”。他编辑《五经逸注》，可惜“未脱稿而卒”。孙子郑烺、郑灏都是孝廉。郑光璐胞兄郑光瑛，据《衢县志》引《王慕庭集》记载，他“幼孤好学，聪颖绝伦，学以经史为本，而制艺则以理胜，不尚才华”，曾经在一个矮矮的屋子中遇见当时的大文豪杭堇浦，二人“剧谈”，“终日经义滔滔不绝”，大有相见恨晚之意，二人遂成为朋友。

郑士登大儿子这一支也大有人才，其中郑文忠儿子，也就是郑炎的侄子郑光琮被认为是奇才。《衢县志》引杭世峻《道古堂集》说他“为文煦鲜荣而侈冷汰，探幽扶微，动中理解”。治经史已经达到废寝忘食的地步。他的儿子郑万年，乾隆已未进士，居官四十余年，着有《竹坪诗稿》。据《衢县志》引申甫撰《行状》记载，郑万年捐俸修桥，治水灌田数千顷。老百姓念其恩德，为其立祠堂以祭祀。

郑永禧曾叔祖郑清彦为嘉庆辛酉举人，安徽宁国知县。《衢县志》(2392页)引《洪昌燕撰传》载：“硕士少有才名，受知于阮文达师。”阮文达即阮元，为清嘉庆、道光年间名臣，在经史学各方面颇有造诣，被称为一代文宗。郑清彦后来“及秋闱获经魁”，获得阮元的提拔犹如千里马遇伯乐。阮文达将郑清彦调入国史馆，后被派往贵州任知县，后又任安徽宁国知县，“七年之间，一以慈惠及民，政声卓著”。

郑家风范到郑永禧没有中断过，如嘉庆戊午举人郑焕，嘉庆拔贡郑桂金着《七松阁》，正谊鹿鸣两院掌教郑桂东，还有80多岁仍赴京赶考的郑世焵等等。郑永禧曾祖父郑世鸿、祖父郑桂殿俱为太学生[1]，父亲郑锷“少负万才，天性特异，虽遭多故，志不稍挫。”当时“朝命变法，罪科举”，于是郑锷顺应趋势，“监督郡中学，选师范，增学科，兴体育”，“大有文明进步之象。”兄弟郑永祚参与成立“衢州天足会”，并建立淑德女子学校。

郑永禧

郑永禧，字渭川，秉承家族传统，从小就“聪而颖”，“七岁能属辞，十岁毕诸经，十二岁为诸生”，可谓少年英才。十三岁时跟随

〔1〕廖元中：《清末解元郑永禧》，《不其山馆诗抄》，第99页。

长辈游衢江浮石潭时,在船上即兴赋诗《浮石潭》,就提到“此心不肯随波转,砥柱中流若许年”。纵观郑永禧一生,确实践行着自己的人生理想。据余绍宋为郑永禧写的墓志铭记载,当时“士人溺于制艺”,而“公心鄙之”,“潜心古学,自经义史籍以及金石文字,咸喜推究。”郑永禧专注于地方文献写作,早年即光绪中叶,有一学士名为潘峄琴,“督学浙江”,编撰了《两浙辅轩续录》,郑永禧看了就作《西安怀旧录》送上去,“多被采入”。丁酉年,郑永禧获浙江乡试第一名,称解元,捷报传到,举城同庆。这意味着他有资格赴京会试。然而庚子年间(1900年),衢州发生“庚子衢州教案”,慈禧下令查办。衢州许多缙绅被抓往省城,“严刑敲审,口供所及,随即收系,瓜蔓葛藤,久而未绝”。就这样互相“揭发”,当时在杭州的郑永禧也被牵连其中,郑永禧及其父亲“皆削藉”。

辛亥革命后,郑永禧“被任为衢县参事,1916年任湖北恩施县知事。他发现恩施县志残缺不全,于是“校其脱,勘其讹”,不到一年,就补刊同治版《恩施县志》,撰写《施州考古录》。他最后回到衢州,“遂一意纂修衢县志”。当时这一举动让世人非常惊讶。许多人都是“若地方文献皆薄之,以为不足道也”,只有郑永禧和余绍宋(浙江通志馆馆长)“各发愿修其县志”,于是成为莫逆之交。《衢县志》“考正嘉庆旧志之讹误者百数十条”,这得益于当时郑永禧得到赵唐《府志》,此书为衢州府地方文献,是赵唐于康熙年间所写,一度失传。余绍宋在北京图书馆发现该书,立即告知郑永禧。

为撰写《衢县志》,郑永禧特接受浙江省议会秘书长,赴任杭州。写志过程中,“凡街市坊表,寺庙题额,衙署碑联,宗谱序跋,以及穷乡僻壤之木雕石刻,断简残编,靡不搜罗”。书成之时,他眼睛已看不见。余绍宋说他:“秉性宽和乐易,虽遭颠沛,不以动其心”,是当今的“左丘明”。还在《衢县志》序言评论说:“今天下事不堪寓目者多矣,盲亦何害?盲于目而不盲于心,若是先生者更何害?昔左氏固曾以盲史而擅千古之誉矣,安见先生此编于方志

留在烂柯山脚下的郑永禧手书残碑

中不擅誉于将来耶？盲史之后仍有盲志，而先生之名益彰，盲固何损于先生哉！”郑永禧晚年62岁时自述：“予自七岁上学，无一日不与书为缘，朝夕不辍。”“往时衢人士，仅习词赋，而于经集训诂，鲜所讲求。……予获良师，渐知门径，由是趋重汉学。”“今盲矣，物无睹，夙愿难偿，曷胜感喟！……予唯闭目着书，终余年而已。”

郑怀棪说自己的名字是郑永禧起的，因命里缺木缺火，才取了“棪”字。至今他还保存着1951年衢州首届人民体育大会的撑杆跳第三名的奖状。抗日胜利后，他去了上海，投奔郑永禧长子郑昌时。他说家里成分是工商业大地主，老婆家也是地主，1955年因此下放到衢州农村养蜂。40来岁时回到城里拉大车，买车的本钱是到杭州当了老婆的金镯子换来的，当时一共当了200元，其中买大车花了120元，还花了30元（一般小学老师工资26元）硬是说服服装店，把橱窗里展示的一件裙子买下来给大女儿。他说拉车虽然苦，却从来没有手头紧过。晚年他整理自己收藏的郑永禧和郑昌时遗稿,编有《西安竹枝词》《不其山馆诗抄》以及《郑昌和先生纪念集》等。他把收藏的郑永禧手抄稿《西安怀旧录》捐献给了衢州博物馆。郑怀棪有三个儿子,三个女儿,没有退休金,老伴去世后一个人住,子女雇了一位保姆照顾他。当他听说浙大师生研究水亭门街区文化遗产,便义不容辞地看作是自己的大事。烈日当头,他拄着拐杖带着大家走街串巷。他帮助联系采访人,担心自己年纪大了想不起来,就召集老朋友到家里一起回忆。有时想起什么就马上给课题组打电话,还一大早亲自跑到下营街6号课题组驻地提供线索。走访他家时的第一句话经常是:“我想到一个问题啦,先同你讲讲,我急都急死了!”他常对文物保护提出自己想法,说“天宁寺千佛阁旁边再造个大庙,把大殿破坏掉了。如来佛祖没有站的,只有坐的,(而现在修的)如来佛祖不允许他坐了,原来一个如来佛祖现在变三个,不妥。”他说重修的碧春楼是“小孩子戴大帽”。

郑老秉承郑家遗风,对家乡古昔心怀敬畏,无奈高龄,倍感力不从心。他期盼衢江能再次通航,水亭门能重现往日风情。黄衙巷1号不是郑家故居,但白果巷早已无迹可寻,这里已被老人一家看作是郑家的根。老人希望,当水亭门成为衢州的历史窗口时,这个民居能否给郑永禧一个纪念之场所?与祖上一样,虽遭坎坷,不动其心;笑对人生,无怨无悔,家里总是宾朋满座。高宏祥在其八十大寿送他一副对联称:胸怀豁达,宽厚春常在;动棪春风,轻吻绿满枝。

(张崇、吴宗杰)

黄衙小院

黄衙巷被衢州人描述为“一幅古雅冲淡的图画、一首清丽隽永的小诗、一篇飘逸恬静的散文、一卷醇香久远的历史”[1]。而能代表这一风格的房子就是坐落在黄衙巷10号2的那间不被人注意的小四合院，我们把它命名为“黄衙小院”。它在巷子的最深处，大门斜对着周王庙的后门。说起这块区域文化定位，修县志的郑永禧显然有所察觉，《西安县志》只说“黄衙巷通天王巷及文昌阁”，但民国《衢县志》却记载为“大周王庙后门，曲曲通水亭街”。不过在光绪三十年修的《联豸徐氏宗谱》里，这一带是吴姓地。

黄衙小院

“黄衙小院”是一座带小阁楼的平房，中间是一个小天井，前后两个堂屋，四周向内倾斜的屋檐把本来就很小的天井围在里头，正堂屋的板壁上挂着据说是房子主人的“先父先母遗像”。由于年久失修，房子已经变得漆黑，格局也发生

〔1〕《黄衙巷》，http://blog.sina.com.cn/s/blog_55e359d00100hht5.html。

了一点变化，现在住在这房子里的都是租户。可能房子太不起眼，文物调查时也没有列入登记范围。但这房子在周宣灵王庙后门，与气势勃勃的庙宇建筑相互衬托，既是黄衙巷胡同文化的一部分，又是富有江南特色的普通小民居。房子主人据说是方翠英和她的一家，在居委会主任的笔记本上，她被记载于1997年1月10日病故，享年78。方翠英有一子三女，大女儿郑雪莲，现年70岁，实际上在管理这座房子。据郑雪莲说，这房子四分之三为他们家所有，另外两间是属于房管会。据说这房子本来很明亮，“当时我们觉得这房子很好，很凉快，冬暖夏凉。从周王庙后门吹过来的风，经过大门，穿过天井，经后门朝天皇巷方向吹去，与税务局房子连串成一线”。她说原来这个房子一楼三间都是厚厚的地板，顶上是隔板，上面是小阁楼，客堂间后有个小楼梯，阁楼很矮，只有中间一间是可以站起来的。原来小屋地板刷得很干净，很亮，那时门板经常卸下来洗刷。面朝天井的墙壁也都是隔板，窗子小小的、小栓推拉着小木板，滑来滑去。天井铺着小石子，空畅整洁，外婆每天喜欢打扫一遍。据说这房子有一个特点，就是柱子和墙不在一个面上，说是这容易倒，但也一直就矗立在那里。说起门前这条小巷，她说:“这巷没变过，水亭街进来就是窄窄的，到我家稍宽，转弯处又窄。但到下营街出口那块很宽、很气派，就是叶家的房子。”方翠英一家都在隔壁的小井里用水，这口井原来是在屋内，后来房子烧了。虽说是居家专有的井，但小巷人家都去用的，每年要洗井，大家都出洗井费。直至今天，井边还总是围着洗刷的人家。另据住对门黄衙巷7号唐樟松老人回忆，该房子西侧山墙拐角处曾有砖砌的圆形建筑物，两人高，不同地方很多人都来拜。由此看来昔日黄衙巷不仅弯弯曲曲，而且还有变化，一条小巷有不同的节奏，不同的气质。

方翠英一家是1952年搬到这里，原来是住在新河沿衢州一中一带，为了让出老房子建中学，置换到这里。父亲是在全家搬到黄衙弄前去世。父亲郑鹤林，家里叫郑生林，小学毕业，但就在皖江小学教小学，都靠自己学。为了生计家里还在水亭街与县西街转弯口，现在妇婴店边开了一家“郑天祥蛋行”。祖

黄衙弄深处

上太公是从湖南逃难到衢州，太婆生了三个儿子，就是郑雪莲的三个爷爷。大爷爷是大西门水陆码头的扛夫，自己爷爷租了这家店，当时做包子，寿桃(一种馒头)。后来父亲买下这店，主要收鸡蛋、鸭蛋、山货、烧酒、木勺等，然后送到杭州等地去。公私合营时这家店估值500元。郑雪莲一直为当时置换时没有全部得到这座四合院而感到遗憾。另外的两间目前由房管会租给王秀香老人，江山人，16岁到衢州，住此房也有10几年。王秀香丈夫为铁路装卸工，30多年前去世，目前一人居住在此。看来黄衙小居的住户也都是水亭门一带的普通人家。

黄衙小院不算精致但小巧，不豪华但别致，不张扬但明亮，也不知多少年了，就藏在这曲曲小巷里。问起房子的真正主人是谁，大家都说不清楚了，只听说这房子原主人是个地主，他的小老婆住在这里。而今这小老婆到哪里去了，谁也说不清楚。

（吴宗杰）

蔡伦部落“王立大”

天皇巷13号有一栋坐西朝东的白色砖石结构双层小楼，其左右两侧的梢间前半部分外凸呈半个八角形，面阔五间，透露出明显的西洋风格，鹤立于水亭街繁密的中式传统院落当中。这幢房子在民国曾经是衢州专区税务局。文物调查登记表的记录和现在住在这里的住户都说，这幢房子一度曾

王开善西式小楼房

是衢州婺剧团所在地，并且现在仍为衢州市婺剧团所使用。衢州市柯城区1952年房产登记表和同年省立衢州中学房屋捐赠收据上登记此房产主人为王开善和王仁通，但水亭门的居民很少有人见到过他们。紧靠小洋楼北侧是一幢小体量的建筑，其主屋明间后金柱间设太师壁，壁后设木楼梯，廊左端设双开小门，由鹅卵石铺砌了小巧的天井，中式风格明显。这两处房子都属王家。

然而住在天皇巷最长的老居户都说没有见到过这两位据说“拥有半个水亭门”的主人王开善和王仁通，只隐约听说他们生活在西乡大头村。祝汝涛老人生在天皇巷，还长期担任天皇巷社区居委会负责人，但也从来没见过王开善其人。1952年登记王开善房产就是祝如涛老人。据他回忆，1949年后，地主、富农的房子全部归房管会来管。水亭街区的房产进行登记的时候，王氏的诸多房产由十几户人家分而居住，但独不见主人家的身影。房产登记表上也只“西乡大头”寥寥四字记录着房主人当年的所在。祝汝涛说：“他（王开善）在山里头，家里惬意得很。”本人却是从来不来天皇巷管理这么多的房产。只给家里的长工和小辈来管，又哪里要进衢州城来呢？当时的水亭街5号也属王家，根据当地老人的回忆，这片产业正是水亭街上唯一的旅馆——仁和旅馆，登记在王开俊名下。与仁和旅馆几墙之隔的水亭街17号，房主人叫王岳斌，也很像王家岳字辈的后人。

天皇巷靠近水亭街一侧，临街一面有一间杂货店。店主人说，这也是乡下大地主的房产。从窄小的门面走进去，竟是别有洞天——杂货店后面的院落与白色的小洋楼紧紧相连。店主人一家正住在三进两搭厢的中式老房里。根据1952年房产登记表，这深深曲曲的大宅当年主人也是住在西乡大头村的王赖氏。店主人说，隔壁小洋楼的后侧缺掉一个角，正是当年地主家为建造这栋房子的第二进而拆。两个搭厢南侧是一个带顶的小弄堂，至今还保留着弄堂一侧的雕花木窗和弄堂尽头通向如今的黄衙巷10号的

王开善民居,原民国税务局

一扇圆门。另有一条弄堂把北面这三进两搭厢与南面的结构连接起来,形成完全对称的格局。据店主回忆,在天皇巷临水亭街的大片老房子被烧掉之前,这栋房子跟那些大房子也是由回廊弄堂连到一起。这栋房的屋顶瓦下还有一层砖。一切都足显建筑之时的用心良苦。店主家早年住在新河沿,是在创立省立衢州中学之时,响应政府号召,于1952年将自己在新河沿的房屋三间与“天皇巷5号平屋四间(东至空基,西至王衙巷2号,南至王姓房屋,北至专区税务局)”交换,移地而居。王开善和王仁通也正是那时签下了捐赠书,言明为“提高我国教育建设”,将天皇巷的房产全部赠与省立衢州中学。

弥陀寺居士徐文华老人记得天皇巷的地主是在乡下靠造纸发家的“王立大”。家里还有武装。王家娶了罗汉井杨家“凤”的女儿,而杨家“杨震益红纸店”的发迹与西乡大头造纸的“王立大”也不无关系。当时衢州城唯一垄断的官盐仓,就开在天皇巷,而这个盐仓,又正是“凤”的儿媳家的产业。如此一来，大半条天皇巷都与西乡大头的“王立大”有着千丝万缕密的关系。徐文华从未见过“王立大”本人。她说“王立大”造纸工艺之高，竟可以印造当时的钞票。因为印假币，在1949年后被政府查处。祝如涛老人也记得“王立大”的主人王开善是被枪毙的，“王立大”是印国民党假钞出名。

提起“王立大”，王家后代王仁岳1991年发表了文章《王铤旆创建“王立大”纸号过程》，详细叙述了“王立大”的历史。王家先祖王廷旆原籍江西省玉山县。道光年间带领全家迁往衢县九华山妙源村为纸槽工。道光末年，又举家迁往大头村，帮城区纸商汪道生守山，当榨料工，最终承包了汪家的纸槽。衢州文化网《衢州古代造纸业》的文章中曾提到，北宋苏易简著的《纸谱》和南宋陈櫄着的《负暄野录》中分别指出：“江浙以嫩竹为纸”，“今越之竹纸，甲于天下，其色如蜡，若以佳墨作字，其光可鉴。”清代诗人程鸿益亦有诗文描绘嫩竹造纸的劳动过程：“未成荫竹取为丝，三伐还需九洗之，煮罢镗锅舂野碓，方才盼到下槽时。双竿入水搅纷纭，渣滓清虚两不分，掏水捞云云在手，一帘波荡一层云。”可见衢州地区的造纸业根深蒂固。而“王立大”并不是人名，是王家先祖王廷旆于清咸丰年间在大头村创建的纸号名。

1921年，大头村被来自台州的七十余名强盗抢劫，因此王廷旆组织了族人和槽工习武，并购得步枪40支左右，用以自卫。至今大头村上村的山顶还保有王家的大炮，那座山也因此被村民称为“炮台山”。大头村的村民回忆，王立大的纸非常出名，但凡印上“王立大”三个字的纸都卖得非常好。因此市场上出现打着“王立大”字号的仿冒土纸。中共衢州地委首任书记燕明在《燕明笔记》对西乡的土纸“成本低、收入高”也有记述：“土纸工人不能用折实，因流动性西乡纸质好，成本低，如成本费每件纸能用116斤，卖时能卖到130—140斤……西乡采用包工制，每作成件纸，老板付资92斤米（毛竹檀子在外），这样西乡每件纸能盈利8斤米。”

大头村位于衢州市区西北部33公里处,今天为七里乡政府所在地中心村,当地人经济收入主要以毛竹产业、农家乐生态休闲游、外出务工等为主。西乡大头村距离衢州城约一个小时的车程。七里乡的村民中流传着这样一个说法:1949年前七里乡最大的财主是大头村造纸老板,商号王立大,扬名山东、江苏、上海、福建、江西、安徽、湖南等省。据说1949年前,“王立大”雇人打造了十八只石猪槽,用了数年后如今只剩下六只。传说财主家的金银玉器无数,兄弟俩在分家时将银子堆放在一起,先用畚斗量,后用箩筐装再用大榜称。就在那次分家,金银财宝去向不明,包括石猪槽也无影无踪。人们传说,谁能找到石猪槽谁就是财主。

大头村的村民说起王立大,都很熟稔。都道衢州城里半个水亭门都是王家的房产。村民们回忆王开善一辈有兄弟八人。大头村下村的新华小学在2008年“王氏仓屋”里举办了一场名为《王立大——衢州的“蔡伦部落”》的展览。后人王仁通将百年造纸工具捐赠给学校,展出了王立大造纸的工艺流程。人们说,清末民国时期,其祖上曾创办衢州最负盛名的纸号——“王立大”。其父亲王开贤在下村拥有326亩水田。水亭街上,‘王立大’纸铺的店面打十余间。

(谢洁怡、吴宗杰)

汪氏父子

今天留存在皂木巷口体量最大的老建筑莫过于位于20号的“裕记卷烟煤油号”，而能见证这座房子，乃至水亭门整个街区变迁的就是93岁老人汪栋时。老人住皂木巷18号，与皂木巷20号仅一墙之隔。提到隔壁这座房子，汪栋时说这是在父亲汪锡华手上造的，大概有七八十年的历史。房子地皮是从“允茂森”酒坊的李家购得。汪栋时原来住在对面的皂木巷35号，拆掉以后，就搬到现在的住处。老人说，18号原来是皂木巷20号的一个“边窝”，也就是堆堆东西的仓库，后来落实政策拿回来的[1]。

平淡人生

汪栋时的父母都是衢州本地出生，一共育有子女八个，六个儿子，家也不请保姆，都是自己带出来的。84岁老伴万翠英说，以前一般要生三个孩子，大的穿新，老二穿旧，老三补一补，汪栋时家里是老三。父亲虽为中英药房里的二、三把手，类似现在的经理，但是家里人口多，吃饭都有困难，难得花10个铜板买半斤不到的肉，半个月一次。哥哥汪扬时已经去世了，原是复旦大学经济专业毕业，后来给国民党政治部搞经济。因为这段经历，1949年以后劳改了两年左右，出来以后在纸箱厂工作至退休。《燕明笔记》中在衢州“工商业政治”的时候提到

---

〔1〕安文英、张崇:《汪栋时谈家史、财神庙、山货与南货》,录音编号: 20101214。

皂木巷20号

了:“汪扬时任秘书(工作人员,是敌人政工科专员)。”[1]汪栋时还有两个弟弟,一个在南京化工学院,一个在杭州。两个妹妹也都还健在,分别在杭州与南京。

汪栋时说,自己小时候胆子很小,几乎很少出门,母亲也管得很严,都是在家里玩。上学的时候自己一个人也不敢出去,非得要婶婶送去才行。小时候城墙都不去玩,总以为“那么小,掉下去,很危险的”[2]。汪栋时14岁做过学徒,大概15、16岁生病不去,重新读小学。家里兄弟六个都念过书。父亲自己很艰

[1]《燕明笔记:中共衢州地委书记燕明工作日记选》,第208页。

[2]张宇婷、张崇:《皂木巷18号汪栋时采访》,录音编号:20100724。

苦的，在私塾里读过书，文化程度也不高，但对孩子教育很重视。老人说自己做学徒是因为脑筋笨，不会读书，而且家境困难。后来在金华读完初中，因成绩不是很好，没考上高中，就到杭州一个会计学校。抗战开始，学校迁移，汪栋时就随着学校一起先是到丽水，最后到龙游。因为太远，再加上当时家里经济条件也不够，就没有继续读书。

对汪栋时来说，一辈子最重要的经历就是逃日本军。日本人在村庄扫荡，他们就跟着当地人逃到山上。日本人追到这个山头，他们就逃到另一个山头。好的时候随身带点米粉、干粮吃一点。太多也背不动，也不能背，背粮食也没有地方烧，逃命要紧。很多时候一点吃的都没有。那个时候万翠英只有13岁。她讲到有个小孩在摇篮里，大人正在做饭，听到"日本佬来了！日本佬来了！"小孩不要就逃了，回来一看，孩子还在摇篮里，嘴里还有吃的。"小孩倒是不会弄你的，大人是要杀的，妇女要强奸，男的做挑夫，做苦工。"汪栋时回忆自己是从江山那边逃回来，当时一家已经逃到距离石梁三五里路的地方。汪栋时找到家人，不久就生了一场大病，路都不会走了。那时候没有药，就到村里药店里去，日本佬把中医药材弄得满地都是，药店师傅就帮忙捡点出来。

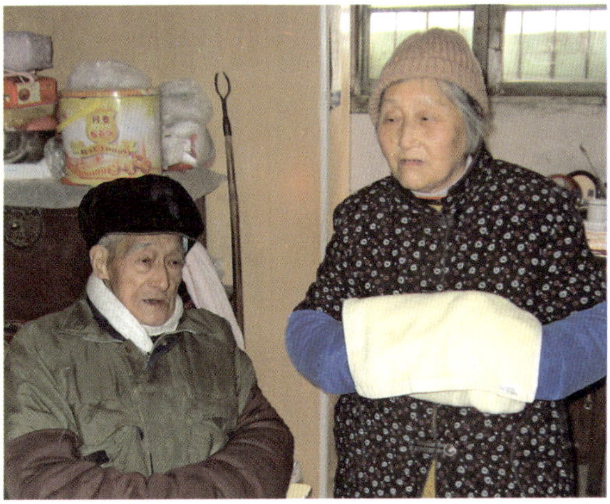

汪栋时与老伴万翠英

1949年后汪栋时就弄点小生意。做过很多工作，建水电站时做过临时工，拉过车。汽车修理厂也呆过，后来找工作到拉链厂，也做过锄头、菜刀，1981年退休。汪栋时说几个孩子文化程度都很低，都是初中生，因此工资很低。汪栋时21岁时和住在杨家巷的万翠英（2011

年去世)结婚,育有一子一女,都在衢州。一个孙子宁波大学土木工程专业毕业,留在宁波工作。说到这个孙子的时候两位老人显得很开心。

实业家汪锡华

汪栋时祖上是安徽新安县东乡有一个叫“烽火头”村的人。祖父母在太平天国的时候从老家逃出来,一路要饭到衢州。爷爷在衢州做学徒,父亲汪锡华1886年出生在衢州。奶奶曾对汪栋时说:“你祖上是安徽的,要回去看看。”父亲还和爷爷一起回过徽州老家。那个时候还有本家,后来因路远,终究没有再回去过。

汪锡华在衢州早期工商业发展中留下了重要一笔。汪扬时在《汪锡华先生及其创办的企业》[1]一文中写道,父亲“幼年丧父,家贫如洗,迫于生活,十三岁就在南街信成号做学徒”。汪锡华10岁的时候父亲去世。因为家境不好,母亲帮人家洗衣服。“奶奶没有办法,就叫我父亲去做学徒。”汪栋时说,父亲当时很苦,冬天只有一条单裤,后来人家看他可怜,再给他一条单裤过冬。父亲做学徒很勤快,对老板也忠心,就这样慢慢提拔,做到药房经理,那时汪栋时大概只有七八岁。

汪锡华于1919年任中英大药房经理,1920年在药房里面设立中英烟部,经销国产南洋烟草公司出产的白金龙、爱国牌、大联珠三种香烟。为了推销香烟,汪锡华在下营街大周王庙放映电影。这是衢州最早出现的电影,中间穿插广告宣传。汪锡华还亲自站在南街十字路口,边宣传,边赠烟让观众试吸,并对零售商实行赊销。

汪栋时回忆,大概自己一两岁的时候,汪锡华开办勤工袜厂。汪扬时在他写的文章中也提到:“第一次世界大战及其稍后几年,社会上振兴实业,实业救国的呼声很高。在这一时代潮流的影响下,各地工厂纷纷建立。”汪锡华因为常到上海、杭州进货,得“风气信息之先,认识发展实业的重要性,遂毅然创办勤工袜厂。

〔1〕《衢州文史资料》第四辑,第192页。

这是衢城最早的工业”。由于汪锡华乏力独资经营,乃邀请恒升钱庄股东鲍桂生、汪联奎及中英药房内帐王宾笙集资五百元,于1920年创建勤工袜厂。当时袜厂经营范围很小,流动资金依靠钱庄贷款。1934年原股东汪联奎退股后,又邀本厂供销人员庄义斋,外账王新贺入股,资金增至一万元。改组后厂号加“和记”。

勤工袜厂开办前,派中英药房职工胡灶发到上海学习织袜技术和机器修理。胡回来以后,汪锡华的继配妻子张秀珠再向胡学习,再转教找来的女工,胡则专任机器修理。为了适应家庭妇女照料家务的需要,一些可以拿回去做的活计都发给女工回家去做。熟练女工每月可得八九元工资,低的也有四五元。这对当时衢城经济收入一般的家庭,尤其是妇女的经济收入,是非常有帮助的,因而赢得社会舆论的赞扬。袜厂所织的袜子比布袜方便、舒适、美观,因而,逐渐取代了布袜,生产也蒸蒸日上。后来,袜厂还添置了织毛巾的机器,生产“三星”牌毛巾,并改名为“勤工棉织厂”。1923年派职工江观春去上海学习织毛衣、毛线裤、毛线背心、罗宋帽和围巾等产品。汪扬时写道,1942年日寇侵占浙赣线,袜厂设备、物资被劫,工厂被迫歇业。汪栋时说:“日本佬来了把你生产资料物资都弄光了,机器都炸光了,本来还要做毛衣的。”

汪栋时回忆说,自己的父亲还卖报纸,相当于很多上海、杭州报纸在衢州的总代理。《汪锡华先生及其创办的企业》也介绍,汪锡华在衢州独自经销沪杭报纸,获利少,要求高,天天要做报纸的收订、投递和结算等,手续极繁,经销手续费每月只有20%,因此无人愿做。汪锡华认为虽然经营报纸只有蝇头小利,但是社会需求是非常大的。而随着社会的发展,报纸的销路果然逐年增加。所有上海报纸如《申报》《新闻报》《时事新报》《大美晚报》《时报》及《杭州东南日报》等,汪锡华均是衢州总代理。销售多的时候,日达七八百份,年净收入近千元。汪锡华经销沪杭报纸直至全国解放,报纸由邮局统一发行时止,经历了30年之久。

汪栋时说自己父亲经常要去上海办货,联系业务,但不一定非要和洋人打交道。“那时煤油一定和洋人打交道,洋油是德士古,香烟是华人开的。德士古

裕记卷烟煤油号后院

是美商。”“我父亲不会外语,文化程度很低,但经商脑筋倒有的。”[1]汪栋时说父亲一直和叶家、汪家合作,他们很信任父亲。汪栋时回忆,自己读初中的时候父亲有一次跟他们讲过,做人一定要诚信,不能做坏事。做生意,货拿来了,说货款多少时间还给人家,到时候就一定要还。如果还不上,就要说明原因。“我父亲讲,你没有诚信,生意做不好。你打个招呼,你要讲明白,打电报,讲有啥困难,人家同情你,才可以缓缓再还。”汪栋时说,自己的母亲活到94岁,而父亲在69岁就去世了,一生没有享过福。汪扬时在文中写道:“1953年先生不幸患鼻癌,翌年溘然逝世。”

(张崇、吴宗杰)

〔1〕安文英、张崇:《汪栋时谈家史、财神庙、山货与南货》,录音编号:20101214。

红楼与徐志馀

水亭门天皇巷的东侧，曾有过一座西式的红色小洋楼，人们都称它为“红楼”。现年70岁的老人徐麟，当年就是住在这幢楼里的“阔少爷”。老人回忆说：“我当时的身份就像你们看的电视剧里的少爷”，“那时候家里条件很好的，什么跷跷板啊，秋千啊，都有的。我出去就坐那个电影里面的小汽车，不像我们现在这么圆的，那种美国做的小汽车。”老人还说，那时候过中秋还要在楼下“请月亮”、“供月亮”的。“桌子上摆满石榴啊，柿子啊，橘子啊，大麻饼啊，还有一些糕点，放在花园里，摆好以后小孩拜月亮”，“跪在地上拜。”

如今，在原来的地基上也有一座红楼。然而此红楼已非彼红楼了，人称红楼宾馆。水亭街的老人们通常会叫它“红楼招待所”，或者“税务局红楼招待所”。徐麟老人说，“老红楼是90年代才拆掉的”，“现在的红楼是在原来的红楼那里建起来的”。红楼这个名字“一直延续了几十年”。他说：“因为当时造的时候墙上的粉饰是红色的，所以叫红楼。”95岁的王汉卿老人、93岁的汪栋时老人也这么讲。现在的红楼宾馆墙的主色也还是红色。常言道，历史如大浪淘沙，对于红楼来说，没有淘去的似乎还有这样的一抹颜色，还有这样一个令人遐想的名字。

在老人们的记忆里，红楼很多的故事都还未曾逝去。虽然那时候，徐麟只是个不满十岁的小孩子。他说，1949年后他们家就不让在那里住了。但如今在徐麟老人的脑海中，红楼似乎还没能被拆走，原有的格局，周围的环境，依然

在原地基再造的红楼

记忆如新。他描述说,以前的红楼是“两层楼的西式洋楼,当时在衢州来说是比较先进的。”

红楼东边是天皇塔,西面是天皇巷,后面是剧院,以前叫五一剧院,1949年后叫胜利剧院。徐璘回忆,红楼围着两片花园,“东面是一个花园,南面一直通到水亭街的店面,也是花园,东南就是一个L形”。南面的花园通出来就是一个自家开的酱园店,边上是豆腐店,后院挨着天皇塔。这家豆腐店就是当年郁达夫进去过的“乾坤泰豆腐店”。红楼为两层洋楼,正门朝水亭街,进入走廊,就是一个大客厅,中间就是房间。楼上的布局也是差不多的,客厅、大卧室,然后是一间一间的房间。

红楼紧挨着徐家在新驿巷的祖居,两边相通。那老房子“门前有两方青石旗杆斗,门内高悬两盏大灯”,石大门上书“徐恭寿堂”四字。徐麟解释说:“清时,只有官宦之家门前才有旗杆斗。”他的曾祖父是“清朝武将”,祖父时“家道中落”,不过只是“一介未中举的秀才。”王汉卿老人说到联豸徐氏祠堂的时候也这么描述。据徐文荣老局长确认那一片房子是一个大院,都属于徐志馀,即徐麟的父亲,也可能就是明天启元年忠烈公徐可求曾住在这里。不过徐映璞一首诗注里说,徐可求宅是在忠烈庙前,原来衢州总镇所在地。[1]徐文荣说新驿巷的老房子是非常气派的,有假山,1997年时被彻底拆掉了,当时拆的时候

[1] 徐映璞:《清平山人诗集》铅印本,徐晓英等收编,1992年,第3页。

新驿巷拆前的老房子

有许多珍贵的木雕、气派的梁柱，石狮子都被东阳人拉走了，已不清楚安装在什么地方。由此，文物与其记忆割断了。

据徐麟老人说，红楼的主人就是他的父亲，人称“文武连襟”的民国将领徐志馀，他与余绍宋一起是1946年制宪国大代表。抗日战争胜利后，据说是相信从此不再打仗了，所以造了这幢楼。说到徐志馀这个名字，水亭门街区的老人们都不会陌生，70岁以上的“老衢州”对他记忆深刻。95岁的王汉卿老人回忆说他是“大人物咧”，“国民党少将”，“那时他出入都是骑着一匹白马，很威风的”。

据刊登在2008年《浙西纵横》杂志上的《前驱——国民党军界衢州籍资历最深的将领徐志馀的故事》一文所说，徐志馀“1897年（清光绪廿三年）出生于衢州府西安县城里水亭街与县学街交界处的新驿巷。祖父为清朝武将，到了父辈已家道中落，其父为一介未中举的秀才”。联豸徐氏最后一位族长徐炳炎的长子，88岁的徐循理老人说，徐志馀也是我们徐家的子孙。不过每年正月初四联豸徐氏祠堂祭祖的时候徐志馀是不去的。徐循理老人说：“他不来的，他是大官咧！”1949年前徐麟还很小，提到下营街周王庙旁边的联豸徐氏祠堂，他说：“到什么时候要分馒头的，姓徐的人都可以多多少少分到的，我们家也有。”这与徐循理老人所说的类似：每年正月初四联豸徐氏祠堂祭祖，家族子孙一人分四个香饼，都由族店“徐大丰”供应。徐麟回忆说，那时徐大丰麻饼“我家吃的，但是我从来不去买。我当时的身份是少爷”。“我看到八月中秋的麻饼有一面锣的大小嘞。”

徐麟讲述家族往事

按《前驱》中所说，徐志馀原名徐昭寿（又一说“庆”）。徐循理老人说他还有哥哥叫徐昭雄。联豸徐氏徐大丰烧饼店的老板叫徐昭麟，由此看来，他们当是同辈了。当问到他们家有名的先祖时，徐麟回答是：“徐天官”。如今，无论是下营街的联豸徐氏徐可求，还是上营街西河徐氏徐一槚在衢州都被流传为“徐天官”。

徐志馀戎马大半生，对于他的从军生涯，徐麟综合一些已出版的史料与徐志馀亲友部属的回忆，在《前驱》一文中有比较详细的叙述。按文中所说，徐志馀幼时进私塾，曾就读于省立第八中（现衢州一中），在校时喜欢演所谓“文明戏”，曾积极响应反袁活动，还因此被关入杭州小车桥监狱。获释后，他考入浙江省武备学堂求学。1920年，徐志馀投入浙军，后又奔赴广州入革命军。1925年初，徐志馀编入黄埔军校教导团任分队长。1927年南昌起义，坐镇广州的钱大钧急忙调兵拦截南下的起义军，时任钱部新编第一师第三团团长的徐志馀曾参与了与贺龙的壬田之战，与陈赓的会昌之战。后来他与部署谈及此事，“感慨万千地说，昔日的师友同窗，上级下属第一次兵戎相见，终生难忘。”

1939年春，周恩来以国民政府军事委员会政治部副部长的身份巡视浙江抗日前线，在绍兴逗留期间也曾与时任浙江省第三区保安司令部副司令的徐志馀打过交道。1939年3月29日的《绍兴新闻》报道说：“周恩来绍……28日上午由临浦来绍，本县贺专员、徐司令、沈县长、王书记长均前往欢迎，中午徐司令欢宴周氏云。”28日夜，在绍兴越王殿还举办了大型座谈会，安排周恩来发表演讲。中共中央党校出版社1996年出版的《周恩来烽火东南行》中讲述到这个故事。周恩来演讲之后，徐志馀还提了问题。他是作为绍兴三区保安副司令第二个向周恩来提问。他说：

我是个军人，不讲究一城一池的得失，只讲究态势与力量的对比。尽管日寇气势汹汹，可对我们中国也是鞭长莫及。特别是我们浙江多山，他的飞机、大炮、军舰、战车都起不了作用，最近几个月以退而采取防守的策略。我要请教周副部长，为什么我们不出击、反攻，一举打败日寇，迅速取得这场战争的胜利？

《周恩来烽火东南行》一文是这样记载周恩来对徐志馀回答以及两人的沟通：

周恩来与徐志余（馀）已有过多次接触，并不陌生，他答道：“徐副司令说：‘不讲究一城一池的得失，只讲究态势与力量的对比。’这是对的。现在的态势与力量的对比如何呢？尽管敌人用半年时间解决中日战争的企图落了空，但在军力、经济力和政治组织力的对比上，仍然是敌强我弱。虽然最近几个月敌人守多攻少，战事比较沉寂，但是，我们绝不能麻痹松懈。……”

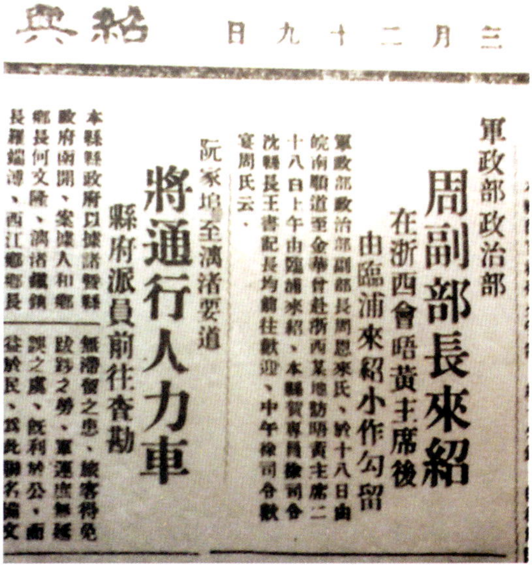
紹興　三月二十九日

軍政部政治部
周副部長來紹
在浙西會晤黃主席後
由臨浦來紹小作勾留
軍政部政治部副部長周恩來氏、於十八日由皖南順道至金華付赴浙西某地訪晤黃主席二十八日上午由臨浦來紹、本縣賀專員徐司令沈縣長王書記長均前往歡迎、中午徐司令歡宴周氏云、

阮家埠至漓渚要道
將通行人力車
縣府派員前往查勘
本縣縣政府以據諸暨縣政府函開、案據人和鄉鄉長何文隆、漓渚鎮鎮長羅端溥、西江鄉鄉長……無滯留之患、旅客得免跋跡之勞、軍運庶無延誤之虞、既利於公、而益於民、爰此聯名編文……

1939年3月29日《绍兴新闻》

徐志馀坐在那里，一边听，一边点头，通过几次接触，他对周恩来已肃然起敬。1943年4月，新四军浙东游击队发动四明山梁弄镇攻坚战，一举歼灭守敌，徐志馀去贺信给何克希称：“足见吾兄运筹有方，韬略出群，英明所播，钦佩莫名。”(见《前驱》)

徐志馀与胡宗南之间也有一段有趣的故事。按《前驱》所说，那是1924年，当时已任广东革命军连长的徐志馀回家乡衢县探亲，返粤时还带走了几位要求参加革命的亲朋。在温州他们遇上同是南下投身革命的胡宗南。徐志馀等人想去逛逛温州的街市，把行李交给留在客栈看书的胡宗南看管。回来时却发现行李全被人偷走了。而那时的胡宗南还沉浸在“书中只有黄金屋”之中。徐志馀火冒三丈，上前就是一巴掌，打得胡宗南眼冒金星，丈二和尚摸不着头。多亏众人拉开，不然还有一顿好打。后来，胡宗南毕业于黄埔一期，官至陆军上将。他不计前嫌，还邀徐去其麾下任职，徐婉言谢绝，一笑了之。

徐志馀死的时候，徐麟还不到十岁，父亲给他留下的印象虽然不多，但却深刻。在徐麟记忆中，父亲家教是很严。他说：“记得一次，我跟我弟弟打架，被他知道了，就跪在那里……一根香插在那里，香点完了，才让起来。”他说：“我们跑步啊，跑跑跑摔倒了。你如果说趴在地上哭哇，那就不行的，‘马上起来，给我再跑！’”徐麟老人已年近七旬，但看上去不过五十几岁的样子。退休多年的他一直没闲着，现在还主持着衢州市房地产协会一本刊物的编辑工作。对于父亲的形象，老人说：“在我的脑子里，就没看见过父亲穿过军装。回来的时候都是西装领带，都是那样子的。他也不是像有些人说的很神气的那种。”徐麟还说，小时候都不准随便出去的，玩伴就只是自家人，表兄弟也很多。“我还有个姨父，衢州十大历史文化名人之一方光焘。他的儿子跟我们是表兄弟。”方光焘是著名的语言学家，曾任南京大学中文系主任。2002年衢州市组织的历史文化名人评选中，他与赵抃、徐徽言等一同被选入衢州十大历史文化名人之列。当时他们两家住斜对面的,房子都在新驿巷。

问起徐志馀怎么会想到造这么一座红楼,徐麟回答:“抗日战争胜利之后,不打仗了哇!后来解放战争又开始了。他1946年辞职了,1945年抗日战争胜利。”脱下戎装后,徐志馀在红楼前投资开了一家酱园店。徐麟说:“那个店就在那个地税局的门口,到马路边这一段,现在变成一块空地了。两个店面。”据说徐志馀也并非真正意义上投身工商业了。“投资这个酱园,他自己不管的,就是投资,让人家管理。”当年衢州酱园很多,所谓“衢州三大缸”,酱缸就是其中之一。徐家这个酱园还比较大。徐麟小时候经常去的,他回忆里面很多酱缸的,花园的前面就是一个酱坊,再前面是现在叫门市部。里面做酱菜,那个酱瓜堆得像小山一样。那个千斤缸也很多的。缸上面盖着棕叶。

据说,衢州快解放的时候,徐志馀夫人曾劝他赶快离开衢州。他不肯走,相信国共的恩恩怨怨自会留给他生路,而且自己也没有参与内战。徐麟老人说,他有一个堂舅是大革命时期衢县我党早期党员之一,叫华月峰。1927年国民党清党时把他给清出来,抓起来了。徐志馀得知后托人把他给救出来了。1949年后华月峰到衢州师范教书,“文革”时被打成反革命,上吊而死。祝汝涛老人回忆说,徐志馀是被镇压了的,因为“有血债的”。在记载日军暴行《罪证》一书说:“日寇第一次窜扰衢城之前,区保安副司令徐子余派出走狗滥抓民夫,为他搬运囤积居奇的柏油,替他的小老婆抬轿逃难。日寇撤退之后,以‘治安’为名,用手枪当众随便打死人(被害者只因从长兴酱园里拿了一碗辣酱)”。王汉卿也说,有个农民偷酱菜,当场就被徐志馀枪毙了。徐麟说,当年周恩来曾有令下来说不要枪毙徐志馀,只是这命令到达衢州的时候,已经晚了。

(侯松、吴宗杰)

结　语

“里名履道、巷号乌衣，以地之灵钟人之杰。”[1]说的是坊巷里地名都是与这里的人物家族相互衬托。水亭门这一大片民居的修复，最终都是要有利于提升居民与土地之间的桑梓联系。修复时一定要找到因地制宜的本土风格，不要简单模仿外面，或统一成一种风格。衢州建筑具有徽派风格，这是因为这两地是在一个文化圈里，相互影响，但不应仿造成今天人想象的徽派建筑。胡理琛先生说：“仔细观察衢州与徽派建筑，其实差得很远，尽管有些相近。衢州并不是典型的徽派建筑，徽派建筑是官商儒三者合一的建筑产物。”从时代上来说，建筑是不同历史人物的沉淀，是人与地的交融的结果，而非建筑之风格本身，也就是“以地之灵钟人之杰”。不应从一个时代里面去统一水亭门。有些建筑，比如宁绍巷20号的平屋八间，水泥建筑，是建国以后现代式样的房子，它已经成为历史，可以说是水亭门街区难得的历史写照，与周边传统建筑已经形成呼应。这样说来，水亭门街区的每一处房子，都有其独特风格，修复时，要做到，一房一修一风格，不需要定格在某一时代里。

民居之修复要能承载过去之记忆，不在恢复原来的功能。应古今会通、顺时应变。水亭门本有很多宗祠，体现这是的桑梓之地。遗憾的是今天这些

---

〔1〕康熙《衢州府志》卷八。

家族已经难以聚集。西河徐氏宗祠是有可能重建的宗祠,如果徐氏已经无可能收族承接,不妨赋予“偃王祠”之意。徐氏乃衢州第一大姓,共同认同徐偃王为祖先。《孝义徐氏宗谱》有记载:“衢西北隅净池头有偃王庙存焉”,说明偃王庙本身在水亭门附件存在过。而偃王也被认为是开辟衢州的古圣贤。还有韩愈《衢州徐偃王庙碑》为证。郑永禧《顽謦思存》载,衢州昔时有很多偃王祠,石室街有之,实为徐氏之家祠。故将西河徐氏祠堂同时赋予偃王庙的变通做法既是符合道义,也有历史依据。总之,水亭门民居修复后的利用也是要体现多样性,既有原有民居生活的延续,也有反映时代变化的创新。同时恢复皂木巷信安侯祠也是非常必要,该祠既是陈氏宗祠,更是衢州人纪念先贤的地方,《浙江通志》将其列在赵清献祠前面,且赵抃还为信安侯写过墓表。

水亭门望族及其祠堂列表

家族	祠址	源流	备注
信安陈氏，杨志称皂木陈氏	城西隅皂木巷	本闽中人，晋陈弘以功授峥嵘镇总管，封信安侯，遂家于衢，详见祠墓下。三子斯才居此。明天顺间其后人陈奎迁东乡，名陈泽，又有分支高家镇及南乡杨家坳头者。 1952年房产登记皂木巷25号为陈氏祠堂，代理人陈祚龙、罗金泉等居住。	民国《衢县志》第1118页；1952年房产登记
孝义徐氏一称厚徐	城西隅大功塘	杨志表唐刺史徐□之后，自序称汉阳朔二年徐元泊渡江居姑蔑，衢州三十六户同出一源。唐有徐知新子□譓以孝义闻，因名，今谱以南宋上舍徐位为一世祖，以前无考。	民国《衢县志》第1120页
西河徐氏	城西隅天平坊即上营	王玑记：宋衢州守徐大夫与裔孙逢吉任衢州路大使，因聚族于邑之西河而居之。	民国《衢县志》第1123页
联豸徐氏	城西隅灵顺坊即下营	徐彦祥传：彦祥先籍祥符，南渡后家于龙邱。淳熙间楠、杓兄弟登进士，皆为御史，故名联豸。彦祥其后人也，洪武间赘于衢，遂居信安之灵顺坊。亦详见徐任道墓志。	民国《衢县志》第1123页
崇义柴氏	旧在城西隅柴家巷	周恭帝后，叔复封崇义公，收掌二帝位版权，就衢州景福院奉安子孙，遂家于衢。今城内但存柴家巷地名，祠不可考。	民国《衢县志》第1124页

续表

家　　族	祠　　址	源　　流	备　　注
城南叶氏	初在衣锦坊,后在西隅柴家巷	宋叶忠简公之后,名章登,庆元元年进士,长子崇善居城南之衣锦纺,别为□叶,与仁德分派。明季,祠毁。清乾隆间建祠柴家巷,西北乡布□桥头有分支。	民国《衢县志》第1127页
孝义周氏	城西隅水亭街北	今下营灵顺坊有周氏祠。始祖斌,上元人,盖屯籍。宜宣德五年来衢,其孙女守贞不字,以孝义称。道光间举人周世泰弟世滋始为谱,分支北乡枧头村。	民国《衢县志》第1130页
亭川龚氏	西门外龚家埠	始祖龚芸田,山东益都人。明永乐间行商于苏杭,转而之衢。见隔河有土可居,遂家焉,号其地曰龚家埠。	民国《衢县志》第1135页
盐官濮阳氏	城西隅皂木巷享堂	始祖炳,乾隆间由海宁迁衢,数代以来已着姓,因人口不蕃尚未建祠,仅设一享堂。	民国《衢县志》第1136页
新河程氏	城西隅新河街	由徽迁衢,数世皆衣衿,至光绪间举人程大廉始建家祠于此。	民国《衢县志》第1136页
新河范氏	城西隅新河边	姑苏范文正公之后,元宝钞局大使范燕山宦信安,致仕,家于衢。姚志以文正列流寓,非也。	民国《衢县志》第1138页
乐安任氏	城西隅柴家巷	任一成,山西太原文水县人,清初官衢州郡司,因家焉。康熙间任重买基建祠。 现柴家巷20号仍保留任氏祠堂一座,1952年房产登记为任棋祥房产。	民国《衢县志》第1146页;52年房产登记
忠孝祝氏	局新河沿,末建祠,附祠于大周王庙	《衢县志》记载:"忠孝祝氏,居新河沿,末建祠,附祠于大周王庙,明衢州府知事祝芹山,东武城(域)人,嘉靖间御矿盗,父子俱死于贼,子孙遂居西安,亦分支三十五庄清水桥。"	《衢县志·望族志》第1144页

续表

家　族	祠　址	源　流	备　注
天王巷吴氏	天皇巷2号	1952年房产登记祠堂，代理人吴建候。《衢县志》："天王巷吴氏，城西隅天王巷，洪武初歙人吴泰山，总管告归，居衢十二世，孙士统迁下坦一支。"	《衢县志》第1133页；1952年房产登记
徐氏宗祠	天皇巷6号	代理人徐松梅。	1952年房产登记
徐氏宗祠	宁绍巷15号、17号	坐南朝北，前后2进，占地面积202.10平方米，硬山顶，为前厅后楼结构。前厅敞开，三间两搭厢结构。前天井麻石板铺设，屋顶施望砖。前厅原有一"爱日堂"匾额，解放时被毁。后楼据说为徐树源爷爷所建，原为徐氏后代祭祀祖宗及宗族活动的场所。前厅现为房管会所有，后楼现由徐树源兄妹分住。	第三次全国文物普查登记。另1952年房产登记，宁绍巷11号为徐氏宗祠。
张氏宗祠	水亭街48号	坐北朝南，占地面积232.79平方米，硬山顶，面阔5间。东厢房面阔四间。正厅西次间开圆门，为前后进通道。后进已拆除，小门及圆门已封。现为文具店仓库。判断为清代中期建筑。宗祠所属家族不确定。	第三次全国文物普查不可移动文物登记表。

衢州文库 区域文化集成

坊巷遗韵

衢州水亭門歷史文化街區（下）

吴宗杰 等著

商務印書館
创于1897 The Commercial Press

目 录

古迹篇…… 001
引　言…… 003
醒世文昌殿…… 005
观我园与西隅园林…… 014
孤花斜阳天王塔…… 022
朱文公祠…… 034
西安门铁塔…… 050
孝烈祠与节孝坊…… 054
陈弘墓与玉皇堂…… 062
天官像…… 067
结　语…… 071
水亭门街区古迹列表…… 073

市贾篇…… 085
引　言…… 087
水亭门乡链…… 089
宁绍乡祠…… 095
五谷财神庙…… 104

“达源号”钱庄 …… 108
水亭门的当铺 …… 117
十字街头上的茶馆 …… 119
水亭门酒肆 …… 127
一大染坊 …… 136
元大森水果行 …… 148
瀔水芳枳 …… 151
胡德泰肉店 …… 154
江氏大厅 …… 156
水亭门的学徒生涯 …… 158
街上的流动商贩 …… 166
衢州商会 …… 170
水亭门街区民国商贾风景线 …… 175
结　语 …… 199

医泽篇 …… 201
引　言 …… 203
神农殿与惠民药局 …… 205
水亭门的中药堂 …… 213
药业公会 …… 228
杏林遗风 …… 231
岐黄医圣 …… 237
衢州医典 …… 242
结　语 …… 244

礼乐篇…………………………………………………………………… 247
　　引　言…………………………………………………………………… 249
　　乐神日…………………………………………………………………… 251
　　周宣灵王庙……………………………………………………………… 268
　　末代秀才周浃与私塾…………………………………………………… 287
　　戏乐水亭门……………………………………………………………… 297
　　天妃宫与西安戏院……………………………………………………… 311
　　麻饼礼俗………………………………………………………………… 317
　　宴尔新昏,亲亲尊尊 …………………………………………………… 329
　　结　语…………………………………………………………………… 341

水亭门街区文化遗产范式解读…………………………………………… 345
衢州地方参考文献目录…………………………………………………… 365
水亭门文化遗产研究受采访人名单……………………………………… 373
致　谢…………………………………………………………………… 379

古　迹　篇

- 醒世文昌殿
- 观我园与西隅园林
- 孤花斜阳天王塔
- 朱文公祠
- 西安门铁塔
- 孝烈祠与节孝坊
- 陈弘墓与玉皇堂
- 天官像
- 水亭门街区古迹列表

引　言

本篇所述为水亭门一带有记载的古迹，但其物质载体多已掩没难寻。记之仍为追溯这块土地的旷世意义，以新当下之诉求。简言之，址虽废，志犹存，悲空吊古，可激来今。《辞海》有道：“古代遗迹，多指建筑物或其残迹。”然而，在古人那里，“古”、“迹”两字都有一番深意。曾问，“古以迹传乎？抑迹以古传乎？”[1]自开天辟地以来，高山大川，幽岩邃壑，虽古但非迹也。“迹”乃是人迹，而非物，也不能简单地与“历史遗存”、“历史遗留物”等同。“迹也者，前人所留之轨、所履之辙而迹遗焉，故曰迹也。”然而，纵观历史，“名臣巨卿之所登览，骚人词客之所留题，台榭碑铭非不林立，然而当时艳之，没即已焉，则又迹也，而非古也”。由是观之，人“迹”也不能只是“当时艳之，没即已焉”，若不得流芳传世，则不可以谓之“古迹”。明徐渭《礼书总论》曰：“志古迹，以不忘其贤有德者也。”由此可说，迹以古传，古以德彰，方为古迹。

明天启《衢州府志》古迹小序说：“入境游观，先寻往哲，追前胜事，聊访遗踪。月榭风亭，犹想百年光霁；荒祠古墓，回思千载英灵。虽废址，堪悲空吊往古，而流芳未泯，可激来今。”无怪乎许慎在《说文解字》中释“古”为“故”。在古人那里，月榭风亭不在其艺术之美，荒祠古墓不在其文物之珍。

---

〔1〕《古迹志》小序，《广东通志》卷五十三，文渊阁四库全书。

最为关键的是，它们可以让当世之人去追访前人之“迹遗”，遥想百年清正廉明，追思千载豪杰英灵。先贤往哲、前代胜事，都在一个或许很不起眼的废址处汇聚、融通，这当是古以迹传了。郑永禧在《衢县志·古迹志》中写道：“过柳下季之垄而禁采樵，往哲之风徽有足动后人之景慕者，旷百世而如新也。”《西安县志·古迹志》曰：“信安旧迹，莫神于樟。”《吴越备史》记载，唐天佑三年（906年），吴越王钱镠曾命衢州刺史陈璋扩建州城。完工后，陈璋绘图呈报钱镠。因钱镠曾视察过衢州，对州城四周了如指掌，见图后说道，为什么西门外大片樟树林未圈进城内，樟不入城，陈璋必有野心。后陈璋果然背叛吴越，败走淮南。

衢州水亭门联豸徐氏后人，清顺治年间进士徐之凯曾有言：“夫天下未有不折衷于古昔而可以行之久远者也。”（见《联豸徐氏家谱·乡校复礼议》）“激来今”“行久远”，这是先辈记载古迹的根本用意。今天，在水亭门街区这块小小地域探寻古迹，网罗前人旧迹，聊访先贤遗踪。无论是站在陈弘墓前，还是驻足文昌殿、观我园、玉皇堂、孝烈祠、节孝坊、铁塔、各家宗祠曾所在的位置，怀古之情，敬古之意都油然而生，不免也有清嘉庆《西安县志·古迹志》所说的“李白宣城之感”，但我们更应思考是古往今来如何对接的问题。记载古迹，乃为传“古迹”之用心也，在留恋慨慕之间，使今人水亭门之诉求能“行之久远”矣！

醒世文昌殿

文昌殿，在衢州各种地方资料里又称文昌阁、文昌庙、文昌宫、文昌祠，位于水亭门街区的西北角尽头，靠西安门城脚，是从西安门进入上营街的最重要建筑。今天文昌殿遗址已经成为一个西式小花园，衬托着城门之苍凉，且少有人光顾。1943年衢州寺庙调查记载文昌殿地址在七保一甲文昌阁，为明代建筑（见衢江区民国档案）。1952年《衢州人民政府税务局房地产调查表》记录了当时文昌阁建筑平面及周边房屋，并注明产权属人民政府，地

西安门城墙下的文昌殿故址

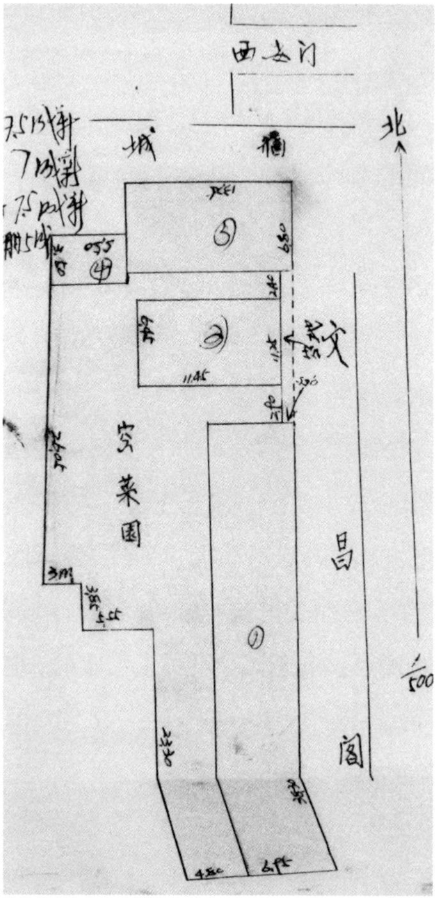

1952年文昌阁建筑平面图

址为文昌阁9号。图显示背面靠着西安门城墙，今天正好是一个小公园。1988年出版的《衢州市地名志》记录文昌阁，“北起西安门，南至新河沿，长30米，宽2米，水泥路”。关于文昌殿到底是干什么的，即使是上了年纪亲眼见过建筑的老人也非常模糊。住在附近95岁老人王汉卿说“解放前，文昌阁空荡荡的，没有东西的，也无人去拜”。曾住在下营街38号，距离文昌殿不到百米的周明霞女儿，在她的博客里是这样描述她对文昌阁的记忆：

> 再往前几步就是文昌阁了，文昌阁里供的也不知是什么菩萨，到我们小时候那会，香火已经没有了，我们曾扒在一个黑咕隆咚的窗户上去看里面结满了蛛网的菩萨。我还记得那里面的墙壁都是黄黄的，有个屋子里还关着一个疯子……

关于文昌殿香火式微，其实早在1929年的《衢县志》里就已经有记载，纂修者郑永禧还为此发出深深慨叹：“今之文昌之祀已微，载此以醒世之科名梦者。”那么作者所谓的“醒世之梦”是什么呢？文昌殿祭祀的是哪方神灵？今天，我们又能从文昌殿变迁中领悟到什么样的文化传统？

文昌殿变迁

据《衢县志》图志，文昌阁是水亭门四大重要建筑之一，与朝京门、周王庙、天王塔一起在图中标注。关于衢州文昌阁的早期始末，清嘉庆《西安县志》转旧志记载说，旧时衢州城里本有三座文昌祠，“一在城隍庙右，为庙三楹；一在县学东饶公祠后；一在县学魁星阁上，后遭闽变俱毁”。就是说，在耿精忠攻进衢州城时，几座文昌祠都被毁掉了。关于这几处文昌祠建筑环境，康熙《西安县志》也有描述：“大成殿东文昌殿，前临翠岫，俯瞰澄澜，亦人文萃美之区，一邑登临之胜也。”县学东饶公祠后文昌阁为“楼观弘敞”，而对铁塔下新建的文昌殿描述为“水木之胜，然视此则已隘矣”。

据《西安县志》的记载，文昌阁复建在康熙三十七年(1698年)：“康熙三十七年，邑令陈鹏年、司铎王钦措就学门建楼五楹，为文昌阁。旁列魁星像并祀焉。寻改建于大成殿东。”水亭街区的文昌殿是在公元1702年建，据记载：“康熙四十一年西隅绅士建庙于铁塔之南。”对此，民国《衢县志》加注说：“《陈志》谓此为小文昌阁，西隅诸人士所建，亦颇有水木之胜，今庙殆后人所扩充也。”上面提到的几个文昌殿的来龙去脉，在康熙《西安县志》和《西安新县志补正》都有详细说明。陈鹏年编写的《西安县志》(卷八)说文昌殿是在府城隍庙之右，原来为火德祠，明崇祯十五年因为衢城屡有火灾，认为这与火德祠在城南火位的风水相冲有关，于是火德祠迁到西北金水之乡拱辰门外，原来的火德祠就改为文昌祠，“以收文明之气”。但崇祯迁徙后，衢州“久之科名不振，火灾亦甚”。《西安县志》因此又记载说，把文昌阁放在城隍庙边上有悖尊卑。因为“城隍郡邑守土之吏也，文昌天之常伯秩宗也，相与并衡而居，尊者列其旁则不称，卑者处其中则不安，吾恐神之滋戚矣”。还说祀者国之大事，尊卑离合未可鲁莽而从事也。据记载，乾隆间仍旧建火德祠于城南。铁塔下原来小文昌成为主文昌，其重要性在嘉庆皇帝下诏崇祭文昌后进一步突出起来。但后来也一直有动议要把文昌移回城南,如道光年间有建议说:“文昌应建于南方文明之地,请移郡南城隍山之麓。”不过也有人考星宫位图反对说:“文昌奎星,在西北之宫。”如照此说法,今天文昌殿遗址确实是在城西北,不知当年选址是否就是出于这一星宫布局。

到了民国,可能由于科举制度的废除,传统文昌祭祀衰落,文昌阁已无人光顾,尽管仍然维持其较大规模的建筑。90岁的祝汝涛老人反复说,“文昌阁蛮大咯!”他回忆说,文昌阁有三四进,“第一进进去一个道院”,“第二进是堂前”,“三进房间,四进房间”。原住下营街北口的陆景祥回忆,从西安门一直通到新河沿,大门朝南开,东边到新华小学,这可以从1952年房产登记的建筑格局见到。

尽管文昌信仰衰落,水亭门的文昌殿却还继续着它与教育之间剪之不断的历史关联。据《衢州文史资料》(第七辑)中《衢州教育大事记》一文记载:“民国十二年秋,衢县创办师范讲习所开学,所长陈其宗,所址在西门文昌阁。”该学校也就是衢州师范的前身。其后,文昌阁也被用来做私塾。祝汝涛回忆说,他“七八岁的时候在文昌阁里读私塾”,“私塾在文昌阁左手(边)”,“不带桌椅”。“私塾办了差不多十多年”,他“读了四五年”,“学生有二十个左右”。王汉卿老人也说,“文昌阁做过学校的,小孩子读书的,我还在里头读过书的,读了年把,有二三十个同学的”,“读的是《三字经》《百家姓》,先生姓许”。今天文昌阁遗址边上仍是一所学校,叫新华小学。

解放后,文昌阁一度做了民政局的“乞丐遣送所”。王汉卿老人回忆说:“解放后,文昌阁收容讨饭的”,“民政局的人见到了乞丐,就会问:哪里来的?做什么的呀?要不要送你回去啊?”对此,水亭门周边的老人都是记得的。《衢州市地名志》记载文昌阁时也说:“民政局遣送站驻此。”在1952年房产登记表上,该建筑的功能明确注明为乞丐游民改造所。这也许就是住边上的周明霞

文昌宫一带被拆之前老房子（周叶典摄）

女儿小时候看见的景象："我还记得那里面的墙壁都是黄黄的，有个屋子里还关着一个疯子……" 文昌阁最后消失是在50年代，是在天皇塔被拆之后，祝汝涛老人回忆："文昌阁拆掉年数多了，50多年前在拆天皇塔（1952年被拆除）之后拆的。"

文昌阁属于衢州"九楼八阁"之一[1]。被拆后，只留下一个路名。然而《衢县志》对它有大篇幅的记载，一直把它与衢州文化的兴衰、人才之辈出紧密联系起来。如果联系今天衢州文化之复兴，以及公务员考试、高考、官员选拔中存在的问题，重读文昌殿古迹的意义，仍然是十分必要的。考察《清史稿》和《衢县志》记载的一些蛛丝马迹，我们还会发现衢州的文昌阁居然与嘉庆皇帝下旨

〔1〕徐映璞《两浙史事丛稿》列出九楼为：圣泽楼、东武楼、旌阳楼、华丰楼、北楼、谈荟楼、府谯楼、钟楼；八阁为：思鲁阁、香仙阁、慈云阁、千佛阁、府县两学里的尊经阁、县学文昌阁和铁塔下的文昌阁。

崇祀文昌的当事人朱珪有直接联系。

何谓文昌

文昌信仰总的来说是与文运禄籍、赏功进士、科举学校有关，曾钦定为忠国、孝家、益民、正直之神。康熙《西安县志》也说："后世以文章取爵禄，而星有司禄之名，故群然奉焉。"但文昌阁以及文昌祭祀的意义在中国历史上非常悠久，也颇为复杂，康熙《西安县志》说它是"天之贵神也，不专主文事"。最初"文昌"本是星宫之名，由六颗星组成，《五礼通考》注："文昌六星如半月形，在北斗魁前。"《清史稿》引述"所谓'斗魁六星，戴匡曰文昌宫'是也"。《衢县志》作如下考证：

> 但考《史记·天官书》，"斗魁戴匡六星，为文昌宫【一曰上将，二曰次将，三曰贵相（作者补）】，四曰司命，五曰司中，六曰司禄"。屈原《九歌》分大司命、少司命为二，朱竹垞谓少司命，即《星经》所云司命二星在虚北，司禄二星在司命北，大司命则文昌之第四星也。

世人信仰文昌，渊源甚早。《周礼·春官》有载："大宗伯之职……以槱燎祀司中、司命、飌师、雨师。"汉代的郑玄注云："皆天神，司中、司命，文昌第五、第四星焉。"自周代以来，都被列入国家祀典。今天有关衢州文昌阁的记忆中也确实有星宫的痕迹，县志记载"旁列魁星像并祀也"。祝汝涛老人回忆说："文昌菩萨我没有看到过，（堂前）上面一个魁星，文曲星，就在房屋中央。"

文昌在古代礼制中曾封为"帝君"，地位甚高。《清史稿》引大学士朱珪所撰碑记，梳理其历代封号曰："《化书》：唐开元命为左丞，通考：僖宗封为济顺王，宋真宗改号英显，哲宗加封辅元开化文昌司禄帝君，元加号宏仁。"《衢县志》也引马端临《通考》云:“唐元宗、僖宗入蜀皆有封号,宋咸平中封英显王,迨至元世进号帝君,特设庙奉祀,于是天下学校皆有祠。”也就是依据上述的星和帝君的儒学意义,“礼官遂定议”,文昌祭祀一度极盛。不过期间亦有非议,认为文昌神不见于先秦祭典,是蜀中地方神衍化而来。明弘治中,“议罢此祀并毁祠之在学校者,谓梓潼显灵于蜀庙,食其地为宜”。不过《衢县志》考证认为文昌祭祀与蜀中神本来没有关系,“梓潼与文昌六星无涉,信矣”。清嘉庆六年,大学士朱珪呈进《文昌化书》,仁宗据此敕命各地皆立文昌庙,于是文昌帝君被列入国家祀典,朝廷颁乐章,地位几乎与孔子并尊,每逢科举之年,士人无不膜拜。朱珪在此起到了极为重要的作用。有意思的是,嘉庆皇帝的这位老师也曾在水亭门的崔园寄居。据民国《衢县志》(778页)记载:“崔圃,通称崔家花园,在西门文昌阁”,崔园主人“使朱石君珪假其馆于家”,朱珪还为崔园起了一个“观我园”的别称,并留下诗二首,描述自己假馆衢江边的心情:“客来观我园,何心独乐之。”

具有“水木之胜”的水亭门小文昌殿,取代康熙时府山城隍庙边的文昌祠,其地位的确立也就是在清嘉庆时。《西安县志》有载:“嘉庆六年奉旨崇祀文昌,仪注仿关帝例,后殿供文昌先曾祖父神位,于春秋二仲月致祭。”那么文昌这一地位的提升在清朝的礼制中有什么样关系呢?这有必要从清朝定礼制说起。

清世祖入关后,即顺命创建礼制,规模宏远。顺治三年,召集负责礼制的大臣“参酌往制,勒成礼书,为民轨则”。《清史稿·礼志》中把此工程看作是“上下隆杀以节之,吉凶哀乐以文之,庄恭诚敬以赞之。纵其间淳浇世殊,要莫不弘亮天功,雕刻人理,随时以树之范。故群氓蒸蒸,必以得此而后足于凭依”。礼制的创建对治国、安民、教化有重要意义,是确立和谐的天人关系、人神关系、君臣关系、人人关系的重大举措。清代又把祭祀礼制分三类,即大祀、中祀、群祀,每一项祭祀活动都是把握某一方面的关系:

凡祭三等：圜丘、方泽、祈谷、太庙、社稷为大祀。天神、地祇、太岁、朝日、夕月、历代帝王、先师、先农为中祀。先医等庙，贤良、昭忠等祠为群祀。

文昌属于群祀，到咸丰时，与关圣一起改为中祀。《西安县志》提到的“嘉庆六年奉旨崇祀文昌”，是与嘉庆五年文昌祠在平定四川潼江叛乱有关。“初寇窥梓潼，望见祠山旗帜，却退。至是御书‘化成耆定’额，用彰异绩。发中帑重新祠宇，明年夏告成，仁宗躬谒九拜，诏称：‘帝君主持文运，崇圣辟邪，海内尊奉，与关圣同，允宜列入祀典’。”由此可以看到文昌被确立为帝君和祭礼日隆的过程。文昌主持文运，关于文运《清史稿·圣祖纪一》这样说：“一代之兴，必有博学鸿儒振起文运，阐发经史，以备顾问。”

祭祀

《衢州县志》把文昌殿列于关帝庙、周宣灵王庙、药王殿、天后宫等之前，仅次于城隍庙，可见其重要性。关于文昌的祭祀方式，从当地的文史资料和口述中已很难发现。县志仅仅提到“仪注仿关帝例，后殿供文昌先曾祖父神位，于春秋二仲月致祭”。《清史稿》对朝廷的祭祀有如下描述：

岁春祭，以二月初三诞日。秋祭，仲秋诹吉，将事，遣大臣往。前殿供正神，后殿则祀其先世，祀典如关帝。咸丰六年，跻中祀，礼臣请崇殿阶，拓规制，遣王承祭，后殿以太常长官亲诣，二跪六拜，乐六奏，文舞八佾，允行。

衢州廿八都有宣统元年建造的文昌宫，被列为省级文物保护单位，但其历史意义显然不能与衢州相比。今天相关的祭祀与供神细节已经不可考。康熙《西安县志》说“位文昌于中，而旁立魁星像并祀焉”。今台湾南投县的蓝田书院还有文昌公祀，祭祀群体分为主祀、副祀、配祀、从祀。主祀为文昌梓潼帝君，即文昌帝君（张亚子）。副祀包括紫阳朱夫子，即朱熹；仓颉先师，苍王。配祀为五文昌：文昌帝君、朱衣神、魁斗星君、孚佑帝君、关圣帝君。从祀有金甲神、文昌录宰、传胪（俗曰科举报喜）。祭祀文昌目的在于其倡导的士大夫德行，《文昌帝君阴骘文》曰："未尝虐民酷吏。救人之难，济人之急，悯人之孤，容人之过。广行阴骘，上格苍穹。人能如我存心，天必赐汝以福。"

今天是一个需要"文运"的时代，去关照思想家、教育家与治国人才的德行。文昌之星高照乃关系着"文运"昌盛之事，可不慎哉！

（吴宗杰、侯松）

观我园与西隅园林

下营街西头文昌阁一带曾被古诗描述为“池塘混漾，古期阴森，绰有林泉幽趣”，(民国《衢县志》778页)看今天这一地段，似乎很难想象。观我园又名“崔圃”，通称“崔家花园”，就坐落在文昌阁边上。据民国《衢县志·古迹志》记载，观我园“在西门文昌阁，园为清乾隆间崔显祖所筑，有亭池花木之胜”。《衢县志》将观我园列入古迹，可能成书之前此园已圮。今天住在附近一带的人都说不知道有园林存在，距离这处古迹最近的陆景祥老人说只是记得文昌阁这里“是有一个池塘的”，亭子也都说没有见过，听来不免令人遗憾。郑永禧在记载衢州宅第园亭时感叹：“数千百年来星霜代易，兵燹摧残，

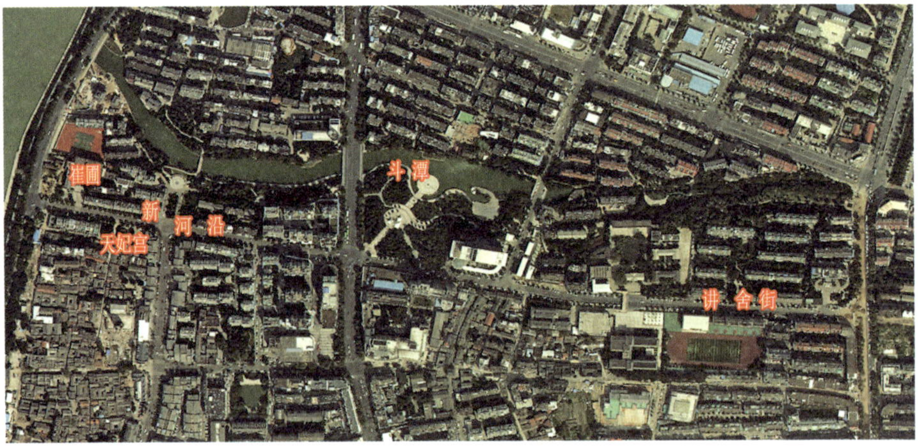

崔圃与城北园林诸胜遗迹

其沉埋于荒烟蔓草中而无人过焉，而凭吊者正不知凡几也。”看来这些园林在民国初年已经遭到毁坏，但遗迹尚存，为此他庆幸道，“幸而至于今日犹可指其名，溯其事”。后人正是通过他的记载，才对衢州园林文化能有所窥见，体味一丝逝去的风华。面对这无迹可寻的崔家观我园，“爱护之不暇而乃轻心掉之，不亦重可惜乎？”

那观我园又当追溯何人何事呢？《衢县志》（778页）载，观我园主人崔显祖“字崇先，号守愚”，是“议叙州同”。“议叙”指由保举而任用之官，“州同”即清代知州的佐官，从六品，与州判分掌督粮、捕盗、海防、江防、水利诸事。清代官名几乎把怎么提升的来历也讲清楚了。记载说他“秉性敦厚，乐善不倦”，在所筑的崔家花园里，“日与诸名士觞咏其间”。这很能反映园林居士的性格。《衢县志》摘录了衢州人程阳初补斋先生的佳作《题观我园并序》，其序云：“崇先卜宅城西，致为爽垲。此地池塘混漾，古期阴森，绰有林泉幽趣。”其诗云：

山南门第素清华，天挺英豪自克家。
大雅量涵浮石水，淹通文丽烂柯霞。
宜亲紫禁炉烟霭，偏爱幽居树影斜。
看取守愚题榜意，知君立志远虚夸。

崔圃反映一种以归隐为主题的园林文化。从其诗文中可以看出，守愚“立志远虚夸”、“偏爱幽居”，其观我园也体现了这样的园林意境。崔显祖看上了衢州城西的风水，筑园于文昌阁边，旁有小河、衢江，内有池塘林泉，远处江岸绿幽幽，每日又有骚客名士造访，饮酒作诗，此般“幽居”情境，当是潇洒、悠然！

观我园的文化价值不止于此，追溯它得名及相关故事，又能发现新的意义。《衢县志》里有记载说:“朱石君先生适临衢郡,假馆显祖,赠以额曰:‘观我园’。”原来清代声名显赫的大学士朱珪曾在这里寄居过,也正是他留赠主人匾额,名之曰“观我园”。朱珪(1730—1806),字石君,与其兄朱筠,并称“二朱”,是乾隆十三年(1748年)中进士,历任湖北按察使、山西布政使、安徽巡抚、两广总督、上书房总师傅、礼部侍郎、户部尚书、体仁阁大学士等职。他也是嘉庆皇帝的老师。嘉庆六年(1801年)时,文昌帝君信仰被列入国家祀典,按《清史稿》的记载,朱珪是促成这一事件的最重要的人物。而当年朱珪寄居崔家的边上正是文昌阁,我们不清楚这之间是否也存在联系,但文昌阁与观我园确实记载在一起:“崔圃,通称崔家花园,在西门文昌阁。”(《衢县志》778页)

从县志记载来看,朱珪还用陶渊明《移居》韵留赠主人,将之与陶渊明隐居乡间的名句对照起来诵读,还真是另有一番味道。

假馆崔氏园用陶渊明《移居》韵留赠主人二首

其一

浮槎上衢江,假馆讵安宅。
军门托校艺,信宿已九夕。
行马各有主,守官从所役。
城西敞园居,清旷宜暖席。
方塘开源泉,怀抱悟夙昔。
适当来复期,天心此昭析。

其二

佳园岂无名,移居会有诗。
客来观我园,何心独乐之。
花香绕四阿,去作十日思。
丛兰虽未葩,芳远无人时。

国香天乞与，为善意在兹。
如长日加益，此语良不欺。

移居（陶渊明）

其一

昔欲居南村，非为卜其宅。
闻多素心人，乐与数晨夕。
怀此颇有年，今日从兹役。
敝庐何必广，取足蔽床席。
邻曲时时来，抗言谈在昔。
奇文共欣赏，疑义相与析

其二

春秋多佳日，登高赋新诗。
过门更相呼，有酒斟酌之。
农务各自归，闲暇辄相思。
相思则披衣，言笑无厌时。
此理将不胜，无为忽去兹。
衣食当须纪，力耕不吾欺。

从朱珪第一首诗来看，他可能是在行军途中假馆崔家，并已住宿九夕，对城西这座园林清旷神怡，并感言心中抱负“怀抱悟夙昔”“天心此昭析”。而崔家花园当时可能还没有专门的别名，为此“佳园岂无名，移居会有诗”，也就是陶渊明《移居》之诗描述的园林意境。崔显祖与寄居在自家的大学士到底有一种什么样的关系不得而知，但显祖的为人有口碑在记。《衢县志》这样说：“当道景其行，咸与往还，显祖绝口不言公事。”从朱崔二人交往的故事之中，可以想象古时中央、地方官员交谊,以及衢州官绅的生活作风与处世为人,而这正是培育衢州园林文化的土壤。

观我园所能体现的社会文化内涵,从有物质载体的遗迹中已经无法再找寻了,但这并不是说就无迹可寻了。古迹虽已消失,轶事趣闻却还有记载,那"观我园"这耐人寻味的名字据说还与另一处园林葵园主人徐可求有关联。《衢县志》按语说:"观我本是徐可求的别号,不知何义,或曰此地比邻联豸祠,本徐公故居云。"《衢县志》另有载,联豸徐氏祠就在"下营街灵顺坊",而徐可求则是明代万历壬辰(1592年)进士,曾官至四川巡抚,《明史·本纪第二十二》有载:"乙卯,永宁宣抚使奢崇明反,杀巡抚徐可求,据重庆,分兵陷合江、纳溪、泸州。"徐公校场点兵时遭叛将所杀,明熹宗"嘉其忠烈"。《西安县志》也因此将其列入忠臣,记录其事迹。

徐可求为何以"观我"为别名,崔圃为何又用"观我园"命名,后来这座园林又是怎么消失的,这一切如今已是很难考证。说到徐可求以及他家族安在下营街的联豸徐氏祠堂,还可以让我们追思另一个可能的私家园林——下营街的徐家花园。郑怀惔和王汉卿都回忆,王家后院原来是徐家花园。王汉卿说,下营街32号一带"原有围墙,里面是平房,虽为平房但很讲究,油漆过,很漂亮的,后面就是池塘"。此外在本街区原新驿巷,《衢县志》卷七记载还有一个称"冰山石洞"的园林故址。可见水亭门北部一带也有丰富的江南园林遗产。

园林诸胜

不仅仅是崔园,衢州城当年拥有大片湿地园林,尤其是从城西新沿河到城东讲舍街一带,至今还留有成片水系的痕迹。人称"江南园林甲全国,苏州园林甲江南"。江南园林主要是宋室南迁以后形成,而衢州城园林恰恰也是在宋代形成。当时儒林高士、官宦能吏云集衢州,在此积淀了浓重的园林文化。据康熙《西安县志》记载宝祐三年(1255年)郡守孙子秀奏请朝廷,建孔庙于城

菱湖遗迹,今衢州市实验学校

北菱塘,其建制与曲阜一样。据记载家庙建在菱湖是因为这一带“为城中胜地,堤岸交错,岛屿萦绕,士夫别墅,楼阁相望”[1]。可惜元季毁于战乱。元代东隅有“菱湖诸胜”的士大夫园林群。康熙《衢州府志》称“旧时有十景,饶楼亭台榭之胜”。整个水面有近百亩,中间有类似西湖苏堤一样的长堤,叫“芙蓉堤”。堤东侧有宋人邵知柔诗集命名的“野航”寓处;赵别驾的“雪斋”及《雪斋集》;少宰刘二卿“壶中天宇”;余郇公的“东湖道院”;赵安庆的“更碧楼”;刘南庵的“退庵”等等。堤西侧有江阴太守留观颐的别墅;毛自知父亲毛紫薇的“水国秋”;陆衡阳的“环胜”。这都是衢州城的胜迹,当年士大夫乐居之处,一直到明初才废。乾隆间在这里又建造了菱湖草堂,也是颇具规模,据《衢县志》(779页)载,主人居草堂,终日赋诗以自娱。称“君不见,菱湖湖畔芙蓉台,

〔1〕徐映璞:《两浙史事丛稿》,第18页。

衢州画家吴泉棠作品中的园林意境

面山环水茅堂开”。民国《重修浙江通志稿》称：“可知菱塘四周，固城区胜迹之所聚也。”

郑永禧侄孙郑怀惔老人说，衢州的地形适合造水上园林，像江南水乡，“从下营街到东门（东门菜场），当年是‘小桥流水，亭台楼阁’，什么都有的。过去衢州东门，新河沿向东到讲舍街，杭州西湖的那些景点都有的，非常漂亮。太平天国的时候很多破坏掉了，可惜现在都没有了”。仔细留意文献确似西湖，当时有云塘阔近百亩，中有长堤，环池岛屿萦纡，竹树茂密。无怪乎“菱湖草堂”的主人在自家花园诗兴大发后说：“后期如可续，还约醉葵园。”衢州园林盛于元代，而这直接是与南宋灭亡，士大夫流寓衢州怀念西湖有关。清代胡森《菱湖怀古》一诗就是这样说：“小朝廷坏金瓯失，眼见西湖老葑塞。乌衣王谢此城东，楼阁潭潭俯城碧。”

此外，嘉庆《西安县志》还记载“葵园”的花园，为明代徐可求建造，而他的家祠就在下营街，周边都是徐氏后人居住。园林中有“予逸轩、鸿石堂、静园、六清渚、盘折溪、小青霞、佛阁、宁澹宅、木石居、问葵堂、拟云山阁、菱湖芙蓉湾、月波桥、梧井、水云乡、丹房、壁观斋、露台、玉照亭、画舫、小友轩、青来馆、万卷楼、苍苍阁、松风磴、翠微岭”。徐可求本人为此园作诗十首，总题为《葵圃十咏》，称：“水从曲岸回，鱼衔落花去；余英与罨画，是我幽栖处。”这些诗文可让人充分领略到当年衢州园林不同凡响的美景，为今后重建衢州园林文化留下宝贵资料。衢州画家吴泉棠作品《春日》描绘了一种衢州地方特点的园林景观，多少也可以为我们解读古诗文提供想象。

郑永禧说：“兰亭已矣，梓泽邱墟，在古人钓游之乡，觞咏之地，有令人留恋慨母于无穷者也。”探寻观我园过去的轶事，重读这里留下的诗篇佳句，行走在残留的水系间，我们现代人又当作何感想？这些地方是否还能再现往日景观？衢州园林的形成，既是造景，更是抒怀，与朝代更替，士大夫吊古伤今有关。故诸多园林诗文均有如此诗句：“君不见襄阳岸、淮河曲。猪栏笑杀习家池，蚓泥污满嵇康竹。……菱歌何处水湮灭，瑟瑟斜阳秋草红。”〔1〕“君不见菱湖湖畔芙蓉台，面山环水茅堂开。……得知几岁年，仿佛有时闻太息。闻太息、可奈何。古来伟器常坎坷！”〔2〕那么面对这些遗迹，我们是否会像郑永禧那样感叹：“古人有之，不我遐弃已！”衢州政协委员陈弓先生呼吁要恢复衢州园林记忆，昭示于当今，告之于后世。今天衢州城东门以内，沿讲舍街、新河沿，北侧至城濠，尚有源流水迹可寻，此地能否“既见君子，不我遐弃？”

（吴宗杰、侯松）

---

〔1〕清胡森：《菱湖怀古》，《衢县志》卷七。诗中“习家池”为东汉初年襄阳侯习郁的私家园林。

〔2〕陈圣洛：《菱湖草堂叠石歌》，《衢县志》卷七。

孤花斜阳天王塔

天王塔，因衢州方言“王”“皇”不分，今称天皇塔。从明天启二年的《衢州府志》到民国《衢县志》，对其都有记载。清嘉庆十六年修纂的《西安县志》图考中可以看到，天王塔位于朝京门——也就是水亭门的东面，与铁塔遥望。1989年《衢县文史资料》有《天皇塔》写道：“过去，衢城有三座塔。一座在城西北角，叫铁塔，一座在城西南角，叫铜塔，一座在水亭街的

“天王古寺”石碑

天皇巷，叫天皇塔。这三座塔有个共同的特点，都集中在城区西部同一条线上，和峥嵘山遥遥相对。”1953年衢县城区人民政府有关该塔被拆除的报告中评价说：“天皇塔有十三层高，至今已有1432年，是本县最老古的建筑之一，在广大群众中有十分深刻的影响。在旧社会里，群众落后思想都说：‘天皇塔是神仙造起来定衢州的。’‘一天看不见天皇塔就要流眼泪。’”徐文荣先生认为这是全国最古老的塔，要比雷峰塔至少早四百年，目前塔基、庙、部分砖块及遗物都还在。

四大天王原是古代印度神话中的神将，早于佛教的形成，后来佛教奉之为护法天王。汉传佛教里四天王的毗沙门为北方天王，是观世音菩萨的化身。据唐代李筌着《太白阴经》(卷七)记载，天宝元年，安西被番兵围困，短时间救兵难到。玄宗请北方毗沙门天王神兵救援解围。为此“国家知其神，乃诏于边方立庙。元帅亦图其形于旗上，号曰神旗，出居旗节之前。故军出而祭之，至今府、州、县多立天王庙焉”。

民国《衢县志》的修纂者郑永禧以大量笔墨记录了“塔”的来历，以及塔的佛教含义，称“其时崇信佛说，用以礼佛”，往后或以“镇水口”，或以“关文风”，且“大都出于形家之言，而如大彻、慧通两禅师之窣堵波转略而不论，以与地方之形胜无关也”[1]。根据明天启《衢州府志》的记载：“天王塔，在朝京门内，天王寺中。”而关于天王寺的记载，则可见更早的嘉靖年修纂《衢州府志》。

---

〔1〕塔起于释典，《说文》无塔字，依梵本瘗佛骨之所名塔婆，又曰窣堵波或转音为浮屠。浮屠则译之不同也。我中土非有佛骨之瘗也，何所取义于塔，彼传周穆王游大厦佛告礼塔，问何方，云在□京东南。此语自出附会。汉晋以后佛教大盛，所在有之矗立云表，有种种之现象，十二因缘经云佛塔八重，菩萨七重，群支佛六重，四果五重，三果四重，二果三重，初果二重，凡僧但蕉叶火珠而已。都凡八种。衢之有塔，始于梁代之天王。其时崇信佛说，用以礼佛。往后或以镇水口，或以关文风，大都出于形家之言而，如大彻慧通两禅师之窣堵波转略，而不论以与地方之形胜无关也。《衢县志》卷七。

南朝梁天监天王塔木雕像（衢州博物馆藏）

梁武帝像（台北故宫藏）

根据民国《衢县志》对天王塔的记载：“又天王寺梁普通六年建有塔。方外。按天监、普通均为梁武帝年号，不过天监在普通前十有余年，岂亦先塔而后寺欤。”所以，人们说天王塔比天王寺早，甚至比衢州城本身还要历史悠久。嘉庆十六年县志和民国县志都录有清乾隆诗人龚大鈋的《天王寺塔诗》：

练儿神易灭，佛地日消磨。
烟冷菩提树，风吹窣堵波。
野鹰颓处立，征雁缺边过。
剩有孤花秀，斜阳倒挂萝。

练儿是梁武帝萧衍的小名。清代的诗人感叹即使相信神不灭的梁武帝的“神”也已经灭了很久，只有天王塔依然孤影独立夕阳中。梁武帝萧衍，南兰陵中都里人（今江苏常州市）自称萧何二十五世孙，建立梁朝。梁武帝多才多艺，学识广博。史书称他：“六艺备闲，棋登逸品，阴阳纬候，卜筮占决，并悉称善。……草隶尺牍，骑射弓马，莫不奇妙。”从小受儒家教育，“少时习周孔，弱冠穷六经”。公元520年，改元普通。这年开始，梁武帝笃信佛法，多次舍身出家，普通八年（527年）三月八日，第一次前往同泰寺舍身出家，三日后返回，大赦天下，改年号大通。大通三年（529年），第二次至同泰寺举行“四部无遮大会”，脱下帝袍，换上僧衣，舍身出家，由群臣捐钱一亿，赎回“皇帝菩萨”。大同十二年（546年），第三次出家，这次群臣用两亿钱将其赎回。太清元年（547年），三月三日萧衍又第四次出家，在同泰寺住了三十七天，四月十日朝廷出资一亿钱赎回。今汉传佛教的素食主义亦以梁武帝为首。杜牧《江南春》诗云：“千里莺啼绿映红，水村山郭酒旗风。南朝四百八十寺，多少楼台烟雨中。”“四百八十寺”的说法形容了南朝，也就是宋齐梁陈四代，处处可见寺庙的情景。《南史·郭祖深传》说：“时帝大弘释典，将以易俗，故祖深尤言其事，条以为都下佛寺五百余所，穷极宏丽，僧尼十余万，资产丰沃，所在郡县，不可胜言。”足见当时佛教之兴旺。衢州的天王寺和天王塔都兴建于南朝：天王塔建于天监年间，普通六年（525年），天王寺依天王塔而建。

天王塔伤逝

天王塔于1952年被拆除，现存塔基基本完好，藏于密杂野草与树木丛中地下。拆除的原因据记载是因为台风来临，担心其因年久失修而倒掉。但在拆除过程中，衢州百姓反响强烈，“跑到天皇塔下，去看最后一眼”，以致惊动中央。为此当时衢县城区人民政府区长王明斋向浙江省人民政府衢州专员提交了题为《为将天皇塔拆中发生问题由》的报告。报告中指出：“因为年代久，的确已经十分破烂了，塔下有密集的住户，形势摇摇欲坠，看去非常危险。每当大风刮来，附近居民都很担忧。在今年10月18日晚上，衢州专署夏秘书直接口头通知本府立即设法拆掉。并提出二个办法：（1）如果砖块建筑工会要，可抵拆毁工资；（2）如果塔砖不要，可造具预算，由上级报备等等，后经本区建筑工会二次

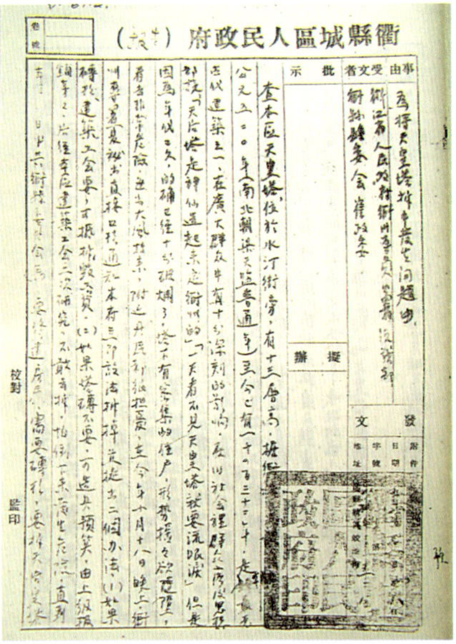
衢縣城區人民政府（報告）

事由 受文者 批示 擬辦 發文

衢县政府向省政府提交的拆天皇塔报告

研究，不敢去拆，怕倒下来发生危险。”

拆除报告还说明，拆塔行动开始于1952年11月17日。11月25日，地委统战部接到省委统战部的通知责令“停止拆塔”，但此时塔已拆除大半。衢县县委立即直接向省委汇报拆除情况。11月27日，衢县县委接到省政府批复，称“该塔既无历史价值，且即将倒塌，为避免人民生命危险，经转呈华东军政委员会核准，同意立即拆除”[1]。报告提交之日，天皇塔拆除工作已经完成。

报告称该塔的历史价值值得怀疑，认为“此塔是谁建造，如何建造，已无法查清”，并强调“根据此次拆塔起下砖块上的文字所载，则为清咸丰五年四月初五徐十一娘所建，故已非梁之旧塔”。清嘉庆十六年《西安县志》记载，明崇祯壬午八月，大风吹坠了天王塔的塔顶，塔顶上铸有梁天监年号。统战部的报告则记载：“拆出破烂的书画约二十卷（上面写着‘金光明经卷’），铜质小如来佛像的断头一个，用砖头刻的小观音像一座及书有‘咸丰五年四月初五’，‘徐十一娘造塔’等字的砖头十余块。”调查报告记录天皇塔“是砖砌成，十三层，高约三十五公尺”，“共有七级”。报告中也提出从县志中查到初建年代。

新中国成立之后，于1950年5月24日颁布并实施了《古文化遗址及古墓葬之调查发掘暂行办法》。办法规定：“各大行政区人民政府或军政委员会及各省市人民政府，应调查所辖境内有重大历史价值的公共或私人所有之古文化

〔1〕《兹将关于拆除衢县城区“天皇塔”的情况汇报如下》，衢州市档案局档案。

遗址及古墓葬，予以保护，并呈报中央人民政府文化部登记。”

天王塔只是一座砖塔，经历了千百年的风霜雨雪，也许不仅仅在1952年摇摇欲坠，清代的砖块替代的也许是明朝的塔基。而明代之前还有更久的修复。如此代代重建，天王塔给衢州人和这块土地留下了深厚的历史印记，成为衢州人的一部分。根据我国建筑史学家梁思成1962年记载，当时“我国现存最古的一座砖塔是河南嵩山嵩岳寺塔，建于北魏正光元年（520年）”〔1〕。如果天王塔没有在1952年被拆除，那么载入建筑史册的第一座中国砖塔也许就是衢州的天王塔了。报告中多次提到天皇塔“在本地群众中——尤其在老年人中——有着深刻的影响，多年来曾流传着不少的迷信传说，如‘天皇塔是神仙一夜工夫造起来的，它能使衢州安定’‘先有天皇塔，后有衢州’等等”。

今天的衢州百姓当中，上了年纪的人都记得天王塔被拆掉的情景。住

天皇塔被拆前留念照

〔1〕见《漫谈佛塔》，《梁思成全集》第五卷，中国建筑工业出版社，2001年。

在天王寺遗址的居民姜谓春至今还记得天王塔拆除的整个过程,说是劳改犯来拆天王塔,并为此耿耿于怀,称“要是毛主席知道是肯定不会同意拆掉天王塔的”。老人一直认为当时从塔里拆下来的“定风珠”是被运到北京去了。而关于这颗定风珠,陈锡祥转述早年算命先生“瞎子张”的故事说:“孙悟空用完定风珠后心急火燎地赶路,要把定风珠还给灵吉菩萨。遂一个跟头十万八千里,偏偏在经过衢州上空见了著名的天皇寺时分了心,定风珠从怀里坠落。谁知在天皇寺内有一只锅盖一般大的蜘蛛,已修行800年成了半仙,对世事早有洞察,而在此守株待兔。见定风珠从天而降,就一口把定风珠吞落肚中。”

小时候住在天王塔附近的徐麟,则对解放前的塔还保留着清晰鲜明的印象。在他记忆中,天皇塔就在红楼的西面,与自家红楼仅一墙之隔,天王塔“围墙给它围牢的”。在当时还是小孩子的徐麟眼中,“看上去有很多鸟飞来飞去,肯定有鸟窝的”,“不像北京天坛那样,它没有那么好,真的看来就是一个很古老的,没有经过整修的那么一种塔。”徐麟说,他从小就没见过天王塔的塔顶。陈锡祥初中同学陈樟树告诉他,塔是由他父亲陈献根组织小工拆除。当时乡下老百姓都担心,怕拆了天皇塔要触犯神灵。因此陈献根拆塔时承受着巨大的心理压力。结果施工时凭空就从塔上摔了下来,卧伤在床。手下的小工继续拆完天皇塔,而从此“我们的家境一落千丈,不知经历了多少坎坷”。时任浙江省文史馆馆员叶左文因无力阻止被拆,用香烛为这座古塔作最后祭祀。

天王塔情结

1989年的《天皇塔》一文曾提及:“当时,进城的人,在离城一二十里就能看到它朦胧的轮廓,这就意味着——城里快到了。出城的人,走远了就回头看看,这就意味着——离城很远了。”郑怀棪老人说,衢州人看不到天皇塔要哭的，所以不愿意出去，包括他自己。老人当年离开衢州还要每周“逃回来”，看看天皇塔。据郑怀梌老人讲，从衢州的“六个城门四个乡，这个东南西北四个乡，都能看得到天王塔，很远都看得到的啦。十几里，二十几里路都看得到”。天王塔是衢州人心中故乡的标志。即便远在他乡，也是自古至今挥之不去的家乡情结所系，为此还形成了至今衢州人家喻户晓的“徐天官”传说。传说正是天皇塔为出身衢州的吏部天官徐天官引来了杀身之祸。按照郑怀梌和戴明新两位老人共同讲述的传说：徐天官多年未曾还乡，同皇帝讲要回家乡衢州看一下。有一位娘娘，也就是皇帝的老婆也是出身衢州，于是就由徐天官护送一同返衢。过去都不通车，都要从京里坐船回来。徐天官在船头看到天王塔，走入船舱，对娘娘笑笑说：“娘娘，我们这个衢州快要到啦。”娘娘高兴，两个人面对面会心一笑。随后同行的其他人汇报给皇帝说：“天官调戏娘娘了，他们两人笑了笑。”皇帝一怒之下，把徐天官杀了头。后来弄清楚这是个天皇塔情结带来的冤案，皇帝就赔了个金头给徐天官。为了不让别人将金头盗走，徐家备了三十六口棺材，葬到三十六个坟头当中，金头却不知道究竟在哪一座坟头里。解放后，据说因为这个传说，被怀疑为“徐天官”的徐可求墓被多次偷盗。而西河徐氏认为这位天官是徐一槚，确实史料记载，他的牌位供奉在天王寺。而到底谁是这位天官的原型，至今道不清楚。但这位娘娘倒是有记载，据说是西安清平乡楼峰（今衢州市全旺镇楼山后村）人。在《明史·孝贞皇后王氏传》记：“孝贞皇后王氏，上元人。”天顺八年册封为皇后。但

孝贞王皇后像

她在后宫并不得宠,“后处之淡如”。孝宗即位,尊为皇太后。正德五年(1510年)去世。“合葬茂陵,祔太庙。”

郑怀棪老人笑称,他的老婆姓徐,徐天官(指徐可求)正是她家祖辈,所以对这个传说格外熟悉。也有其他老人回忆,是娘娘看到天王塔笑了一笑,然后被底下的人误会与徐天官有私情,因此导致徐天官被杀头。然而不论是娘娘笑,还是徐天官笑,亦或是两人一同笑,总是为着看见了天王塔而感觉靠近了家乡之故吧。

虽然县志中清晰地记载了天王塔顶在明崇祯壬午(1642年)八月被大风吹坠,民间却流传为又一个神话故事。郑怀棪的老朋友郑鸿盛绘声绘色地讲道:“天王塔是神仙造的。这个神仙,在每户人家灶头取一块砖。到鸡叫他走了。而那个塔顶还没造好。这样就没有顶。如果鸡晚点叫,可能顶有了。”正因为砖取自灶头,所以“塔砖全破破烂烂的”。另有一说:神仙与凡人打赌说神仙能不能在一夜之间造起一座塔。神仙也是从每家的灶头取一块砖头造塔。就在快要造到塔顶的时候,与神仙打赌的人眼看要输掉,于是学鸡叫,让神仙以为天亮了,就没有继续再造,天王塔因此无顶。无论哪种传说,天王塔看上去残缺的物质肌理被赋予了神圣性。郑鸿盛老人还记得自己在水亭街“元大森水果店”做学徒的时候,第二个老板还曾经爬上过晃晃悠悠“个棱危险”的天王塔。结果摔了下来,摔到了瓦棚上,连大便都摔了出来,但人却没事。所以,不管是1952年的衢州老人,还是今天的老人,天王塔伴随它的传说在衢州人心中是神圣的符号,就像白娘子对于西湖。清代《衢州乡土卮言》记载:“天王古塔,万灶飞砖。始梁天监,远在城先。”把天王塔先于衢州城的历史与飞砖造塔传说放在一起,说明其意义,但也注明:“俗传灶砖一夕造成,恐谬。是郡未建先有塔也。”

郁达夫在《浙东景物纪略》中的《烂柯纪梦》一章中曾写道:“衢州城里还有几处地方,非去看一下不可。一是在豆腐铺作场后面的那座天王塔……”这间豆腐店在徐麟的记忆中则“比较小”，挨着红楼徐家的花园。从水亭街上的一个小门走进去是个豆腐店，再从豆腐店走进去就可以看到天王塔。而今天这个小弄堂以及旁边的豆腐店依然存在。这家店民国时叫乾坤泰豆腐店，因为侵占天王古寺山门而被要求拆除。

天王古寺

郁达夫穿过的豆腐店小弄堂

打开水亭街上靠近天皇巷一侧的一道深色木门，穿过窄窄长长的过道，是一个不太宽阔的小庭院，白色的平房门楣处嵌着一块小小的石碑，上书“天王古寺”四个字。这里就是历代县志中都有记载的天王寺的遗址。根据民国《衢县志》记载，天王寺“在县治西北水亭街，名显明院，梁普通六年建，有塔。洪武年间改今名，寺旋被毁，不复建。崇祯壬午八月，风吹塔顶罗城外。今塔尚存。寺仅存有小庙三间，其山门已作市尘”。1942年有人状告豆腐店侵占山门，要求拆除。按水亭门《西河徐氏宗谱》载，此寺本徐姓檀越（捐修），其庙内昔供有徐通政公一槚神位，“今已颓然废矣”。檀越即为施主之意。据记载，当时该寺中梁标有“大檀越徐姓”字样。由此可知，徐一槚曾为天王寺施主，寺正殿左首还供奉徐一槚牌位。据西河徐氏谱载，徐一槚，《献征录》：字汝才，西安人，隆庆戊辰进士，乃宁国知县，“初至却供张罢里甲，斥骩法胥吏部数十人，县大治，调剧丹徒，筑长堤以捍江”。“擢吏部稽动司主事，历文选司郎中，守法不阿，有援请故求善地者，一切无所假。升右通政，告归。《镇江府志》：万历元年知丹徒县慈祥豁朗，决断如流，锄奸剔弊，法在必行”。衢城还曾为当时的进士徐一槚立“天官坊”。

1943年，寺庙调查记载：“天皇寺，地址七保三甲水亭街。建筑时期唐朝特。管理人，水亭街七、八、九、十当头手。亩数，七分另。”（《衢江区民国档案》）由此可见，民国时“王”已经错登记为“皇”。1953年拆除天王塔报告中提到拆下的砖头镌刻了“徐十一娘造塔”字样。徐十一娘是谁如今已不可考证，然而徐姓与天王塔及天王寺似乎都渊源不浅。报告还提到当时老人的回忆：“当初塔旁周围的广场较大，游众很多，香火也旺。但不知何时才乏人看管。”住在黄衕巷一号的郑怀棪老人还记得，天王寺以前也有很多人去拜，很热闹。在过去，“几条街都是它（天王寺）的，一直到罗汉井，柴家巷过去”。而且“罗汉井旁边，有罗汉堂，就是为天王寺服务的。豆腐店就是天王寺和罗汉井的中间”。由此可以想象天王寺当年的规模之大。建国初期，天皇巷居委会主任祝汝涛把天王古寺分给四户人家居住。从那时就在天王古寺落户至今的居民姜谓春一直记得，他住进来的时候，豆腐店的人就在老佛殿里磨豆腐，把老佛殿搞得一塌糊涂。“牛头马叉”老佛都躺在地上“睡觉”。

据档案记载，1942年天王古寺山门地基被乾坤泰豆腐店侵占。当时的衢县县政府财务委员会呈交一文书，曰：“为查明乾坤泰豆腐店等侵占天王古寺山门及漕门弄建造房屋，请勒限拆让，恢复原状。”“窃查本县民人徐叙卿呈请保存本城漕门弄三圣古庙及水亭街天王古寺、天王塔两项古迹一案业经本会遵奉。”档案还附有清咸丰年间的地契，记录这块地方是：“坐落西天二字三区三十五号，土名水亭街，地税一分三厘七毫。”另外一位称姜德善的人呈文县长说：“是项产业是先父姜肇修于民国元年十二月间，由黄自立家买得，去价纹银贰佰陆拾两。”从上面记载来看，澧门弄（今进士巷与柴家巷一带）三圣古庙及天王古寺、天王塔均被列为古迹保护。而今天仍然能看到的普通豆腐店也是有历史了。

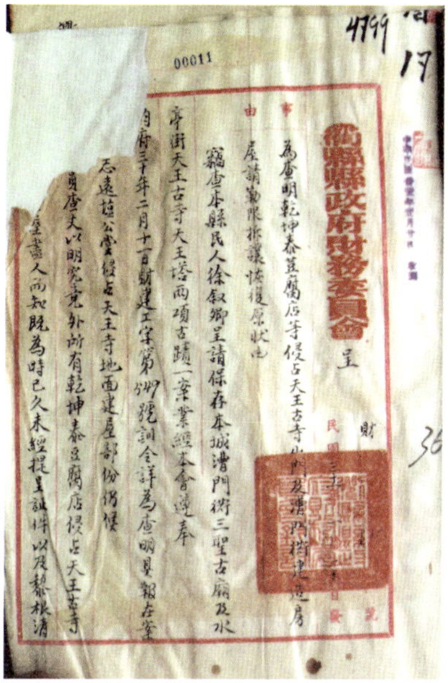
衢縣縣政府財務委員會 呈

事由 為查明乾坤泰豆腐店等侵占天王古寺山門及澧門街建造房屋請飭限拆讓恢復原狀由

竊查本縣民人徐叙卿呈請保存本城澧門街三聖古廟及水亭街天王古寺天王塔兩項古蹟一案業經本會遵奉

鈞府三十年二月十一日財建工字第549號訓令詳為查明呈報在案

忘遠茲公堂侵占天王寺地面建屋部份俟

員查丈以明究竟外所有乾坤泰豆腐店侵占天王古寺

塗畫人而知既為時已久未經提呈該件以及黎根清

民国档案有关天王古寺、三圣古庙地产纠纷的文书

目前的天王寺遗址坐北朝南，占地面积105.98平方米，面阔三间，由前后殿组成，硬山顶，前殿明间五檩二柱，梁架抬梁式，次间五檩三柱穿斗式。后殿次间穿斗式，六檩四柱后单步。明间抬梁式，六檩三柱后单步。前后殿有过厅相接，过厅两边各置一小天井，右天井鹅卵石铺砌，正门上方嵌“天皇古寺”石碑。内已看不出当时古寺原貌。据文物保护资料显示，前后殿明次间砖墙隔断，部分牛腿被盗。地面水泥浇铸，部分梁架翻修。

孤花残影，斜阳西下。清人龚大鈊还能在天王塔和天王寺的遗迹旧址中追古溯今，如今的人们却只能在回忆和想象中修补那一份历史的遗忘和残缺，翘首等待天皇塔能再出现。陈锡祥留下了半仙“瞎子张”一首歌词，说是他当年行走在衢城街巷里吟唱，冥冥中预言天王塔和天王寺的命运。他一边走，一边唱道：天灵灵，地灵灵，我家有个哭儿郎。天皇寺里闻蜡香，一夜睡到大天明。天皇皇，地茫茫，渺渺茫茫世难定。天皇塔顶人坠落，塔寺飘逝无踪影……

（谢洁怡、吴宗杰）

朱文公祠

今天衢州人都知道离水亭街不远的徽州会馆，但少有人清楚这里曾是供奉朱熹的朱文公祠，也叫徽国文公祠。《衢县志》（461页）记载：

> 朱文公祠（徽州会馆）《嘉庆县志》称徽国文公祠（今名文公书院）在县学西（簧序巷出口）。乾隆二十一年徽商建，六十年重修。光绪初年大

朱文公祠

修,新起花厅三间。光绪三十二年筹设小学校一所。

由此看来徽州会馆的真正名称应为“朱文公祠”,也叫“文公书院”。今天是衢州市级文物保护单位,也是衢州市文学艺术界联合会的日常办公地点。朱文公祠虽然建筑基本完好,但这一称呼今天几乎已被彻底遗忘,故可以把它看作是古迹。它在县学边上,虽然也充当徽州会馆的作用,但其精神恰恰是今天衢州儒学复兴所需要的。

文公祠位于与今天水亭街径直相通的县学街78号上。然而,县学街之名在《衢县志》中并无记载,但是却有“县学前”一名,列在“水亭街”栏目内。《衢县志》(220页)记载“明扬坊在朝京门内,直抵新驿巷口”,包括了“城外三马头”、漕门衖、黄衙衖、新河沿、黉序巷、县学前等等。“县学前,亦通称县学塘”,《衢州市地名志》说:“县学街,曾名县学前,俗称县学塘。……西起水亭街,东至钟楼底巷。”还称,“在县学街北有黉序巷,曾经是旧县学所在地,也是生员来县应试歇宿之处,故街名为县学街”。旧时的“尊经阁”“演武厅”“水巡厅”“广盈仓”和“徽州会馆”“江西会馆”都在县学街南北。[1]白墙黛瓦的徽州会馆(朱文公祠)对面有一县学塘,据说是蒲松龄笔下“衢州三怪”中“白练怪”之所在:“又城中一塘,夜出白布一匹,如匹练横地。过者拾之,即卷入水。”

《衢县志》提到的朱文公祠所在地“黉序巷出口”云:“黉序巷,俗称混堂巷,县学旁,通出文公书院。”黉序巷“长114米,宽2米”,是一个与“学”紧密联系的词语。“因为混堂巷在旧时是西安县学文庙所在,故巷南的大街称为县学街。”[2]“黉序”是指古代的学校,在古人著作中屡见不鲜,比如朱熹《斋居感

〔1〕《衢州市地名志》,第123页。

〔2〕陈锡祥:《三衢印痕——黉序巷里的人和事》,《衢州晚报》,http://blog.sina.com.cn/s/blog_651914da0100s67r.html。

文公祠正殿

兴》诗:“圣人司教化,黉序育群才。”《清史稿·礼志三》:“厥后以热河为时巡所,黉序肇兴,定大成殿。”黉序巷缘何俗名混堂巷?有人猜测:“学校一度曾由不同班级的学生混合在一起上课,故名。”《三衢印象》一文说:“县学的遗址就在混堂巷原县委所在地的西面,今县学公园西的位置。据说旧时古城乡试,或者西安县里文化界有什么重要活动,都在县学堂里集中或进行。百年光阴,化为烟云的混堂巷里已难再见昔日琅琅书声的历史景象。”朱文公作为宋代以来最重要的儒学代表,他的祠出现在县学边上也是非常适合的。

据《衢县志》(323页)记载,徽州会馆曾经有多处,“一在航埠河西,会假作警察分所,今移出,又大洲亦有徽州会馆,今废,遗址尚存,在横街江西会馆间壁”。《衢县志》记载,徽州会馆曾设立皖江两等小学校。该小学于“光绪三十二年知府吴学庄倡立,由旅衢徽人担任经费”。“后以固有之款不敷,民国后高等停办”。现年71岁的徐麟老人,原来住在水亭街上的红楼,他说自己在

1949年以前曾经在徽州会馆的皖江小学上学。[1]住在现在皂木巷16号的李荣华老人,今年已经78岁了,他小时候也曾经在这里上过小学。[2]

建筑

在周围现代建筑的映衬下,白墙黛瓦的朱文公祠古朴而宁静。会馆为徽派建筑,“保存完整,体量大,用材粗大,牛腿、雀替等雕刻精美,具有一定的代表性,有较高的历史、艺术、文化科学价值”[3]。曾经在这里办公10年的衢州文联主席陈峻谈到徽州会馆,说会馆的红色屋脊是原来就有的,翘着的屋脊名叫“鲤鱼敦”,就是“鲤鱼跳龙门”,取吉祥之意,屋脊正反面有“风调雨顺、国泰民安”八个字,非常完整。[4]

徽州会馆为三进两天井结构,两个天井面积都比较大,“三进地基逐进抬高”[5]。天井上由屋顶四周坡屋面围合成一个敞顶式空间,形成一个漏斗式的井口,汇四水归堂(塘),下底设池塘、留沟防、变路径、安石埠,立基划界。徽州会馆第一、二进的天井面积都比较大,从风水上来看,“天井主于消纳,大则泄气,小则郁气,其大小与屋势(房屋格局)相应为准”。(见《理气图说》)

在徽州会馆第二进的天井中央有一棵苍天松柏,树根下长有一棵灵芝,徽州会馆的工作人员说,这棵灵芝有好多年了。这棵树的上面有一个巨大的马蜂窝,不过从来没有人想过要把这个马蜂窝拿掉,而这些马蜂也从来没有攻击过这里的人。据说“这里的风水好。人与自然在这里和谐共处,天人合一”[6]。今天很难想象,这块静地居然是在衢州城里的闹市区。

---

〔1〕吴宗杰:《徐麟酱园和吊脚楼等》,录音编号:20100726。

〔2〕吴宗杰:《李荣华故居,酒坊,美孚公司闹鬼》,录音编号:20100817。

〔3〕衢州文物局:《第三次全国文物普查不可移动文物登记表:徽州会馆》。

〔4〕安文英:《衢州文联陈峻谈徽州会馆》,录音编号:20110125。

〔5〕衢州文物局:《第三次全国文物普查不可移动文物登记表:徽州会馆》。

〔6〕安文英、高佳燕:《参观徽州会馆》,录音编号:20100125。

徽州会馆2000年成为衢州文联办公所在地。前任衢州文联主席陈峻介绍，会馆整体来说保存比较完整，在整个浙江省有这样一个保留完整的会馆也是少有的。但是即使如此，徽州会馆还是有三个变化。首先本来徽州会馆一进去就有戏台，现在没有了，只剩下顶部的一个圆形藻井。第二个变化是本来进门还有两个圆圆的石鼓门斗，现在也没有了。第三个变化是在最后一进，屋檐的水流下来，有水池的，取自徽派建筑的"肥水不流外人田"之意，后来也填了，不过之后也作了一些恢复。以上三处被拆的时间具体在哪年很难说，因为一直以来，徽州会馆里都有机关单位在里面办公。"那个时候人们大多没有保护意识，往往会因为办公的需要，这里改，那里改，人为改变太多，尤其是'文革'时，徽州会馆被破坏得最为严重。"[1]家住在小天皇巷的毛根弟老人讲，她曾在徽州会馆看到对徐志馀（水亭街红楼主人）、张承德（天皇巷张斌父亲，曾为鹿鸣镇镇长）等人的审判大会，"那天枪毙十八个……徽州会馆判刑的，就是那一天，当时（他们的）手是被铐在后面，站在那里"[2]。

徽国文公祠

徽州新近发现民间珍稀文献《静寄轩见闻随笔、静寄轩杂录》，为生于1788年的江南春所作。作者曾经长期寓居衢州，做木材生意。文献记录了许多他在衢州的生活，其中就提到"徽国文公祠"。据他记载，"徽国文公祠，天下省城都会皆有之，何独衢州而有之哉？余所见者，杭州、苏州、江宁、饶州，而粤省城内外即有三焉；所闻者，汉口镇、浮梁镇，其最著者也"（《静寄轩杂录》第十则）。江南春多年寓居衢州的地方就是朱文公祠的另一个说法徽州会馆，在他的笔记中称为"新安书院"，其居所称作"居然"，并写下《居然客窗记》。因此

〔1〕安文英：《衢州文联陈峻谈徽州会馆》，录音编号：20110125。

〔2〕张崇、高佳燕：《毛根弟谈顺昌南货店，徐志馀等》，录音编号：20110718。

藏于徽州会馆的朱文公石像

他对新安书院及其附属设施有着深入的了解，称“输将恐后，鸠工庀材，土木大兴，计期竣事，堂哉皇哉”。他描述徽州会馆，供奉朱夫子，在衢之西街。从他的记载来看，当年朱文公祠中堂供奉夫子，而左奉周王，右奉财神。也就是说徽州会馆主要供奉朱熹，左边供奉周宣灵王，右边供奉财神。复旦大学历史地理研究中心教授王振忠撰文解释这一布局说：“这种排列颇为耐人寻味，朱熹祖先出自徽州婺源，为新安理学的鼻祖之一。徽州会馆祀奉徽国文公朱熹，是徽商以儒商自诩而高自标置。中堂右边供奉的财神，凸显了徽州会馆作为商人会馆的特征。”王振忠还认为，中堂之左的周宣灵王是新安江—钱塘江流域最受崇拜的神，徽州俗谚有“生在严州，死在衢州，显圣在徽州”的说法。“此一神由钱塘江下游的杭州，逐渐溯江而上，形成皖南与浙西共同的信仰。”[1]

朱文公祠最大的活动是朱熹诞辰日，其热闹景象衢州人俗谓“遍地徽州”！“每岁九月十五日为夫子诞期，张灯结彩，礼拜演戏，以故会馆值年之人，即狮子会值年之人。所供献夫子者，先供献周王，演戏于会馆者，先演戏于庙，取其便也。独是会馆中堂奉夫子，而左奉周王，右奉财神，宜乎会期以夫子为之主，而财神则从简焉”。每年三月四日、四月八日作为周王的诞期，也是盈街塞巷，张幔演戏，直至五月无虚日。“遍地徽州”之说也是徽州人与周王庙有关，关系微妙。

---

〔1〕王振忠：《徽州与衢州：江南城乡的片段记忆》，《社会科学》2011年第3期。

据学者考证，徽商在外地创建的会馆中一般都奉祀朱文公，有些则是直接以朱文公祠为会馆馆址[1]。这也可以解释为何《衢县志》上记载徽州会馆为“朱文公祠”了。在《宋史·朱熹传》记载:“朱熹，字符晦，一字仲晦，徽州婺源人。”现在的江西婺源在旧时属于徽州，徽州又称新安，新安与朱熹有着千丝万缕的联系，在休宁茗州《吴氏家典》中记载:“我新安为朱子桑梓之邦，则宜读朱子之书，取朱子之教，秉朱子之礼，以邹鲁之风自恃，而以邹鲁之风传之子若孙也!”[2]

朱熹死后谥号为“文”。据《明会典》记载，以“文”字为第一字的谥号。朱文公为何在死后得到如此高的评价？在《论语》中孔子和他的学生子贡的对话解读“文”公的意义。卫国大夫孔圉死后卫国君赐给他一个“文公”的称号。子贡问孔子:“孔文子何以谓之‘文’也?”子曰:“敏而好学，不耻下问，是以谓之‘文’也”。《宋史》记载了黄干对朱熹的评价:“道之正统待人而后传，自周以来，任传道之责者不过数人，而能使斯道章章较著者，一二人而止耳。由孔子而后，曾子、子思继其微，至孟子而始着。由孟子而后，周、程、张子继其绝，至熹而始着。”也因此朱子世称是孔子、孟子以来最杰出的儒学大师。

朱熹在衢州的足迹

细查史料，朱熹本人与衢州颇有渊源，留下不少当年朱熹在衢的历史遗迹和文献资料。《浙江通志》卷四十八“怡颜斋”条下有胡翰《怡颜斋序》云:“衢之超化寺，昔朱子、吕子尝寓焉。寺故有云山阁，怡颜亭，废矣。惟朱子所书亭扁石刻，余于祝仲文家见之。”《衢县志》卷二十四将朱熹列为流寓，并记载当

[1] 祝碧衡:《论明清徽商在浙江衢、严二府的活动》,《中国社会经济史研究》2000年03期。

[2] 雍正茗州《吴氏家典序》。

时还有他所书的亭匾与石刻。据束景南《朱子大传》中叙述，朱熹是在回故里婺源的途中经过衢州，并打算与吕祖谦在衢州开化见面，他们此次会面是历史上有名的“三衢之会”，“三衢之会奠定了朱熹理学的基础，在南宋理学乃至中国文化史上都具有重要地位”。

朱熹在宋淳熙三年经过衢州的时候住在超化寺，据束景南《朱子大传》中叙述，当时朱熹还在衢州哭祭了汪应辰。汪应辰何许人也？《衢县志》（2460页）引《宋史》本传介绍了他：“字圣锡，信州玉山人，绍兴五年进士第一人。……好贤乐善，出于天性，尤笃友爱，尝以先畴逊其兄衢，虽无屋可居，不顾也。”《衢县志》（414页）亦记载：“宋周密《癸辛杂识》言：‘南渡之初，中原士大夫之落南者众，高宗命许占寺宇，汪玉山（名应辰）居衢之超化’。”

可能当时朱熹自己也没有想到，时隔四年，在淳熙八年七月，他被任命为浙东提举，前往浙东赈荒。[1]据《朱子大传》叙述，原来朱熹要被调到中央任职，但是宰相王淮看到朱熹在福建做官时赈灾方面的成绩，故下决定，任命朱熹为提举浙东茶盐公事，督察浙东一带灾后重建工作。天启《衢州府志》（624页）记载这次灾害：“淳熙七年秋，七月不雨，至冬十一月。”可以说朱熹是“受命于危难之际”，他在《跋东坡与林子中贴》中提到：“淳熙辛丑（八年）中冬乙酉，观此于衢州浮樵，刻诸石，以视当世之君子。”[2]作为浙东提举，朱熹视察当时赈济旱灾的情况，“民情嗷嗷，艰得钱物，深山穷谷，僻远小民，委是无钱粜米”。[3]当时衢州受灾情况特别严重：“大抵本路被灾诸郡，检放分数多不尽实，而衢州尤甚。”[4]而更有官员“在其位而不谋其政”，在赈灾工作上虚假报告，不顾百姓真实灾情，亦不全力赈灾。朱熹因此多次向皇帝告状，以惩罚办事不力

〔1〕束景南：《朱子大传》，福建教育出版社，1992年，第466页。

〔2〕《衢县志》卷二十七。

〔3〕朱熹：《乞将衢州义仓米粜济状》，《衢县志》卷二十七。

〔4〕朱熹：《奏衢州守臣李峄不留意荒政状》，《衢县志》卷二十七。

之贪官，让百姓得到抚恤。在《衢县志》记载朱熹当时呈上的状子：《奏衢州守臣李峄不留意荒政状》《奏张大声孙孜检放旱伤不实状》《奏衢州官吏擅支常山平义仓米状》《再奏衢州官吏擅支常山平义仓米状》。不知是不是朱熹在考察灾情、监督赈灾的工作中发出感慨，在《衢县志》（2831页）中记载了一首朱熹写的《再跋》："淳熙辛丑，浙东水旱民饥，予以使事被召入奏，道过三衢，得观此贴于玉山汪氏，以为仁人之言不可以不广也，明年，乃刻石常平司之西斋。"这里可以看到朱熹在考察灾情时也是倾听"仁人之言"并广而播之！

衢州鼓楼有"赵清献祠"，纪念"一琴一鹤"的赵抃，朱熹对赵清献公是"高山仰止"〔1〕。朱熹说自己"少时从赵公之孙惠州使君游"，有幸读到了赵清献的遗作，并留下了笔墨。他在《题赵清献事实后》引用了赵抃的话："下不欲结怨于百姓，则必不肯肆行烦苛争夺之横政，中不欲得罪于士大夫，则必不肯唱为禁锢忠良之邪说；外不欲失信于夷狄，则必不肯妄起开拓燕蓟之狂谋。"〔2〕由此可见，朱熹的为官之德也是深受衢州这块土壤的影响！《衢县志》也记载了朱熹写的《跋赵清献公遗帖》《跋赵清献公家书》和《读赵清献公瑞岩留题追次元韵》三篇文章。朱熹还曾到过烂柯山，《衢县志》（2924页）亦记载了朱熹所写的《游烂柯山》一诗：

局上闻争战，人间任是非。
空教采樵客，烂柯不知归。

此外，朱熹还写了《题毛平仲墓铭后》，毛平仲是南宋前期词人，出身尚书门第，可以自由进出皇宫，酷爱山水，不恋仕宦，傲世自尊。《衢县志》卷

〔1〕《跋赵清献公遗帖》，《衢县志》卷二十七。
〔2〕《题赵清献事实后》，《衢县志》卷二十七。

十九记载，在天宁寺大雄宝殿大鼓下曾经有一块高四尺的清圣祖御书《朱子诗碑》。

朱熹除了在衢州留下了足迹，其子孙后裔亦在衢州定居。在《衢县志·望族志》中记录了朱熹的三支后裔，分别为园林朱氏、文林朱氏和圣桥朱氏。其中园林朱氏在“南乡二庄”，是“朱文公第三子朱照，宋末任衢州统领，娶径畈徐霖女，遂家于园林，后子孙繁衍，为园林巨族”。圣桥朱氏在“北乡七十七庄朱家”，“朱文公第七世孙梧岗，明代为鄱阳令，因避乱迁居于此”。文林朱氏在“北乡八十八庄”，“并出婺源，由兰溪迁衢北乡，亦朱文公第三子在之后”。文林是衢州杜泽镇樟树底村的旧名，现在的樟树底村仍有朱氏宗祠。2002年，文林朱氏的宗谱《紫阳宗卷》在朱熹二十七世孙朱贤旺家重见天日，据介绍，《紫阳宗卷》在“文革”时期险些被毁，当时朱贤旺的父亲朱希栋冒着很大的风险将宗谱收藏。朱贤旺和自己的父亲、爷爷都没有读过几年书，看不懂宗谱。朱贤旺的女儿朱燕萍上过高中，她在宗谱上发现了朱熹的名字。于是朱贤旺把这一消息告诉了在衢州市委的朱贤杰，文林朱氏才重新出现在世人面前。朱贤旺说：“在2002年《紫阳宗卷》没有被翻出之前，我们文林的朱氏族人很少有人知道自己是朱熹的后代。”[1]现在的文林朱氏宗祠建于清末，2003年朱氏族人开始把杂七杂八的东西搬出宗祠，并集资一万多元翻修了宗祠。

朱熹留在水亭门的印记是他为上营街《西河徐氏宗谱》写的序，记载为朱熹于淳熙八年冬十月望任浙东提举时为西河徐氏宗谱写的序。虽然我们无法考证该序在此出现的缘由，但西河徐氏与朱熹修身、齐家、治国、平天下的儒学思想是一脉相承。序中提到：“谱书何为而作也？所以明一本叙彝伦、别亲疏而厚风化者也。”“自父子兄弟间而推之，以为敬宗睦族之义。由一家而达一

---

〔1〕朱氏宗亲网，http://www.zhuweb.cn/zhu/web/zszp/0711313125071984381.html。

国,由一国而达天下,使之相维而不散越者,夫岂自外至哉!"这里看得出朱熹希望以"礼"的精神梳理家族关系,做到敬宗睦族,从而达一国而达天下。如果家家能够做到"人道亲亲也,亲亲故尊祖,尊祖故敬宗,敬宗故睦族,睦族所以尊祖敬宗者也"。那么由这些家族共同构成的国家整体也会和谐了。然而,序中也批评兄弟相争,宗族无以统属等问题,认为这都是"宗子之法废"、"吉凶庆吊之礼不行"的结果。因此家谱的作用就显得相当重要了,体现的是"大道之行也,天下为公"的精神:"千万人之身,一人之身也,由一人之身以及千万人之身,则岂不能以千万人之身,反本于一人之身乎!范文正公曰:宗族甚众,于吾固有亲疏,在吾祖宗视之,则均是子孙,固无亲疏也,其此之谓欤。"如果人人都能做到推己及人,那么,"礼"的精神只要"心诚求之,虽不中亦不远矣"了吧!

徽乡情结

在徽州会馆工作文联主席陈峻说,他刚来会馆没多久的一天,看见一位老人来徽州会馆。结果过了不久,这位老人又来了。他觉得很奇怪,就去问这位老人。老人说:"这是我以前生活的地方,我定期都会来的,这是我的家啊。"[1]"民国二十年代,仇星农在衢州建造了纪念朱熹的文公书院,一度引起轰动。"[2]而清道光时的江南春,也是把这个地方当做家,写下了《居然客窗记》。

民国魏颂唐《浙江经济纪略》(1929年)一书记载当时衢州的商人中"徽绍兰溪江西人居多,本地人次之"。民国衢州杜子贞诗云:"瀫水之北通皖水,黄山奇特拔地起。钟灵毓秀富人文,半显宦途半隐市。我衢商界多徽人,积资巨

---

〔1〕安文英、高佳燕:《参观徽州会馆》,录音编号:20100125。

〔2〕刘国庆:《徽商在衢州的活动及影响》,《历史文化研究》第5期。

已被拆除戏台的藻井拱顶

万见亦频。”据《徽商在衢州的活动及影响》一文介绍:“明代隆庆以后出现的黄汴编《统路程图记》和程春宇编的《士商类要》,是徽州商人所编撰的两部路程图记。主要记载了商人们外出所经行的路线。由于安徽徽州与浙江衢州地壤相接,水路主要沿着从徽州发源的新安江顺流而下,经兰江沿衢江往西,即到达衢州府城。陆路从徽州府出发,一路由婺源县经白沙关、苏庄进入开化县;另一路由屯溪、休宁县经马金到达开化,并由开化进入常山、江山等县。由常山县可到达江西省玉山境。”

据方志和谱牒记载,衢州地区早在隋唐时期,就有徽人开始从歙县的篁墩迁徙衢州,比较集中的迁徙是出现在明清时期,这显然与徽商的崛起和兴盛有着必然的联系。在水亭门,程圣通于万历年间由徽州绩溪来衢州经营米业生意,后娶西安县西河徐氏为妻,到顺治年间,程姓在城西大路口已经聚族而居。“迁徙衢州的徽人以歙县、休宁、绩溪、婺源诸县居多,寓衢徽商的主要姓氏则为程、汪、叶、许、方、鲍、洪等。”[1]

前衢州工商联秘书长叶裕龙说,会馆是地域性的,来自同一个地区的商人,从事各种行业的都有。人们来到一个陌生的地方,人生地不熟,对当地了解比较少,那么会馆就在这中间起到一个沟通的作用。[2]据叶裕龙介绍,当时真正起到商业联系作用的组织是同业公会以及后来的商会,而会馆主要还是联结乡谊的作用。

那么徽商的联谊情结是什么呢?吴江盛泽镇徽宁会馆碑记中解释:“有皖人有迁居隶籍于吴,及侨居而遂家焉者,俾其子弟有所矜式,故谨祀焉。又以俦侣众多,或不幸溘逝,设积功堂,置殡舍,权依旅榇,俟其家携带以归。”据说凡是来自徽州旅居于所迁之地者,“无不敦睦桑梓,声应气求,肫肫然忠厚恻怛之意,出于肺腑,诚善之善者也”[3]。这种超越商业联谊的乡土情结就产生所谓“徽州旅榇所”。据《衢县志》记载有三处,“一在七里凉亭,一在花园岗,俱名新福庵,民国初徽商项槐又于城北五里赵家坂新建旅榇所”。江南春在描写《华园冈义冢序》中写道:

> 夫书院以安生而无以妥死,于是知事者集议,谋为义冢,亦古人免尸骸暴露之遗意也。徽人士踊跃输将,左建厝,所以贮客棺,俾岁时伏腊得祭扫;右创新福庵,供奉地藏王佛,中元节后延僧大放焰口以超生,罄无不宜。历年既久,厝屋崩析,庵宇敧欹……我徽人好生妥死之心,庶几其稍慰哉。(江南春《静寄轩杂录》第四则)

道光二十六年(1846年)九月,华园冈(花园岗)义冢建成,江南春受托题

---

〔1〕刘国庆:《徽商在衢州的活动及影响》,《历史文化研究》第5期。

〔2〕吴宗杰:《采访叶裕龙》,录音编号:20110126。

〔3〕《徽宁会馆碑记》,《明清徽商资料选编》,黄山书社,1985年,第228页。

词匾额“畅叙幽情”,并为之联曰:“永夕永朝故土人情联太末,好山好水异乡风景胜新安。”翌年,江南春再次来到华园冈义冢,但见“墙屋鳞次,石柱齿排,暖日烘窗,烈风隔壁,中安土地神,祠旁立各幽魂木主,左停男棺,右栖女椁,横亘数十步,见之而凄然意索、悄然神伤者,厝所也。外则隆然凸然,新土未干,不计其数者,则今年之葬者也”。80多岁的王樟才老人回忆说,现在的徽州会馆,当年里面也放棺材。[1]徽州会馆不仅是活着的人之精神家园,亦存在“好生妥死”之心,为流落他乡的死者提供安灵之所。

祠堂边的故事

如今,“篢序巷”已经消失不见,徽州会馆周围原来的建筑亦随着社会历史的变迁远离了人们的视线,只留下徽州会馆还独自矗立在那里。那些在“篢序巷”发生过的往事、居住着的人,或者只能在现在人们的只言片语中留下痕迹。陈锡祥在其博客[2]中写道,他的初中同学方溒生,从小就住在篢序巷朱文公祠边上。也许通过他鲜活的故事,去仔细体验那个已经过去的时代。

陈锡祥在《衢州晚报》“三衢印痕——篢序巷里的人和事”一文中这样叙述:“方淦生的父亲在篢序巷里有自己的房子,解放前混的还算不错,划成分时就成了工商业。那年代贫下中农的成分才是响当当的。方淦生住的家大部分归房管会,老房里住有十几户居民。他小学没毕业就在社会上打工,父亲说:‘没文化就没有前途,再艰苦也要上初中’。于是方淦生以优异的成绩考进了衢州一中。他上课不怎么听,但成绩门门100分。可评三好学生时却与他无缘。班主任把他的红五星从墙上的光荣榜上拿下一半说:‘只怪你家庭出身不好!’那年代学校里盛行手工劳动,方淦生曾经给我家做过广播。初中毕业分

〔1〕陈艳、高佳燕:《采访王樟财》,录音编号:20100726。
〔2〕陈锡祥:《三衢印痕——篢序巷里的人和事》,博客资料。

配巨化工作时，业余时间曾经自己动手做自行车的包链，从书上查资料摸索做沙发的弹簧等。由于头脑好使，不久拿到了大专文凭，又当上了工程师，至今退休了还在外地发挥余热。毕业40周年同学会时，有的同学回忆过去时开玩笑说：‘如果淦生他当年成分好，能继续升学深造的话，说不定导弹就是他发明的。’”方淦生的哥哥方文一是语言学家，前几年曾经被邀请在衢州二中讲课。方淦生说：“混堂巷里有一座黑墙头的古居，先后有两任县委副书记住在里面。篑序巷里有一口池塘。巷里还有一口古井，附近老百姓世世代代吃用的水都靠这口井。解放初期城里还没有自来水，那时有敌特破坏活动，县委为了安全起见，就把这口井和混塘都用围墙圈进县委大院了。混塘被填建成县委资料室楼房。老百姓愤然却无可奈何，只能到太白井和罗汉井去挑水。‘文革’开始，老百姓用大字报发言了，县委反省当年的举动真的不怎么地道，就把井还给了混堂巷。”

方淦生说混堂巷里混塘边有一岩石，岩上有片毛竹林，岩石下方的池塘里生长着无数的螺蛳。小时候听半仙瞎子张说从前，混堂巷里住有一个靠上山砍柴为生，穷困潦倒的年轻人。有一年接近年关的傍晚，家家户户门前的夕阳下挂满了咸猪头、酱肉，孩子们坐在门槛上吃着香喷喷的冻米糖，混堂巷里弥漫着粽子的肉香……这时只见一个疲惫的身影走进混堂巷。这人就是以砍柴为生的年轻人。年轻人回家竟意外地发现锅里有热腾腾的饭菜。这人上无父母，下无妻儿，孑然一身，谁会给他做饭呢？更加疑惑的是，接连几天都是如此。大年三十，年轻人假装外出，躲在巷口张望，见自家破屋瓦的缝隙里又往外冒烟，急忙往家里跑。当他怀着忐忑不安的心情推开家门时发现，一个女孩正在给他做饭呢。半仙瞎子张说，这女孩就是竹林边混塘岩下的螺蛳姑娘变的……

衢州过去有很多像瞎子张这样的半仙，他们能把自己城市的每个角落都神仙化。让神驻留在自己的生活细节里，楼上、堂下、隙地、墙隅，或木或石。真实的生活与想象的神话编织在一起，分不出是真是假。有些故事在中国广为流传，如《聊斋志异》的衢州“三怪”，即钟楼底的大头怪、县学塘的白布怪、蛟池街的鸭怪。《四库全书》收入的衢人徐应秋《玉芝堂谈荟》也有大量这类故事，序言称其“标神道之妖祥，记山川之灵怪，表人事之卓异，着物性之瑰奇怪”。1959年毛泽东经过衢州时，要求地方干部多学习点文史知识，其中包括“三怪”的故事。这些故事给这个城市以灵性，让日常生活带有敬畏感。如今这些人与神已经不知去向，但很多地点和场所都还有迹可循。也许还要请像瞎子张这样的半仙回来再讲述。

今天衢州人只知有徽州会馆，而不知道有文公祠。而历史文献更加突出其后者的意义。站在今天遗产复活的角度，将徽州会馆恢复为朱文公祠具有更重要的意义。朱熹世称孔子、孟子以来最杰出的儒学大师，又与衢州有着千丝万缕的联系。曲阜孔庙，康熙五十一年（1712年）将朱熹作为“十一哲”陪祀孔子，南孔家庙之地重现文公祠，一圣一贤，岂不和哉？

（张崇、吴宗杰）

西安门铁塔

衢州城内曾有三座古塔：天皇巷的天王塔，城西南角的铜塔，还有便是位于城西北角的铁塔。《西安县志》记载铁塔“在西北角城垣上”。《衢州掌故》中认为其“址在今城西北角的新华小学内”。汪筱联先生认为铁塔地址在衢州古城墙西北角顺江伸向德坪坝的镇坝城墙台基上，东南面为文昌阁，北边城墙外为烈妇祠。铁塔以纯铁铸成。清嘉庆《西安县志》摹印的府城总图中城西北角绘有七层铁塔图。据汪先生考证：“铁塔由基台上两层须弥座和七层塔身叠装组成，最后加上塔顶。其形状为八角形，每层之间都有平座和腰檐，四周铸有佛像，佛像或坐或立，或骑象，或乘狮，做工精细。腰檐间有角梁飞檐，飞檐前端悬挂风铃。塔底双层须弥座，每层边铸有八仙过海、二龙戏珠内容和莲瓣、卷草等图案。七层塔体分层铸造，逐层叠装，铁塔玲珑美观，建筑工艺独特，是全国为数不多的铁塔之一。”曾有诗曰：“山高锁丽谯，孤塔耸寒碧。遥闻铃铎声，老铁压城脊。”描绘的就是此铁塔景象。[1]

据《西安县志》与《衢县志》记载，铁塔为县令刘有源于明朝万历七年（1579年）间所建。刘有源，字仲开，别号昆海，安徽南陵人，为万历丁未年进士，也是一个以孝友载入史册的县令。《江南通志》说他考入进士去当官，就把田产分给兄弟，还说“幸沾薄禄，此产可共也”。他从万历三十六年至四十年

〔1〕本文所引用的诗文均记载于不同时代的县志。

(1608—1612年)任西安(衢县)知县。县志中所录的施闰章《学余文集》云,在其任职期间,“其民徭记户等役,贫者不能支”,刘有源即采取“核田壤多寡,上下为平准”的方式,“民大悦服”。后“又出私钱,缮双溪舟梁”,是个颇有气度和政绩的知县,因此“在县五年,以最闻”[1]。

刘有源建造铁塔,据两本县志所载,原因有二。其一是为了镇每年的洪水之害:“城西临大河,岁被洪水,植此以镇蛟龙之害。”其二是为补地势空旷之不足:“河水东驶,而城外地皆旷衍无所收束,作此资其控扼,以补形式之不足。”可能铁塔当年是为保护“德坪坝”而建,因此铁塔建在古城墙西北角顺江伸向德坪坝的镇坝城墙台基上。据说为建造铁塔,刘有源与孔家长老孔闻音预先商定,这是因为孔闻音乃翰林院五经博士、地方耆老,具有一言九鼎的权威。孔闻音“不语怪力乱神”,也就是镇蛟龙之害之说,但认同铁塔可以补形势之不足。[2]里人龚大钦曾作《铁塔行》[3],其中提到:“忆昔三衢江,洪水恣横逆。城西当其冲,猛驶如卷席。伟哉大邑刘,观澜悟奇策。开矿采万钧,拟作浮屠格。”看来这是认可第一种说法,同时也说明这是一座佛塔,因为古人称佛教为浮屠,后并称佛塔为浮屠。而且由此诗看来,建造铁塔的铁矿,均是由当地开采,实属不易。铁塔建成后,巍峨雄壮,气势如虹,“厥光射熊熊,魑魅远避易。尖影落中流,蛟龙丧雄魄”,从此“冯姨收狂澜,两岸不敢拍”,洪水果然不再犯。[4]两本县志中均将其看作是“一邑之镇”。

除了县志记载,民间关于铁塔还有着一段有趣的故事。据现在住在水亭街的宋文富讲,有一段时间,城里经常有人家在烧饭的时候发现烧饭的锅没有了,这种事情接二连三经常发生,事情闹得满城风雨。县官知道了,觉得很奇

---

〔1〕《铁塔与孝烈祠》,http://blog.sina.com.cn/s/blog_51ee742d0100a75c.html。

〔2〕崔铭先:《孔夫子的嫡长子孙们》,浙江人民出版社,2009年,第279页。

〔3〕《衢县志·古迹志》,第740—741页。

〔4〕此句诗歌均引自龚大钦《铁塔行》。详见《衢县志·古迹志》卷七。

怪,就想把案子破了,有说法是侠客在作恶作剧。县官查到了偷锅贼,抓到之后看到锅子都扔在县学塘里,等去捞的时候发现了千把只,但是有的已经不能用了。人们干脆就用这些铁锅做了一个塔,就是铁塔。“铁锅成塔”的故事或许只是百姓的传说,可付之一笑。然而,铁塔还确实牵连着一段令人唏嘘的故事[1],人称之为《铁塔传奇》,讲述了一位性格刚烈的妇女为给丈夫申冤含恨而死,尸露置铁塔下,七年不葬。到最后来了新知县陈鹏年终于沉冤得雪,还为她在铁塔边建了“孝烈祠”。此案件被县学儒生编成《铁塔传奇》,在城乡上演。道情先生编成《铁塔道情》弹唱四乡,五经博士孔衍桢的曾祖辈孔闻行写诗云:

良人冤抑竟成空,铁案何曾秉至公;
此情此恨堪千古,何处何人不断肠。

然而,“历久摧残多,苔埋土花地。”据《西安县志》载,造于万历年间的铁塔,“日久倾圮”,于是“当事奋然兴,鸠工勤力役。一一还前规,基址重建昔”。据县志载,铁塔一共重建两次,一次在康熙年间,另一次在嘉庆四年,由邑侯(即县令)许执中劝捐复修。在《西安县志》的府城图上,铁塔右侧注有“铁塔左秀民捐”六字,据《衢县志》记载,康熙《西安县志》中并无此注,因此我们猜测,铁塔第二次复修时,或许是在县令许执中的劝说下,由这位左秀民出资。

令人遗憾的是,铁塔当年的飒爽英姿,今已不复存在。提起铁塔,下营街上的王汉卿老人也说“晓勿得了,只有父亲晓得”。民国时期的《衢县志》已把铁塔列入了“古迹”,并记铁塔于“咸丰兵焚中毁。塔铸炮尚留,其下两层光绪十年间犹及见之,四围纯系佛像,工作精细,不知何时失去,仅存石础”。崔铭先

〔1〕详见清嘉庆《西安县志·祠祀》第1615页,民国《衢县志·建置志》第391页,《衢县志·列女志》第2560页,《衢州掌故》第65—66页。

在《铁塔与孝烈祠》一文中写道:"'咸丰兵燹',说的当是太平天国军队于咸丰八年(1858年)春翼王石达开和咸丰十一年忠王李秀成先后攻打衢州。从三月初五围城至六月初五撤军,太平军围攻衢城达91天之久。咸丰十一年十一月左宗棠赴衢,同治元年令毁塔铸炮守卫衢州之事。"《衢州掌故》中也提到,在太平军围攻衢城时,守城清军为补充军火,拆毁铁塔铸成铁炮和弹丸,仅留下最后两层,到光绪年间拆通新城门(西安门)时塔须弥座全部拆毁,仅存遗址。崔铭先在文中叹道,刘有源是为防洪水、镇蛟龙之肆虐而铸铁塔;左宗棠等却是因为拒太平天国之猛兽、铸大炮而毁塔。两者一是为御洪水而建,一是为抗民而毁。衢州因左宗棠的毁塔失去了一道绚丽的风景。

现在的衢江,经过不断整修与改建,已是平整温柔,看不出当年铁塔所镇的蛟龙姿态了。然而,站在西安门城墙边,远望衢江,我们还是忍不住想寻觅那"拔地呵千灵,去天疑咫尺。我来矫首观,但见烟霞积"意境。可能也只有在梦里,才能体会"令当摩其颠,遍将星斗摘"的豪情。

重古人之行,宜抚一泉一石,一花一木,皆足动人复古之思,令人留恋概慕于无穷者。

郑永禧《衢县志》

(高佳燕、汪筱联、吴宗杰)

孝烈祠与节孝坊

衢州古城西北角是一处古迹厚重之地。文昌殿、西安门、铁塔、城墙、德平坝、浮桥，一处有一处。就在这巍峨的铁塔之侧，浮桥之畔，还曾立有一建筑，名"孝烈祠"，上有督院郭世隆特制的"孝烈可风"匾额。嘉庆《西安县志》与民国《衢县志》都对此有详细记载，说"有屋三楹"。"孝烈祠在城外西北隅铁塔下。诸生郑荣组（沐尘人）妻徐氏殉舅夫冤死烈之祠也"[1]。也就是说这是一座为公公与丈夫蒙冤昭雪而死的妇人之祠。那么为何称之为"孝烈"？《说文》曰善事父母者为孝。《周书·谥法》曰：慈惠爱亲为孝，协时肇享为孝，五宗安之曰孝，秉德不回曰孝。有功安民曰烈，秉德遵业曰烈。由此可见，孝烈者，一

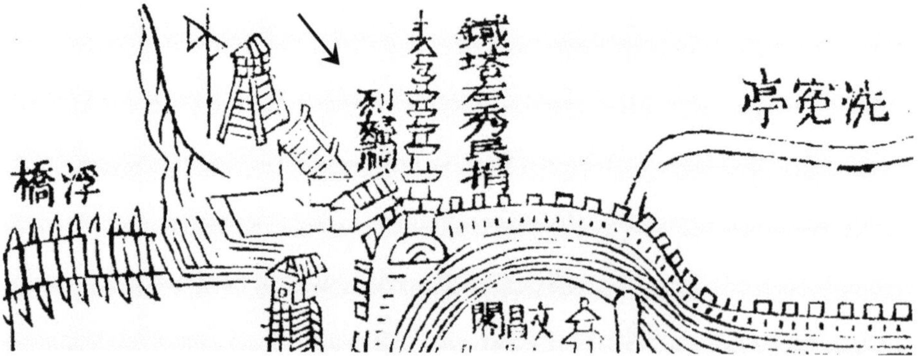

《西安县志》城西南角，箭头所指为烈妇祠

〔1〕《衢县志·建置志》卷四。

般为孝顺节烈，德贤气正之人。

孝烈祠所祀之人为郑妻徐氏，原为青田县训导徐峻生之孙女。徐训导因郑荣组品学兼优，遂将女儿许之。《西安县志》载《吴陈炎挽郑烈妇诗》中赞徐氏“明慧晓书籍”，“食贫肯蹙额”[1]。其他记载说她“知书识礼，克娴妇道”[2]，想来原是个温婉忍耐的女子，却何以冤死？又得以立祠建堂？悲剧据说来自一次争吵。《西安县志》载：“于归后，荣组之父与族弟璧、杞等素不相能。适议事参商，璧兄侄共击之仆地。荣组往救，遂被捶死。”《衢州掌故》里的《〈铁塔传奇〉传城乡》细说是在寒食节，郑氏家族在祠堂内议春祀事宜，由于意见不合发生争吵，推诿，最后酿成斗殴，郑荣组见一贯蛮横的堂叔郑福、郑璧及堂弟郑杞追打父亲，遂去保护，不料被郑璧等人棍棒打死，父亲也身受重伤。吴陈炎叹道：“郑生本刚毅，人过必直斥。岂知世道非，对面鬼域隔。”徐氏悲痛之极，带着两个儿子五元七元，到西安县衙门控告凶手。知县因受了贿赂，不予申冤，并借口正值朝廷大赦，将凶手随捕随放，掩人耳目。徐翁不服，就去闽浙总督府申述，不料病伤交迫，死于途中。《西安县志》这样记载：“时氏翁负重伤，氏挟幼子五元七元走控，会赦，遂释璧罪。氏翁愤甚，将走诉闽都，复道死。”这真是：“夫婿含冤冤莫雪，舅翁愤殒殒谁收。”[3]

次年六月，五元兄弟在路上遇见郑璧，仇人相见，奋而搏之，将郑璧扳倒并将其鼻子咬掉。郑璧到知县控告五元兄弟，衙门逮捕兄弟二人，严加拷打。徐氏到县衙申述冤情，“泣陈夫翁冤死不白状，冀免惩其子”，然而，“鳞鳞血洒书，但供上官掷”，“官刑胡倒置，利昏理则逆”。《西安县志》记曰：“令援赦不省。氏冤抑飚起，触门前石碑，脑裂而死。”有诗如此描述徐氏

〔1〕《吴陈炎挽郑烈妇诗》，《西安县志》卷四十五。

〔2〕《衢州掌故》。

〔3〕叶敦艮诗：“漫言巾帼质优柔，触死公庭为报仇；夫婿含冤冤莫雪，舅翁愤殒殒谁收；手无寸铁空残鼻，囊有多金金拟流；三载力穷惟致命，轰轰名节炳千秋。”详见民国《衢县志·建置志》卷四。

衢江区下埠头村江氏节孝坊

悲情:良人冤抑觉成空,贤娥何辜世不容。素颊可怜遭扑紫,冰姿无奈触阶红。鬓云缭乱愁眉竖,泪雨滂沱忍气冲。旧恨未消犹可恨,那堪遽殒法堂中【士绅孔闻行作】。

徐氏触石而死后,薄棺迟迟未葬,《西安县志》载:"邑尉置榇,穴墙出氏尸,露置铁塔下七年。"古人讲求入土为安,为何七年未葬,县志中未写明。也许是死者不甘心让冤情随自己沉于地下,想以此方式怒斥天道不公,等待沉冤昭雪的一天吧。徐氏的冤案,在当时引起了强烈反响。《衢县志》中载:"县阶邑人为之罢市。"《〈铁塔传奇〉传城乡》一文对此有更详细叙说:"百姓都同情郑家之冤,怒斥官府不公。衢城许多正直的士绅和荣组的学友也都愤愤不平,纷纷涌入县衙,质问知县。知县避而不见。一时衢城内群情激愤,商人罢市数日,抗议西安知县徇私舞弊。"

直到康熙三十六年,陈鹏年任衢州县令,才为其昭雪,并建祠以祭。陈鹏年，字沧洲，为湘潭人，清朝康熙三十年进士，授浙江西安知县，当兵乱后，户口流亡，豪强率占田自殖。鹏年履亩按验，复业者数千户。烈妇徐氏冤死十年，鹏年雪其枉，得罪人置诸法。《西安县志》中记："乙亥春，湘潭陈公莅任，廉得其情，为集士民，逮杞等庭训。时璧已死，乃责杞等具羊豕，拜其榇前，并鬻地备礼以葬。立碑墓前，旁建屋三楹祀之，颜其额曰'孝烈祠'。"

《红楼梦》里宝玉说女儿家是水做的。殊不知一柔弱似水女子，亦有不输须眉的英烈与正气，古有花木兰从军，穆桂英挂帅，此处有郑妻徐氏以死明志。在民国《衢县志・列女》中，郑永禧将"生员郑荣组妻徐氏"归为"贞烈"，曰："荣组于康熙二十六年被父仇郑邦璧等殴死。氏矢志报仇未得，遂触死。县阶邑人为之罢市。到丁丑（三十六年），陈公鹏年莅事，询知氏冤未伸，暴馆未葬，特为考案牍正，爰书详，请立墓建祠。"

孝烈祠建成后，多有文人题诗，吊唁徐氏，愤其冤，赞其节，有所谓"祠前一勺清江水，岁岁明禋总洁齐"[1]。学宪[2]张希良，官拜翰林，工诗文，深古学。他为孝烈祠题诗："永日青林谢豹啼，英灵长在女墙西。讼庭六月曾飞雪，墓草三春不产荑。论自与情崇庙食，典于昭代漏旌题。维风赖得神明宰，陵古从更肸乡齐。"当然最让人感动的是知县陈鹏年的亲笔诗：

断肠犹听峡猿啼，千载孤坟瀫水西。
已分黄泉投肺石，至今碧血洒春荑。
时艰尚阻中朝议，论定初蒙太史题。
铁塔巍然森庙貌，娥江从此大名齐。

---

〔1〕郡守张浚题诗："底事频惊乌夜啼，依稀留恨竹王西。碎□自分身如叶，断腕何知手似荑。书至定哀无直笔，祭同乡社□褒题。祠前一勺清江水，岁岁明禋总洁齐。"详见民国《衢县志・建置志》卷四。

〔2〕同"学政"。学官名。"提督学政"的简称，是由朝廷委派到各省主持院试，并督察各地学官的官员。学政一般由翰林院或进士出身的京官担任。

两本县志记载了历代大量有关这一烈妇祠的诗文，徐氏的故事还被改编成戏剧和道情。由此可见此案在民间的震动，以及衢州人对节孝贞烈、公正廉明的赞颂。

孝烈祠是在何时消失无法确证。郑永禧在1928年编写《衢县志》时应该还在。《衢县志》的府城图上“烈妇祠”标在铁塔西侧。然其现址今已不可考，问起下营街几位年岁较大的老人，都没有记忆。“孝烈可风”的匾额，伴随着这位贞烈女子及其翁婿的冤情，在时代的洪流中，似乎慢慢被遗忘了。

说到底，徐氏的冤案在历史的长河中只是一介沙尘，幸得后一任知县的公正严明，才能有冤情大白的一天，并有孝烈祠以供后人祭祀景仰。然而，古往今来，也不知还有多少冤案未能得到昭雪，不知多少无名冤魂葬于贪官污吏之手。正如吴陈炎所斥：“墨吏今安在？家肥民久瘠。瞬息铜山崩，烟尘化无迹。”默默站在铁塔旁的孝烈祠，留给我们思考的，不仅仅是一个女子舍身求公道的壮烈，更是这祠堂背后的政治与社会反思。

下营街似乎承载了很多古代女子多舛命途。除了孝烈祠，这一带还有若干节孝牌坊。牌坊在我国起源很早，民国时期学者乐嘉藻先生曰：“今之牌坊，其源有三：今设于道周或桥头及陵墓前者，由古之华表而来。华表原名桓。《说文》：桓，亭邮表也。……其设于公府坛庙者，由古之乌头门而来。……与今之棂星门甚相似，今世仍有棂星门，又有变为牌坊式者。……其用以族表者，由绰楔之制而来。”[1]一般说来，牌坊都为家庭旌表本族先贤而建；有的牌坊则为朝廷或当地官府为旌表贤臣，在忠、孝、节、义上有成绩的人而立。如旌表忠臣牌坊的忠贞牌坊，旌表孝道的贞节牌坊。节孝牌坊是古时经官府奏准为表扬节妇孝女而立的牌坊。《清会典》中记载清代在各省、府、州、县各建节孝祠一所，祠外建大坊，凡节孝妇女由官府奏准旌表的都入

---

〔1〕乐嘉藻：《中国建筑史》，贵州人民出版社，2002年，第81页。

祀其中，春秋致祭。

陆景祥老人指认他原来上营街的家门口有节孝坊一个，就在周明基故居北侧。请他说说自家门口的牌坊什么意思，他答：“过去老思想，哪个妇女死掉老公，不嫁，守节坊啦。”但是，从我们后来的考证来看，其意义远非如此。《衢县志》中载，下营街一带原有两个节孝坊。一为清代崔翰妻吴氏而立，乾隆三十二年题旌。据县志所载，吴氏与崔翰结婚仅仅两年，崔翰便过世了，只留下年迈的母亲与身弱多疾的幼儿。吴氏的母亲心疼女儿年纪轻轻便守寡，劝其改嫁。吴氏“婉言谢绝，矢志不移”，尽心服侍婆婆，照顾孩子。婆婆有眼疾，双目失明，吴氏便用舌头为其舔眼睛百余日下来，许是孝心感动了上天，婆婆居然双目复明，由此成为一段佳话。《衢县志》中如此记载：“迈姑目瞽，舌舔至百余日，双目忽明，人以为孝感。”遗孤体弱多病，吴氏便“百计调护”，但不骄纵溺宠，待子“稍长，训以义”，终“俾克有成”。

下营街节孝坊故址，疑为“崔翰妻吴氏”立

据县志载,吴氏的节孝坊在下营街。但今天已无迹可寻,只是根据住在下营街口的周家后人回忆,“在周家与陆家之间的一块空地上,竖着一块高出周围屋墙的节孝牌坊,占地大约有三十多平方米,外婆说那是一个状元为他守寡的母亲立的”[1]。据王汉卿和陆景祥两位老人回忆,这个坊是嵌入墙角的,与下营街并行,而不是骑街。

另一坊为清代刘门一对婆媳而立,县志中称其为“刘门二节”,并载:“刘杰妻戴氏,年二十八,夫亡,遗孤缙(坊作正缙)在襁褓,抚育成立。”本以为苦尽甘来,谁知天不遂人愿,“娶妇张氏,缙又随殁”。当时张氏年二十九,戴氏与张氏姑媳相依,同抚孤孙,俾至成立。戴氏年七十一而终。嘉庆十四年,张氏年五十五岁尚存。县志载“有坊在西门文昌阁,系道光十七年题”。关于这个牌坊的具体位置,我们猜测为新华小学大门东侧,王汉卿老人亦提及:“新华小学这边原来还有一个牌楼。”陆景祥老人也这样确认。小学现址位于西安门城墙附近,这一带靠近文昌阁,因此与记载相近。

古时女子并不像今天一样有稳定独立的经济能力,早年丧夫,上有翁姑,下有幼子,养老扶幼全靠一双肩膀,其艰辛困苦可以想见。更加难得的是姑媳之间相处融洽,互相扶持。吴氏为其婆婆舔目治病之举,纵是亲生女儿,也不过如此。对于提倡婚姻自由的现代人来说,节孝坊已是匪夷所思不被接受,现代也不需要再为女子立祠建坊,歌功颂德。然而,古时女子的善良坚韧与至诚至孝却仍值得今天的我们思考。当我们讨论婚姻问题,婆媳关系问题,家庭教育问题时,是否能从节孝坊的女子身上有所启发?

这两个牌坊,目前健在的老人都亲眼见过,具体样貌据陆家老人说:“样子和县西街那个地方新造起来差不多,这个样子比较细腻一点,那个比它粗糙点。”王汉卿老人的回忆则是“青石板做的,四根柱子”。那么它们是怎么被拆

[1]《城墙根的下营街三十八号》,http://ranranju.blog.163.com/blog/static/51303222007268942185/。

除的呢？陆景祥老人回忆起家门口的牌坊说："什么时候拆掉呢？解放来。"王汉卿老人述说，"文化大革命，破四旧，破四旧"，两个牌坊便被"大队拆倒了，拿来做堤坝，德坪坝的坝基"。由此看来今天德坪坝的坝址下，也许还埋着两个牌坊，留待后人想象。

古时衢州城里有许多节孝坊，《衢县志》明确记载的就有将近十个，这些牌坊都为女子而立，但每个牌坊背后却都有不同的故事。郑永禧曾写道："妇人之所重在节，建坊立表足为巾帼增辉。"孝烈祠与节孝坊，承载着当年女子的辛酸泪，也承载着女子所能拥有的全部荣耀。时代变迁，这些牌坊的意义何在？如果重建是否就是作为一个旅游标记供人观看？历史古迹外表其实也会说话，回望过去，思考当下，孝烈祠与节孝坊，其冤，其节，其德，其悲，愿能使我们有所感，有所惕，有所思，有所得。

（高佳燕、吴宗杰）

陈弘墓与玉皇堂

嘉庆举人费履升曾有诗《双桂堂览古》:“谁知龙额亦王孙,坏屋秘风偏草痕。惟有凄凉金粟影,夜深还落故侯门。”[1]诗中“金粟”为桂花的别名,“故侯”指的便是信安侯陈弘。至今在水亭门,虽双桂堂不在,但还有陈弘墓,绿竹掩映,树影婆娑,至今约有1700年历史,是世上不多的古墓。今天衢州还保留有赵清献公祠,雍正《浙江通志》记载,列在赵抃祠之前的是信安侯庙,而这座墓是衢州府所有古墓里的第一座。

陈弘,据康熙《衢州府志》载,字伯献,本为四川阆中人,府志中赞其“喜读书,有勇略”,初在晋朝益州刺史王浚麾下任参谋。“太康元年(280年),浚克西陵、荆门、彝道诸州,自武昌抵建业,所向克捷,弘实左右。”当时又有鲜卑余孽赵峻作乱,“猖獗甚”,陈弘率轻骑袭擒之,黠党皆慑伏。皇帝为嘉奖其功绩,“特授其为峥嵘镇总管,封信安侯,食邑三百户,遂家于信安”[2],年九十卒。据清同治十年(1871年)修的《信安陈氏宗谱》记载,陈弘便是该堂号的始祖。称“一世祖宏,起自阆中,晋太康中以功封侯,食采兹土,因家信安”。家谱还收录了流芳题名、文学考、宗长录、墓记、受祉堂记及魏了翁、宋濂等人写的序文。到

---

〔1〕《西安怀旧录》卷八。

〔2〕晋太康元年(280年)信安县因信安溪得名,南朝宋、齐、梁三代,信安县隶属不变;陈永定三年(559年)置信安郡。唐武德四年(621年)分婺州于信安置衢州。天宝元年(742年)改衢州为信安郡;咸通中(860—874年),改信安为西安,隶衢州。

位于皂木巷的陈弘墓

了明朝，陈弘护国显灵。《西安县志》记载，“明朝洪武初，以护国着灵异，加赠宁邦感应侯，并更新祠宇，以时享之”，故陈弘又称“宁邦侯”。[1]北宋御史赵抃曾于元丰二年（1079年）为其撰墓表，称“信安侯”：“桓桓陈侯，以功诏爵，名勒旗常，声光赫爚。缅昔西征，王师于铄，钲鼓雷轰，旌旗电趠，爰整虎旅，用遏乱略，狂峻授首，余孽扑削，太末之西高坟斧若，千古英灵，星辰河岳。”[2]

陈弘逝世后，葬于后来的皂木巷，明清及民国的府志、县志中都对“高坟若斧”的信安侯墓有所记载，称其在“府治西北百步”，明朝嘉靖《衢州府志》细说位于“旧韩徽猷宅，双桂堂西”。据《陈氏谱》载，此地原名韩家地基，因后有古皂木，故称皂木巷。左右有双塘，植桂其上，故名双桂塘，后称“双桂堂”（见

[1]《西安县志》卷三十九。

[2]《衢县志》卷七。

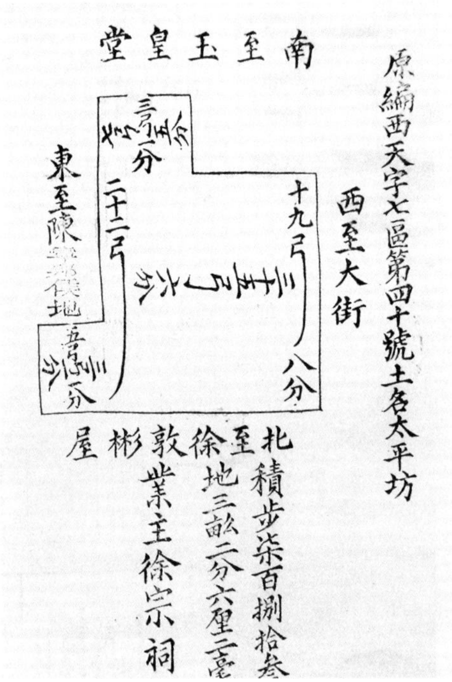

《西河徐氏家谱》所载陈弘墓与玉皇堂方位

《衢县志》）。也有说双桂堂是“因宋有陈尧叟尧咨兄弟并及第而名”。明朝《弘治府志》对陈弘墓方位的记载则稍异：“在府治西北百步，今玉皇堂后。”〔1〕康熙《西安县志》中有对玉皇堂的记载，称其旧名为清微道院，元朝大德年间建，毁于嘉靖中，后由居民募缘重建。堂“在城县西街崇义坊皂树巷，宁邦侯墓前，面南址北”。〔2〕道光年间重修的《西河徐氏家谱》中亦有描述西河徐氏祠堂、玉皇堂以及陈弘墓方位的图像。然据《嘉靖府志》解释：因墓“前建寝庙三楹奉侯神像，后人不知，误为玉皇堂。”《衢县志》（391 页）中所引的《陈氏谱》亦云：“宁邦侯墓前之寝殿塑有侯像，久而失修，讹传为玉皇堂也。”

据史料记载，当时除了陈弘墓，还有祠堂。《弘治府志》中有对“信安侯庙”的记载：“在城东，晋将陈弘讨赵峻有功，封信安侯，祠于此。”〔3〕康熙《西安县志》中则明明白白记有“宁邦侯祠”，说在“城东迎和门内，晋将军陈弘讨赵峻乱有功，封信安侯，祠于此，今废。明初常开平入城驻兵于此，加封感应字”，“乾隆五十八年，改建于西隅皂树巷，即侯墓所在玉皇堂后”。《衢县志》中称玉皇堂为“陈氏家祠”，《陈氏谱》中提及的塑有侯像的“宁邦侯墓前之寝殿”，指

〔1〕《西安县志》卷四十五。

〔2〕《衢县志》卷四。

〔3〕雍正《浙江通志》，文渊阁四库全书。

的应该就是迁至皂木巷的宁邦侯祠了。

宁邦陈侯祠，可能一直到解放后还存在。据家住皂木巷20号，年近八十的李荣华老人回忆，以前新民小学门口就是一个祠堂："新民小学走进去的那个地方就是祠堂。"老人说是叫"陈家宗祠"，祠堂前面还有两个圆圆的东西。等到50年代，老人上了小学之后，这个祠堂就改成学校了。所以现在的新民小学，也许与宁邦侯祠有些渊源。

物换星移，今日，双桂堂早已不见踪迹，宁邦侯祠亦无处可寻，不知毁于何时，只有陈弘墓依旧还在。据《第三次全国文物普查不可移动文物登记表》登记，该墓现位于衢州皂木巷"原新民小学操场西北角"，坐北朝南，穹隆顶，墓壁砖砌。"文革"前，墓地面部尚有堆土，四周用红砂岩砌成半圆形，"文革"中都已铲平。今年88岁的姜鸣凤老人曾是新民小学的老师，据她回忆："我们新民操场的讲台旁边，一个坟墓，我们不知道是谁的，以前知道，现在忘了。""一块平地，圆的是后来竖起来的，碑也是后来造的。"李荣华老人说："以前那个陈弘墓很大一块，小孩子啊都在上面玩的。"家住蛟池街的傅金泉老人也证实："原来学校里面，跳远的沙滩，前面是个墓碑。"据他说，以前很简单，就一个碑。《文物普查资料》中描述，墓碑为笏头碑，碑铭"晋宁邦陈侯墓"由民国《龙游县志》作者余绍宋所书。

余绍宋这位出身晚清书香门第的才子，毕业于日本东京法政大学，善属文、精鉴赏、长方志、富藏书，尤工书画，民国元年任浙江公立法政专门学校教务主任兼教习，后任众议院秘书、司法部参事，次长、代理总长、北京法政大学教授等职。余绍宋所在民国时期，正是民族危机、国难四起的时候，因此为陈弘墓撰写墓碑。我们现在所看到的墓是90年代由衢州市文管会最后重修。傅金泉老人说，几年前，在原来陈弘墓附近的老房子被推掉的时候，他曾经在墓南面一两百米处拾得几块砖头，据他说："很多的，原来有好几十块，我只拿了一两块。"砖头上面纹路精细，傅老人说他确信是墓砖，只是不知道

傅金泉收藏的陈弘墓南侧砖块

是什么朝代的。陈弘墓南面正好是当年玉皇堂的位置,不知是否为陈弘墓祠的砖。

古时秦伐齐,道经以德著称的柳下季墓时,下令:“有敢去柳下季垄五十步而采樵者,死无赦!”郑永禧在《衢县志古迹志冢墓》中因此感叹道:“过柳下季之垄而禁采樵,往哲之风徽(风范,美德)有足动后人之景慕者,旷百世而如新也。入吾衢,乡贤之祠姓字犹存,而坏土(指坟墓)夕阳已无复丰碑之可睹矣。问其子孙,尚能数典而无忘者有几耶?”《礼记檀弓下》云:“墟墓之间,未施哀于民而民哀;社稷宗庙之中,未施敬于民而民敬。”坟祠并非鬼神之地,而是用来“历溯生前柯范(亦作科范)”,经常是“衣冠剑履之所藏”,早已是“宿草霜凄,巳疏鹤吊,乔松月冷,空切鹃啼”。然而在废墟和坟墓之间,用不着教百姓悲哀,而百姓自会悲哀;在社稷和宗庙里,不必教百姓敬重,百姓自然会敬重。可见墟墓与宗庙要比道德说教更能敦厚民风。玉皇堂家庙已不在,所幸陈弘墓还能保存至今,正如《西安县志坟墓》小序所云:“喆人渺矣,灵爽(指灵魂)凭焉,黄土一抔,红镫万盏,出郭门直视,能弗慨然深仿佛之思也乎?”[1]

(高佳燕、吴宗杰)

---

[1]《西安县志》卷四十五。

天官像

小天皇巷对弄的天官像遗址

王汉卿老人对着小天皇巷出口的一个小弄堂说，这里曾经有一个老佛爷，人称其“天官菩萨”，拜的人很多。说这个像大概和真人一样大，是泥做的，头上戴着天官帽，外面还有木头栅栏围着。老人回忆天官像在国民党时期还在，大约三十年前被拆掉了。陈锡祥先生也考证了这个天官像，说是徐家的。衢州有很多天官，说得最多的是联豸徐氏明嘉靖的徐可求和西河徐氏的乾隆时进士徐一樌。但从地理上来看，这一带主要是联豸徐氏后人居住。

天官是古代一种官名。《周礼》中记载：廷分设六官，以天官冢宰居首，总御百官。中国古代政治制度是依照天地自然来构建。中央政权置有六个部门，即六官。分别是天官冢宰、地官司徒、春官宗伯、夏官司马、秋官司寇、冬官司空，又称为六卿。隋唐之后就是吏、户、礼、兵、刑、工六部。天官是吏部，类似今天的组织部、人事部。《史记》中有

明末青铜天官像

《天官书》，开宗明义就写着："天文有五官，官者，星官也；星座有尊卑，若人之官曹列位，故曰天官。"这样来看《史记》的"天官"指的是星星。天官像也是古代艺术类题材。比如宋徽宗朝内府所藏诸画《宣和画谱》上就列有：天官像、三官像、九曜像、寿星像、容成真人像、董仲舒真人像。我们不清楚衢州这座天官像代表着什么，不过陈锡祥先生采集到的是天官像的爱情故事，在此不妨实录陈先生文。

老张给我说了一个与徐天官有关的故事，这故事非同寻常："小天皇巷正对位置是天皇巷徐家祠庙。祠庙里有徐天官的塑像。祠庙大门八字开，从石台阶进去是一个屏风，屏风侧面进去前院有一棵代代果树。往南方向有数间古居，坐南朝北，住着几户徐氏家族的人，其中就有我舅舅家和另一个族里的老人。听我外婆说，传说中的徐天官就是她们家族的祖先。50年代初破除迷信，舅母和邻居老头一起把正间厅堂里香烛不断、身装明朝服饰、奉若神明的徐天官塑像毁掉了。当年天皇巷居委会还拍了照片。从此以后，舅舅半夜里经常梦见几个白衣人从窗前走过。从梦里惊醒的舅母心里更是落下一块心病，30多岁就离开了人世。"看似异端邪说的故事让我惊诧万分。同时也给天皇巷披上了一层更加神秘的面纱。有道是：迷信这事不能迷，但有时不可一点不信也！

18岁就嫁到天皇巷的80岁的老奶奶说："从前徐家祠庙有两座石狮子。乡下人进天皇寺拜老佛以后要顺道把小孩子带到徐家祠庙拜'石狮爷爷'。解放初破除迷信,徐家的女主人把徐天官塑像打碎了。年纪很轻就生病死了。徐家人就把徐家祠庙卖给两位部队离休老干部,老干部合力建了一座住宅。"

翻开泛黄的日历,老张给我讲起往事神情有些许淡淡的惆怅与凝重。她说这是外婆家的一个真实家事,家族里代代相传着一个催人泪下的爱情故事。徐天官的父亲是个读书人,徐天官的爷爷为了延续香火,早早地给徐天官的父亲找了老婆。但古人找对象规矩又很多,首先在结婚的年龄上限制颇严。据说春秋时期,男子20及冠,女子15及笄,算是进入了法定年龄。宋代,凡男年龄十五,女年龄十三以上,并听婚于女家的规定。而天皇巷的徐家族规对于男女婚嫁是什么标准,婚嫁后又有什么规矩呢?

话说徐天官的父亲虽然和妻子完婚,却被规定在考取功名前不得和妻子圆房。而他又很爱自己的妻子。徐天官的父亲一边要背负考取功名的压力,一边又要思念已过门但没有圆房的妻子,面对世象繁喧,他不可能平和淡定把思念消磨在书房,终于日久成疾,得了肺病。徐天官的父亲并非"爷爷不疼,姥姥不爱",而是变相疼爱得过分才事与愿违。手下的奴才、丫鬟十分同情他的遭遇,偷偷地让这对相思人相聚。但恩赐给这对小夫妻的幸福时光是如此的短促。随后徐天官父亲的病情逐渐恶化,这真是秋风萧瑟,何处话凄凉。没支撑多久,便恋恋不舍地离开了这个让他难以割舍的妻子以及让他感到无比郁闷的世界。

办完丈夫的后事,妻子在他的床头发现一张字条,上写有一行字:"如果爱得无法用语言和行动去表达,我愿意用生命来证明。"妻子看罢当场就晕死过去。"神说:五百次的回眸,才换来今生的擦肩,可对他(她)们来说连珍惜两字都这么难!他(她)们只是爱情生命中的匆匆过客……然而徐家自此却有了香火传继,就是遗腹子徐天官。"悲伤的故事让人唏嘘不已,而从此衢州民间就有了后人对徐家情爱的传唱,还有徐天官那36副棺材,金头银大腿经久不衰的神奇故事和难解的谜……

老张讲的故事是一桩悲剧，但不难看出其中也包含着生活中的真、善、美。正因为衢州街巷里有这么多“八卦”的人和事，《衢州街巷拾遗》故事就显得更加有趣味了，所以不惜余力地去收集上一辈人的故事，不是一时间的兴致，而是身处文化名城的衢州人义不容辞的责任。如果谁有能力把这些人和事编成戏剧，这许多街巷故事还是不错的素材。

信安旧迹，莫神于樟，莫讹于石，将军俱故，雨飘出寺之花；帝子不来，风断临江之佩。问绿龙而字销寻朱雀而桥圮。夕阳乔木，流水空山。所由深李白宣城之感也。

——《西安县志·古迹志》

（陈锡祥、吴宗杰）

结 语

> 过柳下季之垄而禁采樵，往哲之风徽有足动人之景慕者旷百世而如新也。入吾衢，乡贤之祠姓字犹存，而抔土夕阳已无复丰碑之可睹矣。问其子孙，尚能数典而无忘者有几耶？
>
> ——《衢县志》

《衢县志》感叹“重古人之行，宜抚一泉一石，一花一木，皆足动人复古之思，令人留恋概慕于无穷者”。古迹是历史沧桑巨变留下的印记，但对于中国古人来说，这些印迹并不一定需要物质的载体，衢州方志中的古迹志就是记载消失了的历史遗迹。本报告的古迹篇主要梳理水亭门一带已消失的历史古迹，其中包括寺（天王古寺）、塔（天王塔）、祠（孝烈祠）、亭（捲雪亭）、园（观我园）、阁（文昌阁）、坊（太平坊、灵顺坊）、牌（进士坊、贞洁坊）、桥（天王桥）、巷（护领巷）的历史记忆，凭吊历史上这些古迹对水亭门乃至衢州的重要意义。当前古迹保护面临的关键问题是其历史文化意义的失落，通过对衢州方志古迹记载的深度解读，希望重新思考中国古人对古迹的理解方式与处理策略，并在此基础上，提出具有中国传统文化特色，能与当代对接的水亭门古迹保护与重建思路。我们提出“记忆的物质重构”，意思是在重建或保护遗址的物质载体时，时刻想着我们的目的不在物质，而在记忆本身。

古迹意义的恢复既可以拓展旅游资源,也可以作为中国传统文化复兴的载体。在领悟其原有文化精神的基础上进行修复重建,结合当下语境合理的赋予古迹本来的文化精神并使其延伸,为衢州古城文化复兴之用。

(吴宗杰)

水亭门街区古迹列表

名　称	今　址	历史文本记载及说明
文昌殿（阁）	西安门城墙旧址旁绿化小公园	文昌殿　在县治铁塔下。（旧志）文昌祠旧有三：一在城隍庙右，为庙三楹，一在县学东饶公祠后，一在县学魁星阁上。后遭闽变俱毁。 国朝康熙三十七年，邑令陈鹏年、司铎王钦搢就学门建楼五楹，为文昌阁，旁列魁星像并祀焉，寻改建于大成殿东。康熙四十一年，西隅绅士建庙于铁塔之南。 嘉庆十六年，奉旨崇祀文昌帝君，仪注仿崇祀关帝例。后殿供文昌先曾祖父神位，于春秋二仲月后殿致祭。邑令许执中奉旨修葺，并创翼室一所，以为斋所。又城北玉泉乡文昌阁，在巽峰塔西，嘉庆七年建　叶日蓁为记。 ——清嘉庆《西安县志》第1569—1570页 文昌殿（嘉庆县志）在县治铁塔下。文昌祠旧有三，一在城隍庙右，郡庙西掖门内火德祠原址，为庙三楹。今圈入中校，一在县学东饶公祠后，一在县学魁星阁上。后遭闽变俱毁。康熙三十七年，邑令陈鹏年、司铎王钦搢就学门建楼五楹，为文昌阁，旁列魁星像并祀焉，寻改建于大成殿东。康熙四十一年，西隅绅士建庙于铁塔之南。陈志谓此为小文昌阁，西隅诸人士所建，亦颇有水木之胜，今庙殆后人所扩充也。嘉庆十六年，奉旨崇祀文昌，仿关帝例。后殿供文昌曾祖父神位，于春秋二仲月致祭。又城北玉泉乡文昌阁，在巽峰塔西，嘉庆七年建　叶日蓁为记，他处亦多有之。 ——民国《衢县志》第367—368页

续表

名称	今址	历史文本记载及说明
玉皇堂		玉皇堂(康熙《西安县志》)在城县西街崇义坊皂树巷宁邦侯墓前,面南址北,大德间建,毁嘉靖中,居民募缘重建,旧名清微道院。按:此庙今为陈氏家祠,据陈氏谱云实即宁邦侯墓前之寝殿,塑有侯像,久而失修,讹传为玉皇堂也,兹仍旧志。 ——民国《衢县志》第370—371页 玉皇堂　在城县西街崇义坊皂树巷宁邦侯墓前,面南址北。大德间建,毁嘉靖中,居民募缘重建,旧名清微道院。 ——康熙《西安县志》
神农殿(药王殿)		神农殿　在县治西柴家巷,乾隆二十八年药业公建。按:姚志《义行传》刘光大至元间授衢州路医学教授,创神农殿讲堂,是元初即有是殿也。特不知乾隆间所建者是否仍其旧址,为不可考耳,殿之修葺皆出药业。 ——民国《衢县志》第372页
周宣灵王庙	下营街	周宣灵王祠　《弘治衢州府志》在府治西北朝京门内。《西安县志》:神杭州新城人,姓周,名雄,字仲伟。母病剧,奉母命祷于婺之五王庙。比归及衢,闻母讣,哀痛哭泣,死舟中,直立不仆。衢人异之,即奉神肉躯,敛布加漆,建庙祀焉。有大旱为霖,反风灭火之应。元至元中,巴延呼图克守衢,屡感神庥,奏闻,封王号,大新其庙。明弘治丙辰,庙毁复建。嘉靖辛酉,郡守杨准新之,作店房三楹,岁收赁资,以供香火,而庙享之,因以名其山。李唐贺兰公为守,祷辄,两志于石。则王之灵显旧矣。丁未夏,五魃煽,虐熖弥数旬弗戢,土若坼□,稼且缩猬。推官张正文乃单骑潜造项山祠祷焉,少焉,如闻喑呜叱咤,肤寸合而甘霔沛,民赖以苏。神之灵惠,不彰彰欤?千秋庙食,谁曰不宜? ——雍正《浙江通志》224卷 周宣灵王庙　古称周孝子祠(康熙《西安县志》)宋孝子广平正烈周宣灵王神祠,在县治西北朝京门内。 ——民国《衢县志》第373页
朱文公祠	水亭街东的县学街78号	朱文公祠(徽州会馆)《嘉庆县志》称徽国文公祠(今名文公书院)在县学西(簧序巷出口)。乾隆二十一年徽商建,六十年重修。光绪初年大修,新起花厅三间。光绪三十二年筹设小学校一所。 ——民国《衢县志》第461页

续表

名　称	今　址	历史文本记载及说明
老天后宫	衢江中路与道前街交叉点	老天后宫(康熙《西安县志》)作天妃宫　天妃本宋淳熙间封号,至清乾隆二十三年始加封天后圣母,故仍旧称妃。在县治西,名正义坊,朝京门之南,明时军衙漕艘吏卒所建。天妃海神,中市舶奉之极谨。明初永乐时,犹踵元制,用朱暄、张清行海运后,始改漕渠,因袭旧制而祀之。今犹军衙旧家主其祭祀事云。 清嘉庆间闽商公建新天后宫于天皇巷,自为福建会馆　另详会馆下　成立后此庙日即颓敝,久无过问者。光绪十九年,因座间有杨将军,据云亦明代运漕粮者,神像显灵,里人遂醵资重新之,香烟一时称盛。 ——民国《衢县志》第380页 注:王汉卿确认地点。
三圣庙	共三处:下营街28号北弄堂;柴家巷与罗汉井巷交叉口;西河徐氏宗祠内	衢州府志304;西河徐氏宗谱记载。 注:王汉卿、李楚雯、江山婆、姜金莲分别确认文明楼院西南角,王汉卿祖居墙角外,部分建筑尚存。
财神庙	上营街24号+26号	
偃王庙	不详	衢西北隅净池头有偃王庙存焉。 ——清光绪《孝义徐氏宗谱·泉亭公重建宗祠记》
烈妇祠(孝烈祠)	今西安门外	孝烈祠(旧志)在城门外西北隅铁塔下。邑诸生郑荣组妻殉夫舅冤死烈之祠也。氏为青田县训导徐峻生之孙女,于归后,荣组之父与族弟璧、杞等素不相能。适议事参商,璧兄侄共击之仆地。荣组往救,遂被捶死。是时氏翁负重伤,氏挟幼子五元七元走控,会赦,遂释璧罪。氏翁愤甚,将走诉阃都,复道死。次年六月,五元兄弟遇璧于途,奋搏之,啮堕其鼻。璧控县,县逮五元兄弟。氏诣县,泣陈夫翁冤死不白状,冀免惩其子。令援赦不省。氏冤抑飚起,触门前石碑,脑裂而死。尉置槥,穴墙出氏尸,露置铁塔下七年。乙亥春,湘潭陈公莅任,廉得其情,为集士民,逮杞等庭训。时璧已死,乃责杞等具羊豕,拜其槥前,并鬻地备礼以葬。立碑墓前,旁建屋三楹祀之,颜其额曰"孝烈祠"。 ——清嘉庆《西安县志》第1614页

续表

名　称	今　址	历史文本记载及说明
烈妇祠（孝烈祠）	今西安门外	国朝郑烈妇徐氏墓，在朝京门外。 ——清嘉庆《西安县志》第1698页 孝烈祠（康熙《西安县志》）在城外西北隅铁塔下。邑诸生郑荣组，沐庭人，妻殉夫舅冤死烈之祠也。 ——民国《衢县志》第390页 清烈妇郑荣组妻徐氏墓（浙江通志）在朝京门外铁塔下，康熙三十六年知县陈鹏年详请建孝烈祠。 ——民国《衢县志》第799页 生员郑荣组妻徐氏，荣卒于康熙二十六年被父仇郑邦璧等殴死。氏矢志报仇未得，遂触死。县阶邑人为之罢市。到丁丑（三十六年），陈公鹏年莅事，询知氏冤未伸，暴馆未葬，特为考案牍正，爰书详，请立墓建祠。督院郭世隆特制“孝烈可风”匾额。备载孝烈祠下。诗词甚多。 ——民国《衢县志》第2560页 民国《衢县志》第57页《图考》中标有“烈妇祠” 《西安怀旧录》有大量诗文记载
宁邦侯祠（信安侯祠）	皂树巷	信安侯祠（弘治府志）在城东。国朝乾隆五十八年改建于西隅皂树巷。传详寓贤。 ——清嘉庆《西安县志》第1588页 宁邦侯祠（康熙《西安县志》）在城东迎和门内。晋将军陈弘讨赵峻乱有功，封信安侯，祠于此，今废。明初常开平入城驻兵于此，加封感应字。（嘉庆县志）乾隆五十八年改建于西隅皂树巷，即侯墓所在玉皇堂后。 ——民国《衢县志》第391页 《信安徐氏宗谱》记载
陈弘墓		晋信安侯陈弘墓（天启府志）在府治西北百步。（旧志）今玉皇堂后。传详寓贤（赵抃撰信安侯墓表）桓桓陈侯，以功诏爵，名勒旗常，声光赫爚。缅昔西征，王师于铄，钲鼓雷轰，旌旗电趠，爰整虎旅，用遏乱略，狂峻授首，余孽扑削。太末之西，高坟斧若，千古英灵，星辰河岳。元丰二年七月既望，书于高斋左庑。 ——清嘉庆《西安县志》第1677—1678页

续表

名　称	今　址	历史文本记载及说明
陈弘墓		晋信安侯陈弘墓(嘉靖府志)在府治西北百步。弘为吴将,征赵峻有功,封信安侯。历事司马晋,年九十乃薨,葬于此,旧韩徽猷宅桂堂西,后为著作郎毛奎孙所居,今尚存。(陈氏谱)其地原名韩家地基,后有古皂木,故称皂木巷,左右有双塘,植桂其上,名双桂塘,后称双桂塘。前建寝庙三楹,奉侯神像,后人不知,误为玉皇堂,乾隆间移改宁邦侯,明初加封,祠于此,今仍之。宋赵清献公撰信安侯墓表:桓桓陈侯,以功诏爵,名勒旗常,声光赫爚。缅昔西征,王师于铄,钲鼓雷轰,旌旗电趠,爰整虎旅,用遏乱略,狂峻授首,余孽扑削。太末之西,高坟斧若,千古英灵,星辰河岳。元丰二年七月既望,书于高斋左庑。 ——民国《衢县志》第787页 陈弘(康熙《衢州府志》)字伯献,阆中人,喜读书,有勇略。初依晋益州刺史王浚,擢参谋。太康元年(280年),弘克西陵、荆门、彝道诸州,自武昌抵建业,所向克捷,弘实左右。时鲜卑余孽赵峻猖獗甚,弘率轻骑袭擒之,黠党皆慑伏,上嘉其绩,特授峥嵘镇总管,封信安侯,遂家于信安,年九十卒。今其祠墓并在皂木巷。 ——民国《衢县志》第2164页
胡公祠	古朝京埠官厅后	(嘉庆县志)在朝京埠官厅后,年久倾圮,基址仅存。 ——民国《衢县志》第395页
天王塔	水亭街红楼宾馆内	天王塔　在朝京门内天王寺(旧志)不知建于何时,塔下有天王寺,后寺毁延烧,塔亦剥蚀。明崇祯壬午八月,大风吹堕塔顶,上铸有梁天监年号,是郡未建先有塔也。 ——清嘉庆《西安县志》第256页 天王塔(康熙《西安县志》)在朝京门内天王寺,不知建在何时,后寺毁延烧,塔亦剥蚀。明崇祯壬午八月,大风吹堕塔顶,上铸字有梁天监年号,是郡未建先有塔也。建置 又梁普通六年建有塔。方外 按:天监普通均为梁武帝年号,不过天监在普通前十有余年,岂亦先塔而后寺欤。清龚大鈊诗《天王寺古塔》:练儿神易灭,佛地日消磨。烟冷菩提树,风吹窣堵波。野鹰颓处立,征雁缺边过,剩有孤花秀,斜阳挂薜萝。 ——民国《衢县志》第739页 注:《两浙辅轩续录》载有此诗。龚大鈊,字品先,号兰契,西安人。乾隆乙酉拔贡,着《兰契集》。

续表

名 称	今 址	历史文本记载及说明
天王寺	水亭街30号内	天王寺(康熙《西安县志》)在县治西北水亭街名显明院。梁普通六年建有塔。洪武年间改今名,寺旋被毁不复建。崇祯壬午八月,风吹塔顶罗城外。今塔尚存,寺仅存有小庙三间,其山门已作市廛。按:西河徐氏谱载此寺本徐姓檀越,其庙内昔供有徐通政公一椟神位,今已颓然废焉。 ——民国《衢县志》第411页 注:水亭街30号门楣嵌有"天王古寺"碑。
铁塔	城西北西北角城垣,西安门边	铁塔　在西北角城垣上。(旧志)明万历间,县尹刘有源以城西临河水势东驶,且防蛟龙之害,命工铸,纯铁为之。盖一邑之镇也。日久倾圮。 ——清嘉庆《西安县志》第257页 铁塔(康熙《西安县志》)在城西北角上。明万历年间县尹刘有源建,铸纯铁为之。或曰城西临大河,岁被洪水,植此以镇蛟龙之害;或曰河水东驶,而城外地皆旷衍,无所收束,作此其控扼,以补形势之不足,盖一邑之镇也。(嘉庆县志)城图旁注铁塔左秀明捐 康熙县图无此六字。又云日久倾圮,康熙间重修,嘉庆四年邑侯许执中劝捐复修。 ——民国《衢县志》第740页 注:汪筱联《解读水亭街》中亦有提到。 民国《衢县志》第57页《图考》中有标注。
观音院	不详	康熙《西安县志》在子城西,太平天国二年建,其址与旧师贞庙近,今不可考。 ——民国《衢县志》第416页 注:疑为上营街太平坊一带。
天妃宫(福建会馆)		天后宫　福建会馆　(嘉庆县志)在西隅天王巷闽商新建 俗呼新天后宫,以别于老天后宫。清康熙十九年封天妃为护国庇民妙灵昭应宏仁普济天妃,随又加封天后,春秋致祭。嘉庆五年,奉旨文武官员朔望行香,六年,闽商鸠赀重建,庙貌扩新。县西正义坊老天后宫,与会馆有别,别见。 一在城南三十里大洲下街,有老天后宫,相传明末清初建,谓之下会馆,又上街有新天后宫,乾隆十七年建。姚志称五十六年谓之上会馆。一在城东十五里樟树潭,嘉庆八年建。均汀帮傅姓主之,又一在城西二十里航埠河东,道光间闽商新建。 ——民国《衢县志》第460页

续表

名　称	今　址	历史文本记载及说明
朱文公祠（徽州会馆）		朱文公祠　徽州会馆（嘉庆县志）称徽国文公祠，今名文公书院，在县学西黉序巷出口，乾隆二十一年徽商建，六十年重修。光绪初年大修，新起花厅三间，光绪三十二年筹设小学校一所。一在航埠河西，曾假作警察分所，今移出。又大洲亦有徽州会馆，今废，遗址尚存，在横街江西会馆间壁。 ——民国《衢县志》第461页
宁绍会馆（宁绍乡祠）		宁绍乡祠　亦称宁绍会馆（嘉庆县志）在县西街柴家巷，乾隆四十七年，实五十二年宁绍众商建，体制崇闳，中奉关帝，左为鲍叔，取其与管仲分金，右为张忠烈公，甬人崇拜。光绪十二年重修。民国元年衢县知事楼守光为立同乡会，以联合乡谊，另定会章，并筹设英才小学校。 ——民国《衢县志》第461—462页
须江公所		须江公所　即江山会馆 在天王巷朝东，斜对新天后宫。宣统间由旅衢江山人捐资，嗣又募诸江邑居民，民国初年始购民屋，今已拓辟基址，改建一新，祀徐逸平先生。 ——民国《衢县志》第462页
西河徐氏祠堂	上营街邵永丰食品厂	西河徐氏祠堂　在西隅太平坊。王玑徐氏祠堂记：宋衢州守徐大兴裔孙逢吉任衢州路大使，因聚族于邑之西河。 ——清嘉庆《西安县志》第1620页 西河徐氏　城西隅太平坊，即上营。王玑记：宋衢州守徐大兴裔孙逢吉任衢州路大使，因聚族于邑之西河。 ——民国《衢县志》第1123页 注：王汉卿口述，徐树源口述。
联豸徐氏祠堂	下营街周宣王庙北面隔壁，原饴糖厂	联豸徐氏祠堂　在西隅下营。徐彦祥传：彦祥先籍祥符，南渡后家于龙邱。淳熙间楠、杓兄弟登进士，皆为御史。彦祥其孙也，洪武间来居信安之灵顺坊。 ——清嘉庆《西安县志》第1620页 联豸徐氏　城西隅灵顺，即下营。徐彦祥传：彦祥先籍祥符，南渡后家于龙邱。淳熙间楠、杓兄弟登进士，皆为御史，故名联豸。彦祥其后人也，洪武间赘于衢，遂居信安之灵顺坊。亦详见徐任道墓志。 ——民国《衢县志》第1123页 注：王汉卿口述，金杏芳口述。

续表

名　称	今　址	历史文本记载及说明
水亭周氏祠堂	周宣王庙北，下营街22号现老年活动中心对面	水亭周氏祠堂 在西隅水亭街北。 ——清嘉庆《西安县志》第1622页 孝义周氏　城西隅水亭街北。今下营灵顺坊有周氏祠。始祖斌，上元人，盖屯籍，宣德五年来衢，其孙女守贞不字以孝义称。道光间举人周世泰弟世滋始为谱，分支北乡枧头村。 ——民国《衢县志》第1130页
节孝坊	街街口周家与陆家之间以及新华小学处	崔翰妻吴氏（嘉庆县志）结褵二载而夫亡，母怜其少，微风改适，氏婉言谢绝，矢志不移。迈姑目瞽，舌舔至百余日，双目忽明，人以为孝感。遗孤身弱多疾，百计调护，稍长，训以义方，俾克有成。乾隆三十二年题旌，有节孝坊在下营。 ——民国《衢县志》第2609页 刘门二节（嘉庆县志）刘杰妻戴氏，年二十八，夫亡，遗孤缙（坊作正缙）在襁褓，抚育成立。娶妇张氏，缙又随殁。张年二十九，姑媳相依，同抚孤孙，俾至成立。戴年七十一而终。嘉庆十四年，张年五十五岁尚存。有坊在西门文昌阁，系道光十七年题。 ——民国《衢县志》第2615页 注：周明基后人博客，王汉卿口述，姜香梅口述，陆景祥口述。
明扬坊	水亭街	明扬坊　水亭街。 ——民国《衢县志》第213页
崇善坊	水亭街东头	水亭街在朝京门内一直东抵崇善坊。 ——康熙《西安县志》
殿中执法坊	水亭街	殿中执法坊　水亭街，为御史徐任道立。按：此坊久圮，其地尚称执法当，多徐氏子孙居住。 ——民国《衢县志》第734页 注：汪筱联解读水亭街中亦有介绍。
师正坊	新驿巷口（接水亭门街）	载民国《衢县志》第213页。 新驿巷属天皇巷社区。

续表

名　称	今　址	历史文本记载及说明
灵顺坊	下营街周王庙前	灵顺坊　朝京门内下营一带。 ——清嘉庆《西安县志》第233页 灵顺坊　朝京门内北向下营。 ——民国《衢县志》第213页 注：属周王庙庙坊（见周王庙内第二碑），今址王汉卿老人确认。
西太平坊	上营街	西太平坊　朝京门内上营一带。 ——清嘉庆《西安县志》第233页 西太平坊　朝京门内南向上营。 ——民国《衢县志》第213页 注：王汉卿口述。
韩徽猷宅		韩徽猷宅（康熙《西安县志》）旧韩徽猷宅，双桂堂西，后为著作郎毛勴毛奎孙所居，见陈侯弘墓下。 （嘉庆县志）双桂堂在府治西韩徽猷宅，见古迹下。按：此地在皂木巷，即陈宁邦侯墓祠所在。据陈氏谱，祠内有双桂堂，本双桂塘，因宋有陈尧叟、尧咨兄弟并及第而名。清费履升《双桂堂怀古》诗：谁知龙额亦王孙，坏屋秋风偏草痕。惟有婆娑金粟影，夜深还落故侯门。 ——民国《衢县志》第745页
崔园（观我园）	文昌阁遗址边	崔圃　通称崔家花园，在西门文昌阁，园为清乾隆间崔显祖所筑，有亭池花木之胜，显祖字崇先，号守愚，好与诸名士游学，使朱石君珪假其馆于家，颜之曰“观我”。按：观我为徐公可求别号，不知何义，或曰其地比邻联豸祠，本徐公故居云。程阳初补斋《题观我园并序》：“崇先卜宅城西，致为爽垲。此地池塘混漾，古期阴森，绰有林泉幽趣。余与亲朋时造访焉。”其诗云：“山南门第素清华，天挺英豪自克家；大雅量涵浮石水，淹通文丽烂柯霞；宜亲紫禁炉烟霭，偏爱幽居树影斜；看取守愚题榜意，知君立志远虚夸。” ——民国《衢县志》第778页
冰山石洞	新驿巷	在城西新驿巷，故址犹存，其始末无考。 ——民国《衢县志》第780页 注：属私家园林。

续表

名称	今址	历史文本记载及说明
西城楼（城西旧楼）	今碧春楼	城西旧楼（王世懋二酉委谭）衢州城西层楼下，临衢水，颇称壮丽。上有四大字云“飞阁流丹”。余刻一诗而去。王世懋《游城西旧楼》诗： 雨合烟霏望不穷，层楼百尺似浮空。 清迷橘柚寒山外，白点鸥凫细浪中。 游目岂须吾土贵，赏心偏为故人雄。 不知醉后题姑蔑，可得东阳八咏同。 ——清嘉庆《西安县志》第554页 亦名城西旧楼，又名西层楼。（王世懋二酉委谭）衢州城西层楼下，临衢水，颇称壮丽。上有四大字云“飞阁流丹”。余刻一诗而去。王世懋《游城西旧楼》诗： 雨合烟霏望不穷，层楼百尺似浮空。 清迷橘柚寒山外，白点鸥凫细浪中。 游目岂须吾土贵，赏心偏为故人雄。 不知醉后题姑蔑，可得东阳八咏同。 ——民国《衢县志》第755—756页
白莲池	周王庙处	白莲池（康熙《西安县志》）郡城西，今填为灵顺别庙，即大周王庙，其存无几。（嘉庆县志）在府学东普润庵后，相传正谊书院即其地，今中学校。池尚在，水甘可饮。嘉庆初重建书院，掘地得一古碑，随为工匠毁弃。按：两说不同，是城东西各有一白莲池也。 ——民国《衢县志》第775—776页 注：造周王庙时填了。
捲雪亭	水亭门外	捲雪亭（舆地纪胜）在郡城航远门外，俗称水亭门。 ——清嘉庆《西安县志》第552页 捲雪亭（舆地纪胜）在郡城航远门外，俗称水亭门，按：此亭既在城外，则非水亭城楼也，城楼名碧春，见前。 ——民国《衢县志》第772页
西水门	小西门	《清光绪方友升重浚衢城内河并得西水门故道碑记》 ——民国《衢县志》第1558至1560页
朝京埠		朝京埠 俗谓新码头，与旧朝京门相对故名。通和浮桥原设于此，近始移下。清代有上航驿在埠头，供应差使。设有厘捐局。旧为盘盐厅，或假为接官厅。 ——民国《衢县志》第204页

续表

名 称	今 址	历史文本记载及说明
德平埠		在城西北德坪坝下，俗名黄泥壩，底横连朝京埠。原为渡船埠水涨时拆，浮桥由此渡过。与亭川埠隔河相对。今移通和浮桥于此。其上旧有洗冤亭址。 ——民国《衢县志》第204页
天王桥	天王巷北口	天王桥　新开河上，天王巷北口。 ——清嘉庆《西安县志》第504页 天王桥　天王巷北口，新开河上。 ——民国《衢县志》第617页
新驿桥	新开河上	新驿桥　新开河上，新驿巷北口。 ——清嘉庆《西安县志》第504页
罗汉井	罗汉井巷	罗汉井，在西隅罗汉巷，巷因井名。 ——民国《衢县志》第611页
盐码头		西城门外第一埠头，原为盐商捐资起筑。因有滩水急，船不能停泊。更筑坪一带连至中埠，以便盐引之起卸。 ——民国《衢县志》第204页
常山码头		西门外左转数十步，迫近城隅。为常邑来船停泊之所。但坡陀荦确，行李上下维艰。 ——民国《衢县志》第204页
柴埠头		在城西南沿河洪山坝，上首将近双港口。多为江山来船停泊起卸货物，柴为大宗，故名。近建有四喜厅。 ——民国《衢县志》第205页
信安马驿	朝京埠后	（康熙《衢州府志》）明弘治八年奉裁并入上航驿。按：旧驿原在大南门与小西门之间，洪山坝前。移置朝京埠后，专以供往来差使，于是又有接官厅之设。往时制军及典试学政入闽者，率于此舍舟登陆，是为水马驿。民国改革，不应差务，此项驿舍亦遂由官产处售于民间。当咸丰军兴时期，羽檄奔驰，日不遑给，假城内邑庙为办公处，事定遂以为例，至光绪十九年重修邑庙，始迁南园巷中厢祠，一名土地巷。清末废除，民国改归邮政传递。 ——民国《衢县志》第351—352页

续表

名　称	今　址	历史文本记载及说明
通和浮桥	水亭门外衢江上	通和桥在朝京门外水次，万历三十九年郡守洪公纤等建造。两岸八十余丈，船四十余双两岸砌石横亘铁绳桥成，行者如履平地。 ——民国天启《衢州府志》第120，222页
大小盐仓巷	罗汉巷	小盐仓巷　在罗汉巷。 大盐仓巷　通县西街，罗汉巷内。 ——清嘉庆《西安县志》第239页 大小盐仓巷　罗汉井转弯，今并柴家巷，通漕门衖。 ——民国《衢县志》第220页
漕门衖	斜对天王巷，通柴家巷	漕门衖　斜对天王巷小衖，曲曲通柴家巷。 ——民国《衢县志》第220页
罗汉巷		罗汉巷　通水亭街及大盐仓巷。 ——清嘉庆《西安县志》第239页
井巷	大盐仓巷内	井巷　通大盐仓巷内。 ——清嘉庆《西安县志》第239页
护领巷	皂木巷	护领巷　即皂树、柴家二巷内横巷。 ——清嘉庆《西安县志》第239页 护领巷　姚志谓即皂树、柴家二巷内横巷，今属柴家巷，西通太平坊处。 ——民国《衢县志》第220页
盘盐厅		在西安县朝京门外水次，嘉靖四十一年冬十月郡杨准建。 ——清嘉庆《西安县志》第430页
双桂坊	小西门内	小西门内为举人赵镗等立。 ——康熙《西安县志》卷二
雁序馆	城西(具体地址不详)	在府城西，唐咸亨中刺史赵璘与弟处州刺史瓒会别之处。 ——《衢县志》第750页 《名胜志》在郡城西。唐咸通中刺史赵磷与其弟处州刺史瓒会别之处。 ——雍正《浙江通志》卷四十八 另外见《明一统志》(卷四十三)

市 贾 篇

- 水亭门乡链
- 宁绍乡祠
- 五谷财神庙
- “达源号”钱庄
- 水亭门的当铺
- 十字街头上的茶馆
- 水亭门酒肆
- 一大染坊
- 元大森水果行
- 瀫水芳枳
- 胡德泰肉店
- 江氏大厅
- 水亭门的学徒生涯
- 街上的流动商贩
- 衢州商会
- 水亭门街区民国商贾风景线

引　言

衢州素有“四省通衢”“五路总头”之称。《衢县志·商市序》(643页)称，“商业之发展，视乎地点之交通”，“欲求商务之振兴，必自交通便利始”。水亭门由于紧靠衢江码头，便利的航运使其成为衢州最为繁华的商贸之地。《衢县志》记载:“西城水亭街，南城坊门街，十字街，西南市街皆为繁盛之区。”

不过衢州在明代以前，从事商业的人不多。《衢县志》记载:“明时邑中商家屈指不过数人，亦止于会城。一岁三数往复已耳。”这种情况主要是与南宋以来形成的重士轻商的传统有关。本地人大都是宋元时期从北方流落下来的仕宦，传数代以后悉成土著。这些本地人“亦只安家居耕作以谋衣食而已。一切金融之流通，价格之上落，悉操诸客帮之手，闽、赣、徽、宁、绍各树一帜”。由此水亭门商业的最大特色是云集不同地区的商业文化。外邦人到此，相互间形成一种竞争关系，为了相互帮助，亦为慰藉思乡之情，“不忘殷示崇本”，遂开设会馆，联结乡谊，在异乡培育“熟人社会”。

康熙《西安县志》曰:“商无贫，士无富，此言读书之苦而约，不如服贾之逸而饶也。”随着外邦商人的进入，衢州商业开始繁荣起来，民风也随之发生变化。关于这一点，《衢县志》这样解读:“而贾人皆重利，往往致富，今之富人无不起家于商者，于是人争驰骛奔走，竞习为商，而商日益众，亦日益饶，近则里党之间，宾朋之际，街谈巷议，无非权子母征贵贱者矣。”

考察当年水亭门的商业样态，首先就是货运业，这里有专门的运输行，称

“过塘行”,运输行的存在使水亭门成为周边地区本土产品集散地,如咸花生、柑橘、胡柚、茶叶、福建南(山)货等。就商品而言,衢州的纸槽业很发达(曾为历朝贡品),民国初年,为第一大出口商品,每年不下三十万金。水亭门经营纸业大户有“王立大”“叶半城”和应家。光绪以后,衢州丝绸业得以振兴,所出的丝不亚于湖州,质地柔韧,色泽光洁。本地外销的农产品主要有橘、笋(竹笋)、乌桕、竹木、楮炭之属,还有稻、秫、菽、麦等。

行业上水亭门主要有木材行、米业、油行业、酱园业、药材业、布业、酿酒业等等。其次就是依附于这些行业的服务业,如菜馆业、金融业、娱乐业。此外,民国时出现一些西式新兴产业如皂木巷的勤业袜厂,以柴家巷阜城纸、卖洋油洋烟西药的商铺(中英大药房、德丰仁煤油号、中英大药房中英烟部等)。还有就是衢州各种传统手工业,如箍桶、编织品等。

以上这些行业大都在水亭门街区留有遗迹。这里的商业经营模式多样,有家族经营、雇佣经理、经理人管理方式。商业经营理念中包含传统儒家文化,水亭门还是培养商业管理人才的“大学校”,这里的学徒制反映儒家教育理念,以“进退应对洒扫”(见《论语》)为理念的“知行合一”教育思想,许多大家族都把子女放到水亭门商铺里培养。这对现代商业的发展人才培养仍具有借鉴意义。

本篇主要挖掘民国时期水亭门的商业景象,考察其中以会馆为核心的商业精神,梳理当年这块街区的商铺。这些资料为恢复水亭门街区昔日景观具有重要参考价值,而其中一些店铺名称亦可以开发成为具有衢州传统地方特色的老字号。

水亭门乡链

郑永禧在《衢县志·序》中写道:“衢为浙东重镇,控闽赣,通徽睦,襟山带水,俨然一大都会也。”《图经》云:“衢州川陆所会,四通五达,江浙闽广之所辐辏……郡为往来孔道,无事听商贾之通行,有事据要害以防守。”[1]昔日繁华的水亭门“俨然一大都会”之地。据《衢县志》(460页)记载,由于衢州“在宋元为仕宦之乡,往往因流寓而落籍,数传以后悉成土著,迄今犹可循流而溯原也”,故衢州“商业一道素操纵于外帮,若闽若赣若徽若绍率占其大部分”。于是来自他乡的商贾“立会馆以叙乡情,用敦亲情睦之谊,《诗》云:‘维桑与梓,必恭敬止’。殆亦不忘其本之思而”。来自各地的商帮云集于此地,带来的不仅是不同的商品,也带来了各地的语言、生活方式、宗教信仰和文化习俗。这些非衢州土著之居民,融入衢州本地生活,而亦与自己的故土保持着千丝万缕的联系。而其中作为“乡土之链”的会馆(旅衢同乡会),始终呵护着侨寓异地的商人游子,为同籍人士提供了生活的依靠和精神的寄托。[2]

《衢县志》上记载衢州曾有多处会馆,作为江西会馆的万寿宫、宁国太平公所、金华会馆、属遂昌、龙泉的遂龙会馆等等。民国档案记载有在讲舍街的永康旅衢同乡会、江苏旅衢同乡会。在水亭门一带会馆最为集中,有五处会馆或

〔1〕康熙《衢州府志》卷二,清光绪八年重刊本,成文出版社有限公司,1982年。

〔2〕王日根:《会馆是体现中国文化精神的社会组织》,《寻根》2007年第6期。

公所：宁绍巷的宁绍会馆，天王巷的福建会馆天妃宫，以及天妃宫对面的江山公所(亦称须江公所)；县西街的徽州会馆和江西会馆，上营街38号的义乌同乡会。这些会馆是当年水亭门聚集南北商人，是衢州商业繁华之地的历史见证，也是各地在衢州的乡链。

关于会馆的肇始，清人杭世骏说："会馆之设，肇于京师。"[1]会馆一般多建于水陆交通便捷和商业活动频繁之地。衢州紧靠衢江，素有"四省通衢""五路总头"之称，在衢州城内有多处会馆便也是情理使然了。关于会馆产生，明人刘侗在《帝京景物略》中写道：尝考会馆设于都中，古未有也，始嘉(靖)隆(庆)间。[2]而考察衢州本地会馆的兴建时间，大多也开始于明朝末期。据《衢县志》记载：老天后宫为明朝时所建，徽州会馆为"乾隆二十一年徽商建"，宁绍会馆为乾隆四十七年(实五十二年)所建，江山公所则为宣统时期所建。

严昌洪在《中国近代社会风俗史》中认为会馆具有"祀神、合乐、义举、公约"四种功能。在水亭门的这些会馆各有主要祭祀之神灵(见下表)，这些"神灵崇拜为会馆树立了集体象征和精神纽带"[3]。

水亭门一带的会馆及其带来的地方神

会馆名	别名	家乡神祇	地点
徽州会馆	朱文公祠	朱子	县学街
福建会馆	天妃宫	林默	天皇巷
宁绍会馆	宁绍乡祠	张忠烈公	宁绍巷
须江公所	江山会馆	徐逸平	天皇巷
义乌同乡会		不清	下营街

〔1〕江苏省博物馆：《江苏省明清以来碑刻资料选集》，生活·读书·新知三联书店，1959年，第24页。
〔2〕《嵇山会馆唐大士像》，刘侗等编撰：《帝京景物略》卷四。
〔3〕王日根：《会馆是体现中国文化精神的社会组织》，《寻根》2007年第6期。

《西安县志》引《易》曰:“圣人以神道设教而天下服,道于是乎在焉。”历朝都有对神灵的敕封,譬如像林默,从一介民女成为海上保护神、医药保护神直至全智全能的通神,这恰好适应了普通百姓对圣贤全智全能的心理要求。《衢县志》记载,林默在“清康熙十九年封天妃,为护国庇民妙灵昭应宏仁普济天妃,随又加封天后”,不但如此,当时官府还规定“春秋致祭,嘉庆五年奉旨文武官员朔望行香”。而徽州会馆所信奉的朱熹乃徽州婺源人、江山公所祭祀的徐逸平被认为是朱熹的老师,江山先贤;张忠烈公是宁波有骨气的抗清英雄。这些人本来都是凡人,然而各地封为神灵,会馆神上加神,通过这众多神灵的设置,士绅文化中所提倡的忠孝节义便悄然融入平民文化。而“合乐为流寓人士提供了集会和娱乐的空间,人们会在节日期间“一堂谈笑,皆作乡音,雍雍如也”[1]。通过各种戏曲说唱艺术的表演,雅文化与俗文化在会馆的戏台上碰撞和对接。在天妃宫和徽州会馆,都搭建有戏台。而会馆的戏台是庶民文化和乡绅文化、外来文化与土著文化互相渗透的场所。

安土敦乎仁,义举不仅为生者在身处逆境时由此解脱,更注重给死者创造暂厝、归葬的条件。《衢县志》卷三记载的徽州旅榇所、须江厝所、宁绍旅榇所,都是给死者提供死后安息的场所。“在城西五里地藏寺,地方凡江邑人无力归葬者,得厝棺于此,四围有山塘,地税四亩一分一厘,所有产息收入给掩埋祭祀看守之资。”据《衢县志》(469页)记载,很多会馆都建有小学,比如徽州会馆设有皖江两等小学校,建于光绪三十二年;宁绍会馆设宁绍两等小学校,须江公所有江山秀才周浃开设的私塾。

民国时政府各个会馆建立规章制度,维护集体利益,从而维护社会秩序的安定。会馆建立之初便要求会馆能发挥编户齐民、辅助治化的功能。清朝时,来自徽州绩溪的余文彬在衢州经商时恰逢饥荒,城中出现平民抢米风潮。官府正要关闭城门准备镇压之时,余文彬急忙找到当时的西安县令,献“连赈平粜

[1] 王日根:《会馆是体现中国文化精神的社会组织》,《寻根》2007年第6期。

可弥变”之计，并先出粟二百石，其他商人也纷纷解囊，最终平息了这场民变；他又“于航埠造渡济人，捐田为经久费”，受到衢州人的赞许[1]。立足于此，会馆有时还可以在解决内外纠纷以及反抗外国资本主义的压迫方面发挥作用[2]。会馆作为官府和老百姓之间的桥梁，起着独特之作用，或许正因如此，郑永禧才会在《衢县志》上将会馆以及旅榇所等编入“建置志”中吧！

这些来自中国各地的商人名为衢州的“客人”，实际上他们的生活已经融入衢州本土，在衢州的历史上留下了不可磨灭的印记。郑永禧在《衢县志》上写道：“孔子自言东西南北之人，而不忘殷示崇本也。乐郊之适，实至如归，名有主客之分，实无区域之别。”这是说，在孔子的那个时代，人们并没有主客之分；汉朝时为了“序其人民而着之于土，以示维系之意”；到了唐朝，户籍制度的实行，“乃有土客之分”。“由是彼疆此界，遂成异视”，从此强化了“土著”和“客人”的区分。而“制科定后，各由原籍应试乡举贡进士，始得通籍于朝，迄于有清皆然”。而到了民国，人们开始倡导“民国肇兴本大领土之义，同居中华国土，同是中华国民，皆胞与也”[3]。然而，郑永禧“考旧志，既备载寓公势难删削，不得不酌而存之，以仍其旧，后有继者，凡居兹土而归试原籍者井系焉”。虽然郑永禧当时有心不用所谓“主客”二分来写《衢县志》，却也不得不遵循旧例，把本不是衢州土著的人另列篇目志之，如有“叶半城”之称的叶家叶道生、叶华生两兄弟，江山富豪汪乃恕就作为“流寓”载入《衢县志》。

水亭门这些会馆，当时到底起什么作用？我们可以民国档案收录的“永康同乡会章程”为例，从中可以看出各个会馆的具体功能和作用：

（一）幼其年失学之救助及增进学向知识事项

[1] 嘉庆《绩溪县志》卷十。

[2] 王日根：《会馆是体现中国文化精神的社会组织》，《寻根》2007年第6期。

[3]《衢县志·流寓》卷二十四。

（二）疾病之疗养事项

（三）贫困之扶助事项

（四）职业之介绍事项

（五）生活之改进事项

（六）非法侵害之援助事项

（七）娱乐之设施事项

（八）储蓄之提倡事项

（九）商业工业上之发展事项

（十）灾祸之呼吁救济事项

（十一）会产之清理保管事项

（十二）生产消费合作事业之提倡事项

（十三）同乡纠纷之调解事项

（十四）其他一切公益事项

以上可以看出，会馆以共同的乡土道义、亲情纽带为根基，建立了一个几乎涉及各个方面的“抱团”机制，行使今天大部分由政府代办的民政事务，包括救济、慈善、金融借贷、投资生意、职业介绍、纠纷调解、法律援助、娱乐、教育等等。其他会馆也基本上有类似章程。在另一份档案，我们看到为了管理花园岗江山厝所，建立有一个“三元祀孤会”的组织，负责“每年春秋祭扫孤魂”。中国有句俗语叫做“老乡见老乡，两眼泪汪汪”，在人地两殊的情况下，听到乡音，或者“他乡遇故知”，确实能慰藉远离家乡的人思念故土亲人之苦。如今，随着城市化和现代化进程的加快，越来越多来自不同地域的人们涌入城市，在这种情况下，他们还能慰藉自己的家乡和亲人吗？过去人们不管远在何处，事业有多发达，故乡和亲人总是自己含辛茹苦的最重要根基。今天温州商人还保留了那么一点乡土义气。今天农村人到城市打工很难在城里找到“故乡”的

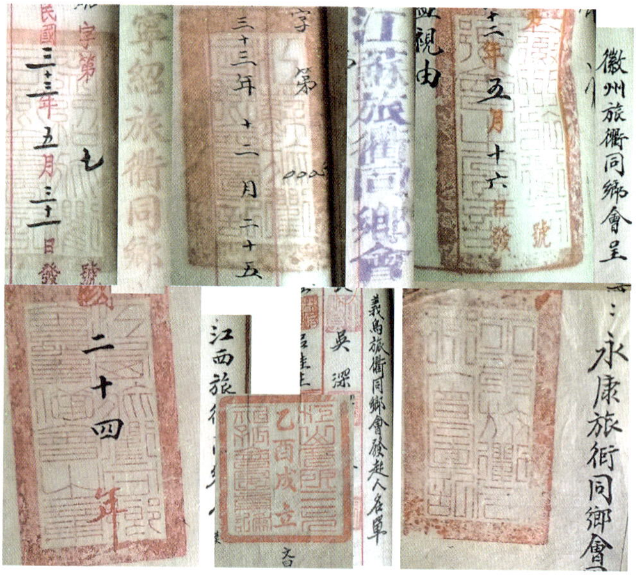

部分民国旅衢同乡会图章

亲情。而会馆过去不仅能帮助流动人口落脚、相互接济、合作投资等，而且凭借着乡音的纽带还能在他乡得到一份温情。《诗》言“维桑与梓，必恭敬止”，敦乡谊也。“出自幽谷，迁于乔木”，美高迁也。[1]意思是说对于代表故乡的桑树和梓树，一定要对它们恭恭敬敬，对待家乡要有一种敬畏的心理。

衢州在历史上曾以包容心态，容纳四方来客，形成多元的地方文化。在这块土地上留着不同“家乡”的“桑梓”。今天各方来客如能在水亭门见到家乡在此的印迹，感受先人留下的乡情，当见到故乡的树木联想先人手植，必然是对这块土地也满怀敬意！我们建议水亭门一带的会馆能重新与原来地区建立纽带，展示不同地区的文化，重建水亭门的乡链。

（张崇、吴宗杰）

〔1〕《衢县志·流寓》卷二十四。

宁绍乡祠

在宁绍巷口如今衢州工商业联合会一带，曾经是宁绍乡祠，也称宁绍会馆，由在衢州经商的宁波和绍兴商人捐资建成。据《衢县志》卷四记载，宁绍会馆亦称宁绍乡祠。清嘉庆《西安县志》记载：县西柴家巷乾隆五十二年（1787年）宁绍乡裔祠。衢州曾经有很多会馆，比如江西会馆、徽州会馆、金华会馆，而唯有宁绍会馆是来自宁波和绍兴两地的商人捐资共同所建。据宁波网《宁绍会馆今何在》一文介绍〔1〕，当年宁绍会馆的建立也经历了一番曲折。当时宁波帮商贾在衢州各县大都开设广货行、西药店，从上海、宁波一带运来各种日用百货、绸布、西药。绍兴客商则以经营盐业为主，因为当时的盐业多由官府专营，私人贩盐需要取得官盐执照。"绍兴师爷"在官场的影响力较大，使得绍兴人领取官盐执照较方便，所以衢州各县盐业多系绍帮客商经营。清乾隆四十三年，衢州朝京门码头的入口处，宁波绍兴的商人修建了宁绍会馆，有了自己的乡土之链。

会馆所在的宁绍巷。清嘉庆十六年《西安县志》上并无记载此巷，据说宁绍巷就是护领巷，自有宁绍乡祠，县西街上的那条直通衢江码头的古巷就被称为"宁绍巷"。1944年宁绍同乡会档案显示当时这条巷已经叫宁绍巷。《西安县志》卷八记载，"护领巷，即皂树柴家二巷内横衖"。宁绍会馆的位

---

〔1〕宁波网《宁绍会馆今何在》，http://www.cnnb.com.cn/nbbang/system/2008/04/16/005552308.shtml。

置在《衢县志》记载在柴家巷上：“一横一直，有宁绍乡祠。”宁绍乡祠是80年代被拆除，根据1952年房产资料所画图显示，乡祠规模很大，直通到罗汉井巷，东靠县西街，主体建筑为三进两天井，两侧有厢房。60多岁的叶裕龙，曾经是宁绍巷衢州工商业联合会的秘书长，他在解放初期就被父母放到宁绍会馆里上小学。当时还不到5周岁的叶裕龙有时会在上课的时候溜到外面的天井里玩耍。他回忆说，宁绍会馆的石头大门很气派的，大门外就是现在保存下来的照壁，看起来十分有气势。一进大门两边都是教室，中间是天井，天井很大。65岁的朱金福老人也曾经在这里上过学，据他回忆，正对天井的是一个大厅，大厅后面是砖木结构的楼房，直通到罗汉井。1952年房产资料显示会馆从宁绍巷进入为三进祠宇两个大天井，两边有厢房，然后是紧挨着的三套楼房，一直通到罗汉井巷。民国档案显示，周凤岐、戴铭允、周明德、黄石麟、韩子卿、徐问粹等衢州名流都是宁绍同乡会中重要人物。1944年选举周明德为理事长。91岁的郑怀棪老人和85岁的戴明新老人一提起宁绍会馆，都说当时自己还是小孩子，“都不敢去的喂，怕怕的”。之所以怕，据老人说，是因为宁绍会馆里摆满了棺材，那些客死衢州的宁波人或绍兴人，还来不及把棺材运到老家去，就把棺材停放在宁绍会馆里。

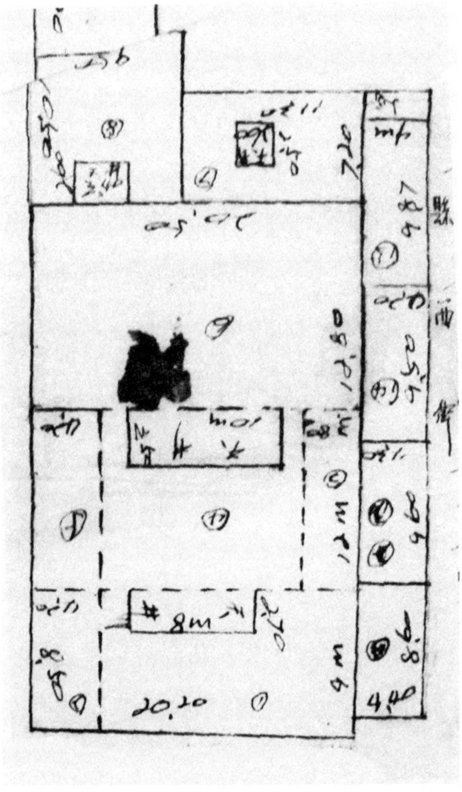

1952年宁绍乡祠部分建筑平面图

会馆的内涵

《衢县志》卷四中记录了当年的宁绍会馆，谓宁绍会馆建于乾隆四十七年(实五十二年)，“宁绍众商建体制”，“崇闳，中奉关帝，左为鲍叔(取其与管仲分金)，右为张忠烈公(甬人崇拜)”，后来宁绍会馆于“光绪十二年重修”。这些神灵的设置，关键在于为会馆这一社会组织树立了集体信仰，或者说一种共同的契约，同时也为联系乡谊起到很好的凝聚作用。那么，为什么会供奉这三位神灵呢？

关帝在圣贤中是拥有最多祠庙的一位，以忠义“武圣人”著称。关帝庙不仅遍布汉族地区，也达新疆、西藏、内蒙古等少数民族聚居区以及朝鲜、日本等国。在衢州，关帝庙列在诸庙前列，有着重要意义，“文武官俱诣此行礼”[1]，宁绍乡祠供奉关帝是取其“恩主”信仰，即“对民有恩”，这既有感恩地方，也有倡导忠义之意。而鲍叔是春秋时代齐国人。他和管仲的交情是千古有名的“管鲍之交”，以知人并笃于友谊称于世。后常以“鲍叔”代称知己好友。鲍叔与管仲分金是说，管仲年轻的时候，家里穷，而鲍叔相对富有。鲍叔经常接济管仲，还合伙做生意，本钱均为鲍叔出。每次蚀本都是鲍叔赔钱，而赚钱的话管仲却取走差不多三分之二，以此作为接济。后来鲍叔还推荐管仲出来做宰相，管仲虽然做生意不行，可是在治国上却成就卓著，在他的管理下，齐国成为当时最富的国家之一。为此管仲评价说：“吾始困时，尝与鲍叔贾，分财利多自与，鲍叔不以我为贪，知我贫也。吾尝为鲍叔谋事而更穷困，鲍叔不以我为愚，知时有利不利也。”宁绍乡祠供奉鲍叔大抵是取其经商中知人并笃于友谊吧！

张忠烈公是宁波地方神，深受宁波人的信仰。张忠烈公本名叫张煌言，

---

〔1〕《衢县志》卷四。

生于明末清初，号苍水，宁波（古称鄞县）人，谥号“忠烈”。对于甬人来说，张忠烈公之气节与精神可以说是宁波人之精气神的标杆。当年清军入关，明朝岌岌可危，张苍水奋然参加抗清斗争，集合一大批抗清人士与清军作战。他文中写道：“一日可为之局，不肯褰裳而去，倘势穷，惟有一死而已。”可见他从一开始就预见要失败，但是“只因读书知大义，痛忿胡氛”。所以“上则欲匡扶宗社，下则欲保捍桑梓”，后张苍水于康熙三年为清军所俘，多次招降不过，慷慨就义。宁绍乡祠供奉张忠烈公既表达宁波人之骨气，也是体现家乡情结。

宁绍会馆除了供奉神灵，联结乡谊，还实行会员制度。83岁的戴明新老人说，他爷爷是绍兴上虞人，就是宁绍会馆的会员，每年一定的时间，会员都要缴纳一定的会员费。徐树源老人回忆他的爷爷来自绍兴柯桥，曾是宁绍会馆的会员。会馆每年会举行一些针对会员的活动，比如赶上过年，会请会员聚餐，大人小孩都可以去的。戴明新老人就曾经参加过这样的聚会，“这么大的馒头，一个人两个。还有肉咧，这个猪肉，生的，一个人半斤，再还有那个麻饼，一个人一桶，都有的拿的”[1]。

戴明新

而除了为生者提供帮助和精神慰藉，宁绍会馆也注重给死者创造暂厝、归葬的条件。除了提供摆放那些暂时无法归乡入土的死者的棺材外，宁绍会馆也会为那些死了人而买不起棺材的人家免费提供棺材。而且，宁绍会馆还专门在衢州城外安

[1] 吴宗杰：《采访戴明新、郑怀棪谈周王菩萨真身、逃日本等》，录音编号：20100731。

置那些死去的同乡，在《衢县志》(344页)记载在衢州城南有宁绍旅榇所，叫做“南济庵”。“同治初被毁于兵”，后来由“宁商洪玉成绍商陈葆初修复之”，结果又被“被蚁蚀殆尽”。后来到了光绪十七年，“葆初子少初邀同宁商应诗蘅集资另购月字区地二号”重修，“大殿客堂俱全，左右翼室分为男女旅榇之所。府学教授魏熙元为之记”。

87岁的徐文华，人叫她“华婆”，她娘家原来在水亭街县西街口上开鸡蛋行。她回忆说，戴铭允的母亲去世后，就在宁绍会馆举行公祭，当时连汤恩伯、衢州绥靖公署的余汉谋等国民党大官以及衢州地方官员都到场。说到这里，就不能不简单介绍下戴铭允。他是民国时期中国农民银行衢县分行的负责人，水亭街上戴沅昌药店的老板就是他的一个堂兄弟开的。《衢州金融业的演变及其经营概况》[1]一文介绍，“中国农民银行是国民党四大国家银行之一，被指定为农贷专业银行。1940年设立衢县办事处，地址在美俗坊，后代理国库，迁至后街巷，主人戴铭允(衢县人)。抗战胜利后，戴兼省分行副理”。

说起戴铭允母亲的葬礼，当时还在上小学的华婆也要参加，“我们小学生也要去的”。华婆的父亲虽然是开鸡蛋行的，不做官，但是“这样的场合他都要去的”。华婆说，葬礼在宁绍会馆持续了一个礼拜，到处挂满了挽联，都挂满了，挂了七天。公祭的时候人很多，抬出去葬的时候，有“七经八道”，“七经八道”就是七个和尚八个道士，公祭后面是路祭，祭的时候要读祭文，要说死者一生的事情。从宁绍会馆出发，到南街，然后下街，再到县西街，然后到水亭门。当时华婆家就在县西街那里，这里也设了路祭，就是“读祭文”。华婆说，出殡的时候抬出来的棺材很好看的，“红漆棺材，不像我们普通看到的那种红色，很好看”。还有很多纸扎的猪、牛、羊，还有老佛、幡都抬出来。最后从水亭门出城门，抬到坟地。华婆说，戴铭允母亲的葬礼是“我看到过的最

---

〔1〕《衢州文史资料》第四辑，第13页。

热闹的”。戴铭允一共有兄弟五个，出殡的时候老大在前，兄弟几个按次序排好，个个都要披麻戴孝的，穿的是麻布衣服，用麻绳系的，还有小辫子，用稻草扎起来的，还要戴麻球。麻一定要披的，背心一样的麻布衣，“很难看的”。不论男女，还要有小棍子拄起来，郑怀棪老人讲，因为葬礼作为亲人一定是很悲伤的，到后来会站都站不起来的，所以要有个棍子拄着。女的就戴帽子，帽子的长度根据亲疏不一样的，媳妇的长度很长，要过膝盖的，这就是“披麻戴孝人”，“生儿子就是在这时候派用处的”。这样的葬礼一般都是富人家才有，穷的人家付不起。

照壁

在宁绍巷口，矗立着一面八字形的照壁。很多熟悉此地的人们都说，这面照壁是原来宁绍会馆的。衢州第三次全国文物普查记录：这面照壁为歇山顶，

宁绍乡祠照壁

基座麻石条砌筑须弥座，方砖清水墙，叠涩檐下方为影出垂帘柱及挂落，地面青石板，枋心钱纹。照壁在北方又叫“影壁”，可以建在门内或门外，门内的照壁在古代称为“萧墙”，因而有“祸起萧墙”之说。以前人们认为自己宅中不断有鬼来访，修上一堵墙，以断鬼的来路。因为据说小鬼只走直线，不会转弯。另一说法为照壁是中国受风水意识影响而产生的一种独具特色的建筑形式，称“影壁”或“屏风墙”。如今，宁绍会馆早已被拆，只留下这一面照壁。据说，当年这块照壁之所以没有被拆而保留了下来，是因为它当时可以作为公共厕所后面的挡墙。文物普查资料记载，2003年衢州文化部门对此专门进行修缮。照壁西南角立有一墙界石，为“宁绍公所”，是当时宁绍会馆的墙界。

宁绍英才小学校

在介绍宁绍会馆时候，《衢县志》(324页)亦记载了宁绍英才小学校：“民国元年，衢县知事楼守光为立同乡会以联合乡谊，另定会章并筹设英才小学校。”在《衢县志》(325页)亦有记载称，英才小学校发起稍后，由旅衢宁绍同乡组织，但是“因限于经费，单开初级班”。

到了解放初期，宁绍会馆被改为宁绍小学。1952年房产资料显示当时已经称“新民小学”。老衢州朱金福今年65岁，小时候住在道前街。1949年他曾在这里上过一年学。他记得宁绍会馆进门就是个大天井，天井的周围都是教室，天井的北面有个大厅，每天上学、放学大家都要到那里集会。叶裕龙回忆，当时的教室并不大，只能摆下三张桌子，大概能坐二十个人。86岁的徐树源也曾经在那里读过小学，据他说，当时上学要自己交学费的。而这所学校开办不久，就被撤掉了。讲到撤掉的原因，叶裕龙老人说，当时这所学校是解放以后由衢州工商业联合会，就是当时的衢州商会办的，后来搬到皂木巷叫做新民小学。“当时办学校是商会出资金。真正办学赚不到钱的，商会是出于社会责任办学的，对后来的工商联来讲，学校就不办了”。

抗战时的隔离所

1942年,日本侵略者曾先后以空投和地面直接撒播的方式,在衢州发动了细菌战,造成衢州连续八年流行传染病。为了预防鼠疫宁绍会馆还曾被改建为隔离所。被隔离的人都得不到药物治疗,也得不到生活照顾,规定住满七天,若病情恶化,就强迫病人自己先挖好尸穴,半死不活即被埋葬,亲人不得收殓。三桥街五魁内有两个病人被埋时,眼泪汪汪地哀求"棺材头"(土工)说:"我还活的,等我断了气再进棺材好吗?""棺材头"摇摇头说:"只怕等会宪兵来了,棺材也不让你装了。"这样被活埋的人不计其数。[1]

会馆的拆除

如今宁绍会馆已经不复存在,只留一面照壁。据86岁的徐树源老人说,宁绍会馆是在文化大革命时候被破坏的。说是有两派人在宁绍会馆的房顶上武斗,结果斗得瓦片全无,之后就拆掉了。此后教育局在这里造了一个旅馆,叫"华丰楼",后来又全部拆掉了,又重建,现在是爱婴房那一片建筑。而65岁的朱金福老人回忆宁绍会馆是在80年代被拆的。持同一说法的叶裕龙回忆,当年他在宁绍会馆的小学读书不久,教育部就对上小学的法定年龄做了限制,于是叶裕龙被退到幼儿园去,在幼儿园读了两年。没过多久,宁绍会馆的学校也撤掉了。后来宁绍会馆就作为医药公司的仓库,就这样过了二十多年。到了80年代,粉碎"四人帮"以后,衢州工商联恢复。工商联没有办公地点,于是当时政府部门与工商联商量造幢新楼房。当时工商联的几个老领导同意了。选址选来选去,选到了宁绍会馆的位置。因为当时的宁绍会馆为公家所有,拆掉

---

〔1〕《千年古城万家仇——日寇在浙江衢城的暴行调查》, http://news.sohu.com/36/69/news202846936.shtml。

不需要做什么赔偿。于是，宁绍会馆就这样被拆掉了，而在原址上建了现在衢州工商业联合会大楼。

在水亭门一带代表衢州富商的宁绍商人不乏其人，他们最后都扎根在衢州。就在宁绍巷拥有最多房子的黄石麟来自绍兴，住宁绍巷的徐树源祖上也来自绍兴柯桥。据63岁的应根龙老人回忆，当时宁绍会馆拆的时候，他和自己的父亲应启荣特意去附近转，结果很巧合地发现地上有一块长方形石碑，上面居然刻着应根龙爷爷的房号："应篪房墙界"。于是应根龙就把这块石碑搬回了家。应根龙说，"应篪房"这块长方形石头，是放在房子柱子那里的，代表着整座房子曾经属于应家过。当年应根龙的曾祖父从宁波的上应村来到衢州，买下大片山做纸槽生意，生意很大，是当年衢州三大家族之一。而应根龙的爷爷与宁绍会馆是什么关系，如今应根龙自己也不清楚。

曾长期寓居衢州的江南春有联曰：永夕永朝故土人情联太末，好山好水异乡风景胜新安。当年他乡来客讴歌衢州山水风光，必然是被这块土地的乡情所感化。

（张崇、吴宗杰）

五谷财神庙

水亭门作为一块商贾云集的地方，这里出现一个财神殿似在情理之中。尽管地方志对此并无记载，但上营街上的财神殿不仅建筑尚存，而且有关该财神殿的各种记忆也非常丰富。俗称“财神到，五谷丰登财满屋”。过去的财，主要还是指农业丰收。财神殿坐落在今天上营街26号，宁绍巷口东北侧，现存主殿和后庑，已改为民居，建筑尚好。原有骑街廊屋，据下营街34号的王汉卿老人说，这块地方就是以前的太平坊，骑街廊屋还是一个戏台，他说：“当年长毛打来的时候，从东门向城里打进来，但上营街财神庙对面还在做戏，所以叫太平坊。”[1]在1952年的“衢县人民政府税务局房地产税编查表”中这块地产记载为“财神殿”，属于人民政府。

上营街26号财神庙老照片

民国《衢县志》(第372页)记载了衢州五谷神祠的变迁，其中录入嘉庆县志：“在通仙门外，宋宣和年间创建”，“康熙四十六年重建”。咸丰间遭兵焚毁，光绪十六年又重建，但二十六年又毁。宋代我们不清楚

〔1〕吴宗杰、陈玉英等：《王汉卿上下营》，录音编号：20100710。

这处的财神庙是否是民国后期依照原脉络重建，否则其精神历史就可以追溯到宋代了。其后的变迁《衢县志》没有记载，四库全书收入的由俞汝楫（明）编《礼部志稿》（卷三十）称："凡各处乡村人民每里一百户内立坛一所，祀五土五谷之神，专为祈祷雨旸。"其祭祀用"一羊、一豕、酒果香烛随用"。汪筱联谈到该庙时称"衢州五谷财神为封神榜中五路财神之一，旧时香火旺盛"。住在皂木巷18号的93岁的汪栋时回忆："财神殿有三间，财神庙的大小就是现在保留的房间那样大，与解放前相比小了一点，是房管会改造了一下。"[1]民间传说正月初五是财神的生日，所以过了年初一，重要的活动就是接财神。78岁的徐先熙老人回忆，解放前每年的大年初一他都会来殿堂祭拜。他说，大年初一的时候，店铺都不营业，但是财神庙是开着的，而且香火也很旺，很多人都来拜财神。他回忆财神庙前面是有个亭子的，他在绍兴鲁迅故居那里的土地庙看到也有这样的亭子，他给起名叫"路亭"，就是马路中的亭子。当年亭子上挂着琉璃灯，灯中烧的是青油，也就是桕油，而不是煤油，因为煤油价格很高，不是一般人家能用得起的。老人说，凡是有路亭的地方就有庙。在坊门街也有路亭，在曾经的胡伯行宫和华丰楼前面都有路亭，上面也有琉璃灯。琉璃灯就像是路灯一样的。汪栋时说小时候在财神殿玩过，对面有个戏台，他还看过一次。做戏不是天天有，像清明节才有，不做戏的时候就关掉。86岁的徐树源老人回忆，戏台是一层，"文革"后还住人。[2]财神庙的戏台"是很小的，水亭街以前也有的，现在都没有了"。[3]

对财神的信仰民间极为丰富，认识也不同，有文财神财帛星君，福禄寿三星，还有武财神赵公明、关圣帝君，甚至是佛教里的弥勒佛、观音菩萨帐下的善财童子。徐先熙老人说，财神殿里的财神是"着衣木雕神像"，有胡子，穿大红

---

〔1〕《汪栋时谈家史、财神庙、山货》，录音编号：20101214。

〔2〕张宇婷：《店铺排查，采访徐树源》，录音资料。

〔3〕安文英、侯松：《郑怀棪谈黄石麟等》，录音编号：20101214。

衣服。他认为这个财神是文财神。中国的文财神有两个，一是比干，从“比干挖心”的故事中可以知道，比干是没有心的。正因为如此，比干没有偏心、没有私心、没有良心、没有贪心，“不生是非，办事公道，平等待人，因此那些做买卖的都公平交易，谁也不弄虚作假”[1]。还有一位文财神是范蠡。他辅佐勾践复国以后功成身退，三次积累万贯家财，三次把钱财散与好友乡亲。范蠡曾说：“居家则致千金，居官则至卿相，此布衣之极也。久受尊名，不祥。”[2]后来范蠡定居到一个叫“陶”的地方，自谓陶朱公。范蠡能聚财又能散财，是一个能拿得起放得下的人。他以财富作为生存的手段，但他不以财富作为生存的目的。当财富是他生存的条件时，他能够取之而不疑；当财富成为他生存的累赘时，他能弃之而不惜。在取舍之间，游刃有余，执与不执，随心所欲，表现出内在于世俗同时又超脱于世俗的气度与智慧。

汪栋时老人回忆，上营街的财神殿不大，里面的财神老佛“比一个真人要稍微大一点”，镶金的财神老佛坐在黄色的龙帐里面。佛像前面有木制的佛龛，佛龛上摆有香炉，可以插香。来拜的人把点着的蜡烛放在架子上面，就和天宁寺前面那样的架子差不多。人们进到财神殿，烧香，烧黄纸，希望保佑全家平安、生意好、发财，还要磕头。有的时候人很多，蜡烛没有点光，后来的人蜡烛摆不进来，就有人把蜡烛拔掉，让后来的人再点，“搜集的蜡烛可以拿来卖的，卖给蜡烛店里，重新做蜡烛”。郑怀棪老人说小时候，每年年初一父亲都要带他出去，把衢州八个寺八个庙的神都拜一遍。上营街财神庙虽小，也要去拜。财神殿里有人专门看守，打扫卫生，叫“庙祝”。每次郑怀棪的父亲来拜，都会给庙祝十块钱。关于庙祝，汪栋时叫斋公，可以收钱，来拜的人很多都会捐些钱。汪老说，斋公一般都是五十岁左右，自己要信教，一般

[1] 吕微：《财神信仰》，北京学苑出版社，1995年，第37页。

[2]《史记·越王勾践世家》。

都是生活不太好的。财神庙不像大庙，有田可以收租，还有人捐助的香火钱。但是这个财神殿小，斋公的生活一般。赶上好人家多捐助两个钱。郑怀棪老人说，那时候庙由民间的"头首"负责，比如周王庙的头首是有名的开明人士，有大小事要商量。周王庙还有产业，有房子要收租，经常有大地主赠送房产。有的人家老婆生病，就到周王庙许愿，病治好了，就捐献房产作为感谢。

一个古迹场所可以通过意义的接续来传承，而不必拘泥在一个物质地点上。可以在文脉的源流上加以基础。清康熙周召《重建五谷神祠记》[1]中提到重建的三个理由：一是通仙门外是"滋生九谷之区，有旱潦螟螣之忧。则御灾捍患不可以无神"；二是耕种的父老要有地方遮风避雨；三是宋代留下来的遗址已有历史，让其湮灭悲也。对照此三条，上营街的财神庙又可以如何重新恢复呢？

（张崇、吴宗杰）

〔1〕《衢县志》卷十八。

“达源号”钱庄

“达源号”钱庄建筑群柴家巷通道

从水亭街拐入柴家巷口，左侧有成片的建筑，看上去风格统一、规模大。高高的封火墙，大块的墙砖，露着黄色的斑驳墙体，都显示着这片建筑的不平凡。该建筑沿巷而造，南面为一过弄通后楼，东面及北面皆与民居相接。住在柴家巷14号的徐得俭老人说：“这风火墙，火烧的时候烧不进来的。这个房子屋顶特别高。”据房主人之一毛德民老人（72岁）说，这房子山墙多为城墙砖砌筑，墙砖要比现在城墙上的更古老，其珍贵可见一斑。

据衢州市第三次全国文物普查资料记录：现在的柴家巷2号、4号、6号、8号、10号、12号和14号为“达源号”钱庄。其依据是建筑内有“达源号”一匾，墙砖还饰有铜钱纹饰且格局严谨。此外这个房子防盗、防火，墙砖很厚，密室很多，故推测其原为钱庄。整个建筑坐东朝西，硬山顶封火墙，通面阔37.99米，通进深28.34米，面积达1076.64平方米。根据1952年房产资料显示，这片建筑大多属于人民政府所有，也有一些属于私人房产。建筑整体气势恢宏，用料考究，柱子十分粗大。比如柴家巷8号与隔壁的12号明显曾是一个整体。这边是天井，12号的房间通过一扇门相连。还有那高高的屋顶，给人一种敞亮通透的感觉。

“达源号”牌匾（陈昌华摄）

如今，这一片建筑已经被切割分给不同人居住。且很多窗户和建筑都是后来搭的，破坏了其原来的风貌。衢州文物普查上这样描述房子：

> 该钱庄共由四组建筑组成，位于中轴线上的主体建筑平面呈“日”字形，前后二进二天井，为前厅后楼格局。前厅坐西朝东面阔五开间，为三明二暗格局。明间梁架穿斗抬梁混合式，七檩四柱前后双步廊。各柱柱头均置讹角斗，柱脚置鼓形础。南厢房后檐墙上辟有双开门，是进入主体建筑的大门。大门上方饰有一排砖雕钱纹图案。后进为四合院式五开间二层楼，前楼为三明二暗格局，明间梁架穿斗式，七檩六柱前双步。前檐柱中部设牛腿挑枋以承楼层走廊，走廊与两厢及后楼廊相通，明、次间楼层前檐间施落地花隔门。明间北缝前金柱穿枋之下，钉有一块黑漆字匾，其上有“达源号”三个大字。后楼面阔五开间，二层单坡顶，为四暗一明格局。楼层平面与底层基本相同，唯前檐出硬挑头置楼搁栅为走廊。明间、梢间无梁架，次间缝为抬梁穿斗式，五架抬梁两端置于前后檐墙之中。北厢房内置木楼梯以供上下楼。南、北厢房底层后檐墙上各辟有双开门以通南院及北院。北院为一坐北朝南七开间单坡顶二层楼偏房，仿房前檐设一长条形天井，天井两侧设厢房。南侧院紧

挨主体建筑为一东西向通道，是出入钱庄的唯一通道。西端临巷设石库门，通道东端南墙辟有双开门，内为一四合院式二层楼硬山顶建筑。四合院西原为花园，抗日战争之后被改建为平房。这一建筑是我们研究衢州地区古代历史、文化、经济及建筑的发展和变化极为重要的实物史料，具有较高文物价值。据户主介绍及附属的艺术构件、建筑风格判断，该建筑为清代建筑。

柴家巷12号

柴家巷12号如今十分破旧，尤其是二楼，摇摇欲坠。据现住户毛德民老人说，房子的房契写的是岳父李梦怀（字桂庭）的名字。衢州市文物普查登记上对于“达源号钱庄的使用人”中记录：“使用人：李桂庭、徐得俭、供销

毛德民指称自家墙砖为城墙砖

社”。毛德民老人回忆，房契当年被房管会收走保管。毛德民听府山照相馆的一位老太太说，毛德民一家住的房子在城门建立之前就已经有了，房子的墙砖都是和城墙的墙砖一样古老的。据毛德民老人讲，这里之前应该是个当铺或者寺庙，因为他家的一间屋子很特别，上面有一个六边形的大洞，他认为是用来通风的，只有寺庙或者当铺才有这样的洞，可以避免房间内的东西发霉。衢州文物普查上说：“该建筑规模宏大，用材粗壮，平面布局独特，特别是所有的墙壁均用35×18×9公分的青砖实砌而成，且各单体建筑均用封火墙，实为衢州地区所罕见。”这里是否曾经有“达源号”钱庄，我们曾问过很多八九十岁的老人，但是这些老人均无此记忆。或许，“达源号”另有其他意义，也或许，这个钱庄在很久以前存在，已经超出了这些老人的记忆范围。

毛德民说自己岳父一家以前在水亭街上开“德有兴南货店”，这个住宅以前是和德有兴店铺通的，是做糕点的作坊，现在都封闭掉了。与1952年房产资料上李桂庭德有兴南货店的房产图相对照，毛德民说的似乎没错。德有兴南货店由李清芳开办。清朝时他从福建莆田过来做生意，把当地的桂圆干、荔枝干贩卖到水亭门，同时售卖糕点。解放时候在其子李梦怀（字桂庭）经营的时候与糖烟酒公司合营。毛德民说李清芳在细菌战时第一个死去。据说他还没有死就从这个房子被拉到天王塔那边，之后就没有了，尸骨无存。堂兄弟李炳坤也由于细菌战死了，也无尸骨。目前房屋内一家三口居住。毛德民是浙江义乌人，81年由其老师介绍入赘（该老师是李雪英的姨太），与李梦怀的女儿李雪英结婚，现年65岁。二人育有一女名李胜蓝。

柴家巷14号

年近80的徐得俭老人现居住在柴家巷14号，在衢州解放初期搬到此处居住。据老人介绍，自己家本在衢州老一中的位置，是父亲徐自南（字晋棠）造的

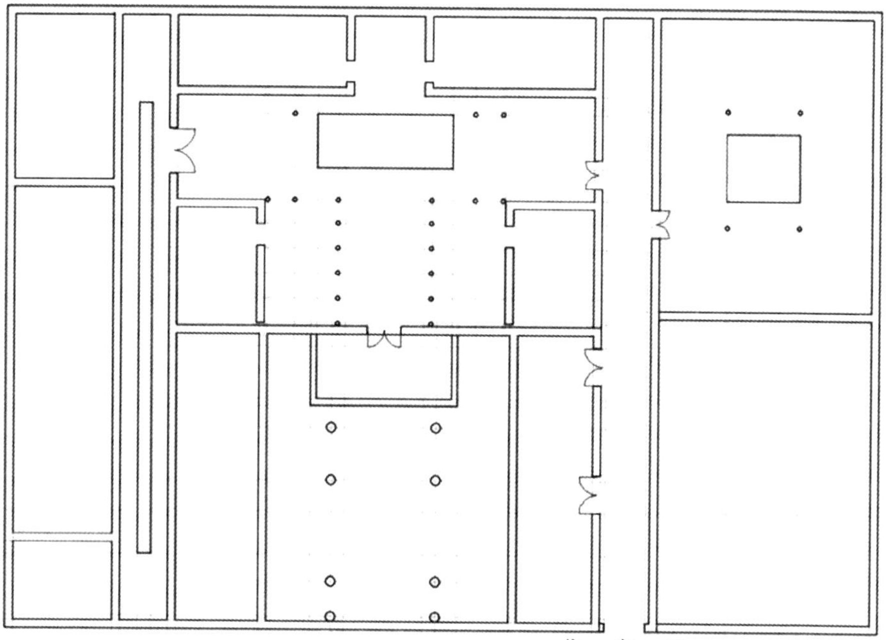

达源号钱庄平面图(第三次全国文物普查资料)

房子,置换到此。[1]而柴家巷这房子原是一个常山人,出租给外地人,后来这个常山地主被镇压。当时国家就要处理他的房子,为了办衢州一中。于是我的房子与县政府换,父亲就选了现在这座有井的房子。“虽然这个房子面积小,但是有口井,那个时候没有自来水,如果家里有口井自然很方便。”徐得俭有兄弟三人,两个哥哥都是大学毕业,一个南京大学,一个天津大学。徐得俭的父亲开药铺,就在今天的中医院。徐得俭白天在店里帮忙,晚上读夜校,后来做了名医生。

徐得俭认为自己住的房子并不是什么钱庄,而是常山人造的房子。自己家的房子也并不和对面的柴家巷12号连着。他说,今年2、3月份,有一位老人

〔1〕吴宗杰:《采访柴家巷14号老房子徐得俭》,录音编号:20110503。

特意来看这座房子。他是从常山双港口坐公交车来，说自己离开这里六十多年了。老人看了以后说："这个房子以前是他的，现在过来看看，回忆这个历史，旧社会出去念书，后来就没有来过。今天到常山看看老乡，再到你这里看房子，看来还没有变。"这位老人注意到一点变化，房子原来是往罗汉井方向进出，但是现在这个门的方向变了。另外，原天井两边都是对称的。这位常山籍老人很怀念这个房子，说是他父亲造的。说到对面的柴家巷12号，徐得俭认为倒有可能是钱庄："那个是很早造的，我父亲知道。"

衢城钱庄文化

"达源号"钱庄古老、模糊，只是留给人们更多的想象。然《衢州金融业的演变及其经营概况》一文给了我们当年古城及水亭门一带的钱庄记载。在1884到1949年间，衢州城里共计有27家钱庄：设在南街的有震大、豫昌、鸿源、中和、庆大、裕源、恒德、钧泰、巨康、万丰、福泰；设在后街巷的有聚成、永业，县西街的有德馀、成昌，设在上营街的有华昌，坊门街的有恒升、穗生，华丰楼底的有厚裕，杨家巷的有萃丰，美俗坊的有晋升、大成，下街的有裕成，狮子巷的有复源，此外中河沿的有巨源、恒丰、德茂康。水亭门一带记录在案的除了上营街的华昌钱庄，"达源号"钱庄并不在此列。据该文介绍，衢州钱庄自1912年至1914年为第一个兴旺期，该期内增设八家；第二个兴旺期是1931年至1935年，仅1931年便增设四家。抗日战争胜利后，衢州成立又办起两家钱庄，一为"永业"，1946年设在后街巷；一为"大成"，1947年设在美俗坊。"当时，国民党已面临经济总崩溃，物价飞涨，金融混乱，无法撑持，于1949年4月被迫停业。"

衢州钱庄据介绍是与民间使用多种货币的客观需要，承担兑换、折算即异地调剂。当时民间使用的货币有银元、银角、铜元、制钱等。钱庄业开始时专门兑换不同种类的货币，以后又兼办商人存放款。后来又增加与外地

达源号钱庄，柴家巷14号防火墙

商业汇兑等业务。《衢州金融业的演变及其经营概况》一文介绍，1902年钱庄业曾在南街商会巷设立“钱业公所”，1906年成立商会。“钱业公所”即成为同业公会。据说钱庄的经理或代表，每天上午都要到公会参加座谈，交换情况，进行横向联系。根据头寸余缺情况，进行互相调剂，以利业务开展。同时议定洋价，如一枚银元兑换铜元若干，均有钱业公会根据市场情况议定后公布执行。

钱庄后来受到现代银行业的影响。据《浙江省情》中介绍：“1927年国民党开始加强对金融业的控制，陆续建立起以‘四行’（中央银行、中国银行、交通银行、农民银行）、‘两局’（中央信托局、邮政储金汇局）、‘一库’（中央合作金库）为核心的垄断金融体系。1932年浙江地方银行改组后，规模扩大，分支机构遍布全省各县重要集镇。从此，官僚资本控制了私营银钱业。”1929年民国国民政府财政部发的《财政部请令各省政府取缔钱庄商号私发纸币或票券等呈》说:“查各省县属地方钱庄、商号,每有私自发行兑换银元、铜元制钱之纸币,或类似纸币之票券行使市面,希图牟利。此项纸币在发行时,既未经呈准,所有发行数目暨准备实况,均属无可稽考。如遇发行商店一旦倒闭,其扰乱金融,贻害地方,影响之巨,不堪设想。本部既迭据各地方人民呈控有案,自应严加取缔,以维币政。”[1]

1930年,当时的民国政府财政部部长孔祥熙在《工商部奉拟金贵银贱之原有影响及救济办法呈》中说,当时西方世界主要是金本位制,而中国金融体系为银本位制,各国过剩的银子大量涌入中国投资,导致中国银价低落,物价飞涨。此外,当时政府的关税、外汇收入以及外债都受到影响。《孔祥熙拟请禁止外国银币进口以解救金贵银贱代电》中指出:“顷据确实报告,始悉系外国银行运进大宗外国银币,熔化生银,购买金币,操纵渔利,遂致助长此种现象。若不设法禁止,窃恐长此以往,吾国金融必致紊乱,商业将受更重大影响。”“衢州钱庄,有的也受影响而倒闭,有的延续到1937年抗日战争爆发前全部清理结束,其中晋升钱庄延至1942年才结束,但对外拆放业务早已停顿。”1924年,叶仕衡在叶泰兴纸号内设立晋升钱庄,聘请韩利亨为经理,专为他筹集纸号头寸。在纸号资金做到自筹之时,更在杭州闸口买进地皮,修建一座土纸仓库。“当时叶仕衡所经营的企业除合资者外,独资开设就有六家商店:叶泰兴纸号、晋升钱庄、晋兴酱园、晋元酱园、晋丰油行和晋记烟号。晋升钱庄管理其他各店,成为总管理处,形成企业集团。——各店每日门市收入,解缴晋升钱庄,各店需用资金,则由晋升钱庄筹措。”

“钱庄”是个历史名词,但来历并不古老,它作为一个表示金融机构的名词,首见于官方文献大概是在清代乾隆初年。[2]《清高宗实录》卷二三二在乾

[1] 中国第二历史档案馆编:《中华民国史档案资料汇编》第五辑,凤凰出版社,1994年,第565页。

[2] 陈明光:《钱庄史》,上海文艺出版社出版,1997年。

柴家巷靠水亭街东侧

隆十年(1745年)正月记载福建巡抚周学健奏称:"但铺户奸良不一,应饬各州县查明该处钱庄若干,钱铺若干,造册"。清代周世滋"沽酒行"一诗,让人看到当年衢州城里的倒买倒卖的心酸:

十钱沽酒醉煞人,百钱买布裹满身。
东岭市米去西岭,负转还其囷主人。
主人箕踞坐高屋,屋中积货如山屯。

(张崇、吴宗杰)

水亭门的当铺

据《“水亭码头”今昔》一文介绍，当时水亭门街区有亿和当铺。95岁的王汉卿老人说，现在上营街10号为龚家人开的当店，500块卖给叶家。边上还有一家当店的衣服放这里卖。《衢州金融业的演变及其经营概况》[1]也记载，1889年以后，在上营街有“亿和”当铺（经理为卜谱梅，杭州人），除此之外，还有设在坊门街的“亿成”当铺（经理为项槐，徽州人）以及后街巷的张复裕当铺（经理郑桂庭，徽州人）共三家当铺。另外“坊门街有一家‘龚家当店’，这家当店因受军劫无法复业。当铺先有杭州胡雪岩买去，后又顶给杭州人王文韶和钟状元两人。他们投资银子十三万八千两，开办‘亿成’‘亿和’两家当铺”。

衢州更早时候的当铺情况，《衢县志》（531页）引《嘉庆县志》中有“当税”一项，其中记载：“当税银四十五两（当铺九名，每名征银五两，共该前数另款解司充饷，仍于每年春季查明增除造册报部输税）。”上述记载大抵说明，衢州有当铺是在明朝嘉靖年间的状况。《衢州金融业的演变及其经营概况》一文说：“典当业渊源甚古，早在南北朝就有寺院经营质、押、当业务，隋唐时期押当铺名为质库，脱离寺庙而独立经营。”《唐六典》中，即对典当利率作出了“收子不得过五分”的限制，表明典当营利在唐代已是合法。宋代典当已

---

〔1〕以上两文均载于《衢州文史资料》第四辑。

成为一种行业，据《东京梦华录》中载："其士农工商，诸行行户，衣装各有本色，不敢越外。……质库掌事，即着皂衫角带，不顶帽之类，街市行人，便认得是何色目。加之人情高谊，若见外方之人，为都人凌欺，众必救护之。"宋代典当叫长生库，多以达官、贵族租钱开库。明代当铺为主要信用机构，不单接受当物，还兼营通存放和兑换铜钱。清代典当业趋发达，光绪年间，典当业全国达七千余家。在官银号及国家银行尚未设立的地方，国库及地方款项、官僚资金多存于当铺生息。在《衢县志》(536页)，衢州当税为"衢县城内业此者三家，除捐贴外，每家捐银一百八十圆，共计银五百四十圆"。据记载："旧时衢州当铺规定当物期限为二十个月，月息二分。到期无力还钱，抵押品即归当铺所有，称为'没当'。当铺邻近另设衣店，出售所有'没当'的抵押品——衣服、被帐和铜锡器等。1913年前后，都因经营衰落而逐步萎缩。1937年抗日战争爆发，全部停业。"[1]

(张崇、吴宗杰)

---

〔1〕《衢州金融业的演变及其经营概况》,《衢州文史资料》第四辑，第9页。

十字街头上的茶馆

从水亭门跨入水亭街，左右两侧分别是上下营街。在这十字街头不大的区域内，当年就有四家茶馆：小和尚茶馆、宝华居茶馆、留香阁茶店以及陈元楼花茶店。钱云才《衢州艄公》一书如此描述：曾经的水亭门，茶店、茶馆、茶寮、茶肆乃是这里的一道风景线。码头人、乡下人、各色人物每入市，则茶寮、酒肆杂坐喧嚷。有光着脚底板走路的撑船人或捕鱼者，有头戴西瓜帽、右手撩起长袍行色匆匆的运输行老板，有脚穿草鞋，腰系蓝色腰带的码头搬运工。偶尔会有身着布丁花衣裤小姑娘穿行其间，吆喝着："香烟要勿来，柠檬香蕉糖嗳！猪

十字街头茶馆分布图

油酥糖嗳麻酥糖，香烟要勿——香烟！”还有白须当胸的老汉吆喝自制的豆腐花，洪亮的叫卖声能抛出百丈之外。码头上还有小男孩，手拎一只用白色豆腐布盖着的竹篮，沿码头船边喊叫：“热辣椒、烧饼、天萝筋来。”在这熙熙攘攘的人流中，茶馆成了人们歇息的港口，过路人在这茶楼里喝茶聊天，听说书、听唱戏，消磨时间，也有在此歇脚、谈生意，茶馆融入于人们的生活当中，构成了这里的市井百态图。据《燕明日记》记载，衢州城解放初年有茶店100多家。可见旧时水亭门“无茶不成市”。

小和尚茶馆（清香茶店）

“清香茶店”，俗名“小和尚茶馆”，据说因为当年店主的奶名叫“小和尚”，故“小和尚茶馆”也就叫起来了。茶馆目前为谢培松所有。1952年房产登记表说是应家租给谢震东开茶店。住在下营街95岁的王汉卿老人回忆，自已小时候常在小和尚茶店周围。老板小名叫“小和尚”说是为了讨个吉利，“叫叫小和尚就不生病了”。据他回忆，小和尚是个很顽皮的人，年纪大点的时候就是个小混混的模样，小孩看见他要怕的。他还在税务局里蹲过的。[1]

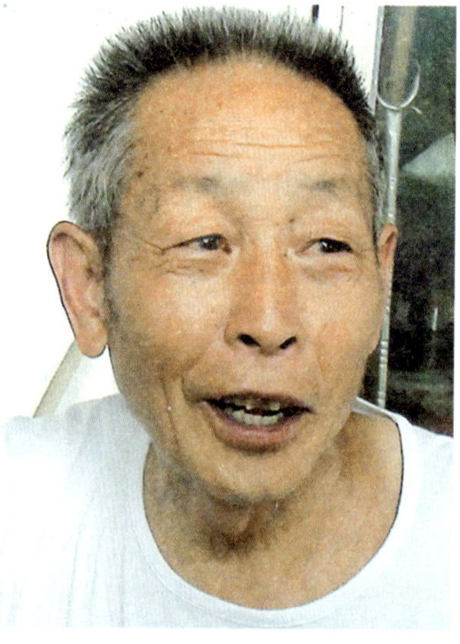

小和尚茶馆的谢培松

今年已经82岁的谢培松老先生说，自已一家是爷爷那辈从福建来的。谢培松自已曾经参加过抗美援朝战争，当兵之前就在父亲店里帮忙。据他说，小和尚茶馆共卖三种茶：绿茶、红茶和茉莉花茶，红茶喝的人

〔1〕张宇婷：《王汉卿学徒生活与三个茶馆》，录音编号：20100730。

更多。茶壶的壶嘴很长的，很远就能倒茶。茶馆没有请人，就自己家人张罗，早上三点钟就起来烧水，用很大很大的锅烧水。

当时小和尚茶馆的生意很火爆，来喝茶的有卖菜的、做生意的，做掮客的也很多。他们坐下来，“洋钿咔哒咔哒，呼吹一下”。小和尚茶馆地理位置好，在水亭街和下营街相连的位置，两间店面。谢培松说，来小和尚茶店喝茶的人很多，三教九流，什么人都有。主要是社会下层的，做小生意的，农民来城里卖菜的，农村里老人没有事来城里喝喝茶聊聊天的，黑社会的头头也会来，但当官的是不会来这里的。当时衢州主要有“青帮”的黑社会，专门欺负那些撑船的船夫，还有一些来贩卖黄金、白银的人。谢培松亲眼看见过这些人边喝茶边做交易。“他们交易的时候用的是暗语的，那个时候黄金不叫黄金，叫“咬不动”。说价格也不是说几百块，几千块，也有暗语，数字都是暗语的，价格讲好就可以成交。有的时候做交易，警察署会来抓的，所以交易的时候要小心的。他们交易的金银都是贩卖来的，但不是偷来或抢来的。谢培松说，父亲当年很会从喝茶的姿势中了解对方的身份。看他们茶盖子怎么使用的，父亲就知道他是什么人，青帮的，红帮的，不能得罪他。据说小和尚与各色人物关系都搞得蛮好的。[1]谢培松十三四岁的时候，就正式在茶楼里帮忙了。店里的生意很好，有时候早上5点，就已经坐满了人。他说：“早上三四点钟起床烧水，那个大茶壶有一米多高，两米宽，全铜的，甚是壮观！”

“留香阁”

提到当时的茶店，王汉卿老人回忆在县西街有一个“永章茶店”。而在水亭门一带，上营街有一“留香阁”茶店，就在现在上营街10号，曾经的龚家当店

---

〔1〕张宇婷、陈艳：《小和尚漫谈》，录音编号：20100729。

对面。这家茶馆是女人家开的[1]。老板和老板娘死了，老板也叫小和尚，姓何的，癞痢头，大家都叫他“何癞痢”。

王汉卿老人说，何癞痢经常到他家“王震大茶叶落花生店”买茶。他还记得经常买五块钱、三块钱、两块钱的。一块钱的茶有两三天可以泡。当时王汉卿还在父亲的店里做学徒，何癞痢那时已经五十来岁。他抽鸦片，一种叫“红丸子”的东西，政府禁止的。据说当时还有个女人长得很漂亮，因为做这个生意被枪毙。这个女人在家里专门卖“红丸子”。她在家里卖，也在家里自己吃。这事发生在国民政府的时候。王汉卿亲自看见，这个女人坐在轿子里面，轿子没有顶，一个牌插在上面的，前后都有兵，拿着枪。王汉卿说以前犯人枪毙大多数都要经过水亭街，到德平坝那边枪毙。

花茶店

说起花茶店，王汉卿老人说，真是讲不完的故事。当年在上营街还有一家花茶店，叫“陈元楼”，就在“王震大茶叶落花生店”斜对面。茶楼也是女人家开的，老板姓陈，江西人，当时已经六七十岁了。“那时我还很小，看她穿得也不漂亮。茶楼雇了一位农村里的姑娘泡茶，航埠的。每月两三块钱，管吃住的。她泡了一年就走了。后来女老板死后，茶楼就由她儿子接管。他儿子也叫小和尚。

王汉卿说，花茶店的茶娘穿的是普通人穿的衣服，鲜少有化妆之类。有人把擦汗的“汤布”披在肩上，茶娘会拉住那汤布，把他拉进店里来。那时，很多客人都是被茶娘这样“抓”进去的。花茶店一进去就要两毛钱。上来四盘瓜子，一壶茶，五十个铜板就是两毛钱。如果女的坐在你的身上，或男的坐在女的身上，那起码要四毛钱，时间大概一两个钟头。茶娘一般十七八岁，大多是乡下人，吃茶的也都是乡下人。花茶店的茶和普通茶店的一样。普通茶店，四

〔1〕张宇婷：《王汉卿学徒生活与三个茶馆》，录音编号：20100730。

个铜板生意一天要卖五六十碗的，花茶店生意没有那么多。还有各种花茶店遍布城墙内外，撑船的人到城外去吃茶的。

“宝华居”

王汉卿说，当时在下营街有一家“宝华居”茶店，是水亭门进来第三家，靠城墙那一边。“宝华居”的老板娘没有老公。老公死后，就与一个道士拼拼伙。到她这里吃茶，一个没有老公，一个没有老婆，两人就相好了。这位道士住在天皇巷，姓祝。道士的侄子就是如今90高龄的祝汝涛，由于他解放后思想表现好，就到房管会去工作。王汉卿当年常去祝汝涛家玩，知道他这个叔叔常在水亭门设摊。有丧事，就有馒头带来给老板娘吃。老板娘有个小女儿，道士没有家室，他们两个没有孩子。王汉卿说“宝华居”老板娘不来他店里买茶，而是到下营街的“叶振春茶叶店”去买。叶振春茶叶店生意好，叶家开的，店大财旺。

喝茶百态

91岁的郑怀棪老人回忆自己家开的顺昌南货店春天收茶叶，占整个衢州城的五分之三。而宁绍巷的“蛀和山货行”则收大概五分之一的茶叶。王汉卿说，那时候店里卖的茶叶是今年收来明年卖，要藏一年。这样的茶叶耐煮，有香味，气味浓。那时候喝茶一喝要好几个钟头，新茶没耐力。除了绿茶和红茶，那时还有一种叫“玳玳花”的花茶，有香味的。茶叶那时一块钱八包，二两半一包，五块钱四十包，捆在一起卖。茶店里买去就会吊在那里。茶叶用纸包，外面是油光纸，里面是土纸。[1]

关于当年是如何上茶，王汉卿说，客人来了会吆喝“泡碗茶来！”然后就一个茶碗，盖起来的，端到你面前。倒茶用的茶壶壶嘴很长的，伙计一般来说就是

〔1〕张宇婷：《王汉卿学徒生活与三个茶馆》，录音编号：20100730。

老板,很少有帮工。那时候一碗茶四个铜板,一个早上可以卖六七十碗茶。一个茶店大概有五六张桌子,每张可以做四个人,凳子就是那种长条凳。有的顾客也会带些落花生、烧饼、油条,然后到茶店配配吃。据说,当时有一种叫“茶食”的食品。《郑永禧西安四时竹枝词鉴赏》中“雄黄酒”一诗中曾提到茶食:“蒜团茶食互圆方,鼎俎分陈列在旁。”有的人一边喝茶一边抽烟。那个时候香烟五分钱一包,一包十根。香烟有金鼠牌、美丽牌、名安牌、福尔摩斯牌等等。

喝茶的大多都是农民,他们来城里卖菜、卖炭,卖完没事就到茶店里来坐坐。乡人到城里来也没地方好坐,就在茶店泡碗茶。到了晚上,乡下人大都离去,城里做木匠的、做泥工的一般手艺人或生意人就来茶馆喝茶,有钱人一般是不会来茶店。喝茶的人一般在茶店呆一两个钟头,开水可以连续加,茶越泡越淡,大家边喝茶,边聊天,讲讲故事,聊聊家常,种菜的、做生意的,什么事情都聊。一位在衢江对面种田的老伯回忆,下营街茶馆一排排的,有四排茶馆。当年乡下人到水亭门挑粪,拉泔水,很苦的。大南门拉泔水到水亭门,就在茶馆歇歇脚,吃吃茶。然后再挑着一百多斤的担子回去,泔水用来养毛猪。老伯回忆,水亭街今天样子没有变,只是茶店没有了。[1]王汉卿说,以前开茶店就是辛苦人开的,没有本钱,只能卖茶叶泡泡茶。很多茶点也是很简单的。衢州地委书记写的《燕明笔记》记载,刚解放后有“茶店:100户,两张桌几条凳,加上烧水即可,生意好”。

茶山节对

衢州茶的历史十分悠久。《衢县志》(693页)中有茶叶的记载:“衢茶有南山北山之分,宋曾几迪侄屡饷新茶,诗有云:欲作柯山点,当令阿造分。”衢州之茶原分南山北山,“陈《志》谓北山者佳,姚《志》别之曰北山茶”。而郑永禧

〔1〕杨建平:《江边随访种田老伯茶馆剧》,录音编号:100727。

在《衢县志》说:“南山之茶,然柯山实已无有。”“今双桥源、银坑、华坑等处所出,山深雾重,自较胜于他产。”郑永禧考证历代关于茶之著作,发现衢州人在北宋就留下了重要的茶典。“陈振孙《直斋书录》杂艺茶类茶经下有《茶山节对》一卷,摄衢州长史蔡宗颜撰,系北宋时著作,其书大约曰制茶事。”该书又有记为《茶山接对》,已逸失,宋代唐慎微撰的《证类本草》一书中对其内容稍有提及,曰:

> 茗苦搽,今茶也。其文有陆羽《茶经》、丁谓《北苑茶录》、毛文锡《茶谱》、蔡宗颜《茶山节对》,其说甚详。然古人谓其芽为雀舌麦颗,言其至嫩也。又有新芽一发便长寸余微麄如针,惟芽长为上品,其根干水土力皆有余,故也如雀舌麦颗。

由此得出“衢山之茶有名于世久矣”。今衢州东南尚有名茶山之风景区,故书中所提“茶山”很有可能指该地域。明《留青日札》(二十六卷)还记载蔡宗颜另作有《茶谱遗事》一书。当时,一天不同时间喝茶称呼不同,“一曰茶,二曰槚,三曰蔎,四曰茗,五曰荈,盖早晚之别名也”,看得出来古时喝茶更有讲究。

《衢县志》(530页)中有多处衢州茶作为贡品的记载,如嘉靖《衢州府志》:“明岁贡礼部茶芽二十斤,西安四斤。”康熙《衢州府志》:“岁贡芽茶二十斤,康熙三十二年,折银每斤六钱四分,解司采办”。康熙《西安县志》:“礼部项下,本色有荐新茶芽四斤,奉文折征解部每斤价银一钱六分,该银六钱四分。”嘉靖《衢州府志》:“明岁榷商钞、碓磨、窑、灶、酒、醋、果、茶、引由、工墨、鱼、抄纸、门摊、契本、工墨”。

《衢县志》(第531页):“又榷茶,凡买茶折税受租,同山场送六榷务鬻之,衢属海州崇宁元年置茶务场,衢即其州。”“杨《志》云:榷茶始于唐德宗,至宋遂为国赋,额与盐等。宋史云:榷茶之制,岁课作茶输租,余则官悉市之。其售于

疑为（宋）《茶山节对》所指的衢州茶山村

官者皆先受钱，而后入茶，谓之本钱，又民岁输税愿折茶者，谓之折税，其出鬻皆就本场。”此外，《衢县志》还有官府安排“茶务”之记载。

今天衢州城里，在一些小巷深处，还有一些类似过去的茶点，多为老人聚集之处。其文化氛围一如当初，算得上都市记忆里的一道风景线。可惜这些茶店都藏在小巷人家里。水亭门十字街口乃是最重要的地带，当年三家茶馆如能依照原来店名恢复，也能留几处给这些行将消失的茶馆文化以延续的机会，旁边也许就是年轻人的“星巴克”，一古一洋必然有助于带动古街区文化氛围，吸引游客到此休闲。

（张崇、吴宗杰）

水亭门酒肆

衢州的历史文献里有很多关于酒的诗文记载，大都有一种别来惆怅、以酒寄情的离愁感，这也许与衢江上的码头有关，如唐代罗隐的《三衢哭孙员外》：

红蜡有时还入梦，片帆何处独销魂。
忍看明发衣襟上，珠泪痕中见酒痕。

文人骚客也许有太多的抒情，但普通百姓也有同样的离愁，旧时衢州流行一首《饮酒送别歌》[1]，今天读来仍有一番伤心滋味：

一盏酒，难成双，别了妻子别了娘，
别了妻子心不安，别了爹娘罪难当。
二盏酒，并蒂花，劝郎在外莫贪花，
你要贪花贪一朵，莫贪两朵结冤家。
三盏酒，状元红，陈年老酒香烘烘，
我郎不吃生白酒，姐姐不出闺房门。

---

〔1〕《对酒当歌：探寻衢州酒文化》，2007年9月13日《衢州晚报》。

送别酒，心里有，姐姐问郎几时休？
鱼鳅生翅马生角，铁树开花万事休。

瀫江水承载别离惆怅，但也给水亭门带来兴旺的酒肆业。据《“水亭码头”今昔》一文介绍：“在‘水亭码头’东岸的通广路、水亭街、上营街、下营街、柴家巷一带，商行店铺林立，茶馆酒肆鳞次栉比。”“有酒楼菜馆饮食小铺，也有提供某些殷商富户、纨绔子弟寻欢作乐的场所。”[1]汪栋时老人回忆，当年水亭门一带酒坊很多，还有很多大大小小的酒楼、酒店，就像鲁迅笔下“咸亨酒店”，弄点小花生、茴香豆、黄酒半斤，还会帮你热好。[2]根据几位老人的回忆，当年水亭门一带的酒店有：

“王震元酒菜店”（现水亭街71号，上营街一侧，也叫“三毛头酒店”）；“昌和楼菜馆”（现在水亭街57号）；“吉星楼菜馆”（现水亭街43号，老板姓江）；“升大酒店”（现金夫人影楼侧面）；“福兴楼菜馆”（现红楼大门口）；“大名酒店”（现水亭街64号）；“童达源酒店”（上营街西侧）；“金龙酒店”（靠水亭门城墙边，生意兴旺，多为撑船人喝酒）。此外，据《“水亭码头”今昔》一文介绍：“饮食服务业除通广路，处处是茶馆酒肆外，还有昌和楼、福兴楼、吉兴楼、群英馆和1944年开设在上营街的“震源酒菜馆”；有郑鹤兴、元记、陈周氏三家专供小本经营商贩食宿的饭店；有和美、华昌和协盛三家酒店。[3]

允茂胜酒坊

水亭门也是酿酒的地方，不远的太白井便是旧时衢州酒厂。今新民小学旧址一直延续到上营街那边的中药公司职工宿舍一片地区，曾经都是允茂胜酒

---

〔1〕《衢州文史资料》第四辑，第149页。

〔2〕张崇：《采访汪栋时》，录音编号：110124。

〔3〕周明煦等口述，汪扬时整理：《“水亭码头”今昔》，《衢州文史资料》第四辑，第151页。

李敏斋故居（允茂胜酒坊栈房）

坊。现住皂木巷16号的李荣华，他的爷爷李敏斋就是允茂胜酒坊的老板。李荣华说，新民小学那边最早是陈氏祠堂，祠堂前面一片空地，放酒坛。现在住的房子比原来小了，当时是栈房，既住人也放酒的。最开始李家是安在现在的皂木巷20号的大房子里。后来因闹鬼才搬到现在这个地方。

李荣华说，爷爷李敏斋是绍兴人，晚清时期来到衢州做酒，绍兴家家户户都会酿酒，到这里起码有一百多年，这房子该有一百五六十年了。[1]李敏斋有四个孩子，李荣华父亲李斌贤是长子，并继承了家业。当年李敏斋身边有两个贴身伙计，一个姓江，一个姓孙，李荣华小时候叫他们“江爷爷”“孙爷爷”。雇的酿酒师傅有四十多个，有的还是从绍兴过来的。李敏斋当年既做酒，也开酒店卖酒，在坊门街有一个店，酒店就像批发一样。回忆起李家酒坊，汪栋时说允

〔1〕张崇：《采访李荣华》，录音编号：20100725。

李荣华(80岁,允茂胜酒坊老板长孙)

茂胜做黄酒、烧酒、白酒,主要是黄酒。当时在县西街那个地方还有一家门市部的。那时候的酒壶是用锡做的,有三斤的、两斤的、一斤的,以前半斤是八两,一斤是十六两。(酒坊)后来卖给好多人。

以前黄酒叫三白酒。还有一种是陈酒,要放几年。现在的“桂花酒”,以前叫做“六甲酒”,是甜的。白酒主要是糯米白酒,是调的。还有高粱米酒,是白酒,还有粮食做的酒,比如玉米或者其他粮食,叫“粮食烧”。李荣华说,当时自己家的酒做得还蛮大的,很有名气,有绍兴老酒“开坛千君醉,上桌十里香”的遗风。李荣华现在房子后门原来是吊烧酒的,今天左侧的地方还有一块石头,写着“李敏斋墙界”,修房子加厚,把这块墙界封在里面了。他说小时候,每天早上一起来,糯米团就弄出来了,淡的,没有糖,吃了到学校去,路上拿一个铜板买个酱辣椒,长长的,腌制的辣椒,然后配起来吃,一路吃一路走。

酒坊是在日本人来了以后垮掉的。李家躲到深山里面,回来除了房子,一点东西都没有了。祖父逃日本人回来以后就去世了,病在床上好几年。祖父祖母去世相差只有七天。父亲李斌贤生于1908年,1981年去世的,当过保长。1949年以后李家被划为工商业地主,“文革”时候,被拉出去批斗过,房子被收为公有。但是李家仍然住在原来房子里,只是向房管会交租。

李荣华读完中学二年级就去当兵了。1951年入伍,先到西南四川地区,那里有军事干校,一直在外面。大概是在1951年李荣华抗美援朝当兵的时候,家里房子就典当给人家。1981年落实政策,房子才收回来。现在这房子占地面积117平方米,坐北朝南,为3间2搭厢结构。大门照墙内设金鼓架,主屋楼

李荣华自己修复的“允茂胜酒坊栈房”

层前檐设槛窗，明间后金柱间设太师壁，壁后置木楼梯。此房也被列入衢州市文物局调查与保护范围。李荣华说当他确认自家房子不会被拆时，就彻底进行了维修。房基结构没改，只是内部细节稍作改动。能用的材料都用回去，新柱子里面包的还是原来的柱子。厅内摆设还是遵照从前格局，八仙桌，边上两个太师椅。外门“长乐永康”四个大字本来就有，现在请衢州市文物局的副局长重新写的。目前与儿子辈一起住在这已成为“文化遗产”的老房子里，舒适、和睦，乐享天年。李家房子的修复方式无疑给水亭门其他民居的保护提供很好的模式。

衢州酒文化

衢州古时酒业发达，元代马端临《文献通考》记载，宋熙宁十年以前天下诸州酒课岁额，其中明确记载衢州酒课在5万贯以上，与南京、扬州等重要城市并列：

五万贯以上　衢四务,南京九务,温七务,鄂八务,扬九务,嘉三务,济六务,泰八务,台八务,淄七务,冀十四务、九务,淮阳四务,德十六务,蜀八务,信八务等七十三个。

《衢县志》(537页)记载到民国初年,衢州征黄酒100万斤,共计银6048圆。可见在民国时期衢州酒业也相当发达。

77岁的傅金泉从20世纪50年代开始就在衢州酒厂工作,任原衢州市酒厂研究室主任、中国酒文化研究会会员,直至1996年退休,著有《中国酒集锦》《中国红曲》等书。在他《浅谈衢州古酒文化》[1]一文介绍了衢州悠久的酿酒历史。他说"研究了这么多年的酒,我发现衢州的酿酒历史非常久远,值得一说。1974年,当时的衢县上方乡石灰岩溶洞中,就发现了好几处新石器时代遗址,有石斧、石刀之类,以及夹砂陶、着黑陶、印纹陶等酒器。1982年,在云溪乡西山村发现的西周土墩墓,出土了大量的原始青瓷制品,其中有西周原始青瓷尊,还有西周原始青瓷罐等。这些都表明衢州在西周时期酿酒和制陶业已相当发达。"[2]

傅金泉

衢州历史上有"石室酒",名倾浙右,中国古代文人为此留下不少诗句,可以说是衢州重要的文化遗产。饮石室酒曾被看作是一种风流。《衢县志》(694页)记载了周紫艺《风流泉铭序》:"石室酒出三衢,

〔1〕傅金泉:《浅谈衢州古酒文化》,《历史文化研究》第四辑,第39页。
〔2〕《对酒当歌:探寻衢州酒文化》,《衢州晚报》。

名倾浙右。余得其法于衢人，以授富水兵厨，使酿之。既成，以酌客，无不喜者，以为深醇雅健，自是一种风流，因名以风流泉而为之铭。铭曰：德恶刚暴，酒欲媚赋，伊何人斯，酿此秫黍，观其清醇而近道，温厚而不武，则含浊醪之妙，而嗣元酒之古也。”《衢县志》对饮此酒的风流比作三国之周瑜、唐代张九龄：“至于风流酝藉，合张曲江之为人；而若饮醇酎，则与周公瑾面语也。维彼世人喜饮酷烈，太白在手，转喉耳热，谓此君子非我畴列，嗟嗟！我友妙韵胜绝，不险以罏，不隙其未，誓当忘言以对玉雪。”《衢县志》上还记载：宋代诗人陆游偶得石室酒，独饮醉卧，觉而有作：

初寒思小饮，名酒忽堕前。
素罂手自倾，色若秋涧泉。
浩歌复起舞，与影俱翩仙。
一笑遗宇宙，未觉异少年。
诗人不闻道，苦叹岁月迁。
岂知汝南市，自有壶中天。
河洛久未复，铜驼棘森然。
秋风归去来，虚老玉井莲。

陆游的《赠柯山老人》则刻画了衢州烂柯山下的一位饮酒老人的洒脱，愿弃官从翁：

柯山老人九十余，乱发不栉瘦如枯。
百穿千结一布裤，得酒一吸辄倒壶。
自言少年不蓄孥，有钱径付酒家垆。
人生办此真良图，弃官从翁许我无？

诗中的柯山老人一生喝着石室酒，活到90多岁，石室酒让人长寿，而且颇具隐士风雅。明代戚继光抗倭获胜班师由福建回浙江，当时的总督胡宗宪在烂柯山下摆庆功酒宴，犒劳将士，酒酣作诗《宴烂柯山》：

十里云山一径通，天门高敞五云中。
披云把酒兴不足，直上峰头踏玉虹。

当时徐渭、沈明臣也即席赋诗，遂成一段佳话。石室酒到了民国初年，其酿法已经失传。《衢县志》(693页)说："古以石室酒为有名，今不知酿法。"石室酒酿法失传，但"惟有三白酒通行城市，然亦有遂安人酿造，乡间土壤不同，次者为六甲四甲冬酒"。衢州除石室酒外，在宋时周密着《武林旧事·诸色酒名》中还有衢州出产"龟峰酒"的记载，酒名是以府城的龟峰山(今府山)而称之。到了清代，衢州还酿出"梨花白"，有诗曰：……依家新酿梨花白，相约邻翁共举觞。流水淙淙碓自舂，田家碾米喜年丰。冬来酿得梨花白，蕹菜先封雪里红。郑永禧《年夜宴》[1]中出现了"梨花酒"，可能是梨花白吧！据说现在农村的家酿米酒很可能就是从"梨花白"演变而来。

多少劳吾心血处，一年无事到头忙。
今宵奉得双亲乐，满饮梨花酒几觞。

衢州的酒文化与其特别的稻米原料和泉水不无关系。据《衢县志》(578页)记载，以前衢州有一种晚稻特别适合酿酒，"有至重阳后熟者，名曰'见霜青米'，有红白二种，亦分迟早，早稻性硬，迟稻性软，无论红白一也，糯米亦谓

〔1〕《郑永禧西安四时竹枝词鉴赏》，衢州市民间文艺家学会编印，2006年，第45页。

之占米，有长腰有圆粒，今为徽州糯为多，又有重阳糯及冬糯，收获亦分迟早，然只作酿酒饮糕及角黍之用”。俗语说：名酒必有佳泉。衢州的古井甚多，其中紧靠水亭门街区的太白井就是其中之一。太白井是两口四方形的井紧挨在一起，井下是通的。井筒上刻着“太白井”，还有“五一年重修”的字样，现为市重点保护文物。康熙《衢州府志》记载该井曾有酿“三白酒”者取之，因井水清冽可酿好酒，故以“太白”命名之。傅金泉说原衢州酒厂就在现在太白井附近，厂内也有水井。当年酒厂还生产一种酒叫“太白酒”，就是取自这口井的名字。

太白井

衢州的酒文化之悠久有西周酒尊为证。而历代文人，尤其像杜甫、陆游这样的诗仙留下的诗句让人有如梦似痴的醉意。傅金泉在《衢州古酒文化》一文中提到，“衢州有悠久而丰富的酒文化内容；衢州有乌溪江第一流的水资源和优质的糯米资源；衢州有烂柯山围棋仙地和相依的山清水秀的石室村，具有开发衢州历史文化名酒的物质基础和条件。希望有识之士，能得有关部门支持，在烂柯山下办一个石室酒坊，采用传统酿酒生产，作为衢州历史文化名酒。既可作为衢州的宴会酒的旅游产品，酒坊也可供游客参观古代酿酒生产工艺，品尝酒味，同时也给品酒赋诗作画之人提供休闲园地，为弘扬衢州酒文化，促进我市就业发展，走出一条新路”。

（张崇、吴宗杰）

一大染坊

91岁的郑怀棪老人说，过去在水亭街无论开什么店都能赚钱。水亭街进入柴家巷这一入口段也处于这样的黄金地段。当从水亭街拐入柴家巷，首先看到的应该是一个4米高的大“布”字，在染坊现在为窗户地方，毛笔写，宏大。这就是衢州著名的“一大染坊”。根据衢州文物局普查资料，柴家巷3号、5号为“一大染坊”，主要有染布作坊和店面。郑怀棪老人回忆，原来一大染坊靠柴

一大染坊

家巷的一侧不像现在有这么多的窗户，改变了原来意境。这些窗户主要是房子收回公有以后，租户自己改造的。

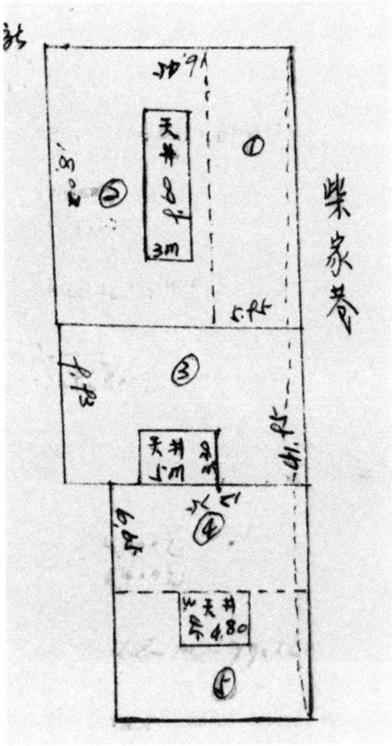

1952年染坊布局图

据衢州文物普查记载，染坊为民国时期建筑，北部为五开间四合院，坐西朝东。门厅是布店，属于店面，主屋是染布坊。89岁的胡嘉镐老人回忆，一大染坊很大，从水亭街一直通到罗汉井巷。染坊雇用了几十个人，有店员伙计、学徒，都在里面吃住，烧饭有两个师傅，“染坊的工人要吃饭，他们的饭量大”，染坊连茅厕也有两个，一个是专门给高级职员单独使用，一个给伙计大家共享。

一大染坊老板孙子，现年89岁的美籍华人胡嘉镐说，他最近刚到过一大染坊里看过，这个地方虽然还在，不过里面住了三十几户，很多房屋也多是后来搭建，以前的大厅、柜台、放布的地方、宿舍、染缸现在全部没有了。住在这里50多年的72岁的李楚雯老人，解放前住在县西街，小时候常常到一大染坊里玩耍。她回忆说当时店面的两边放着布。谁要是想染布，把白布拿来，说要染什么颜色，就拿到店后面的作坊去。李楚雯说，这里还专门有口井的，还有很多大染缸。染坊的底楼较矮，楼层较高，适用于晾晒布料，原来二楼四面都是空的，没有木板，上面有瓦，这样晒布下雨不会淋湿到的。

据胡嘉镐老人回忆，当年衢州有三大缸：酱缸、酒缸和染缸。胡家染缸就是由他的爷爷胡瑞斋经营。当时有染缸十几个，还有装染料靛青的大汽油桶，是从国外进口的，都是快一人高的大汽油桶，一共有七个。他描述当时的景观：“几百平方米的面积，有几十个千斤缸，每个缸里的颜料都是不

染坊原来的晾布处

一样的，红橙蓝绿青紫，煞是好看。”当时染布的场景是：“每天早上，男工们将布料抬进染缸里，女工们就负责添柴烧火。浆衣女将染有颜色的衣服拿到衢江边上清洗晾干，再做修饰就可完成工序了。”[1]工人很苦，请得都是男工，都打赤膊。一年到头火烧着，里头热得不得了。工人拿个绳子拉来拉去，布挂着荡来荡去，这样子有风。现在一大染坊里的厨房里还有一块石，上布满了元宝的纹路。元宝形状凹进，是用来印花纹的。胡嘉镐说，染坊染的是粗布，主要适合农村用，应该类似于今天乌镇蜡染一类，蓝底白花。当时印的布叫“印花布”。要染的布很大，一匹布有十一丈，一丈是十尺，一个染缸里起码染三四匹布。染布的时候，先是把靛青放进水里煮，然后印花。印好之后拿到水亭门外，溪滩里去漂。当时用的是人工扭干，就

〔1〕《八旬美籍华人忆水亭门:“衢州三缸”就有我胡家染缸》,《衢州晚报》2010年10月9日。

是用木头做的架子，把布夹在里头，两个人扭。漂好的布就晾在溪滩上的石头上。胡嘉镐回忆，一大染坊雇的工人不都是本地人，大都来自江西、安徽、湖南、江苏、浙江等五个省。还有很多其他店的老板送自己的孩子来做学徒。因为祖父胡瑞斋经营有方，上海大纺织厂叫自己儿子到爷爷这里做学生。

胡家除了开一大染坊以外，还在水亭街上开有大昌绸布庄，专卖绫罗绸缎。另外在黄衙弄口柴家巷斜对面有协和成布店，专门卖丝绵、纺绸、丝织品、丝袜。胡嘉镐说，协和成布店的丝绵一斤一斤卖的，叫"耳朵棉"。一袋一斤，拿出来打打，就会胀成一大堆，能翻成一条厚厚的棉被。那时候家里生意做得很大，销往衢州周边五省。胡嘉镐回忆，当时他家基本上能染市面上流行的各类布料，生意非常红火，很多外地商客也慕名过来订货下单。他家也是城里为数不多的有消防器材的人家。生意都是家人在管理。因为会做生意，爷爷还

斑驳模糊的"壹大染"

做了好些年的衢州商会会长。[1]店里的福利很好,卖的绸缎布匹,剩下一丈就收起来,装在大麻袋里。到过年的时候,把这些麻袋拿出来,有多少伙计就装几袋,然后抽签决定谁拿哪袋。伙计每月逢六,每个人可吃到四两肉。有些伙计节约不吃就存起来,过年过节带回家。然而这一切在日本人来了后就全部都没有了。我们逃难离开衢州,爷爷也死了。

说起今天墙上还留着的"壹大染"几个字,周荣典说,这是他的爷爷周浃写的。周浃是衢州的末代秀才,当时在衢州很有影响,是衢州有名的教育家、书法家,当年很多老字号的牌匾都是他写的,但大多都已经消逝了,而这斑驳难认的"壹大染"三个字已成珍贵的墨迹。不过胡嘉镐说这上面并非是"一大"二字,而是"文大"。

"高德洛"疑问

不过,在前任衢州工商联秘书长叶裕龙提供的历任商会会长的名单中,并没有胡瑞斋的名字。而说起衢州商会会长,第二任会长高振声说他是一大染坊的开创者。1952年房产登记他是"壹大染"的主人。有关他的事迹在1929年辑《衢县志》(2488页)上也有记载:"高振声,字文明,号协华,光绪已丑举人,庚寅联捷进士。以知县即用分苏,补授沭阳县。海宁籍,其先世家衢,事父母以孝着于乡党,本孪生,其同胞弟先殁,抚侄如己子,少从程让泉先生受业,明体达用、宋儒性理之旨。其治沭,政绩大致在农田水利,而尤以课士为重,终日用书,人比之袁简斋。云晚清政变,惕于时局,请改教室,归衢。人士信仰素深,公推监督郡中校,束身为范,学风一振,不支,以薪益学科,乃大进化,嗣被选为商会长。"另据《怀念我的祖父——早期衢县商会会长高振声》一文介绍,高振声在清朝时期考中进士,并担任安徽沭阳县县官,后辞官回到衢州。"1914

---

〔1〕《八旬美籍华人忆水亭门:"衢州三缸"就有我胡家染缸》,《衢州晚报》2010年10月9日。

年，在衢城水亭街开设协和成布店，1915年又在柴家巷开设一片规模较大的文大染布坊。”[1]

一大染坊内水井

1952年衢县房产资料登记“一大染坊”是在柴家巷4号，房主高德洛，此外水亭街上的文成布店也属于高德洛的家产。在衢县人民政府税务局房地产税编查表中，另外夹杂一些有关高德洛房产资料的一些文字碎片。其中有一张“通过徐同志了解高德洛房产要求”记有四点：“一、高德洛在衢县有多少房产；二、高德洛怎样利用这些房产进行剥削的；三、高德洛在房屋（批）斗会上，解放后私房缴公上等耍过哪些花招；四、据徐同志所知道，高德洛留下什么书面文字上的罪证。”从这些文字看来，高德洛似乎是一个拥有很多产业的“工商业地主”，可能与政府也是不太合作。据地产税表资料，除了柴家巷4号，高德洛还拥有水亭街50号、水亭街64、66、68号、20号的房产，分别开了蛋行、盐店和用于店宅。资料显示高德洛解放时候就已经不在衢州，而是在上海，职业是“人民银行”。

问起高德洛，胡嘉镐说并不晓得。不过他想起了自己小时候跟着爷爷拜访过一位姓高的。“爷爷让我叫高爷爷，那时候他住在天宁巷，门口有口井。”胡嘉

〔1〕《衢州文史资料》第四辑，第162页。

镐回忆这位姓高的年纪很大,已经患痴呆症了,一直在身上抓去抓去好像有虫子。胡嘉镐说:“我爷爷从海宁过来,接手后扩大了染坊的规模,我们海宁有自己的纺织厂,那里的布初步织好以后就运到衢州来染。”据《怀念我的祖父——早期衢县商会会长高振声》介绍,高振声幼年时就拜程大廉先生为师。由于当时家境困难,他一面读书,一面在家制作雨靴,然后运到杭州、海宁这些地方卖掉,再把海宁的土布贩回衢县销售。胡嘉镐老人回忆,自己7岁开始就经常跟着做会长的爷爷胡瑞斋出去,见过好多世面。开一大染坊应该是在自己7岁之前,甚至更早。“我爷爷年轻时到衢州来,在衢州结婚,生我爸兄弟五个。再等我出生,已经几十年了,所以染坊已经好久好久了。”“壹大染坊”与“文大染坊”都有文字记载,“高德洛”与“胡瑞斋”同是海宁人,在差不多的时间来到衢州,而作为孙子的胡嘉镐留下的是童年的记忆。而对今天的一大染坊来说,这些疑问似乎比事实更有文化魅力。

衢州的染布业

衢州染布可谓历史悠久,《衢县志》(529页)引唐代的《元和郡县志》载:“衢州贡矩纻布、纸扇、簟及龙须席、葛粉、黄连。”可见衢州的布曾作为贡品入贡。宋代《太平寰宇记》记载,衢州土产有白纻、大麻布、纱、扇等,“前数种皆以入贡”。《衢县志·天产品》中记载有苎麻:“田园间多植之苎,亦作纻。《寰宇记》:衢州土产有白纻,今产麻,多仅供作线。”[1]《衢县志·制造品》(687—688页)中有多种关于布匹的记载:

> 绵:《通典·食货》:衢州信安郡贡绵百屯,《通考》亦云:贡绵当即丝绵,有丝即有绵。

---

〔1〕《衢县志》卷六。

丝线：业此者多泾帮人，昔用湖丝，今皆本丝。

棉花：朱鬯《三衢览古》诗：少种桑条与木棉。衢地向不产棉，农家所植，仅供自用。近因西乡橘多冻折，改植棉。又有购采良种为植棉试验场之设，所出已较前增多。

白纻：《寰宇记》：衢州土产有白纻，即苎麻也。今乡间所植之麻，惟以绩线而已，谓之布线，然不及江山所出之细洁。

纻布：《元和郡县制》：衢州开元贡赋有纻布。《寰宇记》有大麻布，皆今之夏布也。今所出已稀，或江西寄居于此者，优为之。

麻布：别一种大麻，可作米袋，亦可作绳。

据《衢州古老的花布坊》[1]一文介绍，衢州还曾有过类似“蜡染”的纯手工作坊，就是花布坊，但是在抗战前后就逐渐衰落。这种土花布在旧时衢州市场上风行一时。虽然土花布只有蓝白两种颜色，但是上面画的却是民间喜闻乐见的梅、兰、竹、菊和麒麟送子、招财进宝、万事如意、凤穿牡丹等图像，象征着吉祥幸福，农村妇女特别是姑娘们都喜欢用它制作衣裤，以图吉利。也有很多人用它做棉被。这种“蜡染型”的花布，除在白布坯上染制外，还可在白坯夏布上染成蓝白相间的花纹，或染成全蓝色，用做蚊帐，可耐污染。有的用白坯布印染成背面、门帷、包袱等，农民们都乐于购买。今天这些应都是很好的旅游产品。住宁绍巷17号的徐树源老人说，自己的爷爷就是靠贩卖夏布起家的。他爷爷是绍兴柯桥人，把夏布从柯桥运到衢州，上半年布带来放给人家，下半年收钱。主要销往衢州、常山、焦贤等地。在焦贤买了很多土地。

李吉安在《浅谈明清府志中衢州街巷名的文化内涵》[2]说，城区主要染坊

---

〔1〕《衢县文史资料》第四辑，第89页。

〔2〕见《中国地方志》2010年第8期。

有同顺和、春茂、春源、顺春、裕丰数家。《衢州古老的花布坊》一文介绍，当时衢城共有五家花布行：

> 同顺和　坊主任××，绍兴籍，设在小西门，经营年限相当长。
> 春茂　坊主张永桂，同业中规模最大，设小西门街童家巷口。
> 春源　坊主郑永春，衢县姜家乡人，设在小西门城门口。
> 顺春　坊主朱××，设在小西门。
> 裕丰　坊主郑宪彰，设在老天后宫。

《怀念我的祖父——早期衢县商会会长高振声》介绍，高振声早年把海宁的土布贩卖到衢州。后来“考中秀才后，仍然在衢县一面读书，一面做生意。高振声考中进士，担任江苏沭阳县县官，后又辞官回到衢州，看到市场上外国货越来越多，很多商品的包装上面都加上一“洋”字。他说：“外国会做的东西，我也要学会做，要用中国货抵制洋货。”于是高振声办了很多实业，其中就包括在柴家巷的文大布店。“1914年，在衢城水亭街开设协和成布店，1915年又在柴家巷开设一片规模较大的文大染布坊。”1949年解放时候，衢州布庄有64户，解放以后，垮了24户。《燕明笔记》(198页)这样评价解放初这个行业：

> 他们过去的经营特点：每逢秋季抬高物价，春夏季向下压价(被迫情况下)。他们的固定资金不多，主要是流动资金，最大的布店流动资金150万，但可以作到一亿四千万，其办法，解放之前，到上海买布时则采取①银行贷款；②互相顶拨；③冻结工资(不给工资)，解放之后则采取套汇，他们通常是春夏间向上海定货式买出，上海布店则价较固定，不如他们跳动得快。到秋季之间则大量甩出，赚一笔钱。一般规律，全年推销

数，春夏占30%，秋冬占70%。1950年春夏的情况：① 银行不贷款；② 套汇受限制；③ 公债税收催得紧；④ 花纱布公司成立；⑤ 工人经劳资协商后实行折实单位与不允欠薪水；⑥ 在此情况下，需要甩出一批布解决，又加公营布店压低布价，势必破本甩出，早甩出虽赔钱，但少些，越囤货者吃亏，大商号吃亏重，中商号资本有限，小商号保持平常，这样垮了24户，大的占14家。

衢州地委书记燕明

《燕明笔记》称，当时有一句俗语叫“布儿子不如油鬼子，油鬼子不如粮鬼子”。看来布商虽不是“最坏”，也不是“太好”。《燕明笔记》称：工人对商人很仇恨，原因之一就是“米场压米价贱收，此时正需布则提高布价，明春米缺则提高米价，不需要布了则价下降”。《燕明笔记》中多次提到抗税问题，其中提到：“顽抗户，平素营业作风不好，逃资偷漏拖延不交，如福元布店（张承德）在1950年时逃资假账很厉害，之后消极生产。自从1950年被处罚后，对税款屡屡不交，共计所得税2253万元，一文未交……”不同的时代对同一现象有不同的评价和话语。读这些文章不免让人对历史有更加深刻的认识。

“棘心夭夭，母氏劬劳”

现在“一大染坊”居住的一户人家为李楚雯母子。她说自己原本不住在这里，而是在县西街，就是现在的电影院对面，后来电影院要她房子，于是她就挑了柴家巷这处房子。搬进来的时候李楚雯也不过19、20岁，转眼间已在这里住了50多年。李楚雯今年72岁，和儿子龚平一起生活。龚平由于先天性疾病，至今大小便失禁，生活无法自理。李楚雯的丈夫已经去世30年了，她几十年如一日照顾着自己的这个儿子。《衢州日报》记者曾经采访并写了一篇《66岁老母亲为瘫痪儿换了43年尿布》的报道。文章中说:“43年前,李楚雯初为人母。可是在她经历了巨大的疼痛后所产下的这个孩子,居然连性别都分辨不出来。当时,衢城的医生也没遇到过这样的病例。几个月后,李楚雯和丈夫一道,送孩子到省城杭州就医。医生确诊是男孩,得的病为‘先天性膀胱外翻’,需要立即动手术。为了早点治病,他们决定马上就医。只有几个月大的小龚平被打了麻醉剂送进了手术室。‘我记得很清楚,龚平是上午8点抱进手术室的,我们在外面一直等到下午2点才抱出来,出来的时候他还是昏迷的。’”或许因为当时手术的麻醉剂用量过大,龚平的智力发展受阻,后来又赶上“文革”,孩子的治疗不得不中断。1981年,李楚雯丈夫因心脏病离开了人世。丈夫的去世让李楚雯觉得天都塌下来了,但是她仍然坚持下来,她说:“这些年来,对平平,我从来没想过放弃,毕竟他是我的儿子!”

如今,李楚雯每天最主要的事情,就是照顾自己的儿子。每天五点多钟起床,到江边散散步,锻炼身体。六点多钟,儿子醒了,李楚雯就开始忙活了。给龚平换尿布、穿衣服。由于龚平的身体很弱,这要花上李妈妈半个多小时的时间。将换下的尿布洗好后,她要赶到菜市场,买些儿子能吃且容易消化的菜,然后急急忙忙地赶回家中,继续打理家务。因为行动不便,龚平一日三餐都是由妈妈喂的。到龚平八点多钟睡下了,李楚雯还要清洗儿子的衣裤。如果赶上阴雨天,还要烘尿布。李楚雯是回族,信仰伊斯兰教,但却不大去位于新华书店的伊斯兰教堂。龚平四十多岁了,平时就坐在那把特制的椅子上。椅子中间挖

李楚雯

了个洞，下面有个痰盂。如果你经过柴家巷3号，很可能看见龚平一个人坐在门口，看着柴家巷来往的行人。李楚雯说，儿子有的时候会起来，摇摇晃晃走上几步，但是有时会摔跤，自己希望他能一直坐着，可是儿子并不听话。“不过有时候，他也挺贴心的。前几天，我出门忘了带钥匙，站在门口敲门，说‘平平，给我开下门’，他听到后马上来开门了，当时我就想还好他在家呢。”

李楚雯母子的主要经济来源就是每个月700元的退休工资。除去给龚平买药、买营养品，就花了一大半了。县学街社区考虑到李楚雯的特殊情况，将她家列为低保户。从此，每月家里多了120元的生活保证金。除了龚平以外，李楚雯还有一子一女，女儿已经结婚，小儿子三十多岁了，对象不好找，人家给介绍对象，女孩子上门看到龚平后就不愿意了。李楚雯也很无奈，“我经常为这事发愁，希望自己能身体好些，多活几年，让他少受几年苦”。“我想和几个孩子商量一下，以后就把这套老房子留给平平，一间给他住，其余的用来出租好维持生活。政府发给他的低保金，我就替他存着给他以后用。”《诗经》云：“凯风自南，吹彼棘心。棘心夭夭，母氏劬劳。”李楚雯对龚平的爱也属于水亭门的文化。

（张崇、吴宗杰）

元大森水果行

《“水亭码头”今昔》一文介绍：解放前水亭门一带水果行有元大森、万春祥、仁记三家。据1954年衢县城区水果业统计，水亭门一带水果店有：仁记水果店，店主朱进喜，于1945年4月开行，位于天皇巷31号；广来水果店，负责人为詹光，成立于1947年9月，在下营；仁和，负责人为钱东生，1954年2月，在水亭街。而元大森水果行记载是1925年开设，解放初负责人为江春海，地点就天皇巷出口对面的水亭街上。说起来这家店距今也有近百年历史，可算是老字号了。

据91岁的郑怀棪和86岁的郑鸿盛两位老人回忆[1]，今天水亭街33号的美容美发学校就是曾经的“元大森水果行”。这座建筑共有两层，楼下一层已经少有从前的面貌，原来的店门木板位置已经换上了偌大的玻璃窗，只有二楼倒还依稀可见当年的红褐色木板。郑怀棪老人回忆，元大森水果行在水亭街虽然只有一间店面，但是店面很深，大概三十米，还有厨房，前店后寝。[2]元大森的老板高宏祥，是郑怀棪的中学同学。郑鸿盛老人说，“元大森水果行”是水亭街上最大的水果店，主要是批发，也兼零售。“徽州雪梨”最负盛名。郑怀棪老人说，徽州雪梨当时是珍品，非一般百姓所常吃，得肺病吃吃就好。

---

〔1〕吴宗杰：《水亭门商铺排查》，录像编号：20100716。

〔2〕吴宗杰：《郑怀棪谈做寿及水亭街店铺》，录音编号：20100723。

郑鸿盛老人曾经是元大森水果行的学徒。他说13岁就开始做学徒了，虽然艰苦，但也是从这里踏上了革命的道路，受老板的影响。[1]郑怀棪和老板高宏祥是很要好的中学同学。二人都在衢州中学上学，都爱好打篮球。两人商量在他仓房外面空地做篮球场，叫来木工做了个球栏板。他们还代表衢州中学建立了一个篮球队，叫“旋风队”，意思黑旋风李逵。高宏祥比郑怀棪大一岁。据说，他之所以当老板是因为家里四口人都死于日本人的细菌战。没办法他才年纪轻轻当老板。为了防止鼠疫流行，当时民国政府规定凡是有家属死亡的都要把房屋烧掉，其中被烧的房子叶家有七间，元大森三间，德有兴五间，一共26间。郑鸿盛回忆，元大森生意很好，经常是中午12点钟还没吃饭。店里供餐，随便吃，就不准浪费。郑鸿盛说，老板对他很好，教他记账、读书、做生意。不要看他是个老板，他基本上和我们生活一样的。

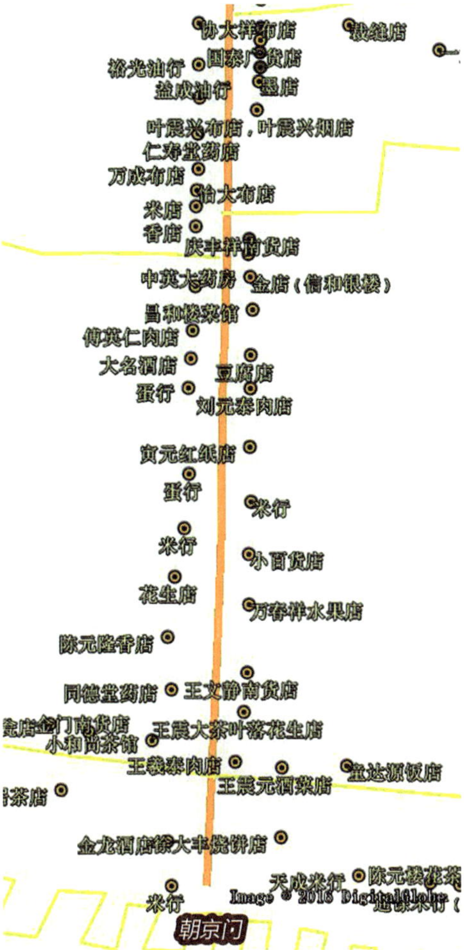

水亭门沿街民国商铺，从朝京门到柴家巷

郑怀棪说，高宏祥有个表哥叫徐以新，做过阿尔巴尼亚大使，是外交部副部长，曾与周恩来等同时代留苏勤工俭学，据说他年纪最小。高宏祥后来走

[1] 吴宗杰：《水亭门商铺排查》，录像编号：20100716。

上革命道路不知是否受到这位表哥的影响。年轻的高宏祥在1952年放弃了万贯家财,一人到杭州读干校,干革命去了。元大森那个时候已经有资金上千上万。问起高宏祥解放后的情况,郑怀棪说:"由于他在元大森当过老板,成分差了,他没有当什么领导干部。"高宏祥的弟弟后来也在郑鸿盛介绍下,出去当兵了。"他弟弟要我把他与老板弄开,让我给他证明,两码事情,个人恩怨不要计较,开始当兵去的,连里当了军官,后来转业去了地方"。郑怀棪家里摆着自己八十大寿时高宏祥送他的一幅字,老人遗憾地说:"高宏祥去年去世了。"

中共衢州地委首任书记的《燕明笔记》(207页)记载,1956年作为国营的土产公司与水果行之间产生矛盾,主要是双方认为对方收购太多,为此要合并迁移9户,占全业27.2%。当时元大森的情况是:"将万春祥、仁记、元大森三户……资产合并,直接过渡形式,设门市部三个,采购外销一个,以元大森原址设门市部一个,在南街口头秦沅新椿记百货店原址增设门市部一个,以原万春祥作为采购外销处。"

(张崇、吴宗杰)

瀫水芳枳

宋时杨万里有一首《衢州近城果园》：

未到衢州五里时，果林一望蔽江湄。
黄柑绿橘深红柿，树树无风缒脱枝。

讲到衢州果园，不能不说衢州特产——衢橘。衢州从古就向朝廷进献橘柚等贡品，按《衢县志》(527页)记载，进贡的最早文献记录是在《尚书·禹贡》和《逸周书·王会》："衢在古为蛮荒，然扬州(当时衢州属于扬州地域)之橘、姑末之珍已见于《禹贡》《王会》，可知方物之献为最早也。"此外，北魏郦道元撰《水经注》有记载衢橘云：

瀫水又东，定阳溪水注之，水上承信安县(即衢县)之苏姥布……径定阳县，夹岸缘溪，悉生支竹及芳枳、木连，杂以霜菊、金橙，白沙细石，状如凝雪。

明代何乔远在《闽书》中称："近时天下之柑，以浙之衢州、闽之漳州为最。"李诩《戒庵漫笔》云："柑与橘类，而皮壳略异，温、衢最多佳品。"张大复在《梅花草堂集》中云："橘之品出衢、福二地者上。衢以味胜，福以色香胜。衢味与口相习,所谓温温恭人,亲之不忘倦者也。”徐霞客曾四次经过衢州,他于第四次,即崇祯九年(1636年)十月十三日至十六日来衢时,曾这样写他见到的衢州柑橘:

> 过浮桥,又南三里,遂西入常山溪口。风正帆悬,又二里,过花椒山,两岸橘绿枫丹,令人应接不暇。又十里,转而北行。又五里,为黄埠街(今航埠镇)。橘奴千树,筐篚满家,市橘之舟,鳞次河下。余甫登买橘舟,贪风利,复挂帆而西。五里,日没。乘月十里,泊于沟溪滩之上(其西为常山界)。

此行,徐霞客描写了三百多年前衢州一带“橘奴千树,筐篚满家,市橘之舟,鳞次河下”的情景。和徐霞客同时代的卢之颐在《本草乘雅半偈》中说:“近衢州航埠沿溪三十里,夹岸柑橘,花期香雪弥空,果熟金星缀碧。”此外,《匡庐游录》称黄埠“居民种橘为业”,《江行日记》称“衢州民皆树橘,沿村累累,丹黄可爱”。

衢州的橘子种类很多,《衢县志》(665页)引杨《志》记载:“有朱橘、绿橘、狮橘、豆橘、漆碟、红金扁,抚州诸名色明。”吴伟业诗曰:“三衢橘柚广州柑。”橘子其实是一种统称,细分之下有很多种,橙就是橘的一种,“陈《志》云:皮香脆穰,酸不可食”。但是郑永禧说:“今有以橙接橘者,颇甘美,即姚《志》之黄香橘也。可见橙子的发展也有一段历史,以前的人们懂得嫁接技术,将原来“酸不可食”的橙,变成后来的黄香橘。还有一种叫“柑”的橘子,“本广种,名广柑,亦名广橙,陈《志》云又名蜜罗柑,香美,皮穰皆可食”。亦有叫做“香橼”的,“亦作香圆,陈《志》云香橼黄润有香,可资清供,其味稍劣,三者皆橘类”。除了橘子,还有柚子,有一种叫“香枹”的柚子,“陈《志》云柚亦柑类,疑即枹也,实大而如泡,《五杂组》字作抛,姚《志》谓文旦,一种大者尺许,色香俱可玩，当是寿星抛”，还有金橘，“茎叶皆似橘，结实大如指头，鲜黄可爱，一名金柑，圆者或称金弹，长者又谓金枣”[1]。

三衢柑橘不但能生吃，橘蜜、橘饼、青皮丝都取自橘，橘树浑身都是宝。《衢县志》(695页)记载了橘蜜：姚《志》云航埠多橘林，春末橘初花时，山中人尽出蜂房，采撷成蜜，色皑如霜，名曰橘蜜。柯寄叟《橘蜜》诗：

我读水经注，瀫水有芳枳，
南风吹出花，积雾三十里，
蜜官捧檄至，勾当事如蚁，
琼苏尽沾醇，金翼飞不起，
倏忽放归衙，一吐千窠水，
醪同缸浮面，白若湩生乳。

《衢县志》还记载了橘饼和青皮丝。前者“以橘和糖制成，可以逐痰，亦有以香枹及广橙制者，法稍异，治病则一”。后者“香枹结如碗大，尚未成熟，摘而取之，刨成薄片，近来出品颇多，运售淞沪间，名曰青皮，制为青丝”。橘饼不但可以食用，还皆可入药。《本草纲目拾遗》一书载橘饼“浙制者乃衢橘所作，圆径不及三寸”，反映了衢制橘饼有着悠久的历史。

《“水亭码头”今昔》中说衢州水果店主要经营衢州特产橘子，代客收购，收取回佣(当时称“行佣”)，同时批发给零售商店和小商贩销售。衢橘产量在解放前没有具体统计数字，解放初统计年产为十万担，故有“衢十万”之称。

(张崇、吴宗杰)

[1]《衢县志》卷六。

胡德泰肉店

胡德泰肉行老板的儿子胡若夫说，在现在水亭街39号、41号的位置，原来是25号，是曾经的胡德泰肉行。老板祖籍安徽绩溪，15岁来到衢州，先是跟在南门开肉店的舅舅做了三年学徒，学习杀猪、卖肉、收猪。后来自己摆小肉摊，慢慢做大。“父辈靠勤劳，省吃俭用发的。”胡若夫说，过去卖猪肉一刀一刀卖，连皮卖，不分精肉、肥肉。猪内脏是另外卖的，猪肚、猪肠、猪肺、猪肝都会有人买。卖猪肉手法要好。人家要买一斤肉，一刀下去，9两，加点添头，正好一斤。要是多了，1斤1两就不买了。

在水亭门这些肉店中胡德泰肉店最大，店里雇了2个保姆，3个伙计。一般的肉店只是杀猪卖肉，而胡德泰肉店除此之外还做猪行。郑怀棪和郑鸿盛两位老人说，旧时水亭街上的肉店很多，在现在“金夫人影楼”的前面有一家“金土猪肉店”，“老板叫金土”。今天“深巷子烧酒”有一家叫“刘兴记”的肉店，也叫“刘元泰肉店”，是早上杀的猪，杀了就卖。还有现在水亭街62号是“傅英仁肉店”；上营街头上弯弯的三角形有“王羲泰肉店”。还有其他不知名的肉店。

胡若夫说农村里专门有收猪的，叫“牙郎”。牙郎收到猪就拿到城里来卖。到农村里收猪是要本事的。有的100斤重的猪只能杀60斤肉，而胡的父亲100斤毛猪能杀80斤肉。公私合营后，胡的父亲是公司1号验货员。当时验猪要在验货单上写明毛猪重多少，谁验的，出肉率是多少。《衢县志》(第843页)记载：“代客买卖曰牙郎，牙字本作㸦，即互字，古为互市郎，变为互市牙郎，今单称牙郎。”《嘉庆县志》中有关“牙税”的记载:“牙税银五十一两四钱。上则牙户三十七名，每名征银八钱，该银二十九两六钱，中则牙户三十三名，每名征银六钱，该银一十九两六钱。下则牙户五名，每名征银四前，该银二两，共该前数另款解司充饷。”《衢县志》(537页)上也有关于“牙税”的记载:“衢县城乡共领牙贴一百户(城内六十九户，户中二余皆下樟潭十八户，中四余下航埠，三户皆下墩头一户，下双港口一户，中领头一户，下举村一户，下黄坛口一户，下杜泽一户，下四乡四猪牛牙。”“偏中则仅七户，余皆偏下，则民国十三年收牙帖捐银三千七百六十六圆，牙税银五百五十六圆(公费八圆，手续费十二圆)。”牙税专列一项记载在《衢县志》中。不光收猪贩猪有税，杀猪也有税。《衢县志》(536页)中有关“屠宰税”的记载:“每猪一头征收正税银四角，地方附税银一角四分，民国十四年衢县每年拍额银七千九百二十圆，认缴银七千三百四十四圆，附税在外(以每日五十头计算，合得此数，按月缴县)，牛税羊税均无。”

胡若夫说自己父亲在黄衙巷还有专门放猪的栈房，也就是仓库。一般一天杀两头猪，应付门市，其他都用船运到外面去。当年他父亲专门包船把猪外运，回来的时候还贩布，“海宁布，一桶，一桶把布匹运回来卖给布店老板”。这样来回都赚钱，不会空船回来。胡若夫1944年出生，没有跟父亲学过杀猪。那个时候一直在读书，1962年高中毕业。由于胡的叔父在台湾，所以就终止了学业，在家里打打临时工，后来进了工厂。胡若夫说，他们家在天皇巷有一处有天井的四合院。公私合营后，胡家卖掉了老房子，家就搬到了水亭街肉店旁边。

(张崇、吴宗杰)

江氏大厅

现在的水亭街48号，有一处体量庞大，用材也粗大的建筑。抬梁穿枋施彩绘，雀替等有雕花。看上去做工考究。衢州文物普查时认为该建筑“具有较高的历史、艺术价值”。并认为从其建筑风格及雕刻艺术判断应为清代中期建筑。但该建筑原来到底是什么，又为谁所有，至今仍然是个谜。文物局普查登记为“张氏宗祠”，但更多的说法是“江氏大厅”，可能方言发音被误读为“张”。1952年衢州财税局资料显示，水亭街48号产权人为徐之军，现为文具店仓库。

普查表对大厅的描述是：“坐北朝南，占地面积232.79平方米，硬山顶，面阔5间。明间梁架抬梁式，七檩四柱，次间及梢间梁架穿斗式，七檩五柱前后单步，屋面望砖铺设，明次间抬梁穿枋上施彩画，用材粗大，雕刻精细。厢房单坡顶，西厢房面阔两间，梁架四檩四柱。东厢房面阔四间，三檩二柱。明间后金柱间设太师壁，明次间敞厅，明间前檐檩月梁式，西梢间北面开小门。正厅西次间开圆门，为前后进通道。后进已拆除，小门及圆门已封。”

家住天皇巷的胡若夫回忆说，这里原来为裕光油行，老板姓朱，店门外面还挂有一块铜牌：衢州绥靖公署东南办事处。柴家巷1号的傅志金老人也说，这家老板姓朱。郑怀棪指认这里曾经是义成油行，前身是老庆丰南货店，1952年出租给协和南货店。房产资料登记显示，此处房产的代理人为朱玉光，职业为“小贩”，从1921年就开始在这里做生意。傅志金老人说：“朱玉光可能是拼伙老板，油行亏本就散掉了。里面很深的，有好几进。一直通到天皇巷了。”

关于此处作为“义成油行”的记忆，家住黄衙巷8号，祖上曾在水亭街上开“万成布店”的江先顺老人说，义成油行老板的孙子小时候跟他是同学，都在徽州会馆开设的皖江小学里上学。他回忆这个油行里面很深，都是油缸和油桶。他还记得这位同学曾把一个伙计的破鞋放在桐油里面浸泡，然后晾晒了，说这个可以当雨鞋的。

顺着天皇巷往里走，绕到“江氏大厅”后面，里面住着一对老夫妻。我们曾多次来到这里调查，但都是房门紧闭。终于有一次遇了一位大伯，和他攀谈后，了解到这房子的主人是老板的女儿，他的老婆姓江。问及“江氏大厅”，他刚想说就听到了屋里阿姨催丈夫进屋。从此大伯不再露面，“江氏大厅”的谜终究没有揭开。

水亭门的学徒生涯

水亭门一带商铺鳞次栉比，无论是麻饼店、面店，还是纸店、水果店、油行，几乎每个店铺里都有学徒的身影。从师受业，这些学徒每天在《论语》所言的“洒扫、应对、进退”中学做人、学生意，得到各种历练。水亭门岸然成为工商管理的“开放大学”。学徒都是在吃苦中磨炼出来，诗人刘半农写的《学徒苦》曰：

学徒进店，为学行贾。
主翁不授书算，但曰“孺子当习勤苦！”
朝命扫地开门，暮命卧地守户。
暇当执炊，兼锄园圃！

学徒也不是今天认为的只是穷人孩子的事，徽商“叶半城”的老板叶仕衡15岁就奉已经是大富豪的父亲之命来到水亭门做学徒。甚至外面老板的孩子也送到这里来学习。通过学徒生活，有的人后来成为老板，有的成为医生，有的人参加了革命，有的继续做着各种各样的工作。每个学徒都有自己不一样的人生，而学徒生活无疑在他们的一生中留下深刻的印迹。

许春祥与仁寿堂

宁绍巷21号的许珍珠老人，住在这里快60年了，她讲述了父亲许春祥当年做中医学徒的经历，可让我们了解什么是“洒扫、应对、进退”的教育理念。那时候父亲家里很穷，托人找师傅做学徒。“那要通过认识的人给你介绍，给你好像打包票的一样，通过人家带去，就是要老老实实做人的。”许珍珠说，父亲的师傅很严厉，“人家是‘严师出高徒’，要有点规矩，不像现在，没有规矩的，小孩那么冲”。提到规矩，就是“给师傅泡茶，要抽烟么给他点烟，搓火”。除此之外，扫地、擦桌子这些工作都是要做的。跟师傅读书，看师傅有什么需要随时应对，“照顾照顾他，帮帮他忙”。学徒是没有工资的，就是在师傅那里吃饭。学中医慢得很，师傅他一点点告诉你，不是一下子全部都学的。药书看懂了，再给他做事情，再告诉你怎么看药书。看过药书，师傅再慢慢讲什么病用什么药。就这样下去要学好几年。“现在说‘三年熟读’，三年还熟不了的。”对于父亲到底做了几年学徒，许珍珠并不清楚，不过听父亲讲，做学徒不是很容易的事情。学完以后，许春祥就在仁寿堂做坐堂医生，专门给人看病，然后开中药方。现在许珍珠家里还有一张桌子，叫“药师桌”，是父亲在水亭街仁寿堂开药的时候用的。许春祥一直在仁寿堂做医生，没有本钱自己开店。解放以后，许春祥到衢州红会医院做医生。渐渐地，找看病的人开始多起来。红会医院接收他去了。

毛林江与复兴米店

86岁的毛林江老人12岁就开始做米行学徒，直到十八岁。据老人回忆，当时做学徒的米店叫“复兴米店”，在大西门外右转第二家，对着码头将军柱。毛林江老人说，那时候和他一起做学徒的有四五个人，年纪都是十来岁。米行学徒基本上没有工资，但是老板会包吃住的。“我们都睡在那里，没有固定房间，趴到哪里，哪里睡，麻袋在上面一盖。天气冷了麻袋再加一个。”[1]

---

〔1〕张崇:《婚礼和抢亲，米行学徒生活》，录音编号：20100729。

毛林江老人说,做学徒天天都在店里干活,每天“烧烧开水,扫扫地,搬搬东西”。天刚亮就要起来,晚上要到八九点钟,一般是十点多钟。刘半农的《学徒苦》这样说:

自晨至午,东买酒浆,西买青菜豆腐。
一日三餐,学徒侍食进脯。
客来奉茶;主翁倦时,命开烟铺!
复令前门应主顾,后门洗缶涤壶!
奔走终日,不敢言苦!
足底鞋穿,夜深含自补!

毛林江说有时候还需要送货上门。他十三四岁的时候,送米到衢江上面的高帮船上去。“高帮船妓院老板很客气的:‘小孩子,给你东西吃吃,下次你再送来。’”

学徒不能随便出去,“家里有事都不能回去,到街上买东西跑到家里也不好回去”。毛林江说,就是父母也不随便叫自己回去,叫“避嫌”,怕把店里什么东西带回去。当学徒的时候衣服袋子都要拆掉的。“我们衣服都是没有袋子的,怕你把东西带出去,所以过去相当严。”毛林江老人说:“我们在那里,他骂是要骂的,但从来没有打过,给你也吃得饱,就是要听话。”

纸坊学徒傅志金

住在柴家巷1号,88岁的傅志金老人,曾经在徽州人开的纸坊里做学徒,当时十三四岁。纸坊的老板叫郑文质,正门在水亭街,纸坊里有六七个职工,1949年后老板回老家去了。傅志金说做学徒前三年没有工资,老板供吃供喝。“帮你洗衣服,衣服都给人家洗的,都不要钱的。”第四年可以拿一些工资了。纸店学徒首先要学点纸、卖纸，过去五张五张的点。除此之外，要学做买卖，“人前怎么沟通交流，要学习的很多，讲也讲不完的，三年都没学会”。

纸店供吃供喝，伙计们都是大锅菜，一个碗，饭上面盖菜。每十天逢六吃一次肉。老板自己开小灶。如果犯了错误，老板让回家就得回家。有的时候，老板也会打的。“小孩子，十三岁，打耳光。”不过，老板主要是骂，事情没做好，教你怎么做事，学不好有时就会打。学徒出师后，傅志金专门管卖纸。纸的品种很多，有烧的，做的，写字的，雕花的，各式各样的。以前纸每刀一百张，一千张一件。学徒每天早上七点钟上班，晚上有时候做到九点。那时候没有什么加班的说法，老板叫你做，你就做，一切听老板的。除了春节放假三天外，平时没有假期的。傅志金说，过去是老板管你，解放后是政府要管你的，都是一样的，只是做买卖的制度不一样。

住在柴家巷14号的徐得俭老人说，傅志金老人原不姓傅，而是姓徐，是因为当年怕国民党抓壮丁而改姓傅的。然而傅志金老人说，是自己小时候，母亲对他说：“你娘舅没儿子，到他家吃饭去，要听他的话。”于是傅志金改姓娘舅的姓，跟着娘舅一起生活，舅父舅母都是裁缝。傅老说，那个年代，拿给人家做儿子女儿的很多。过去的小老婆、童养媳，很多都是小女孩拿来养，长大后就和儿子结婚。那时候也有小孩子，七八岁时一点点大，出来讨饭的很多，不过晚上还是回父母那里睡觉的。傅志金长到十来岁就到纸店做学徒，从此就靠自己生活。舅父舅母后来去了杭州，刚开始几年还有联系，后来就音信全无了。傅志金说自己也不和原来的父母联系，现在他们都过世了。他说自己不信什么祖先，也没有给亲生父母上过坟。也许，就是小时候母亲那句话，改变了自己对家的看法。1949年后，傅志金一直在水亭街宏大纸店工作。改革开放后退休，有三十年工龄。傅志金妻子比他小十来岁，在柴家巷1号开裁缝店，育有一子一女。傅志金说自己的孩子都很孝顺，虽然不住一块，但天天都会来看他，给他买菜烧饭。

郑鸿盛与元大森水果店

元大森水果行学徒郑鸿盛

现年86岁的郑鸿盛13岁就在元大森水果店做学徒。老人说："我们这些做学徒的苦得很，快过年的时候要做到夜里12点钟，早上四五点钟就要起来。我这个眼睛发炎了，但还是要干。"第二天卖的花生前一天晚上要一斤一斤地包好。说起自己当年如何从伙计走上革命道路，郑鸿盛老人说是受当时老板高宏祥的影响。"他思想比较进步，我们都受他的影响。那时候他教我们看马列书，资本论。我们看不懂，老板教。从此一步一步开始了思想启蒙。"1949年以后，郑鸿盛参加了革命。"那时候党组织里面党员很少的，我们就被重视。我做行政的，后来参加工会，我技术也管，再步步高升。"退休时候的郑鸿盛已经是处级干部了。[1]说起水亭街，郑鸿盛老人说："我对这里有感情，从小在这里，也从这里走出去。"

一大染坊的学徒

柴家巷的"一大染坊"，据89岁的美籍华人胡嘉镐说，是爷爷胡瑞斋经营的。因为经营有方，非常有名，衢州周边江西、安徽、湖南、江苏、浙江、上海很多店老板把孩子送来做学徒。这些老板的孩子来的时候穿的是绫罗绸缎，一到染坊这些衣服以及其他贵重物品都要交给掌柜代为保管，要换上店

---

〔1〕侯松：《郑怀棪谈做寿及水亭街店铺》，录音编号：20100723。

里统一的粗布衣服，直到学徒期满才能拿回自己带来的衣物。胡嘉镐说，那时候的学徒不是随便就可以进来的。来的人家都是有身份的，家里开店，钞票很多。但自己家里学不出来才来拜师。因为儿子在自己父亲面前可能比较随便，但是在师傅面前就要守规矩。“天天学东西，要打算盘，检查打到什么程度，不能偷懒。那时候是大师兄带小师弟。店里的规矩很多，而这些规矩都是不成文的，一代传一代，一个传一个，第一年进来的传给第二年、第三年的。”

染坊里学徒三年为限，没有工钱，工钱都师傅拿去。现在拜师傅是要给钞票，但过去自己挣得的工钱是要给师傅领去的，只有过年过节的时候学徒才会拿些钞票，和现在学手艺一样要交费。坊里规矩是每天四菜一汤，两荤两素。荤菜是鸡、肉、鱼。每月逢六加菜，每个人四两肉。也有不吃存起来，过年拿回家去。

郑怀棪老人说在宁绍巷原来有罗振和南货店。这家店很大，出来的学徒都是有出息，都开店做大老板。名师出高徒，好的老板有好的学生。孩子十六岁来做学徒，做了六年就出师了。成绩好的有能力自己开店了。[1]

解放初，师徒关系就发生变化。衢州地委书记《燕明笔记》(77页)上说:“学徒工资很低，如百货店店员三年学徒六年店员了，每月只得工资三斗米。”1949年以后组织的工会，会为学徒的待遇问题派代表与老板进行协议。《燕明笔记》(77—78页)记载:“定合同中普遍照顾了学徒，根据其学习和贡献大小生意好坏，确定补贴数额，一般的一年级的补贴2—3单位，二年级的5—7单位，三年级8—10单位，过去也有补贴但为数很少，连理发也不够。”学徒根据学习年限待遇不同，男女学徒的待遇也有差别，在《燕明笔记》中这样说:“解放以后，学徒要求补贴，如不放补贴不理发，特别是三年的学徒，女工要求同工

〔1〕吴宗杰:《郑怀琰走访柴家巷与故居》，录音编号: 20100722。

同酬,技术低工资太低的工人要求增资。”

艺人学徒

在水亭门的茶馆里,街道上,衢江花船上,当年还有一批说道情的艺人。据《衢州民俗大观》(239—240页)记载,道情师傅收学徒很严格。徒弟拜师前需准备见面礼,若师傅收下见面礼,表示愿意收下徒弟;若退还见面礼,表示拒绝接受。拜师还要订立投师约,要家长签名画押方能生效。然后择佳日举行拜师仪式,先拜“天地君亲师”,再向师傅磕头。磕头前要讲:“弟子某某某,愿拜恩师名下学艺为徒,尊师守规,至终不变!”

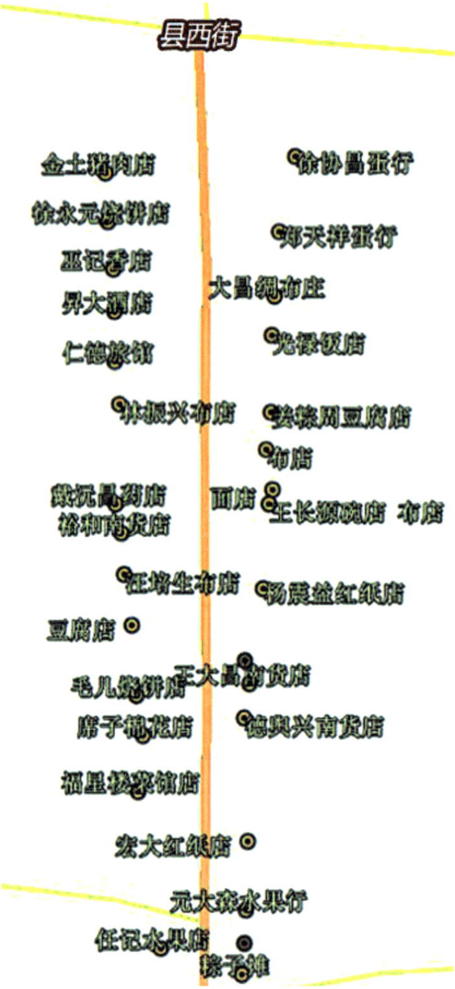

水亭门沿街民国商铺,从柴家巷到县西街

投师学艺一般为三年,在此期间徒弟白天须帮助师傅到田间劳动,回来后帮师娘做家务,带孩子。师傅外出卖艺,徒弟挑着行李和道具。师傅演唱时,徒弟在一旁边听边记。夏天徒弟要给师傅打扇子,冬天给师傅送热茶,日常要给师傅点烟、洗衣服等。徒弟与师傅吃饭时,要比师傅先吃完,即俗言所说“师傅先吃饭,徒弟先放碗”。而且只能吃素菜,即使东家开口请吃荤菜,徒弟也不能吃,只有师傅开口才能吃块肥肉。演出收场时,徒弟要收拾好道具等,给师傅捧洗脸水,铺好床及做其他琐杂事。三年满师后,有的须帮师三年,俗称“半作”,无偿给师傅卖艺挣钱,再由师傅给零用钱,但零用钱最多不会超过所赚的一半。从前道情艺人大都不识字,学艺凭耳听心记,直到把师父肚里的唱本学到手。

(张崇、陈艳、高佳燕、吴宗杰)

街上的流动商贩

水亭门周边凡是上点年纪的人都记得，1949年前水亭街是个非常热闹的地方。街上除了有鳞次栉比的商铺，也有好多的小商贩，走街串巷地叫卖。郑怀棪老人回忆，小时候看到的有唱道情的、西洋镜的、磨刀的、修盆的、剃头担（大多是江山人）、算命的，什么都有。水亭街上卖菜和卖柴的摊贩大都是本地人，还有好多外地人走南闯北到这里靠做路边的小摊过活。

郑怀棪印象深刻的是街上唱道情的，左手拿两米多点的毛竹板，敲起来“恰哒恰哒”地响，右手拿一个毛竹筒，口子上用布包起来，打起来会“嘭嘭嘭，嘭嘭嘭”地响。一个毛竹板一个毛竹筒，就这样“嘭嘭嘭、恰恰恰，嘭嘭嘭、恰恰恰”。唱道情的人边唱戏边讲故事。道情是浙西古老的曲艺。据历史资料记载，道情源于唐代。南宋时，始用渔鼓（琴筒）和简板（夹板）为伴奏乐器，后题材扩大，演唱者由最初的道士发展到民间专业艺人，特别是盲人作为糊口的生计之一。演出时，艺人左手持简板，竖抱渔鼓，边说边唱，以唱为主，以说为辅，以一个叙述多角色，有说有唱有表白。语言口语化，曲调低沉哀伤，常夹着缓慢的生活哭腔，诉说生活的艰辛。徐映璞在《两浙史事丛稿》（382页）中谈到他在水亭门街头听《红头造反道情》，全本八剧，唱一剧给钱24文。以前还有铁塔道情。徐映璞认为当时民间文化水平高，他们对世道都会有自己独特看法，能根据当地重要事件，编出非常有艺术魅力、有见地的道情，在街头传唱，很多情况下，体现普通人的心声。

除了道情，莲花与连厢也颇常见。莲花调又称“十字莲花”，演唱者仅一人，手拿莲花板（竹制夹板两块，用绳穿起击打）自敲自唱。也有两人以上的，就用一唱众和的方式，气氛热烈。连厢又称“打连厢”，在一个小竹子上隔一定的距离凿数个洞，每洞按上二三个铜钱，敲击时发声，边敲边唱。[1]另外街上常常会有人打把戏。这些人大部分来自湖南那边，他们的表演分大把戏和小把戏两种：小把戏是小孩子打打拳，有时候会摆个瓮，小孩子钻进去，一下子就不见了。大把戏是骑马，表演马上的动作，一般都会在水亭门城墙外的空地上，用大布篷扮起来，还会有老虎的表演。令他记忆犹新的还有皮担戏。演戏者拉起一块白布，一个人在里面表演，不给外面的人看见，所以也叫“独角戏”。郑怀棪还清楚记得小时候看过的一出戏，表演的是三四点钟起来杀猪拿来卖。从开始杀猪到杀好拿来卖，整个过程用口技模仿讲各种动作和声音，模仿的“叫呱逼真”，“叫呱好听嘞”。有时候会把他们叫到店里或者家里来表演。还有一种叫皮影戏，下面是拉线的，上面是木偶，这个没办法到家里做，一般都在门口做。

当时走街串巷的还有挑货郎，挑着“噶厚的糖”来卖，上面是有芝麻的，放在铁板上面。人们拿鸡毛来换，换来的鸡毛到田里去肥田。这些买卖一般都是东阳和义乌人做的。他们过了年出来，过了小二月才回家，跑遍全中国，特别能吃苦。聊到好吃的，除了这种糖、毛豆腐干、清明果子，老人们记忆最深刻的还是“木佬佬好吃的梨膏糖”。

据81岁的刘方昌老人回忆，他1949年前后在城门口的徐大丰烧饼店当学徒的时候，每天晚上都有卖梨膏糖的在店门口叫卖，唱得很好听，他称之为“唱梨膏糖”。老人回忆，卖梨膏糖的唱的非常滑稽，有很多人来听，比如会唱道：“天有多少重？八十两。”老人王汉卿提到卖梨膏糖时就会高兴得手舞足

---

〔1〕《衢州文史资料》第六辑，浙江人民出版社，1989年，第78—79页。

蹈,一个劲儿地说梨膏糖“叫呱好吃嘞”。小时候,宁绍会馆边上的照壁下面总会有卖梨膏糖的来,放一个板凳,卖家就站在凳子上叫唱,总是唱到最好听的时候就不唱了,就“吊起来”,开始卖糖,卖掉一包再唱,一般是卖三次糖。唱的就跟现在的相声一样,天天都会有大人小孩过来听。梨膏糖是白的,里面有花生、糖和芝麻,一条条的再切成块,卖得非常贵,指头那么大的一小块就要五毛钱,小孩子看着看着口水都要流下来。卖梨膏糖的人好多是来自上海、杭州的乡下,专门吃这碗饭的。摊子前总有好多人挤着看,大老远一个铜板扔过去,他都能接到的。具体唱什么老人已经忘记了,只记得一句顺口溜,非常有意思:“小孩子不吃我梨膏糖,解手解到你裤裆;老妈妈不吃我梨膏糖,脚片都给你偷光。”

关于卖梨膏糖,旧社会曾经有种说法叫做“三分卖糖,七分卖唱”。《衢州文史资料》第九辑(81页)里也有记载:卖梨膏糖的调子属于小锣书,“发源于杭州,三十年代盛极一时,由于艺人流动演唱而流入浙西,深受群众欢迎,后与卖梨膏糖结合起来”。卖前唱上一段,招徕路人聚集一处,就开始卖梨膏糖,故人们把小锣书称为“梨膏糖调”。清人范祖述在《杭风遗俗》中对此风有所记载:“有以说笑话,唱东乡调借此号召买主而卖糖者,其人混名为‘小热昏’,一时颇负盛名,杭人妇孺亦无不知有小热昏者,足见其魅力之大矣。卖场时,不论何处空场中,已则立于一长凳上,旁置糖若干,先鸣小锣一次,听者云集,然后说唱一次,卖糖一次。有欲听其再唱者遂连购其糖,因而糖之生意鼎盛。一日,余偶其倾。见围而听着众以千计,若老,若少,若男,若女,若村,若俏,无一不吻张颐动,目注神凝,其号召力为何如耶?”[1]文章虽然描述的是杭州卖梨膏糖的景象,也人们能在某些程度上看到衢州水亭街上当年的情形。

---

〔1〕《衢州文史资料》第九辑,第82页。

如今的水亭街上早已没有了卖梨膏糖的踪影，甚至好多小孩子根本不知道梨膏糖为何物。人们也只能在街上寻得见一两个店，门口挂着“鸡毛换糖”的招牌，而里面做的却早已不是旧时的生意。街上偶尔有一两个卖菜卖水果的骑着车经过，叫卖两声便走掉了。城市里有了大型的购物超市，超市里琳琅满目的商品让人们的日常生活得到了满足，又有多少人还记得当年街上的小贩，挑着货郎担，或摇着拨浪鼓，或扯着嗓子唱歌似的叫卖，身后围着一群小孩，眼巴巴看着担子里的梨膏糖。又有多少人还记得皮担戏白布后面的神秘，西洋镜大木箱子里面的精彩呢？

（韩晓培、吴宗杰）

衢州商会

在宁绍巷东口靠柴家巷，宁绍会馆照壁的斜对面，有一幢四层楼的建筑，这里就是衢州工商业联合会，即衢州商会。1952年房产资料显示，当时为阜通药栈、药业公会与扫盲会，原属逃亡地主王咏南，由人民政府接管。据退休的衢州工商业联合会秘书长叶裕龙介绍，现在衢州商会是1982年恢复的，因为没有地方，当时这里是仓库，就拆掉了重建成现在的大楼。叶裕龙说，这幢大楼

宁绍巷衢州商会所在地，原来为宁绍会馆

原来都是属于工商联，后来民主党派没有房子办公，便搬到这里来。商会在建国初期叫“工商业联合会”，到了1994年，全国上下才开始叫“商会”。这是为了在国际交往时更好地对接。[1]商会属于社会组织，衢江区民国档案记录了抗战时期政府对社会组织的要求，由此可以看出当时这些组织的特点。1945年，浙江省社会处给衢县的一份通电，要求社会组织承担起褒扬爱国忠烈，检举奸逆的责任。褒扬的方法有七条：

1. 建立纪念碑塔道路或祠堂
2. 设立纪念学校社团或入祀忠烈祠
3. 撰着传记，修入地方志或宗谱国史
4. 命令褒扬
5. 题赠匾额
6. 颁给褒扬状
7. 筹集恤金或子女教育费。

与此相反的包括宗籍削谱、以奸逆录入地方志、塑铸逆像、取缔通姻、建民族公敌墓场等等。由此也可以看出社会团体面很广，包括了宗族，同时也具有很多的社会资源，比如修地方志，而今天这些工作经常是政府来做。同时也能看出社会团体承担社会风尚的教化作用。这些文化对提升今天社会自治能力都有一定的参考意义。

衢州商会有百余年历史，据《衢县志》(332页)记载，衢州商会成立于清光绪三十二年(1906年)，当时一些晚清留洋人士，意识到发展商业对国家有好处，于是向西方学习，成立商业组织。《衢县志》记载，衢州第一届商会“由商

〔1〕吴宗杰：《采访叶裕龙》，录音编号：20110126。

界公推孔庆仪组织成立,名为总理,副之者钱业之、潘文典,即假钱业公会为会所”。孔庆仪是孔子南宗后裔。据《衢县志》(2436页)记载他在任时,“平市政,督堰工以兴水利,董率巡察编查船舶,整理公租,厉行烟禁。咨议局开始,筹办初选事宜,凡诸种种”,“莫不得风气之先”。后“功成身退,绝不自居”。

衢州商会于1907年改组,推殷之辂为总理。据《衢州商会史》介绍,殷之辂为聚成钱庄老板,他开设的“聚成米栈”大量购储,成批外销,自非一般米行可比。1920年左右农业歉收米,政府无能,群众愤怒,自发聚集到聚成米栈抢米,米栈从此关门歇业。[1]第二届商会副总理为汪乃恕,在水亭街开设汪同顺油行、中英大药房。据《衢县志》(2489页)记载,汪乃恕,字行可,江山大陈人,“好义尚侠,有求罔弗应,每岁输资若干亦弗计。辛亥光复军兴,奔走于军政府,慷慨论事,地方为公筹集军需,深资其力”。

衢州民国布庄广告(宋文富提供)

1913年担任衢州商会第三任会长的是高振声。《衢县志》(2488页)记载他为光绪己丑举人,庚寅联捷进士。“其治沭,政绩大致在农田水利,而尤以课士为重,终日用书,人比之袁简斋。”后“晚清政变,惕于时局,请改教室,归衢”。1920年仇星农继任第四任会长。他祖籍安徽歙县霞峰仇家村,在水亭街开有“仇恒顺”棉布纸庄、“开源”纸箔店、下街“仇新记”、“仇恒裕”、县西街“仇怡泰”布店纸店、新桥街“信泰”南北货店。此后担任会

[1] 叶元椿:《衢城米行》,《衢州文史资料》第四辑,第58页。

长的有第5任项槐，第6任黄文桂，第7任叶吉人，第8任汪渭芝，第9任周凤岐，第10任戴铭允等。1953年7月，恢复衢县工商联，汪一尘当选主委。“文革”期间，原工商业者被列为“黑六类”，县革委会正式发文撤销了工商联。1981年4月，中共衢州市委下发(1982)41号《关于重建衢州市工商业联合会的通知》。据叶裕龙介绍，“文革”期间，工商联大量的档案都散失了，直到80年代中期，才整理出一些资料，出版了一期《衢州文史资料》(第四辑)。

会馆、同业公会、牙行与堆栈业

中国本土本无商会这类组织，民国以前在水亭门一带设立的会馆，大都依托于各地来的乡帮，以敦亲睦谊为主旨。怎么理解这一组织今天的功能呢？叶裕龙说同业公会和会馆都属于商会。商会成立以后，公会和会馆各有各的职能。会馆是属于地域性的，里面各种行业都有，起到一个协助政府的作用，一个联谊的功能。刚来到衢州，人生地不熟，会馆用乡情把来自同一地域的人凝聚到一起，互相帮助。而公会是行业性的，比如酱菜业这个行业。据《衢州商会史》一文介绍：“商会是建立在各行业同业组织的基础上的。商会产生后，对同业公会组织的发展有推进作用。而各商号为谋求本身利益，又有组织起来和加入同业公会的需要，因此，很乐于接受商会的领导。在有商会之前，同业组织称行会或公所；有商会之后，同业组织一般都称公会。”1939年开始组织的行业有很多，可以说涉及人们生活的方方面面：“计有钱庄、参药、水作、香、磁铁、脚踏车、运输、布、京广杂货、衣、水果、银楼、饭铺、文具、肉、南货、柴炭、木作、木板、麦粉面饼、酒、旅馆、理发、茶馆、铜锡、鞋作皮件、竹木、山货、菜馆、油漆、纸、桂元、纸箔等三十三个行业。每一同业公会的会员户数都为数不少。”

此外，衢州商业的繁荣也促使了牙行和堆栈业的发展。牙行是中国古代和近代市场中为买卖双方介绍交易、平定商品质量和价格的中间商人。老衢州都把“钱”戏称为“牙”，源自杭州话。康熙《衢州府志》就记载了“康熙四十六年编杂税”的征收数目,其中“牙税”。除牙行以外,还有堆栈业。《衢州商会史》一文记载堆栈业共有四家,即1935年6月设立在上营街老天后宫的晋丰堆栈,可堆放油米杂粮;1944年设在小西门太安宫的中国银行仓库,可堆放谷米、杂粮、油、纸、布等;1946年设立在童家巷的恒泰堆栈,可堆放谷米、油、杂粮。此外,中国银行另设有农产品堆栈,承堆油、布、纸、米等。

据叶裕龙介绍,晚清时期,商业以同业公会为基础,分得很细,一直到工商业社会主义改造,公私合营的时候才消失。到1982年,衢州工商联开始恢复。80年代末期,提出来要恢复同业公会。由于原来个体经济很少,政府计划非常严格,下面都是一些国有企业,他们都有专门部门管,就没有一种成立同业公会的需求。但是后来鼓励私人经济有序发展,大家提出重建同业公会,后来也建立一些协会,起了一定作用。但是因为主要靠政府行政来管理,这些公会、协会作用有限。

《衢县志》(328页)把“商会”列入“法团”之内,又列在礼制卷内之后,为此探讨了法与社团的关系。“法有定者也,人无定者也。有定法,无定人,以人立法,法之良窳即视乎其人。”这是说有否好法要看是否有好人。郑永禧对民国后法制地位的突显似有微词:“中华变政,原其立意,趋重法治之精神。地方自治,斯为起点,乃自清季标示立宪之程序。人民之心理,渐知法治不可一日离,由是而有种种之集会,然无补于当局。良以法人资格,自有法律之范围,应受法文之拘束,非可苟焉已也。衢人素性循谨守法,从无踰越尺寸。共和成立,所以地方一切设施,视县议会为标准,教育实业如何进行,胥由此出。今日坐谈之言论,他日进化之阶梯也。”民国之前,衢州类似的民间团体,均与一定的礼制相联系,木材行与周王庙祭祀,各个会馆也有自己的祭祀祠宇,以行教化,社团是建立在道德而非法律基础上。今天,德(礼)、法、政三者如何结合,共同促进民生发展之需要,乃是历史遗留下来的问题。

(张崇、叶裕龙、吴宗杰)

水亭门街区民国商贾风景线

水亭街区有“三街七巷”，由于濒临衢江码头，曾经是衢州城商业最繁荣的地方，商铺鳞次栉比，由此也酝酿出历史悠久的商业文化。然而，今天走在水亭门街头，似乎这一切已消散在时间长河里。打开历史档案和人们的记忆，一个个富有中国传统文化特色的商铺名字跃然再现，与它们在一起的还有无数能体现街区景观的符号。在经历沧桑剧变之后，这些有着百年历史的老字号不仅是一串串名字，更让我们感觉到他们的遗产价值。这些老字号作为曾经的历史文化符号，应是衢州城最为怀旧的街巷景观，能唤醒人们对过去的文化记忆，是今后把街巷修理成怀旧景点的重要依据。此外里头蕴含着衢州老字号文化价值，也是可以为今天商业开发所利用。

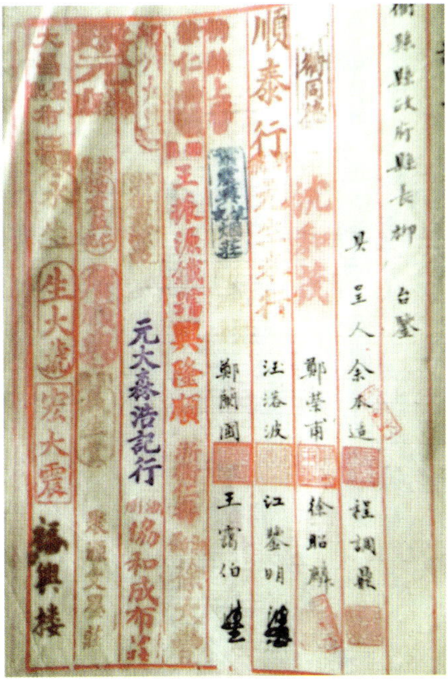

水亭街老字号
（民国档案水亭门店铺留下的印章）

对于过去，我们不求再现何等繁华，但求从这一个个商铺名字中能体会到浓浓的怀旧感。《衢县志》（211 页）称：“街市坊巷今有可考者，大都皆明以后胜清时代遗迹也。”由此推来也许明代的街区更胜清代一筹。我们已无法想象宋元时的景观,这一切都已不可逆转地消失。由此,民国街区景观也就显得弥足珍贵。以下列表根据老人们的民国记忆,以及相关历史文献以及档案资料整理。

水亭街

1. 徐协昌蛋行 地点:水亭街与新桥街交界处,现妇婴用品店旁的位置。

徐文华(又称“华婆”,85岁)回忆该蛋行是她家开的,是水亭街东侧第一家店铺,位于十字路口。

2. 郑天祥蛋行 地点:水亭街与新桥街交界处,现妇婴用品店旁的位置。

据现住在黄衙巷10号2的郑雪莲介绍,蛋行是父亲郑鹤林所开,家里叫郑生林,小学毕业,但在皖江小学教小学,都靠自己学。祖上太公是从湖南逃难到衢州,太婆生了三个儿子,就是郑雪莲的三个爷爷,大爷爷是大西门水陆码头的扛夫,自己爷爷租了这家店,当时是做包子、寿桃(一种馒头)。后来父亲继承下来,买下这店,主要收鸡蛋、鸭蛋、山货、烧酒、木勺等,然后送到杭州等地去,据说公司合营时这家店估值500元。

3. 金土猪肉店 地点:现在水亭街与新桥街交界处,金夫人影楼前面。

据郑怀棪和郑鸿盛回忆,这家肉店老板叫金土,这个店是蛮好的。关于肉店详见《胡德泰肉店》。

4. 徐永元烧饼店 地点:现在水亭街与新桥街交界处,金夫人影楼旁边。

郑怀棪和郑鸿盛回忆,烧饼店老板是徐大丰老板的堂弟。这里卖面条,有炉子可以做面条,磨坊可以做面粉。1952年房产登记房屋主人为徐炳南(2490页),水亭街1号。

5. 巫记香店 地点:徐永元烧饼店旁。

郑怀棪和郑鸿盛回忆,老板是巫成德,小儿子巫国瑞是郑怀棪同班同学。

这个店不大，卖香、黄纸等祭祀用品。

6. 大昌绸布庄 地点：待考。

89岁的胡嘉镐老人说，这个绸布庄是自己爷爷胡瑞斋开的。郑怀棪和郑鸿盛回忆，这个店很大。该布庄专卖绫罗绸缎，是一大染坊的主人胡瑞斋所开。据胡嘉镐介绍，在黄衙巷弄口柴家巷斜对面他们家还开有协和成布店，专卖丝制品，如丝绵、纺绸、丝织品、丝袜等。

7. 光禄饭店 地点：现爱婴房到电线杆处。

据胡若夫说，这个饭店规模很大。

8. 姜粽周豆腐店 地点：爱婴房前面。

郑怀棪和郑鸿盛回忆，这个店蛮有名气的。《衢州文史资料》（第四辑150页）记载：豆制品在水亭街有姜高棠、协和泰、乾坤泰、陈恒达和大西门的裕丰号、上营街的吴丰记等家。1952年房产登记水亭街7号（2486页）房产主人为姜根财，开豆腐店的，不知道是不是此处。

9. 升大酒店 地点：待考。

郑怀棪和郑鸿盛回忆，这个酒店有两间门面，有点名气。《“水亭码头”今昔》一文介绍：饮食服务业除通广路处处是茶馆酒肆外，还有昌和楼、福兴楼、吉兴楼、群英馆和1944年开设在上营街的“震源酒菜馆”；有郑鹤兴、元记、陈周氏三家专供小本经营商贩食宿的饭店；有和美、华昌和协盛三家酒店。

10. 仁德旅馆 地点：现金夫人影楼。

胡若夫说，现在水亭街22号是仁德旅馆，很大，一直到现在水亭街26号旁边。郑怀棪回忆，这个旅馆很有名气，老板姓钱，小老板钱松坚。据西乡大头村村民介绍，此仁德旅馆是天皇巷的王开善家的。钱云才在《衢江艄公》中提到（137页），他的父亲晚上去水亭街的仁德旅馆等客店寻找客源，如果能联系上，次日天未亮就去各旅馆带旅客上船。在仁德旅馆中还发生过国民党逮捕共产党的事件。

11. 林振兴布店 地点：水亭门22号。

郑怀棪和郑鸿盛回忆，这个店开始是纸店，后改为布店，布店生意很好。现在两个店面都是原来的店。《衢州文史资料》（第四辑150页）记载：布店在水亭街有协大祥、道源正和柴家巷口以染坊为主的文大布店等。

12. 王长沅碗店/“泰记杂货” 地点：爱婴房右边楼门这边。

郑怀棪和郑鸿盛回忆，是天皇巷王善条家开的。据胡若夫介绍，老板为王善平，是王善条的哥哥。王善平有四五个儿子。王善条是胡若夫的先生，曾任国民党中尉军需官。《衢州文史资料》（第四辑151页）记录水亭门有“王长兴碗店”。1952年房产登记资料显示，此处为水亭街15号，房产为王覆哉所有，住在三桥头；这里有王善备的“泰记杂货”以及王长沅卖铁器。（2484页）

13. 戴沅昌药店 地点：水亭街24号。

戴明新老人说，这是他叔叔家的堂哥开的中药店，有三间门面，很大，为前店后寝格局。据姜谓春老人说，该店的老板在“三反五反”斗争中因为惊吓上吊自杀。据姜鸣凤老人讲是药店职工要老板交出黄金白银，老板因为害怕而上吊。

14. 裕和南货店 地点：水亭街26号。

郑怀棪和郑鸿盛回忆，该店有三间门面，房子是黄石麟的，老板租来的，开了衢州最大的南货店。前面零售，后面批发。

15. 杨震益红纸店 地点：水亭街21号。

郑怀棪和郑鸿盛说，这个店很深，很大，一直通到罗汉井。为前店后寝格局。前面临街的地方作为红纸店店面，后面是老板住宅。据采访，杨家的老板为“凤”，生有五个儿子三个女儿。据胡若夫说，这个老板很喜欢养鸟，有个姓柯的老头专门给他做鸟笼，现在衢州城里有名的鸟笼子叫“老柯笼”就是他做的。

16. 大林布店 地点：杨震益红纸店旁。

同为杨家所有，据说，由于杨家人不同心，大林布店欠下政府1346块钱的税，后来没有钱缴纳，还拿了杨家罗汉井6号的房产抵给政府。1952年房产登记：与杨震益红纸店同为水亭街17号，房屋所有人为王仁斌（2483页）。

17. 汪培生布店 地点：水亭街18号。

18. 永生堂药店/震源布店 地点：水亭街21号。

《衢州文史资料》记载老板姓姜，为兰溪药商，已有200多年历史。郑怀棪老人说这药店大得很，药店门口悬有雕刻：为一只鹿嘴里叼着一朵花。据永生堂后人姜鸣凤回忆，药店是在工商业调整时卖给国家了。1952年房产登记为水亭街19号（2482页），房主为“人民政府”，此处还有震源布店。

19. 毛儿烧饼店 地点：待考。

20. 王大昌南货店 地点：待考。

郑怀棪和郑鸿盛老人说，这家南货店“很老很老的”。《衢州文史资料》（第四辑150页）记载：南货业有裕和南货栈、徐仁昌、汇源行三家。

21. 德有兴南货店 地点：现水亭街国医堂。

郑怀棪回忆说是“德有兴桂圆店”，胡若夫回忆这里主要是卖糕饼。该店原来一直通到现在的柴家巷12号，后来通道封死。店主为李桂庭，福建莆田人。1952年房产登记为水亭街23号（2461页、2463页），房屋主人是李桂庭、李瑞庭，房屋为德有兴南货栈。现在他的孙女全家仍然住在柴家巷12号。

22. 宏大红纸店 地点：水亭街29号、30号。

郑怀棪和郑鸿盛回忆，店面共三间，老板姓仇，徽州人。胡若夫说，这家纸店很大，但是没有杨震益红纸店大。住在现柴家巷1号的傅志金说，纸店老板是郑文质。《仇恒裕纸布号》中提到，郑文质是“仇星记”纸庄老板仇星农的女婿，曾是“仇星记”全店掌柜的“经理”。住在现柴家巷1号的傅志金老人解放后在这里工作一直到退休，他本身亦曾在杨震益红纸店做过学徒。1952年房产登记为“宏大劳资合记”，水亭街25号（2460页），老板为郑文质（2464页），为“纸箔业工会”。

23. 福星楼菜馆店（五丰/禾丰酱园） 地点：现在红楼临水亭街出口处。

胡若夫说，老板姓“丰”；徐麟回忆说是禾丰酱园，但他说自己也没有记清名字。郑怀桜和郑鸿盛说，叫五丰酱园，是住在红楼的徐志馀所开。《衢州文史资料》（第四辑151页）记载水亭门一带还有德兴酱园。

24. 仁记水果店 地点：水亭街40号。

《1954年衢县城区水果业统计》中说老板为朱进喜，开设于1945年，开设地点为当时的天皇巷31号，有老板1人加4个伙计。

《“水亭码头”今昔》一文介绍：水果行有元大森、万春祥、仁记三家。主要经营衢州特产橘子，代客收购，收取回佣（当时称“行佣”），同时批发给零售商店和小商贩销售。

25. 元大森水果行 地点：水亭街33号。

据郑怀桜介绍，是衢州当时最大的水果行，老板叫高宏祥。店里有伙计、学徒。除了水果，店里也有衢州咸花生卖。1949年后高宏祥关闭水果店，到杭州党校读书，其弟弟参军。《1954年衢县城区水果业统计》中店负责人为江春海，开设于1925年，有老板1人和7个伙计。郑怀桜说，高宏祥比他大一岁，高的父母在细菌战时感染鼠疫死了，还有一个姐姐和一个学徒，都死了。当时政府规定凡是有家属死亡的都要把房屋烧掉，其中元大森被烧掉三间。1952年房产登记为水亭街27号，房屋所有人为叶仕衡（2459页）。

26. 协大祥布店/承记布店 地点：水亭街44号。

1952年房产资料登记这里为水亭街40号，主人为张承渊，开“承记布店”。

郑怀桜说，这个布店不大，是天皇巷张斌的叔叔张承渊所开。胡若夫说，这个布店很大，门面大小与现在差不多。招牌跟其他店一样，是竖着挂的，古色古香。

27. 兴隆盛百货店 地点：水亭街35号。

郑怀楼说，这个店在过年的时候会专门辟出一半空间做灯笼，平时就是百货。1952年房产登记店主应为史有祥。店开辟一小块给项银海做粽子。

1952年房产登记有“兴隆顺”百货商店（2458页），旁边有一粽摊，使用人为项银海。

28. 德有兴糕饼店 地点：水亭街37号、39号。

郑怀楼说，这个老板和德有兴南货店老板是一个。1952年房产登记显示此处为水亭街31号和33号（2456页），房产主人为潘云轩，住在小天皇巷叶宅；使用人为李桂庭和江颂祥，分别住在水亭街23号和小天皇巷4号。据此分析，郑怀楼老人说得没有错。

29. 国泰广货店/同泰百货店 地点：水亭街37号。

卖广货、小百货，姓周，永康人。1952年注明同泰百货店（2456页），店主为周老四，成立于1947年。1952年房产登记显示此处为水亭街31号和33号。《衢州文史资料》（第四辑150页）记载：经销京广百货的有华兴、兴隆顺、中英药房（该药房以经营京广百货、西药为主，后又兼销卷烟）。

30. 裕光油行 地点：水亭街44号。

胡若夫说，老板姓朱。那时，这里外面门面上挂有一块铜牌：衢州绥靖公署东南办事处。

1952年出租为协和南货店。1952年房产登记这里为水亭街42号，房主为王赖氏，来自“西乡大头村”，1921年朱玉光在这里居住做生意，1951年这里有“仁记”水果店，并设“粮食合营处”。

31. 益成油行/老庆丰南货店 地点：水亭街44号。

郑怀楼说，原来是老庆丰南货店。

32. 仁寿堂药店 地点：水亭街46号，现在的同德堂药店。

大小与现在同德堂药店一样，原来两边是窗户，中间一个大门进去。胡若夫说，以前大门上有雕刻：老寿星，骑着梅花鹿，老板叫余滋凡。姜谓春说，雕刻是一只老鸭站在万年青上面,嘴里叼着一朵花,头歪着。据档案馆的资料,仁寿堂开设于1913年。1952年房产登记这里为水亭街44号。

33. 胡德泰肉店/天乳酱园 地点:水亭街39号、41号。

先是天乳酱园,郑怀棪说,老板曾留学日本。后来是肉店,是胡若夫父亲所开,1952年房产登记房主为胡云德。胡若夫说,解放后肉店关门,就只是他们的住家了。

34. 万成布店 地点:现在的"鼎顺策划处"。

胡若夫说,布店是一个姓江的人开的。布店开得很大,里面很深,直到黄衙弄里面。在店的二楼有两个栓口,拴口内各插一根竹竿,竿上挂着绸布,一边写"真不二价",另一边是"老幼无欺"。1952年房产登记这里为水亭街46号,主人为江鉴明,在这里开布店(2433页)。

35. 吉兴楼菜馆/福兴楼饭店 地点:水亭街43号。

郑怀棪说这个菜馆不大有名。1952年房产登记为福兴楼饭店,成立于1920年,标记为水亭街37号,房产主人为高步梯,住在杨家巷13号。胡若夫说老板的儿子江正福85岁,原住天皇巷1号。

36. 怡大布店/元泰丝绸店 地点:水亭街52号、54号。

郑怀棪和郑鸿盛说,这家布店有三间门面,老板是江山大地主,姓高。胡若夫说,老板姓周,是安徽人。根据1952年房产登记,当年的水亭街50号(现水亭街54号),由住在新驿巷的杜小苟1951年在此开元泰丝绸店。根据1952年房产登记,这里为水亭街48号(现水亭街52号),主人为高洁平,住在杨家巷15号,由周艺铭1946年开棉布庄(2434页)。

37. 米店 地点:水亭街56号。

郑怀棪和郑鸿盛说,老板叫"义乌老四",原来是个炊事员,挑担的,后来自己开店,没有文化,是第四个儿子,所以叫老四。《"水亭码头"今昔》一文介绍,"1933年水亭街有龙泰行、源顺行,上营街有久康米行,下营街有元泰、元聚、同裕、天解祥、复兴泰、通裕和等行。1944年有源泰、通记、公顺、财源、协源等20多家”。

38. 香店 地点：水亭街58号。

老板姓王。

39. 中英大药房 地点：水亭街60号、62号，今水亭街上“小叶电动车”店铺位置。

郑怀棪说，有三间门面。据《衢州文史资料》记载，中英大药房为曾任衢州商会副理的汪乃恕所开。是水亭门一带唯一西药店。除西药外，还经销香烟以及外国煤油。

40. 叶震兴布店/叶震兴烟店 地点：现在柯城区红十字会。

1952年房产登记为水亭街41号（2444页）：地产为“叶敬德堂、盛听松”，房产主人为“叶敬德堂、潘葵来”（注：潘葵来据说为叶家账房）。胡若夫说，叶震兴解放以后改名为东风饭店，另外租给中国百货公司当住宅，还有一间店面出租[（按：胡若夫回忆的是解放后的事情，1952年房产登记显示，当时中国百货公司企业在1951年确在此住过；凌成梓1949年在此开过店（2444页）]。郑怀棪和郑鸿盛回忆，这个店有三间门面，一面是烟店，店里自己收烟叶后加工成烟丝；一面是布店。该店一直通到上营街，中间部分是叶家土纸经销处，由叶志雄的父亲负责经营。现临水亭街的一部分建筑被拆掉，一部分仍保留下来。叶家号称“叶半城”，据胡若夫说，为当年的衢州首富。《衢州文史资料》（第四辑150页）记载：（水亭门一带）烟丝店有瑞丰、郭振兴、徐裕丰和叶震兴烟布店以及中英药房附设中英烟部。

41. 庆丰祥南货店 地点：水亭街51号到57号。

据说老板为江山人吴姓。胡若夫说，这个南货店很大。

42. 信和银楼 地点：水亭街53号。

店主姓任，住在柴家巷任家祠堂。据现住在柴家巷任家祠堂的傅水仙说，在水亭街上是丈夫的爷爷开的,丈夫的曾祖在现在沃尔玛的地方亦有金店,在这里打金子,造好了以后就从那里拿来到水亭街上卖。《衢州文史资料》(第四辑151页)记载水亭门有“经营首饰的信源楼”,不知是否是此处。

43. 昌和楼菜馆 地点:水亭街57号。

郑怀棪和郑鸿盛回忆,菜馆以前是三层楼,现在已拆掉了一层。老板姓翁,与叶家晚上搓麻将,一夜之间把这个店从叶家赢过来,老板叫翁满福。

44. 傅英仁肉店 地点:水亭街62号,现朝京门画坊。

郑怀棪和郑鸿盛回忆,只有一间店面。

45. 大名酒店 地点:水亭街64号。

郑怀棪和郑鸿盛回忆,酒店很大,一直通到里面。

46. 蛋行 地点:现王成德骨科诊所,水亭街72号。

郑怀棪说,这是王成德的父亲王镇东开的鸡蛋行。

47. “吴兴寿”豆腐店 地点:水亭街59号、61号。

郑怀棪和郑鸿盛回忆,江山人吴姓开。1952年房产资料原水亭街51号为“吴兴寿”豆腐店,房产主人为吴兴寿(2441页)。

48. 刘元泰肉店 地点:水亭街63号。

1952年房产资料注明自32年租为肉店。胡若夫说,刘元泰肉店只是杀猪,卖肉,而自己的父亲除了杀猪卖肉以外,还做猪行,就是贩猪的。

49. 花生店 地点:水亭街76号。

郑怀棪和郑鸿盛回忆,是炒货店,老板姓钱。

50. 陈元隆香店 地点:水亭街78号。

据郑怀棪和郑鸿盛回忆,这店很有名的,有各种香,规模要(比别的)大一点。水亭街上的店铺,一直通到下营街,三层洋楼。1952年登记表(2759页)陈筱甫。《衢州文史资料》(第四辑151页)记载水亭门有“经营迷信用品的陈永隆香纸店”,不知是否为此家。1954年陈筱甫(水亭街32号)的申请书中,申请开茶店被拒,其中提到“过去经营迷信物品不适时代,后转入什货”[(1952年房产登记资料载陈住在下营街4号(2440页)]。

51. 寅元红纸店/壬源遇记纸号 地点:水亭街67号;1952年房产登记水亭街55号。

据郑怀棪和郑鸿盛回忆,老板是孙竹斌。1952年登记(2768页)房产为高步梯所有,使用人为孙质彬,店铺成立于1945年。《衢州文史资料》(第四辑151页)记载:经营文具用品的有杨震益、宏大、开源三家红纸店。

52. 小百货店 地点:水亭街69号。

郑怀棪和郑鸿盛回忆,绍兴人开的小百货店。

53. 万春祥水果店 地点:水亭街73号。

胡若夫说,这店是卖咸货的,黄鱼这些,也卖过小五金。1952年房产资料(2767页)竟成百货,向后延伸。

54. 同德堂药店 地点:水亭街80号。

郑怀棪和郑鸿盛回忆,店一直通到下营街。店主为叶龙生,1949年前后衢州有四大名医:叶伯散、叶龙生、江钟灵、祝蔚文。

55. 小和尚茶馆(清香茶店) 地点:水亭街与下营街拐角处。

目前为谢培松所有。当年叫小和尚茶店,因父亲谢震东小名叫小和尚。当时生意很火爆。街上都是卖菜的、做生意的,做掮客的也很多(2764页)。下营街为谢震东住址。钱云才《衢州艄公》中说,1945年日军投降后,水亭门外的运输行忙碌起来,叫伙计四寻空船装货,到茶馆酒店找船谈价钱运货物,一时间船运业务红火起来。1952年房产登记水亭街76号(2763页)房屋主人为许氏,落实政策接收人为应卫芳,故疑谢乃是租住应家开茶店,茶店设于1943年。登记表2764页则显示水亭街76号房屋主人为沈雨卿。

56. 王文静南货店 地点:水亭街73号。

王汉卿说,这是他叔叔开的王震昌南货店。小天皇巷14号01的王家媳妇毛根弟老人说,这是她老公开的,在1949年后开了一段时间后,由于生意不好,开销大,关门。

57. 王震大茶叶落花生店 地点:现在为水亭街73号永芳理发店。

该茶店是住在下营街6号95岁的王汉卿老人的父亲所有。后来分家以后,王汉卿自己开了王振元酒菜店。住在小天皇巷14号01的毛根弟老人说,这店是她公公所开,后为她老公接手,她的老公和王汉卿为堂兄弟。

58. 金龙酒店 地点:从水亭门城楼进入水亭街左侧,现围墙包围处。

郑怀棪和郑鸿盛老人回忆,这个酒店不大,很多撑船的人都来喝酒,生意很好。黄惠康说他小时候舅舅带他来这里喝茶、看戏。

59. 天成米行/任源米行 地点:从水亭门城楼进入水亭街右侧,现为停车场。

1952房产登记时为任源米行(2798页、2799页),老板是任延林,而毛林江回忆,老板为任延龄。

60. 徐大丰烧饼店 地点:从水亭门城楼进入水亭街右侧,现为停车场。

为下营街联豸徐氏族产,邵永丰的创始人邵芳功曾在这里做学徒,因此衢州老字号“邵永丰”麻饼应起源于该店。店主为徐昭麟,家里有四个女儿。徐大丰主要做馒头、烧饼、油条。麻饼只有中秋节的时候才做。《衢州文史资料》(第四辑150页)记载,烧饼店除了徐大丰外(该店较具规模,以经营挂面为主,兼营磨坊业,据徐大丰学徒介绍,磨坊就设在下营街靠城墙一侧的徐家),还有郑震昌烧饼店。

61. 启大沅盐店 地点:水亭街54号(1952年房产)。

1952年房产登记所有者为汪濮氏,住在祝家巷,盐店设于1939年。82年落实政策时归还人为濮阳秋芬,住在黄衙巷10号。

62. 屠宰店 地点:水亭街56号(1952年房产)。

1952年房产登记所有者为杨蕙田(家中开杨震益红纸店),住在罗汉井巷2号。店主傅荣士,成立于1930年。

63. 恒大酱园分号/协及盐店 地点：1952年房产登记为水亭街58号、60号。

根据房产资料，这两家店均为1951年开设，房屋主人为徐维寅、徐维梓、徐维桢。《衢州文史资料》（第四辑74页）“衢州酱园业记略”介绍：民国初年以来，酱园业中原有县西街王景丰酱园、水亭街德兴酱园、县学街鼎元酱园、坊门街晋兴酱园、新桥街晋元酱园、下街恒大酱园等七家。

64. 锦泰丰 地点：水亭街21号（1952年房产）。

1952年房产登记为：衢州专区专卖处（2462页），1982年落实政策人为周伯显。

65. 王长沅杂货店/傅德顺盐店/郑振棠面店/张永南丝线店 地点：水亭街9号、11号、13号（1952年房产）。

1952年房产登记为：房产主人为王德丰（2485页），设有四家店铺。

66. 汪镇东蛋行/顺泰盐店 地点：1952年房产登记水亭街64号、66号、68号。

1952年房产登记房产主人为高德洛，住在上海，职业为“人民银行”（2760页）。使用人为汪镇东、顺泰、叶纯清（小贩）。

67. 仁和水果店 地点：1952年房产登记水亭街70号。

成立于1952年，主人为龚人海，房屋主人为曹博生（2761页）。

68. 竞成百货 地点：1952年房产登记水亭街61号。

（2767页）1952年房产登记房产为江浤祥所有，使用人为丁增生，成立于1943年。

69. 刘其生肉店 地点：1952年房产登记水亭街53号。

（2768页）1952年房产登记房产为高泰祥所有，刘其生肉店成立于1930年。

70. 晋大南货店 地点：待考。

《衢州文史资料》（第四辑172页）“叶仕衡先生及其家族经营史”记载：叶仕衡在水亭街曾设有晋大南货店。

上营街

1. 王羲泰肉店 地点:上营街头上弯弯的三角店,一边靠下营,一边靠上营。

《衢州文史资料》(第四辑)(150页)记载:(水亭门的肉店)在上营街有黄义泰等家。"黄义泰"与"王羲泰"似乎发音相似。

2. 王元昌水果杂货店 地点:上营街1号。

1952年房产资料显示,房主为王惠文,成立于1925年。

3. 王震元酒菜店/三毛头酒店 地点:上营街3号。

店主为王汉卿,也叫三毛头酒店。1952年房产登记注明王迪利,上营街3号(2765-1页),(2765-2页)则显示上营街5号房产主人为洪招贤,使用人为王文俊,从1941年开始租用。据王汉卿说上营街2号和4号是王汉卿家原来的店。王汉卿说其叔叔开王震昌南货店,父亲开王震大。王汉卿本名为王迪利。

4. 林郑氏茶店 地点:上营街4号(1952年房产)。

1952年房产资料显示主人为郑爱莲,职业为"家务",开有"林郑氏茶店"。

5. 童达源饭店/陈协顺饭店 地点:上营街6号(王汉卿指认)。

1952年房产登记上营街6号、8号为曹更生所有。其本人住在裱褙巷,使用人为朱炳根。1943年开酒家;陈祖汉,设有"陈协顺饭店"(2796页)。

6. 通余米行 地点:上营街已拆除一侧。

《衢州文史资料》(第四辑56页)"衢城米行"一文中介绍,该米行店主为何裕堂。

7. 陈元楼花茶店 地点:上营街已拆除一侧。

王汉卿老人说,"陈元楼"在"王震大茶叶落花生店"斜对面,是女人家开的,老板姓陈,是江西人。

8. 中国百货公司库房 地点:上营街9号(1952年房产资料显示)。

1952年房产资料显示1951年使用人为中国百货公司,使用情况是"库房”；房产主人为“叶敬德堂”。

9.“留香阁”茶店 地点：上营街10号。

王汉卿老人说在上营街有一“留香阁”茶店，曾经在龚家当店对面，“也是女人家开的”。

10. 新兴田料号 地点：上营街11号（1952年房产资料显示）。

1952年房产资料显示为“新兴田料号”，成立于1951年，房产主人为“人民政府”（2770页）。

11. 亿和当铺 地点：上营街12号。

王汉卿说，这是龚家开的当店，按500块卖给叶家，店很深。《衢州金融业的演变及其经营概况》一文说：“坊门街有一家‘龚家当店’，这家当店因受军劫无法复业。当铺先有杭州胡雪岩买去，后又顶给杭州人王文韶和钟状元两人。他们投资银子十三万八千两，开办‘亿成’‘亿和’两家当铺。”1889年以后，在上营街有“亿和”当铺，经理为卜谱梅，杭州人。《衢州文史资料》第四辑151页提到水亭门一带有亿和当铺。

12. 复成南货店 地点：上营街14—16号。

1952年房产资料显示，上营街13号房产主人为胡剑山（2771-1页），80年代落实政策得房者为胡熊飞，显示复成南货店使用人为“汪和甫”，成立于1943年。

13. 裕隆油行 地点：上营街18号（王汉卿指认）。

徐文华说，这个老板是钱生富。放水灯时，这个老板会出钱的。王汉卿说，钱老板人很好，借他钱也不催着还，这个老板原来是船老板，后来开油行。1952年房产资料显示，此人住在上营街55号，上营街40号亦是其房产（2786页）。

14. 宏源油行 地点：上营街18号对面。

徐树源与别人合伙，自己有入股。油行之间有竞争，但是销售的对象不同，有的销到杭州，有的销到上海，该油行都是往上海销。油是从常山、江山过来卖到上海,这样赚钱。包括菜油、茶油、青油、蜡。

15. 曾大生饭铺 地点:上营街18号(1952年房产)。

1952年房产登记房产为夏谱兴所有,此人住江西(2791-1页);使用人为曾繁生(18号),设曾大生饭铺和赖相亨(20号)。

16. 徐仁昌南货店 地点:待考。

王汉卿说,三间店面。

17. 石灰行 地点:上营街22号(王汉卿指认)。

1952年房产登记上营街21号房主为曾三木(地址为“大塘头”)、徐翰友,其中徐翰友为石匠,于1950年开店(2777页),或者是此处。

18. 久康米行 地点:诚益油行旁边。

《“水亭码头”今昔》一文介绍,在水亭门一带的米行中,位于上营街的久康米行实力最雄厚,经营范围最大。除了经销大米外,还兼代客买卖玉米、蚕豆等杂粮;“一般米行当日粮食代销有余时,均由久康米行收购;当市场货源紧缺时,则久康米行可以出手。农村富户亦多信赖该行而存放粮食于该行,以备进城需钱时支取。”(《衢州文史资料》第四辑149页)。

19. 诚益油行 地点:上营街42号(1952年房产登记)。

上营街最大的油行,老板郑仲轩,弟弟郑南轩烈士共享,1949年4月中旬被活埋于衢州东门郊外。1952年登记表(2785页),房产登记为郑仲先、刘招妹二人所有,1981年落实政策后刘招妹签字。皂木巷18号的93岁的汪栋时老人介绍,诚益油行解放后倒闭,当时老板欠了很多钱,逃跑了。《衢州文史资料》(第四辑68页)介绍,诚益油行在抗日战争胜利后兴起。当时的油行包括上营街的诚益油行、大成油行(由常山人合伙)、振源油行;水亭门外的元聚油行;水亭街的振丰油行、义成油行;下营街的德昌油行、恒源油行(上海合资);柴家巷的岂同油行(外地资金)、振元油行。

20. 大成油行 地点:待考。

据住在柴家巷17号的徐树源老人介绍，上营街的油行很多。《衢州文史资料》（第四辑）（150页）记载：油行据1933年商业登记，只有上营街的诚益和下营街的德昌两家。到1944年，又增加了上营街的全盛行、柴家巷的升泰行和老天后宫的信泰、大成、汪同顺等行。

21. 财神庙 地点：上营街24—26号。

有延伸骑街坊，曾经唱戏。老百姓传闻有太平坊的故事。东侧房子，1952年房产登记表（2779页）记载为人民政府所有。西侧（2784页）也登记为人民政府所有的“财神殿”，内部建筑尚好，有骑街长廊。

67岁的徐先熙老人说，财神庙门口有一个“亭子”，上面挂着琉璃灯。他说，是庙门口都有这样的亭子，挂着琉璃灯，就像现在的路灯一样的。在坊门街就曾有两个这样的亭子。1952年房产登记为衢县人民政府所有（2779页），使用人分别为羊贵生（小贩，1945年开始租住）、邱培根（篾匠，1944年开始租住）、陈保泰（算命，1945年开始租住）。

22. 三友烛厂 地点：上营街 现在神农饭庄。

23. 椿和茶行 地点：上营街30号。

24. 其昌油行 地点：上营街32号。

（王汉卿回忆）有三大间。

25. 柴行 地点：上营街38号。

1952年房产资料（2787-1）显示房产属于饶舍生，其职业为柴贩。《衢州文史资料》（第四辑72页）“衢州柴炭业介绍”一文介绍柴炭行大多集中在小西门和小南门一带，其中列举了不少当时的柴炭行。《衢州文史资料》（第四辑150页）记载：柴炭行有上营街的刘文记，通广路的鲁长祥，小西门的周裕大，周晋美等。到1935年达35家。

26. 新新肥料店 地点：上营街55号（1952年房产）。

1952年房产显示房产为钱生富所有（2847页）。

27. 汪同顺油行/晋丰油行 地点：疑为皂木巷20号靠上营街一侧。

《衢州文史资料》(第四辑172页)“叶仕衡先生及其家族经营史”记载：叶仕衡招盘了上营街汪同顺油行，改名为晋丰油行。《衢州文史资料》(第四辑2页)“衢州商会史”介绍：1907年衢州商会副总理汪乃恕在衢州开设汪同顺油行。汪乃恕的孙子汪慈年介绍，由于油行经营失败，遂卖给叶仕衡。

下营街

1. 菜馆 地点：下营街25号、27号(1952年房产)。

1952年房产调查为菜馆，主人为胡春英，住在杭州，代理人胡春源则住在下营街35号。

2. 烧饼店 地点：下营街10号(1952年房产)。

1952年房产调查房产属杨严秀兰所有，租户郑来贵开烧饼店，成立于1945年。

3. 金门南货店 地点：下营街04号。

王汉卿说，上海牌子，学上海起的名字。

4. 缸瓮店 地点：下营街6号。

缸瓮放在下营街原联豸徐家祠堂里(王汉卿回忆)。

5. 宝华居茶店 地点：下营街已拆除一侧。

水亭街进来第三家，就是拆倒的地方，老板是女的(王汉卿回忆)。

6. 面店 地点：下营街8号。

原店主95岁老妈妈仍在，媳妇从对岸嫁过来。

7. 老徐豆腐店 地点：下营街10号(现相框制作)。

店主叫徐昌鸿，现在其后人仍住在这里，屋内挂有其遗像。

8. 福昌油行

徐树源舅父开的。

9. 柴行　地点：周王庙隔壁。

王汉卿回忆此处为柴行。

10. 许郎馒头店　地点：周王庙对面（王汉卿回忆）。

11. 长安客栈

在已经拆的一侧（王忠敬母亲回忆）。

12. 王玉和过塘行　地点：待考。

《衢州文史资料》（第四辑）（151页）记载为“王豫和”。运输行随商业繁盛而增多。除王豫和行设在下营街外，其余均集中在通广路，计有汪胜于、正大、大源、公顺、万来泰、天鹤成、同大、吴集成、大顺行等。运输行中历史悠久，资金比较雄厚，规模较大的为王豫和和吴集成行。《衢州文史资料》（第四辑151页）载：这些运输行运出货物主要是土纸、油类以及竹、木、柴、炭、石灰、茶叶、香菇、笋干等，运回来的大多是京广百货、盐、南北货和布匹（来自海宁、常熟、通州等地）。

13. 叶振春茶行　地点：下营街已拆除的一侧。

王汉卿回忆叶振春茶叶店在下营街，位于被拆掉的一侧，就是“王玉和”过塘行对面，与自家店相比，叶振春茶行生意好。店为叶家开，实力雄厚。

14. 饭店　地点：下营街30号（1952年房产）。

1952年房产（2100页）此处房产为叶润先所有，职业为“小贩”，叶润先将此处房产租给多人，其中之一是冯初开，在这里开有饭店。

柴家巷

1. 裁缝店　地点：柴家巷1号。

据居住于此的傅志金老人说，裁缝店是他的妻子在1949年以后开设，后来妻子去世，裁缝店亦停业。

2. 一大染坊　地点：柴家巷3号、5号（1952年登记为柴家巷4号）。

1952年房产登记主人为高德洛,职业为“人民银行”,居住地在上海;并显示一大布染店租用该址,成立于1946年。据88岁的胡嘉镐老人回忆,当年衢州有三大缸:酱缸、酒缸和染缸。胡家染缸就是这“一大染坊”,由他的爷爷胡瑞斋经营。据《怀念我的祖父——早期衢县商会会长高振声》一文介绍,“1914年,在衢城水亭街开设协和成布店,1915年又在柴家巷开设一片规模较大的文大染布坊”。

3. 达源号钱庄 地点:柴家巷2号、4号、6号、8号、10号、12号和14号(《衢州市第三次全国文物普查不可移动文物登记表》)。

住在柴家巷12号的毛德民老人讲,此处有可能是当铺,也有可能是寺庙;住在对面柴家巷14号的徐得俭老人说,这里并不是钱庄,而是一位常山老人的父亲建造的。《衢县文史资料》第四辑《衢州金融业的演变及其经营概况》一文提到在1884到1949年间,衢州城里共计有27家钱庄,其中设在上营街的有华昌。《衢州金融业的演变及其经营概况》《“水亭码头”今昔》都提到1889年以后,在上营街有“亿和”当铺(经理为卜谱梅,杭州人)。

4. 吴鸿兴箍桶店 地点:柴家巷9号。

据住在此处的吴土福说,箍桶店为来自江山大青坞的祖父吴帮荣创立,后传给父亲吴仁有,后传到自己手上,于1952年工商业、手工业改造时,箍桶店结束经营。

1952年房产登记显示此处为柴家巷5号,属于人民政府和吴仁有共有,吴仁有的职业为“手工业”。

5. 天丰布号 地点:柴家巷13号(1952年房产显示为柴家巷9号)。

1952年房产资料显示,租于1947年;1951年宁绍巷居委会亦设立于此;解放后此地还设过人民粮食局;此处房产属于黄石麟所有。郑怀棪说,这个房子一直通到罗汉井;房子大门上有“吴风棋局”字样,据说是当年拍摄电视剧《血色黎明》(以衢州六烈士为题材)时为配合剧情需要而作。

6. 顺昌南货店 地点：柴家巷20号。

住在黄衙巷1号的90岁的郑怀棪说，这个南货店是父亲郑昌垣租用周王庙的房产所开，后来因为日本侵略战争停业。住在对面的吴土福老人讲，这里曾作为周王行宫。在周王出游时候，会在这里歇歇脚。

7. 阜城纸庄 地点：柴家巷22号（1952年登记柴家巷18号）。

1952年房产登记显示，房产主人为许静山。1951年曾设人民币厂。1952年设血吸虫防治所。郑怀棪会以，纸庄老板徽州人，房子不是他的，有兄弟两个，叫许文菊和许静山。纸庄有工人几十个，印刷机几十台。《第三次全国文物普查不可移动文物登记表》记载，原为地主黄石麟所有，后卖给徽州人许氏做纸庄。此处曾是衢州唯一的印刷厂，后日本人将印刷机损坏，"阜城纸庄"四个字上的金箔也被刮去。细菌战时，厂里有20多名工人感染细菌，纸庄亦倒闭。衢州最后的秀才周浹家曾在此居住。

8. 张升泰油行 地点：柴家巷23号、27号。

《衢州油行业》："张升泰油行也算比较早的油行，但这家油行以收购为主，很少直接经营运销业务。这家油行设在柴家巷，店主为张惠臣，原系秀才出身，是因承袭祖业而开油行的。他为人诚实笃信，热诚接待山客油农，彼此间建立起良好的关系，又因他家牌子老，所以常山县及附近区乡油农都乐意到张升泰油行投售。旺产季节，每到傍晚，油农挑油到店，门庭若市，颇为热闹。所以他的货源也十分充足，营业十分稳健，直到解放后才告结束。"

此处原为进士巷，《衢县志・古迹》（721页）引明朝《嘉庆府志》记载，这里曾有一进士坊，"水亭街，为魏政立。按此坊今亦未见"。《衢州市地名志》（132页）记载："旧建有进士厅（毁），巷以此名。"柴家巷23号黄惠康回忆，后来升泰油行因为没有钱还，老板便将此处房产抵押给了父亲黄石麟。

宁绍巷

1. 新民小学/许鸿昌丝线店/吴聚沅铜锡店/王震兴山货店/祥泰参店/勤业袜厂 地点:宁绍巷2号(1952年房产资料)。

许鸿昌丝线店成立于1940年。吴聚沅铜锡店成立于1925年;王震兴山货店成立于1938年;祥泰参店成立于1892年。汪栋时回忆,大概自己一两岁的时候,汪锡华办过勤工袜厂。

2. 永通药栈 地点:宁绍巷5号(1952年房产登记表(2641页,2645页)为1号。

3. 阜通药栈 地点:宁绍巷6号,现为市工商联合会。

《衢州文史资料》(第四辑93页)记载,1879年创立,创始人姜迎祥,并在皂木巷设立仓库,为周围各县提供药材。徐树源回忆,曾是金锡林开的。1952年房产资料显示,该药栈于1951年租房在这里,并设有药业工会,常在这里开会。叶裕龙说这里是作为药材公司的仓库。

4. 罗正和南货店 地点:宁绍会馆照壁后面,靠马路的。

郑怀梾说,老板姓罗,"这个南货店很大的,他家都住在这里,解放后没有了,现在这个房子不是他的了。这家出来的学徒都很有出息,都成为老板"。

5. 甡和山货行 地点:宁绍巷13号,宁绍巷14号黄石麟房产旁。

郑怀梾说,这家店与他家的顺昌南货店比要小得多咧,"春天的茶叶,全城有一百担茶叶,他家收五分之一不到点,我父亲起码五分之三以上"。

6. 三衢医院/血吸虫病情治讯诊疗部 地点:宁绍巷14号(1952年房产资料)。

黄石麟所有,1952年房产资料显示该房产修理过两次,一次为1950年12月,一为1951年6月。

7. 协成药店/宁绍巷食堂 地点:宁绍巷药王殿对面。

《衢县文史资料》记载：协成药店为清中叶时期，这些大药店常兼营药材批发（93页）；郑怀棪说，这房子柴家巷那面为任家祠堂，靠宁绍巷这面在大锅饭时期是食堂，食堂为宁绍巷居委会所开。他的叔叔，即郑永禧的儿子郑昌和"文革"时期在这里吃饭。现住在任家祠堂的傅水仙说，这房子原来是她丈夫祖上的。

8. 私立新衢县级补习班 地点：宁绍巷18号（1952年房产资料）。

补习班设立于1952年；亦有商人周芝棠于1947年租用；1952年房产登记（2446—2447页）显示为周文值和徐祖德所有。

皂木巷

1. 茶馆 地点：现皂木巷的旅行者酒吧。

以前茶馆都是码头工人去的，所以在水亭城门外特别多，茶钱两三分。

2. 允茂森酒坊 地点：皂木巷16号。

住在皂木巷16号的李荣华的爷爷李敏斋是允茂森酒坊的老板。原来酒坊很大，从原来的新民小学一直到现在的皂木巷20号位置，后来因为经营困难，先后卖出。其中现在的皂木巷18号、20号卖给了"裕记卷烟煤油号"。

3. 车木店 地点：皂木巷19号、21号、23号（1952年房产，曾为天主堂）

为现在皂木巷拆掉的一侧。1952年房产资料显示，此地曾住牧师名叫陶迪净（1949年），车木店主为程道生租于1938年。

4. 裕记卷烟煤油号 地点：皂木巷20号。

汪扬时在《汪锡华先生及其创办的企业》一文记载：由于1937年抗战发生，（水亭街上的）德丰仁煤油号结束。与此同时，由于交通受阻，卷烟货源中断，中英大药房和中英烟部同时歇业。1938年上海到温州可以通航，中英烟部就改组为裕记，迁到了现在的皂木巷20号营业，专门经销香烟和煤油。曾在裕记卷烟煤油号任协理的曾勤耕在《衢州煤油经销简史》一文中说:“抗战胜利后,(中英大药房)加入新股东,改牌号为裕记卷烟煤油号,由汪锡华任总经理,汪元为经理,曾勤耕、潘葵来为协理。负实际责任的是协理曾勤耕,职工徐延林。”

天皇巷

衢州专署税务局 地点:天皇巷7号(1952年房产)。

1952年房产资料显示为王开善所有,本人为“地主”,住在“西乡大头村”。1949年后为婺剧团所在地。

结　语

水亭门一带的老字号不仅仅是一种商业品牌，可以为文化产业所利用，它们也是一种由语言构成的城市景观，承载着城市记忆、人文风貌和社稷民心。衢江区档案馆留下了一些这些老字号的印章以及许多原始的文字碎片，如何使其成为打造今日水亭门的街区景观的民心与艺术元素，是文化遗产开发的一个方面。

今天谈到文化遗产，多从商业或经济发展的角度去谋划。但打开衢州古代历史文献，鲜有商业方面的记载。即使有记载也是分散在其他领域，旨在突出道德与政教意义。先贤儒生对于“利”一直是比较纠结。孔子说：“放于利而行，多怨”；“君子喻于义，小人喻于利。”但他也说：“富而可求也，虽执鞭之士，吾亦为之。如不可求，从吾所好。”利用文化遗产促进民生，能“因民之所利而利之”，这也是一件近情近理、通透豁达的好事。开发水亭门的文化遗产，重振这里的商贾业态，是一件济人济世、利国利民的工程。关键在于求利得人，在乎得人心。得人心不求利则未尝不利。“君子不尽利以遗民”，就是不垄断利益，而与民同享。将遗产转化为成功的文化产业，靠的就是这份民心。

医 泽 篇

- 神农殿与惠民药局
- 水亭门的中药堂
- 药业公会
- 杏林遗风
- 岐黄医圣
- 衢州医典

引 言

三衢名医杨继洲曰："先儒曰，吾之心正，则天地之心亦正；吾之气顺，则天地之气亦顺，此固赞化育之极功也，而愚于医之灸刺也。而愚于医之灸刺也，亦云。"这是说我的心正，天地之心也就正；我的气顺，天地之气也就顺，针灸也一样。民国《衢县志·方技》（2490页）篇中记道："艺术小道也，而孔子曰'游于艺'。孔门弟子深通六艺者七十二人，乌可以小道视之哉？秦于医药卜筮之书独不禁，其后益以青乌风角之术均得挟一技之长。"由此可见，衢州之中医遗产，乃儒学之化成，有着"天人合一"的大气和"正气存内，邪不可干"的道德自省。在中医文化逐渐衰落的今天，水亭门街区还保留着传统医文化的印记。在其大街小巷、祠堂民居里记录着中医的传承与变迁。这里曾经有元朝衢州路医学提领刘光大所创的惠民药局，即今天的神农殿；曾经有明清名医的悬壶济世与橘井泉香；曾经有鳞次栉比的民国中西药店与中药栈，店里设有坐堂医生，雇有学徒伙计；还有代表药业最高管理层的药业行会，有体现中医传承的中医讲堂；有每年农历四月廿八神农氏祭祀；有过去坐堂医生的许春祥民居，还有现在非遗项目"杨继洲针灸传承人"张玉恢中医的祖宅。这一个个点相连，线相串，便织成了一张浙西医泽文化图景，使我们能从不同角度一窥中医曾经的兴盛。水亭门街区留下了与中医有关的宗教、医术、药业、行会、教育、名医等等多种遗产。从惠民药局与神农殿中，我们感受到的是医与政治、医与宗教、医与百姓生活的联系，看到的是中医对于百姓生活乃至信仰的关照与影响。从药店学徒每天的擦桌扫地洗碗中，我们看到的是师徒传承的中医教育，体味到“敏慧于心”的教育方式，更领会到儒家教育所倡导的人生第一课：洒扫应对进退之节。从坐堂医生处，看到古时医圣的高尚医德。此外我们也看到民国时期西风东渐的痕迹。通过此篇章，我们希望带来的不仅仅是关于如何恢复与建设水亭门国医药产业的思考，更是对弘扬与复兴中国传统文化，谋求中西文化对话的一次尝试。衢州市市长针对“传承杨继洲针灸中医文化”的批示中提到在“十二五”规划中把保护、继承、开发中医遗产作为一项具有特殊文化意义的计划来做。本篇旨在利用衢州医学文化遗产，给水亭门街区打造成多元的浙西中医药文化中心提供历史底本，使这块地方能集中医院、药铺、药材制作与批发、中医讲堂、名医传承、遗产研究、国医信仰与礼仪等为一体（见水亭门中医遗产分布图）。

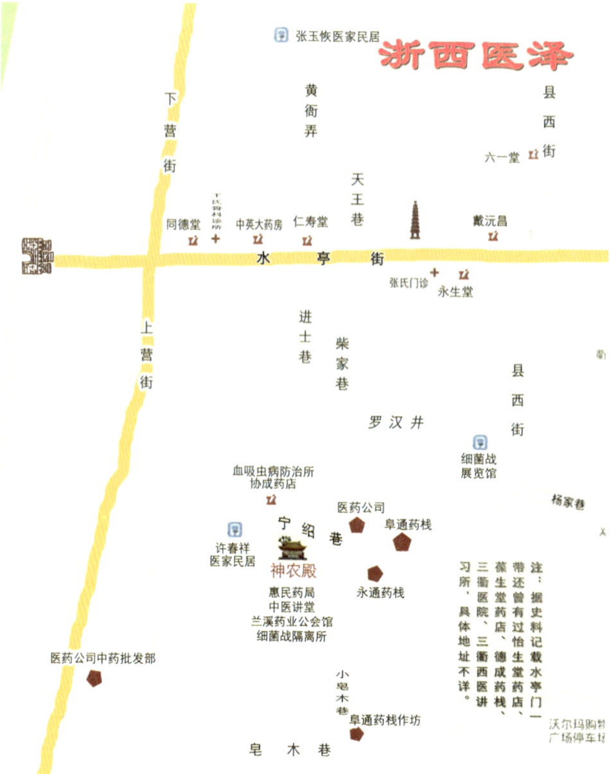

水亭门中医药遗产分布图

神农殿与惠民药局

神农殿门匾

神农殿位于现在的宁绍巷11号，这个起于元代的神农祭坛，为水亭门的中医药文化注入了长久不息的信仰，让无数药铺、教堂、药业行会、名医都聚齐到这里。今天的神农殿是在宁绍巷，但嘉庆《西安县志》(1574页)记载："县治西柴家巷。"柴家巷，据《衢县志》记载："北通水亭街，东转县西街，一横一直，有宁绍乡祠。"也就是说当时的柴家巷其实也包括今天的宁绍巷。神农殿坐南朝北，有前后两殿，前殿为庑殿顶建筑，柱之牛腿上雕刘海戏金蟾。两殿中间以天井为隔。天井鹅卵石铺设，中铺麻石条甬道，两侧为东西厢房。其实这只是过去留下来的一部分，据文物普查时的登记资料来看，东侧厢房底楼原开有一小门，与其附属建筑宁绍巷13号相通。该附属建筑坐南朝北，为面阔三间对合式建筑，悬山顶。前厅梁架穿斗式，八檩四柱前单步后双步。1952年房产普查资料中记载为粮食局所有，档案馆的资料也登记，到了1949年建国后，神农殿还曾做

俯瞰神农殿

过粮食局仓库。因此可以推测，今天的神农殿，其大小仅为原来的一半。

今天宁绍巷的神农殿，正殿中所供的菩萨为传说中医药的祖先——炎帝神农氏，第一进大厅里则塑有衢州历史上的名医铜像。《钦定大清会典》中把对神农等先医的祭祀列为“群祀”，对其礼制规格亦有细致规定，可以为今天神农殿的祭祀提供一些线索。据记载，礼部尚书受皇帝派遣主祭行礼，时间为每年春二月、冬十一月的上甲日，太医院各御医吏目均斋戒陪祀。神农与伏羲、黄帝一齐供于太医院景惠殿内，伏羲居中，神农在左，黄帝在右，均南向。三皇以力牧、祝融、句芒、风后四神为配祀，分别为东西向，此外在两庑还供有二十八位历史上的名医，作为从祀。主祀、配祀及从祀的祭品均有严格的区分。

祭祀当天，日出前四刻，礼部尚书便着朝服等候在太医院外，然后由赞引官引入。祭仪有盥洗、就位、迎神、上香、三跪九叩、献帛、献爵、读祝、送神、望燎等步骤。其中祝文如下：

维乾隆　　年岁次　　月　　朔越日，皇帝遣　　致祭于：

太昊伏羲氏、炎帝神农氏、黄帝轩辕氏。曰：古昔圣人，德泽深宏，创治医药，拯济斯世，仁寿庶民，兹当春冬时谨以牲醴致祭，惟神慈惠，蠲除疾疢，笃佑朕躬致和天下，配以句芒氏之神、祝融氏之神、风后之神、力牧氏之神尚飨。

祭祀神农自有弘扬医德的意义。《史记·补三皇本纪》谓："神农氏作蜡祭，以赭鞭鞭草木，尝百草，始有医药。"晋干宝《搜神记》中载："神农以赭鞭鞭百草，尽知其平毒寒温之性，臭味所主，以播百谷。"《淮南子·修务训》亦载："神农尝百草之滋味，一日而遇七十毒。"炎帝神农因此而被奉为华夏医药的先祖，而中国第一本中草药书《神农本草经》也是依托其名而著。据传，神农最后因误食"火焰子"断肠而死。为了怀念他，旧时的药铺里，常挂有他的画像，浓眉大眼，笑容可掬，腰围树叶，手执草药。而全国各地亦建庙立坛，以为纪念。

今天看到的神农殿，据《衢县志》(372页)记载，为乾隆二十八年(1763年)药业公会建。《衢州文史资料》(第九辑252页)中记载其于道光二十二年(1842年)重修。神农殿内雕刻的刘海所持铜钱上有"太平天国"四字。太平天国围占衢州是在咸丰八年(1858年)至同治元年(1862年)这段时间。可见在这段时间里神农殿亦曾整修。同治十一年重修时"太平天国"字样被保留了下来。也有可能当年刻下这四个字另有他意。

然而，神农殿的历史并不始于清朝。《衢县志》中记载，刘光大至元间授衢州路医学教授，创神农殿讲堂。所以，郑永禧修县志时推断，"元初即有是殿也"。刘光大何许人也？《嘉庆县志》载："刘光大，号宏甫，字适庵，先世名钟者鄱阳人，以经理河道有功，授都统制，扈从南渡，因家于衢。光大精理学，旁及岐黄，至元间以召对称旨，授衢州路医学教授。创神农殿讲堂、泰显庙，并惠民药局，桑梓甚德之。”[1]《衢州文史资料》（第九辑250页）中亦记载，刘光大于至正二十八年（1368年）创设神农殿讲堂又设惠民药局。所以，神农殿的历史，还要从惠民药局和神农殿讲堂说起。

惠民药局起始于公元1076年宋朝首创的官办药局，当时称“卖药所”，又称“熟药（中成药）所”，负责制造成药和出售中药。1103年官府采纳各地设熟药所的建议，官办药局逐渐普及全国。1114年“卖药所”改名为“医药惠民局”。此类官办“惠民药局”遍及各州、府和军队。要是遇到穷人和灾民，干脆分文不收。到了元朝，《元史·食货志》载：“元立惠民药局，管给钞本，月营子钱，以备药物，仍择良医住址，以疗贫民，其深得《周官》设医师之美意者与。”惠民药局出售的药物，由于得到政府巨额补贴，药价低于市价三分之一，使民众能买得起，用得起。

《衢州市志》（1136页）记载，衢州于唐代设州医学，宋代设县医学及惠民药局。而水亭门的惠民药局，据《历史文化名城——衢州》一文记载，便建在今天的神农殿里。据载，从梁天监二年到开元初期，衢州大大小小的战乱、洪涝、干旱不下数千起，导致“毁城廓、漂民庐、滋瘟孽”，而各种天灾人祸中，又以时病最为惨烈。精通医道，深孚众望的刘光大很了解衢州的山水习性，也非常熟识衢州的人情风俗，他开设“惠民药局”后的第一件事就是在药局里筑置炎帝神农氏塑像，让整个衢州的市井百姓知道“凡百疾自有故，尝百草而愈之”的普通道理，进而使男女患者正视“时病”的根源，寻找诊治的良方。针对当时的状况，刘光大又以“调神全生，精微虚静”为基本理念，开设“神农讲堂”，广收门徒，习研医术，传授医理。如今，在神农殿担任管理员的周云兰也设想，衢州可以利用神农殿这块宝地，开展定期的“中医大讲堂”，也可以搞个“医生节”开展医术医德交流，请名医为老百姓讲解中药知识，让百姓受益。

---

〔1〕《衢县志》卷三十四。

今日神农殿香火仍然旺盛

除了设惠民药局，办神农殿讲堂，据说刘光大还组织药农赴城外药王山神农谷开挖百草，“宣药疗疾”。民间相邻自种、自采、自制草药的风俗日渐盛行。清朝乾隆年间的文人何兆鹏游衢州药师庵时，曾赋诗描写采药意境：“行行采药叩松关，坐我禅林百虑删。”[1]医学与药业的崛起和广泛流传，惊动朝野。由于衢州药王山神农谷药材资源丰富，药王殿惠民药局的制药工艺独特，朝廷居然每年下圣旨，催邀衢州“向礼部进贡陈皮、枳壳、枳实、白芷、辛夷、乌皮”等稀贵药材。[2]而正是由于医药的发达，才有了何兆鹏笔下“一畦明月锄花好，半榻清风捉麈闲”的逸致。

〔1〕何兆鹏：《游药师庵》，《西安怀旧录》卷四。

〔2〕《历史文化名城——衢州》，http://nankong.zjqzez.com/Article/lxsy/lxsy_yj/200505/1163.html。

抗战时期，日军在衢州投放细菌弹，水亭门也难逃厄运。神农殿和宁绍会馆等一起作为细菌战隔离所。据现年91岁的郑怀棪老人说，1940年，日本人细菌战的时候，受了感染没有立即死的人，都摆到了神农殿："鼠疫啊，生病啦，就住到这里，再死了就从这里搬出去，这里死人都摆了好多嘞，堆满了。"今天在水亭门罗汉井巷口（5号）建立了细菌战衢州展览馆，让人缅怀发生在水亭门这块土地上的历史悲剧。

衢州的医药文化，除了水亭门的药王庙、刘光大带人采药的药王谷，还辐射到了同样位于衢州西隅的药师寺。据《浙江通志》记载，药师寺建于梁天监三年（504年），是东方净琉璃世界的药师佛。寺位于城西二十里临江乡，明朝礼部左侍郎、翰林学士夏言曾有诗曰："古寺临寒溪，征轩驻秋日。隔岸凤凰山，相看似相识。"（《衢县志》420页）嘉靖年间的衢州士绅、后任泉州知府的程秀民在《药师寺记》中则称其"据郡上流，为一方之镇"[1]。药师寺的命运，可谓"废兴靡常"。元末时，寺毁于兵火，至明朝洪武年间，由僧人妙法复建，然而于成化年间又毁，直到嘉靖癸未年，会昌侯孙果奉命过衢，憩于寺，慨然舍金，才又复修。丙午年，又有郡守杨子仁捐俸，"命僧道嵩任其事，告于四方"。当时还有郑钟、郑鏓、郑涝兄弟"倾赀主缘"，造楼三间，高三层，约七十尺，"上悬巨钟，声闻十里"（《西安县志》1641页）。到了清末，寺僧仁东邀请当地士绅郑绍裘等鸠资，药师寺更是"轮奂复新"，"规模宏壮"（《衢县志》420页）。

药王殿庙会

过去药王殿惠及众生，救死扶伤的精神信仰，即便到今天仍然可以看到此遗风。市人民医院退休医生陈培森老人回忆说，就在他去人民医院上班的第一天，遵照父亲的遗愿，来到神农殿，闭上双眼合拢十指，向南叩拜了三次。从此每年的

〔1〕《西安县志》卷四十四。

那一天,他都会闭上双眼合拢十指去叩拜,因为那一天是他这辈子开始行医的纪念日,因为每一次叩拜都鞭策自己——一定要下救死扶伤那颗心。[1]今年56岁的胡志树医师,也是每月初一、十五至少来一次。据他说,来药王殿拜拜,主要是修身,提高自己的信心,同时也是来拜访自己的祖宗。杨继洲《针灸大成》(卷九)提到,针灸治疗时,病家要敬信医生,而医生要诚心疗治,两相喜悦,邪鬼方除。扎针前医生内心要先祈祷神农氏:"临针之时,闭目存想一会针法,心思神农黄帝、孙、韦真人,俨然在前,密言'从吾针后,病不许复',乃掐穴咒曰:'大哉干元,威统神天,金针到处,万病如拈。'"由此可见,不管是过去还是现在,神农殿对医家都是重要的精神支柱,正是这一精神支柱的存在才确保医患关系以诚相待。

据载,在过去,每年农历四月廿八药王菩萨诞辰日这一天,神农殿都会举行庙会,在庙中祭祀药王菩萨。这一天还要将药王神像用四人抬的神轿抬出殿堂,在城内大街巡街游行。巡街时也有船篷、高厂、旗帜、锣鼓、长号、琴萧乐队,轿后也有少年香炉队,非常热闹。神轿经过街道两侧的住户,家家都事先煎好油糍,炸好油蛋,在大门前摆设香案迎祀神农菩萨。在香烟袅袅,鼓乐声声配合下,人们祭告能风调雨顺,国泰民安的吉愿。[2]

庙会的第二个高潮为"药王晒药"。衢州俗传,端午日药王菩萨这一天要晒药。俗传此日晴则大吉,所谓药王菩萨这一天把药晒好了,百姓可以免除疾病,也逐渐形成衢州地域丰富的端午民俗文化。此外,庙会时还会在庙中演戏酬神。到民国后期,虽然庙会已止,演戏仍在,住在小天皇巷的毛根弟老人,回忆起当年逃票去神农殿看戏,至今念念不已。老人说,当时神农殿被国民党占了,里面演戏时有哨兵站在门口。"他说:'你不能进去的,要买票的。'我骗他:'我找我爸爸喂,你让我进去。'"今天神农殿还能看见搭

〔1〕《衢州晚报》2010年3月。

〔2〕许雪芸:《文化遗产的代表作——衢州药王庙》,《浙博天地》,第四版。

建过戏台的痕迹。文物普查登记资料中记载说，神农殿“门厅楼层明次间为戏台，梢间供演出人员活动。厢房楼层为看台，面阔三间”。不知是否是为当年庙会而建。

除了药王生日外，衢州每年的城隍庙会的热闹也少不了神农殿。衢州民俗学家汪筱联写道，明、清二代，府山城隍庙会由府城隍庙召集各神庙社坛，会同各地会馆如宁绍会馆、徽州会馆、福建会馆、江西会馆负责召集衢城商家和各同业公会。每年府山清明庙会也由府城隍庙召集各神庙社坛如县城隍庙、周宣灵王庙、药王庙、玄坛庙等地方神庙共同举办。1906年衢州商会成立，府城隍庙会由衢城商会和府城隍庙共同举办。每年清明庙会，衢城商会负责召集衢城商家和各同业公会，府城隍庙召集各神庙社坛：县城隍庙、周宣灵王庙、药王庙、玄坛庙等地方神庙。[1]

“肺腑不能语，轩岐久已亡。生多遭夭札，动即侵膏肓。尔佛具神力，海众消咎殃。跻登耋期寿，超脱中下殇。”正如清朝的桑调元《药王庙》一诗中所写的那样，走过了历史跌宕起伏的神农殿，如今是一个祈福的地方。虔诚的衢州百姓每逢初一十五会去药王庙向药王菩萨祈祷，求得家人平安幸福。来的有邻近乡村的老人，也有衢州当地的妇孺。据一位阿姨说，药王菩萨很灵，有人生了病，人家让他不要去医院看，来神农殿拜拜，就会好的，后来果然便好了，真可谓“药师果济世，吾不訾空王”[2]。而且，据庙宇管理员介绍，神农殿庭院中所种的草药，每年都会有拜佛的人来采些回去，而这些草药，每次采了便长，竟一直呈欣欣向荣之势。

（高佳燕、吴宗杰）

---

〔1〕《城市和谐发展——从盈川、府山庙会探讨衢州城隍文化》，衢州新闻网。

〔2〕(清)桑调元：《弢甫集·药王庙》，《衢县志》。

水亭门的中药堂

《衢州市志》记载，梁天监三年（504年），衢州始建药师寺，宋代设西安医学及惠民药局。清代民间设永生堂、天福堂、问松堂、滋福堂、中英大药房等。仅在水亭街已记载的就有许多药堂，今天许多传统商铺都已消失，但中药店仍然是水亭街的一大亮点。这块街区不仅药铺多，而且还是中药材的集散地，出现过许多药栈，从事药材批发。浙西及福建等地土产药材在这里汇聚，又从这里行销全国，也从各地调入衢州所需药材。衢江区民国档案显示，就短短的水亭街就有四家会员牌号。

今日水亭门“国医堂”

同德堂

进入水亭门，首先看到的便是同德堂药店，它位于水亭街与下营街交界处，是水亭街上老人们耳熟能详的一家中药店。91岁的郑怀棪老人住在黄衙

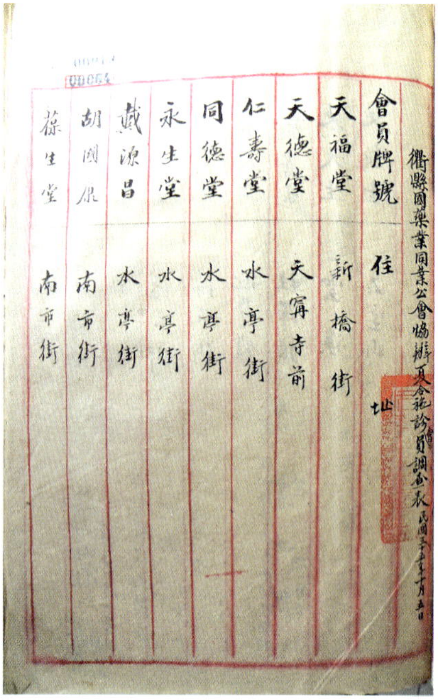

国医药同业公会水亭门一带会员牌号
（衢江区民国档案）

巷口，据他回忆，当时同德堂就在他家隔壁，靠水亭街上有一间店面，店铺一直延伸到了下营街，93岁的汪栋时老人则认为有三间。据1952年房产登记的资料来看，同德堂面朝水亭街为一间，还有三间位于下营街。郑怀棪老人说，下营街的德成药栈可能就是同德堂开的。据他回忆，药店没有特别装修，但是药材种类很多。“药店最少一千种药没有，七百八百都有的，开个药店不简单的咧。”

据档案馆的资料来看，同德堂药店始于1925年，老板为衢州本地人叶龙生。郑怀棪老人说：“同德堂（老板）是衢州人咧，一般的药店都是兰溪人。”民国时期，水亭街大多数药店都为兰溪人所开，这是为数不多本地人所开的药店。叶龙生的女婿，今年71岁的傅晓谷老人，是衢州二中的退休教师，他回忆，同德堂最初为叶龙生父亲所开，后由叶龙生继承。叶龙生的父亲曾是中医，叶龙生从三四岁时便开始练习毛笔字，10岁后开始在同德堂做学徒，跟着父亲学中医。傅晓谷说，那时学徒规矩非常严格，犯错要跪搓衣板。水亭街上的药店老板大多只识药，不懂医，因此，同德堂可谓是唯一一个由中医亲自开设的药铺。

傅晓谷老人说，叶龙生人际关系很好，关心别人超过他自己。中风后，这位老中医曾休养在家，于是街坊邻居都找他看病，当时他右手写字不便，便用左手开方，以至于到后来右手写不过左手。说起同德堂的老板时，傅荣香老人说“人很和气”。郑怀棪老人对叶龙生也赞不绝口：“叶龙生中药通得很，你有毛病，他会打针灸。”郑老说，“文革”时期，他曾养蜜蜂，有次腰骨痛，爬不下床，于是住在隔壁的叶龙生便跑来给他打针灸："'我给你打！'一针打下来，哎呀~~接下来就麻了，我（说）'好了好了好了'，他三针一打，马上下床，木姥姥好咧。我们是隔壁邻居不收钱的，都是义务的。"

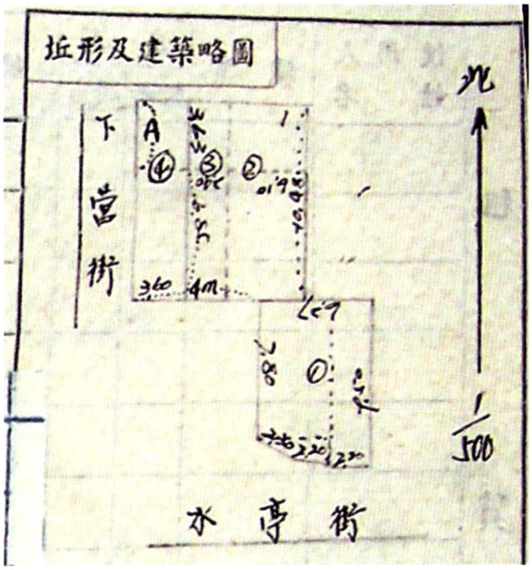

1952年叶龙生名下同德堂房产登记图

仁寿堂

走过同德堂，再往东至现在的水亭街46号处，便是当年的仁寿堂。《论语·雍也》有曰："知者动，仁者静，知者乐，仁者寿。"不知仁寿堂当初是否有意取了其中"有仁德而长寿"之意。根据档案馆的记录，仁寿堂开设于1913年，老板为佘本适。傅荣香老人说他是个苏北佬，"对伙计挺凶的"。据宁绍巷的许珍珠老人回忆，老板是个安徽人，衢州人称"北方佬"。

当年水亭街上的店铺，初看也许只是不起眼的两三间门面，却是"庭院深深深几许"，推开门别有一番洞天，仁寿堂也不例外。据文物普查时登记的资料来看，该药店坐北朝南，面阔三间，为两进三天井二层楼，天井四周均设槛窗，是"前厅后楼格局"。据住在天王古寺下的姜谓春老人回忆，当年仁寿堂药店还有雕刻："上面是万年青，下面是老鸭，手工做出来的，一只老鸭站在万年青上面，嘴里叼朵花，头歪过来。"只是，物转星移，这些药店的特有装饰"现在水亭街没了"。

与水亭街上其他无处觅踪迹的药店相比，仁寿堂大概还算是比较幸运的，其旧址还在，只是招牌已改为"同德堂"。不过此同德堂已非当年下营街口的同德堂，只是"衢州医药有限公司连锁店"，而药店的格局也已经与原来大相径庭:“后楼右次间楼层屋顶人为升高,前殿及灶墙已改建翻新,后楼地面水泥铺砌,前殿天井原貌已毁,三个天井上均搭设雨篷。”据现在在同德堂工作的药师指点,药店二楼存放的碾药的工具,是“李时珍发明的,到改革开放才把它淘汰的”。除了碾药工具外,二楼还有很多大的圆的漆皮桶,据说是原来存放药材用的,这样老鼠吃不到药材。还有一些锡做的小罐子也是如此。同德堂的药师说,现在他们柜台上用来装药材的瓷罐子,还是以前仁寿堂留下来的。透过这些布满灰尘和斑驳铁锈的药具药桶,仿佛能够看到当年的伙计们有的晒药,有的磨药,有的切药,有的撮药,似乎空气中还弥漫着中药材特有的味道。

现住宁绍巷21号,离神农殿不远的许珍珠老人回忆说,她父亲许春祥解放前曾在仁寿堂药店做学徒,当时也有所谓的“严师出高徒”之说,因此和同德堂一样,学徒规矩甚严,擦桌扫地,为师傅泡茶点烟搓火,一点不能懈怠。出师后,许春祥便留在仁寿堂里坐诊,也就是所谓的“坐堂医生”,用许珍珠老人的话说,人家来,便给他看病,给他开中药吃。而坐堂医生的渊源可以追溯至东汉的张仲景。据载,张仲景在任长沙太守时,疫病流行,民不聊生,然而官员不可随便接近百姓,更不能随便进入民宅。于是,思来想去之后,张仲景决定打破官府的清规戒律,每月初一、十五便打开衙门,不问政事,专门为百姓号脉治病,并在药方上写“坐堂医生”。后来,人们为了纪念这位体察民苦的医官,便把在中药店里为人治病的医生称为“坐堂医生”,把药店称为“堂”。现如今有名的中药店,如杭州的百年老店胡庆余堂,还保留着坐堂医生的传统。

1952年工商业改造后,仁寿堂与其他药栈合并,逐步走向公私合营。89岁的姜鸣凤老人是原永生堂药店老板的女儿,她说:“所谓公私合营,就是你这个店,不是属于你老板,属于国家了,你老板在里面拿工资。”据现在在同德堂工作的人员说,公私合营后,原来的老板娘还来过一次药店买药:“她自己讲,我在这里结婚,后来我们问她,她原来是这里的老板娘。”

戴沅昌

走过了仁寿堂,继续往西,到了水亭街的24号,便是戴沅昌药店。据戴家后人戴明新老人述说,多年前,其祖父离开家乡浙江上虞,来到衢州成家,娶了衢州北乡的姑娘。婚后,两人生有六个儿子,其中第二个儿子开了戴沅裕铜器店,第五个儿子,也就是戴明新的父亲,开了戴沅顺,为烟筒店,而戴沅昌药店则为其叔父的儿子所开。

据水亭街上的老人指点,药店面阔两间,戴明新老人回忆,有两三进,水亭街马路拓宽时拆掉过一进。与仁寿堂一样,戴沅昌也属于前店后院的结构,即前面是店铺,一进门有柜台,后面是住家,戴明新说叔父一家人都住在药店。“店里也有伙计的,有用刀切药的,有槽,碾药的,有的药要把它碾成末的,都有人做。”

然而,提到戴沅昌药店,水亭街上的老人们记得最深的不是它的历史,也不是它的生意,而是它令人唏嘘的老板。姜谓春老人说:“这个老板在三反五反的时候吓死的,吊死的,就在仓库里头这么吊死了,害怕。”至于害怕什么,说法各异。姜鸣凤老人说:“职工要他黄金拿出来,白银拿出来,他怕了,上吊死了。”解放初记录的《燕明笔记》中也提到,“三反五反”时期,劳资关系紧张,伙计管老板要工资,有的老板就自杀了。郑怀桜老人则说:“吃不消斗争哇,严格得很,夜里没得睡觉的喂。”如今的戴沅昌药店,早已旧貌改新颜,看不到一点点悲戚的痕迹,也许再过不久,没有人再会关心,在这个地方,曾经上演的一幕悲剧。

永生堂

戴沅昌药店的斜对面,现而今的水亭街21号,便是当年的永生堂药店。

据祖籍兰溪的姜鸣凤老人回忆，永生堂原为其“太公的太公”所开，到其父亲姜向标手上时，已经是第三代，主要经营中药材的零售。《衢州文史资料》中对永生堂也有记载，说其为兰溪姜姓商人在水亭街所开，迄今已有200多年历史。[1]《衢州市志》(1144页)把永生堂作为药店首条记载，“永生堂药店，清顺治七年由兰溪姜姓商人开设，店址衢城水亭街，经营批发、零售”。尽管对于永生堂的历史说法不同，有一点却毫无疑问，在水亭街上的各个中药店中，永生堂算是历史最悠久的一家。所以，也有说法认为，衢州的中药业由此肇始，而该地的中药材批发业务，也主要由永生堂等三家大药店兼营。[2]

与仁寿堂相似，永生堂药店上面也曾经有雕刻，是一条鹿，嘴巴里叼一朵花。郑怀棪老人说“药店大得很”。据姜鸣凤老人回忆，是“三间门面，两层楼房”，都用来放药，药材种类也有“几千样几百样”。与现在的中药店相似，药大多是放在一排一排大橱子的抽屉里，黄连、当归等都是切成一片一片放在抽屉里，上面写明药材名称。老人特意说：“橱子的做工也有讲究，要用好的木头做，不要樟树，(否则)会有气味。”除了放药，二楼还住人。姜鸣凤老人说，当时店里有五六个伙计，平时都住在楼上，雇了个伙头烧饭，吃在药店，其父亲姜向标和伙计们一样，也住在药店，一年回兰溪老家两三次。

据姜鸣凤老人说，永生堂在她太公、爷爷手上时，生意挺好，后来“到我爸爸手上，药店多起来了”。工商业调整时，1956年的政府报告上记载，永生堂“资金倒挂，无力经营，给予企业淘汰，人员另作安排”。姜鸣凤老人说，药店卖给了国家，没有钱的，是国家政策，其父亲也回到了家乡：“公私合营后，我爸爸老了，回来了。”水亭门最古老的药店，就此云散无痕。

---

〔1〕《衢州文史资料》第四辑，第93页。

〔2〕《古代浙江药业初探》，http://www.zyy123.com/wenxian/lishi/2008-11-22/42605.html。

六一堂

龚香圃

据陈锡祥考证,《衢州市人民医院衢州市中心医院院志》记载:衢州市人民医院著名的龚香圃医生除了城南外,还曾在水亭街进去的新驿巷开设“六一堂”中药铺,坐堂行医,号称“六一子”,主治中医内、儿、妇科。1935年开设儿科诊所,后在新驿巷旧居开设“六一子”诊所。

关于“六一子”这个称呼,据说是龚香圃父亲61岁时生他,所以叫“六一子。”不过龚香圃听到,笑着说:“我父亲59岁就死了,61岁还能生我吗?”龚香圃说取名“六一堂”意为“集六合”,即“东南西北天地”之药于一室,引申为:六一为天地,子为人也,即天地人。龚香圃原名龚时瑞,13岁开始在江山做学徒,后来回家种花种菜,偷偷学医,给自己改名为龚香圃,意为“香花园里的培植人”[1]。龚香圃自己说:“解放后,这两个名字却又有新意啊!儿童是祖国的花朵,我龚香圃本来就是香花的培植人,我又是中医小儿科,专为保障儿童健康作贡献的人……再说六一子,又与‘六一’儿童节挂上钩……”由此也能从中看到古今汇通的含义。

说起龚香圃为何会在儿科颇有建树,还是来自其伤心的往事。1923年,衢州流行麻痘,龚香圃的女儿湘云也染上此病。虽然龚香圃当时已从医15年,然而对麻痘等儿科却了解不多。不幸女儿夭折。哀痛之余,龚香圃立志要为广

〔1〕龚生丰:《忆先父龚香圃》,《衢州文史资料》第六辑,第165—177页。

大幼儿解除病苦,开始钻研儿科医疗书籍。[1]

1935年衢州又流行天花、麻疹,前后持续三年,夺去不少小儿生命。当时衢州城乡一片恐怖气氛。龚医生治愈率很高,一度名声远扬,来就诊的人非常多。龚香圃经常看病到深夜。龚生丰在《忆先父龚香圃》一文中写道:“越繁忙,他越专心钻读医书,细心观察病情,慎重处方。他对求诊者从不计较诊费,并实行贫病减半收费,赤贫免费;对贫穷的危症患者,奉送丸药给他当场服用。”1949年后,龚香圃到衢州人民医院任儿科医生,常在休息时间给人治病,病家送钱送礼,他都婉言谢绝。如有人一定要送钱,他就严肃地说:“国家有工资给我了,你拿回去,若一定要送钱,那就把药方还我。”亲朋好友节日送礼来,他总要以相等的礼物相送。他常说:“俭约不贪,则可延寿。”他自己就享年96岁。

“六一堂”医术祖传,龚香圃是衢州名医雷少逸(雷丰)外孙,业师高寅初,父亲是前清秀才,岳父王辑斋开设“衢州城南济生施药局”。龚香圃从医70年,本人极有养生之道,34岁开始练静坐气功,临终前几天还稳坐如钟。龚香圃于1987年10月10日,时年96岁高龄去世。他行医70年,从事儿科治病50余年,名字被征集编入《中国名医志》。他注疏出版有《逸仙医案》《仙方注释》《医药补略》,以及《小儿疳积》《麻疹经验谈》《小儿疰夏》《麻科证治》《有效验方随笔》等,晚年发表《气功静坐法》。

叶克大(百草轩)

叶克大也在已拆除的新驿巷内,与天皇巷平行,通水亭街。据陈锡祥考证,这里有两家传统特色药店。靠东面是叶克大开的药铺,另一面是“定根”药房。叶克大是衢州已故名中医叶龙生之子,一边给人望、闻、问、切看病开药

[1] 余猷:《儿科名医龚香圃》,《衢州文史资料》第六辑,第178—182页。

方，一边和妻子经营着药铺。叶克大和衢州书画界的名人梅谷平是朋友，梅谷平曾经应叶克大的请求写了“百草轩”三字，刻有“百草轩”三字的石碑被砌在药铺的店门墙上方，颇有文人气象。

叶克大的药铺面积很大，店门进去就是一个天井，天井左边是立体的盆景，盆景的假山上栽有几味名贵的中草药，如毛耳朵、落石藤等。右边天井旁边就是叶克大给人看病的案桌，人们都叫他叶医生，从店堂柱子上的对联可以看出，叶医生的书法也练有一手，应该是名儒医。

阜通药栈

阜通药栈是衢州有名的中药栈，《衢州市志》中记载，光绪五年，永生堂抽走部分资金与人合股开设阜通药栈。郑怀棪老人说：“药店过去有规矩的，到你店里买东西，你讲没有，这个货色没有，倒霉的，这个招牌要坍倒的。我买得多你讲没有，要负债的。我要买十斤，你讲我拿不出，只有五斤，坍台的。”姜鸣凤老人也证实道：“药店有忌讳，药方拿来(药)都(要)有的，不能没有。”如果实在没有，怎么办呢？那就要“临时去阜通药栈拿一点”。所谓药栈，郑怀棪老人说，“就是做批发生意”，“它是卖批发的，不是零售的，卖药店里的，才会称药栈”。据《衢州市志》载，建国前，衢州各药栈专营批

小皂木巷拐角处阜通药栈墙界碑

发，药店专营零售和配方，中成药仅经营少数名牌品种。

经汪栋时和郑怀棪两位老人指点，阜通药栈的原址在现在的宁绍巷6号，即现在的衢州市工商联合会处。原主不详，不知是否为药栈创始人所有，然而，唯一确定的是，据档案馆的登记资料来看，1951年该房应该已属公有，药栈需缴纳费用，月租300斤米。

《衢州文史资料》中详载，太平天国兵燹之后，疫病流行，药品奇缺，医生处方困难。光绪五年（1879年）姜永生堂（即前文所提永生堂）老板姜迎祥毅然前往江西药材集散地樟树镇采购药材来衢，缓和了处方缺药的紧张状况。他又考虑到药品长期供应的需要，遂与亲朋世交诸葛霁云、王聚兴、祝永年等人筹集资金，合股创设阜通药栈于宁绍巷，并在皂木巷另置仓库，专门经营药材收购和批发业务。[1]现在皂木巷12号有一座废弃的矮房，墙壁上隐隐有"阜通栈墙界"五个字，据当地的老人考证，此处便是当年阜通药栈放中药的仓库。除此之外，它还为衢县、龙游、遂昌、江山、常山、开化各县供应药材。1926年，药栈并给王聚兴一人经营，有职工30余人。

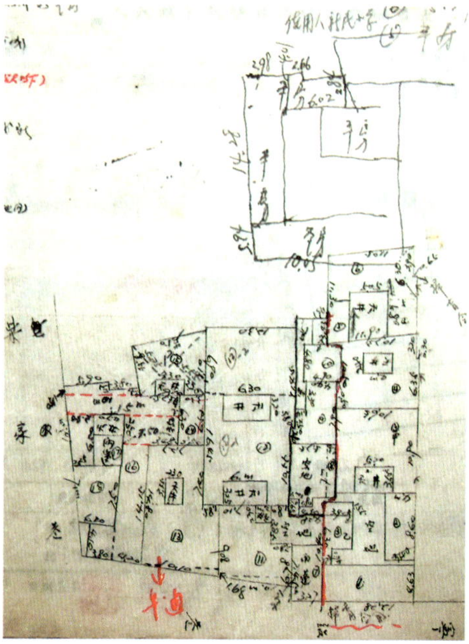
1952年宁绍巷6号阜通药栈房产图

据老人们回忆，当时药栈很大，姜鸣凤老人说："阜通药栈这个房子很深的，一层一层。"现住在其对面的程宝玉老人说它"房间蛮多的，生意做得很大的"。老人小时候曾和

〔1〕《衢州文史资料》第四辑，第93页。

三五个小孩子进去玩过，描述说药栈从外面进去是一个大厅，里面有块匾额，上写“阜通药栈”，大厅靠边有一个很大的长柜，厅堂里面都是凳子。水亭街上的中药店，一般都去阜通药栈进货，据说，去外地进药需要大批量采购，“一点一点不能进”，而阜通药栈，“进一点进一点都可以的”。张玉恢医生曾经住在下营街，当年他家也是阜通药栈的老主顾，其爷爷在开化经营药店，每年都从阜通药栈进货，运往开化。除了批发业务，阜通药栈也会给当地有“大面子”的主顾配药。据郑怀棪老人说：“到12月，冬天，我父亲要叫他们配药了，十全大补药，配了多少让他们帮我们煎起来，煎了一锅，我父亲每天弄点吃吃。”

走过开张至喜的清末，走过生意红火的民国，阜通药栈迎来了命途多舛的抗战时期。1942年日寇第一次流窜衢州，阜通疏散北门外徐家坞、石鼓殿和高家斋堂村等处的药材全被抢劫，名贵价高的犀牛角、羚羊角、麝香、进口牛黄等均在斤数之上，估计当时价值，全部被劫药材达银币十万元以上。1944年衢州二次沦陷，元气更为大伤，以致业务陷于停顿。经过数年经营，才又逐渐复苏。[1]

建国以后，阜通药行在党的工商业政策号召下，奉公守法，积极经营，有“三不欠”之誉，即：一不欠国税，二不欠外债，三不欠职工工资。往日营业来往累积人欠部分，达银币二万元，至今未收回（《衢州文史资料》第四辑94页）。1956年阜通药栈全栈资金及人员划入衢县供销总社土产站，1961年改为县医公司批发部[2]。

永通药栈

无独有偶，除了阜通药栈，宁绍巷还有个中药栈，名为永通，就在阜通斜对面，

---

〔1〕《衢州文史资料》第四辑，第94页。

〔2〕《衢州市志》，第1145页。

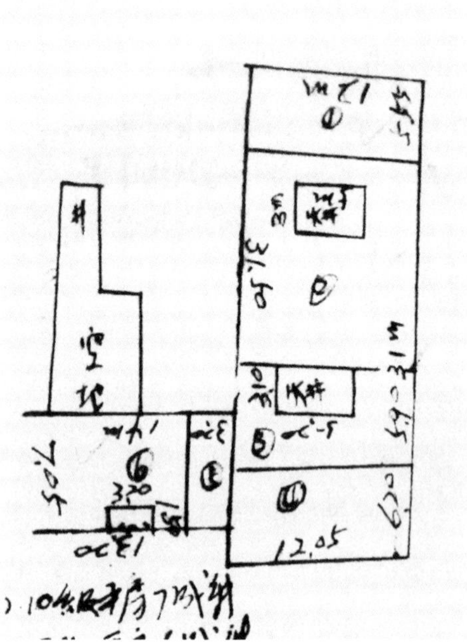

1952年永通药栈房产图

宁绍巷南侧。据当地的老人说，永通和阜通都是衢州有名的中药批发栈，永通比阜通稍小。据《衢州市志》（1136页）记载，该药栈由阜通药栈遣散的职工于1945年筹资合股开设，栈址为衢城宁绍巷。郑怀棪老人回忆该药栈就在阜通药栈对面。据档案馆1952年登记的资料来看，永通药栈位于当时的宁绍巷1号，郑怀棪老人说原本是很大的房子，由1952年的房产图来看，永通药栈大小共有6间屋，中间还有两个天井。老人说，永通药栈的房子“现在都搭出来了，都变样了啦”。

中英大药房

民国时期，西风东渐，除了传统的中药，西药也慢慢进入了衢州百姓的生活。据《衢州市志》载，清末，基督教内地会和天主教堂在衢州先后设施医室，宣统二年牧师陈天福开设仁寿医院。民国初，衢州西医、西药逐渐发展，私立医院、西药房、县立医疗所、县立医院、县卫生院、省立医院、省血吸虫病防治所相继建立。而中英大药房是在水亭街上一所著名的西药房，其址位于现在水亭街60、62号，当年的叶震兴布店对面。药店有三间门面，很深，有两三进，如今临水亭街的店面已拆，剩下的一部分就是现在的黄衙巷1号。据叶氏后人叶志雄老人介绍，此店为汪乃恕所开。《衢州文史资料》中记载，汪乃恕祖籍徽州，1900年迁至衢州，曾被推举为衢州商会的副总理。叶志雄老人说他家产万贯：“汪乃恕很有名的，首富诶，他超过叶家诶，他田地很多，他有好几千亩土地啊，在常山、江山、开化都有的诶。”除了汪乃恕，其子汪柯生与汪干生均参与经营，然而两人并不在药店，而是雇了经理汪锡华经营。

《衢州市志》中载中英药房为汪乃恕于清光绪三十三年（1907年）所开[1]，《衢州文史资料》中则记载，药房开设于1910年。[2]市志中记载，中英大药房在抗战时期歇业。据郑怀棪老人回忆，大概是在1939年关门的。“日本飞机天天来扔炸弹，警报一下飞机就来的啦，什么飞机都来轰炸的啦，再‘砰’一下就跑的啦，再做生意都做不好了啦，都是夜里才做点生意了啦。日本飞机要来轰炸的啦，（日本）飞机要来炸飞机场、炸火车站，天天来炸的。”在日本飞机的炮弹中，中英大药房也随之被迫倒闭。药房老板之一汪柯生逃日本时被日本人抓走，从此杳无音信。

三衢医院

水亭门街区除了药店与药栈，据当地的老人回忆，还有一家名为三衢医院的西医院，据说位于宁绍巷14号。郑怀棪老人说，他6岁的时候在奶妈家和另一个小朋友玩的时候，突然来了一阵邪风，另一个小朋友的眼睛都瞎了，他自己也坏了一只眼睛，他父亲带他到三衢医院看，“骗了好多钱，也没有看好”。后来郑怀棪的父亲带他到杭州上海看，都没有治好。据老人回忆，医院在宁绍巷，是孔瑞铎开的。孔瑞铎为何人，老人并没有细说，不过郁达夫曾经在1932年写的《烂柯记梦》中提到：“陪我们去孔庙的，是三衢医院的院长孔雄瑞先生，系孔子第七十三代的裔系。”所以，三衢医院有可能为孔氏后人所开。《衢州文史资料》（第九辑254页）中还记载，1927年，衢县始设三衢西医讲习所于城内柴家巷，不知道和三衢医院有没有联系。

---

〔1〕《衢州市志》，第1145页。

〔2〕《衢州文史资料》第九辑，第253页。

“三衢医院”老房子

中药批发部（皂木巷20号）

1956年工商业改造后，水亭街的药店大多数都被收归国有，成为医药公司的一部分。公私合营后，皂木巷20号的房子曾做过医药公司的中药批发部。曾经在中药批发部工作过的陈锡祥先生描述说：“批发部就设在皂木巷紧靠上营街拐角的一座百年古居里，古居外墙是一座高大的风火墙。离墙往里三米是一栋二层木结构的楼房，非常结实。许多分量很重的中药材都储存在楼上。”[1]

---

[1] 此部分关于皂木巷20号的资料均引自于陈锡祥先生博文《皂木巷、老虎、地道——街巷故事之六》。

除了上面的几个药店，据姜凤鸣老人回忆，水亭街上曾经有葆生堂药店，另有资料记载还有怡生堂药店。[1]据文史资料记载下营街还有德成药栈，宁绍巷有协成药店(后来还做过血吸虫病防治所)，但是这些药店，现在已经难觅踪迹，也少有记忆。

〔1〕《水亭街——印象浙西之四十四》，http://tieba.baidu.com/f?kz=896930245。

药业公会

民国时期水亭门的药店，其老板、伙计大多数为兰溪人，因此不能不让人联想到久负盛名的“兰溪帮”，它与皖南的绩溪、宁波的慈溪并称“三溪帮”，专门从事中药材经营。《兰溪诸葛简史》中亦记载：“我氏族人丁繁衍，日盛一日，至于习业方面，以沿袭祖授经营药业者居多。”明清以来，兰溪药业向外扩展，谋生立业者遍及大江南北。兰溪人在外地开设的药店远及陕西、山东、江苏、香港、广州等地，近则福建、安徽、江西及本省的温州、丽水、衢州、杭州、金华各县。他们以师带徒、亲邻相帮，父子相承，代代相传，形成了“兰溪药帮”〔1〕。

而在衢州，清初时兰溪人就来此经营药材业，经过扩展，药材业逐渐发展至衢县、江山、龙游、常山，开化五县及其各乡镇。当时城乡药店老板和店员大多是兰溪人。即使老板非兰溪人，店员亦多雇佣兰溪人〔2〕。按照姜鸣凤老人的说法：“以前我们兰溪的人，都在衢州做学徒，我们地方上的人都在药店里面做学徒。自己在这边，介绍同乡过来。”据《衢州文史资料》(第四辑92页)记载，解放前衢州市区中药零售店有19家，从业人员有150多名，老板店员约有120多人是兰溪籍，用姜鸣凤老人的话说：“我们基本是在外面吃药饭的。”

---

〔1〕新编《兰溪医药志》，浙江人民出版社，1993年，第23页。

〔2〕《衢州文史资料》第四辑，第92页。

在药业中，崇奉神农氏为神师，而位于宁绍巷的神农殿也就成了衢州地区中医、中药行业聚会的场所，所以在1949年以前也有“药业会馆”的称谓。又因在衢州中药行业也以兰溪人为主，在会馆中聚会的大多为兰溪人，所以药王庙也了有“兰溪会馆”的别称。[1]

药王庙的管理权掌握在“兰溪帮”人员手中，管理行业事务和药王庙。《衢县志》(372页)中也有载:“殿之修葺皆出药业。”姜鸣凤老人也说:“神农殿是属于药店那部分的，以前是药店管理的，大家一起管，药店出钱，修这个神农殿。”所以，《衢县志》中所载的于乾隆年间建造神农殿的“药业公”，有可能就是当时的药业行会。除行业收取一定会费以外，行会还有庙产收益作为庙会活动经费，每年农历四月廿八“药王菩萨”生日时，都会举行盛大的庙会以示庆祝。到了民国时期，兰溪帮还在这里买卖药材。[2]不过，到了20世纪40年代，行会制度已经不复存在，现年87岁的姜鸣凤老人18岁左右在父亲的永生堂药店帮忙称药时，已经不知道有药业公会的事，只是当时的药店老板之间还会互相来往，“喝喝茶，谈谈生意”。

衢江区民国档案记录，1943年浙江省国药商业同业公会，要求各地从医者加入公会。衢县县长训令:“为奉令知在政府医疗机关担任医疗工作之医师，依法申请发给开业执照并加入所在地医师公会。”1945年，选出的衢县医师公会领导成员是: 理事长顾保罗，理事周丰，后补理事姜辅周，监事曹□歧，后补理事郑光昌。1946年，衢县县政府转发《中华民国全国中医师公会联合会成立大会宣言》，以此督促各县成立国医公会。《宣言》首先陈述中医与中国文化之困境，曰:“慨满主华，仇汉愚民，政治窳败，技蕪滞步，西洋文化应运而入。朝野人士或则摒西遵古，或则毁己依人，各执极端，各立门户。……嗣后重外风成，

---

〔1〕许雪芸、郑海燕:《文化遗产的代表作——衢州药王庙》,《浙江省博物馆学会学术研讨会文集》,2007年。

〔2〕《宁绍巷·神农殿——传承那颗救死扶伤的心》,衢州文化网。

授人管理之权，使我五千年经验学术，数千种神效药物，是非取舍，悉从人云。缘自轻过甚，遂舍己而耘人，咸以歧视为得。”当时正是抗日战争胜利，不平等条约废除，因此《宣言》称:“我五千年文化刮垢重光是其时也。存亡绝续也其扭也。”并提出要像拯救文物一样拯救国医，“有心之人念文物被毁之日甚，愤国库漏卮之日增，痛断臂残骸之盈野，悲贫病屈死之惯闻，乃奋起团结，拔帜兑道，维新存古。继往哲，以开来兹，拯人我于水火也”。《宣言》详细提出八条复兴之道，包括健全各级会员组织，科学整理医药学术，选用贤人参与政事，提高医师素质和医德，兴办中医学校等等。1947年，衢县国药界召开第一届国药商业同业公会会员大会，地点就在水亭门同德堂内。会议选叶龙生为理事会主席。当时记录有15家店铺在列。约定每月15日开会一次。1948年2月召开了第四会员大会。胡国康选为主席。

（高佳燕、吴宗杰）

杏林遗风

在水亭门，有两处可算是医家民居，一处是距离神农殿不远的宁绍巷21号许春祥民居，还有一处是黄衙弄16号张玉恢祖宅。黄衙弄16号刚刚由户主修缮一新，白墙黛瓦，木门红漆，处处透着古韵。张玉恢是国家级非遗项目“杨继洲针灸”传承人。他说这所宅子是爷爷到衢州后买的。据张玉恢父亲所撰的《先父事略》记载，爷爷张振城于1932年到衢，向以为姓何的人买的此屋。现在的房子，仅仅是当年所购房子的一小部分。文物普查时所登记的“廖仁娇民居群”，应是当年张家完整的祖宅。普查表上记载，该民居群分左、中、右三轴线，东轴线为坐北朝南四合院单层，主屋七檩四柱前后单步。中轴线上由两个三间两搭厢建筑对合而成，两天井间由一道墙分隔开，墙中设圆门洞相通。西轴线也由两个三间两搭厢建筑组成。东轴线四合院相对年代较早，为清代建筑。中西轴线上建筑均为民国时期建造。张玉恢介绍，当时西边一块靠北为其伯父居住，而廖仁娇则是他伯母的名字，靠南为三家公用的大厅。中间靠北为叔父居住，靠南则为父亲居住。东边靠北为一个园子和厨房，靠南为房子和天井。原来张家的大门开在靠东边的这一轴。可见，现在黄衙弄16号张玉恢的宅子，其规模估计仅仅为原来的五分之一。

这所宅子在抗日战争时期虽然幸免于难，没有被烧，却也着实经历了一番折腾。细菌战的时候，水亭街靠南面的这一边都是放火烧的，国民党政府采取这个办法烧老鼠。那个时候张家已经举家逃往开化老家，回来后，据二房东讲,他的房子所有天花板地板都翘掉了。日本人也曾光顾过这个老宅,张家后来从开化回来时发现大门上是日本人的枪托刺刀印。

时过境迁,现在,除了张玉恢由父亲处继承来的那一座房子之外,其余的屋子,都已是几易其主。叔父的房子卖给房管会了,因为他们不在这里住。伯父的房子则卖给了私人。而当年三家共享的大厅房管会拿去,现在作为街道的老年人活动室。本来在张玉恢伯父和父亲的房子中间有个月亮门,“文革”的时候堵上了。他叔父和他父亲的房子中间的墙上,也有一道月亮门,也被砌上了,如今只有隐隐约约的痕迹。

据张玉恢说,他出生于一个中医世家,祖上均能行医。父张承汉所撰的《先祖事略》中记载:“高祖武瞻兆淇公,固饶于资,生曾祖兄弟五人,均能典承旧物,儒医务农,各有常执。”据张玉恢自己的说法,其祖上原籍安徽屯溪,“那边的人几乎都有这个理念,不管你是做生意的,还是务农的,都要学点文学的东西,叫‘儒’,还要学些医学的东西,叫‘医’”。“安徽那边的中医是很有渊源的,叫作新安医学。我爷爷的前辈属于新安医学这个流派的”。张玉恢的爷爷,据张承汉《先父事略》所载,名振城,字廷锡,又名左铨,字介塘,为张玉恢曾祖父张国灿次子。虽然张家祖上“固饶于资”,然而到了张国灿这一代,已经家道中落,故张振城“年幼家贫”,读书数年后辍学就商,佐其父运输材木,又做生意又开药店。家业有所积累后,张国灿以善举闻名,修桥铺路,皆获邑人好评。《先父事略》说:“(民国)十七年,北军自赣东溃入吾邑,所至之处,庐舍皆空。油溪口上游损失尤甚,先君乃□仓贮以振之。遇旱潦,亦不吝施予。”张振城经常告诫家人:“谷物不宜视作资财,更不可酿酒或外运,应以安济地方为是。”因此,“每年岁末,斗米斤肉,遍赠本乡孤寡无告者”,最后发展到“既成习,赠稍迟,有携杖上门催索者,父笑而倩人扶送以去”。又因自己开药店,“常以暑期延医设施诊处,兼施药物。夏瘟秋疟,赖以安”。

1932年春,张振城徙居衢城,在衢州下营街购得寓所之后,安享晚年,1934

年逝世，病中曾留有训示给子孙："与正人交游，则知所惮忌，偶萌邪念，惧为人不齿而自知警饬，不敢放弛。与宵小交游，则怂恿逢迎。虽操持有度，亦易堕其术中。夫见纷华盛丽而不心眩意夺者，殊非人情之常，要能隐忍克持耳。"这正与儒家"近君子远小人"的警示不谋而合。

张振城娶妻三人，张玉恢的父亲张承汉，又名张恭，为鲁氏次子。其长子张承润抗战期间在河里游泳时淹死，幺子张承梁后来在保险公司任职。张玉恢说："(爷爷)稍有家业以后呢，希望我父亲学医。那个时候学医需要文学，就在姓龚的老师那边学国学。后来学校开始办了，我父亲就读洋学校，读了以后去金华高中。""在高中的时候原想考理科从医，因为爷爷生病考大学的时候来不及准备理科的东西，就选的文科，成为浙大的中文系学生。"张承汉毕业之后，在上海松江教书，当时是丰子恺办的。张玉恢说丰子恺送给他父亲一幅画，上面的诗："破破风尘苦，行行日益思，□□无限意，送与老树枝。"后来张承汉回了衢州，1949年后先在衢州一中教书，再后来给了他一个任务创办二中。后来张承汉被调到省教育厅，四个月后又调到浙江师范学院(杭州大学前身)教书。"在反胡风的时候我父亲受到冲击，与世长辞了，时年仅40岁。"虽然张承汉并没有继承其父衣钵，但是，据张玉恢的说法，"他还是喜欢中医的。在我们老家那边给老百姓治了疑难病。这些都是他平时耳濡目染，得到一些医学知识"。

师承各门

据张玉恢说，他学医是高中以后表哥的意见。"表哥对我的影响很大，表哥即叶伯敬，是衢州有名的中医，曾就学于杭州中医陆辅平，嘉善中医吴文泳，以及上海名中医王仲奇，以其诚笃好学，为王仲奇先生所赞赏。[1]叶伯敬师承王仲奇，据张玉恢的说法，得益于表伯的名望。叶伯敬的父亲叶渭清，字左文，即

---

〔1〕叶安甫、叶彦升：《名中医叶伯敬》，《衢州文史资料》第一辑，浙江人民出版社，1986年，第143页。

张玉恢的表伯，曾先后工作于浙江第一师范学校图书馆、北京图书馆、浙江文史馆等，与当时的马一浮、马寅初和马叙伦并称“三马一叶”。《衢州文史资料》里记载其祖籍兰溪，为清末举人，后又就学于法政大学。[1]叶左文一生致力于研究宋史，“他关于宋代历史的文稿，现在还在衢州档案馆，所以杭大那些研究宋史的专家来的时候，他们目的就是来看这本书”。

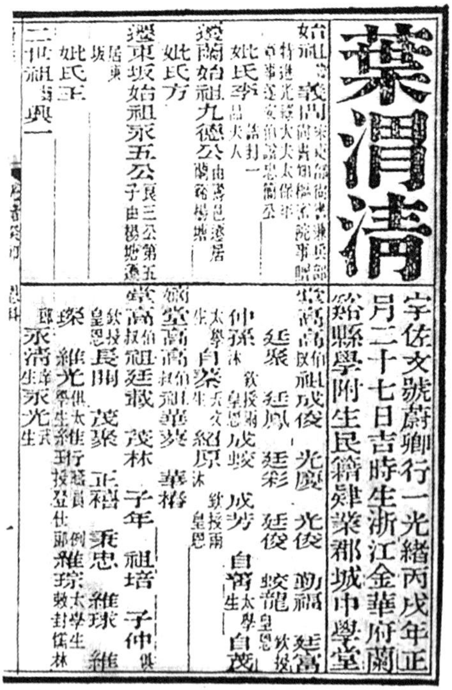
葉渭清

字佐文號蔚卿行一光緒丙戌年正月二十七日吉時生浙江金華府蘭谿縣學附生民籍肆業郡城中學堂

303

叶渭清光绪癸卯乡试朱卷档案

在张玉恢的印象中，每次到表伯家都要讲规矩。“我从小到他家里去，离开的时候都要鞠躬的。我表伯他是‘三马一叶’的有名的儒家，他还送我们到门口，向我们这群娃娃鞠躬。我们走的时候胡想鞠躬。我们走个五步，回头看看，表伯还在鞠躬，我们又鞠躬，再走个五步，一看他还在鞠躬，我们又鞠躬。大概都要到二十米左右，才能看到他回去了，我们才放心走了。”问起表伯怎么教他时，张玉恢说：“先自学，不懂来问。他看病的时候在边上看。不管是我，还是他带的学生，谁都不敢多讲一句话，谁都不敢走错一步路，就像弟子规里那样的，恭恭敬敬的。”不仅是在叶家要处处讲规矩，张玉恢对后来的几位老师时均是同样的恭敬。1978年底，中央决定在全国范围内的集体制的诊所招收一万名中医补充全民所有制的中医力量，张玉恢以民间医生的身份去报，考上了。当时中医班有位教中药学的叶龙生老师，是

〔1〕叶彦谦：《缅怀祖父叶左文》，《衢州文史资料》第七辑，浙江人民出版社，1989年，第228页。

水亭门同德堂药店的老板。张玉恢说:“我有空,常跑到我老师叶龙生家里。他在家里看病的时候,我就站在边上,也不多讲话,等病人走了,再问一问。”叶龙生老师书法很好,喜欢谈点书法。我们过去就努力用书法“逗老师”。所谓“逗老师”就是要让老师高兴。比如买个字帖带去,请老师指点。带一些他喜欢的东西去。

张玉恢说,他启蒙的时候看的一本书叫《针灸真髓》,讲的是日本一个针灸名家泽田健的临床笔记,是泽田学生的见习笔记。“泽田健一开始就讲求整体疗法,认为‘小医愈病,大医愈体’,所以重在恢复病人体质。”而这也成了张玉恢的“指导思想”。张医生以看眼睛著称,最著名的一个例子是让一位失明了19年的小伙子重见光明。当被问及怎么会想到看眼病而不在眼睛上扎针时,张医生说:“眼睛受到来自全身信息的影响,只要在全身做文章就行。眼为标,本为身。本就是泽田健讲的质。体质不好,要他的眼睛好,是不可能的,好了也是不牢靠的。”他说,身体和眼睛如水和船,水涨船高。因此在看眼病时,没

张玉恢在自家画室

有在眼上做文章,而是按摩和拉伸身体部位。

说起《针灸真髓》,张玉恢回忆,刚开始看不懂。他就反复看,以至于这本书都翻破了。这本书上有句话现在记忆犹新:“泽田健问一个学生,某一本书你看过没有?学生说:‘看过。’‘你知道什么叫看过吗?没有看过一百遍就不叫看过。’这句话对我印象很深,一本书要反复地看。”

张玉恢医生的诊所内挂着数幅书法作品,落款均为“杏风老人”,询为己作。张医生说,“杏风老人”是他得了杏林之说的灵感为自己起的别号。“‘杏林’是指医生的事情。三国时候,有一个医生,姓董。人家到他那里看病的时候,他说小病治好了给我种一棵杏树,大病你给我种五颗杏树。后来那个地方就蔚然成林。我不能比‘杏林’就沾了一点风,所以叫‘杏风’。”现在提起张玉恢医生,病人们也是交口称赞。现年73岁的程余庆老人说:“张医生这个人看病很细心也很周到。”老人患有青光眼,原来什么都看不见,很痛,而现在已经可以阅读报纸。相比其他有些中医看病,张玉恢看病还有一特点,就是只开方,不抓药。让病人拿方子自己到外面药店抓药。

从1979年从医到现在,整整32年,张玉恢医治成功的病患不计其数,来诊所看病的不仅有北京、上海、深圳等全国各地的患者,还有慕名而来的英国、新加坡、澳大利亚的外国病人。[1]暑假里,诊所里更是每天熙熙攘攘,都要忙到晚上11点。张医生收了徒弟。他对于徒弟的要求,除了看病要好,爱好中医之外,还有两点:“一对病人要有恻隐之心,二要有敬业的精神。”张玉恢医生为杨继洲写了一幅书法作品,上曰:“十卷经书历几度寒寒暑暑,一枝银针荫万代子子孙孙。”

(高佳燕、吴宗杰)

---

〔1〕《非遗传承人:衢州针灸专家张玉恢》,http://www.360doc.com/content/10/0906/17/927161_51645897.shtml。

岐黄医圣

岐黄乃岐伯与黄帝的合称，泛指祖传高超医术。《衢州市志》(1136页)载，自唐代至清末，衢州先后涌现过刘光大、刘咸、杨继洲、张信、郑仁爱、何晓、徐鸣鸾、周广、祝登文、吾翕、范崇楷等30多位名医。他们不仅仅是对衢州，乃至对于全人类都是一份宝贵的医学文化遗产。其中杨继洲所著的《针灸大全》和徐用所著的《袖珍小儿方》已成为我国医学界的经典，收入《四库全书》存目，是属于世界非物质文化遗产。

刘氏世传医家

建立慧敏药局的刘光大升医学教授后，"创三王庙，置四斋，左曰'调神''全生'，右曰'精微''虚静'"(见《西安县新志正误》)。其后刘氏家族名医辈出。据《衢县志》中记载，刘家世传医术，"其家后人无不知医者"。刘光大之子刘咸，字泽山，建济民药局，设太子神祠(即泰显庙)以驱除疫。孙刘全备，著有《病机赋》《四时六气权正活法论》。曾孙刘仕聪，著有《方脉全书》。[1]

---

〔1〕《衢县志》卷二十四。2010年在联合国教科文组织人类非物质文化遗产代表作名录(NOMINATION FILE NO. 00425)，见教科文组织网站。

针灸大师杨继洲

杨继洲(1552—1620)是对世界最有影响的衢州古代名医。他所著的《针灸大成》,汇集了明以前的针灸著作,总结了临床经验,内容丰富,为后世学习针灸的重要参考书,是历史上针灸学术的第三次总结。在中国申报联合国教科文组织人类非物质文化遗产代表作名录的文件中[1],他的著作是中国针灸遗产继承和创新的重要证据。

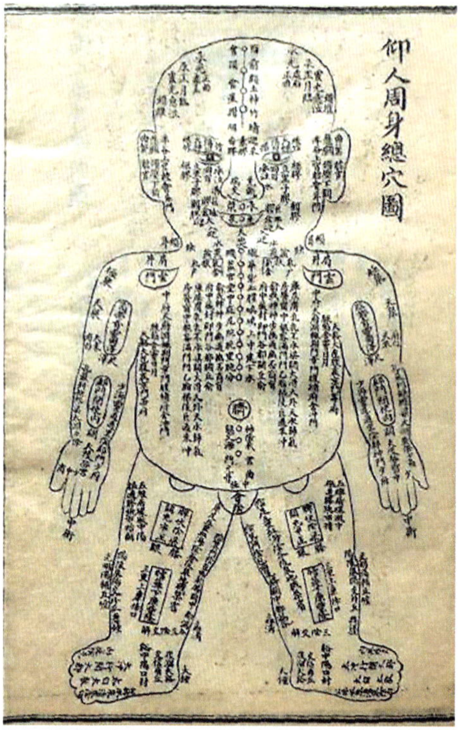

《针灸大成》中“仰人周身总穴图”

杨继洲,字济时,衢县上宇乡六都杨人,祖上唐代迁居于此,杨氏宗谱有著录。[2]《衢县志》记载为明万历中医官。祖父杨益曾任太医院御医,著《集验医方》刊行于世。父亦业医。家藏秘方、验方与医学典籍极富。据说杨继洲科举受挫,弃而潜心攻医书,研医术,卓然有悟,尤擅针灸。时任“赐进士及第太子太保吏部尚书”的王国光这样介绍:“幼业举子,博学绩文,一再厄于有司,遂弃其业业医,医固其世家也。祖父官太医,授有真秘,纂修《集验医方》进呈,上命镌行天下。”杨继洲治病常用三法,一针、二炙、三服药,有神效。

[1] 赵文炳:《刻针灸大成叙》,《针灸大成校释》,人民卫生出版社,1984年。

[2]《衢州文史资料》,第九辑,第243页。

山西监察御史赵文炳患痿痹，多方延医诊治，“日试丸剂，莫能奏效，乃于都门延名针杨继洲者，至则三针而愈”，名扬朝野。他经嘉靖、隆庆、万历三朝，历任楚王府良医、太医院御医，行医四十六年。杨继洲主张“病以人殊，治以疾异”，“治法因乎人，不因乎数”，“变通随乎症，不随乎法”，体现辩证治病思想。对针灸学卓有贡献。他参考诸家著作，“参合指归，汇同考异，手自编摩，凡针药调摄之法，分图析类，为天地人卷，题曰：《玄机秘要》”[1]。在此基础上，最终编成《针灸大全》10卷。“其书以《素问》《难经》为主，又肖铜人像绘图，立说亦颇详赅”[2]，被列入《增订四库简明目录标准》子部医家类，国内外医界尊为针灸经典。另着《病机秘要》，收入《增订四库简明目录标注》子部医家类。书中绘画有铜人像，详细刻画穴位，并绘图立论，便于钻研。

《御纂医宗金鉴》介绍三衢杨继洲行针手法口诀十二歌，认为后来诸家口诀虽繁杂，多取自杨继洲，这包括：取穴、持温、进指、摄退、搓捻、留摇、拔合等。“杨继洲针灸传承人”张玉恢中医师曾有诗赞之：“莽莽神州有几人名垂青史，灿灿金针唯三衢杨氏继洲。”从明朝下来，杨继洲针灸影响了一代又一代的衢州人。2010年，随着针灸被列为世界文化遗产名录，“杨继洲针灸”可以成为光耀水亭门医泽遗产。

伯乐神医

元朝的郑礼之，据戴良《沧洲翁传》，是为“医中毛遂”也。时有沧州吕复，因母亲病想学医，苦于无师。一日遇见三衢郑礼之。礼之“见翁醇谨无他，颇心爱，因呼翁语曰：‘我有《古先禁方》及《色脉药论》诸书，知人生死可否，治甚精。我年老，具以授公。’翁即避席再拜，尽得其书，受读，可一年所，辄试之，有

---

〔1〕王国光：《卫生针灸玄机秘要》叙，《针灸大成校释》，人民卫生出版社，1984年。

〔2〕《衢县志》卷十五。

验,然尚未精也。郑复令翁日记诊籍,考方药验否,悉为参订,不使毫厘失理,又若千年所积,为人治诊,病效无不神。[1]”

清朝黄圣料,字仁安,《衢州县志》(2502页)云:“洪杨革命时,衢城大军云集。圣科得某军医传,善治枪炮伤及骨折、腹裂濒死者,危证经其着手,无不起死回生。其配合金创药中必用活土鳖虫,如拇指大,雄雌一对,方若神效。且手法纯熟,以刀圭擅誉于一时,人疑华佗再世。”

清朝的徐养士,字士谔,据县志载:“家贫性孝,以父久抱疴,潜究长沙脉法,三年而业精。里中小儿病亟,六脉俱绝,群医束手。士谔切之曰:‘脉虽绝而藏真未败,可一药而愈。’果如所言。媚家某艰于嗣,令为其妇诊宜男否,对以终身只产一女,后竟验。有壮夫异其术,疑为幸中,故以疾诳之。士谔曰:‘据脉,交第三日子时当气绝。’期至忽卒。以是名噪一郡,延请者踵相接,著有《伤寒分汇》十二卷。大学士王杰、温州郡守邵齐然为之序,子正仁乐清司训。”[2]此外还有清朝的江沛,《衢县志》中称其“有就诊者不问病人,但切脉而自知其症之所由起,无不着手成春”。

德艺双馨

除了世传医家能妙手回春,更难得的是,历史上衢州的名家医圣,德行高尚,品性仁厚。他们身上,体现的是张玉恢医生所追求的“杏林遗风”,值得今天的我们借鉴。《衢县志》(2502页)中记载明朝的刘埙,“精通方脉,施药济民”。清朝的邹兆麟,“精岐黄术,素行循谨,性好施”。康熙十年疫病肆虐,又逢耿精忠之乱,饥民疫疠,“兆麟皆捐施赠药,全活甚众。督院李以‘心存济世’匾额褒之”。

---

〔1〕《衢县志》卷二十四。

〔2〕《衢县志》卷二十四。

道光年间的雷丰，即“六一子”龚香圃的外公，据县志记载字松存，号侣菊，又号少逸。其父逸仙，自闽浦来衢即悬壶于市。丰幼承父训，天资聪颖，诗书画皆擅长，时有“三绝”之誉。虽学富五车，但“为人谦和，尤重医德，虽求治者日盈其门，无自高骄矜之色，不分贫富，不计诊金，人皆高其行”[1]。

雷丰的弟子江诚亦秉承其德行。县志载他“性沉静，寡言笑，于医理剖析入微，凡他医束手者，诚治之每获生。而志气高傲，贫者或不取资，富者非敦请再三不往，于宦家尤甚”。

最让人感动的要数清朝邵嗣兴，县志中记载其字禹畴，号憩庐，弱冠游庠，未几贡成均。性慈，善精眼科，施药济世三十余年不收医金。后遭发军之乱，家致赤贫，度日维艰。不得已乃仅取富者资，贫者虽与，亦不受。

〔1〕衢州神农殿陈列资料。

衢州医典

衢州先贤留给中国珍贵的中医药典籍，后人该如何对待和解读这些遗产，衢州人又该如何重新激活这些文字，这是一项重要课题。

衢州国医典籍

姓　名	朝　代	著　　作
刘光大	元	《适庵文集》
刘全备	元	《病机赋》《四时六气权正活法论》
刘仕聪	元	《方脉全书》
郑礼之	元	《古先禁方》《色脉药论》
伍子安	元明之际	《活人宝鉴》
徐用宣	明	《袖珍小儿方》(四库存目丛书)
杨继洲	明	《针灸大全》(《针灸大成》)(《四库全书》)
徐日久	明	《方聚》
陈　埙	清	《痘科记误》《医学四诀》
徐养士	清	《伤寒分汇》(山西状元东阁大学士王杰序)
雷　丰	清	《时病论》、《医家四要》(合著)、《雷少逸医案》、《医法心传》、《脉诀入门》、《病机药论》、《药赋新论》、《本草诗三百首》
江　诚	清	《医粹》、《本草诗》、《医家四要》(合著)

续表

姓名	朝代	著作
程曦	清	《医家四要》(合著)、《仙方注释》
吴嘉祥	清	《眼科新新集》《痘诊撮要》

杨继洲在其《针灸大成》(卷三)中曰：

> 孟子曰：'离娄之明，不以规矩，不能成方圆；师旷之聪，不以六律，不能正五音。'若古之方书，固离娄之规矩、师旷之六律也。故不溯其源，则无以得古人立法之意，不穷其流，则何以知后世变法之弊。

古代的方书包含着"圣人寿民之仁心"，济世救人之仁术。通过这些书，穷医学之源流，明古人立法之意，得古人之仁心仁术，应对今天的人们有所启发吧！

宋时范仲淹曾有语："不为良相，便为良医。"明嘉靖吏部尚书王国光曰："尝闻医道通于儒，而其功与相等埒(同'列')，得非以儒者运心极而剂量之，能使天下和平，与医之起疡兴痌，跻天下于仁寿，其事与功均也。"在古人心中，医的地位与官、儒相当，为官治国，学儒扬德，行医济世。衢州水亭门的医药文化，留给我们的是一幅宽广、宏大、多层次、多角度的画卷，邀请今天的我们细细解读，慢慢回味。

（高佳燕、吴宗杰）

结 语

医泽篇所记内容，分布于水亭门街区各个角落，将其整理为一体，形成一个街区文脉，是为了更好地为历史街区复活所利用。水亭门街区应利用衢州中医文化遗产，打造为综合性的浙西中医医疗与休闲文化基地。衢州的中医药文化遗产主要有四大元素构成：作为世界文化遗产的针灸，作为门诊与药铺的水亭街中药店，作为弘扬医德和中医教育的神农殿，作为药材制作和集散的药栈，以及作为行业工会的宁绍巷。因此医学遗产的全面恢复应从“祭、疗、学、研”四个方面同时展开。神农殿可以成为弘扬传统医德的教育场所，每年衢州医学界可以在此举行一次祭祀神农活动，祭祀规格、程序和祝词可参考本文提供的史料。神农殿的布局应尽量恢复礼制格局，将衢州历代先医铜像置于神农氏神位左右。两边可恢复刘光大设定的四斋，左曰“调神”“全生”，右曰“精微”“虚静”。

神农殿对面的原三衢医院可建立衢州医学遗产讲习所，着重传承衢州历代医学著作，尤其是已被列入联合国教科文组织人类非物质文化遗产代表作名录中的杨继洲《针灸大成》。应全面整理出版衢州历代医学著作，供人研读。讲习所可以成为衢州学院体制下的“衢州中医药遗产研究所”，广泛吸引全国名医，招收世界学习针灸的学员。宁绍巷一带的民居可以部分开设为各种中医休闲场所，吸引游客疗养。水亭街一带原来的中医药铺可以恢复，成为中医诊所和药铺，吸引周边名医到此开门诊。此外原阜通药栈或永通药栈遗址可以建立一个中医药博物馆。进一步规划，可以在水亭街外围建造“杨继洲针灸医院”。

中医药文化不是水亭门文化的全部，它是与其他文脉相互交融。因此水亭门街区也不只是一个中医药文化基地，而是与许多其他文化相互支撑，相互衬托，美美与共。对中医也要从多元的角度思考，尤其要注重儒医结合的思想，同时体现道德性、思想性和医用性。不仅关注病，更要关注养生与休闲。

游药师庵

何兆鹏

行行采药叩松关，坐我禅林百虑删。
地僻任鸦栖绀宇，楼高看鸟度青山。
一畦明月锄花好，半榻清风捉尘闲。
古佛兴亡俱阅尽，却将冷眼笑尘寰。

礼 乐 篇

- 乐神日
- 周宣灵王庙
- 末代秀才周浃与私塾
- 戏乐水亭门
- 天妃宫与西安戏院
- 麻饼礼俗
- 宴尔新昏，亲亲尊尊

引　言

衢州春秋时为吴越境，据广谷大川之间，其地接近楚国边界，经常有征战兼并，深受楚巫文化影响。《明一统志》卷四十三称其“其民轻死易发，其俗悍以果，其君子耿耿，好气敏于事，有古遗风。民淳事简，风俗敦厚。自南宋以来，圣裔适衢，对衢州民风产生了很大影响。《西安县志》(1207页)曰:“河者水之源，圣者道之源。”南宗赐家太末，积厚者流光，自此“名儒迭出，敦行古道，雅尚礼文。君子重廉耻，惜名节。小民畏刑宪，寡词讼。据市井者，文而浮，处乡都者。质而鄙”(见康熙《衢州府志》二十五卷)。

孔子曰，移风易俗，莫善于礼乐。衢州礼俗文化是南孔遗产在民间的重要一部分。水亭门集合了众多庙宇、家祠，留下了丰富的礼俗文化记忆。民国档案显示庙宇均为街区民间当头手管理。礼乐篇主要以水亭门现存的周王庙、天妃宫、神农殿、文昌殿等为场所，以过去开展的各种祭祀、庙会、唱戏等活动，以及居民生活礼俗为对象，展示水亭门的以教化为目的的礼乐文化，由此呈现天人合一、神人同乐、移风易俗、敦亲睦邻的传统文化底蕴。通过解读各个庙宇供奉的神所包含的文化意义，挖掘衢州本土的礼仪风尚。其中，通过周宣灵王祭祀的历史变迁的梳理，引出水亭门对钱塘江流域的文化影响。通过以“神出历坛”为主题的祭祀、庙会等活动的描写，探寻一个多世纪前的神人同乐的文化记忆，从而展现祭祀与庙会并不是简单意义上的宗教和民俗活动，而是中国“礼乐”文化的延续。另外天妃宫、神农殿和文昌宫的意义也将走出现代意义,从“仪礼”文化方面加以呈现,这些文化记忆重新赋予水亭门一带庙宇的原生态含义。水亭门提供了礼乐文化土壤,培育了许多地方性戏剧和曲艺,如婺剧、西安高腔、衢州道情、滩簧、莲花落、莲厢、小锣书、快板等等。特别是婺剧,水亭门曾经是培育这一文化的大本营,衢州婺剧团的所在地,还留着许多当年剧团用房。天妃宫今天还以祠堂戏台方式上演传统戏剧,观戏在这里不仅是艺术欣赏,更重要的是礼仪活动。在这里观众的交往方式体现礼仪特征,戏曲的魅力更多地体现在其教化意义上。该篇还描述水亭门一带婚丧嫁娶风俗,及礼乐教化。各庙宇所代表的行会在组织各种祭祀活动里的作用也将做考察。礼乐篇有助于丰富古城作为南孔文化的民间内涵。

南宗75代奉祀官孔祥楷先生在接受采访时说[1],他这一代人能做的文化使命就是在断裂的历史长河里,放上几块木板,让人暂且渡过去。他相信孔子代表的文化必将在历史上重新发出光辉。要做到这一点就是要对包括礼乐文化遗产和祭祀在内的东西抱有一种敬畏感。他提倡用“活人祭祀”的理念去对待祭孔大典。读祭文要以“祭如在”的心态让现代人向孔夫子汇报。本篇梳理的内容,期待能以同样的方式回到水亭门。这些属于非物质的文化是活化水亭门街区的重要精神资产。

---

〔1〕吴宗杰:《与孔祥楷谈话》,录音编号:20100719。

乐神日

> 若乐六变，则天神皆降，可得而礼矣；若乐八变，则地示皆出，可得而礼矣；若乐九变，则人鬼可得而礼矣。
>
> 《周礼·春官·宗伯第三》

民国《衢县志》(364页)记载:“于清明日，因神出厉坛，竞为社会，各装饰旌旗、甲胄、剑钺、缨佩之属，文以古今故事小说，诡谲妖魔。璀璨耀日，丹翠凝云，金鼓之声、旃檀之气填溢耳目，一城奔走若狂，遂沿为成例。”这里描述的就是衢州曾经盛名远扬的乐神活动。或称社会、社祭、庙会。它是以城隍和周王神等地方神祇为主要对象的一系列娱神、酬神的献礼活动，亦皆为全民性狂欢节日，尤以周王诞辰三月四和清明日为甚。县志称“乐神日”长达十日，昼夜相接，清代江南春记载，“直至五月无虚日”[1]。

《衢县志》(364页)郑永禧考其渊源，认为《楚辞》中“孔盖翠旌，婆娑乐神，自古有之”。《周礼》载，如果舞乐演奏六遍，则日月星辰等天神都会下降，就可以行祭祀之礼；如果舞乐演奏八遍，地神就都会出来，可以行祭祀礼；如果舞乐演奏九遍，祖先就到来，可以行孝礼。可见，古代用乐舞请神献礼，以合

〔1〕王振忠:《徽州与衢州:江南城乡的片断记忆——稿本〈静寄轩见闻随笔〉、〈静寄轩杂录〉初探》，《社会科学》2011年第3期。

天地之化,以谐万民,以致百物。衢州城当时抬出各路神灵,“奔走若狂”的祭祀活动也就是中国礼乐文化“神人同乐,可得而礼”的表现。《衢县志》(831页)载其景象是,“袍服各炫、灯彩争妍,动辄通宵,观者喧阗,有万人空巷之象”。不过郑永禧也质疑,衢城到了暑月还在办庙会酬神,则是过头了。

据衢州民俗学家汪筱联考证[1],明清二代,府城隍庙召集各神庙社坛如县城隍庙、周宣灵王庙、药王庙、玄坛庙等地方神庙,会同各地会馆如宁绍会馆、徽州会馆、福建会馆、江西会馆,负责召集衢城商家和各同业公会,共同举办每年庙会。水亭门街区集中了各地适衢州的重要同乡会,还有诸多行会庙宇。而周王庙则是乐神的核心,因此这里也就成为“神人同乐”的重要场所。黄吉士记述,李渔的《比目鱼》《风筝误》《奈何天》等十种曲是衢州“叶文锦班”“郑大荣春班”“蒋春聚班”“叶联玉班”等高、昆班社在迎神赛会、菩萨开光中所演之戏。汪筱联说,当时的庙会,传说是诸神上龟峰朝谒府城隍,然后游历城内各大庙宇社坛,以“神出历坛”为主题展开。

神出历坛

衢州乐神,是各祠庙游神至厉坛进行社祭,县志称之“社会”,可上溯周代。当时王为群姓立社,民众向社神祈求风调雨顺,就要进行社祭,社祭有舞乐。而所谓历坛,即祭无祀鬼神的坛。《春秋传》有“鬼有所归,乃不为厉”之义。《周礼·春官·大宗伯》说“以吉礼祀邦国之鬼、神、示”,就是将祭祀对象分为人鬼、天神、地示三类。古人对厉坛的祭祀,同社稷,为群祭,属于地示一类。

民国《衢县志》提及当时所用祭文来自《大明会典》,此厉坛祭祀有点像今天祭无名英雄,只是它的对象更加宽泛,包括了所有非犯恶而死的人,如“有遭兵刀而横伤者,有死于水火盗贼者,有被人取财而逼死者,有被人强夺妻妾而死者,有遭刑

〔1〕汪筱联:《城市和谐发展——从盈川、府山庙会探讨衢州城隍文化》,手稿。

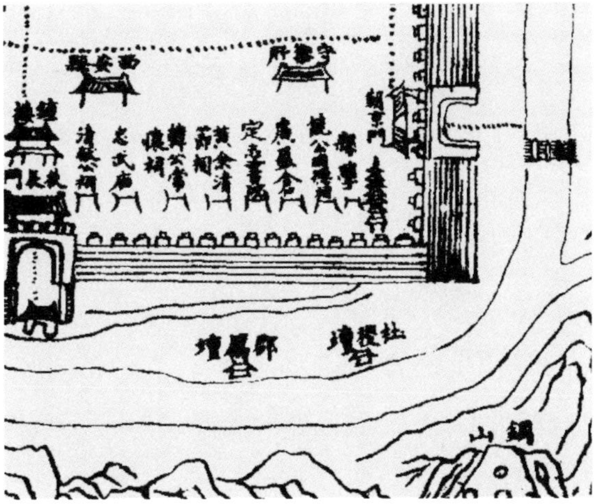

拱振门外的郡厉坛（明天启《衢州府志》）

祸而负屈死者，有天灾流行而疫死者……有因墙屋倾颓而压死者，有死后无子孙者”。

为什么这些无家可归的鬼需要祭祀呢？《左传折诸》卷二十解释：“鬼无所依归，好为民作祸，以无归而为厉祀。”“厉”的意思就是“使之有所归”。据《明史》记载：“王国祭国厉，府州祭郡厉，县祭邑厉。”由于衢州府县同治，又有衢州“西邑附郭，不置县厉坛”[1]的说法，衢州此祭祀活动均在郡厉坛。关于厉坛的建造方位，《明史》中也是有明确规定“皆设坛城北。”据《衢县志》（363页）记载，衢州的郡厉坛“在城北拱辰门外一里，内设坛告文牌，外设垣坛，之外有斋所”。每年“三月清明、七月望、十月朔请城隍之神主（今迎神像）。其坛祀无祀鬼神，羊豕杂羹饭如制，亦名三小祭。知县具常服，帅僚属随府行礼”。根据《大明会典》，祭祀日先期三日，主祭官需斋戒沐浴更衣，备香烛酒果，在城隍发告文。《明史》载，祭日黎明，礼生奉请城隍神位入坛，也就是把城隍神抬到厉坛，设城隍神位于坛上，无祀鬼神等位于坛下之东西，以羊三、豕三、饭米三石之规格祭祀。守土官（指地方官）则公服诣神位前跪，三上香三叩兴退。祭祀完成后送奉城隍神还庙。

在衢州，游神厉坛，大人踩高跷，小孩扮清明，万乐齐奏，簇拥各路神仙，跟随地方使君，到城北拱辰门外郡厉坛祭祀。康熙《西安县志》载《衢州清明行》一诗，这样描述：

---

〔1〕《衢县志》卷四。

电闪虹流走突兀,狞齿拳毛炫朱发。
锁甲将军丈六长,跂踏空空战难歇。
移春槛上童儿群,绛袍绿幔芙蓉裙。
拍板霓裳万乐奏,各逐诸神朝使君。
使君奉命祭城北,野旷坛阴尽昏黑。[1]

神出厉坛的“娱”神活动有,“火球流星”“马导”“钢叉舞”“走车舞”“竹马舞”“洗马舞”“踏高跷”“渔翁舞”“平台阁”“翘(巧)台阁”“放烟花”“放炮仗”“灯棚”“跑旱船”“秋歌”“腰鼓”等。

周王庙狂欢

盈筐栀子到门来,一朵一钱买半开。
打扮今朝何处去?大周王庙看开台。

据清代江南春(1788年)《静寄轩见闻随笔、静寄轩杂录》记载:“每年三月四日、四月八日作为周王的诞期,盈街塞巷,张幔演戏,直至五月无虚日。”妇女们花一钱,戴一朵半开的栀子花,到周王庙来看戏,这就是周王戏。周王曾被奉为江神。演戏乐江神,《后汉书》有端午节抚节按歌,婆娑乐神,迎江神伍子胥之说。

周王庙会不仅仅是演戏,据汪筱联称,庙会分“灯会”和“戏会”。灯会一般从农历正月十三开始,称为上灯,至十八结束,称为落灯,为期六天,以元宵为高潮。[2]说起周王庙的龙灯,现年91岁的郑怀棪老人依旧很激动:“十三开

〔1〕诗作者为康熙知县陈鹏年,见《衢县志》卷八。
〔2〕汪筱联:《周王庙会》,《衢州民俗大观》,第180页。

周王庙演戏处

始闹龙灯，十四到十五元宵最热闹。十五元宵是大闹，一片繁华，到十六是更加了，十六是扫街，家里有多少火炮尽量放。其他龙灯吃不消鞭炮都要逃，唯有周王殿的龙灯根本不逃。”据汪筱联说，元宵那天，六门四乡都要出龙，其中以大周王庙的龙最神气，龙头大，骨节多，龙身长，锣鼓也特大，有“衢州第一龙”之称。入夜出龙时，点上蜡烛，色彩鲜亮，以火球流星开道，火球飞舞时，观众自然回避，龙灯畅通无阻。王汉卿老人也回忆：“大周王庙、小周王庙、财神殿差不多有十多支龙灯，农村的龙灯也到城里来。我们周王庙的龙灯最好看。”当时因有外周王庙与内周王庙，故有两个龙灯，外周王的龙灯没有内周王庙好，但是都比城外的好。龙灯前面还有戏球的，难度很高，一般是由一个体力好的大武生，把球扣牢龙灯的嘴，“球到哪里你的龙灯就要赶到哪里”。当时，龙灯、锣鼓、狮子、炮仗，一派热火朝天，一直要闹到半夜，真是“舞狮走马趁新妍，影戏光连不夜天"[1]。龙灯出行除在大街抢球、翻滚、放花以外,还要进城隍庙、祥符寺、天宁寺、弥陀寺等寺庙参拜城隍佛像。[2]《衢县志》(830页)记载,清明日衢江江上还有很多船灯,上有年轻姑娘唱"满江红"。

"戏会"则主要集中于周王生日。从康熙时期就有"马导诸戏"。康熙《西安县志》载:"俗以三月四日、四月八日为神诞辰,各坊隅分曹为社会,置行台迎神举祀。"这时全城每天有十多处同时搭台演戏,不分昼夜一直到仲夏夜,以为乐神。周王庙的门厅还有当时戏台的痕迹,台上有霍斗形天花,台前有门楼,用层层密密的花拱及托脚装饰,梁上刻有十三座神道人物、二凤戏珠、门神、力士等。春秋两季祭祀的意思可追溯至《礼记》:"君子合诸天道,春禘秋尝。秋,霜露既降,君子履之,必有凄怆之心,非其寒之谓也;春,雨露既濡,君子履之,必有怵惕之心,如将见之。乐以迎来,哀以送往,故禘有乐而尝无乐。"

今天天妃宫仍然面对天妃娘娘神像演戏

〔1〕《郑永禧西安四时竹枝词鉴赏》,第7页。

〔2〕汪筱联:《周王庙会》,《衢州民俗大观》,第180页。

据汪筱联回忆，三月初四的神诞，初二晚上就要闹台了，戏台就要搭起来了，初二晚上的戏在周王庙里做。初三周王庙内做好了迎接神诞的各项准备工作，杀猪宰羊，搭台备轿，是夜周王庙内六十盏灯笼点亮高悬，香烟缭绕，丝竹乐、吹打乐、锣鼓乐轮番吹打，戏台上跳魁星舞，庙门前放焰火、炮仗，庙内庙外人头攒动。到初四时，神诞吉时，庙会达到高潮，金毛狮子狂舞，观众助威，炮仗齐放，焰火升空。家住黄衙弄，今年89岁的胡嘉镐老人则回忆，当时周王庙里演戏时，还有花生瓜子香烟茶水等卖，就放在桌子前面的一个木架子上。夏天还有毛巾给人擦汗："一大把毛巾，从这边一丢，那边人接到。"现在只能在电视里看到的景象，在当时都是很普遍的。

诸神朝谒，城隍巡游

从三月初三到四月初八，一个多月的时间，衢州一直沉浸在周王神诞的庆典之中，而四月初八的神诞，又恰好和衢州清明的庙会有一段时间的重叠，是神人同乐的高潮。清明日衢州城里各路神灵去朝谒城隍，并随城隍巡游。民国《衢县志》（831页）记载了当时的盛况：

府城隍祠踞龟峰上，俗以清明日诸庙神皆来朝谒，兢饰金鼓旗帜，马上歌舞，故事抬搁，更作高屐长人，分队而出，过游街巷，男女杂沓旁午，随城隍神出北门外主郡厉坛祭祀，衢人酬愿忏罪者，皆垢面枷杻囚服，执香拜礼，岁靡费以千百计。

城隍祭祀是各地官方重要的礼制活动，而对于衢州人来说，府城隍、县城隍就好比是衢州的父母官，用王汉卿老人的话来说，就是像市长、县长一样的。清明前一日，大殿打扮得玲珑碧瑰、光彩纷繁，府山城隍神左右各有苍龙金虎。这时衢州城内诸神（包括县城隍、周宣灵王、神农药王等）星冠剑佩，都到龟峰上的府城隍庙内聚会。当时府山景象有陈鹏年诗一段为证：

灵龟负山作人语，左挟苍龙右金虎。
玲珑碧殿排玉衙，鸣钟击鼓山都舞。
星冠剑佩罗紫庭，共飨天驷谒府主。
千行宝骑悬霓旌，金错凤凰银麒麟。
瑟瑟名珰簇羽盖，霞旗画戟森纷纶。

清明日，各路神仙拥府城隍到厉坛祭祀无主野鬼，游历城内各大庙宇社坛。据老人们回忆，衢州“九楼八阁十三厅，都要跑过来的”。张斌老人回忆说，清明庙会的时候，城隍老佛和周王庙都要从庙里用轿子抬出来游街五天，“老佛在路上碰到，就要歇道，要吃茶，不走了，要等到茶吃过了再走”。

清明节城隍出巡，保境安民，这是衢州的老规矩。城隍爷巡游过程大致分：朝谒、出宫、祭拜、还愿、迎神、回宫等程序。出巡十日，由各所庙宇接驾。据徐先熙老人回忆，因为衢州是府治，所以有两尊城隍。游行时，府城隍在后，县城隍在前，这个顺序是不能乱的。今天官越大走的越靠前，而“以前是官越小越在前面，最前面是最最小的，大的在后面”。这两尊城隍皆木雕，雕得很好。县城隍貌似秀才，面孔瘦瘦的，很秀气。府城隍貌似将军，面孔国字脸，挺胸叠肚，威风凛凛。对此盛况郑永禧《城隍会》一诗作描述：

今朝何处接城隍，十日新袍五色装。
马导凛凛抬阁起，龙船摇漾在中央。

汪筱联曾在《郑永禧西安四时竹枝词鉴赏》一书里描述了城隍菩萨出巡时的着装：“城隍爷头戴银冠，身穿蟒袍，袍服每天更换一次，每次色彩不同。最后一天回府，规定是大红蟒袍。出巡的队伍以金锣开道，随之是肃静回避虎头牌，旗伞銮驾样样皆齐，出巡队伍中百戏杂呈。”

谈到城隍菩萨的头冠，徐先熙老人描述其细节，称两个城隍戴的头冠是用银子做的，雕刻得“精致得不得了”。两顶帽子表面上看起来都差不多，然而府城隍的帽子是金板，没有雕空的；而县城隍的帽子“像门纱一样，是一镂一镂空的”。这两顶帽子他在“文革”以后都还见到过，应该是放在博物馆了。关于城隍菩萨的头冠，在《衢州文史资料》中一篇介绍衢州银楼业的文章中略有提及：“一家银楼中曾有神盔、凤冠——该两种是为赛神时专用。旧时我市的府、县城隍每神有两顶神盔。府、县城隍奶奶则各有一顶凤冠。”[1]不过，城隍出巡的时候，两位城隍奶奶是不出来的。

有趣的是，城隍老佛这位“父母官”出巡，虽然是官方礼制的一部分，但出资是民间，并且耗资庞大。康熙知县陈鹏年称“岁靡费以千百计，予莫之禁云”。汪筱联老人说，府城隍庙是没有钱的，民国以后的庙会都由商会办，民国以前就由会所出。而最大的会馆就是周王庙，它财力最大，是木业公会，又是水运行业的会所，与各行各业都有紧密的关系。

孩童乐神

陈鹏年诗“移春槛上童儿拳，绛袍绿幔芙蓉裙”，说的便是乐神时抬阁上的雕刻与表演者的装扮。神出当日，六门四乡以村庄、祠堂、社团、坛会等各为群体，以旱船花灯、彩服高跷、故事抬阁、腰鼓马戏、乱弹班等表演形式，将少年儿童、青年男女按历朝故事、神话戏曲、小说诗词中的人物内容装扮成各种造型，用彩红布幔将装扮造型的人物和道具围在中间。[2]对此，今天上了年纪的人当年正好是小孩，基本上都有此经历，称之为“扮清明”。据汪筱联在《郑永禧西安四时竹枝词鉴赏》一书中回忆：

---

〔1〕杨凝堂、戴金喜：《衢州银楼业简况》，《衢州文史资料》第四辑。

〔2〕汪筱联：《衢州府城隍庙会》，《衢州民俗大观》，第179页。

> 最有趣的是小孩子办成戏曲人物高坐在抬阁上。还有一群小孩子腰围白布裙,头缠黑纱,前额插一黄纸签,手捧红漆小板凳,上置小香炉和烛台,插一对木质红烛,香也插而不点。如果夜晚出巡,则换上蜡烛,点燃,外加玻璃灯罩。小孩子由大人领着。

郑怀棪老人当时还是个十岁左右的孩子。时隔八十载,但他还能清晰记得当年"扮清明"的情景,谈及此经历仍非常兴奋:

> 过去有大办有小办,大游行还有小游行。大游行时,家家户户小孩子要捧个小板凳。像我那时还小,大概十岁左右,我都参加过。骑马,要扮各种样子,像扮关公啦。要扮什么随你喜欢,扮赵子龙,什么都扮。再么一边一个都骑在马上。小孩子一般来讲来都是一根木头,骑在木头上,大概一米不到,上面做个小板凳小孩子坐上面,扎起来,背在肩上。

住宁绍巷的82岁的许珍珠还记得小时候父亲带她看扮清明的情景:"那时候很热闹的,买衣服、化妆、搭跷、游街。小孩子都打扮起来,做得很漂亮,像唱戏一样,都是小孩子,扮成贝壳精,很大的。那时候很热闹,从清明节开始,一扮两三天,城外的人都来看清明。"

乐神的一项活动是正月"迎喜神"。喜神是周宣灵王庙里老佛塑像旁边的两个童子。徐先熙老人解释说,喜神为寒山、拾得两位高僧,年九十忽然返老还童,民间呼为喜神。"衢州的喜神,以大周王庙最为有名,二尊像皆木雕立像,贴金,呈童子状,双手在胸前打拱,一着红,一穿绿。年初五到十三上灯间有一个空挡,正好迎喜神,迎神的两乘轿要抬得东倒西歪,这样喜神就会高兴。"郑永禧曾有诗《迎喜神》描绘此情境:"元夕花灯尚未迎,忽闻锣鼓闹喧声。喜神拍手呵呵笑,一轿纵来一轿横。"然而,据张斌老人的说法,喜神就是当年的舟子胡伯二："周王庙里有个胡伯伯，把他放轿里，越是摇他越是高兴。"据钱广居《建德县神庙记》记载，周王建庙立祀时，"有童子二人愿舍身从侍，舟子胡伯二亦殉焉(今坊门街有胡伯二神像，俗呼胡伯伯)，同享庙祀"[1]。据汪筱联老先生称，坊门街曾经确实有侯伯行宫，供周王和胡伯。

徐先熙老人回忆，小时祖母还给他讲过喜神卜铜板赢钱的趣事："周王庙附近的小孩卜铜板，突然之间有两个小孩来参加，钞票都给他赢走了。好多小孩子感到很奇怪，你这两个小孩子哪里来的，手气这么好，怎么把铜板都赢了？后来有个小孩子比较聪明的，就跟他走，就看见他们朝周王殿进去了。他跟进去就看到两个喜神。"老人说，原来周王庙里的喜神塑像是瘦瘦的两个小孩子，手在前面做打拱状，而不是像现在这样胖墩墩的。

云梯会(踩高跷)

《衢县志》记载，神出当日"高屐长人分队而出，遍游街巷，男女杂沓旁午"，"旗幡剑戟络绎于道，装饰童子，为立竿，即高跷，旧有云梯会，光绪初年禁止"[2]。在很多老人的回忆中，水亭街以前不是现在这个样子，而是狭长的街道，屋檐向外伸出很多，所以"游行"中踩高跷的人累了，便可以坐在伸出的屋顶上休息。郑怀棪老人对此也有清晰的记忆：

> 这个高跷很高的，现在高跷还有矮跷。我那时打扮是高跷，站得很高。休息的时候就在那个矮房子，稍微矮一点的，休息一下。踩高跷没有凳子，也没有架子，爬上爬下都很难。下来时一个叉子扶在你的胸脯上，再慢慢困倒困倒，两边都有人扶牢的。你再扶住那个杆子下来。

〔1〕《衢县志》卷四。

〔2〕《衢县志》卷八。

行宫

衢州城内为了迎接城隍巡游一路上设有当地人称之为“行宫”的庙宇。城隍巡游经过城内大大小小的街巷，每到一处行宫，城隍神就会停留一日，演一台戏。《衢县志》(831页)载：“原有六门九行宫，今增为十行宫。每行宫一日，袍服各炫，灯彩争妍，动辄通宵，观者喧闹，有万人空巷之象。”以至于外来人都感到疑惑。清进士林启《周宣灵王大庙碑记》曰：“光绪十九年，奉命守衢，入境，见周宣灵王庙行宫街衢殆遍，心窃异之。”

行宫一般都由负责各庙宇的行会建立，并由他们管理，比如周王庙就有。今天这些行宫已经基本上不存在了，老人们也很难完全记得这些行宫的名称和所在地了。95岁的王汉卿老人还记得五六处，其中在柴家巷有一个。84岁的吴土福老人指认就是他家对面，即现柴家巷24号。据他回忆，他小时候还见到过城隍老佛、周王老佛被抬到这里，“四个人抬嘞，他们要走一圈的”。在老佛后面，还会有很多人，跟在后面敲锣打鼓。这处行宫由周王庙置办，后来租给郑怀棪家开“顺昌南货店”。

柴家巷的行宫还在，虽然已被隔成很多居民屋子出租。吴土福老人对它的记忆也已经淡漠了，但是他还清晰地记得行宫里面还有戏台，“行宫戏台统拆掉了，但还有柱头，都在这里，很高的”。老人讲：“到我这里(柴家巷)弄堂是最阔的，以前是可以唱戏的。”行宫改造之后，这所房子又做了几十年的染坊，人称“一大染坊”。如今，住在里面的是来自四面八方的租户，经过这么多年的世事境迁，几乎没人还记得这所房子曾经的点点滴滴。

王汉卿老人说，那时候迎接府城隍、县城隍的各个行宫，迎神的时候非常热闹，前面有人举着“肃静回避”，像当官一样的。四人抬神像，沿途百姓一路跪，一路拜，还要唱一台一台的戏。城隍出来，就和县官出巡一样，阴间和阳间都是一模一样的。徐先熙还记得小时候坊门街侯伯行宫迎接城隍老爷的情景。

柴家巷中间的周王庙行宫

城隍老爷进来的时候要唱戏，两张桌子拼起来，七八个人围起来清唱，自己伴奏自己唱，不用化妆不用穿戏服就坐在那里清唱。当时有个“鸿福班”，清明节十天，忙得日夜唱戏。行宫里还要摆供桌烧香，供上一只只糯米做的寿桃，还要各种各样的水果。这些水果也是用糯米和粳米混合起来的米粉做的，有樱桃、杨梅、石榴、桃子什么的，都做得很像。城隍老爷到来，每个庙宇里都要迎接，烧香的人也多得不得了。神像的衣裳到一个地方换一套，“到什么地方穿什么颜色的衣裳都是规定的”。比如到太子庙的时候城隍老爷穿的就是黑色的衣裳，但是“最后一天要穿大红衣裳，这是规定的”。据在下营街95岁的王汉卿老人回忆，清明那天城隍爷抬到水亭街，周王庙是要去接的，周王老佛是比较重要。城隍爷接来后，就要在周王庙玩上几天，“嬉个把日两日的”。

据汪筱联记载，迎接城隍神在城内的十座行宫是：“六门设九行宫，钞库前设中央行宫，坊门街侯伯行宫一座，华丰楼底一座，钞库前的太子殿一座，杨家巷的小周王庙一座,小西门的大元帅府一座,小南门的五谷神庙一座,东门口的相公祠庙一座、水亭街一座、北门街一座等共十行宫。”[1]

祭祀与还愿

十日行宫巡游原来是在郡厉坛祭祀上发展而来。地方官员穿官服,帅僚属随府行礼。厉坛祭祀规格如前所述,是自明朝开始钦定的。《衢县志》(363页)还提到祝文,用的是明太祖时礼部行布政司牒移创设的祭文,称“其文浑朴淳雅,有典谟训诰气象”,至民国时仍然采用。城隍巡游时,如果有人觉得自己做了亏心事,就要在这天打扮成囚犯的样子来忏悔,以请求城隍神明的宽恕。《衢县志》(831页)称“衢人酬愿忏罪者,皆垢面枷杻囚服,执香拜礼”。陈鹏年诗这样描述:“衢人三月桃花红,囚人桎梏行街中。博山熏天步泥首,自言忏罪邀神功。”而这时的春天看上去是“春云沉沉雨欲来,角声吹裂酸风啸”。

除了官方祭祀,在巡游过程中,诸神还会在重要庙宇、行会、大户人家,乃至寻常百姓家门前停留,供大家祭祀。不少人家会在门口设祭台,甚至展示自家神灵、文物古董,还愿酬谢神灵保佑。据《衢县志》(378页)记载:“各坊隅分曹为社会,置行台,迎神举祀。每社各有其所立之像,不相混杂。其迎神所驻,辄于通衢张幔植台,演剧以乐神。日每十余处,昼夜相接,至仲夏乃罢。”

宁绍巷17号的徐树源老人回忆,在谁家门前停下来也是有讲究的,不是随随便便就能停下的。老人讲到,小时候城隍爷抬到他家外面的弄堂口要停下来。他家里人要祭拜,而且要请抬神的人吃东西。家里人早知道队伍会在门前停下,因此会早早备好酒菜,摆在巷口等着。当问到为什么会选择在他家的巷口停,老人很高兴地说道:“因为原来我们这个弄堂里面住了几家都比较好,

---

[1] 汪筱联:《城市和谐发展城市和谐发展——从盈川、府山庙会探讨衢州城隍文化》,手稿。

讲起来比较富的。”住在徐家对门的是黄家，也算得上水亭街区非常富有的家庭。但是只有徐家摆酒。“这个就是我们家门口摆一个，他们都不摆的。请他们吃了以后，他们就拐弯走了。因为往这面去路比较小，城隍菩萨抬不过去的了。”能够有“殊荣”招待城隍，徐家人还是觉得非常自豪的。

郑怀棪老人也有类似的回忆：城隍菩萨抬出来到有些人家的门口，这家人要把小桌子摆到门口。桌子上摆上一大一小两个蜡烛台，插上红色的蜡烛，一边一支，中间插上香，还要备上酒，给菩萨吃。菩萨经过家门口的时候先拜，还愿，然后把酒倒一点在地上。老人说，每次到了哪家门前的时候，这家门口就很热闹，拿一个大锣，当……当……在肩膀上背起来敲。不是小锣而是大锣，因为城隍爷官大，就要大锣。张斌老人回忆说，他小时候就是跟着打打锣鼓，因为抬轿子是“要讲究的，要有本事才抬得起来，我没有本事抬不起来”。当时都是一些撑船的、码头的人去抬，因为他们能“掼”的起来。城隍爷要把衢州“三十六街，七十二条巷，都要跑过来的。有些家里好的，到他家里去歇歇。那家要摆茶，招待，敲杯茶招待。他还要包红包。高兴哇”。日常生活那些礼数，这时候就与神联系起来了。

在城隍游神的欢乐还没退去，农历四月廿八药王菩萨诞日又接踵而至。衢州神农殿在这一天祭祀神农氏，形成“神农殿药王庙会”习俗。庙会自四月廿八至五月初五，长达七天。药王神像的神轿四人抬着出殿堂，在城内大街巡街[1]。巡街时规模阵势虽不及城隍那样浩大，但也有船篷、高厂、旗帜、锣鼓、长号、琴瑟乐队，轿后也有少年香炉队，非常热闹。

原始察终

衢州乐神是从宋以来逐渐演变而成。关于其起源据《衢县志》(361页)记

---

〔1〕许雪芸：《文化遗产的代表作——衢州药王庙》，《浙博天地》第四版。

载是与宋代知府高赋有关。究其始因,居然与儒家以“神道设教”、破除迷信有关。当时衢州民间信奉巫鬼,有毛氏、柴氏二十余家世蓄蛊毒,害人甚多,每次与人发生纠纷,辄毒之。知府高赋(字正臣、中山人)于是擒治伏罪,消除蛊患。《宋史》这样记载高赋的事迹:“知衢州,俗尚巫鬼,民毛氏、柴氏二十余家世蓄蛊毒,值闰岁,害人尤多,与人忿争辄毒之。赋悉擒治伏辜,蛊患遂绝。”高赋除害后,“郡人为立生祠”,即活着时为其立祠,后来也就演变为城隍老爷。《衢县志》提到此事如何成为衢州一大风俗时说:“蛊出惑人,故假神道以驱除之,后人踵事增华,因成习俗。今鲜有知其源者,故志所疑于此。”后来衢城各路神灵到城隍府上朝谒,城隍也巡游还礼,还会在像周王庙这样的“大户人家”做客,玩上几天。一路上,走访百姓人家,护佑四隅,似人间日常往来,神人同道。衢州社祭演变为神人同乐的庆典,还与这里历史上多信鬼神有关。《衢县志》这样描述:“西安明神,惟神灵爽最赫,香火独盛。自明季壬午,以穿窬斫像着灵异,一时哄然。”后来乐神演变成连夏季农忙也都有的活动,气氛也变得不庄重,离开礼乐的本初。为此《衢县志》希望加以限制,“禁其屑越”,让神灵“相安于浑穆之天,其可也”。

衢州乐神对周边城乡也产生过很大影响。《衢州文史资料》(第四辑)记载,高家镇每年都要把周王菩萨从桂溪庵周王庙迎接出来,由十六人分两班轮流抬着,列队浩浩荡荡,扮演戏曲人物,抬到行宫“花厅”里,看戏三天。“每到一商店门口,鸣放爆竹迎接,以示敬重”。衢州外陈村梧桐祖庙祭春神,至今还在演绎抬着春神在村里巡游的仪式。江山礼贤城隍庙会也有同样的乐神活动。乐神是今天所谓各种戏剧艺术的起源与土壤。王国维说:“或偃蹇以象神,或婆娑以乐神,盖后世戏剧之萌芽。”衢州的西安高腔、弋阳腔等,对今天称之为国宝的昆剧和京剧产生过重要影响。因此,衢州乐神也可谓是培育了中国戏曲艺术的文化土壤。

随着中国神道设教的礼乐思想衰落,社祭、庙会中“神人同乐,可得而礼”

的含义也消失了。剩下的形式要么变成了“迷信”活动加以取缔，要么作为戏曲等民间艺术被保留着。据记载，1950年后，龟峰和峥嵘岭为军事管理区，府山清明庙会被迫停止。1956年8月空军雷达部门310团进驻龟峰修筑营房时旧庙拆圮。1950年至今，已经沉寂了60年。[1]水亭街区的周王庙会、药王庙会也都在那段时间相继停止。60年后的今天，大部分人都对它们没有印象了，最多是从父辈那里听过只言片语。而今只有从年逾古稀的老人那里，寻得他们童年的模糊记忆。但每当谈起“袍服各炫”“灯彩争妍”“万人空巷”“摆酒祭神”等种种回忆时，脸上总有抑制不住的激动与兴奋。今天的人已很难理解人、神、礼、乐、教共融的意境。

康熙《西安县志》谓“圣人临祭斋明之德洋溢充满，发为庄敬诚悫之象，而节之以礼，陶之以乐，可使幽明上下合为一致，以是齐心志于国中，昭典礼于天下”。今天许多恢复起来的庙会更多的是被看成了纯粹商业娱乐活动。但在古人看来，天地神灵人鬼，生活、礼数、教化都是融为一体，这里少不了乐舞。自远古起，飨祭或祈祷，都伴随音乐和舞蹈。而乐神也不纯粹一种娱乐，而是包含着合天地、谐万民，以致百物的教化意义。如今各种娱乐性的传统集会，虽然还是发生在庙宇周围，但少了其礼乐的内涵，少了古时那种敬畏和陶冶。于是，热热闹闹的喧哗嬉戏散尽，还有多少留下来让人寻味呢？

（韩晓培、吴宗杰、高佳燕）

---

〔1〕汪筱联：《城市和谐发展——从盈川、府山庙会探讨衢州城隍文化》，手稿。

周宣灵王庙

周宣灵王庙，当地人称之为“周王庙”，明时称“忠孝祠”，明清时的地方志中又称“周宣灵王祠”，“宋孝子广平正烈周宣灵王神祠”等，位于古意盎然的下营街18号。据《衢县志》(375页)记载，衢州西门就有其两个周王庙：“内周王在灵顺坊，亦称大周王。”衢江区1943年档案记载：小周王祖庙，地址在后街

夕阳下的周宣灵王庙

巷,道光前十余年建筑,面积,一亩零,被炸。灵顺坊的位置,县志载其在“朝京门内,北向下营”。因此,下营街的周王庙也就是《县志》所称的大周王庙,里面供奉的是周宣灵王肉身,衢州人称之为“周王老佛”。民国档案载,“周王庙,所在地址,第五保九甲下营街。建筑时期,清朝初年。管理人,水亭街众十当头手。亩数,两亩另”。周王庙就像水亭门街区熙熙攘攘的人群和江上林立的帆船一样,是衢州香火最盛的庙宇。

钱塘江江神

周宣灵王庙今天是浙江省重点文物保护单位,是衢州除南孔家庙外最重要的文化遗产。然而,这位起源于衢州,安置在水亭门的神灵,其实也是整个钱塘江流域的神祇,影响到苏南、上海、淮南、赣西。明清时期以周宣灵王为原型的庙宇分布如下表。

周宣灵王庙分布图[1]

州/府	县	数　量	出　典
衢州府	西安	10	民国《衢县志》卷四
	常山	1	光绪《常山县志》卷十六
	江山	2	同治《江山县志》卷五
杭州府	仁和	1	康熙《仁和县志》卷十四
	海宁	1	乾隆《海宁县志》卷二
	于潜	2	民国《杭州府志》卷十三
	新城	9	民国《新登县志》卷四
	富阳	1	光绪《富阳县志》卷十一

〔1〕此表根据朱海滨《江南周宣灵王信仰的发生及其演变》,《史林》2008年第2期,以及中国地方志库搜索统计。

续表

州/府	县	数　量	出　典
严州府	建德	4	康熙《建德县志》卷二 万历《严州府志》卷五
	寿昌	1	康熙《新修寿昌县志》卷三
	遂安	1	康熙《遂安县志》卷十
	分水	2	光绪《分水县志》卷二
金华府	金华	1	光绪《金华县志》卷十三
	兰溪	1	光绪《兰溪县志》卷三
	浦江	1	嘉靖《浦江志略》卷八
温州府	永嘉	1	万历《温州府志》卷四
绍兴府	嵊县	1	《越中杂识》卷上
嘉兴府	海盐	1	光绪《嘉兴府志》卷十一
湖州府	安吉	4	同治《安吉县志》卷六 同治《孝丰县志》卷三
徽州府	歙县	1	道光《徽州府志》卷三
	休宁	3	道光《徽州府志》卷三
	婺源	3	乾隆《婺源县志》卷八
	祁门	8	同治《祁门县志》卷九
	黟县	6	道光《徽州府志》卷三
	绩溪	3	道光《徽州府志》卷三
饶州府	德兴	5	康熙《德兴县志》卷二
	安仁	1	雍正《江西通志》卷一〇九
信州府	玉山	1	乾隆《玉山县志》卷三
苏州府	吴县	1	崇祯《吴县志》卷二十一

续表

州/府	县	数 量	出 典
扬州府	东台	1	嘉庆《东台县志》卷十三考七
	宝应	1	万历《宝应县志》卷二
	甘泉	1	光绪《增修甘泉县志》卷二十四
建宁府	浦城	1	光绪《浦城县志》卷十三
福州府	古田	1	民国《古田县志》卷二十三

关于周宣灵王，大部分史料考证其为杭州新城县渌渚人（今富阳县），姓周名雄，字仲伟，生于南宋，因其母亲汪氏“感蛇浴金盆之祥”而生。明朝弘治《衢州府志》记载，周雄生于南宋淳熙三月初四，因母亲病重，奉母命祷于婺源之五王庙。归来经过衢州时，听到母亲的死讯，“哀痛哭泣死舟中，植立不仆”。衢州百姓深感惊异，于是把周雄的肉身“敛布加漆”，并建庙立祀。[1]到了清朝，周雄被奉为江神，康熙年间贡生徐士晋《周孝子碑记》记载：“神贾于衢，闻母病，破浪而行，为水所没，显神于衢，敕为江神。”雍正《浙江通志》亦载周雄“现祀为江神”。由此周宣灵王就随着钱塘江水，影响了整个流域的信仰文化。至今周雄故里渌渚每年举行孝子祭，抬着周雄座像在各村出巡，并被国务院公布为第四批国家级非物质文化遗产代表性项目名录。

在杭州，《浙江通志》记载周宣灵王庙在在褚家堂（褚遂良故居）广丰仓侧（今新华路一带），以履着显灵进封。《武林坊巷记》还记载杭州曾有“周宣庙巷，今呼纪龄街”。明朝万历进士钱养廉有《周宣灵王像赞并序》，称其在杭州的庙，“数着灵应，里人香火甚虔”，竟与旁边的岳王庙（岳武穆祠）和褚公祠成鼎峙之势。

---

〔1〕雍正《浙江通志》卷二二四，文渊阁四库全书。

渌渚周显灵王殿前举行的孝子祭

不仅是浙江,对周王的祭祀也许徽州更甚。徽州俗谚称,周雄"生在严州,死在衢州,显圣在徽州"[1]。清乾隆时人吴梅颠的《徽城竹枝词》有诗曰:"庙建黄坑神所依,周王有帽却无衣。年年九月十三日,显圣徽州难自肥。"[2]不仅如此,据清江南春的记载,衢州的徽州会馆,里面供奉的神也颇耐人寻味:"会馆中堂奉夫子,而左奉周王,右奉财神。"对徽州人来说周宣灵王,代表的是徽州人的身份,是外出商人的保护神。正是微商的活动,才把周王带到各地。在江苏,徽商曾将自认的本土神周宣灵王像携往苏州阊门外,并借神庥托梦之机,鸠工庇材,捐赀兴建庙宇(见王振忠论文)。同治年间的《苏州府志》载有周宣灵王庙,称其在咸丰二十年毁,十同治中重建。此外,光绪《江西通志》中记有

〔1〕王振忠:《徽州与衢州:江南城乡的片断记忆——稿本〈静寄轩见闻随笔〉、〈静寄轩杂录〉初探》,《社会科学》2011年第3期。

〔2〕徽州文献课题组:《徽州文献与〈徽人著述叙录〉的编撰》,《徽学》2000年第一卷。

灵顺行祠。周雄在宋理宗时封“护国忠烈周宣灵侯”。同治《饶州府志》称：“宋理宗发师北征，士卒见旗有‘周雄’字，遂捷封护国宣灵侯，立庙祀之。”因此很多地方把供奉周雄的祠堂称灵顺祠。《贻清堂集》记《读周宣宁王庙碑》诗

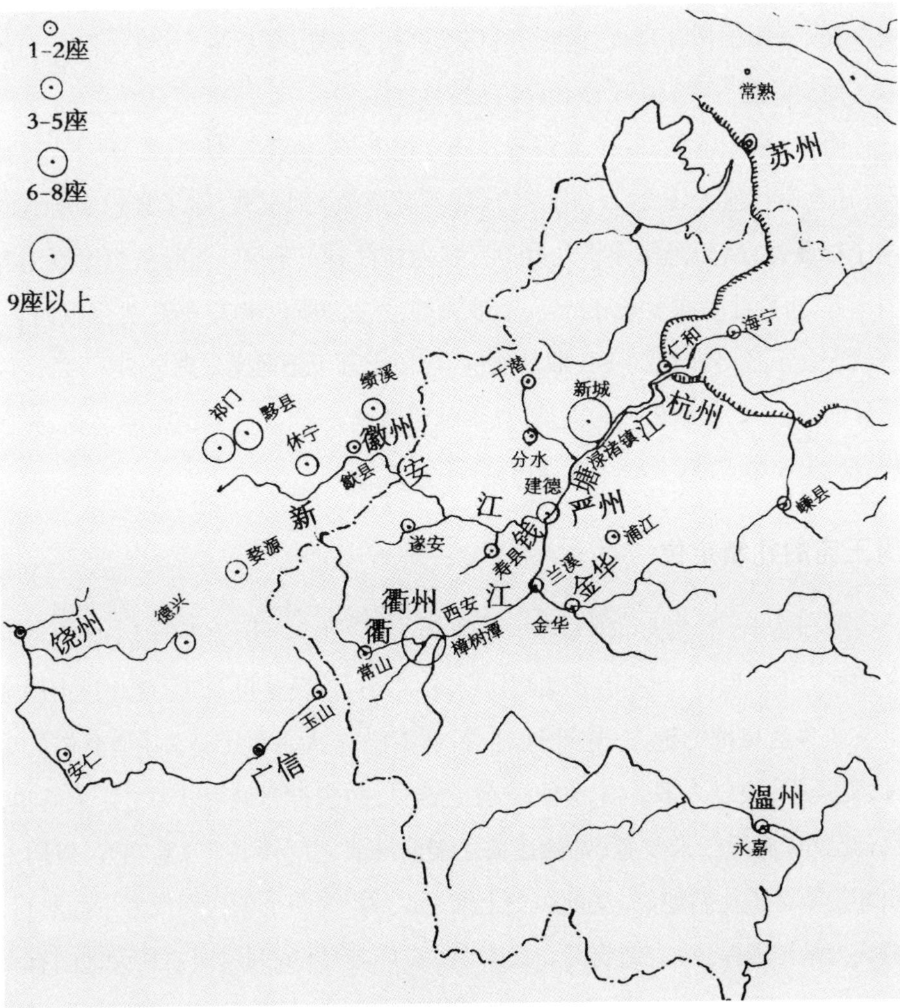

周雄祠庙分布地图[1]

〔1〕朱海滨:《祭祀政策与民间信仰变迁》,第99页。

曰:忍见胡尘迷日月,誓将铁骑扫腥擅。

由此可见,自南宋以来,到明清时期,周王庙已经形成了钱塘江、新安江等一带的流域文化,以衢州为中心,西起江西饶州,东至浙江嵊县,南自浙江温州,北至江苏苏州,都有其印记,其中又以浙江与安徽最多。据统计,当时浙江有36处,其中杭州府13处,衢州府11处,严州府8处,其余遍及金华、绍兴、温州等。而安徽则主要集中于徽州府,有24处之多。

衢州、徽州各地,除了为周雄建庙立祀之外,每逢三月四日、四月八日神诞,还会举行盛大庙会。江南春的《静寄轩杂录》则记载,除了县志中所载的两个神诞外,徽州会馆亦将九月十三视为周宣灵王圣诞。当时朱熹诞辰为九月十五,每到此时必要张灯结彩,演戏酬神,然而"所供献夫子者,先供献周王,演戏于会馆者,先演戏于庙,取其便也"。由于周王圣诞比朱熹早两天,每逢周王诞期,是将供献给朱熹的供品,先奉献给周宣灵王;将在会馆所演之戏,先在周宣灵王庙中上演,久而久之,竟有喧宾夺主之势。

周王庙的礼制定位

提到庙宇,很多人可能会把它斥之为迷信,其实在历史上,周王庙也被很多儒林志士质疑过,包括道光知府林启,称"疑近惑民诬世"[1]。衢州过去确实是一个多信鬼神的地方,遍地神灵,祈祷不已。《太平寰宇记》并谓衢俗信鬼神,好淫祀,良以人多迷信,阴阳灾异之迭见,故鬼神之说得以中之于人心也,自昔已然,有历久未改者,姑就迷信之端而推演之(《衢县志》卷八)。但周王庙却是取得了礼制地位,受到历史上宋、元、明、清四个朝代六位皇帝的册封,被认为是御灾捍患、大造与民。嘉庆《西安县志》(1563页)曰:"凡天地间有大造于民者,春秩秋祈,罔不载在祀典,即爱遗棠棻,名炳日星,感颂徽嘉,增辉俎

〔1〕《衢县志》卷十八。

豆，有其举之，莫敢废也。”周宣灵王庙，自宋以来至民国，香火一直不衰，在各个方志里都作为重要的祭祀对象记载。民国《衢县志》卷四《建置》中，周王庙列在先农坛、社稷坛、风雨雷云山川坛、郡厉坛、府城隍庙、县城隍庙、盈川城隍庙、文昌殿、关帝庙、东岳庙之后。而这些庙宇都是属于朝廷颁布的通礼所在，各地方都有，唯有周王庙属地方神。不过据《吴门表隐》记载，在苏州的周王庙还不是作为礼祭的，“吴中祀之，非其礼矣”。雍正《浙江通志》则又在信安侯庙和赵清献公祠这两位衢州先贤之后。民国歙县吕龙光编的《酬世汇编》中，收录了《周宣灵王札付》《周王神会序》等祭祀文本。那么祭祀周雄是如何取得其礼制地位，其意义又是什么？

周王庙最初在衢州也只是作为一个地方神被崇拜，一定意义上，反映的是一种巫祝文化。因此在明朝就曾一度被看作是迷信，差点被郡守李遂作为淫祠[1]而捣毁，《衢县志》(1851页)载：“岁戊戌，余既获守是邦，奉天子明命，崇正黜邪，遍□庙宇尽撤之。”衢州民众涌进府衙，向郡守抗议。李遂得知孝子之概，不仅放弃了拆除周雄庙，反而亲自为其撰写庙记，并改庙额为“周孝子祠”。由此可见，在历史变迁中，衢州的周王庙从一个地方淫祠，后被赋予儒家道义，转为被纳入正统礼制的官方祭祀之所。

周雄最初被赋予礼制地位是在徽州地区，南宋端平二年(1235年)，德兴知县上奏朝廷，周雄被授予“翊应将军”的封号，淳祐四年提高到“翊应侯”。[2]其理由是能保佑徽州地区免受水灾、旱灾、瘟疫、盗寇之祸。在南宋嘉熙四年新城知县汪绩所撰的《翊应将军庙记》中称：“新安祁门水旱疠疫，祷之辄应。三衢州常山盗寇猖獗，独不犯境(指徽州)，新山之祠有井曰安乐泉，民病求饮，活者万计。”

明朝周雄又被赋予忠诚卫国的意义。万历年间的进士钱养廉所著的《周

---

〔1〕《礼记·曲礼下》：“非其所祭而祭之，名曰淫祀。”

〔2〕《咸淳临安志》卷七十四，文渊阁四库全书。

明·忠孝祠记（藏水亭门周王庙）

宣灵王像赞并序》称，周雄生于宋朝末期，因国土不得恢复，抑郁以殁，有诗曰“髯如戟兮目如炬，矫矫如龙兮桓桓如虎；大业未酬兮壮心独苦，宁死为厉兮毋生而为鼠”，因此“其忠诚激烈，固宜与日月争光矣”。[1]曾为岳飞写碑文的明朝进士沈友儒对周王传说亦有记载，其《碑记》称周雄于嘉定辛未年“为疾走婺源祈佑五显，回至三衢而卒”，死后附身于孩童，借其口曰：“五显灵威，需我辅翊，生不封侯，死当庙食。”衢人于是为其立庙于新城。[2]咸丰八年王石达围攻衢州，林启（见《周宣灵王大庙碑记》）认为是周雄显灵才使衢城得以保护。

周雄作为孝子的传说是其正式被官方所接受的重要原因，使其从淫祠被接纳为正统儒家祭祀体系里。孝子传说最早见于明朝李遂的碑记：“孝子以淳熙戊申三月四日由童稚孝闻闾里。”[3]明朝《弘治府志》

〔1〕雍正《浙江通志》卷二一七，文渊阁四库全书。
〔2〕《海塘录》卷十二，文渊阁四库全书。
〔3〕《衢县志》卷十八。

载其为生病的母亲去婺源祷告，经过衢州闻母死讯痛哭而死。康熙翰林院编修查嗣韩过衢州谒周王庙有诗曰：“我亦为人子，登堂倍怆然。敢将游子泪，空洒庙门前。清盘度微月，远帆归暮烟。挑灯检行箧，忍读《蓼莪》篇。”晚清贡生徐时敦的《笔录》则记载了周雄与当时衍圣公孔文远的关系，进一步提升其儒家正统地位。据《笔录》记载，周雄幼时，随父在衢州经商，与当时的衍圣公孔文远相交最善。嘉定初，年二十四时，母亲病重，命祷于婺源之五显灵王庙。周雄不忍离开母亲病榻，欲常侍母亲左右，跪请曰：“儿固不能呼吸违也。”其母怒，因而不得已前往，兼程并宿。归经衢州，“闻母讣，仰天椎胸，一恸而绝，僵立舟中不仆”。衢人异之，孔文远感其诚孝，捐余地，漆身塑像，立庙以祀。[1]衍圣公孔文远为周雄建庙的说法使得周王庙更加具有了儒家的权威性。

清朝顺治时期的严州知府钱广居《建德县神庙记》[2]记载了另一版本周雄的故事，也充实其作为孝子的礼制意义。据钱广居考，周宣灵王姓周名雄，因“雄”发音邻近于其父名“荣”，故又改名缪宣。少时受神仙指点，预言其大限为36岁。长大后外出经商，忽梦母病，急忙赶回，“及抵家，母气将绝，对天泣祝，愿以身代，许肉身，愿母得复痊”。未半月，母亲复原，周雄遂“身点肉灯，以酬前愿”。事毕，复去经商，为家里两位弟弟置办家产多处。在衢州时，恰逢衢州多日不雨，因而前往土纸庙占卜，出来时回视，见泥神随后，以手相招，“神心动，知数止此矣，欲急回见母，乃舍舟而徒。”到了鸬鹚滩（在常山西境招贤上，今名鲁士）失足堕水而死，正好年36。据钱广居记，周雄堕水后，“顷刻巨浪层翻，猛若蛟龙起伏。神即蜕化，溯波而上，至衢城水亭门外，浮沉不定”。衢州有认识周雄的人说：“此临安周郎也，少有异征，果能上感天心下垂昭应，当分别香臭各三日。”刚说完，“馨闻数十里，阅三日而香者臭矣”。衢人一时惊异，

〔1〕《衢县志》卷四。
〔2〕见《衢县志》卷四。

海宁周王庙镇外的钱塘江怒潮（路透社照）

建庙塑像，崇祀于衢城之西，正所谓："古庙三衢列，英风百世超。明灵歆赤子，孝义轶青霄。"[1]

明末清初，周王庙祭祀在孝子之上又赋予保佑钱塘江水上航运的意义。江神的意义最早出现在康熙新城县徐士晋撰写的《周孝子碑记》，称钱塘江上的潮汐，归因于伍子胥被吴王冤杀所积怒气。但"自新安达江浙，波涛之厉少杀者，皆公之力也"，也就是由于周雄，徽州到江浙一带才波浪平息。嘉庆《西安县志》称："相传神司瀫江水道，屡着灵迹，其商贾舟人奉祀尤谨。"雍正三年，被加封为"运德海潮王"，祭祀规格从海神庙。《浙江通志》载，周雄"先祀为江神"，也就是这时候，官方承认周雄作为减杀波涛、保护航运的神灵。由此周雄祭祀在江浙整个流域日盛并普及。

[1] 汪大绅：《过衢谒周王庙诗》，《西安县志》卷四十三。

肉身与显灵

周雄死后飘尸衢江，肉身“香三天臭三天”，因“屡着灵应”，于是在元代被封为“宣灵王”。明朝王圻的《稗史汇编》载：“衢州周宣灵王者，故市里细民，死而尸浮于水亭滩，流去复来，土人异之。祝曰：果神也，香三日臭三日，吾则奉事汝。已而满城皆闻异香，自尸出三日，臭亦如之，乃泥其尸为像。”这一传说还在衢州人中流传。今年79岁的船工钱云才老人说，周王从杭州搭乘衢州的船来衢州，天亮时到浮桥底，掉下去淹死了，漂到浮石潭，过几天又流到浮桥底：“衢州的族长看到了：‘你如果是佛，那就香三天臭三天。’果然臭了三天，然后三天桂花香。族长就说‘真是老佛啊’，就相信他了。”

据明朝弘治《衢州府志》记载，周雄死后，衢人便“奉神肉躯，敛布加漆，建庙祀焉”。从各种史料记载来看，周雄肉身是确实存在的。《衢县志》载其肉身

今周王塑像

原来供奉在朝京门埠的周王庙,即外周王庙。县志中录有《卉庵摭记》载:“衢州西门外周孝子祠,自宋迄今,肉身挺立。”到了咸丰时期,因兵事而移入大周王庙:“或云神之真身原在城外,咸丰兵燹,移舁入城。”汪筱联老人称,周王的肉身是用纻漆工艺做成,与天宁寺的定光古佛一样,这是宋代的最高工艺。郑永禧在《顽礬思存》中曰:“宋周宣灵王,真身在西门灵顺坊。以新城旧县志考之,王盖归葬新城方家峪也。”针对人们的怀疑又曰:“周王则岿然独存。高竖一指。千百年真身不坏,岂方家峪之墓特出后人之伪造欤?”[1]郑永禧曾去周王庙瞻孝子真身,赋诗一首:

漫说神功济巨川,满腔纯孝剧堪传。
不将丁鹤前身化,犹竖天龙一指禅。
明水好罗苹藻存,空山思废蓼莪篇。
英灵千古谁能媲,幼女曹娥映后先。[2]

周王庙的肉身,据老人说,解放时还在。住天皇巷的张斌老人说,以前周王老佛的真身是站在塑像后面的,真身很小,一般人不能进去。据记载,周王的肉身,本是坐在庙里的,后来见了母亲来拜,于是起立,不敢受其母亲所拜:“孝子为神时,本端坐,后因见母起立。”[3]钱广居《建德县神庙记》亦载,周雄的死讯传至家乡,其母亲来到衢州周王庙,祝曰:“果吾儿,当不受拜。”欲下拜,膝未抵地而法身起立,手指皆竖,头即左顾,宛若目不忍视状[4]。汪筱联老人也说:“他生日的时候,他的长辈来了,看到神就拜。长辈来拜他,他就站起来了。”周

[1] 郑永禧:《顽礬思存》,《衢州历史文献集成·文集专辑》(第十二册),中华书局,2013年。
[2] 郑永禧:《不其山馆诗抄》卷十一,《衢州历史文献集成·文集专辑》(第十二册)。
[3]《衢县志》卷四。
[4]《衢县志》卷四。

王老佛原来的肉身，其中一个手指头是没有的。张斌解释说："他母亲咬的，讲他不孝。"上营街西河徐氏后人徐先熙老人则说，他小时候听祖母讲，周王老爷死后，把他全身塑像塑好，是坐在那里的。周王爷的母亲没有死，她听到周王变成神了，便来烧香，给她儿子磕头。周王爷认为，娘给儿子磕头，这样不好，于是站起来，拇指头朝上，意思是要拜天。然而，他娘却认为："我给你磕头，你还要自称老大。"于是把周王的手指头掰掉了。

据汪筱联推测，真身是在解放初没有的。徐先熙老人在抗战胜利后曾经去过周王庙，但是他已记不清楚当时是否有肉身，只记得当时的周王塑像是"着衣木雕神像"，手臂和腰处都有关节可活动，因此是坐着的。现在下营街的周王佛像，则是后来泥塑起来的，神像立地而站，右手拇指竖起。不过，汪筱联说："现在塑的时候没塑好，周王死的时候是三十几岁，没这么老相。"徐先熙老人也说，现在的周王老爷有胡子，是不对的，他以前看的所有周王爷都没有胡子的。

为周雄建庙立祀之后，灵异显著。据汪绩《翊应将军庙记》载，最初显灵是护佑徽州祁门地区免受水旱和盗寇之灾。据钱广居记载，周雄在宋朝还曾作为神医显灵。宋嘉熙二年，国母患乳，"神即代作医人投剂，立效"，皇帝问神医姓名，神曰："我浙西周缪宣也。"说完便消失不见。"帝异之，遣使浙西，廉得实"，为了嘉奖其能孝亲忠国，于淳祐元年秋敕封神护国广平正烈周宣灵王[1]。据记载，在徽州地区，周宣灵王是以药神面目出现[2]，也许和周雄的这次显灵传说有关。

周雄作为江神显灵记载颇多。《西安县志》作者姚宝煃撰写的《重建周王庙记》，详细记载了周王的神威："当夫烈风猛雨，天地晦冥，骇浪惊涛，帆樯击

〔1〕《衢县志》卷四。

〔2〕王振忠：《徽州与衢州：江南城乡的片断记忆——稿本〈静寄轩见闻随笔〉、〈静寄轩杂录〉初探》，《社会科学》2011年第3期。

撞,判生死于俄顷之间。榜人散发呼号,吁神求救,因而转危为安,临难活济者不知凡几。”因此,周王又被奉为水神,接受江上人家的朝拜。小时候曾经跟着爷爷和父亲撑船的周土泉老人说:“撑船也要拜神保佑,拜水神,周王庙的神。”周雄还被衢人看作能反风灭火,祷旱沛霖。《海塘录》载其“旱潦祷之辄应,疾疫祈之遂痊”,“有大旱为霖,反风灭火之应”。故不特士民敬之,商旅敬之,篙师渔叟皆敬之[1]。

据《卉庵摭》的记载,周雄死后,他的母亲化作绿蟾来探望他。因此周雄神诞日,总有青蛙:“余庚子春肃拜堂下,见神前灯烛辉煌,蟾耸身凝眸,踞乎座侧腰脊间。绚浅红深,绿目含金碧,光辉动人。”[2]《金华志》亦有记载:周宣灵王庙亦有神诞辰,目睹有蛙倏往倏来,光彩特异,皆神之显应也。《湖壖杂记》称浙江许多周宣灵王庙“有青蛙出其庙中,人尊之曰‘青蛙将军’。每春月,从睦陵附木筏至杭,驾筏者载之,不敢惊蛙”。除此之外,据记载,咸丰八年,周王老佛还在衢州城显灵过。当时太平军围衢,城中孤军难守,濒临陷落。“忽贼中哗言,夜见火光解天,绕郭旗帜尽作‘周’字,惊而宵遁,城以获完。”[3]因此,从宋至明清,周王显灵的事迹可谓是“焜煌志乘,事迹昭然”。

庙宇的变迁

灵顺坊的周王庙始建于宋,据《衢县志》(373页)记载,初称“周孝子祠”。元朝至元中,监郡伯颜忽都守衢,“屡感神庥,奏封王号,大新其庙,以城濠田税供春秋祭仪”。到了弘治年间,庙毁复建。正德甲戌,又增燕室三楹。嘉靖辛酉年,“郡守杨准新之,旁作店房三楹,岁收赁资以供香火”[4]。关于杨准,《大清

〔1〕《西安县志》卷四十三。

〔2〕《衢县志》卷四。

〔3〕《衢县志》卷十八。

〔4〕《西安县志》卷四十三。

一统志》亦有记载:“嘉靖中知衢州府。郡故多火灾,准浚古河绕龟峰,火灾顿息,民德之,称为‘杨公河’。”

康熙五十五年,周王庙又有重修,郡守胡文溥见坊已久圮,重建周王庙牌坊,并有铭曰:“繄维孝子,性笃天亲。一闻母逝,顿陨其身。僵立不仆,奕祀垂伦。”然而百余年后,庙宇“轮奂榱题,日滋朽蠹”,至嘉庆十三年,里人捐资重建:“邦人佥谋改葺,申请各县,咸捐廉为倡,而士商继之。水陆同心,饮助遂获。”姚宝煃撰《重建周王庙碑记》赞曰:“凡正殿寝宫门庭廊庑,壮丽过于其旧,盖神之福佑。斯民煌煌,祀典记载甚明,报以明禋百世,夫何恧焉!”[1]光绪二十二年丙申,浙江大学前身求是书院的创始人、当时任衢州知府的林启又为其重修,并撰《重修周宣灵王大庙碑记》。历代地方官员的不断修缮,才使周王庙得以保存。

《衢州文史资料》(第九辑123页)记载,1936年,商民李遇春在周王庙创建大同歌舞台。“文革”时期,庙宇做了粮站才得以保留下来。据文物普查资料登记,原本大门上面的砖雕神道人物,在“文革”中已凿去。而本来是三进的庙宇,现在只存了二进半,第一进为门厅;第二进为前殿,梁柱粗大,气势宏伟;最后一进为正殿,地势稍高,是祭拜神像之处。[2]据徐先熙老人回忆,抗战胜利之后,他进周王庙时,在现在周王神像的后边,有十个左右的着衣木雕神像,两边各五个。老人说,这是周王老爷的化身,开庙会请周王爷,就把这些神像抬出去。

周王庙南侧还有一附属建筑,俗称官厅,为供达官贵人进香休息及地方官员和头首议事之所。由前后两个三间两搭厢组成,前厢房面阔两间,单坡顶。前厅后金柱间设太师壁,已被拆除。后楼为明间梁架穿斗式,七檩四柱前后单

〔1〕本段史料来自《衢县志》卷十八。
〔2〕衢州文物局:《第三次全国文物普查不可移动文物登记表:周宣灵王庙》。

周王庙后堂石柱

步，次间七檩五柱前后单步，楼层前檐设槛窗，裙板饰如意纹，后楼后金柱间设太师壁，建筑东面搭建南北厢房各一座。屋顶铺设望板。现在，此附属建筑还在，为下营街14号。走进去抬头看时，木梁上的雕刻依旧完好，精美细致，隐隐可窥当时之貌。而周王庙的北侧，仅存一前一后两幢四合院式附房。此外，黄衙巷7号也是周王庙的附属建筑，它有厅堂一间，厢房八间，中间一个天井。据83岁的住户唐樟松老人介绍，此建筑原为周王庙的厨房，他是1955年左右辗转租到这个房子的。4年前房管会将老房拆掉了，所有老的木（雕）门、窗子，都进行了重建，修了新的墙。庆幸的是，天井四周还保有四根老的木柱子，南墙保有老的木板。除了这两处以外，下营街16号、20号、22号，以及黄衙巷3号、5号均为周王庙附属建筑，现在或成了房管会的公房，或是私房，都有人居住。

周王庙门口原来还有一对石狮子。在诸多文史资料里对此均有记载。关于石狮子的来历，说法不一。清朝汪伟沭的《敕封周宣灵王庙石狮石鼓记》则载，石狮为徽人所赠：“丙寅夏，余适过衢，谒土之庙，见左右有石狮、石鼓，其色清润如玉，肖吾黟石。询于司祝，则果黟人之输也。”此碑文现在依旧存于周王庙内。清朝江南春在《静寄轩见闻随笔》亦记载，这两座石狮是由徽州人士自皖南运至庙中，并为此创为狮子会。“其庙之门外左、右二石狮，徽人造之，驾舟运至,创为狮子会,而庙遂为徽有。"

关于这对狮子还有许多传说。徐先熙老人说,这狮子原是送给明朝奸相严嵩的,路过衢州时,严嵩倒台,于是石狮留在大周王庙口。[1]老人回忆,狮子是青石刻成,十分精细,而狮身则被摸得十分光滑。住在下营街的金杏芳老人说,老百姓对狮子很信,把鸡杀了,把血淋在狮子上面,这样家里面会平安一点,家里面小孩少生点病。今年95岁的王汉卿老人说,周王庙的狮子是有生日的,生日会有人来拜。可惜的是,现在,门口的两个石狮子已经全部没有了。王汉卿老人和徐先熙老人均证实,其中一个狮子是被雷打掉的。据徐先熙说,当地人讲,这个狮子跑到田里去毁坏庄稼,所以被雷劈掉了。另外一个狮子,民俗学家汪筱联老人说,在"文革"时期被埋在了周王庙后花园中。王汉卿老人则细说是被一个江山人弄掉的。他说,那时在周王庙对面的屋子搭了个棚,因为狮子生日老百姓要来拜,有个江山人怕香火把屋子给点着了,于是请船上的人用绳子绑在狮子身上,用船一拖,拖到了茅厕边上。没想到即使这样,老百姓依旧要去拜。于是江山人便挖了一个坑,把狮子埋了。王汉卿老人说,这个江山人,"后来被政府枪毙掉了"。除了狮子,王汉卿老人还指点说,周王庙门口原来还有个照壁。

周王庙附属建筑——官厅

〔1〕《郑永禧西安四时竹枝词鉴赏》,第23页。

除了下营街，据《衢县志》(375页)和《西安县志》记载，衢州城内后街、通仙门狮桥、朝京门外新码头以及城东樟潭、高家两镇都有周王庙。据徐先熙老人说，朝京门外的周王庙，即外周王庙，每当涨大水，水亭门外一片汪洋的时候，香火总是很旺的。

如今周王庙的建筑基本保存完好，但香火式微。除了作为"孝"文化的爱国主义教育基地外，其他含义已经消失。而周雄祭祀之所以能成为江浙的地域文化，依靠的是其多样性的礼制意义。周雄神被解读为能护国安邦，使一方水土免受水灾、火灾、旱灾、瘟疫与盗寇之扰，能平息钱塘江怒涛，保护水上航运与劳作，还能治病利民。为此《周孝子宣灵王庙记》称："神能捍灾御患，有功于社稷生民，则祀之，礼也。"今天缺乏的不是神，而是对有功者的敬畏之礼。

(高佳燕、吴宗杰)

末代秀才周渎与私塾

周渎生活在清末民初，逢废止科举制度，他成为了衢州最后的秀才之一。科举曾是衢州深入民心的仕途文化，然今天已非常陌生。周渎留在水亭门的蛛丝马迹，也许还可以让人回访那知书达礼的读书人文化。周渎58岁辞世，据说当年衢城“送丧的各界名人前来的队伍浩似长龙，都为他过早地离开人间而惜别”，“走一个地方搭一个殿头拜祭一下，搭起了很多祭棚，送葬很隆重”。

周渎像

周渎在衢城最负盛名的就是他开设的私塾，地点就在水亭门天皇巷的须江公所，又称江山会馆，斜对天妃宫的地方。95岁的王汉卿老人是受教于他私塾的最后一人，提起他还是记忆犹新，连连夸奖：“老师真的很好的，出名的老师，教出来的学生出名的，这个学校也出名的，要到他那里上学不容易。”[1]

根据周渎的孙子，如今已退休的周叶典先生回忆，周渎为江山清湖人，又

〔1〕吴宗杰、陈玉英等：《王汉卿上下营》，录像编号：20100710。

名周子孚，乳名周光通，生于光绪七年。曾在浙江最早的新式学堂“浙江官立两级师范学堂”求学，其前身是养正书塾，1907年冬在全省各县招生，凡年龄在18—40岁的廪、贡、生、监均可报考。毕业后，周浃任桐庐劝学所长，四年后到龙游创办了凤梧小学，之后在浙江省立第八师范学校，即今衢州学院任教，教授历史、地理、书法、美工等多项学科。历时15年。在1992年5月2日的《江山报》上，一篇回忆浙西名师的文章写道：“20年代末，周浃得知家乡仅两所初小，高小全让私塾取代，且学费昂贵，当地孩子求学困难，便同当地热心教育的人士取得联系，将两所初小合并成清湖完小，亲任校长。”当时正值私塾与新式学堂交替时期，“农民宁欢迎私塾(他们叫‘汉学’)，不欢迎学校(他们叫‘洋学’)；宁欢迎私塾老师，不欢迎小学教员”[1]。

私塾记忆

不过周浃最被人敬仰的却是他晚年在天皇巷开设的私塾，慕名前来求学的人络绎不绝。一大染坊的后人、89岁的美籍华侨胡嘉镐老人，七八岁时曾师从周浃，据他说，那时老先生很有名，学生都从附近五个县过来：“到他那边读书好，管理严，重规矩，都是按照古礼来做的。”严师出高徒，受他教诲的学生遍及全国各地，桃李满天下，不少还在国家部门任要职。说起他教书的严格，王汉卿老人回忆，那时候“背《三字经》，‘人之初，性本善。性相近，习相远’。老师教你四句，第二天到老师这里来背，背得来，你就过了，背不来就跪在那里”。他还说：“学校里要默书的，白天教的，到晚上要默的，全部要默出来的，默到100分，就可以回去，100分，放第一个，90多分，放第二个，一个个轮下来的。”[2]胡嘉镐老人今天写得一手好字，常有人请写招牌，他回忆，当初写毛笔字，周浃

〔1〕毛泽东：《湖南农民运动考察报告》，《毛泽东选集》第一卷。

〔2〕吴宗杰、陈玉英等：《与王汉卿老人走访上下营街录像》，录像编号：20100710。

在旁边看："你毛笔拿得不好，他在旁边刷地把毛笔拿走。你要守规矩，一定要毛笔拿好，笔杆要对着鼻子，写字才规矩，不能随便。"

据胡老说，他师从周浃时，是在神农殿，老先生在现在第一进的大厅里隔出了东西两间作为教室，而他自己的房间则在大殿西北的角落里。他善于"因材施教"，把最优秀的学生挑出来到他房间单独教授，他会问："这篇东西你理解程度什么样子？你讲解我听听？"他教学生读古书要发表你的意见。单独教授的学生，他认为程度够了，就升到外面当师哥。所以，当时是大师哥二师哥三师哥坐在两间教室的中间，教授不同级别的学生。"那时候周浃本人大家叫先生，可是教我们的叫师哥。"周浃自己每天出来转两趟抽查成果，有时候也会自己教。

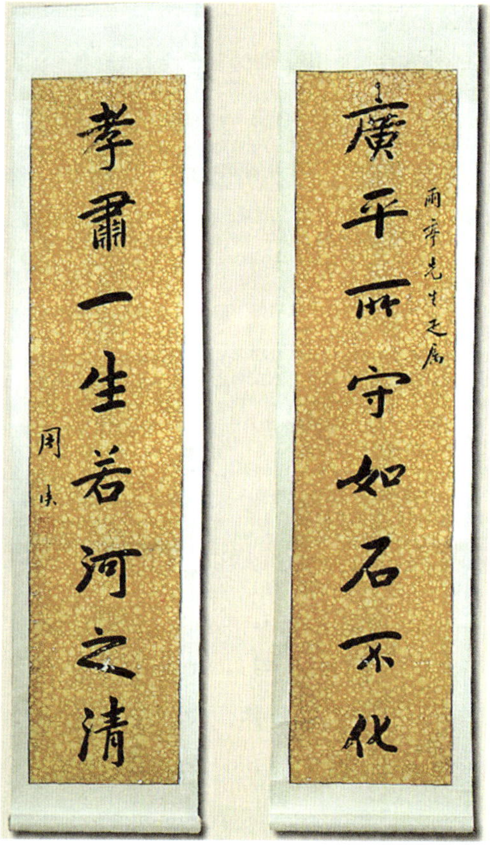

周浃书法

据胡嘉镐老人回忆，那时候一篇古文念完，马上就要照这个意思自己再写一篇，看你有没有吸收下去。有趣的是，当时也会把重要新闻拿出来作为题材，让学生写文章发表意见。"比如那时候蒋介石'西安蒙难'了，马上大黑板上写出来，这个事情大家有什么意见发表，你们自己有什么想法，你们自己发挥写出来。"他教的文章都是古文，但写的题目都是活动的，不死板的。写得好，会打圈；写得不好，则要打叉，下次就要用功。

王汉卿老人如今年事已高，当时受私塾教育的时间也不长，用他的话来说，也就是当时为了逃日本人，躲到江山才有机会受到周渎父子的教诲。但就那么一点点经历，王汉卿老人至今仍然记忆深刻，恍如昨日。他对着众人自豪地吟诵起《石钟山记》，唱道"《水经》云：'彭蠡之口有石钟山焉。'郦元以为下临深潭，微风鼓浪，水石相搏，声如洪钟。是说也，人常疑之。"对照文本，一字不差。他声情并茂、用韵律恰当地表达了"书不尽言，言不尽意"的意味。对今天的人来说能欣赏并领略到其中奥秘已实在不易。据调查，由于取消读经教育，今天仍然掌握这门国学功底的人已是"凤毛麟角"，而且都近90高龄[1]。

1937年周渎去世后，水亭门一带还有一些私塾颇为有名，其中有上营街的私塾。据74岁的周治根[2]老先生回忆，在上营街东侧一座白墙石门的平房内有一私塾，是老师住处和私塾为一体，总面积约150平方米，其中老师一家占60平方米，学习场地约60平方米，余下的30平方米是一座小花园和小厕所。大部分学生用的桌凳是自带。因此大小、形状不一。先生办事和学生在一起的，整个教室看起来有些凌乱。私塾先生姓徐，解放后渐渐改叫老师。当时年龄已80有余，但身体极好。满面红光，留有一副五寸长银白胡子，一米八的身材常年穿长布衫。冬天围上一条长长深蓝围巾，头戴一顶西瓜帽，脚穿普通布鞋。

尽管当时学校已经普及，而私塾没有文凭。但求学者约20来人，随时来上学都行。学生没有年龄与年级之分，小到八九岁，大到十八九岁，女生极少。开始以识字为主，没有年级递进秩序，读完一本书就另加一本，读的书有《三字经》

---

〔1〕《吟诵》，http://baike.baidu.com/view/1165861.htm。

〔2〕周治根，2013年5月接受采访时74岁，现居常山县药库弄。1940年至1980年随父在下营街口子开酒店，在水亭门生活了40余年。原来家住周王庙对面。他还以书面形式专门为我们描述他的私塾经历。

《百家姓》《中庸》《大学》等。周治根先生回忆他上学时带一个书包，是一块2—3尺的见方青布，布角缝上一根长带，书和学习用品布上一放，包起来用长带一捆。住在上营街的钱云才老人1938年上这个私塾。他回忆同窗林四牯背书：

> 汪先生端坐着，右手拿着牛索棒，轮到林四牯背书了，他背朝先生，赤着脚，上身左右摇摆，嘴里只会“小小猫，小小猫……”的重复背诵，背不出“跳跳跳”的下文。汪先生一牛索棒抽打在他脚腕子上，他双脚一跳，说也怪，嘴里马上背出“小小猫，跳跳跳，小猫跳，小狗叫……”先生叫“停”，算通过了。

周治根先生说，背书是主要学习内容，各人背的书不同样，就是书同一本，读的页数也不一样，所以先生都是一个一个地教。先生手拿红毛笔，他念一句，你跟一句，先生红笔在书上点到那，今天你就背到那。背书时学生先要将

清末私塾照片（“斯塾论坛”网站）

所背页面翻开，一般每位学生都有二三本要背的书，重叠起来，放在先生的八仙桌上，然后转过身，开始背。在背时全身左右摇摆，背书声像唱歌似的，有简单的曲调。

背书是学生最怕的一关，一次背错可回座位再读，二次背错先生将书一扔，书扔到那你就跪到那里读，三次背错了就要打手掌，并迟回家，那时叫“关学”。打手掌的叫“盖方”，三手指宽，一指半厚，一尺长的实木料做成，并用红漆漆过。有时知道今天背书难过关，学生在家里就用生姜用力擦手，将手擦麻，这样挨打就会不太痛了。打得发红发热就用文房四宝的砚瓦压在手掌上，因是凉的，这样要舒服一些。钱云财老人回忆四牯的一次背书挨罚：

有一次，林四牯把先生的戒尺扔到茅坑里，于是就在客厅孔夫子画像前罚跪，跟前，燃烧着一炷粗长的香。之后问：“四牯，当你跪着看着燃香慢慢地烧着，你肯定最恨汪先生或告密人，对否？”四牯回答说：“我最恨那柱粗长的香。要是拿我家拜老佛的细短香来点燃，肯定会让我少跪一半时间。

周先生记得有一次他告知父母挨老师打的事，但他们说：“一定是你在校不听话，读书不好才会挨打，打你是要你好，这是应该的，严师出高徒嘛！”当时周先生很气，在私塾挨打，回家还要受骂，真苦也。因此，那时做父母的把孩子送到私塾，可算是把孩子整个儿托付给了先生。钱云财老人回忆自己被送进私塾的那一刻：

母亲搀着我走进一大户人家的客厅里，用她温暖的手心在我平头短发来回抚摸，小心地笑着说：“这是我儿子钱云财，今年6岁，今天就托付您老先生教他学问了。”我一进客厅就仔细偷瞧着汪先生。他50多岁，修长身材，戴西瓜帽，着深蓝色长衫，厚底圆口布鞋里是白色粗线袜，瓜子脸型的下颔蓄留着山羊须，当他又落座时，仍然保持着严肃的姿态。“孩子来我校是我的学生，对学生我是要‘告’的(方言‘告’意思是‘教’，含打骂)，舍不得，现在带回家还来得及”。听了汪先生这番话，母亲因受惊而吞下一口痰，但仍装出笑脸说：“那还不都是为了我儿子好嘛。”紧接着，我双膝跪地，向中堂孔夫子叩头三个，又朝汪先生叩三个响头，礼毕，母亲忍痛算把我交给汪先生，由他“告”了。

周治根先生回忆说，师母发现学生不规也要打。用的是一根一米长的竹棒。当然她的打是轻轻的，做做样子而已，并不伤身体。孩子好动，加之塾学并无现在那样的体育课，所以老师不在房间时，大家就捉迷藏，凳子放在桌子上，搭台做戏，并轮流一个学生放哨。先生来了马上报警。因先生年纪大走路慢，等到时，都各就各位读书上。冬天学生可带火篮子。有人就在火篮子内烤黄豆和玉米吃，一旦被先生和师母发现，就得没收一半。

王汉卿老人说，当时要进周浃在须江公所的私塾是很不容易的，家庭条件要很好。胡嘉镐老人说，当时交给先生的学费，不叫学费，叫“执敬”，逢年过节包个红包送给先生，还要给他磕头。具体学费没有规定，能拿多少就拿多少，但是比一般公费的学校要贵一点，因为老师教得好。老人当年家里开染坊，也算是富家子弟，所以送的执敬是20大洋。但是王汉卿老人就没有那么幸运了，由于他是小儿子，父亲舍不得花钱送他到周浃私塾里来的，只上了六块钱的蒙馆，直到18岁才有机会在江山再次读了8个月。据他说，当时刚进校“不会读书的要六块大洋，会读书了就要十一块、十四块，十一块、十四块包含住校费，是最好的学生了。那个时候六块是最起码的，学的是蒙馆，那时读到十二三岁算是成才了”。周治根先生说，年终有钱人家额外给先生送点小红包，觉得是礼尚往来，根本不存在受贿之嫌。

今天中学毕业也还不能说成才。据回忆，当时在须江会馆学蒙学的有五十多个学生。上了十二三块的学生,就是经馆。暑假的时候,一度有两百多个。据周叶典回忆,当时他父亲,也就是周浃的儿子,复旦大学毕业后,也在须江公所与父亲一起教书。尽管周浃威望很高,事业有成,但他在生活上也是克勤克俭:"祖父对家里人在经济上精打细算,父辈曾流传着,祖父一个咸鸭蛋,7天左右,从江山坐船吃到杭州的趣闻。"[1]

据周叶典回忆,祖父的私塾有教无类,他自己是一个多才多艺的教育家,什么都会,所以教出来的人才各种各样,照相馆里有,当将军的也有,国民党里的将军也是他的学生。他记得还有一次在街上玩,遇到一个卖手工艺品的,手艺人做的一只小老鼠在地上跑来跑去的,他也是祖父的学生。

再访遗迹

王汉卿老人对自己小时候这段私塾经历非常珍惜,对老师的教诲充满感激和怀念,对60多年前的往事也是情切切。2010年7月29日,周叶典老人来水亭门寻访祖父的足迹,两位老人不期而遇,当得知周叶典就是周浃的孙子,不禁百感交集,于是相伴去周浃驻留过的地方一一走访,先是到须江公所旧址,再到一大染坊看周浃留下的字迹,再到柴家巷阜城纸庄,也就是周浃后人一直居住的故居。他们对须江公馆的格局还记忆如新,双手比画出一个弧形大门和两边两个小门,还清晰记得下面有三个踏步。

据说,周浃当时在衢州享有很高威望,不仅知书达礼,德高望重,而且还是著名的书法家。衢州博物馆收藏有他的书法。周叶典回忆,博物馆第一次开馆时,二哥还见到他们祖父的一幅字在专柜展出,落款是周浃的又名"周光通"。《江山报》中纪念周浃的文章开篇就指出:"他自幼苦练书法,篆、隶、行、草自成一体,蜚声浙西。衢州、常山、开化、江山一带的商店和机关团体的牌匾不少便

[1] 周叶典:《我的祖父》,手稿。

出自他的手笔。慕名前来求学者络绎不绝，周浃便自编《习字讲义》作书法讲授教材。经他指点，不少求学者成为当时颇有声名的书法家，其中扬名浙江的吕公良就是最杰出的一位。”

王汉卿与周叶典走访周浃印迹

周浃为衢州老店留下了不少珍贵笔迹，如天福堂、天德堂、壹大染坊等招牌大匾。周荣典还见过“天福堂”药房的木雕大匾，上有祖父的笔墨、落款和方印，可惜“文革”之后就没有见到过了。今天水亭门唯一留下的周浃的真迹就是柴家巷的一大染坊圆拱石门上的字迹，虽已斑驳不清，但两个大字依稀可辨，“大”字还看得到一半，“壹”字需要花些力气。王汉卿和周叶典都记得染坊的右侧墙上还曾有一个很大的“布”字。

传统上中了秀才被看作是儒生，成为儒生，也就要成为儒士、儒臣、儒史、儒吏、儒将、儒相、儒医、儒商这样的全才。周浃的时代使他赶不上成为大儒，但他也确是样样精通，除了书法，他还会雕刻、绘画、塑像。而且他潜心研究中医经典，对中医的理论和临床都有很高的造诣。据《江山报》介绍，他“联合衢州名医叶伯敬等人首创衢州中医工会，还被推选为会长，同时，周浃又在衢州城创办滋博学社，成员达二百余人。他亲自传授中医，为浙西地区培养了一大批中医人才”。子承父业，周浃的儿子也成了衢州城有名的中医，还是衢州市人民医院药剂科主任，1987年退休，88岁去世，女儿在空军医院工作，女婿为空军师长。作为书香门第的后代，周叶典自己对今天学校里大力推广英语和普通话，却不准讲衢州方言，小孩子都不会讲了，也是倍感痛惜：“方言是一个城市的特色，可以拉近人和人之间的距离。”

柴家巷周浃后人故居

周家后来一直居住在曾经为阜城纸庄的院子里。今天柴家巷的老人都还认得周家人老邻居。周叶典看着自己父亲住过的房子,如今已经堆满各种杂物;想着以前这里都很干净,种着父亲的花,不禁对水亭门上留下的祖辈足迹略显忧伤。

私塾早已成为历史,周浃在衢州人心中也已淡忘。他留下的那些隐隐约约的碎片需要非常小心才可被重新拾起。衢州乃孔氏南宗,号称"东南阙里"。朱熹也在此留下很多足迹,清同治九年朱熹后裔集资创办了园林义塾,当年留下《园林朱氏义塾碑记》,内有"盖闻不学无术,自昔所羞;孤陋寡闻,为今所笑。是故子孙虽愚,经书不可不读"。反思今天已被肢解得支离破碎的学校教育,不仅发问:子孙虽愚,经书是否还可再读?

(余华、吴宗杰、高佳燕)

戏乐水亭门

昔日水亭门曾经是衢州的大舞台，今天保留下来的几个古建筑，如周王庙、天妃宫、药王殿、徽州会馆都可以看到戏台或当年戏台的痕迹。而这里先后出现过的有记载的18家宗祠也会上演戏文。清代江南春《静寄轩见闻随笔、静寄轩杂录》记载，"周王诞期，盈街塞巷，张幔演戏，直至五月无虚日"。民国初，郑永禧在《顽磬思存》记载，每三月四日，四月八日，"沿街演唱，彻夜不息。最盛时，足容二三十班"。而下营街望族联豸徐氏，清顺治戊戌（1658年）进士徐之凯在其《议优》[1]一文描述："吾乡神会之甚者，每岁自春及夏，各以神事相征召。比闾赋优，较量多寡，以为丰啬。通衢而设供帐，白昼喧阗，充巷溢路。"当时就流传："天妃宫月月《风筝误》，周王庙旬旬《比目鱼》。"[2]《比目鱼》《风筝误》为明末清初的大戏曲家李渔（1610—1680）创作，是西安高腔班、昆戏班的常演剧目。解放后有"婺剧"这一概念，衢州便是浙江婺剧团的诞生地，而衢州婺剧团的大本营也是设在天皇巷，边上就是衢州剧院（后改为胜利剧院）。水亭门因此也可以看作是培育许多重要地方戏曲的土壤，特别是具有六百年历史，称南戏的活化石的西安高腔。水亭街演戏的热闹场面，从清时郑桂东的一首诗中可见一斑。

---

〔1〕徐之凯：《乡校复礼议·议优》，《联豸徐氏族谱》，上海图书馆藏。

〔2〕黄吉士：《西安高腔荟萃集》，浙江人民出版社，2010年，第14页。

农忙时节入城来，
歌舞沿街挤不开。
三月三连四月八，
大周王庙看开台。

“八佾”遗风，戏为盛礼

人们对戏的热情始于何时？水亭街联豸徐氏第十一世后代徐之凯《议优》一文中描述其起源：“至元时，有百种剧及《荆》《刘》《拜》《杀》诸剧，而戏始有本。然不知其登场唱演始于何时。及观《觚不觚录》乃云：‘今乡里宴会，用优人为剧，士大夫亦有俨然坐而观之者。’是戏实始于嘉靖时。”徐之凯认为到元代时，已有各种各样的戏，发展到《荆钗记》《刘知远白兔记》《拜月亭》《杀狗

孔子第75世嫡孙孔祥千手持纸扇，坐在天妃娘娘神坛下看戏

老妇坐于楼上看戏

记》等剧,戏才开始有剧本。但登台演唱始于何时?根据明朝嘉靖进士王世贞所著《觚不觚录》一书,戏登场演唱实际上开始于(明朝)嘉靖时期。不仅乡里吃饭喝酒聚会,要请优人演戏,且"诸凡宴会宾嘉,必以戏为盛礼"。戏被看作是一种礼,而且一定是把戏作为宴会嘉宾的盛礼。建有宗庙的地方,吹鼓敲打,盛况空前,这多少反映太平盛世的景象,他说:"原其始置,由人民繁富之日,邻里族党相与酾酒为欢,以答神贶。"徐之凯觉得当年各地演戏盛况都比不上老家衢州请神演戏时那般。每年从春天到夏天,以各种各样的拜神之事相互邀请,邻里乡间出钱请演戏的人,比钱出的多少,看丰收还是歉收。四通八达的大道陈设帷帐,白天喧闹不已,充满大街小巷。

昔日看戏,无论是在宗祠还是在寺庙,戏台一般都面对大殿神位或祖先牌位,这样演戏既娱观众,也能乐神、乐祖先,反映人们对礼乐的理解。看戏时,男女老少的位置是有规定的。水亭街老人王汉卿回忆他小时候在天后宫看戏时说:"以前天后宫看戏,男的女的都有规定地方的。男人在院子的前面,女人家

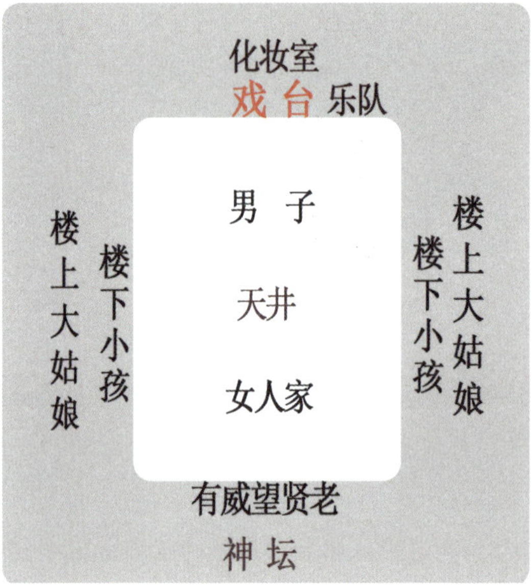

戏众座位图

坐在男人的后面。十几岁的大姑娘在厢房楼上，小孩在厢房下面。在院子里看戏的女人家都自己带大凳子去。这种大凳子有三个踏步，蛮高的。戏台下面有卖小吃的，有卖馒头的，炮仗的，水果瓜子的，各种各样的东西，蛮热闹的。”戏台的朝向、观众的座位、戏的内容、观众对戏的喜爱都能让我们有所感悟，无处不是礼的渗透（见戏众座位图）。至今天妃宫每次演戏，当年是青年男女的老人们，仍然可以看到他们无意识中座位和姿态上对礼数的考虑，体现了“君臣上下同听之，则莫不和敬”；“长幼同听之，则莫不和顺”；“父子兄弟同听之，则莫不和亲”[1]的境界。

衢州戏曲研究专家黄吉士认为，衢州儒学文化对这里的戏曲及其他礼乐的发展起到孕育作用。自孔子48世孙衍圣公孔端友随宋高宗“扈跸南渡”、“赐家于衢”，一大批宋室宗亲、达官名儒纷纷卜居衢州，由此儒风大震，深刻影响衢州的文化教育与戏曲活动。《衢州府志・礼典志》记载每年春秋文庙祭祀，先期演戏祭之，其属于礼，并列有详细祭器、乐器和舞器：“是礼也，在府学有乐，先期演戏祭之，前一日请府官观乐。”据介绍，南宗孔氏家庙祭祀中的“丁祭乐”乃是宫廷八佾舞，气势宏大；“钟鼓之乐”承西周、春秋遗风，对衢州民间器乐、民间舞蹈、民间歌曲予以极大影响，尤其对西安高腔的孕育与成熟起了

〔1〕见《礼记・乐记》。

“助产婆”作用。这使衢州成为戏曲之乡，西安高腔的发源地。作为戏曲之乡，李渔小说《无声戏·一回》有一段描写：

> 却说浙江衢州西安县，有个不大不小的乡村，地名叫做杨村坞。这块土上的人家，不论男子妇人，都以做戏为业，梨园子弟所在都有，不定出在这一处，独有女旦脚色，是这一方的土产，他那些体态声音，分外来得地道。一来是风水所致；二来是骨气使然。只因他父母原是做戏的人，那些父精母血已先是些戏料了。及至带在肚里，又终日做戏，从胞胎里面就教习起了。及至生将下来，所见所闻，除了做戏之外，并无别事，习久成性，自然不差，岂是半路出家的妇人所能仿佛其万一？所以他这一块地方，代代出几个驰名的女旦。[1]

不过演戏也有过了的情况，尤其是当内容上表现出奸声乱色，以欲忘道，惑而不乐时，就会遭到儒家有识之士的批评校正。被冠以“博学鸿词”的徐之凯针对士大夫对此漠视并相与共习的现象说：“乃自明季及今，则镂空炫异，征怪诲淫，无所不至，而士大夫缙绅里党，亦竟不知有昔人所云，而相与共习之。”在他看来女子抛头露面看戏，儿童被迷惑，士大夫嬉戏于戏剧，美好的得不到实现。游手好闲无赖小子喝醉酒，瞪着眼恣意妄为，卷着袖子叫嚷，时不时听到坏人偷抢，导致伤风败俗，需要节制。“若夫妇女之会观，童稚之炫惑，士类之嬉游，臧获之不遑，恶少游手狂醉，恣睢怒目，攘臂叫呶，时闻盗贼匪类因之攘窃。是其苦于靡费者小，而伤于风俗者大也。呜呼，此而不节，谁当节者？”有时一场戏的费用，计算起来要三四两黄金，而宴请宾朋，演戏用的帷幕等开支所耗不少：“夫一剧之费，率三四金，而宾朋牢醴之需，华镫绣幂之具，所耗不赀，然犹曰楚人失弓，楚人得之也。”这些警示对今天如何思考娱乐的意义仍有启迪。

---

〔1〕黄吉士：《西安高腔荟萃集》，第372页。

西安高腔今天被称为南戏的活化石，形成于北宋宣和至南宋初。而能支持这一结论的史料大都是对戏的反思性记载，如明代祝允明《猥谈》云："南戏出于宣和之后，南渡之际，谓之温州杂剧。予见旧牒，其时有赵闳夫榜禁，颇述名目，如《赵贞女》《蔡二郎》等，亦不甚多，以后日增。今遍满四方，辗转改益，又不如旧。而歌唱愈谬，极厌视听，盖已略无音律腔调。愚人蠢工徇意更变，妄名余姚腔、海盐腔、弋阳腔、昆山腔之类。"优秀的剧本往往有今不如昔的趋向，尤其是音律变更，愚人蠢工，令人叹息。

微言大义，引悟人主

《乐记》云："乐者乐也，君子乐得其道，小人乐得其欲。"自戏曲被艺术化了以后，人们就很少关注它真正价值和本来意义。徐之凯在《议优》中写道："古所谓优非戏也，史传所载若优孟、优旃、优施之属，多以意托为诙谐滑稽，引悟人主，犹间有谲谏遗意，未尽为荒唐也。"古代演戏，如《史记》所记载的优孟、优旃、优施这些人表演时，常常出以需要，用诙谐滑稽的表现形式启迪、告诫君王。如秦国的歌舞艺人优旃，个子矮小，擅长说笑话，然而都能合乎大道理。秦始皇曾经计议要扩大射猎区域，东到函谷关，西到雍县和陈仓。优旃说："好。多养些禽兽在里面，敌人从东面来侵犯，让麋鹿用角去抵触他们就足以应付了。"秦始皇听了这话，就停止了扩大猎场的计划。戏中有诡异隐蔽的话语，但并不是荒唐的。徐之凯说："历观古剧，皆征引古今忠孝节烈实事，少加粉饰而成，犹足使人兴感。"孔子第75世嫡系孙孔祥千老人是今天天妃宫的戏众，他说每次观戏真正打动并吸引他的不是什么艺术技巧，而是古今忠孝节烈的故事。

对于戏曲真正的魅力，婺剧高腔老艺人徐风仙深有感触："安安送米这出戏，剧目叫《送米记》。这个戏对现在来讲意义仍很大。安安母亲被父亲休了，就投江自杀，是一个老尼姑把她救到尼姑庵。然而安安在家里一直惦记母亲在庵堂是否吃得饱。他去读书时，每天从自己带的米中抓一点出来，这样积了一

引悟人生

袋米。一个下雪天，他去庵堂送米。送到那里，他娘还要责怪他，说他是偷出来的，奶奶晓得还要打他。安安说妈妈这个米不是偷出来的，是我一点点省下来的。老尼姑有经验，说如果是一天一天积起来的米应该是掺杂的，米不一样的。她打开米袋，一看原来是掺杂的米。母亲知道错怪了儿子。安安送米的时候，路上下雪，一个才七八岁的小孩，背着米爬山坳。爬不上去，他跪下来，一步步往上挪。一不小心把米给撒了。他急了，赶紧再一点点把米弄起来。我们演这个戏没有一个观众不感动流泪的。这个送米记的戏，对现在独生子女来讲，教育确确实实也是比较大的。他是爱奶奶、爱父亲、爱母亲，都爱的。每次演出，我自己都被感动得流泪盈眶。台上台下每个人都流泪的啦，就感到这个戏真实、有魅力。"[1]据徐老说，《送米记》在江西上饶演出，彩排时就每个人流泪，

〔1〕吴宗杰、安文英：《徐风仙、胡哲学等谈衢州婺剧团》，录音编号：20100818。

演了50多场,全部爆满。

高台对话,教化在下。孟子曰:“仁言不如仁声之入人深也。”“移风易俗,莫善于乐”,“乐者,德之华也”,“德者,得也”(见《礼记·乐记》)。今天包括婺剧、西安高腔在内的文化遗产,都有必要从艺术中走出来,回到它德化明礼本来意义。

水亭门与婺剧

水亭街古时也是培育衢州礼乐文化的大舞台,民国时除了各个庙宇老戏台照演,还出现了许多现代戏院,如周王庙的大同歌舞台,江西会馆的东南戏院,解放后催生了今天国家非物质文化遗产——婺剧。据黄吉士记载,1950年11月19日,经衢州专署文教科批准,成立衢州实验婺剧团。1952年衢州实验婺剧团整个调到杭州,成为浙江婺剧实验剧团,后来浙江婺剧团又回到金华。婺剧一般认为是以金华古名婺州命名,但这一概念的产生是受西方戏剧话语影响,据著名戏曲史家蒋星煜考证,1949年后全国第一届戏曲汇演,萌发“剧种”的称谓,当时参加华东会演的西安高腔的三合班遂名为婺剧。[1]婺剧包括高腔、昆腔、乱弹、徽戏、滩簧、时调六种声腔的合班。从地域来看流行于衢州、金华、丽水、临海、建德、淳安以及江西东北部的玉山、上饶、贵溪、鄱阳、景德镇等地,也许“婺”这一指称与“星野婺女宿”有关联,其对应分野地域是浙江南部以南的广大地区。戏剧概念的出现对提升艺人的社会地位有积极影响,但由此也导致在声腔与剧种等关系上纠缠不清的争议,离开了对戏之本源的探究,扭曲了文化遗产的本土含义。

婺剧团调离后,这个地方显然要有自己的戏班子,于是1954年5月将当时在此演出的浦江乱弹戏班子登记落户衢县,称为衢县新春婺剧团,团部就设在

---

〔1〕黄吉士:《西安高腔荟萃集》序言。

水亭门，由此就有了衢州婺剧团。胡哲学老艺人回忆他1955年来到水亭门的情景："开始住在水亭街光明饭店楼上，现在已拆掉。光明饭店楼上是我们的宿舍。剧团后来搬到新驿巷。最后又到天皇巷红楼后面的房子。"今天这所房子被衢州文物普查命名为"北圃美民居"。胡老回忆说："那时我们印象很深的是水亭门外，过去有很多房子的，有撑船的住在城门外面。那个城门下去有很多台阶，远处有一个由船搭起来的浮桥。我们洗澡在那个江里，吃水也是那个江里。那个胜利剧院"文化大革命"拆掉建红楼招待所。招待所后边有一块广场给剧团做篮球场。那个时候叫文宣队了。后来造反派总司令又转给糕饼厂。胜利剧院拆掉后又建了小西门剧院。"王家伟老师回忆："'文革'中成立文宣队时，婺剧团、越剧团、杂技团等好几个团合在一起的。当时演出的剧院就是现在的宏泰电影院。剧团有60多个人。"1949年后至"文革"前后，婺剧团几经搬迁，但始终绕着水亭街一带转，从光明饭店到新驿巷，后来到天皇巷，再到小西门、德平坝、城隍庙。这里的码头、集市、商贸，还有戏迷犹如一块肥沃的土壤培育着地方戏曲成长壮大。

说到水亭门看戏，徐老师说："剧院是木结构，柱子很大，两边还有天井。看戏坐的凳子上面还有一个个洞，可以放茶杯。泡茶用铜茶壶。我们刚进衢州时，水亭街全部都是二层楼矮房，木结构的，两边是茶店。演出前，老人都要先吃茶，先吃一壶茶才来看戏，戏院里茶都摆好的。当时水亭街小吃比较多，有烧饼、酥饼、茶点。我们那个时候白天演，晚上也演。如果碰到端午节早上就要演。一天要演3场，演《白蛇传》。"

"那时演戏时一定要闹台，一定要踏八仙。踏八仙有时候要点彩戏。我演花旦，他要点你一本《三堂会审》《苏三起解》，演这个戏后，观众就把钞票掼上来了，吃的东西送上来，那时候还是铜板"。以前看戏不仅热闹，观众还有很高的鉴赏力。王老师觉得戏剧在五六十年代群众当中根基很深的。大家都清清楚楚地知道每一个动作，一转身，一提脚。一念错，就完了，大家都明白的。那时演出，一个甩袖、一个台步、一下楼、回一下念白，如果谁搞错了，台下马上就起哄。经过“文化大革命”，十年没看戏，老戏再翻出来，能说哪个地方错的人，已经少掉了好多，这个根基就浅掉了很多。徐老补充说：“有些戏是演得正正规规的，我们徽班演的有三亭四阁：《感恩亭》《荣乐亭》《蔬珠亭》，四阁有《龙凤阁》《九龙阁》《沉香阁》，还有个《回龙阁》。三亭四阁的台词一句都不好讲错，而且观众听得灵灵清清的，他们也能唱。我们要把每一个字都送到观众的耳朵里去。你唱错一句话，就角板一支，他们都晓得的。”

如今的戏，都是新排的，有人说老节目已没人看，可老艺人认为是没有质量：“新排的，还好看么？也就那么看看，也说不出什么道道。很少有观众能比较谁甩袖甩得好，踢脚踢得好一些，表情做得好一些，审美观的角度不一样，以前的根基没了，这是外部环境。如果从剧团内部来说，50年代的艺人，戏是老师傅教的，没有谱子，唱的曲调、台词都在他们的脑子里。如果哪个地方情节不一样，他们自己会根据基本情节去发挥，照那个套路下来啰。他们就有这个本事。”“50年代初期，有一些戏是露头戏，就是自由发挥，事先没法准备台词。那时如果我们要演出3个小时，戏不够长，要加2个小时的折子戏，延长戏的时间，这时脑子要想加什么台词，要创造多少台词。“文化大革命”以后呢，这些东西就没有了，再把老艺人叫回来，变成剧团，但当时的环境已经不存在了。”

对婺剧的前景老一辈艺人非常担忧，王老师说：“我们这个剧团原来是浦江过来的，一直是以浦江乱弹为最主要的声腔，但现在可以说好多人浦江乱弹这个曲调到底有什么规律都讲不来。因为一年也就演出三五回，而且都是曲子写好的，叫他们怎么唱就怎么唱，叫怎么拉就怎么拉。自己不要花脑子的。原来的声腔套路这个东西应该怎么变，要怎么样，脑子里没有了。实际上从本质来说这也就是一种消亡。所以说，再过个十年八年可能到时候会闹得整个剧团连一个完整的声腔系统都搞不清楚。老的已经差不多过世了。”

从观众方面来看，“以前每次白天、晚上连着演，都有人来看。那时候看戏的情况比现在好，票价也不贵，剧团到城市去演出当作一回大事情，亲戚、朋友都要请来。比如衢州橘子今年丰收，他有钱了，他要演戏喽。亲戚朋友都去叫来，好像过年，热热闹闹的”。

说到能否把水亭门打造成留存即将消失文化的活土壤，老艺人们非常兴奋，认为这不仅仅为了抢救遗产，更是弘扬传统价值观。“不是说演出是个文化，而是说戏曲，比如西安高腔有个剧目叫《三孝子》，里面的主人公叫闵损，是孔子的弟子之一。他劝父亲不要休掉虐待过自己的后妈，为的是同父异母的弟弟不要受苦。那个时候以孝为先。这种孝也就是后来讲的仁义道德，如果能提倡并加以弘扬，这也是保持中华民族的传统文化。”

艺人的酸甜苦辣

演戏这个行当，徐凤仙老师道：“我们过去演戏的都穷，穷苦人啦。像我爸爸实在不让我演戏。演戏好像低人一等，以前称我们演员为戏子，看不起的。我妈妈一个寡妇带不大我弟弟，所以我十二岁就去当学徒，到科班去了。”出去演出，胡老师接着说：“晚上绝大部分都睡在祠堂、庙宇，有的地方借几间没人住的破房子。现在会去农民家借住。过去一般都不给借住的。演戏的戏子到家里去住讨厌的，只能睡在祠堂啊破庙里。有时下乡演出，晚上下雨，大家都坐起来，雨伞撑着，靠在那里，这样子过夜，很艰苦的。演戏这个行当，人家瞧不起。从前，家里祠堂都要把你踢出去的，到了剧团就不能进祠堂了。”

说到过去演戏的艰苦，胡老师说：“比如说今天晚上要演天亮戏，从晚饭吃过开锣演一直演到天亮，要演三四本戏，不管台底下有没有人看，都要一直演。等到铳放了以后才可以停。假如铳没有放，就不能停。听我老师傅讲，有一个冬天他们演天亮戏，天实在冷，看戏的人都没有了，于是他们说算了，不要演了，看戏的人一个都没有了。于是大家就都卸妆去睡觉了。这时一个讨饭的

今日天妃宫

爬出来，在戏台下面讲：‘我不是人啊？你们怎么好铳都没有放就停了呢？’他到村里去说。村上也有恶霸这样的人，他们用鞋扔，鞋不行，用冷水往床上灌。大家只好起来，重新演。那时到处被人虐待。唱戏人到处无家处处家。什么地方是他家，没家的，但是演去演去，处处是他家，与庙宇、破席作伴，这就是唱戏人的生活。”

“解放以后，共产党重视演戏的人，我们地位也渐渐提高了。但是，跟现在比的话，我们那个时候艰苦多了。那时我们要下乡去演出，晚上要过场，早早地把东西都抬出去到路边等汽车。有时汽车没有派去，结果等了一个晚上，就在路边。大家把服装都穿起来，抱起来，过一个晚上。到第二天早上车子才来。最早的时候，我们是走路的，还要自己挑行李。‘文革’时另外回事，那个属于向农民学习送戏下乡。解放前我们都是自己挑着一个包走路。最短的路是十里，也就是五公里。那年我们准备到杭州去，经过桐庐，一路走一路演。那天早上我们很早出发去分水岭，挑着行李爬山，到中午才爬到山顶，弄点水，弄点饼干吃吃，再继续爬。爬上分水岭，再爬下去，一到那个地方，马上做饭，晚上还演戏。演了几天戏又要过场了，都是走路的。在农村演出就在村里的祠堂，祠台很小，这种祠台现在农村有些地方还有。”“现在出去，行李不用自己拿，都有车。开会有空调。那时我们演出连电风扇都没有。夏天哎，演那个火焰山，我演猪八戒，大肚子做起来，还穿上棉衣。真吃不消，都要中暑了。我们在石梁乡下演出，那时叫蹲点开花。我演《红灯记》中的李玉和，开演是7点钟。那夏天的7点钟太阳还蛮大的喽。第一场下来，马上要吃人丹、十滴水。肚子又痛，中暑了。”〔1〕

“刚解放时，演出工资低，徽班规定花旦是十八块底薪，小生是十六块，老生也是。演出给的钱，决定你五块钱一块底薪，还是三块钱一块底薪，工资就是这样发的。为什么花旦钱要比小生要多一点呢？因为花旦是年轻人演的，吃年轻饭，老了就不能做花旦，小生演员老了还可以做的。”女孩子演戏更有自己的痛楚。“为什么呢？那个时候演《白蛇传》，白娘子的戏多少重。一天要演3场，一个人演的，多少吃力。演《打破洪州》，这样戏都是武打戏。那个女孩子啊，刚刚碰到月经期间，肚子再痛，还是要去演出，没办法。一连四颗止痛片吃下去，还是要上去演出。”那时演戏，无论多苦、心情多少不好，还不能受其影响。“我有一个老师啊，她是婺剧界有名的，演花旦。她老公演小花脸，两个人噼里啪啦打架。好，演出开始了，两个人又去演戏了，还是业务为重的。所以我们那个时候，不管你怎么样，都不能带上去。舞台底下吵架，上了舞台就不能带情绪的。”

剧团内部，大家也学雷锋、学王杰，相互帮助，年纪轻的东西挑到了，马上把行李放下去，回转来接身体差的同事的行李，帮助身体差的用稻草先铺好地铺。特别是有个阶段，学习雷锋，同志们思想更加好，每个人床前都有一盏灯，风灯。戏演完以后，点起灯，大家都在学习毛泽东著作。胡哲学老师说：“有一

〔1〕吴宗杰、安文英：《徐风仙、胡哲学等谈衢州婺剧团》，录音编号：20100818。

次,刚好是“文化大革命”时,我们文宣队去衢州乌溪江下乡演出,要自己挑行李走路。乌溪江山区交通不便,只通小车,就是那种北方的独轮车,木头轮子的。去那里,一天要过十八道水,打赤脚蹚水过去,还得挑行李。那时不巧,我脚上生了一颗东西,不能走路,但戏还是要演的,怎么办呢?只好弄个躺椅躺着,两个人抬着我过水。他们开玩笑说‘你是胡霸天,大家挑着东西走,你躺在躺椅上’,爬上山又爬下来,一天过了十八道水。”

胡哲学老师认为老一辈过去很艰苦,受人欺压。但他们表演方面很正规,对他们要求很严格的,不管演出任务怎么重,早上没有一个不练功的。因此他戏路子宽,创造了扮演各种角色的条件。举凡丑、末、生、旦、净,古装戏、现代剧,他无所不演,演必入木三分。胡哲学是1955年衢州婺剧团招收的第一批学员。衢州文史资料《琐忆50年代的衢州戏曲》这样介绍他:“他用乱弹尖唱腔的《疯僧扫秦》,把一个疯和尚表演得颇有特色,就深得老艺人的喜爱,博得观众的喝彩。只要需要他演什么角色就演什么。要了解传统剧目都找他;排新戏要借鉴传统曲牌、曲调少不了他;他一人就曾为《衢州市戏曲志》提供撰写了将要失传的一二十个传统戏的剧情和人物介绍。”

衢游返棹

李 渔

数日曾穿万叠山,浑身衣带翠微斑。
原来济胜非奇事,兴至登临若等闲。
有句但思留石上,无魂不虑返人间。
斧柯未烂归期促,魂自神仙洞里还。

(安文英、吴宗杰)

天妃宫与西安戏院

天妃宫位于天皇巷18号，坐东朝西，有南北二台门。正门上有砖雕，以卐字花纹为主，间有人物鸟兽、树石、风景，据说“文革”中曾用石灰黄泥涂住。大门上有“天后宫”三字石匾，门楣两侧有“河清”和“海晏”四字。河清海晏为一成语，出自唐《日中有王子赋》：“河清海晏，时和岁丰。”河即黄河，晏指平

天妃宫西安戏院

静，说的是黄河水清了，大海平静了，此乃天下太平之象。

天妃宫是中国礼制建筑的一部分，据民国《衢县志》（460页）记载，最初封号始于宋淳熙年间。清康熙十九年封天妃为“护国庇民妙灵昭应宏仁普济天妃”，清乾隆二十三年，加封“天后圣母”，春秋致祭，因此也叫天后宫，但一般人仍旧称妃。据记载，嘉庆五年，衢州文武官员奉旨朔望行香，朔望也就是初一、十五。祭祀天妃，旨在祈求国泰民安。

历史上，天妃，也就是妈祖实有其人，名叫林默，福建莆田湄洲岛人，父亲是湄洲都巡官林愿，她是小女儿。北宋雍熙四年（987年），年仅28岁的林默羽化升天，显灵救助苦难，能逢凶化吉，遇难呈祥。那么衢州的天妃宫又始于什么时候呢？据康熙《西安县志》记载，天妃宫最初是建在“县治西，名正义坊，朝京门之南”，据王汉卿老人指认就在现在道前街临衢江口上。“明时，军卫漕艘吏卒所建天妃海神。海中市舶奉之极谨。明初永乐时，犹踵元制，用朱暄张清行海运后，始改漕渠，因袭旧制而祀之，今犹军卫旧家主其祀事云。”这是说天妃宫是明代水路运输官粮的官兵所建，供奉天妃海神。海上商船对天妃海神的供奉极其恭敬。明初永乐时期，仍承袭元朝制度。到朱暄、张清管理海路运输后，开始在人工开凿的水道中运粮。但对天妃海神仍沿袭旧制进行祭祀。如今还由军卫（明朝军队建制）的世家望族主持祭祀之事。由此看来，天妃宫开始时与衢江航运相关。到了嘉庆六年，“闽商公建新天后宫于天皇巷，自为福建会馆”（《衢县志》380页）。这样看来，自那以后这个天妃宫，又增加了一个功能，那就是作为福建会馆。

很长时间里，两天后宫同时伫立在水亭门街区。《衢县志》（380页）记载新天妃宫建成后，“此庙（即老天后宫）日即颓敝，久无过问者”。但到光绪十九年，“因座间有杨将军，据云亦明代运漕粮者，神像显灵，里人遂醵赀重新之，香烟一时称盛”。这样看来，衢州天后宫的一个特色，就是同时祭祀明代运送官粮的官杨将军。据老人们回忆，老天后宫是在80年代才被拆掉的。王汉卿说，他十一二岁时在老天后宫读过书。徐先熙老人回忆说:"这一带名胜古迹还是比较多的。现在城墙有个豁口,城内城外通的,这个豁口就是老天妃宫。道前街过去就是美俗坊,美俗坊过去就是城墙豁口。80年代庙宇拆掉了,天妃像还在,一度是竹器的作坊。"[1]衢州其实还有几处天妃宫,《衢县志》记载:"一在城南三十里,大洲下街有老天后宫,相传明末清初建,谓之下会馆,又上街有新天后宫,乾隆十七年建。姚《志》称五十六年,谓之上会馆。一在城东十五里樟树潭,嘉庆八年建,均汀帮傅姓主之。又一在城西二十里航埠河东,道光间,闽商新建。"

现在天皇巷的天妃宫,据说解放后作为仓库和宿舍,因而得以留存。天妃宫看门人周土泉说:"重开时香火不旺的,我们(指文保所)来了以后就旺起来了,很多香客来了。文保所2006年接管以后,每年都会举行一次活动,那时候香客很多,台湾香客也有。"老人还说,台湾香客还要捐助一些,像天妃娘娘身上的龙袍、凤冠都是台湾老板资助的,还有香炉也是。这老板有兄弟三个,姓杨。说起来还有个故事。据说,这几个老板是天妃娘娘托梦给他们,所以2007年他们来了。"讲神话一样的。他们知道往这里来,凭借那个梦中的记忆,就到这里来了。后来每年都要来祭祀一下。"2001年,衢州市政府投资了数十万元对天妃宫进行修缮,并在前殿重建古戏台,修复后的天妃宫继续朔望(指初一、十五)行香,同时还吸引百姓来此看戏。

"天妃宫月月《风筝误》"

衢州古时候就流行一句话:"天妃宫月月《风筝误》,周王庙旬旬《比目鱼》。"两出戏乃元代大戏曲家李渔(1610—1680)所作。《比目鱼》中有"今来到三衢地方,闻得这边女旦极多"这样的话,可见戏本身唱的就是衢州的事。

---

〔1〕张崇、高佳燕:《徐先熙谈西河徐氏祠堂周王庙天妃宫等》,录音编号:20110704。

两出戏都与婚恋有关。其中《风筝误》因风筝线断为姻缘的线索，才子与佳人在风筝上相互提诗，遇见知音。天妃宫月月上演这出戏，用李渔有话说“借三寸枯管，为圣天子粉饰太平”。

周土泉老人说天妃宫最多可容纳2000多人。大门进去即前殿，再进去为一个院子，院南、北有厢楼，院地全铺石板，中间有甬道通向正殿。原来还有后殿已拆除。两厢面阔四间，二层楼。前殿建在二层石板铺垫的石基之上，面阔五间。楼上为戏台。当年，闽商鸠赀重建天妃宫，庙貌扩新。据《水亭门里的暗记》一文载，天妃宫“一年四季轮番相邀各地的戏班前来唱戏闹台。冲着这个大戏台，大荣春的西安高腔班，周春聚的浦江乱弹班，徐乐的徽州滩簧班，乃至福建的采茶戏，淳安的木偶戏等等竞相登台，热闹非凡”[1]。

今日演出《珍珠塔》

---

〔1〕《衢州日报》，2010年10月18日。

今天天妃宫大门侧挂着一块牌子“衢州西安戏院”，剧院常年有一批老艺人在此演出，每周一至五都有戏，门票仅仅3元。来看戏的老人居多，他们喜爱这里演的剧目和人缘，剧院还免费供应茶水。大家喝喝茶，看看戏，还可聊聊天，很有气氛。此外每年重大节日还有几次公演，周土泉说，天妃宫公演一年大概四到五次，一般是逢年过节。天妃娘娘生日，有节日的时候就要公演，国庆节、清明节、农历三月二十三也有公演，端午节演《白蛇传》。看的人农村的多，周边郊区的也有。一般60岁是半价，70岁以上不要票，他们坐公交车来很方便。剧院为非营利的，文广局每年有一点补贴的，水电、场地全部是文保所承担。演出的剧种有越剧、婺剧、西安高腔。西安高腔是国家级的非遗项目，经常是招待政府请来的国内外贵宾。

老人介绍，每年到了妈祖娘娘生日那天，会有特别的免费演出，特地编排天妃娘娘从小到大，为百姓消灾的故事，宣传天妃娘娘的功德。庆祝生日的活动一共是两天，第一天安排演戏，第二天就是上香，早上吃生日面条。院子里桌子摆开，大家都要吃的。第二天早上很早就来做面，一般工作人员在早上三点半，四点就来了。凡是来拜的人，谁要到这里都有的吃，就收点成本费，两块钱一大碗长寿面，他们也觉得很合算。[1]

天妃宫戏众

来看戏的老人有时带着各自的烦恼，来到天妃宫就都化了。剧团演员告诉我们，有一位大娘说：“我在家里很烦恼，媳妇总会骂我。一到你们

〔1〕高佳燕、张崇：《天妃宫西安戏院》，录音编号：20100707。

这里我就开心了。特别是你小花脸。你一搞笑我就笑了,我一点心思都没有了。我一回家看到她的脸又难受,真巴不得一年到头都在你们这里。”还有个老太太来自航埠,卖丧服,她每天都很早就来了,有时她带饭,有时候就店里买来方便面在这里泡面吃。吃的随便,但她说:“多活几年啊,笑一笑,十年少嘛。”还有一位前一天还在这里看戏,第二天就去世。走之前还问:“你明天要来吗?”“要来啊。”第二天没有起来,开门进去,就躺在地上,大家听了都哭了。

年轻人很少,但也有见识者会把小孩带到天妃宫,让他们感受传统文化。遂昌王财贵经典学校的赵校长,带着一群孩子来到天妃宫,他说:“听说这里有戏,我们就来了。这些孩子看他们未必坐着一定认真听,这没关系,不需要!孩子在这种场合下坐一坐,总比坐网吧要好得多。教育并不是一定说有效或者没效,他听不听你不要管,放着就好。在这个场合下久了,他再去听流行歌,就会觉得很难受、很低俗。”天妃宫演戏曾经中断了半个多世纪,现在又渐渐恢复。如今几乎是天天锣鼓声。

(安文英、吴宗杰、侯松)

麻饼礼俗

衢州闻名遐迩的非物质文化遗产“邵永丰麻饼”博物馆曾经坐落在雕梁画栋的一座清代建筑里，这里以前是衢州显赫家族西河徐氏宗祠。当年在衢州任浙东提举的理学大师朱熹为这个家族的宗谱题写了序言。

如今这座古建筑厅堂陈列着历代制作麻饼的工具，而厅堂南侧的厢房则是标准的麻饼作坊。博物馆不仅是观光展示的地方，如今也是邵永丰麻饼制作技艺的传承基地。以传统的师传徒方式，老字号的工艺吸引全国的年轻人来此学艺。在这里可以看到，技术娴熟的小师傅双手端着直径一米有余的细竹筛，轻轻抖动，竹筛里的面饼如花朵绽放一般散开，再轻轻一抖，又收拢到一起，一收一放之间，芝麻已均匀地贴在了面饼的身上。如此几个回合下来，面饼前前后后早已沾满了芝麻。紧接着，浑身裹满香甜芝麻的麻饼，轻轻一颠，然后迅速抽开竹扁，全数落进了烤炉上方悬挂的平底大铁锅。铁锅却并不挨着炉火，只靠红彤彤的炉内升起的热气将麻饼蒸熟，将一颗颗白

“邵永丰麻饼”泥塑

净的肥芝麻一点点变成诱人的金黄色,满屋香气。咬一口刚出锅的新鲜麻饼,竟是甜而不腻,唇齿留香。想当年大诗人白居易来到衢州,也许品尝到了京都模样的胡麻饼。他留下胡麻饼诗一首,今天在衢州广为流传。

寄胡饼与杨万州

胡麻饼样学京都,面脆油香新出炉。
寄与饥馋杨大使,尝看得似辅兴无。

麻饼工艺

邵永丰麻饼是传统手工制作技艺。麻饼以黑白芝麻为主原料,分别制作芝麻屑、芝麻仁、芝麻油,按不同的比例混合,添加各种辅料,制作成不同品种的麻饼。整个生产过程有80多道工序。胡麻饼上芝麻,清代的美食家大诗人袁枚在《随园食单》中记录花边月饼的做法时就曾写道:“而加芝麻。叩儿会做,面罗至四五次,则白如雪矣。”麻饼制作的关键工序烘烤保留了传统的手工制作和上下火炭烤。《随园食单》中记录烘烤时就曾写道:“用火盆两个,上下覆而炙之”,“以两面熯黄为度,须用两面锅,上下放火,得奶酥更佳。”这种上下火炭烤的传承技艺,在衢州民间得到了很好的延续。水亭街上当年最有名的麻饼店徐大丰的老伙计刘芳昌说,最好的麻饼是油料麻饼,也就是用麻油和茶油的麻饼,菜油就不行了。差一点的麻饼,可以放三四天,但油料麻饼,过一两天就能吃出来不够新鲜了。民国年间编写的《衢县志》食货志一节,对衢州的菜油、茶油和麻油都有记录:“菜油,芸薹子所挤者,一名香油……今此地出产亦多自食之……”“茶油,即茶籽油,从前尢有,近常山始有此出品”,“麻油近因油麻价高,出品愈少。”

麻饼的烤技代代相传,古训有曰:三分面板七分炉灶,就看火候掌握得妙不妙。如今邵永丰麻饼的烘烤技术依然沿袭了当年的手工做法:饼在下面的凹盘里，上面压下白炭火，下面衬文火，上下二温不同，烤出味道独特的麻饼。在烘烤过程中要喷水一次，待一面烤饼成金黄色后，则要移开上火，翻饼续烤另外一面，直至两面都成金黄色，也就是老话说的“红心面白沿边”，麻饼才可起锅出炉。除了上下炭烤的独特烤技，给麻饼双面上麻，擀麻饼入锅，亦都是传统的手工技艺。竹扁上麻，腾翻换面，靠的全是饼师的臂力和腕力。30只大小均匀的麻饼在竹扁上下翻飞，时分时拢。据饼师说，一般学徒六年，才可出师。小小一枚麻饼，学问亦是如此艰深。

邵永丰麻饼的历史传承

郑永禧在《衢县志》的食货志一节写道：“货恶其弃于地，力恶其不出于身，此昔人之所戒也。男耕女织，因其人之力而施之，日用所需，久成习惯，推以及人，遂为出品，丰必别有师传乎工，至于纯熟而巧自生焉已。衢俗于工作素不研求，第就所有之原料略加点缀。”这段话很好地说明，在男耕女织的农耕时代，人们如何日积月聚，通过师徒相传，熟能生巧，发展出地方特色的物品。邵永丰麻饼技艺乃是衢州乡土文化长期积累而成。

永丰牌匾和邵氏祖宗

清代衢州面饼业繁荣，店家也多。而最负盛名的要数朝京门下的“徐大丰”。该店为水亭门联豸徐氏族产,由时任族长徐太庚起名。店的繁荣得益于其靠近水亭门码头最繁华的地段。光绪年间,邵永丰的创始人邵芳恭,来到徐大丰做学徒。按照徐大丰麻饼店家族后人徐循理老人的说法,邵永丰的创始人,早年还是徐大丰的学徒。刘芳昌老人也记得,邵永丰麻饼店的第一任老板叫邵芳恭,之前是徐大丰的账房先生。邵芳恭后来自立门户,先是在坊门街开设了邵永丰麻饼店,之后店面不断扩大,以致到解放初时,其规模已超过徐大丰,成为衢州最大的面饼店,并由此奠定了邵永丰品牌的基础。根据衢州市1953年商业登记,当年邵永丰的雇员已超过徐大丰。不过据刘芳昌老人回忆,很长时间邵老板跟徐大丰的老板的关系,依然是“老板是老板,伙计是伙计”,保持着来往。

1929年,邵永丰麻饼参加南京食品博览会,获得“国家级名品佳点”之称号,一时名声大噪。2009年4月,邵永丰麻饼作为两岸中华老字号精品,在台北京华城购物中心美食街展出。展出期间前每天都有台湾顾客排长队争购,供不应求,不得已规定每人限购10个麻饼。邵永丰博物馆追溯其技艺的传承体系,一直到第四代,也就是今天的传承人徐成正(1962—)。他17岁进入邵永丰学艺,在汪四涵、陈海潮、刘娥倪三位师傅的带领下,学艺六年,才完全掌握了整套麻饼从配方、配料到技巧的整个过程。2009年6月徐成正被评为“浙江省非物质文化遗产保护十大新闻人物”称号。

找回记忆:麻饼与月饼

今天人们对月饼都有广泛认知,认为这是中国文化的重要代表。而其实月饼的前身应是麻饼,那时也称胡饼。从历史记载来看,首次将饼与中秋的月亮联系起来,是八月十五大将军李靖征讨匈奴得胜而归,唐高祖接过吐鲁番商人献上的胡饼,笑指明月说:“应将胡饼邀蟾蜍。”而在这之前,史书都记载为胡饼或麻饼。唐代僧人慧琳《一切经音义》载:“唐时称烧饼胡饼等皆为胡食，皆自西域胡人传入。"《格致镜原》云："张骞使西域，至大宛得其种，植于中国，或向名胡麻。石勒时讳胡字，改名芝麻。" 高似孙在《纬略》中写道："胡饼，言以胡麻着之也。" 胡饼因着上胡麻而得名，胡麻则是张骞出使西域带回中原的事物。

邵永丰的传人认为麻饼生产的技艺可追溯到唐代以前，至今已延续了一千多年。据其考证，"麻饼" 的主要原料为 "芝麻"，芝麻在汉朝时由西域传入中原，隋唐时称 "胡麻"，用其原料制成的饼称 "胡麻饼"。僧人用盘盛麻饼等糕点上供的记录最早可见隋朝杜台卿的《玉烛宝典》："四月十五日，僧众安居至此日……以百味饼食安于蓝盆中。" 由此来看，胡饼进入中原应该是在汉朝或更早的时候。

那么胡饼又如何被称为麻饼呢？《天中记》和《格致镜原》曾载道："灵帝好胡饼，京师皆食胡饼。后董卓拥胡兵破京师之验。" 汉灵帝爱吃胡饼，整个京师都跟着皇帝一起吃胡饼。因此《天中记》和《格致镜原》都将吃胡饼看成了后来董卓带胡兵破京师的不祥之兆了。对后汉来说，"胡" 字是不祥之兆。到了后赵，因为皇帝是胡人，"胡" 又成了避讳的字眼了。据《太平御览》《艺林汇考》《蜀中记》《文昌集录》等各类史料，后赵的皇帝石勒与石季龙将胡饼改名为麻饼。《太平御览》载云："赵录曰，石勒讳胡，胡物皆改名。胡饼曰转炉，石虎改曰麻饼。" 石勒（274—333）即后赵明帝，字世龙，原名訇勒。十六国时期建立了后赵。《资治通鉴》和《天中记》等史料均记载石勒为胡人，因此讳胡。《艺文类聚》《太平御览》《学林》都载有石勒讳胡，改胡物名的掌故：胡饼曰麻饼，胡荽曰香荽，胡瓜曰黄瓜，胡豆曰国豆。石虎则是后赵的太祖武皇帝，字季龙，公元334—349年在位，是后赵开国君主石勒的侄儿。333年，石勒驾崩，皇位由儿子石弘继承。翌年，石虎废杀石弘，自称为居摄赵天王。337年，石虎自称天王，349年称帝。《资治通鉴》记石勒云：石勒的宫殿和各宫门刚建成，法令严厉，尤其忌讳胡人的称谓。有个喝醉酒的胡人骑马突然闯进止车门，石勒大怒，斥责守护宫门的小执法冯翥。冯翥因惶恐害怕而忘记了宫中的忌讳，回答说："刚才有个喝醉了酒的胡人骑马奔驰而入，我着实呵斥抵挡了一番，却不能与他对话。" 石勒笑着说："胡人正自难与言，恕而不罪。" 原来石勒虽然讳胡，却也不会因为臣下偶尔错说了 "胡人" 如何而治其罪。

到唐代，麻饼(或称胡饼)已经是一种重要的礼物。当时有经商的吐鲁番人作为礼品献给唐朝皇帝，并把饼分给群臣一起享用。与此同时，这也是唐朝军队祝捷食品，如唐高祖年间，大将军李靖征讨匈奴得胜回来就用此饼庆贺。衢州应该此时也出现了麻饼。北宋之时，该种饼被称为 "宫饼"，在宫廷内流行，但也流传到民间，当时俗称 "小饼" 和 "月团"。后来演变成圆形，寓意团圆美好。据《衢县志》望族志记载："南渡以还，缙绅显宦往往遁迹于衢。" 由此在南孔礼仪文化影响下，麻饼在民间更赋予了种种礼仪含义。

麻饼与衢州礼俗

麻饼传承人徐成正说，这个饼里承载的是衢州人的礼仪文化，他说：我不只是把麻饼看作是一种技艺，它的价值和未来都依赖于衢州礼仪文化的复兴，为此他希望建立一个衢州礼仪文化中心。麻饼的种类在衢州通常与不同礼俗相关，其制作也有不同，可分为如下几种。

衢州祝寿饼

寿饼：重阳节用的老人饼(麻饼)、祝寿用的麻饼，一种做得比较大，特别绘画写福、禄、寿字的大寿饼(麻饼)，配方不同，烧烤难度更大。

添丁饼： 家有新生儿，要到祠堂领香饼（麻饼），满月的剃头要分满月饼（麻饼），周岁时分满周饼。

宗祠祭祀： 水亭门当年分布着许多大大小小的宗祠，每逢祭祀日，香饼是重要的祭品，祭祀完了，各家男丁都可分到香饼。

结婚喜饼、春节团圆饼、中秋拜月饼。

说起麻饼（胡饼、香饼）的礼俗含义，当年水亭门的联豸徐氏拥有的“徐大丰”烧饼店，就是每年专门为族人供应祭祀香饼。目前邵永丰博物馆所在的西河徐氏宗祠，在其宗谱也明确记载了香饼作为祭祀用品。此外在史书上也对香饼的礼俗意义有记载。清朝《宫史》卷十八就记载为皇室祝寿进供香饼。“经费二，恭进皇太后圣寿，进黄英寿篆香饼一盒，朱霞寿篆香饼一盒，蔚蓝寿篆香饼一盒。”

麻饼店老伙计刘芳昌介绍说，麻饼是与礼俗活动联系的，因此也是有季节性的。一般七月廿几就开始做，一直做到八月十五。一般八月初几就开始卖。除了中秋以外，男女恋爱，男方要给女方送麻饼；女儿生孩子，外公外婆要给外孙送麻饼。结婚的时候也需要送麻饼，婚礼用的麻饼上面一般都有专门的师傅画的麒麟送子等图案。画饼师傅还擅长画状元图，所以谁家的孩子考上了大学，就要送这种麻饼。麻饼店但凡接到这样的大生意，都会专门请师傅来画画。画饼师傅常常这家画完就立即要奔到那家去。《衢县志》的编撰人郑永禧的诗文集《竹枝词》中，无论是元旦、中秋还是冬至，都少不了麻饼的身影。《麻饼》一诗云：

饴调粉腻晕油酥，
绘出青天月样图。
不信此中人不定，
素娥今又换麻姑。

为郑永禧《竹枝词》作注解的徐先熙在《拜八寺》一诗的鉴赏中写道:“上世纪三四十年代,有些农村老妇相约八月初八进城拜八寺,城里寺庙多,容易凑齐八座寺庙,认为拜了八座寺庙,来世就有好八字。同时趁此走走亲戚,中秋节快到了,买些月饼麻饼之类回去,哄哄小孩子。”徐先熙解读郑永禧诗为:“素娥又称画在麻饼上的姑娘。巧妙运用‘麻姑’双关的含义。麻姑为古代仙女,麻姑献寿妇孺皆知,麻姑曾称自己亲见沧海桑田已三次矣。”汪筱联亦对中秋风俗进行了进一步的阐述:麻饼大的直径超过两尺,上用彩色笔画嫦娥奔月、麒麟送子、“福禄寿”三星,或用黑色芝麻布成花卉字画。无论晴天雨天、晚上都要焚香点烛拜月亮,供品是一杯清茶,香枹、红柿、菱角、石榴各一盘,另加一盘麻饼,大麻饼置正中央,各地均有赏月的习俗。

邵永丰麻饼店老板徐成正的母亲,对自己小时候过中秋拜月亮婆婆记忆犹新。老人家说,中秋当晚,桌子上放一盆水,月亮倒映在盆里的水中。小孩子抬着桌子,追着月亮在院子里走。除了拜月亮之外,最让小孩子兴奋的就是分麻饼吃了。衢州人过中秋的月饼就是麻饼,家家户户都会买,不仅买小的,还要买大的——拜完月亮婆婆,大人小孩人人都分得大麻饼上掰下来的一小块。滋味也许比不上在口味上精工细作的小麻饼,但众人分食的乐趣非同一般。徐先熙追忆中秋节的麻饼和麻饼店说:“节前南货店就忙开了,柜台上月饼盒堆得高高的,烧饼店也忙着烘麻饼,荤油麻饼要数水亭街城门口徐大丰面饼店质量最好,坊门街胡万元、邵永丰面饼店也在店门口放张案板,案板上放置各种色彩的芝麻和一盒饴糖,老师傅当街就用饴糖和彩色芝麻画起了大麻饼。大麻饼一只有一斤重的、三斤重的。一斤大麻饼大都是画一位人物,头戴乌纱身穿红袍的状元,三斤重的麻饼就要画福禄寿三星等。我曾见过画唐明皇游月宫的大麻饼,身穿大红鹤氅头戴黄冠的叶天师手执朝板正向嫦娥行礼,身后跟着唐明皇,嫦娥的侍女、广寒宫殿、桂树画得恰到好处,一只捣药小白兔也在其中。是晚摆香案拜月,八仙桌居中放大麻饼,月饼小麻饼时鲜水果装盆围着大麻饼摆放。供毕，一家围桌而坐，一边赏月，一边品尝月饼麻饼之类。最高兴的要算孩子们了。”

衢州麻饼与白居易

白居易将胡麻饼寄给了任万洲（今万县市）刺史的好友杨归厚，并附诗一首。关于这首诗是否真的与衢州麻饼有关有争议。不过两位大文人确实到过衢州，而且也留下了诗文。《衢州府志》记载：贞元四年间，仅17岁的白居易随父白季庚到衢任别驾。白居易之父白季庚于贞元四年（788年）徐州任满后，改任大理少卿、衢州别驾。白居易随父到衢州任所，读书赋诗，与士儒游。贞元七年（791年）白居易20岁，其父调任襄州（今湖北襄樊）别驾，离开衢州，他回符离读书，“昼课赋，夜课书，间又课诗，学业大进”。元和元年（806年）四月登第。五年改官京兆府司户参军，仍充翰林学士。他在京都见宦官专横跋扈，穷奢极欲，而江南大旱，饿殍遍野，甚至发生人食人的惨剧，十分悲愤，写下了著名的《秦中吟》十首。其中第七首《轻肥》：“意气骄满路，鞍马光照尘。借问何为者？人称是内臣。朱绂皆大夫，紫绶或将军。夸赴军中宴，走马去如云。尊罍溢九酝，水陆罗八珍。是岁江南旱，衢州人食人。”

衢州本地文人廖元中曾专门撰文追溯白居易与衢州，以及衢州麻饼的渊源。[1]廖元中考证，清代诗人赵文白《草庐小记》发现，白居易随父寓居在衢州的日子里，所住的地方就在大南门一带的衣锦坊。从白居易当年的身高推算，“自大南门向西行六十七步”，正恰恰处在今天衣锦坊22号与20号之间。据史料记载，唐代衢城最有名的麻饼位于大南门侧、衣锦坊旁，而白居易有诗赋曰：“胡麻饼样学京都，面脆油香新出炉。”如今衢城衣锦坊22

〔1〕廖元中：《衢州首次发现白居易旧居——衣锦坊二十二号》，《最衢州》，2010年。

号,是一家被称为“水木云天”的会所。会所中间的天井有假山、植被、石坛、游鱼。

白居易与衢州高僧大彻禅师有深厚的友谊。据《传灯录》记载:“释惟宽。姓祝氏。衢州信安人也。祖曰安。考曰皎。生十三岁。见杀生者尽然不忍食。退而出家……白乐天为宫赞时。遇宽四诣法堂。每来垂一问。宽答如流。白君以师事之。门弟子殆千余。得法者三十九。”白居易作《传法堂碑》,详细介绍了大彻禅师的姓籍、出身、师教、道属、经历、心要、徒传,言简意赅,哲理深邃。《传法堂碑》是白氏精审之作,在其诗文中占有重要地位,受到历代文人学者的重视。近代学者胡适在1961年还写有《衢州府有白居易传法堂碑》的读书笔记,收入《胡适手稿》。他说:“当设法访求衢州此刻有无拓本或钞本。”长庆二年(822年),白居易出任杭州刺史。年底作《岁暮枉衢州张使君书并诗因以长句报之》一律,提到衢州浮石潭:“西州彼此意何如?官职蹉跎岁欲除。浮石潭边停五马,望涛楼上得双鱼。万言旧手才难敌,五字新题诗有余。贫薄诗家无好物,反投桃李报琼琚。”

麻饼与徐氏望族

邵永丰麻饼店老板邵芳恭师承的徐大丰麻饼店,早年亦只是水亭街联豸徐氏的祠堂产业。祖上曾经营木炭生意和银楼生意的徐家,为了给祠堂族众分香饼而创立的徐大丰,后来在水亭街乃至衢州城都声名远扬。

联豸徐氏的宗规要求子孙“重祠宇,勤族会,申族约,敦族谊,严礼节,示褒嘉”,“族人须相与为礼,使一本之亲常相贯通”。还规定“每季月赴祠一会”。祠堂的定期集会,冠昏丧祭之会,是联豸徐氏沟通族人感情,寓宗规族制于日常仪礼的最重要的形式。

“徐大丰”也不是人名,而是麻饼店的店铺名。解放前后在徐大丰做学徒的刘芳昌老人说,徐大丰麻饼店其实是磨坊,因为麻饼做得少,物以稀为贵,所以叫做麻饼店。“徐大丰”这三个字，由联豸徐氏的徐太庚老先生所取。那个年代，磨坊起名都要带一个“丰”字，喻丰收之意。邵永丰的“丰”字，也是同样的道理得来。如今，徐太庚的孙子徐循理也已迈入耄耋之年。老人回忆说：“我太公开这爿店供应子孙要吃掉好多。徐大丰名字是徐太庚定的。”开始麻饼只是为了在祭祀和添丁的时候分给祠堂族众，连名字都叫做香饼。老人的太公当年是吏部的大官，年初四祠堂祭祖，徐家的子孙都要在场，“上百人，三拜三叩，叩头要碰到地的，拜完就去领香饼，一个人四个”。如果一家有四口人，就要领十六个香饼。另外，家里添丁了也要去祠堂报，这样下次祭拜的时候就可以领到香饼了。老人的夫人说，香饼是祖传，现在的与以前的已大不相同，还是以前的好吃。解放前后在徐大丰当学徒的刘芳昌老人回忆说，过节的时候，祠堂族众买的麻饼叫做香饼。香饼也是麻饼的一种，不过芝麻少一些，面和油差一些，香饼只有男丁才能分到。

原来一大染坊的老板后代胡嘉镐回忆，那时候他还不满10岁，被家人送到了周泱所办的学堂上课。下了课，他会跑到水亭街上的徐家馒头铺买上几个甜馒头，那家的蒸笼叠得真高，根本数不清究竟有多少个，还总是排队，因为买的人太多了。

解放前，徐大丰麻饼店的门面有三间，靠近城墙一侧，是出入衢州大西门往返于衢江两岸的小贩的必经之处。徐大丰麻饼店是在水亭街绝佳的商业位置。徐大丰的账房和磨坊在下营街。磨面做面的地方有五六百平方米那么大。门店里一般有六个人：一位负责卖面的店员，一位做烧饼的师傅和两个小学徒，另外还有一位炸油条的师傅，也带着小徒弟。刘芳昌老人说，16岁的时候在徐大丰当学徒。那时店里有六头牛拉磨，每两头牛拉一台磨。当时还有专门给牛割草的工人和做洋面的师傅，其中三位都是跟刘芳昌老人一样，来自江山。所谓洋面，就是用机器摇出来的挂面，所以姓“洋”。

邵永丰博物馆曾经在徐家祠堂——不过此徐家非彼徐家，而是西河徐氏。

邵永丰传承人徐正成（摄影：沈尔昆）

西河徐氏的祠堂，据其族谱记载，在“天字七区 四十二号，土名太平坊 地三亩二分六厘二毫九丝”。西河徐氏族谱祠规也记载了香饼：“元旦日，值祀人办馒首一百六十斤，又香饼百斤，照丁分给。”新年、清明的祭扫，规矩也一应照元旦例。香饼在西河祠堂集会，也是不可或缺的。如今联豸徐氏的徐大丰麻饼店已经湮没在历史的尘埃中，但其手艺却通过“邵永丰”这一品牌在全国各地的历史街区里延续，包括杭州的河坊街。

（谢洁怡、吴宗杰）

宴尔新昏，亲亲尊尊

《礼记》称："昏礼者，礼之本也。"衢州古时婚礼总体上受儒道沐浴，移风易俗。比如《西安县志》(720页)记载，旧时衢州嫁妆一度过分奢侈，以致许多人家破产，乃至溺女婴。后来"圣化涵濡，敦崇节俭"。康熙《衢州府志》(1628页)记载："凡品官昏娶或为子聘妇，先遣媒氏通书，次遣使及媒，礼行六礼。妇至壻家，主人飨宴送者，明日谒见祖祢，次见舅姑，行盥馈之礼。舅姑飨妇，如家人仪。"这里所指的六礼，分别是纳采、问名、纳吉、纳征、请期和亲迎，体现《礼记》所载要义。民国《衢县志》(804页)称，衢地除了以新妇弟送嫁外，"其余悉如常制"。由此看来衢州很久以来，婚礼虽有小的变化，但不失其本，直至民国中期。

纳采

《联豸徐氏家谱》有云："夫父爱其子则为之择女，翁爱其女则为之择婿。"康熙《西安县志》有云："始议昏，先置酒邀媒，必遍迎宗族亲朋之望者，聚而觞焉。饮讫而造于妇家，以求。"凡是有看上哪家姑娘的，男家便摆酒席请媒人与宗族亲朋好友商量，酒毕前往中意的女家纳采，经过几次来往，若女方有意，则男方派媒人正式向女家求婚，并携带礼物，讨生辰八字，纳采送的礼，康熙《衢州府志》(1628页)注曰"纳雁以为采择之礼"。郑怀棪老人的回忆，媒人来到女家先吃杯茶，要讲条件，什么事情都要讲清楚，女家要是红纸收去就表示同意了,然后拿出女儿八字。[1]这里的红包,也就是过去的纳雁(也有用鹅代)之礼,后来演变为送红包,就显得有点“金钱”味了,失去“雁雌雄终生不二配”的守信之意。

问名

问名,就是讨女方八字,贴曰通名帖,与茗同音,借称之,意思是“种茶,不子不可移植”,由媒人去做。[2]曾住在水亭街的徐文华老人说,请人做媒,要把家里考究的莲子、桂圆拿出来,要吃36顿咧。谢媒人时,还要送去两斤肉、两瓶酒、糕饼……媒人数次往来男家与女家,要向女家传递男家的信息,为男家问去女家的生辰八字和姓氏。通过媒人而行的纳采、问名,这二项礼可以由一使而兼行之。

男女谈婚非有媒人不可,为何媒人如此重要?南宋《读易详说》在提到咸卦时则说,“夫男女相感常失于不正,不正则有不待。媒妁之言者能相感以正,则夫夫妇妇而家道正矣”。91岁的郑怀棪老人是1948年结婚,据他说23岁时还没讲好对象,当时在三个女孩里挑,一个是祖母那边,大几岁;一个是中药铺的女儿。最后他是找媒人,配八字定下了亲。说是女方大两岁,虽然不大漂亮,“但是经看,越看越好看,越看越欢喜,这个有后福”。这也许就是“能相感以正”的意思。“父母之命、媒妁之言”自有深意。怪不得唐代还以法律条文确立了“为婚之法,必有行媒”。

纳吉

媒人替男家问去了女家姓氏和生辰八字,男家即可占卜,得到吉兆后,媒

[1] 吴宗杰等:《郑怀棪及保姆谈婚礼、放水灯》,录音编号:20110503。
[2]《衢县志》卷八。

人再次前往女家报告好消息，称之为纳吉，《衢州府志》(617—618页)对此记载，男方曰："吾子有贶命，某加诸卜，占曰吉，使某也敢告。"也就是双方八字对上了，这时女家对曰："某之子不教，唯恐弗堪，子有吉，我与在，某不敢辞。"

纳征

据康熙《西安县志》记载，衢州问名、纳吉后，"继有下聘之礼，有保亲之礼，有谢媒之礼(名曰花红)等"。土生土长的徐春莲老人回忆，男女八字定下后，就要讲送多少套衣服到女家。若是下半年结婚，端午要把衣服送到女家，中秋则送月饼。临近婚期，由男方提出，两家的父母谈，讲条件，要嫁妆。女家要向男家提出来要东西，比如说多少衣裳、几个金戒指、酒等。老人说："女方要陪礼的，陪嫁陪不起。女的小孩子生出来养不起，闷在水塘里。"若是大户人家女儿出嫁，就有嫁妆。[1]

徐春莲

南宋儒学大师朱熹曾在衢州驻足，其子孙后裔亦有在衢州定居。《朱子治家格言》有云："嫁女择佳婿，毋索重聘；娶媳求淑女，毋计厚奁。"可见时人重道德品行而轻聘礼嫁奁。《西安县志》引旧《志》也谴责奢华，看作是缺乏圣化涵濡。由此可见恰当的礼俗，能纯化民风，破除陋习。

请期

纳征而后，再问合婚之期，即请期，衢州也叫挑日子。为趋吉避凶，嫁娶择

[1] 吴宗杰等：《华婆谈婚俗、节庆、孔庙》，录音编号：20110504。

日尤为重要。孔颖达曰:“请期者,谓男家使人请女家以昏期,由男家告于女家。必请者,男家不敢自专。”《衢县志》转载说“男家之礼,繁于未娶之前;女家之礼,繁于既嫁以后”。这时女方也就要开始忙乎了。

亲迎

据《衢州府志》,明朝时衢州仍有亲迎礼,但到了清康熙时,昏礼“纳采、请期悉如常制,惟不行亲迎礼。然婿家当娶妇之夕,先集亲友订于某处相迎,谓之接亲。妇家亦集亲友于某处相送,谓之送亲。两姓各叙揖而别”。清嘉庆《西安县志》谓“昏期不行亲迎礼”。民国《衢县志》(804页)称“多以媒人代迎,以新妇弟送嫁”。

徐文华老人描述说,新娘到新郎家这一段路,热闹非凡,跟鸣锣开道一样。新娘头戴凤冠,身披霞帔,一身公主娘娘的穿戴,坐一顶很好看的花轿,由四个人抬。戴花冠之俗可追溯到桃花女破法斗周公,为了对付“日游神”和“金神七煞”,新娘戴花冠就可以“装得像天帝一般”,金神气煞倒要避了她。[1]老人回忆,衢州亲迎时也有两个人背地灯,即一种又高又大的灯笼。行进中,新娘的花轿如果抬得正,人家会说这个新娘子比较好。轿后头跟着两个媒人,男方一个,女方一个。同行的还有小舅,没有小舅,婆家要看不起的,说明家里人丁不旺,借也要借一个。小舅也坐一顶轿子,带着草纸包,里面装着糕饼、蛋糕、连黄糕和芙蓉糕,起码要有四个,拿去孝敬新娘的公公婆婆。

若是明天结婚,今天嫁妆就要过去了。女方出嫁前还要做鞋,替自己和未来丈夫做,因鞋子被当作棺材,新妇婚后一年里不能做鞋。除了床是男家做的,女家要带去十双或六双被子。老人感慨以前的人过得艰苦,女家拿过去的,起码要用一辈子。比方说四套嫁妆,有桌子、双箱、大橱……要用三代了。

---

〔1〕庞倩华、赵明霞、范宇:《从元杂剧〈桃花女〉看元代婚俗》,《哈尔滨学院学报》2008年第11期。

王汉卿老人回忆自己娶亲时说，当时家住大河边的新娘带来了“八扛”嫁妆，一对香烛、半八仙、一张四仙桌、两个箱橱、梳妆台、一扛大橱、一扛铺盖（包括被子、枕头、蚊帐、草席），还有一扛是七桶八桶，即大大小小的各种桶。橱里、被子里还放有红果子、落花生、红鸡蛋、红枣等东西。[1]而且，新娘家离自己家不远，家里蛮好，跟他家差不多的，“两家人相平，你有我也有”。老人说明“门当户对”的含义。《礼记》曰：“同志为友。”夫妇亦同志相助。《易·睽·彖传》谓男女有别，通过联姻，生儿育女，故曰“其志通也”。可见君子之“好逑”，不但真的是知音，且知情、知趣，更知志、知心。

王汉卿老人清楚地记得，自己的新娘子是黄昏四五点抬来的。昏，日冥也。郑玄曰：“必以昏者，取其阳往阴来之义。”老人当时穿着最漂亮的衣服，头戴大礼帽，着一袭长衫等在大门口。新娘来时是哭的，后来就不哭了。还要听大辈的话“上孝公婆，下敬丈夫。在家孝父母，出嫁孝公婆。在家靠父母，出嫁靠丈夫”。女家的妈妈也哭，“大概越哭越发，越哭越富”[2]。新娘一般黄昏抬去的，去早了要被人笑的。徐春莲说还专门安排自己家人去请客人的。最少用两顶轿子把客人请过来，先外公外婆，再娘舅请过来，从大到小排下来。大门口还有人专门打锣鼓，锣鼓一敲，就晓得客人来了。隔壁邻乡的人也过来帮忙，门口摆了桌子，上边放着水果、糕饼，用来招待客人，“‘辛苦辛苦的咧’等等，各种调子”。

下轿入门

新娘既到，“设香烛，令师巫（古傧相）诵祝，撤青庐（即花轿）鼓乐”[3]。据民国《衢县志》载，作为替主人接待宾客和赞礼的师巫，“后以吉利生为之，大家世

---

〔1〕高佳燕等：《王汉卿谈婚嫁茶馆》，录音编号：20100721。

〔2〕章寿松、杨典喜编：《衢州市歌谣·谚语卷》，浙江文艺出版社，1991年，第318页。

〔3〕《西安县志》卷二十。

族闻有用者，今（民国时期）已罕见”。傧相一番祝诵，花轿缓缓落地，打开轿门后，只见新娘“抱狸奴，手摸之，曰受笼络”。曾参加过衢州大户婚礼的徐文华老人说，如果没看见猫，要弄件皮袄。随后，有“左右女使捧宝瓶，扶新妇跨马鞍背过”〔1〕。这女使，也称作利事婆，年龄起码要50岁，按例须得夫妻双全且多子。在利事婆的搀扶下，新娘跨马鞍而过，谓之下马平安。《衢县志》录有“桃花女”小说中下马平安典故，并附小诗。因正逢凶神星日马当直，为避煞，就把鞍放在星日马身上，表示星日马驯服了。马鞍，“马安也”，星日马安定了，一对新人也就“平安”无事了。《衢县志》云：

会尝日马犯星宫，
制胜先须压马鞍。
手捧宝瓶如守口，
喜闻两字报平安。

徐文华老人补充说，新娘跨过去的马不能有两匹。一夫一马，是嫁一夫从一主。既下轿门，引新娘入堂时，据清《嘉庆县志》载，“以红毯或布袋贴地”，“互相换易，谓之传代”，因“袋”与“代”同音。用席者，称传息，意思是子息、子嗣。皆源于昔日桃花女以席贴地倒卷黑道杀。

新娘自娘家上了花轿开始，双脚便一天不得沾地，以免带走娘家的财气、福气。〔2〕徐文华老人说：“家里还有弟弟咧，双脚不好落地的，走路要踏在长凳上，若要吃饭，也要由厨师背着到吃的地方去。”据郑怀棪老人回忆，解放前他哥哥结婚时，新郎新娘入堂，还有手持福字筛的人先行。筛子又叫“千只眼”，

〔1〕《西安县志》卷二十。

〔2〕《衢州民俗大观》，第99页。

有了“千只眼”前导，就不会冲撞凶煞。同样的，在新娘凤冠上盖一红色方巾，也是为了避让凶神。可谓“绯绯一片红盖头，顶上因防太岁凶。不是娇羞藏不得，初来熟面怕相冲”[1]。

拜堂分大小

新郎新娘进入堂榭，就可以开始拜堂了。徐文华老人对此印象极深。先是新人跪在稻草做的垫子上拜天地，这是第一道。拜好之后送新娘回房，一路用红地毯或麻袋铺好，不能踩地。从乡下抬来的新娘累于首饰，便可把身上的首饰脱掉。出来后，便是第二道，拜父母、拜舅舅、拜叔叔。长辈要拿出红包，所以是一批一批拜的。新郎新娘再对拜。拜好之后是吃酒。“羹筵之夕，新妇居上坐，左右两行女子，必择未嫁者，以次列坐，逊而入席。”[2]这时新娘要把凤冠霞帔再戴起来，坐“囍”字中间，而且要坐得高一点。两边坐着台桌姑娘，一般有七个人。

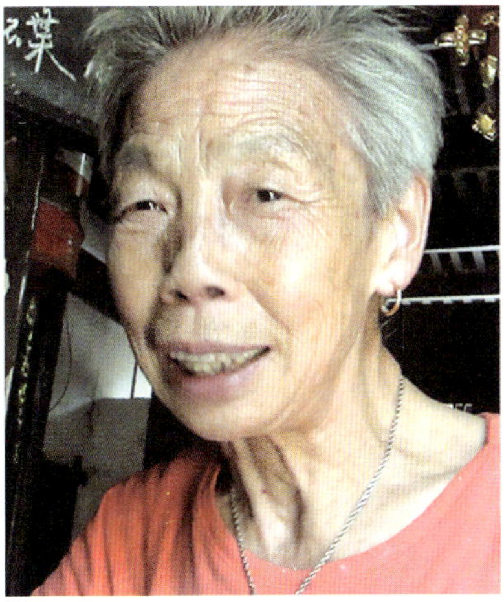

徐文华

徐文华老人年轻时也做过大户人家的台桌姑娘，据她回忆，当时有请讲彩话的人过来，问她“姑娘明天几号几点来。我来接你”。第二天用轿子把姑娘抬过去，晚上吃完酒再抬回来。台桌姑娘讲礼节的，女方请吃酒的人，她们下轿时要做个揖。坐下来吃些点心，有包子、茶和糕饼。中饭过后休息，下午两点到三点再吃点心，这个时候是可以回家的，再出来时就不用轿子抬了。

〔1〕《衢县志》卷八。

〔2〕《衢县志》卷八。

新娘晚上来,所以台桌姑娘五点到六点一定要到。若早上吃酒,台桌姑娘下午要换套衣服,晚上还要换,一天起码换四套。老人说,到大户人家去一定要戴首饰,比方戴金镯子、金戒指,这叫晒行头。家里每年都要做旗袍这些行头的。晚上陪新娘坐着吃酒,但新娘子不好吃,她只能看着不动,等台桌姑娘吃饱了再回房间里自己吃。

据80多岁的程宝玉老人说,发财的人家有18个台桌姑娘,排成蝴蝶状,两边各坐八个,都是十七八岁没结过婚的漂亮姑娘,中间坐两个10岁的小女孩当蝴蝶的眼睛。新娘则坐在高台上。有诗云:

坐中珠翠两行排,
扶出新人冉冉来。
好似百花齐吐艳,
护他一朵牡丹开。

坐筵的都是些漂亮姑娘,看的人多,也是光荣的事。康熙《西安县志》中提到的坐筵之女"代姑",指的便是台桌姑娘。《县志》记载,"代姑……盛饰簪耳环佩,姗姗以炫其美,观者如堵。"用郑怀棪老人的话说,"观者"都是"来台桌姑娘里面看老婆的,看着喜欢的,就去说媒"。程宝玉[1]老人年轻时也做过台桌姑娘,她回忆说,凳上坐了十分钟,两个老妈妈就扶着新娘回房去吃东西了。这两个老妈妈也必须是家里有夫,而且儿孙满堂。房里的桌子上都摆着菜,老妈妈跟着新娘进屋,等新娘衣服换好,再扶着新娘出来敬酒。过十分钟,再回房吃一点,换了衣服再出来。"新妇出必更衣,代姑出必鱼贯成形,叫梭入座。"[2]

---

〔1〕吴宗杰等:《陈宝玉谈逃日本与家史》,录音编号:20110713。

〔2〕康熙《西安县志》,又见《衢县志》卷八。

如此，新娘衣服大概要换十次八次。徐文华老人补充说，当时新娘头上还戴着好多喜花，“巍巍顶上拥花冠，装作浑如天地般”[1]。喜花是用纸扎的。她们台桌姑娘去抢，抢来了拿回来自己戴一下，都要漂亮。郑怀棪老人说，当年还在读小学的他见到嫂嫂头上戴的是珍珠做的花，印象至深，想必那是极好看的了。

彩话

客人吃酒酣畅之际，亦有专门负责讲彩话的人，像小丑一样，热闹气氛。

一杯喜酒敬新娘，
敬贺新年拜高堂。
二杯喜酒喜事多，
新人面貌赛嫦娥。
三杯喜酒是三元，
送子房中找张仙。
四杯喜酒喜连连，
夫妻和气礼为先。
……

郑怀棪老人记得一位讲彩话的人，那人有木老老（方言，意味“一大批”）彩话，他讲一句，其他人呼应一句“好！”很热闹。虽然他是个男的，但他讲话像女生一样，大家都喊他叫“大姐”。大家结婚都叫他帮忙，最少要帮三天，客气的有工钱给他的。讲彩话的人东郊西乡都晓得，请客也都是要他去的。也有厨师把厨房门关起来，客人来了也不开，只开小门。客人拿几条香烟，几个

〔1〕《衢县志》卷八。

红包过来,再开门见新娘子。一个红包太少,要两个,两个不够再拿。王汉卿老人回忆起自己当新郎时的情景,说厨房里的帮忙人开开玩笑,也都说新娘在厨房里,十分好玩的。待酒吃得差不多,是时候送新郎新娘入洞房了:

一对红烛送新房,
欲到新房见新娘。
新郎叫我找新娘,
不知新娘在何方。

据徐春莲描述,背蜡烛的人站在最前面,第二个拿一碗煮熟的红鸡蛋,第三个人拿着落花生。背蜡烛的人一脚踢开房门,讲彩话的人在旁边说:"一脚房门两扇开,利事妈妈请出来。新郎新娘两边摆,天上姑娘请出来。"送新娘子的两个人,吵房的人和说彩话的人把她们灌醉,且吵房的三天吵吵闹闹都没关系,没有辈分大小,跟娘舅啊大伯啊都可以开玩笑,这便是婚礼三天的"没大小"。这一件大事做下来,人都瘦掉。说彩话的人一边撒东西,一边要讲"来年生贵子""三元及第"……《衢县志》所载之"撒帐"与此颇为相似。老人说,因以前不提倡吃糖果,撒帐时就用些花生、鸡蛋和枣子,寓意早生贵子。

徐先熙说,旧时中国娶妇要能生子,且要多生贵子。芋艿多子,常作多子的吉祥物,藏在新房里。多子的石榴、带子字的如莲子、瓜子亦皆作为多子的吉祥物。[1]婚礼之夜,热热闹闹,至少要闹到晚上十点钟。《衢州市歌谣·谚语卷》记载了很多婚礼上的彩话,注释说,喝彩人一边走一边念词喝彩,重宾客跟在后头,每念一句即呼"好啊",表示添彩。徐文华老人说,这 ·件大事做下来,人都瘦掉咧。

[1]《郑永禧西安四时竹枝词鉴赏》,第38页。

舅姑飨妇

《衢州府志》记载婚后第二天媳妇要行拜见公婆（舅姑）礼，公婆也要向新娘回敬，由此明确媳妇要孝顺，公婆也要尊重媳妇，把家交给媳妇，由此建立和谐的家庭关系。“明日谒见祖弥，次见舅姑，行盥馈之礼，古用三朝庙见，近于次日行之，明拜二朝。舅姑飨妇，如家人仪。”[1]

不过后来这种关系常被片面夸大，似有扭曲之意。徐文华老人说，新婚次日，媳妇见公婆，送茶请安。一开始家里有人烧饭，过了一个月才叫新媳妇烧饭的。家里若有兄弟则按辈分排列，若上面没有大嫂，新妇只能独当一面了。摆菜的时候，好的菜要摆在公婆前面。坐位子也有讲究的。要是菜没摆好，要怪娘家的，说没教育好，是“欠教”。“做得了百日囡妮（女儿），做不了一天媳妇”。正是说明了当媳妇的不易。

回门

据徐文华老人描述，衢州城里是第一天回门的，农村则在第四天，新妇给新郎家去上坟是在第三天。“女妇归宁，则有回门之礼。婿上谒翁家，则有待婿之礼。”[2]回门还有酒吃。回时，新妇不坐花轿，而是乘一般的轿子，带一对红甘蔗、草纸包和鸡蛋。回门后须当天返回男家的。回门以后，丈夫坐在桌子上，女儿要坐在门口上吃的，一碗面三个鸡蛋。徐文华老人说，在婆家，新妇一个月内不能出门，人家说要晦气的，大概是旧时一个月不准空房的风俗。新妇更不能到娘家过冬至和冬至夜，年三十夜也不好到别人家里去。俗话说，到娘家去过个冬，婆家就会去个公；到人家那里过个年，家里就要卖块田。

---

〔1〕《衢县志》卷八。

〔2〕康熙《西安县志》，又见《衢县志》卷八。

到了新社会,水亭门的婚恋已是另一番景象了。82岁的谢培松回忆1964年转业去青海经过衢州求婚的经历。他说:“有人给我说了亲,对象就住在我家不远,也算是水亭门一带的人。她18岁,还在读书,我已经24岁了。这一次回来,我很想见见她,问她愿不愿意跟我走。‘你嫁不嫁我?’她犹豫了。就在我去火车站,火车还有半个小时就要开的时候,她跑来车站找我,说要跟我走。我看她什么都没带,我问她想好了没有。她说想好了!我很高兴,马上跑到她学校帮她开了转学证明。两个人再坐到火车上,没多久,车就开了。”谢培松如今年事已高,这段往事忘不了。他说:“我老伴跟着我吃了很多苦,还为我了生了两个孩子。”

(张丽燕、吴宗杰)

结　语

民国郑永禧在修《衢县志》(803页)时慨叹道:“社会进化日趋于新,国变以后,心醉欧风。姻事以自由缔合而昏制破矣。亲丧可任意夺情而服制破矣。冠冕毁而翦发,拜跪易而鞠躬。文明皮毛也,皮之不存,毛将焉附?”不过忧虑之余,他对衢州敦厚民俗还是很有信心,看作是“鲁之不亡,由秉周礼”。即衢州有南孔继承周礼之意。他说:“幸我民俗尚敦庞,犹有古道存焉。”91岁高龄的郑怀棪老人说,当年年长他12岁的哥哥结婚时,犹记得“有福禄寿三星老佛挂在花轿顶头”,然则,到“我结婚时候(1948年)改良了,长衫换成西装,跪拜改为鞠躬,花轿没了坐小车。”可见婚礼一俗,民国以降,如今90岁的老人也只能是有所见而已。今天的婚礼常流于形式,缺乏两家之合的道义,终究也找不到喜庆的感觉。水亭门留下来的婚仪记忆也可以为衢州寻找婚礼的意义,构建和睦家庭提供启迪。

水亭门的礼俗文化,从大到祭祀,小到日常百姓待人接物,从礼乐节庆,到祀鬼娱神,乃是一个整体。它以各种样貌出现,而对其中的道理也只有圣人明白,对于普通人来说就是一种风俗。因此,荀子曰:礼节“圣人明知之,士君子安行之,官人以为守,百姓以成俗”。君子把礼作为治国之道;百姓用它侍奉鬼神。衢州先人对这块土地上的一些礼俗,如丧葬时过分做佛事、不分昼夜地演戏以及无处不在的巫祝也颇有微词,这是因为没有从儒家礼义上把握好礼的隆杀、繁简之要领。因此衢州先贤徐志凯告诫后人“夫天下未有不读书,而可与言鬼神者也”。

街区的物质肌理修复，取决于礼仪生活之回归，就像君子品德敦厚靠的是礼的积蓄。激活礼仪文化是重新找回街区物质遗产意义的重要方面。因此结合街区修复，开展好一系列礼仪活动，如重大传统庆典、人生礼俗、群祭等活动。今天我们将其归纳为非物质文化遗产的东西，如西安高腔、道情、傩戏，以及舞龙舞狮、婚丧风俗都要重新回到礼义的原点，才能体现其本来的样貌和价值，也就是尊尊亲亲之义，忠信爱敬之至。

天地谁与并立？首庶物而参赞者惟人；世界何以常宁？扶万年之名教者在礼。[1]幸我民俗尚敦庞，犹有古道存焉。鲁之不亡，犹秉周礼。衢州礼俗、崇尚敦厚，温良恭俭，犹有阙里遗风。[2]衢州历史文献，对礼的记录均极为重视。在本课题研究过程中，根据衢州地方志同时编辑了《衢州方志礼俗类辑》。囿于图书篇幅限制，仅列目录如下：

礼俗总论

信仰礼俗

- 祭礼
- 消禳
- 巫祝数术

生活礼俗

- 衣着
- 妆饰

人生礼俗

- 冠礼
- 婚礼
- 寿庆
- 丧礼

节日礼俗

- 元旦
- 立春
- 元宵
- 正月二十
- 二月二
- 三月三
- 清明
- 四月八
- 立夏
- 端午
- 六月六
- 伏日
- 七夕
- 中元
- 中秋
- 秋社

〔1〕天启《衢州府志》卷六。

〔2〕《衢县志》卷八。

重阳

立冬

十月十

冬至

十二月初八

祭灶

除夕

群体礼俗

学规

世法

庙会

乡饮

乡射

戏剧表演

（吴宗杰、关长龙）

水亭门街区文化遗产范式解读

2010年6月浙江大学跨文化与区域研究所团队应邀进驻水亭门街区展开深度调研，2012年以研究报告形式呈交衢州市政府，到2017年的今天本书出版，时间整整过去了6年半。期间水亭门历史街区也经历了一系列重大变化，成为衢州城通古达今、继往开来的见证。这里留住了什么，改变了什么，对衢州城未来又意味着什么？这仍然是历史街区遗产保护和利用所要继续关注的课题。本章梳理本研究的相关国际学术背景，探讨中国坊巷文化遗产的认知、传承和利用的本土化课题，同时也有助于读者更好地理解本书的意义。

近几十年来，全球性的“遗产运动”深刻影响了我们对文化遗产的认知、保护与利用方式。文化遗产成了市场经济的附庸，被过度商业化、产业化[1]，其原有主体被分离出去、其传统价值与内涵不断消失。[2]人们往往关注于项目申报，而申报的认定、表述、保护、管理、利用等各个方面基本都是照搬西方和国际组织的知识框架与实践经验，忽视了本土文化传统的深层价值。这就导致标准之外的众多文化遗产不被认知，并在全球化进程中快速消失。衢州水亭门街区就是属于这样的遗产，一方面它沉淀了衢州历史上丰富而且有重要意义的遗产，另一方面却无法在现有遗产标准里得到认定。为此该街区一直处

〔1〕谢凝高：《“世界遗产”不等于旅游资源》，《北京规划建设》2001年第6期。

〔2〕彭兆荣：《遗产：反思与阐释》，云南教育出版社，2008年。

在两难境地,无法清晰确定其保护和利用思路。衢州水亭门历史街区的研究、传承、再造和复兴既是这片街区的创新实践,也是对中国同类遗产本土意义与价值的探究。这是在全球化语境下探索中国文化遗产话语的本土化重构及其跨文化对话的需要。如何将传统文化思维与当前国际上关注的文化遗产研究问题结合起来,寻求构建能与世界平等对话的中华文化遗产传承范式,是我们亟需思考的问题。

背景:理性话语治理下的遗产"多样性"

对于"遗产运动",国际学术界一直都在反思,形成了遗产研究领域的一个前沿阵地。有学者认为,"遗产运动"背后的欧洲中心主义、民族主义和文化消费主义是对遗产保护根本原则——文化多样性的一种威胁,它强化了文化间的不平等关系[1]。文化遗产(历史)的当下性、政治性、社会建构性成了学者们关心的热点问题。一些批判遗产研究者甚至明确地宣称:"遗产不是物",而是一系列语言、价值观、意识形态的运作与合谋,或者说就是"话语"。[2]近年来,话语逐渐成为反思文化遗产问题的一个重要视角,它关注遗产的文化政治。带着西方现代历史观、文化思维逻辑和中上阶层白种人志趣的"权威遗产话语"(Authorized Heritage Discourse,简称AHD)强调的是遗产的物质原真性、纪念碑性、怀旧情怀、艺术/科学价值。这些适合西方文化的遗产认知却被制

[1] J. Littler & R. Naidoo, White Past, Multicultural Present: Heritage and National Stories, in H. Brocklehurst & R. Phillips (eds), *History, Nationhood and the Question of Britain*, Basingstoke, Palgrave Macmillan, 2004; D. Lowenthal, *The Heritage Crusade and the Spoils of History*, second edition, Cambridge: Cambridge University Press, 1998; L. Smith, *Uses of Heritage*, London and New York: Routledge, 2006.

[2] L. Smith & E. Waterton, *Heritage, Communities and Archaeology*, London: Gerald Duckworth and Co., 2009; R. Starn, Authenticity and Historic Preservation: Towards an Authentic History, *History of the Human Sciences*, Vol. 15 (2002), pp.1–16.

定为UNESCO的宪章、国际古迹遗址理事会(ICOMOS)等一系列国际文化遗产组织的章程与指导原则,进入各国的相关法律与文化政策,成为一种普遍标准和毋庸置疑的常识。在世界各地不同的文化语境中,这些代表西方价值观的法规与原则反复地生产、流通和消费[1],导致不同历史文化背景下的遗产多元文化价值被忽视。1994年《奈良宣言》公布以后,国际组织开始关注文化多样性,试图探寻西方物质原真性原则以外的遗产内涵。[2]2006年生效的《保护非物质文化遗产公约》体现对遗产文化多样性的关注。但这些尝试仍然受制于西方话语体系中的无形遗产认知方式,它把“多样性”制定为一种适合机构操作的标准,从联合国到民族国家再到各级地方政府,形成一种17、18世纪形成的遗产治理艺术(the art of governing)。[3]其背后是西方理性话语支配下的“遗产发现”与管理实践。它不是关注不同文化思维下的多样性遗产实践,而是为了“多样性”,去制定统一的叙述方式和治理法则。他者文化被制作成符合“国际标准”的话语体系。比如“杭州西湖文化景观”在经历多次失败后,最终被列入《世界遗产名录》就是这一话语的成功实践的例子。因此AHD及其生产的文化政治并未在根本上有所转变。[4]出现这种情况的一个重要原因是这些具有反思精神的西方学者本身受制于自身文化思维的局限。为此人们呼吁一种完全属于不同文化思维的话语出现。中国本土传统话语正是在这个意义上可提供重要的启迪。这有利于改变国际(包括中国在内)遗产实践只停留在制作一种符合所谓国际标准的话语表述,或者变成了为旅游等文化产业服务的表演和怀旧展示。如何通过文化遗产认识中国传统文化的内在价值,

---

〔1〕 Smith, *Uses of Heritage*.

〔2〕 Starn, *Authenticity and Historic Preservation: Towards an Authentic History*.

〔3〕 M. Foucault, *The Government of Self and Others*, Basingstoke: Palgrave Macmillan, 2010.

〔4〕 E. Waterton, *Politics, Policy and the Discourses of Heritage*, Hampshire: Palgrave Macmillan, 2010; L. Smith & N. Akagawa, *Intangible Heritage*, London: Routledge, 2009.

为中华文化的全面复兴服务是一个重要的研究课题。

近年来，国内学界对文化遗产的认识在不断深化，从单一的文物保护走向全面的、非物质的文化遗产保护；[1]在关注到文化遗产的历史环境与文化生态问题的同时[2]，有学者也开始挖掘本土文化遗产内涵。[3]带着话语批判思维的遗产研究也开始出现，涉及了文化遗产的知识生产[4]、概念与表述[5]、权力与意识形态操控[6]等方面。然而，总的来说，国内遗产实践对于渗透着西方思维的遗产知识体系还缺乏跨文化反思。从根本上说，我们尚未跳出他者文化遗产话语框架，甚至显然是要向西方的话语体系靠拢。[7]

中国素有“崇古”“好古”的传统，尽管没有今天的遗产概念，但对过去以及先人历史遗迹的思考是极为深刻的。历代的史志谱牒构成了悠久、形式多元、内容丰富和极具人文精神的史学遗产。[8]这些遗产中蕴藏着先辈们对过去和文化的独特理解方式与运用方式。但近代以来，由于过分受西方史学观、文化观的影响，中国本土的文化遗产理念与实践传统并没有得到合理、充分的挖掘。如何提升“蕴含着中华民族特有的精神价值、思维方式、想象力”（见《国务院关于加强文化遗产保护的通知》）应当成为文化遗产研究的重要思考方向。

---

〔1〕单霁翔：《20世纪遗产保护的理念与实践（一）》，《建筑创作》2008年第6期。

〔2〕张松：《文化生态的区域性保护策略探讨——以徽州文化生态保护试验区为例》，《同济大学学报》（社会科学版）2009年第3期。

〔3〕喻学才：《中国古代的遗产保护实践述略》，《华中建筑》2008年第3期；张集良：《中国人心中的文化遗产——关于本土“文化遗产保护”概念的探索》，《2011〈旅游学刊〉中国旅游研究年会会议论文集》，2011年。

〔4〕高丙中：《知识分子、民间与一个寺庙博物馆的诞生：对民俗学的学术实践的新探索》，《民间文化论坛》2004年第3期。

〔5〕喻学才、王健民：《关于世界文化遗产定义的局限性研究》，《云南师范大学学报》（哲学社会科学版）2007年第4期。

〔6〕彭兆荣、葛荣玲：《遗产的现形与现行的遗产》，《湖南社会科学》2009年第6期。

〔7〕瞿林东：《中国史学的遗产、传统和当前发展趋势》，《当代中国史研究》2004年第1期。

〔8〕瞿林东：《中国史学的遗产、传统和当前发展趋势》，《当代中国史研究》2004年第1期。

遗产研究范式之探究

水亭门街区文化遗产研究范式始于杭州东坞山村文化研究，旨在探索全球化语境下中国文化遗产话语的本土化重构及其跨文化对话。2008年浙江大学跨文化与区域研究所及非物质文化遗产研究中心受富阳市东坞山村三位普通农民的邀请，对一个被认为没有遗产的普通村落展开研究。在课题建立之初，双方就达成共识，即本研究不一定能为旅游开放带来突破性的资源，但研究将依照地方志和家谱的修订理念，至少可以为东坞山村留下一本可以被后代子孙所珍惜的记忆。用农民自己的话说："即使专家的研究成果没能很好地被开发利用，我们也会把这次研究作为对东坞山文化家底的一次盘点，会把这些文化资源整理保存下来，给子孙后代有一个交代。"东坞山村在有记载（家谱）和有文物（墓墟）可考证的600年里，一直以中国传统"慎终追远、民德归厚"的价值观延续着其遗产。但在这一价值体系崩溃后的现代历史中，与其相关的文化遗产也面临彻底遗忘的境地，尤其是东坞山村在杭州市的边缘，都市化进程正以前所未有的速度威胁村落遗产的留存。为此本研究把传承传统价值、驻留都市化步伐以及挖掘休闲文化资源这三个方面作为基本研究立场。也因此使得本研究在一开始就可以超越文化产业和遗产申报的视角去组织团队、定位研究方法，形成一种开放式的跨学科研究范式。这一范式整合了人类学、话语学、历史学、文献学、考古学、人文地理学、休闲学等不同学科的视角，从文化遗产所包含的传统价值出发，挖掘其当下的意义。2009年一份厚达180页的《东坞山村文化研究报告》产生，分别递交给东坞山村、富阳市政府以及浙江大学人文学部。报告受到各级政府、媒体和学者的关注，形成了外界所说的"东坞山文化遗产研究范式"。

2009年底，由时任浙江大学党委书记张曦带队的人文学科考察团走访了东坞山村后，提出该范式应该在更大范围内展开，使其成为一种跨学科、跨文化,紧密结合社会发展需要的遗产研究机制。正是在张曦书记的鼓励和引荐下,2010年6月衢州市文广局邀请原东坞山文化研究团队在国家历史文化名城——衢州水亭门街区展开文化遗产研究。衢州历史上被称为“东南阙里、南孔圣地”是孔子后裔的第二故乡。自宋代南渡以来,大批文化精英云集,留下了丰富的历史文化印迹,以及大量可考证的地方历史文献。该项目使我们能全面接触到传统文化的精髓,重新认识中国本土文化遗产的深层价值、表征方式和现代意义。

从“东坞山乡村文化研究”到“衢州古城文化遗产与记忆研究”,我们在遗产研究范式上,经历了逐渐成熟过程,而这要得益于对中国经典的不断解读。这两项研究运用人类学田野和历史文本考证相结合的方法,把遗产看作是过去与当下的一种对话。“过去”对我们来说是寄托在物质和史料里的意义系统。这包括地方志、家谱、墓志铭,及其相关联的正史、野史、经典和其他地方文献,同时也包括遗产物质载体里包含的过去信息,总的来说就是过去留下来的“言”;这种思维与中国古人对古迹的理解有相似之处。《说文解字》训“古”曰:“识前言者也”。也就是说对遗产的认识重在理解古人的意思。稽古为同天。凡事之所以然皆备于古。人类学是对活着的人的考证,亦是遗产古今之对接。这也是喻学才概括的孔子“文献并重”的理念。[1]子曰:“夏礼,吾能言之,杞不足征也;殷礼,吾能言之,宋不足征也。文献不足故也。足,则吾能征之。”“献”古汉语里指“贤者”。孔子还有“礼失求诸野”的田野思想,都是说遗产意义的挖掘不仅靠传承典籍,更要注重对活人的采访和观察。我们把这一遗产研究范式称为“历史人类学”,其研究目的在于重构符合中国本土文化思维与价值观的遗产意义解读、表述和利用范式,同时考察中华遗产话语的跨文化意义和国际化价值。具体研究目的包括:

---

〔1〕喻学才:《孔子的遗产观》,《华中建筑》2008年第4期。

1. 文化遗产的认定和保护应该从标志性、分类式、项目式途径走出来，要特别注意那些不能被现有标准认可的无形文化价值，还要从现代史学观和文化观跳出来，从传统史学和地方特殊性中理解遗产的意义，尤其要注重遗产道与德的内涵和文化传承价值。

2. 文化遗产的价值应如何超越商业化、产业化，成为中华文化复兴的契机。遗产的挖掘、保护和利用过程如何才能成为遗产价值观的彰显过程。

3. 文化遗产的表述不应只是形而上的定性陈述，应吸收“我欲载之空言，不如见之于行事之深切著明”的传统史学话语方式。

4. “通古今之变、究天人之际”是中国治史的重要目标，地方性历史文化遗产也要提升到这个层面，而不是简单地停留在意识形态、经济利益、民族主义和地方主义层面。文化遗产的本土化也并非是复古和一种凝固过去的做法，它是多元的、开放的、古今通变的。

本文限于篇幅，仅仅结合我们的研究报告，对遗产意义的表述做一个分析。本文把重点放在遗产意义之产生、原真性及遗产叙述范式三个困扰国际遗产界的问题来展开。

话语实践、原真性与儒家历史叙述

“遗产”是对过去的一种表征，但这一表述却是与当下语境紧密相连，可以看成是现在对过去的一种话语实践，是“人们之间有关过去的谈论，是关于他们遗忘、记忆、真实抑或想象的言说”[1]。这些话语在遗产研究、历史学、人类学及文化学中便被构建成为遗产的知识对象。它随时代和文化的不同而变化。“在每一个历史阶段，话语生产了知识形式、知识对象、主体以及知识实践，不

---

〔1〕D.Harvey, Heritage Pasts and Heritage Presents: temporality, meaning and the scope of heritage studies, *International Journal of Heritage Studies*, Vol. 7 (2001), pp.319–338.

同阶段有完全不同的知识实践，而它们之间并没有必然的联系。”[1]很长一段时间，遗产的“物质原真性”是由“持续、永恒、不变”的时间标准确立其信誉，而今天这一标准被认为只是某一特定历史和文化语境下的遗产理念而已。那么今天主导产生遗产意义的话语有哪些呢？西方学者Schouten将之解读为“通过神话、意识形态、民族主义、地方自豪感、浪漫情节、甚至市场经济来制造、处理历史”[2]。这样，那些宣称把握着过去实体“遗产”实则是20世纪下半叶开始的，“植根于20世纪70年代重建世界经济的一种话语实践而已”，也就是说遗产的概念只是现代人的知识对象。

将遗产作为一种话语，一种社会实践打开了我们对遗产意义的重新认识。Smith把遗产看成“一个实践的过程，一种交流的行为，一种在当下并为当下制造意义的行为”。[3]她借用Fairclough[4]批判话语分析框架，分析和揭露UNESCO与ICOMOS等权威遗产话语背后的种种预设。这样遗产就不能看作是一种验证了过去之“原真性”之后，予以“保存”“冻结”与“展示”的行为，而是一种“身份形成的文化与社会过程，包含了为了理解与改变现在而产生的记忆与叙述的活动”。[5]Starn提出“原真性”的话语问题，论证这个概念如何从历史的偶然性中产生并作为现代准则的基础。保存一个“真实的文化遗产”是“将历史偶然变为一个长久的命题与关注点”。[6]喻学才也认为“死守载体原真性不放的观点不符合中国传统，有点步入误区的味道。打

〔1〕S. Hall, Foucault: Power, Knowledge and Discourse. in M.Wetherell et al., (eds), *Discourse Theory and Practice: A Reader*, London: Sage Publications Ltd, 2001.

〔2〕F. Schouten, Heritage as Historical Reality, in D. Herbert (ed.), *Heritage, Tourism and Society*, London: Mansell, 1995.

〔3〕Smith, *Uses of Heritage*.

〔4〕N. Fairclough, *Analysing Discourse: Textual Analysis for Social Research*, London: Routledge, 2003.

〔5〕Smith, *Uses of Heritage*.

〔6〕Starn, *Authenticity and Historic Preservation: Towards an Authentic History*.

个比方，就是削中国传统之足，适西方标准之履”。[1]1996年在美国的圣安东尼奥论坛上讨论消解了“原真性”的普世而静止的定义标准。《圣安东尼奥宣言》的第一条就指出“我们的文化资源的原真性在于对它们的真实价值的认定、评估与阐释，其真实价值既由我们过去祖先的视角决定，也由处于不同社群的我们的眼光来决定”。[2]

为此，我们依据中国传统史学实践，提出一种不同的原真性理念。如果从历史时空里传留下来的物质已经不足以作为连接过去与现在的唯一桥梁，那么一种看不见纽带——语言，将在把过去注入到现在，在这一古今“互文”[3]过程中，遗产得到阐释和活化，而不需要紧盯着载体“原真性”。这样，我们在“保护准则”中物质原真性的概念之外，提出语言的原真性问题。Taylor通过索绪尔的语言视角，将遗址、遗物、图像以及人们看成是“过去事件、时代以及生活方式的东西定义为所指”[4]，这样“原真性等同于‘传统’”。遗产的“原真性”需要有过去原真语言的保留，而非现代任意的话语建构，而用历史的语言对当下遗产意义的建构是带着对当下道德关怀的。过去原真的语言碎片注入到当下的语境是“原真性”意义构建的重要过程。本雅明曾用一个例子来说明历史遗留物的“灵晕”(aura)[5]，当连绵群山的影子笼罩着你，而你用眼睛追随着它们的时候，山体的“光环”便被你感觉到了。我们把这一光影看作是从过去的时空里投射下来的语言，通过这样的语言，我们能感受到遗产的“灵韵”。使遗产发出“灵韵”的魅力就是其历史语言碎片，而不仅仅是其物质形式。带入从历史留下的各个不同瞬间的语言和声音，即杂语[6]，是将过去编织到现在

---

〔1〕喻学才:《遗产活化: 保护与利用的双赢之路》,《建筑与文化》2010年第5期。

〔2〕《圣安东尼奥宣言》,http://www.icomos.org/docs/san_antonio.html。

〔3〕M. Bakhti, *The Dialogical Imagination*, M. Holquist ed., Texas: University of Texas Press, 1981.

〔4〕J. Taylor, Authenticity and Sincerity in Tourism, *Annals of Tourism Research*, Vol. 28(2001), pp.7-26.

〔5〕W. Benjamin, *The Work of Art in the Age of Mechanical Reproduction*, London: Penguin, 2008.

〔6〕Bakhtin, *The Dialogical Imagination.*

的一种重要文本形式。在本文中,“原真性”应看作是一种互文性,把不同历史瞬间和文化生活中留下的广义的文本编织到现在来构建遗产的意义,并显露其“灵晕”。我们可以从中国语言使用传统,特别是儒家历史叙述来进一步探讨“原真性”“遗产意义”“过去与现在的交界”“遗产作为话语实践”等目前学术界正在思考的问题。

儒家叙述范式是孔子留下的最为宝贵的遗产之一,对中国历史话语的形成和无数地方志、家谱的叙述也产生了深远的影响,我们因此可将其作为传统中国遗产叙述的话语。学界认为孔子书写了中国第一部编年体史书《春秋》,继而又有三部重要的史书对其进行注疏与解读,探讨其语言风格及内涵。它们都被纳入十三经之列。中国历史书写之父司马迁在其最有影响力的《史记》中沿袭的就是孔子的叙述传统。司马迁用“行事深切著明”的语言对历史事件进行描述,避免用宏大而抽象的语言来概括历史。其叙述多采用“裁剪法”以保持历史资料的原真性。他只在每篇叙述的结尾“太史公曰”处发表自己的看法。《春秋》《春秋三传》以及《史记》被认为是儒家叙述经典范式,也是中国古代对“过去”的一种话语实践。这种模式在中国古代文学的讨论中用“微言大义”和“春秋笔法”来表述。地方志被认为是直接记载具体地方遗产的一种史书。其中,中国有重大影响的志书之一,宋代罗愿编撰的《新安志》,在提及春秋笔法在遗产记载中的意义时,说道:

> 夫所为记山川道里者,非以示广远也,务知险易不忘戒也;其录丁口顷亩,非以览富厚也,务察息耗毋繇夺也;其书赋贡物产,非以给嗜欲也,务裁阔狭同民利也。至于州土沿革,吏治得失,风俗之美恶与其人材之众寡,是皆有微旨,必使涉于学者纂之。

这里提及在记载类似遗产中的微旨,展现的就是超越今天遗产标准,将过去与现在对话的一些重要价值观。孔子阐述其作《春秋》的目的是为了惩恶而劝善，这也是我们探讨以“德”(“义”)为准则的话语原则之一，但孔子并非在理性基础上用形而上的语言构建一些道德原则或标准，作为实践基础和对善恶的判断，相反，他的批判隐含在对日常活动与行为的细节描写中。我们也将此作为遗产话语实践的视角之一。这样通过对行为的细节叙述描写并不是希望引起权力斗争或政治对抗，而是在批判权力关系中尊重多样性，进而促进理解与和谐。孔子曾如此解释这个话语策略：

其事则齐桓、晋文，其文则史，其义则丘窃取之矣。

在甲骨文的文本中，“史”(历史、书写)字的最初形态与“事”(执行公职)、“史”(记录官员的行为)、“吏”(执行公职的人员)、“使”(派某人执行公职)及“使”(使节)的意义相似[1]。在《说文解字》中，汉代经学家许慎对“史”的理解是记录行为的人。清代经学家章学诚解释说孔子的历史叙述有三个特点，即“义、事、文”，在其《史德》中发挥道，“史所贵者义也，而所具者事也，所凭者文也……能具史识者，必知史德；德者何？谓著书者之心术也。”三者中以“义”为核心。这意味着描述的事件可能是广为人知的，使用的语言也是常规的叙述，但是其“义”却是作者所要追求的，换句话说，“义”并非通过空言或者形而上的评判语言来表达，而是无形地隐藏在对具体事件的用词中。遗产所凭者文，就是来自田野和史料的语言，而其意义载体乃是寄存在遗产上的人事故事，而能把文和事综合起来的心术，赋予其最终意义的应该是德，它可以通过领悟中国经典，如六经等，加以把握。在司马迁那里，即“考信于六艺”、“折中于夫子”。需要说明，“折中于夫子”并非把孔子的语言去拿来描述特定的遗

〔1〕E. Wilkinson, *Chinese History: A Manual*, Harvard: The Harvard-Yenching Institute, 2000.

产，而是在具体描述中，内心把握到夫子之心术，体现为一种价值观、一种看世界的视角。

我们要探讨的第二个问题是儒家历史叙述是如何构建历史的“意义”，亦即如何构建遗产的“意义”。现在学界已普遍认识到“遗产的价值和意义并不总是存在于物质对象或者某地点中，也不一定非要与之联系起来”。物质对象或者某个地点离开了文化意义也便失去了其整个意义。然而无形的遗产，或者说非物质遗产，往往依赖于掌握着普世话语的权威专家。孔子在阐释其对“意义”与语言的关系时说：“我欲载之空言，不如见之于行事深切著明也。”

孔子用“著明”清晰显露世界的深度来说明“意义”的表现方式，他用的语言就是“行事”，是对具体事件的细腻描写，而非“空言”抽象空洞的语词。对孔子而言，“意义”并非语义上的，亦非命题似的，更非表征语言，而是“世界—话语”之间的直接关联，透明清晰而有深度地显露世界。[1]语言不是用来概括世界，而是用简单、细腻、叙述、具体的方式对日常行为、事件进行“揭开”、“开放”与“显露”。从孔子对语言与意义的视角来看，构成遗产“意义”的是与某个地点相关的活动及对此的叙述，如此对生活和活动的细腻描述是不能用形而上或者科学的“空言”来概括和替代的。换句话说，遗产意义是一种对特定过去的深刻澄明，它不是通过知识、判断、事实（facts）来定义表达，而是在具体事件的描述细节里展现，也就是在语言的字里行间用心整体领悟到的东西。任何对遗产价值的定义，必须指向这个“道，不可道”的感悟。与孔子的语言不同，当下中国遗产叙述大多为概括性的理论陈述，渗透着语言评判、类别分析和科学描述，这也并非1994年NARA条约

〔1〕M. Heidegger, *Being and Time*, trans. J. Mcquarrie & E. Robinson, London: SCM Press LTD, 1962; C. Lafont, *Heidegger, Language, and World-disclosure*, trans. by G. Harman, Cambridge: Cambridge University Press, 2000.

中第四条所说的“照亮与阐明人类集体记忆”的语言，至多是福柯意义上的展示一种知识体系的陈述。从孔子的叙述风格来看，遗产的“意义”只能以故事的形式对过去显露与理解来整体呈现。理解是由深入而透明的阐释（interpretation）来达到[1]，这不是由一种肯定的论断，而是通过“信以传信、疑以传疑”、见微知著、显微阐幽的叙述。

今天对遗产的认定，往往需要一种确证了的对象，一种稳定、凝固、永恒的结论。然而过去常常表现为一种模糊不清与疑惑。Smith也表达过“遗产中的过去是模糊、神秘的，很难被确定下来”[2]。模糊与不确定不能被看成是一个需要建筑学专家或历史学家等需要解决的问题，它们可以作为在当下理解过去的一个通道来加以保存与传承。模糊性与不确定性也可以理解为对权威遗产话语（AHD）的挑战，后者试图给人们的思考画上一个句号。对于孔子来说，保留模糊并非意味着不尊重事实或故意混淆人们的视听。他道出了模糊与不确定性的认识论基础，“知之为知之，不知为不知，是知也”。这意味着在知与不知之间的模糊性与不确定性是通向知识与“澄明”的途径，它能释放出自由的阐释空间。司马迁曾将此话语策略称为“信以传信，疑以传疑，故两言之”[3]。对孔子来说，只有将知带入不知才真正引导人们走向探寻与阐释之路。有趣的是，在西方语言中，“ambiguity”（模糊性）一词的拉丁词根是由“ambi”（两边的）与“amble”（散步、漫游）。这样的模糊也就是在“知”与“不知”之间漫步。孔子无意去构建“事实”的客观性与可信性。相反，他追求的是源文本的真实性。通过批判而显义地实录与重组文本碎片，孔子与司马迁的写作展示的是遗产研究所关注的语言“原真性”。孔子与司马迁尊重的是产生于过去、流传到现在的文本碎片来源的真实性。通过对这

〔1〕M. Heidegger, *Being and Time.*

〔2〕Smith, *Uses of Heritage.*

〔3〕司马迁：《史记》。

些碎片的裁剪,孔子传达给后人的是他深刻的思考。因此他评价自己是“述而不作,信而好古”。

McGee把历史碎片作为一种符号[1],包含能指(符号所表征的所有话语)与所指(我们在整个话语中所看到的意义)。但是在中国历史叙述中,所指并非语言符号系统中的一个概念,而是指引我们看见并理解生活世界的一个空间。福柯指出“在空洞中才有形成的能力”[2]。这样的语言视角可以用道家的创始者老子的话来进一步理解,“三十辐共一毂,当其无有,车之用。埏埴以为器,当其无有,器之用。凿户牖以为室,当其无有,室之用。故有之以为利,无之以为用”。

面对不确定、不完整的源文本,司马迁对可靠来源的文本碎片进行“裁剪”的写作方法,保存了文本的“原真性”和疑以传疑以求“知”的途径。我们最后要讨论的是司马迁的“裁剪”的话语策略与其将不同历史碎片重组成杂语的叙述。司马迁的历史写作中,历史就是过去的话语碎片,历史叙述成为混杂的、不完整的、相互矛盾而有教育意义的碎片镶嵌画。[3]在McGee的修辞性碎片概念的影响下,Aden等西方学者提出将记忆地点里面以及周围的话语碎片带到遗址中去[4],这与司马迁的“裁剪”碎片有些类似。司马迁将碎片重组为连贯的叙述整体并非遵照一个线性历史过程。相反,司马迁的“整齐百家杂语”是带着“究天人之际,通古今之变”的高度

---

〔1〕M. McGee, Text, Context, and the Fragmentation of American Culture, *Western Journal of Communication*, Vol. 54(1990), pp.274–289.

〔2〕M. Foucault, *The Order of Things: An Archaeology of the Human Sciences*, London & New York: Routledge, 2002.

〔3〕G. Hardy, *Worlds of Bronze and Bamboo: Sima Qian's Conquest of History*, New York: Columbia University Press, 1999.

〔4〕Aden et al., Re-Collection: A Proposal for Refining the Study of Collective Memory and its Places, *Communication Theory*, Vol. 19(2009), pp.311–336.

来进行的，其写作目的是为了达到孔子所说的“深切著明”。孔子叙述历史的声音在当今中国对过去与遗产叙述的实践中，随着20世纪初西方新史学的到来而沉默了近一个世纪。儒家历史叙述如何与当今中国遗产实践相结合，让被全球化的历史认识论排除在外的本土叙述发出声音呢？这是我们需要着力探讨的问题。

“春秋笔法”与水亭门遗产意义的解读方式

带着上述的思考，现在我们对“衢州水亭门文化遗产与记忆”话语实践做一个展示性分析。本书达50万字，我们选取一个遗址文本作分析——“信安陈氏墓庙”。衢州报告一共有八个篇目，分别是：城池篇、瀫水篇、坊巷篇、宅邸篇、古迹篇、市贾篇、医泽篇、礼俗篇。这种篇目构架是受传统地方志体例的影响，把遗产看作是相互交集的文脉。信安陈氏墓庙是出现在宅邸篇中，该篇的目的在于梳理曾经或仍然在水亭门街区的宗族文化及其住宅。从遗产保护的角度来看，意在通过这些文化的梳理，彰显街区民居的遗产“灵晕”，为今后的保护和利用街区遗产提供文化本底。

据民国《衢县志》记载水亭门街区存在过许多历史上有过重要影响的“望族”，如有“徐天官”之称的联豸徐氏、称徐偃王后裔的西河徐氏，以及陈氏望族、乐安任氏望族、洛阳刘氏望族等家族，他们都曾把家族宗祠造在水亭门街区。晚清到民国又移迁入一些外来“望族”，如徽商叶半城家族、江山汪乃恕家族等，由于时代变迁，他们在这块土地上没有宗祠，但却实质性地占据着大部分民居。整体上，该篇反映衢州社会和家族的历史变迁，呈现根深蒂固的宗族文化。它还承载衢州历史上的许多名人事迹、祭祀礼仪、家族联姻、移民、社交、诗文等。

信安陈氏家族在这块街区已经找不到任何后人，也没有民居，但却留着该家族始祖：陈弘墓以及曾经是墓庙（也是宗祠）的一块很大的空地。陈弘墓我们已经有一个很大的篇幅出现在古迹篇里，而在家族篇的开头我们安排了“信安陈氏墓庙”。信安陈氏在水亭门不是一个很大的家族，也早已不显赫，史料记载及人类学采访也不如其他家族丰富。那么为何把它作为开篇呢？这是基于两方面的思考，均来自孔子之大义，即“慎终追远、民德归厚”（见《论语·学而》）和“墟墓之间未施哀而民哀”（见《礼记·檀弓下》）。这两句话也是被衢州地方志所引用。这也就是我们上面提及的“折中与夫子”的遗产价值观。此外信安陈氏还与衢州城地名之起源有关，还与当下衢州市政府开发信安湖旅游区相连接。基于司马迁写史的实录风格，我们综合了不同版本的地方志、陈氏宗谱、衢州市政府文件、现场描述等不同的话语碎片，通过缝接产生微义，表达了这一遗产的价值：

> 今天衢江市政府把临城一段水域称信安湖，并作为重要的风景区来开发，而在衢州能用“信安”为宗族命名的唯“信安陈氏”，该族家谱为此特别说明它在衢州的独特历史地位，“信安在晋为本邑号，他族无此称名，而仅见吾姓者，昭其旧也。”《衢县志》称衢州“徐王孔叶为著姓”，认为“族大支繁不能尽记”。但从文献考证，信安陈氏可算是衢州城里历史最悠久的家族，县志也承认“溯厥最先，莫若郑陈二族”。衢州望族大半是宋南渡故家，唯陈氏是从晋太康（280年）年间从四川阆中来衢州。陈氏家谱曰，“吾乡著姓半皆南渡故家，凡聚族而居者各有谱。余始祖起自阆中，太康时食邑兹土，封信安侯，由来最久”，到清道光年间，该家族已“丝丝延延迄今五十余世”。

接下去我们依据《文献通考》与当代《衢州市志》对衢州地名变迁与该家族关系做一梳理，然后把叙述定位到留在这块土地的遗址，并从人类学视角解读墓庙的礼制意义：

今天衢州城历史最久的文保单位应是“晋陈弘墓”，坐落在皂木巷。而当年除了墓，还有庙，即是陈氏宗祠，也称“宁邦侯庙”。据今天看见过这一庙宇的老人回忆，祠庙打破衢州一般家庙的坐东朝西的礼制惯例，而是坐北朝南。这可能是因为宗祠是与墓合二为一，也许陈宏有着特殊的历史地位。据宋宣和三年（1121年）峥嵘镇都总管亲自发给陈家的帖描述，“敕封祠庙坟墓二处，庙东墓西，各双塘为记”。

报告还忠实录入一段具体描述庙宇建筑格局的段落，意在为重建提供史料依据，在梳理了该庙的来历、变迁、格局等历史信息后，报告继续用实录和裁剪的话语策略，叙述该家族，也是衢州历史根深蒂固的家族文化，我们的裁剪与情节植入对准当下社会问题，有些是出于比较和对话，有些则是对传统道德之彰显，并把它与南孔文化对接。对于其中可能产生的争议、矛盾和困惑，我们不加评说，而是作为遗产意义的一部分加以陈述。

历史上陈氏家族曾出现过15位进士，其中包括唐武德进士陈叔达任礼部尚书，唐贞观进士陈元仁任中书舍人，宋徽宗进士陈与义任参知政事。经过近一千七百年的历史沉淀，该家族形成了自己的特有文化，树大根深，一定意义上也造就了衢州城的家族文化。家谱记载了十二条家规，由此得以一窥。其中首先引《诗经》“永言孝思，思孝惟则”，意思是只要有一点孝心之所思，天地也会感动，可成四方法则。族人要求不分亲疏贫富，皆当致敬尽礼。衢州当年常有为子孙泽福而求吉穴的风俗，把棺材停在祠堂迟迟不葬。因此族人相约，“葬宜速，俾先人入土为安”。家族还规定“男不言内，女不言外”，“男女不相授器”，认为这样做是“古圣人杜渐防微，俱有深意”。男女间“宁以义胜恩，勿以恩胜义”，用今天的话就是不要把爱情置于道义之上。如有“纵情败度、渎乱天伦”，其名字从生至死不许再入祠堂。在婚姻上，要求不要只重富贵，而不注意婿与妇之“性行及家法”。对于亡夫之妇，首先倡导“永守清节”，家族因此申报朝廷，以旌厥志。改嫁也可以，但“毋许招夫入赘”。家规还特别规定，不准淹死女婴，自残骨肉，否则罚银，乃至送官治罪。族人相约禁赌博、兴文教，认为儒业为家族文脉所系。子孙不读书即不知礼义，不是简单把读书看作是升官发财的仕途而已。对于事业，认为是“资身之良”，英敏者可以通过求学获取功名，一般人则应耕作自给或经商自食其力。家族也不提倡诉讼，万不得已不要打官司，有纠纷尽可能在族房内排解。陈氏家族对先祖留下来的文物，视作家宝，体现文化遗产的道德境界。祖训规定“如有不肖子孙将遗器鬻卖者，革出祠”。这与今天的文物收藏理念非常不同。这些家规家风对了解历史上衢州地方民俗有很重要意义，而且对当今如何弘扬“南孔”为标志的传统道德应具有现实启示。

报告最后试图用“太史公曰”的风格，表达重建该庙宇的意义，并对近代以来的中国传统文化遗产及其价值观的失落，以及今天传统民俗、民德之重建，做显微阐幽的反思性叙述：

> 今天我们寻遍水亭门，陈氏子孙踪迹难寻，只留下皂木巷那块空地以及孤零零的坟冢。《嘉庆西安县志》卷四十五在评论坟墓之意义时曰：“礼称，墟墓之间未施哀而民哀。”这句话点破了坟墓作为遗产的意义，说的是当人们站在墓边，自然而然就会产生哀的感受。这也说明坟墓作为遗产的灵韵所在。如果已经没有人去祭祀坟墓，那就意味着礼崩乐坏、人心不古。一千七百年前陈弘文武兼资，驰骋疆场，克鲜卑，不远千里，只身来到衢州，食采兹土，因家信安。他在四川的后人直至晚清仍千里迢迢来祭祖坟，但今大他似乎又成了孤魂野鬼。

我们把对“信安陈氏墓庙”的描述看作是该遗址的意义产生过程，它既不同于一般意义上的科学考证，也不是对过去一个历史事实的重现，而是围绕一个遗址展开的过去与现实的对话，一种对遗产深层价值的探究。这样一种属于意义层次展陈，应该是其后遗产保护、申报、利用以及街区规划和旅游开发设计的文化本底。今天与遗产有关的实践欠缺这一层次的把握。

结　语

当下全球性的“文化遗产运动”反映的是后工业化（或称后福特）时代经济发展模式的需要，文化遗产成为推动经济转型的重要资源。今天，以欧美为代表的西方国家，经济发展相当程度上依靠其文化遗产的符号资本（symbolic capital）价值，以意义（meanings）来提升其产品价值，这就是人们通常认识的文化产业。中国经济发展到今天也充分意识到用文化意义推动经济发展的重要性，并不断深化文化体制的改革。但是，中国文化产业的资本符号是什么？当中国的经济往后工业化模式转型时，不可单一借用麦当劳、迪士尼式等外来经济模式及其文化资本，因为这只是西方文化的一个拷贝，做不出能够体现中华文明的深层次内涵。我们的文化发展也不可能只是借助“五四”以来受欧洲文化影响下的符号元素及其价值观。这对我们文化界、产业界提出了一个重大课题：传统文化如何以一种新的姿态在经济产业中出现？这就是我们为何需要从传统文化遗产中寻找全新资源与文化思维方式的原因。然而，中华文化遗产的意义到底是什么，其遗产的价值又在哪里？难道我们只是按照现代人的一厢情愿，把遗产只是看作是一种艺术形式、神话、民族符号、地方自豪感、浪漫情节、怀旧情调吗？并以为遗产价值只限于可以转换成一种商品、一种产业吗？

孔子曰：“述而不作，信而好古，窃比于我老彭。”孔子一辈子做的通过挖掘与传承古人遗产，实现他当下的诉求，这告诉我们遗产可以是当下变革的渊源和载体。在打破物质载体的文化迷思后，我们接受联合国教科文组织定义的非物质文化遗产分类体系。但是，如果我们解读一下孔子的遗产观，这背后还有更深的一层:“立权度量,考文章,改正朔,易服色,殊徽号,异器械,别衣服,此其所得与民变革者也。”这里列出七种类似今天的非物质文化遗产,如历法、服饰、名号、器械等,这都可以随时代之变迁而更新,有关这些东西的传统“表现形式”“表演艺术”“社会实践”和“手工艺”等教科文组织定义的遗产也可以为经济发展所用。但孔子列出下面四项,认为是不可改变的遗产之道:“其不可得变革者则有矣,亲亲也,尊尊也,长长也,男女有别,此其不可得与民变革者也。”这就是文化遗产的深层价值,或者喻学才所称相对于“载体信息”的“核心意义”,是各种遗产载体永恒并要彰显的意义,也是孔子“兴灭国,继绝世,举逸民”不惜要恢复的遗产。梁启超说“先秦诸哲,隋唐诸师,岂不都是我们仁慈圣善的祖宗积得好几大宗遗产给我们吗?我们不肖,不会享用,如今倒是要闹说饥荒了。”

明天启《衢州府志》记载城、宅、楼、阁、亭、台、堂、庙、祠、墓等今天认为是遗产的古迹时说:“入境游观,先询往哲,追前胜事,聊访遗踪。月榭风亭,犹想百年光霁;荒祠古墓,回思千载英灵。虽废址,堪悲空吊往古,而流芳未泯,可激来今。”这告诉我们遗产是认识一方土地之意义的开始,是开创清正廉明,继往开来的动力。民国《衢县志古迹志》中写道:“过柳下季之垄而禁采樵,往哲之风徽有足动后人之景慕者,旷百世而如新也。”这说的是,古时秦伐齐,经过以德著称的柳下季墓时,下令在该墓五十步内禁止采樵,因为这一遗址的存在可以动后人之景慕、旷百世之新也。衢州清顺治进士徐之凯曾有言:“夫天下未有不折衷于古昔而可以行之久远者也。”这也是说,今天的行事得失应该折衷于从过去留下来的遗产,这是保证事业之久远的基础。当我们今天去解读一个地方文献表达的对遗产的深刻认识时,不免为今天在追求全球化“遗产运动”中,迷失遗产之真正价值而叹惜。

衢州地方参考文献目录

地方志:

陈鹏年修:《西安县志》,清康熙三十九年刻本。

陈埙纂:清《西安县新志正误》。

林应翔等修,叶秉敬等纂:《衢州府志》,明天启二年抄本,台湾:成文出版社有限公司,1983年。

杨准等修,赵镗纂辑:嘉靖《衢州府志》,北京图书馆藏。

杨廷望纂修:康熙《衢州府志》,清光绪八年重刊本,台湾:成文出版社有限公司,1982年。

姚宝煃等修,范崇楷等纂:《西安县志》,清嘉庆十六年修,民国六年重刊本,台湾:成文出版社有限公司,1970年。

郑永禧纂修:《衢县志》,民国十八年修,台湾:成文出版社有限公司,1984年。

嵇曾筠等监修,沈翼机等编修:清雍正《浙江通志》,文渊阁四库全书。

余绍宋、鹗林、林用霖:民国《龙游县志》。

浙江省通志馆编:民国《重修浙江通志稿》。

戴璟等修:明《广东通志初稿》,文渊阁四库全书。

赵宏恩:清《江南通志》,文渊阁四库全书。

衢州市地名志委员会办公室编:《衢州市地名志》,浙江省衢州市地名委员会办公室出版,1988年。

《衢州市志》编撰委员会:《衢州市志》,杭州:浙江人民出版社,1994年。

衢州市地方志办公室:《衢州府志集成》(韩章训标点),杭州:西泠印社出版社,2009年。

穆彰阿、潘锡恩等续修:清乾隆《大清一统志》,文渊阁四库全书。

宗谱:

《联豸徐氏宗谱》,藏于上海图书馆、衢州博物馆。

《西河徐氏宗谱》,藏于上海图书馆、衢州博物馆。

《孝义周氏宗谱》,藏于上海图书馆。

《孝义徐氏宗谱》,藏于上海图书馆。

《信安陈氏宗谱》,藏于上海图书馆。

《衢州沧州柴氏宗谱》,柴氏家族藏。

《衢州市南宗沟溪支派孔氏宗谱》,2000年铅印本。

史书、专著、刊物:

《新编兰溪医药志》,杭州:浙江人民出版社,1993年。

《民国衢县档案》,衢州市衢江区档案馆。

《衢县人民政府税务局房地产税编查表》,1952年,衢州市档案馆藏。

《周礼》,《十三经注疏》本,北京:中华书局,1980年。

柴福有、潘三古、占剑、程勤:《衢州墓志碑刻记录》,杭州:浙江人民美术出版社,2006年。

陈峻:《衢州》,北京:生活·读书·新知三联书店,2004年。

陈凌广主编:《浙西祠堂》,南昌:百花洲文艺出版社,2009年。

陈韬、《衢州市曲艺志》编纂委员会:《衢州市曲艺志》,杭州:浙江人民出版社,1999年。

陈学文:《龙游商帮研究: 近世中国著名商帮之一》,杭州: 杭州出版社,2004年。

程相等:《衢州历史文献集成·方志专辑》,北京: 中华书局,2008年。

崔铭先:《孔夫子的嫡长子孙们》,杭州: 浙江人民出版社,2009年。

大乔编:《图说中国节》,北京: 中国社会科学出版社,2009年。

杜东平:《衢州市革命文化史料汇编》,北京: 团结出版社,1992年。

冯骏杰:《戏剧与考古》,北京: 文化艺术出版社,2002年。

傅春龄、衢州政协:《衢州历代诗选》,上海: 复旦大学出版社,1990年。

傅春龄主编:《衢州历代诗选》,上海: 复旦大学出版社,1990年。

高启华、陈才、柳锡松、徐人望、徐昌和:《历史文化名城衢州》,杭州: 浙江人民出版社,2004年。

龚一红:《衢州市区建筑风格对城市特色作用的研究》,浙江大学硕士论文,2003年。

郭舜平:《清末教案》,北京: 中华书局,2000年。

黄吉士:《西安高腔荟萃集》,杭州: 浙江人民出版社,2010年。

江南春: 清乾隆《静寄轩见闻随笔、静寄轩杂录》,清代稿本史料,王振忠收藏。

江汛波主编:《岁月如歌: 衢州解放六十周年画册》,中共衢州市委员会,衢州市人民政府。

姜宁馨编:《通衢掠美》,南昌: 百花文艺出版社,1996年。

柯城区土地志编纂委员会:《衢州市柯城区土地志》,北京: 方志出版社,1999年。

乐嘉藻:《中国建筑史》,贵阳: 贵州人民出版社,2002年。

李吉安:《小巷人物》,《衢商文化》2007年第17—18期。

李筌著:唐《神机制敌太白阴经》,清钱熙祚辑《守山阁丛书》本。

梁思成:《中国建筑二十讲》,北京:线装书局,2006年。

梁思成:《漫谈佛塔》,《梁思成全集》第五卷,北京:中国建筑工业出版社,2001年。

刘兆佑:《衢州奇祸记》,台北:台湾学生书局,1986年。

楼翠如:《衢州风俗简志》,衢州:中共衢州市委宣传部,1984年。

马保平:《古方术研究导引》,兰州:甘肃人民出版社,2009年。

茅元仪:明《武备志》,明天启元年刻,清初莲溪草堂修补本。

潘玉光:《赏析钱江源》,北京:中国文联出版社,2004年。

潘玉光、衢州市水利水电局、衢州市政协文史委:《衢州水利》,北京:中国戏剧出版社,1999年。

钱云才:《衢江艄公》,钱云才自编诗文集。

邱明轩:《罪证——侵华日军衢州细菌战史实》,北京:中国三峡出版社,1999年。

邱明轩:《孽债难忘》,香港:天马图书出版社,2005年。

翟均廉:《海塘录》,文渊阁四库全书。

衢县革委会政工组、杭州大学历史系:《"南宗孔府"罪恶史资料》,1974年。

衢县政协文史资料研究委员会:《衢县文史资料》第二辑,1989年。

衢县政协文史资料研究委员会:《衢县文史资料》第三辑,1991年。

衢县政协文史资料研究委员会:《衢县文史资料》第四辑,1991年。

衢州市编委会办公室:《三衢旧事》,1988年。

衢州市编委会办公室编:《衢州史话》,杭州:浙江人民出版社,1987年。

衢州市博物馆编:《历史文化研究》,2005年第三辑。

衢州市博物馆编:《历史文化研究》,2005年第五辑。

衢州市博物馆编:《历史文化研究》,2006年第六辑。

衢州市博物馆编:《历史文化研究》,2006年第七辑。

衢州市博物馆编:《历史文化研究》,2007年第八辑。

衢州市博物馆编:《历史文化研究》,2007年第九辑。

衢州市博物馆编:《历史文化研究》,2008年第十辑。

衢州市民间文艺家学会编印:《衢州民俗大观》,长春:吉林文史出版社,2004年。

衢州市衢商研究会会刊,《衢商文化》,2005年第一期。

衢州市衢商研究会会刊,《衢商文化》,2005年第二期。

衢州市衢商研究会会刊,《衢商文化》,2008年第二十一期。

衢州市群众艺术馆:《衢州掌故》,杭州:浙江人民出版社,1997年。

衢州市政协文史资料委员会:《访谈实录》,2001年。

衢州市政协文史资料委员会:《衢州探古》,北京:中国戏剧出版社,2001年。

《衢州文史资料》第一辑,杭州:浙江人民出版社,1986年。

《衢州文史资料》第二辑,杭州:浙江人民出版社,1986年。

《衢州文史资料》第三辑,杭州:浙江人民出版社,1987年。

《衢州文史资料》第四辑,杭州:浙江人民出版社,1987年。

《衢州文史资料》第五辑,杭州:浙江人民出版社,1988年。

《衢州文史资料》第六辑,杭州:浙江人民出版社,1989年。

《衢州文史资料》第七辑,杭州:浙江人民出版社,1989年。

《衢州文史资料》第九辑,杭州:浙江人民出版社,1991年。

《衢州文史资料》,第十一辑,杭州:浙江人民出版社,1993年。

衢州市政协学习和文史资料委员会:《南孔研究》,中国戏剧出版社,2001年。

衢州市政协学习和文史资料委员会:《燕明笔记:中共衢州地委书记燕明工作日记选》,1998年。

衢州市政协学习和文史资料委员会:《峥嵘岁月》,1998年。

桑调元:《弢甫集·药王庙》,文渊阁四库全书。

沈元龙、衢州市土地志编纂委员会:《衢州市土地志》,北京:中华书局,1999年。

王克、衢州市博物馆:《衢州文物精品》,杭州:西泠印社出版社,1999年。

王铭铭:《逝去的繁荣——一座老城的历史人类学考察》,杭州:浙江人民出版社,1999年。

王世范:《衢州话》,杭州:浙江文艺出版社,2008年。

王先芝:《可爱的家乡:衢州》,上海:上海文艺出版社,1990年。

王霄冰:《礼贤城隍庙:地方历史与区域文化的"记忆之所"》,《温州大学学报(社会科学版)》2009年第5期。

王霄冰:《南宗祭孔》,杭州:浙江人民出版社,2008年。

王振忠:《徽州与衢州:江南城乡的片断记忆——稿本〈静寄轩见闻随笔〉、〈静寄轩杂录〉初探》,《社会科学》2011年第3期。

吴国升:《衢州市文化发展战略文集:1996—2000年》,衢州:衢州日报彩排中心。

曦洲:《宋代阆州陈氏研究》,《四川师范学院学报(哲学社会科学版)》1997年第4期。

项阳:《中国礼乐制度四阶段论纲》,《上海音乐学院学报》2010年第1期。

萧红:《呼兰河传》,南京:凤凰出版社,2010年。

徐建平、章浙中:《南孔文化》,杭州:浙江大学出版社,2004年。

徐镜泉编纂:《孔氏南宗考略》二卷本,1948年。

徐钦学、浙江省衢州市衢江诗词学会:《衢江诗词》,2003年。

徐文荣、诸葛静、范显镗、《烂柯山志》编纂领导小组:《烂柯山志》,杭州:浙江人民出版社,1998年。

徐应秋:《玉芝堂谈荟》,文渊阁四库全书。

徐映璞:《两浙史事丛稿》,杭州:浙江古籍出版社,1988年。

徐映璞:《清平山人诗集》铅印本,徐晓英等收编,1992年。

徐宇宁主编:《衢州简史》,杭州:浙江人民出版社,2008年。

徐之凯:《乡校复礼议》,录入《联豸徐氏族谱》,上海图书馆藏。

许雪芸:《文化遗产的代表作——衢州药王庙》,《浙博天地》第4版。

鄢卫建、刘国庆编注:《衢州姓氏》,香港语丝出版社,2001年。

俞汝楫编:《礼部志稿》,文渊阁四库全书。

员兴宗撰:《九华集》(卷三),文渊阁四库全书。

袁国许:《衢州英烈》,北京:中国国际广播出版社,1991年。

曾凡安:《礼乐文化与晚清宫廷演剧的变革》,《文学遗产》2009年03期。

张缙主编:《针灸大成校释》,北京:人民卫生出版社,1984年。

张驭寰:《中国城池史》,北京:中国友谊出版公司,2009年。

章寿松、杨典喜编:《衢州市故事卷》,北京:中国民间文艺出版社,1989年。

章涛松、杨典喜等编:《衢州市歌谣·谚语卷》,杭州:浙江文艺出版社,1991年。

浙江省衢州市人口普查办公室:《浙江省衢州市第三次人口普查资料汇编》,1983年。

郑传寅:《传统文化与古典戏曲》,长沙:湖南人民出版社,2004年。

郑艮安:《毛泽东祖籍溯源——从韶山到衢州》,北京:中央文献出版社,2000年。

郑永禧纂修:《初学便读衢州乡土卮言》,光绪三十二年刻本。

郑永禧:《烂柯山志》十三卷本。

郑永禧编撰:《西安怀旧录》四卷手抄本,衢州市博物馆藏。

郑永禧著,胡凤昌编注:《不其山馆诗抄》,浙西诗词专刊,2004年。

郑永禧纂:《郑永禧西安四时竹枝词鉴赏》,衢州市民间文艺家学会编印,2006年。

政协衢州市第三届学习和文史资料委员会:《衢州与历代名人》,1996年。

政协衢州市委文史资料委员会:《当代衢州寓外名人》,杭州:浙江人民出版社,1993年。

中国人民政治协商会议衢州市委员会:《衢州峥嵘岁月》,1998年。

中共中央党史研究室科研管理部编:《日本侵华罪行纪实》,北京:中共党史出版社,2005年。

周显喜、中共衢州市委党史研究室:《衢州革命故事》,北京:中国广播电视出版社,1993年。

朱海滨:《祭祀政策与民间信仰变迁》,上海:复旦大学出版社,2008年。

朱金甫、吕坚主编:《清末教案》,北京:中华书局,1996年。

诸葛敏等:《衢州旅游资源通览》,杭州:杭州大学出版社,1991年。

水亭门文化遗产研究受采访人名单

姓　名	年　龄	现 居 地	人 物 情 况
王汉卿	95岁	下营街	曾在水亭街经营王震元酒菜店，地道的“老衢州”，热心提供研究线索。详见“王汉卿家传”。
祝汝涛	93岁	杨家巷	解放前为道士，曾经居住在天王巷，解放后在房管会工作，1952年的房产档案多为他所经手。详见“读书言神话祝家”。
汪栋时	93岁	皂木巷18号	中英大药房经理汪锡华之子。详见“汪氏父子”。
郑怀棪	91岁	黄衙巷1号	民国《衢县志》作者郑永禧堂亲，曾将郑永禧《西安怀旧录》捐献衢州博物馆。详见“黄衙巷”。
徐循理	90岁		下营街联豸徐氏后人。详见“联豸徐氏”。
任爱娇	89岁		徐循理妻子，柴家巷任家祠堂后人，家族曾在水亭街上开银楼。
胡嘉镐	89岁	美籍华人	家族在水亭街开有多家布店，一大染坊为其祖父经营，解放前曾居住在现小天皇巷5号。详见“‘大洋房’的乡愁”。
汪慈年	90岁左右	杭州	江山大陈汪氏汪乃恕的孙子，曾住在皂木巷18号裕记卷烟煤油号。详见“上营街”。
应启高	95	廿里镇塘湖村	下营街6号房主应根龙的四叔。详见“应篪房”。
谢秀玲	90岁	小天皇巷	原天皇巷居委会主任。详见“三圣庙与居委会”。
姜鸣凤	89岁	荷花东区	永生堂药店老板姜向标之女。永生堂详见《医泽篇》。

续表

姓　名	年　龄	现居地	人物情况
叶志雄	86岁	三圣巷	衢州“叶半城”后人，叶健修之孙，其父曾在水亭街经营叶震兴烟店布店。详见“叶敬德堂”。
徐文华	80多岁	裱褙巷	弥陀寺居士，父亲曾在水亭街开徐协昌鸡蛋行。
徐树源	86岁	宁绍巷17号	从上海税务局退休后回到衢州。详见“宁绍巷”。
张　斌	84岁	天皇巷13号	天皇巷住户，有“三垮”之言。详见“天皇巷”。
毛林江	86岁		曾是米行学徒。详见“水亭门的学徒生涯”。
沈典武	84岁		
万翠英	80多岁	皂木巷18号	汪栋时的妻子。
姜香梅	84岁	下营街44号	周明基故居的老租户。
付荣香	86岁	黄衙巷3号	自小生活在水亭门。
陈龙标	85岁	百岁苑	黄惠康舅舅，生于衢州，捕鱼为生。详见“瀫水篇”。
戴明新	85岁	蛟池街	戴沅昌药店老板的堂兄弟，详见“细菌战印迹”。
许珍珠	82岁	宁绍巷	仁寿堂坐堂医生许春祥之女。详见“水亭门的学徒生涯”。
毛李英	86岁	小天皇巷	
吴土福	84岁	柴家巷9号	家中曾经营“吴鸿兴箍桶店”，详见“吴土福与‘六间’”。
姜谓春	80多岁	水亭街天王古寺下	曾经是面店学徒。
王成德	82岁	水亭街王成德骨科诊所	徐昭麟的女婿，父亲解放前曾经营鸡蛋行。
谢培松	82岁	水亭街	小和尚茶馆老板的儿子，现在经营饭馆。详见《水亭门的茶馆》。
黄玉环	81岁	小天皇巷	水亭街杨震益红纸店四房儿媳妇，杨家大嫂女儿。详见“杨家大院”。

续表

姓　名	年　龄	现居地	人物情况
毛根弟	80多岁	小天皇巷	王汉卿堂弟媳妇，丈夫原来在水亭街开了王文静南货店。
郑鸿盛	86岁		水亭街元大森水果行学徒，郑怀棪好友。详见“水亭门的学徒生涯”。
徐春莲	约60	回龙观	郑怀棪保姆，采访衢州婚礼。
徐爱香	80多岁	水亭街王成德骨科诊所	王成德的妻子，徐大丰烧饼店店主的女儿。
钱云才	80岁	梅花小区	《衢江艄公》的作者，回忆衢江生活以及私塾。
孔祥楷	76岁	孔氏南宗家庙	孔子南宗75代奉祀官。详见“礼乐篇·序”。
孔祥千	76岁		孔子第75世嫡孙，天妃宫戏众。详见“戏乐水亭门”。
郑怀荣	76岁	宁绍巷	家人有住皂木巷，郑怀棪的堂弟。
李楚雯	73岁	柴家巷3号	和患病儿子居住在原一大染坊。详见“一大染坊”。
徐得俭	70多岁	柴家巷14号	柴家巷12号对面，其房子被文物普查认为达源号钱庄。详见“‘达源号’钱庄”。
周治根	71岁	常山县药库弄	曾经在下营街37号生活40多年。回忆上营街私塾。
张履富	70多岁		张协大过塘行后人，衢州老科技工作者协会会员。
黄惠康	70岁	柴家巷	地主黄石麟之子。详见“黄石麟民居群”。
徐先熙	78岁	上海	西河徐氏后人，郑怀棪的小舅子。详见“西河徐氏宗祠”。
张玉恢	71岁	新桥街中医诊所	杨继洲针灸传承人，同德堂药店老板叶龙生学生。详细见《医泽篇》。
傅晓谷	70岁	太真路衢州一中宿舍	同德堂药店老板叶龙生女婿，《龙游县志》作者余绍宋弟之外孙，张玉恢油画老师傅廷彦之子。
吴朝水	67岁		

续表

姓　名	年　龄	现居地	人物情况
徐　麟	70岁		曾经居住在天王巷红楼，民国将领徐志馀之子。详见《红楼与徐志馀》。
徐昭雄	66		徐循理长子。
徐昭鹏			徐循理儿子，陪同徐循理及项目组成员一起去烂柯山。
周土泉	67岁	航埠	天妃宫看门人，家里曾世代在衢江撑船，解放后参加运输队。详见“瀫水船工滩行曲”。
黄连国	61岁		下营街一户人家的亲戚，8岁到16岁在衢江上捕鱼。
郑锦棠	60多岁		郑怀棪堂弟，郑怀锦亲弟弟，衢州老科技工作者协会会员。
王全心	60多岁		叶家外孙，衢州老科技工作者协会会员。
叶裕龙	60多岁		原衢州工商业联合会秘书长，小时候曾在宁绍会馆上小学。
徐文荣			原衢州建设局局长。
周叶典			周浃孙子，老照片提供者。详见“末代秀才周浃与私塾”。
金杏芳		下营街	丈夫为画家。
李荣华	75岁左右	皂木巷20号	爷爷李敏斋，家中曾开允茂胜酒坊。详见“水亭门酒肆”。
陈锡祥			阿祥的博客主人，其许多博文介绍水亭门一带。
刘芳昌			原为徐大丰烧饼店学徒。
姜宁馨			原衢州副市长，现为衢州老科技工作者协会会长。
宋富文		水亭街	衢州旧书店老板，详见《衢州旧书店》。
毛绣友		小天皇巷	小天皇巷米店老板娘。
金逸仙			米行学徒。

续表

姓　名	年　龄	现 居 地	人 物 情 况
傅金泉	70多岁		对衢州酒业历史文化颇有研究，详细见《水亭门的酒业》。
王樟财			介绍徽州会馆。
姜桂兰		下营街	联豸徐氏祠堂见证人。
程宝玉		宁绍巷	谈婚礼城墙嬉戏等。
陆浩泉		天皇巷	城墙与天皇巷记忆。
郑雪莲		黄衙巷10号2	父亲曾在水亭街开郑天祥蛋行。详见“黄衙小院”。
傅水仙		柴家巷	柴家巷任家祠堂任家的儿媳妇，任爱娇是其小姑。
王忠敬		斗潭	小时候租住在下营街范家，其80多岁的母亲也专门接受采访，提供了许多珍贵资料。
毛德民		柴家巷12号	水亭街德有兴南货店的女婿，其居住屋据文物普查为达源号钱庄。详见“‘达源号’钱庄”。
汪筱联			衢州地方著名文人，并有参与水亭门街区的写作。
杨月轩	69岁	罗汉井2号	杨震益红纸店后人，是杨家三房，其88岁的母亲称自己为“杨家大嫂”。详见“杨家大院”。
黄吉士			衢州市艺术研究室主任，衢州市政协委员，衢州市音乐家协会主席。详见“礼乐篇”。
陈　峻			前衢州文联秘书长。
杨学祥		宁绍巷25号	
任小兵		柴家巷	任家祠堂后人，母亲为傅水仙。
董凤娇	93		邵永丰老板徐正成之母，采访中秋家礼。
徐成正		上营街	邵永丰麻饼老板，采访衢州礼仪与麻饼。
洪秀兰	80多岁	皂木巷16号	
徐风仙		衢州婺剧团	著名婺剧老艺人。

续表

姓　名	年　龄	现居地	人物情况
胡哲学		衢州婺剧团	著名婺剧老艺人,1955年浦江乱弹的第一批学员。
谢　华		厦门	“下营街三十八号”的博主木头格子。
张金凤		黄衙巷	天皇巷居委会前主任。
黄兰君	65岁	罗汉井9号	详见“罗汉井巷”。
老　王	80岁	下营街	现在下营街开有老王理发店。详见“下营街”。
郑繁英		黄衙巷副8号	详见“黄衙巷”。
唐樟松	83岁	黄衙巷7号	详见“黄衙巷”。
王秀香		黄衙巷10号	江山人,16岁到衢州,住此房十几年了,原来的房子被拆之后,由房管会安排住到这里。详见“黄衙巷”。
柴荣司	90多		曾住柴家巷,父亲被日本人打死。
陆景祥		下营街	详见“醒世文昌殿”。
盛土根	1959年出生	毛家田铺	指认毛氏林园。
谢媛媛	退休教师	福建	周明基故居博客博主。
傅志金	86岁	柴家巷1号	纸坊学徒。详见“水亭门的学徒生涯”。

注:本表信息不完整,仅供核对参考,年龄以2012年为计算年。

致　谢

首先我们要感谢各位受访者，尤其是那些上了年纪的老人，他们以一种使命感的精神配合我们的调研，这也说明文化遗产本身具有的强大民众感召力。他们的名字将在各个篇目的具体描述中标明。同时自《衢州日报》《衢州晚报刊》和衢州电视台报道我们在水亭门研究的新闻后，本研究得到衢州市民的热烈响应，他们或来到课题组驻地提供研究线索和资料，或通过各种途径给我们提供支持，衢州第二中学部分老师与同学还参与我们的田野考察。在此我们对各位被采访者、支持者，以及默默关注本项目进展的广大衢州市民表示由衷感谢。此外我们要特别提到几位老人，在接受我们采访以后不久就告别人世，他们留在录音机里的声音已经成为不可再生的永久遗产：张斌、祝汝涛、应启高、任爱娇、万翠英、徐爱香、董凤娇等。本书以人物插图的方式，对他们表示敬意。

我们要特别感谢直接指导本研究工作的衢州市文广局领导王建华、郑奇平、林伟民，他们发起、支持和组织本项目研究。同时感谢下列领导及工作人员对研究工作的协调与大力支持：陈玉英、占剑等等。帮助过本项目研究者众多，我们在此无法一一表示感谢，谨表歉意。

在此，我们要感谢衢州市文化广电新闻出版局文艺处、文物处、综合办公室、市博物馆、市图书馆、市文保所、市群艺馆调研部，以及由文广局协调联络的衢州市档案局、衢州市孔管会、衢州市柯城区七里乡政府、衢州市烂柯山风景管理委员会、衢州市柯城区九华乡外陈村委会、衢州石梁镇麻蓬村等单位。

本书为国家社会科学基金项目“坊巷文化遗产的本土话语重构与实践”（项目批准号12BMZ046）的课题内容之一“衢州水亭门街区文化遗产研究”成果。项目主持人：吴宗杰。项目组成员：关长龙、安文英、杨建平、陈啸、张崇、侯松、高佳燕、陈艳、谢洁怡、张宇婷、韩晓培。本课题研究过程中，刘慧梅、刘朝晖、张家成、顾凯、汪筱联、陈锡祥、张珏、赖金良、Richard Miller、刘艳、余华、肖丽、张丽燕、马妮、何方、孙红霞等在不同阶段参与过研究与咨询。特此致谢。

本书由吴宗杰制定体例框架、方法，确定篇目、主题以及各篇的取义、修改和统稿。关长龙教授担任书稿校阅。每篇又有专门作者负责田野调查、资料整理和初稿起草，他们的名字在各篇尾注明。